Georg A. Winkelhofer

Methoden für Management und Projekte

Ein Arbeitsbuch für Unternehmensentwicklung, Organisation und EDV

Mit 170 Abbildungen

Springer

Dipl.-Wirtsch.-Ing. Georg A. Winkelhofer
Projektmanagement-Akademie-Stuttgart
Nobelstr. 15
70569 Stuttgart

ARIS® ist eingetragenes Warenzeichen der IDS Prof. Scheer GmbH.
Infothek® ist eingetragenes Warenzeichen der InfoFix GmbH.
MindMap™ ist Warenzeichen von Tony Buzan.
Bei allen Nennungen dieser Begriffe innerhalb des Buches wird jedoch auf das Warenzeichen
verzichtet. Alle Angaben in diesem Buch wurden sorgfältig geprüft. Dennoch kann für diese
Angaben vom Autor und vom Verlag keine Gewähr übernommen werden.

ISBN 3-540-63017-1 Springer-Verlag Berlin Heidelberg New York

Die Deutsche Bibliothek - CIP Einheitsaufnahme

Winkelhofer, Georg A.:
Methoden für Management und Projekte: ein Arbeitsbuch für Unternehmensentwicklung, Organisation und EDV / Georg A.Winkelhofer. - Berlin; Heidelberg; New York; Barcelona; Budapest;
Honkong; London; Mailand; Paris; Santa Clara; Singapur; Tokio: Springer, 1997
ISBN 3-540-63017-1

Dieses Werk ist urheberrechtlich geschützt. Die dadurch begründeten Rechte, insbesondere die der
Übersetzung, des Nachdrucks, des Vortrags, der Entnahme von Abbildungen und Tabellen, der
Funksendung, der Mikroverfilmung oder Vervielfältigung auf anderen Wegen und der Speicherung
in Datenverarbeitungsanlagen, bleiben, auch bei nur auszugsweiser Verwertung, vorbehalten.
Eine Vervielfältigung dieses Werkes oder von Teilen dieses Werkes ist auch im Einzelfall nur in den
Grenzen der gesetzlichen Bestimmungen des Urheberrechtsgesetzes der Bundesrepublik Deutschland vom 9. September 1965 in der jeweils geltenden Fassung zulässig. Sie ist grundsätzlich
vergütungspflichtig. Zuwiderhandlungen unterliegen den Strafbestimmungen des Urheberrechtsgesetzes.

© Springer-Verlag Berlin Heidelberg 1997
Printed in Germany

Die Wiedergabe von Gebrauchsnamen, Handelsnamen, Warenbezeichnungen usw. in diesem Buch
berechtigt auch ohne besondere Kennzeichnung nicht zu der Annahme, daß solche Namen im Sinne
der Warenzeichen- und Markenschutz-Gesetzgebung als frei zu betrachten wären und daher von
jedermann benutzt werden dürften.

Sollte in diesem Werk direkt oder indirekt auf Gesetze, Vorschriften oder Richtlinien (z.B. DIN, VDI,
VDE) Bezug genommen oder aus ihnen zitiert worden sein, so kann der Verlag keine Gewähr für die
Richtigkeit, Vollständigkeit oder Aktualität übernehmen. Es empfiehlt sich, gegebenenfalls für die
eigenen Arbeiten die vollständigen Vorschriften oder Richtlinien in der jeweils gültigen Fassung
hinzuzuziehen.

Einbandentwurf: de´blik, Berlin
Satz: Camera ready Vorlage durch Autoren
SPIN: 10573291   7/3020 - 5 4 3 2 1 0 - Gedruckt auf säurefreiem Papier

Vorwort

Kaum eine andere Arbeitsform hat in den vergangenen Jahren eine so große Bedeutung erlangt wie Projektmanagement. Ob öffentliche Verwaltung, mittelständische oder Großunternehmen, Projektmanagement ist die Basis für jede Art von Veränderungs- und Erneuerungsprozessen.

Dieses Handbuch zum Projektmanagement entwickelt ein ganzheitliches Vorgehensmodell und eine Methodik für Unternehmensentwicklung, Organisation und EDV. Es behandelt sowohl die konzeptionelle Führung und Steuerung (also eine idealtypische Vorgehensweise für alle Projekte) als auch die operative Führung und Steuerung (also die Vorgehensweise für ein konkretes Projekt). Ferner behandelt es praxisnah und übersichtlich die gängigen Methoden für das Management von Planungs-, Überwachungs-, Steuerungs- und Führungsprozessen.

- Vorständen, Geschäftsführern und Führungskräften in allen Branchen vermittelt das Buch einen Überblick über die Vielzahl von Methoden und deren Einordnung in einer praxiserprobten Vorgehensweise.
- Methodenexperten, Unternehmensplaner und -controller erhalten konkrete Vorschläge für die Konzeption, Entwicklung und Implementierung von Projektmanagement, Projekt-Controlling, Veränderungsprozessen und Projektmanagement-Handbüchern.
- Projektleiter und Projektteammitglieder können aus der Darstellung des Vorgehensmodells, der Phasen und Arbeitsschritte und der rund 100 Methoden zusätzliche Handlungsmöglichkeiten für ihre tägliche Arbeit ableiten.

Das vorliegende Werk baut auf dem Konzept FIPS (Projektmanagement = Führung, Information, Prozeß, System) auf. Das Konzept FIPS basiert auf mehrjährigen Erfahrungen des Autors als Projektleiter und Projektteammitglied, als Methodenfachmann und Projektcontroller, als Berater und Trainer in unterschiedlichen Branchen, Fachbereichen und Unternehmensgrößen. Dieses Konzept und die Vorgehensweise wurden in vielen Beratungsprojekten eingesetzt und weiterentwickelt. Seminare in Industrie, Handel, Banken, Dienstleistungsunternehmen und öffentlichen Verwaltungen brachten zusätzliche Anregungen.

Frau Susanne Immel und Herr Stefan Tuda haben mich beim Schreiben und Gestalten dieses Buches mit sehr großem Engagement unterstützt. Darüber hinaus hat Frau Susanne Immel Vorarbeiten zu einzelnen Abschnitten geleistet. Ich danke ihnen für ihren großen und exzellenten Einsatz.

Stuttgart, im Sommer 1997   Georg A. Winkelhofer

Inhaltsverzeichnis

Vorwort V

1 Einführung und Zielsetzung 1

1.1 Einführung 1
1.2 Zielsetzung dieses Buches 2
1.3 Quickstart zu den Methoden 5

2 Projektphasen und Arbeitsschritte 13

2.1 Projektphasen und Arbeitsschritte im Überblick 13
2.2 Phase Projektvorbereitung 19
    2.2.1 Planung der Projektvorbereitung 21
    2.2.2 Problembeschreibung 23
    2.2.3 Entwicklungstrends 24
    2.2.4 Geschäftsprozeßmodell und Einzelzieldefinition 26
    2.2.5 Projektdefinition mit Projektzielen und Bedingungen 28
    2.2.6 Lösungsansätze 29
    2.2.7 Projektgrenzen 30
    2.2.8 Wirtschaftlichkeitsbetrachtung 31
    2.2.9 Gesamtprojektplanung 33
    2.2.10 Projektorganisation und Projektdokumentation 34
    2.2.11 Konzeptionsplanung 35
    2.2.12 Risikominimierung 36
    2.2.13 Präsentation des Projektauftrages 38
    2.2.14 Beauftragung von Projektleitung und Projektteam 40
    2.2.15 Zusammenfassung zur Projektvorbereitung 41
2.3 Phase Konzeption 41
    2.3.1 Konzeptionsvorbereitung 45
    2.3.2 Kick-off-Workshop 46
    2.3.3 Ist-Analyse 47
    2.3.4 Entwicklungstrends 51

2.3.5 Anforderungskatalog ... 52
2.3.6 Lösungssuche ... 54
2.3.7 Lösungsentwürfe ... 56
2.3.8 Lösungskonzept ... 57
2.3.9 Wirtschaftlichkeitsprüfungen ... 59
2.3.10 Make-or-buy-Entscheidung ... 60
2.3.11 Gesamtprojektplanung ... 62
2.3.12 Spezifikationsplanung ... 63
2.3.13 Risikominimierung ... 64
2.3.14 Konzeptionsabnahme ... 65
2.3.15 Zusammenfassung zur Konzeption ... 66
2.4 Phase Spezifikation ... 66
   2.4.1 Spezifikationsvorbereitung ... 69
   2.4.2 Spezifikationsanalyse ... 70
   2.4.3 Anforderungsdefinition und Qualitätsziele ... 70
   2.4.4 Systemarchitektur ... 73
   2.4.5 Neuentwicklungsbedarf ... 73
   2.4.6 Änderungsbedarf ... 74
   2.4.7 Testspezifikation ... 76
   2.4.8 Angebotseinholung ... 76
   2.4.9 Angebotsauswertung ... 77
   2.4.10 Wirtschaftlichkeitsprüfung ... 77
   2.4.11 Gesamtprojektplanung ... 79
   2.4.12 Realisierungsplanung ... 80
   2.4.13 Risikominimierung ... 81
   2.4.14 Spezifikationsabnahme und Beauftragung ... 83
   2.4.15 Zusammenfassung zur Spezifikation ... 83
2.5 Phase Realisierung ... 84
   2.5.1 Realisierungsvorbereitung ... 85
   2.5.2 Realisierungsanalyse ... 87
   2.5.3 Realisierungsdesign ... 88
   2.5.4 Leistungsentwicklung und -erstellung ... 90
   2.5.5 Qualitätskontrolle und Einzeltest ... 90
   2.5.6 Systemtest ... 91
   2.5.7 Systemdokumentation ... 92
   2.5.8 Nutzenüberprüfungsplanung ... 93
   2.5.9 Einführungsplanung ... 93
   2.5.10 Systemabnahme ... 94
   2.5.11 Zusammenfassung zur Realisierung ... 95
2.6 Phase Implementierung ... 96
   2.6.1 Einführungsvorbereitung ... 97
   2.6.2 Übernahme, Verteilung und Installation ... 99
   2.6.3 Schulung und Information ... 100
   2.6.4 Parallelbetrieb ... 102

2.6.5 Organisationsveränderung 103
2.6.6 Test und Abnahme 104
2.6.7 Nutzenüberprüfung 105
2.6.8 Projektkostenabrechnung 107
2.6.9 Projektauswertung 107
2.6.10 Entlastung von Projektgruppe und Projektleitung 109
2.6.11 Zusammenfassung zur Implementierung 110
2.7 Phase Systemoptimierung 111
2.7.1 Betreuung 113
2.7.2 Nachschulung 114
2.7.3 Wartung und Systempflege 114
2.7.4 Verfahrensoptimierung 116
2.7.5 Zusammenfassung zur Systemoptimierung 118
2.8 Zum Praxistransfer 119

3 Methoden der Projektplanung 121

3.1 Einführung 121
3.2 Auftragsanalyse und Auftragsabnahme 121
    3.2.1 Auftragsanalyse 121
    3.2.2 Auftragsabnahme 123
3.3 Ausschreibungsvorbereitung und Angebotsauswertung 126
    3.3.1 Ausschreibungsvorbereitung 126
    3.3.2 Angebotsauswertung 128
3.4 Projektaufgabendefinition 133
    3.4.1 Projektzieldefinition 133
    3.4.2 Bedingungsdefinition 137
    3.4.3 Zielbeziehungsanalyse 138
    3.4.4 Projektbeschreibung 140
3.5 Bewertungsmethoden 142
    3.5.1 ABC-Analyse 142
    3.5.2 Stärken-Schwächen-Analyse 146
    3.5.3 Chancen-Risiko-Analyse 148
    3.5.4 Nutzwertanalyse 151
    3.5.5 Kennzahlenanalyse 155
3.6 Projektplanung 159
    3.6.1 Arbeitspaketplanung 160
    3.6.2 Termin- und Meilensteinplanung 163
    3.6.3 Kapazitätsplanung 169
    3.6.4 Personalplanung 171
    3.6.5 Hilfsmittelplanung 174
    3.6.6 Kostenplanung 176

X Inhaltsverzeichnis

- 3.7 Teilprojektbildung und Multiprojektmanagement ... 178
  - 3.7.1 Teilprojektbildung ... 178
  - 3.7.2 Multiprojektmanagement ... 182
  - 3.7.3 Strategisches Projektmanagement ... 186
- 3.8 Projektorganisation ... 190
  - 3.8.1 Organisationsmodell ... 190
  - 3.8.2 Kompetenzmatrix ... 195
- 3.9 Projektdokumentation und Berichtswesen ... 198
  - 3.9.1 Projektordner/-akte ... 198
  - 3.9.2 Berichtswesen/Projektstatusbericht ... 203
- 3.10 Rentabilitätsanalyse ... 208
- 3.11 Projekt-Controlling ... 211
  - 3.11.1 Operatives Controlling ... 212
  - 3.11.2 Nutzen-Controlling ... 215

4 Methoden zur Unternehmensentwicklung, Organisation und EDV 219

- 4.1 Einführung ... 219
- 4.2 Analyse- und Designmethoden für Unternehmensentwicklung ... 219
  - 4.2.1 Visionsanalyse ... 219
  - 4.2.2 Umweltanalyse ... 223
  - 4.2.3 Kundenanalyse ... 226
  - 4.2.4 Produktanalyse ... 228
  - 4.2.5 Portfolio-Analyse ... 233
  - 4.2.6 Strategieentwicklung ... 238
- 4.3 Analyse- und Designmethoden für Organisation ... 242
  - 4.3.1 Situationsanalyse ... 242
  - 4.3.2 Problemanalyse ... 245
  - 4.3.3 Ursachen-Wirkungs-Analyse ... 247
  - 4.3.4 Prozeßkettenanalyse ... 250
  - 4.3.5 Ablaufanalyse ... 254
  - 4.3.6 Informationsbedarfsanalyse ... 257
- 4.4 Analyse- und Designmethoden für EDV ... 260
  - 4.4.1 Ereignisprozeßkette (EPK) ... 260
  - 4.4.2 Strukturierte Analyse (SA) ... 267
  - 4.4.3 Bedingungsanalyse/Entscheidungstabelle ... 274
  - 4.4.4 Funktionsanalyse ... 278
  - 4.4.5 Entity-Relationshipmodeling (ERM) ... 281
  - 4.4.6 Erweitertes Entity-Relationshipmodeling (EERM) ... 288
  - 4.4.7 Strukturiertes Design (SD) ... 293
  - 4.4.8 Datenflußplantechnik ... 297
- 4.5 Sonstige Dokumentations- und Darstellungsmethoden ... 300
  - 4.5.1 Freier Text ... 301

4.5.2 Strukturierter Text 303
4.5.3 Graphische Darstellungstechniken 305
4.5.4 Histogramm 311
4.5.5 Blockdiagramm 313
4.5.6 Mind-Mapping 315
4.6 Kreativitätsmethoden 317
   4.6.1 Brainstorming 318
   4.6.2 Methode 635 322
   4.6.3 Morphologie 324
   4.6.4 Problemlösungsbaum 326
   4.6.5 Synektik 328
4.7 Aufwandschätzungsmethoden 330
   4.7.1 Expertenschätzung 331
   4.7.2 Analogieverfahren 332
   4.7.3 Prozentsatzverfahren 334
   4.7.4 Function-Point-Verfahren 335
   4.7.5 Data-Point-Verfahren 339
4.8 Test- und Abnahmemethoden 343
   4.8.1 Testplanung 343
   4.8.2 Abnahmeverfahren 349
4.9 Aufnahme- und Erhebungsmethoden 353
   4.9.1 Befragung 353
   4.9.2 Beobachtung 359
   4.9.3 Selbstaufschreibung 362
   4.9.4 Multimoment-Aufnahme 364
4.10 Qualitätssicherungsmethode 366
   4.10.1 Qualitätssicherungsplanung 366
   4.10.2 Fehlermöglichkeits- und -einflußanalyse (FMEA) 372

5 Methoden zur Kommunikation und Interaktion 377

5.1 Einführung 377
5.2 Führungskonzepte 378
   5.2.1 Projektleiter-Rollen 378
   5.2.2 Projektmanagement als Führung, Information, Prozeß und System (FIPS) 387
5.3 Personenbezogene Methoden 391
   5.3.1 Kommunikationsmodell 392
   5.3.2 Neurolinguistisches Programmieren (NLP) 396
   5.3.3 Coaching 399
   5.3.4 Entspannungstechniken 402
5.4 Gruppen- und teambezogene Methoden 405
   5.4.1 Präsentationstechniken 406

       5.4.2 Ergebnispräsentation 410
       5.4.3 Moderation 416
       5.4.4 Spielregeln 422
       5.4.5 Problemlösungsbesprechung 424
       5.4.6 Gruppendynamik 426
       5.4.7 Teamentwicklung 431
       5.4.8 Projektkultur, Werte und Normen 437
       5.4.9 Supervision 442
   5.5 Methoden zur Gestaltung und Steuerung von Lernprozessen 447
       5.5.1 Qualifikationsanforderungsanalyse 447
       5.5.2 Qualifizierungskonzepte 451
       5.5.3 Entwicklung und Gestaltung von Workshop und Seminar 458
       5.5.4 Steuerung von Workshop und Seminar 465
       5.5.5 Reflexion und Auswertung von Workshop und Seminar 469
       5.5.6 Projekt-kick-off 471

6 Zusammenfassung und Ausblick 475

Literatur 483

Stichwortverzeichnis 493

1 Einführung und Zielsetzung

1.1
Einführung

Gesellschaft und Wirtschaft sind im Wandel. Die Geschwindigkeit und Häufigkeit dieses Wandels hat heute ein Maß erreicht, dessen Steigerung für uns kaum noch vorstellbar ist. In der Wirtschaft vollzieht sich dieser Wandel von der Neuverteilung der Märkte über die Konzentration auf das Kerngeschäft bis hin zum einzelnen Arbeitsplatz. Das Denken in festen Strukturen und Abläufen muß immer häufiger dem Denken in Kurzfristigem und Provisorien weichen. Die Bedeutung der traditionellen Fachkompetenz bei den Mitarbeitern und dem Management rückt in den Hintergrund. Der Wandel erfordert sowohl vom Management als auch von den Mitarbeitern Gestaltungskompetenz, d. h. die Arbeitsorganisation an die veränderten Märkte, Produkte oder strategischen Positionierungen anzupassen. Nur der sichere Umgang mit der Gestaltungskompetenz versetzt Management und Mitarbeiter in die Lage, den Wandel aktiv mitzugestalten und nicht reaktiv zu handeln.

Die Mitgestaltung dieses Wandels ist heute ohne einen systematischen Einsatz von Methoden, Techniken und Tools nicht mehr denkbar. Der Einsatz von Methoden kann zum einen an einfachen, wiederkehrenden, bereichsinternen Aufgaben oder in einmaligen/neuartigen, komplexen, bereichsübergreifenden Aufgaben mit begrenzten Ressourcen (Zeit, Kapazität, Budget) erfolgen. Im ersten Fall können diese Methoden ganz allgemein als *Management-Methoden* bezeichnet werden, im zweiten Fall als *Projektmanagement-Methoden*. Beiden Arten von Aufgaben wird dabei unterstellt, daß sie ein definiertes Ziel unter vorgegebenen Bedingungen verfolgen. Lediglich bei der Aufgabenausführung setzt die zweite Art (Projektmanagement) in aller Regel ein (Projekt-) Team voraus, wobei dies bei der ersten Art nicht notwendig ist.

All diese Methoden helfen, Modelle über einen bestimmten Sachverhalt zu entwickeln. Diese Modelle bilden nicht die Realität bzw. das, was wir als Realität für unser tägliches Geschäftsleben definiert haben ab, sondern lediglich einen Ausschnitt. Für eine Problemlösung ist es daher notwendig, die Modelle (z..B. Prozeßablauf oder Informationsstruktur) zu analysieren, zu konzipieren oder zu spezifizieren, die das Ziel bestmöglich abbilden. Oder anders ausgedrückt: Abhängig von der Zielsetzung der zu lösenden Aufgabe ist eine oder mehrere dieser prozeßunterstützenden Methoden auszuwählen und einzusetzen. Da diese Art von Leistung täglich mehr oder weniger systematisch strukturiert durchgeführt wird, wurde in dem vorliegenden Buch eine in der Praxis vielfach bewährte Vorgehensweise mit den dafür geeigneten Methoden zusammengestellt. Sie ermöglicht sowohl dem Berater als auch dem Manager, Projektleiter, Experten und den übrigen Beteiligten, eine mögliche Vorgehensweise kennenzulernen und auf ihre betriebliche oder verwaltungstechnische Praxis anzupassen.

Da die Veränderungsprozesse sehr vielfältig sein können und mit zunehmender Konkretisierung von Lösungen eine Vielzahl von Modellen über die zukünftige Realität erstellt werden kann, wurde in einer fortgeschrittenen Problemlösungsphase (ab Projektphase Spezifikation) eine Eingrenzung auf Methoden in der Unternehmensentwicklung, der Organisation und Informatik gemacht. Dagegen kann in frühen Abschnitten der Problemlösung (Projektvorbereitung und Konzeption) diese Vorgehensweise weitgehend bereichsunabhängig eingesetzt werden. Selbst im Freizeitbereich läßt sich damit eine Expedition oder ein Fest genauso gut vorbereiten und konzipieren wie eine Geschäftsprozeßoptimierung oder eine Produktneuentwicklung.

1.2
Zielsetzung dieses Buches

Ein Ziel dieses Buches ist es, den Beteiligten und Betroffenen von Veränderungsprozessen aus dem Linienmanagement und dem Projektmanagement (Projektauftraggeber, Projektausschuß und Multiprojektmanager) ein Handbuch für die tägliche Praxis an die Hand zu geben, das ihnen hilft, Veränderungsprozesse anhand eines Vorgehensmodells schneller und qualitativ hochwertiger gestalten zu können.

Ein weiteres Ziel dieses Buches ist es, dem Praktiker, sprich Projektleiter, Projektteammitglied, Projekt-Controller, Methoden-Experten und Berater eine idealtypische Vorgehensweise mit definierten (Projekt-)Phasen und Arbeitsschritten (Abb. 1.1) vorzustellen (Kap. 2). Diesen Arbeitsschritten sind Methoden (Kap. 3 bis 5) zugeordnet, die helfen, die Schritte möglichst systematisch und professionell zu bearbeiten. Der Leser und Anwender dieses Konzepts soll damit einen „roten Faden" in die Hand bekommen, der es ihm ermöglicht,

- mehr Klarheit in und über Problemlösungsprozesse zu erhalten,
- bewußter Problemlösungsprozesse mit oder ohne Projektmanagement gestalten zu können,
- den Aufwand für die Strukturierung und Planung eines Problemlösungsprozesses zu reduzieren,
- die Qualität (konstruktive und analytische) der Problemlösung zu erhöhen und nicht zuletzt
- das Kosten-Nutzen-Verhältnis für die Vorbereitung und Durchführung von Projekten oder projekthaften Aufgaben zu optimieren.

1.2 Zielsetzung dieses Buches

Weiter wird mit diesem Buch das Ziel verfolgt, dem Leser ein Nachschlagewerk für die am häufigsten in der Praxis eingesetzten Methoden und Techniken im Management und Projektmanagement zu geben. Dabei wurden die Methoden in die klassischen drei Ebenen unterteilt: Methoden der Unternehmensentwicklung, Organisation und EDV (Kap. 4), Methoden der Projektplanung (Kap. 3) sowie Methoden der Kommunikation und Interaktion (Kap. 5).

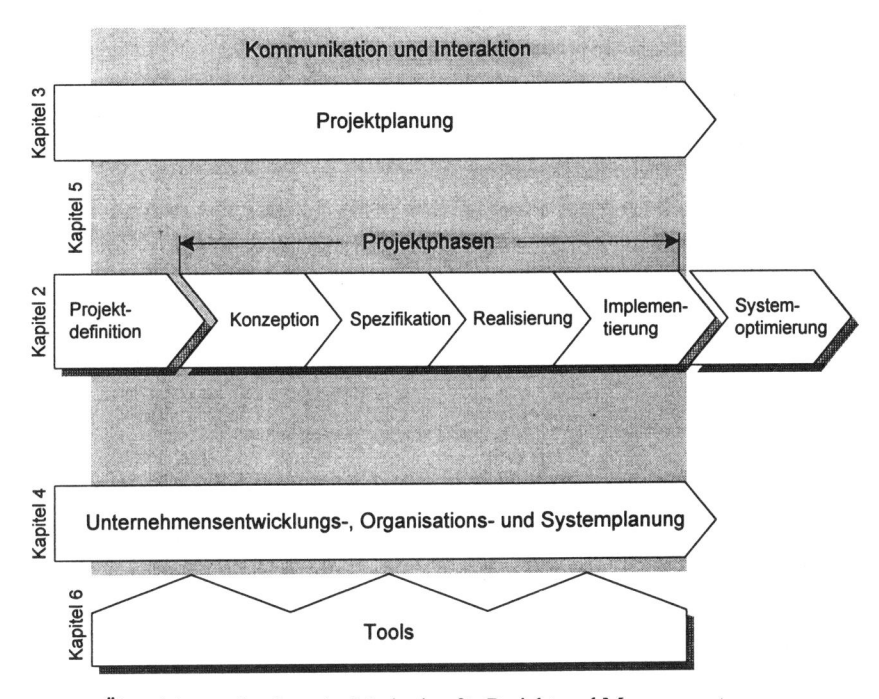

Abb. 1.1 Übersicht zur Struktur der Methoden für Projekt und Management

Um nicht falsche Erwartungen zu wecken, soll an dieser Stelle erwähnt werden, daß jede Aufgabe und jedes Vorhaben aufgrund

- ihres Aufgabeninhalts bzw. -gegenstandes,
- ihrer Zielsetzung und Bedingungen,
- ihrer Abgrenzung gegenüber der Umwelt,
- ihrer technischen Möglichkeiten,
- ihrer Ressourcen (Zeit, Kapazitäten und Kosten) sowie
- ihrer Risiken

einer individuellen Anpassung bedarf. Das vorliegende Buch kann somit als ein Rahmen für die Problemlösung bei Projekten und bei projektähnlichen Aufgaben, also Management-Aufgaben, verwendet werden.

1 Einleitung und Zielsetzung

Das vorliegende Buch kann auf folgende vier Arten für die praktische Arbeit genutzt werden:

1. Durchgang entlang des Inhaltsverzeichnisses von vorne nach hinten.
   Bei dieser Art wird der Leser entlang eines Leitfadens und von den einzelnen Phasen des Projektmanagements bzw. des projekthaften Arbeitens über die einzelnen Arbeitsschritte der Phasen sowie die unterstützenden Methoden geführt.
2. Betrachtung einer Methode in sich.
   Bei dieser Art lernt der Leser die Geschlossenheit einer Methode kennen bzw. wird darauf aufmerksam gemacht. Dem Leser werden dabei gleichzeitig die Verbindungsstellen zwischen den Arbeitsschritten und Methoden ersichtlich. Die Reihenfolge kann dabei der Leser mit seinen spezifischen Interessen selbst bestimmen.
3. Reflexion einer oder mehrerer Methoden.
   Bei dieser Lesart kann der Leser seine Vorgehensweise in der Praxis darauf prüfen, inwieweit die einzelnen Methoden ausreichend entwickelt sind oder wichtige Teile fehlen oder ganz fehlen. Das Gleiche kann auch für die Überbetonung der einen oder mehreren Methode gelten.
4. Durchgang von hinten nach vorne.
   Die Art des Lesens erweitert dem Interessierten das methodische Gerüst. Dabei lernt er zum Abschluß das Zusammenwirken der einzelnen Methoden in Kap. 2 kennen.

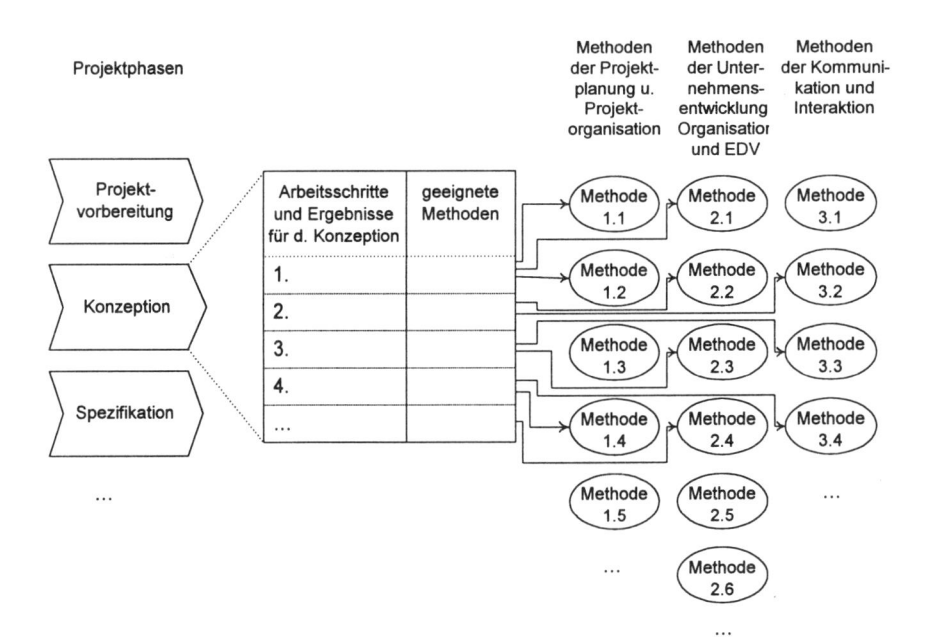

Abb. 1.2 Aufbau der einzelnen Kapitel

Der Aufbau der nachfolgenden Kapitel ist in Abbildung 1.2 dargestellt. Die (Projekt-) Phasen, Schritte und Verweise auf die geeigneten Methoden sind in Kap. 2 zusammengefaßt. In Kap. 3 sind die Methoden der Projektplanung, in Kap. 4 die Methoden für Unternehmensentwicklung, Organisation und EDV, in Kap. 5 die Methoden für Kommunikation und Interaktion aufgeführt.

1.3 Quickstart zu den Methoden

Ergänzend zum Inhalts- und Stichwortverzeichnis hat der Autor über fünfzig typische Aufgabenstellungen zusammengestellt und dazu einen Methodenvorschlag vorbereitet, der es dem Leser ermöglicht, schnell einen passenden Lösungsweg für seine Fragen zu finden (Tabelle 1.1). Für die meisten Aufgabenstellungen wurden zwei bis vier Methoden empfohlen, die sich als Methodenkette ergänzen.

Ein Beispiel soll dies verdeutlichen: Die Aufgabenstellung „Arbeitsergebnisse sichern" kann auf der operativen Ebene bedeuten, die Ergebnisse sind möglichst schnell in einer akzeptablen und anschaulichen Form zu dokumentieren (Dokumentations- und Darstellungstechniken). Darüber hinaus kann es notwendig sein, daß die Ergebnisse oder Teile daraus für eine Präsentation aufzubereiten sind und anschließend dem Auftraggeber und dem Projektausschuß zu präsentieren sind (Präsentationstechniken). Sind die Ergebnisse in einem Workshop erstellt und erarbeitet worden, ist es oft ratsam, die Zusammenarbeit und die Produktivität im Workshop in Form einer Prozeßreflexion auszuwerten (Reflexion und Auswertung von Workshop und Seminar).

Tabelle 1.1 Methoden-Vorschlag für typische Management-Aufgaben

Aufgabenstellung	Methoden	Kapitel
Arbeitsergebnisse sichern.	• Dokumentations- und Darstellungstechniken	4.5
	• Präsentationstechniken	5.4.1
	• Reflexion und Auswertung von Workshop und Seminar	5.5.5
	• Spielregeln	5.4.4
Arbeitsfähigkeit herstellen und sicherstellen.	• Teamentwicklung	5.4.7
	• Reflexion und Auswertung von Workshop und Seminar	5.5.5

Forts. Tabelle 1.1 Methoden-Vorschlag für typische Management-Aufgaben

Aufgabe	Methoden	Abschnitt
Arbeitspakete eindeutig abgrenzen.	• Arbeitspaketplaung • Teilprojektbildung • Kompetenzmatrix	3.6.1 3.7.1 3.8.2
Arbeitsumfeld angstfrei gestalten.	• Teamentwicklung • Spielregel • Reflexion und Auswertung von Workshop und Seminar	5.4.7 5.4.4 5.5.5
Arbeitsumgebung attraktiv gestalten.	• Projektkultur, Werte und Normen • Strategisches Projektmanagement	5.4.8 3.7.3
Aufgaben unmißverständlich definieren.	• Arbeitspaketplanung • Kompetenzmatrix	3.6.1 3.8.2
Aufgabenstellung auf die Projektorganisation abstimmen.	• Projektorganisation • Teilprojektbildung • Multiprojektmanagement	3.8 3.7.1 3.7.2
Aufgabenstellung eindeutig formulieren.	• Projektzieldefinition • Bedingungsdefinition • Projektbeschreibung	3.4.1 3.4.2 3.4.4
Auswahl von verschiedenen Lösungsmöglichkeiten vorbereiten und begründen.	• Projektzieldefinition • Bedingungsdefinition • Sonstige Dokumentations- und Darstellungstechniken • Bewertungsmethoden	3.4.1 3.4.2 4.5 3.5
Berichtswesen organisieren.	• Projektordner/-akte • Berichtswesen/Projektstatusbericht • Kompetenzmatrix	3.9.1 3.9.2 3.8.2
Betriebsblindheit vermeiden.	• Priojektmanagement als Führung, Information, Prozeß und System (FIPS) • Reflexion und Auswertung von Workshop und Seminar	5.2.2 5.5.5
Budget ausreichend kalkulieren.	• Priojektmanagement als Führung, Information, Prozeß und System (FIPS) • Projektplanung mit allen sechs Unterplanungen	5.2.2 3.6
Budgetbedarf im Vorfeld klären.	• Nutzen-Controlling • Rentabilitätsanalyse	3.11.2 3.10

Forts. Tabelle 1.1 Methoden-Vorschlag für typische Management-Aufgaben

Controlling transparent gestalten.	• Projektmanagement als Führung, Information, Prozeß und System (FIPS)	5.2.2
	• Nutzen-Controlling	3.11.2
Dokumentation und Präsentation auf einheitlichen Stand bringen.	• Projektkultur, Werte und Normen	5.4.8
	• Sonstige Dokumentations- und Darstellungsmethoden	4.5
	• Analyse- und Designmethoden	4.2–4.4
DV-Kenntnisse (Hard- und Software) ausreichend sicherstellen.	• Qualifikationsanforderungen	5.5.1
	• Qualifikationskonzepte	5.5.2
	• Entwicklung und Gestaltung von Workshop und Seminar	5.5.3
Entscheidungen treffen.	• Auftragsabnahme	3.2.2
	• Abnahmeverfahren	4.8.2
	• Bewertungsmethoden	3.5
Entscheidungen vorbereiten.	• Projektzieldefinition	3.4.1
	• Bedingungsdefinition	3.4.2
	• Stärken-Schwächen-Analyse	3.5.2
	• Chancen-Risiko-Analyse	3.5.3
Erfolge ermitteln.	• Nutzen-Controlling	3.11.2
	• Operatives Controlling	3.11.1
	• Reflexion und Auswertung von Workshop und Seminar	5.5.5
Fehlersuche und Fehlerbehebung erfolgreich durchführen.	• Qualitätsplanung	4.10.1
	• Fehlermöglichkeits- und -einflußanalyse (FMEA)	4.10.2
	• Abnahmeverfahren	4.8.2
Fremdfirmen beauftragen.	• Auftragsanalyse	3.2.1
	• Auftragsabnahme	3.2.2
Führungsmodell der Projektorganisation (Projektauftraggeber, Projektausschuß, Projektleiter, Projektteammitglieder) beleuchten und diagnostizieren.	• Projektleiter-Rollen	5.2.1
	• Projektmanagement als Führung, Information, Prozeß und System (FIPS)	5.2.2
	• Qualifikationsanforderungsanalyse	5.5.1
Führungsmodell für Projektmanagement definieren.	• Projektleiter-Rollen	5.2.1
	• Projektmanagement als Führung, Information, Prozeß und System (FIPS)	5.2.2
	• Qualifikationsanforderungsanalyse	5.5.1

Forts. Tabelle 1.1 Methoden-Vorschlag für typische Management-Aufgaben

Aufgabe	Methoden	Kap.
Ideen suchen.	• Kreativitätsmehoden • Problemlösungsbesprechung • Sonstige Dokumentations- und Darstellungstechniken	4.6 5.4.5 4.5
Infrastruktur (wie z. B. Rechnerkapazitäten, Räumlichkeiten, Telefonanlage, etc.) sicherstellen.	• Projektplanung mit allen sechs Unterplanungen • Analyse- und Designmethoden der EDV	3.6 4.4
Kommunikations- und Interaktionsfluß auf horizontaler und vertikaler Ebene herstellen.	• Kommunikationsmodell • Projektorganisation • Berichtswesen/Projektstatusbericht	5.3.1 3.8 3.9.2
Kommunikationsfluß sicherstellen.	• Projektdokumentation und Berichtswesen	3.9
Kompetenzverteilung klären.	• Projektplanung mit allen sechs Unterplanungen • Projektorganisation • Kompetenzmatrix	3.6 3.8 3.8.2
Konflikte im Team lösen.	• Reflexion und Auswertung von Workshop und Seminar • Teamentwicklung • Gruppendynamik	5.5.5 5.4.7 5.4.6
Konzeption ausarbeiten.	• Phase Projektvorbereitung • (Projekt-)Phase Konzeption • Analyse- und Designmethoden	2.2 2.3 4.2–4.4
Koordination mehrerer Projekte organisieren.	• Strategisches Projektmanagement • Multiprojektmanagement • Teilprojektbildung	3.7.3 3.7.2 3.7.1
Kostenaufteilung zwischen den Teilprojekten erstellen.	• Projektplanung mit allen sechs Unterplanungen • Multiprojektmanagement • Teilprojektbildung	3.6 3.7.2 3.7.1
Leistungsdynamik der Mitarbeiter sicherstellen.	• Coaching • Supervision • Qualifikationsanforderungsanalyse	5.3.3 5.4.9 5.5.1
Methodenkenntnisse sicherstellen.	• Qualifikationsanforderungsanalyse • Qualifikationskonzepte • Entwicklung und Gestaltung von Workshop und Seminar	5.5.1 5.5.2 5.5.3
Mitarbeiter auf die Projektarbeit vorbereiten.	• Qualifizierungsanforderungen • Teamentwicklung • Projektleiter-Rollen	5.5.1 5.4.7 5.2.1

Forts. Tabelle 1.1 Methoden-Vorschlag für typische Management-Aufgaben

Mitarbeiter motivieren.	• Spielregeln • Projektkultur, Werte und Normen • Projekt-Kick-Off	5.4.4 5.4.8 5.5.6
Personalaufwand für die Projektarbeit im Vorfeld klären.	• Phase Projektvorbereitung • Projektplanung mit allen sechs Unterplanungen • Chancen-Risiko-Analyse	2.2 3.6 3.5.3
Personelle Kapazitäten sicherstellen.	• Projektorganisation • Kompetenzmatrix • Spielregeln	3.8 3.8.2 5.4.4
Planungshorizont in der Vorgehensweise berücksichtigen.	• Multiprojektmanagement • Strategisches Projektmanagement • Phase Projektvorbereitung	3.7.2 3.7.3 2.2
Präsentationen vorbereiten.	• Sonstige Dokumentations- und Darstellungsmethoden • Präsentationstechniken	4.5 5.4.1
Probleme transparent machen.	• Situationsanalyse • Problemanalyse • Präsentationstechniken	4.3.1 4.3.2 5.4.1
Projekte in die Unternehmensstruktur integrieren.	• Strategisches Projektmangement • Multiprojektmanagement • Teilprojektbildung	3.7.3 3.7.2 3.7.1
Projekte umfassend steuern und führen.	• Projektmanagement als Führung, Information, Prozeß und System (FIPS) • Projektleiter-Rollen • Projektzieldefinition • Bedingungsdefinition	5.2.2 5.2.1 3.4.1 3.4.2
Projektleiter-Rollen bedarfsgerecht in Arbeitsprozeß integrieren.	• Projektleiter-Rollen • Projektmanagement als Führung, Information, Prozeß und System (FIPS)	5.2.1 5.2.2
Projektphasen klar abgrenzen.	• Phase Projektvorbereitung • Projektplanung mit allen sechs Unterplanungen • Auftragsanalyse	2.2 3.6 3.2.1
Projektverlauf im Auge behalten.	• Nutzen-Controlling • Reflexion und Auswertung von Workshop und Seminar	3.11.2 5.5.5

Forts. Tabelle 1.1 Methoden-Vorschlag für typische Management-Aufgaben

Projektziele mit den strategischen Unternehmenszielen in Einklang bringen.	• Projektzieldefinition • Bedingungsdefinition • Strategisches Projektmanagement	3.4.1 3.4.2 3.7.3
Projektziele überprüfen und Bedingungen eindeutig definieren.	• Projektzieldefinition • Bedingungsdefinition • Nutzen-Controlling • Zielbeziehungsanalyse	3.4.1 3.4.2 3.11.2 3.4.3
Qualifikationen der Mitarbeiter im Projekt entwickeln.	• Qualifikationsanforderungsanalyse • Qualifikationskonzepte • Entwicklung und Gestaltung von Workshop und Seminar	5.5.1 5.5.2 5.5.3
Qualifikationsanforderungen der Mitarbeiter im Projekt erkennen und definieren.	• Qualifikationsanforderungsanalyse • Projektleiter-Rollen • Coaching	5.5.1 5.2.1 5.3.3
Risiken reduzieren.	• Chancen-Risiko-Analyse • Stärken-Schwächen-Analyse • Arbeitspaketplanung	3.5.3 3.5.2 3.6.1
Seminar planen.	• Qualifikationsanforderungsanalyse • Qualifikationskonzepte • Entwicklung und Gestaltung von Workshop und Seminar	5.5.1 5.5.2 5.5.3
Sinn einer Zielsetzung aufzeigen.	• Strategisches Projektmanagement • Multiprojektmanagement • Projektzieldefinition • Bedingungsdefinition	3.7.3 3.7.2 3.4.1 3.4.2
Situation innerhalb und außerhalb des Projektteams klären.	• Situationsanalyse • Problemanalyse • Reflexion und Auswertung von Workshop und Seminar	4.3.1 4.3.2 5.5.5
Teamarbeit fördern.	• Teamentwicklung • Gruppendynamik • Reflexion und Auswertung von Workshop und Seminar	5.4.7 5.4.6 5.5.5
Teilprojekte bilden.	• Phase Projektvorbereitung • Teilprojektbildung • Multiprojektmanagement	2.2 3.7.1 3.7.2
Terminplan aufstellen und einhalten.	• Termin- und Meilensteinplan • Chancen-Risiken-Analyse	3.6.2 3.5.3

Forts. **Tabelle 1.1** Methoden-Vorschlag für typische Management-Aufgaben

Umfeld im Vorfeld der Projektdefinition klar durchleuchten.	• Auftragsanalyse • Situationsanalyse • Stärken-Schächen-Analyse • Chancen-Risiken-Analyse	3.2.1 4.3.1 3.5.2 3.5.3
Unvorhergesehene Ereignisse berücksichtigen.	• Chancen-Risiken-Analyse • Projektleiter-Rollen • Projektmanagement als Führung, Information, Prozeß und System (FIPS)	3.5.3 5.2.1 5.2.2
Weisungsbefugnis klären (Projektleiter/Linienvorgesetzter).	• Projektorganisation • Kompetenzmatrix	3.8 3.8.2
Werte und Normen der Mitarbeiter mit der Unternehmensvision in Einklang bringen.	• Projektkultur, Werte und Normen • Spielregeln	5.4.8 5.4.4
Workshop vorbereiten.	• Entwicklung und Gestaltung von Workshop und Seminar • Steuerung von Workshop und Seminar • Reflexion und Auswertung von Workshop und Seminar	5.5.3 5.5.4 5.5.5
Zieldefinition in regelmäßigen Abständen überprüfen.	• Nutzen-Controlling • Operatives Controlling • Reflexion und Auswertung von Workshop und Seminar	3.11.2 3.11.1 5.5.5
Ziele definieren.	• Projektzieldefinition • Bedingungsdefinition • Zielbeziehungsanalyse	3.4.1 3.4.2 3.4.3
Zielvereinbarungen abschließen.	• Projektzieldefinition • Bedingungsdefinition • Spielregeln	3.4.1 3.4.2 5.4.4

2 Projektphasen und Arbeitsschritte

2.1 Projektphasen und Arbeitsschritte im Überblick

Das hier verwendete Vorgehensmodell unterteilt die Vorhaben, die Projekte und die projekthaften Aufgaben in die vier Phasen Konzeption, Spezifikation, Realisierung und Implementierung. Die Vorbereitung von Vorhaben, Projekten und projekthaften Arbeiten erfolgt in der Projektvorbereitung; die Pflege, Wartung und Weiterentwicklung des Systems im Abschnitt Systemoptimierung (Abb. 2.1).

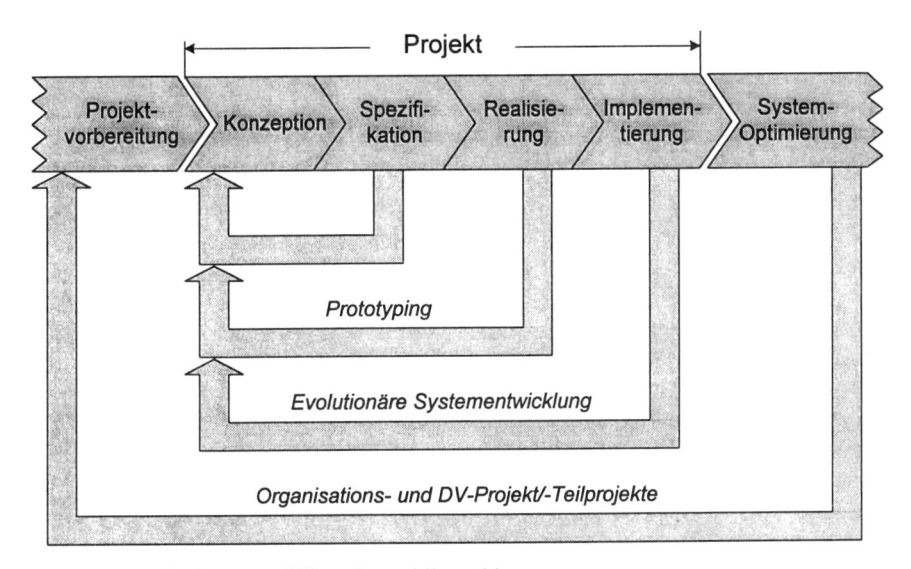

Abb. 2.1 Projektphasen und Vorgehensphilosophien

Mit diesem Phasenmodell wird das Ziel verfolgt, eine Straffung der Vorgehensweise, eine Reduzierung von Entscheidungspunkten am Phasenende, die Dezentralisierung von Verantwortung ins Projektteam sowie die Reduzierung des Dokumentationsaufwands vorzunehmen.

2 Projektphasen und Arbeitsschritte

Je nach Vollständigkeit kann bei den Phasen Konzeption und Realisierung mit diesem Vorgehensmodell ein Prototyping-Ansatz, bei den Phasen Realisierung und Einführung ein evolutionärer Ansatz oder bei den Phasen Einführung und Betrieb ein teilprojektorientierter Ansatz unterstützt werden (Abb. 2.1).

Das Vorgehensmodell beschreibt und regelt den Ablauf und die Abwicklung von Projekten oder von projekthaftem Arbeiten. Weiter definiert das Vorgehensmodell den idealtypischen Ablauf hinsichtlich der zeitlichen und inhaltlichen Zuordnung von Aufgaben zu einzelnen Phasen. Die Durchführung wird bei umfangreichen Aufgaben in einem Projekt oder in mehreren Teilprojekten organisiert, bei kleineren Aufgaben in Form von projekthaftem Arbeiten (Abb. 2.2).

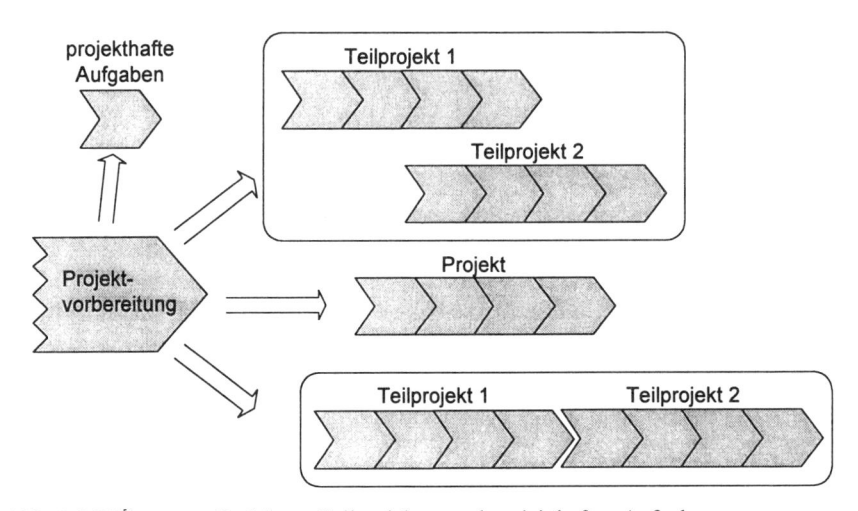

Abb. 2.2 Bildung von Projekten, Teilprojekten und projekthaften Aufgaben

Die Unterteilung eines Projektablaufs in verschiedene Phasen verfolgt das Ziel, ganz bewußt Zäsuren in den Ablauf einzubauen. Diese sollen einerseits Anlaß geben, über die Weiterführung eines Projekts und weitere Entwicklungsrichtlinien zu entscheiden, andererseits soll sichergestellt werden, daß die Arbeiten einer Folgephase auf bereinigten und genehmigten Zwischendokumenten aufbauen.

Jede Phase innerhalb des Projekts führt zu einem konkreten Endprodukt. Diese Endprodukte können aus Teilendprodukten – die in einzelnen Arbeitsschritten bzw. Aktivitäten erstellt werden – zusammengeführt werden. Für jede Phase sind die zu erarbeitenden Endprodukte und Teilendprodukte umfassend beschrieben.

Da die Teilendprodukte häufig von vorausgehenden Ergebnissen abhängen, sind die Aktivitäten innerhalb einer Phase in zeitlicher Abfolge vorbestimmt. Mit der Aufteilung der Gesamtaufgabe in Projektvor- und -nachbereitung (Projektvorbereitung und Systemoptimierung) sowie in Projektphasen (Konzeption, Spezifikation, Realisierung und Implementierung) werden folgende Ziele verfolgt:

2.1 Projektphasen und Arbeitsschritte im Überblick

- Reduzierung der Komplexität aus sachlicher und problemtechnischer Sicht,
- Verbesserung der Zielorientierung bei der Aufgabenlösung,
- Verbesserung der Planbarkeit von komplexen, übergreifenden, einmaligen und neuartigen Aufgaben,
- Verbesserung der Kontrollierbarkeit durch das Projektteam, die -leitung und den Auftraggeber,
- Erhöhung der Transparenz für alle Beteiligten und Betroffenen vom Linienmanager über die Projektorganisation bis einschließlich den Schnittstellenmanagement (vgl. Keßler u. Winkelhofer 1997, S. 67).

Die Ergebnisse der einzelnen Phasen sind in Abb. 2.3 dargestellt.

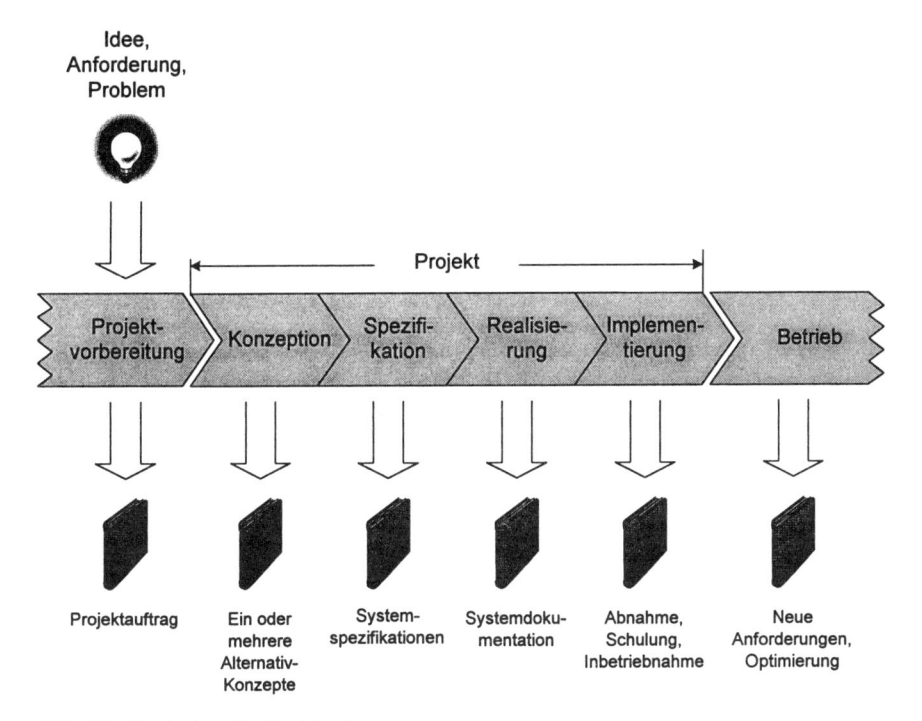

Abb. 2.3 Ergebnisse der Projektphasen

Ähnlich wie die Methoden das Vorgehensmodell unterstützen, unterstützen die Tools (Softwareprogramme) die Methoden bei der Dokumentation ihrer Modelle und Ergebnisse (Abb. 2.4). Auf sie wird bei der Beschreibung der Aktivitäten kurz Bezug genommen. Für die Erarbeitung der Teilendprodukte werden in Kapitel 3, 4 und 5 rund 100 Methoden aufgeführt und beschrieben. Sie sollen das systematische Arbeiten mit dem Vorgehensmodell weiter professionalisieren und damit zu einer möglichst hohen Qualität der Ergebnisse beitragen.

2 Projektphasen und Arbeitsschritte

An dieser Stelle bleibt zu erwähnen, daß die einzelnen Methoden durchweg mehrfach an unterschiedlichen Stellen zum Einsatz kommen. So wird z. B. die Methode Projektplanung in der Projektvorbereitung bis zu dreimal eingesetzt:

1. Zur Planung der Projektvorbereitung.
2. Zur Planung des Gesamtprojektes (Grobplanung).
3. Zur Planung der ersten Projektphase Konzeption (Detailplanung).

Das gleiche gilt auch für den Einsatz von Tools (Abb. 2.4).

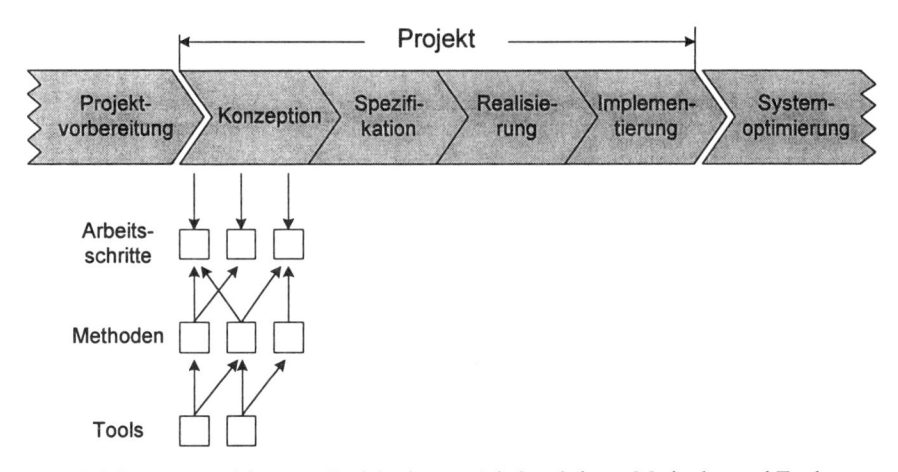

Abb. 2.4 Zusammenwirken von Projektphasen, Arbeitsschritten, Methoden und Tools

Grundsätzlich werden die im vorliegenden Buch beschriebenen Methoden in drei Bereiche unterteilt (Abb. 2.5):

1. Methoden für die Unternehmensentwicklung, Organisation und EDV
2. Methoden für die Projektplanung und
3. Methoden für die Kommunikation und Interaktion der Beteiligten.

Um die in diesem Buch vorgeschlagene Vorgehensweise in der Praxis möglichst effektiv und effizient anzuwenden, wird folgendes Vorgehen vorgeschlagen:

1. Mit der Phase *Projektvorbereitung* (Abb. 2.4) ist das zu bearbeitende Objekt (Abläufe und Prozesse, Funktionen, Informationen und Daten, Produkte und Kunden, etc.) einer ersten groben Analyse zu unterziehen.
2. Aus den angebotenen Arbeitsschritten (Kap. 2.2) die Schritte auswählen, mit dem das Problem effektiv und effizient gelöst werden kann.
3. Entsprechend dem zu optimierenden Sachverhalt die dafür geeigneten Methoden auswählen und für den praktischen Einsatz vorbereiten; gegebenenfalls Tools besorgen, wenn sie noch nicht vorhanden sind.

4. Vor dem praktischen Einsatz sind alle beteiligten Personen mit der Vorgehensweise, den Methoden und der Ausgangssituation vertraut zu machen. Die Zusammenarbeit ist vorzubereiten.
5. Bearbeitung der ausgewählten Schritte und Einsatz der favorisierten Methoden sowie Dokumentation der Ergebnisse.
6. Überprüfung der Ergebnisse auf Richtigkeit, Vollständigkeit, Korrektheit, Klarheit, Zielerreichung, etc.
7. Abnahme der Phasenergebnisse durch den Auftragnehmer vornehmen lassen.
8. Schritte 1 bis 7 für die nächste Phase wiederholen.

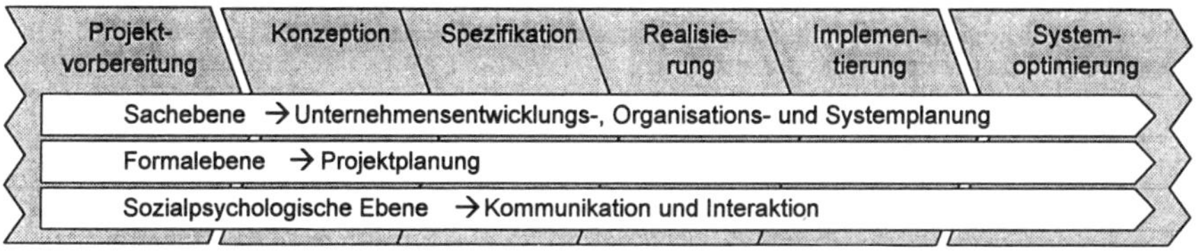

Projekt-vorbereitung	Konzeption	Spezifikation	Realisierung	Implementierung	Systemoptimierung
Sachebene → Unternehmensentwicklungs-, Organisations- und Systemplanung					
Formalebene → Projektplanung					
Sozialpsychologische Ebene → Kommunikation und Interaktion					

Abb. 2.5 Ebenen des Projektmanagements

Die Bildung und Ausgestaltung der einzelnen Projektphasen ist in der Praxis an die jeweiligen Gegebenheiten anzupassen (siehe Kap. 1.2).

Auf der Sachebene wird der Projektgegenstand von der Projektdefinition bis zur Realisierung und Implementierung von Phase zu Phase weiter verfeinert. Dies ist in Abb. 2.6 am Beispiel der Haupt- und Teilprozesse, der Funktionen und Elementarfunktionen dargestellt.

In den nachfolgenden Kapiteln werden die Aktivitäten der einzelnen Phasen systematisch dargestellt. Weiter werden den Aktivitäten Methoden und Techniken zugeordnet. Sie sind eine Auswahl aus einem breiten Spektrum von Unternehmensentwicklungs-, Organisations-, Informations-, Projektplanungs- und Projektführungsmethoden.

Um den Zweck des phasenweisen Projektablaufs nicht zu verfälschen, sollte die Zielsetzung einer Phase während der laufenden Phase nicht geändert werden. Zeigt sich im Laufe einer Phase, daß die Zielsetzung nicht zu erfüllen ist, dann sollte diese durch die folgende Phasenentwicklung revidiert werden.

In jeder Phase müssen die bereits erarbeiteten Ergebnisse in Form von Abschlußberichten dokumentiert und beurteilt werden. Die vollständige Dokumentation ist wichtig zur Sicherung der gemachten Erfahrungen für nachfolgende Projekte. Außerdem bildet dieser Bericht die Grundlage für die Präsentation der Ergebnisse. Diese Informationen ermöglichen dem Auftraggeber zu prüfen, ob das Projekt wirtschaftlich noch vertretbar ist und ob es weitergeführt werden soll. Die nächste Phase ist erst freizugeben, wenn die Bewertung der vorangegangenen Phasen positiv ausgefallen ist (vgl. Litke 1991, S. 20 ff.).

2 Projektphasen und Arbeitsschritte

Durch die Phasenbildung lassen sich systemtechnische Vorteile erzielen, die realisiert werden sollten (vgl. Aggteleky u. Bajna 1992, S. 21):

- Transparenz der Planungsarbeiten, der Aufgabenteilung und des Planungsfortschritts.
- Bildung von Schnittstellen, die eine Rückkopplung und Variantenreduktion als wichtige Elemente der Optimierung durch dazwischen liegende Bereiche ermöglichen.
- Klar definierte Zwischenziele der Planungsarbeiten und Beurteilungsmöglichkeiten der Zwischenergebnisse.
- Ansatzpunkte für Zwischenentscheidungen, Einflußnahme auf den weiteren Projektablauf.
- Bilden von Zwischenebenen, die für die weitere Planungsarbeit als bereinigte Grundlage dienen.

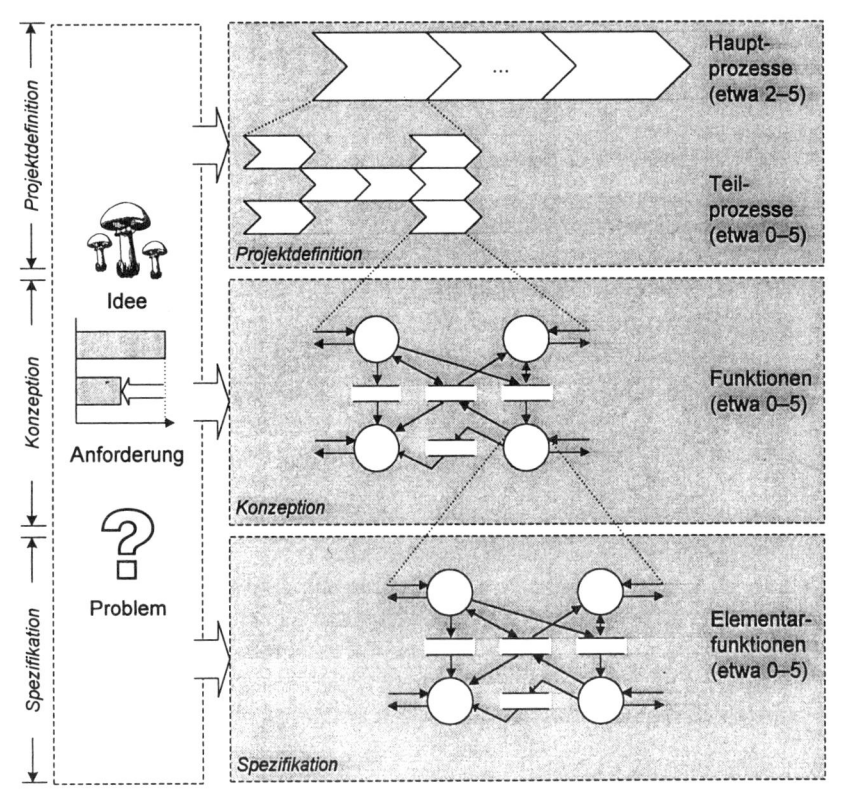

Abb. 2.6 Verfeinerung der Modelle in den einzelnen Phasen

Eine besondere Bedeutung kommt der frühzeitigen Ermittlung der Entscheidungsgrundlagen zu. Das gleiche gilt auch für die stufenweise Entscheidungsfindung.

Jede Projektphase hat ihre eigene systemtechnische Zielsetzung. Damit soll sichergestellt werden, daß die nachfolgenden Phasen auf den Ergebnissen der vorangehenden aufbaut und keine weiteren, neuen Grundsatzvarianten entstehen (vgl. Aggteleky u. Bajna 1992, S. 21). Für jede (Projekt-)Phase können eine Vielzahl von Methoden eingesetzt werden. Die einsetzbaren Methoden können häufig mehrfach genutzt werden (Tabelle 2.1)

Tabelle 2.1 Projektabschnitte, Phasen, Arbeitsschritte und Methoden im Überblick

Projekt-abschnitt	Phase	vorgesehene Arbeitsschritte	geeignete Methoden (grobe Angabe)	Mehrfachnutzungsgrad der Methoden (grobe Angabe)
Projekt	Projektvorbereitung	14	40	1,5
	Konzeption	14	60	2,5
	Spezifikation	14	40	2,0
	Realisierung	10	30	1,5
	Implementierung	10	20	1,0
	Betrieb	4	10	1,0

2.2 Phase Projektvorbereitung

Um unnötige Risiken zu vermeiden und um einen möglichst erfolgreichen Projektverlauf zu gewährleisten, sind Projekte im Vorfeld sorgfältig vorzubereiten. Das primäre Ziel der Projektvorbereitung ist es, Anforderungen, Ideen und/oder Probleme so zu konkretisieren, daß ein klar formulierter und definierter Auftrag der Projektleitung und den Projektteams übergeben werden kann. Der Projektauftrag sollte die Problemstellung, die Zielsetzung und die Bedingungen, die Lösungsansätze, die Aufgabenabgrenzung, den Vorgehensrahmen sowie die Ressourcen Zeit, Kapazität oder Kosten, beschreiben und quantifizieren.

Die Projektvorbereitung wird vom favorisierten Projektleiter oder einer anderen Person erstellt. Bei sehr großen Vorhaben kann auch ein Vorprojekt mit einem Projektteam gebildet werden. Grundsätzlich sollte bei Beginn der Projektdefinition der Projektleiter nicht für die gesamte Projektdauer bestimmt worden sein. Die Erstellung der Projektdefinition macht gleichzeitig das benötigte Qualifikationsprofil des Projektleiters sichtbar.

Die Arbeitsschritte und geeigneten Methoden für die Projektvorbereitung sind in Tabelle 2.2 dargestellt. Darüber hinaus können folgende Methoden für alle Arbeitsschritte der Projektdefinition angewendet werden:

2 Projektphasen und Arbeitsschritte

- Sonstige Dokumentations- und Darstellungsmethoden (Kap. 4.5)
- Kreativitätsmethoden (Kap. 4.6)

Der grobe zeitliche Ablauf der Projektvorbereitung ist in Abb. 2.7 festgehalten. Je nach Problemstellung können zwischen zwei und fünf Meilensteine in der Projektvorbereitung festgelegt werden. Ihre Aufgabe ist es, Teilergebnisse möglichst frühzeitig zu analysieren und zu reflektieren.

Tabelle 2.2 Arbeitsschritte und Methoden für die Projektvorbereitung

Arbeitsschritte und Ergebnisse für die Projektvorbereitung	geeignete Methoden
1. Projektvorbereitungsplanung	• Auftragsanalyse • Projektplanung
2. Problembeschreibung	• Situationsanalyse • Problemanalyse • Problemlösungsbesprechung
3. Entwicklungstrends	• Analyse- und Designmethoden der Unternehmensentwicklung
4. Geschäftsprozeßmodell und Einzelzieldefinition	• Analyse- und Designmethoden der Organisation, insb. Prozeßanalyse • Nutzen-Controlling
5. Projektaufgabendefinition	• Projektzieldefinition • Projektaufgabenbeschreibung • Projektbedingungsdefinition • Zielbeziehungsanalyse
6. Lösungsansätze	• Analyse- und Designmethoden der EDV
7. Projektgrenzen	• Teilprojektbildung
8. Wirtschaftlichkeitsbetrachtung	• Nutzen-Controlling • Rentabilitätsanalyse
9. Gesamtprojektplanung	• Projektplanung • Aufwandsschätzung
10. Projektorganisation und Projektdokumentation	• Projektorganisation • Kompetenzmatrix • Projektdokumentation und Berichtswesen
11. Konzeptionsplanung	• Projektplanung • Aufwandsschätzung
12. Risikominimierung	• Chancen-Risiko-Analyse
13. Präsentation des Projektauftrages	• Präsentationstechnik • Moderationstechnik
14. Beauftragung von Projektleitung und Projektteam	• Multiprojektmanagement

2.2 Phase Projektvorbereitung

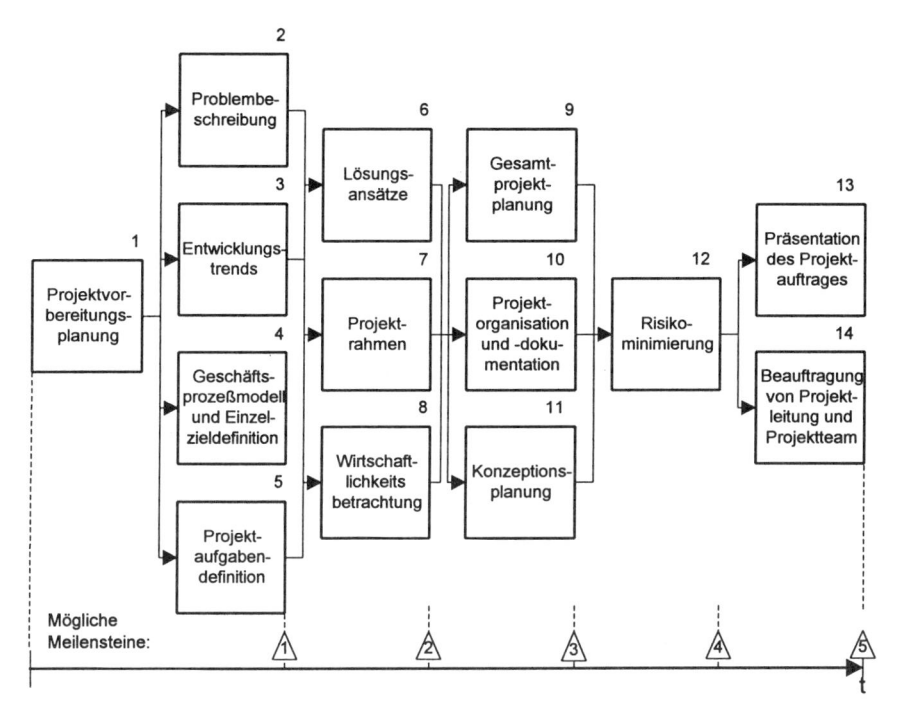

Abb. 2.7 Zeitlicher Ablauf der Phase Projektvorbereitung

> Anmerkung: Diese Vorgehensweise eignet sich nicht nur für Mittel- und Großvorhaben. Auch kleine Aufgaben im Umfang von 2 Stunden bis 1 Woche für einen Mitarbeiter können in diesem Sinn vorbereitet werden. In diesem Fall sind nur drei oder vier oder fünf Schritte abhängig von der Aufgabenstellung von Bedeutung. Es schärft die drei Aspekte:
>
> - Was soll sich fachlich/sachlich ändern?
> - Welche Lösung wird angestrebt bzw. wie soll das System danach aussehen?
> - Wie kann der Weg aussehen?

2.2.1 Planung der Projektvorbereitung

Die Projektvorbereitung beginnt mit der Planung ihres eigenen Ablaufs („Planung der Planung"). Dazu ist es angebracht, den Auftrag im Hinblick auf den Inhalt der Projektvorbereitung und den Umfang zu präzisieren. Gegenstand der Planung sind die Arbeitsschritte 2 bis 14 der Projektvorbereitung.

2 Projektphasen und Arbeitsschritte

Häufig ist bei größeren Projekten die Planung in einer eigenen Vorstudie vorzubereiten. In diesem Fall wird dann meist auch eine Projektorganisation für die Projektvorbereitung festgelegt.

Mit der Auftragsanalyse wird der Gegenstand des Projekts beleuchtet. Weiter können die „Vorder- und Hintermänner", die vom Projekt später Betroffenen oder tangiert sind, präzisiert werden.

Die Planung der Projektvorbereitung bzw. Arbeitsschritte sollte folgende Fragen beantworten:

- Was soll mit der Projektvorbereitung entschieden werden?
- Wovor soll die Projektvorbereitung das Unternehmen schützen?
- Welche Aktivitäten sind für die Vorbereitung eines Projekts notwendig?
- Welcher Zeitrahmen wird benötigt?
- Wann muß die Projektvorbereitung vollständig abgeschlossen sein?
- Müssen aufgrund der Größe Teilprojekte gebildet bzw. angestrebt werden?
- Welche bereichsspezifischen Kapazitäten sind mit welchen Personen für eine qualifizierte Projektvorbereitung notwendig?
- Werden Hilfsmittel benötigt?
- Mit welchen Kosten ist bei der Durchführung der Projektvorbereitung zu rechnen?
- Kann der Ablauf der Projektvorbereitung bezüglich Zeit, personeller Kapazität und/oder Kosten noch optimiert werden?
- Reichen die Information aus, um die Projektvorbereitung zu planen oder ist für die Planung Projektvorbereitung eine eigene kleinere Vorbereitung bzw. Vorstudie notwendig?

Methoden

- Auftragsanalyse (Kap. 3.2)
- Projektplanung (Kap. 3.6)

Art und Umfang

- matrixförmige Darstellung der Arbeitsschritte für die Projektvorbereitung und der Planungskomponenten (Arbeitspakete, Dauer, Zeit, Kapazitäten, Personen, Hilfsmittel und Kosten)
- Umfang etwa 1 bis 2 Seiten

Tools

- Textverarbeitung
- Projektplanung

2.2.2
Problembeschreibung

Damit ein bestimmter Sachverhalt als Projekt oder projektähnliche Aufgabe in einer Projektvorbereitung zu einer separaten Betrachtung kommt, muß eine Anforderung, eine Idee, ein Problem, eine Anregung etc. vorliegen. Dieser Einfluß auf den jetzigen Ist-Zustand ist im Hinblick auf das, was verändert werden soll, zu beschreiben.

Als mögliche Methoden können hier je nach Ausgangssituation Ablaufanalyse, Aufgabenanalyse, Dokumentenanalyse, Situationsanalyse, Problemanalyse, Ursachen-Wirkungs-Analyse und Umweltanalyse eingesetzt werden. Je nach Projektaufgabe können hier auch Marktanalyse, Umweltanalyse, Szenariotechnik, Prozeßanalyse oder Benchmarkingtechnik zum Einsatz kommen.

Oft reichen eine Situationsanalyse mit anschließender Situationsstrukturierung und eine Problemanalyse mit einer anschließenden Problemstrukturierung aus (Abb. 2.8)

Besteht nur ein sehr wager Anhaltspunkt über mögliche Probleme, so können mit einer Problemlösungsbesprechung die einzelnen Zusammenhänge graphisch aufbereitet werden.

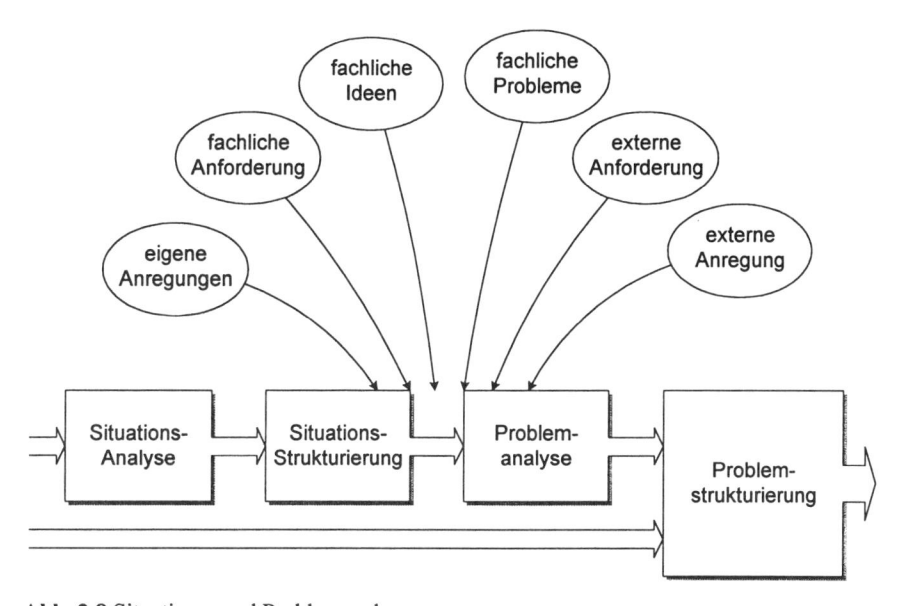

Abb. 2.8 Situations- und Problemanalyse

Die Beschreibung erfolgt in der Projektvorbereitung sehr grob und wird in den Projektphasen Konzeption (Ist-Analyse, Soll-Anforderungen, Lösungskonzept usw.) und Spezifikation verfeinert.

Die Problembeschreibung sollte auf folgende Fragen eine Antwort geben:
- Welche Informationen, Daten und Fakten gelten?
- Welche Meinungen gibt es?
- Welche Probleme sind erkennbar?
- Was wird als Problem, Idee, Anforderung etc. betrachtet?
- Welche Probleme, Ideen, Anforderungen, Stärken oder Schwächen sind vorfindbar?
- Was sind die Ursachen für das Problem?
- Welche Wirkungen gehen vom Problem aus?
- Wo ist was zu verändern?
- Welche Aufgaben, Abläufe, Techniken, Technologien sind angesprochen?
- In welche Richtung?
- Wo liegen die Prioritäten?
- Was ist das Hauptproblem?

Methoden

- Situationsanalyse (Kap. 4.3.1)
- Problemanalyse (Kap. 4.3.2)
- Problemlösungsbesprechung (Kap. 5.4.5)

Art und Umfang

- graphische Darstellung und/oder textliche Beschreibung
- etwa 0,5 bis 5 Seiten

Tools

- Grafikprogramm
- Textverarbeitung

2.2.3
Entwicklungstrends

Ein Lösungsentwurf bzw. -konzept darf nicht nur die Ausgangssituation darstellen, sondern muß auch Veränderungen, die anstehen und „in der Luft" liegen, berücksichtigen. Aus diesem Grunde ist es sowohl bei der Projektdefinition als auch in der Konzeption (Kap. 2.3.4) notwendig, die zukünftige Entwicklung auf ihre Gestaltungsmöglichkeiten hin zu betrachten.

Die zukünftige Entwicklung umfaßt hier nicht nur die technische und technologische Entwicklung, sondern auch die Absatz-/Verkaufs- und Marketingentwicklung, die unternehmenspolitischen und unternehmensstrategischen Entwick-

2.2 Phase Projektvorbereitung

lungen, die Entwicklung in der DV-Technik und Software, die logistische Entwicklung, die theoretischen Entwicklungen der relevanten Wissenschaften (Betriebswirtschaft, Informatik), etc. (Abb. 2.9).

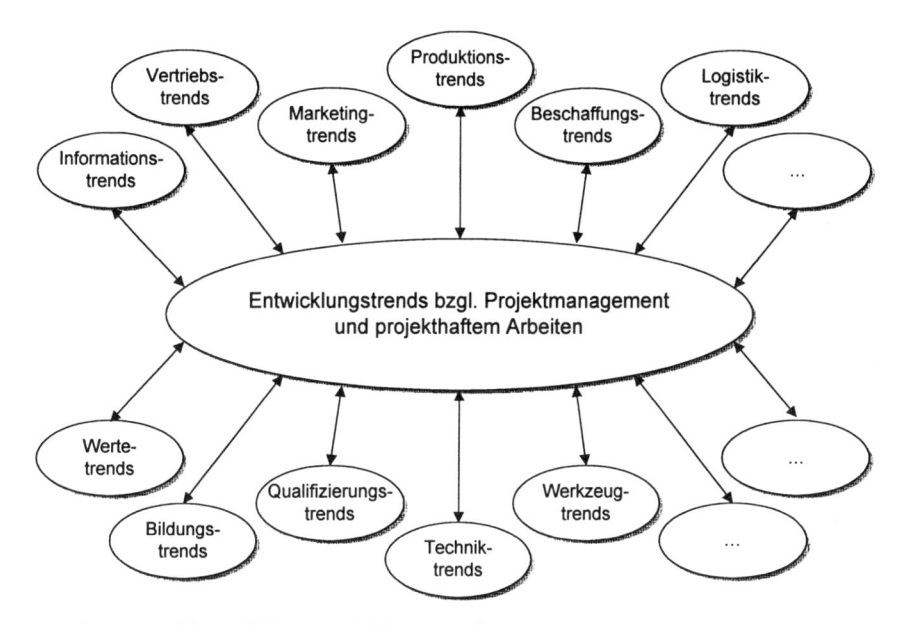

Abb. 2.9 Auswahl möglicher Entwicklungstrends

Mögliche Fragen, die bei der Abschätzung der zukünftigen Entwicklung helfen können, sind:
- Wo geht die Entwicklung im Umfeld hin?
- Wo geht die Entwicklung in der Technik/Technologie hin?
- Sind gravierende oder geringe Veränderungen zu erwarten?
- Welche zukünftigen Entwicklungen muß die Lösung bzw. das Lösungskonzept berücksichtigen?
- Wie groß sind die Risiken der zukünftigen Entwicklungen?
- Sind wir der Erste, die Ersten oder bestehen im Einsatz der neuen Techniken/ Technologien bereits ausreichend Erfahrungen?
- Ist eine Machbarkeitsstudie notwendig?

Methoden

- Umweltanalyse (Kap. 4.2.4)

Art und Umfang

- Textartige und gegebenenfalls graphische Darstellung
- etwa 0,5 bis 5 Seiten

Tools

- Textverarbeitung
- Grafikprogramm

2.2.4
Geschäftsprozeßmodell und Einzelzieldefinition

Mit der Geschäftsprozeßanalyse werden die Probleme aus der vorausgehenden Aktivität der betrieblichen (Produktions- oder Dienstleistung-) Prozeßkette zugeordnet. Unter einer Prozeßkette wird die logische Abfolge von zwei oder mehreren Prozessen verstanden. Ein Prozeß beschreibt einen in sich geschlossenen Vorgang in einem System mit einer Folge von (Verarbeitungs-) Funktionen und definierten Eingangs- und Ausgangszuständen.

(Geschäfts-) Prozeßketten werden üblicherweise in Haupt- und Teilprozesse unterteilt. Die Haupt- und Teilprozesse sind um die Beschreibung der Inputs und Outputs der gesamten Prozeßkette sowie der Prozeßübergänge zu ergänzen. Inputs und Outputs können Daten, Informationen, Dokumente, Ergebnisse etc. sein.

Die Prozesse, für die eine Veränderung vorgesehen ist, sind nach Möglichkeit als quantifizierbare Einzelziele bzw. Nutzenpotentiale zu definieren.

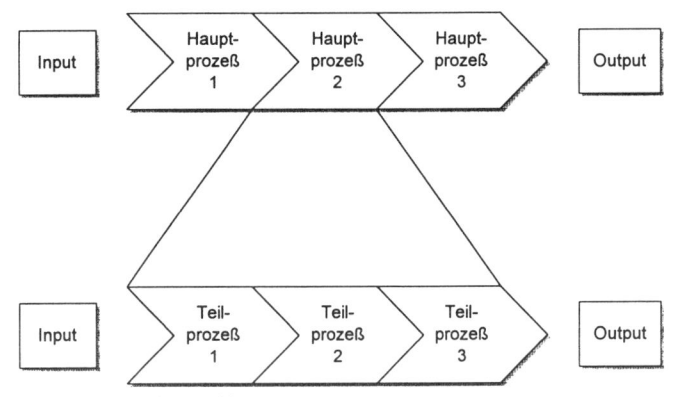

Abb. 2.10 Haupt- und Teilprozeßkette

Bei der graphischen und textlichen Dokumentation empfiehlt es sich, folgende Informationen grob zu berücksichtigen (Tabelle 2.3):

- Name des Haupt- und Teilprozesses
- Kurze Beschreibung
- Problem derzeit in diesem Prozeß
- Ideen für die Problemlösung
- Derzeitige DV-Systemunterstützung des Prozesses

Handlungspotential für anstehendes Vorhaben, Projekt oder projekthafte Arbeiten

Tabelle 2.3 Grobbeschreibung des Geschäftsprozeßmodells

	Hauptprozeß ... 1	Hauptprozeß ... 2	Hauptprozeß ... n
Name:			
Beschreibung des Prozesses:			
Derzeitige Probleme			
Derzeitige DV-Unterstützung			
Ideen			
Handlungsbedarf			

Die Methoden Nutzen-Controlling, Projektzieldefinition und Projektbedingungsdefinition helfen, die Ziele und Bedingungen für die einzelnen Haupt- und Teilprozesse systematisch zu entwickeln.

Fragen für die Erstellung eines Geschäftsprozeßmodells und die Einzieldefinition sind:
- Um welche Prozeßkette geht es?
- Was geht als Input in die Prozeßkette ein?
- Was kommt als Output aus der Prozeßkette?
- In welche 2 bis 5 Hauptprozesse kann die Prozeßkette aufgeteilt werden?
- Welche Hauptprozesse sind so wichtig, daß sie in Teilprozesse unterteilt werden müssen bzw. sollten?
- Wie können die Teilprozesse definiert werden?
- In welchen Haupt- und Teilprozessen stecken die Verbesserungspotentiale?
- Welche Einzelziele können bereits definiert werden?

Methoden

- Prozeßkettenanalyse (Kap. 4.3.4)
- Nutzen-Controlling (Kap. 3.11.2)

Art und Umfang

- Grafische Darstellung der Prozeßkette
- Textartige Beschreibung der Haupt- und Teilprozesse
- Zusammenstellung der Einzelziele
- etwa 2 bis 10 Seiten

Tools

- Grafikprogramm
- Textverarbeitung

2.2.5 Projektdefinition mit Projektzielen und Bedingungen

Die Projektbeschreibung umfaßt in der Regel die verbale Beschreibung der zu optimierenden Objekte (technischer und/oder organisatorischer Systeme, eines Ablaufs, einer Baugruppe oder eines Einzelteils) mit den bedeutendsten Zielsetzungen und wichtigsten Bedingungen. Dies setzt voraus, daß zunächst über die Projektziele und -bedingungen Klarheit gewonnen wird.

Da sich Projektziele häufig gegenseitig beeinflussen, ist die Beziehung zueinander und die Priorität untereinander zu analysieren und festzuschreiben. Setzt sich das Kostenziel z. B. aus mehreren Einzelzielen zusammen, so sind auch die Einzelziele aus den Haupt- und Teilprozessen zu bestimmen.

Vorteilhaft ist es, an dieser Stelle noch nicht von Projektnutzen zu sprechen, sondern von Nutzenpotentialen, die mit dem Projekt realisiert werden sollen.

Folgende Fragen sollten in dieser Aktivität eindeutig beantwortet werden:

- Welche Ziele werden mit diesem Projekt verfolgt?
- Wie präzise kann das Ziel bzw. die Ziele quantifiziert werden?
- Besteht eine Abhängigkeit zwischen den Zielen?
- Wenn ja, welche?
- Wie sieht die Priorität der einzelnen Ziele aus?
- Welche Prämissen sind einzuhalten?
- Wie lautet die Aufgabenstellung mit den wichtigsten Zielen und Prämissen?
- Wie weit haben die Beteiligten unterschiedliche Ziele?
- Wer verfolgt welche Ziele?

Methoden

- Projektzieldefinition (Kap. 3.4.1)
- Projektbedingungsdefinition (Kap. 3.4.2)
- Zielbeziehungsanalyse (Kap. 3.4.3)
- Projektaufgabenbeschreibung (Kap. 3.4.4)

Art und Umfang

- Textliche Beschreibung
- etwa 0,5 bis 3 Seiten

Tools

- Textverarbeitung

2.2.6 Lösungsansätze

Ohne die bisher diskutierten und angedachten Lösungsmöglichkeiten dokumentiert zu haben, wurde die Projektaufgabendefinition mit den Projektzielen und Bedingungen festgeschrieben. Aus dem Grund, daß Ziele meist auf vielfältige Weise gelöst werden können und die Lösungsmöglichkeiten durch die Bedingungen eingeengt werden, sind die Lösungsmöglichkeiten nach der Zieldefinition zu dokumentieren.

In diesem frühen Stadium reichen oft eine oder mehrere Grafiken mit einer stichwortartigen Beschreibung für die Dokumentation von Lösungsmöglichkeiten aus.

Da Projekte bzw. Teilprojekte oder Projektstufen eine Maximaldauer von ein bis zwei Jahren und eine Maximalgröße von sechs bis acht Personen in der Regel nicht überschreiten sollten, ist bei Großvorhaben an dieser Stelle bereits an eine Aufteilung in Teilprojekte oder Projektstufen zu denken. Sind mehrere Projekte oder ein Gesamtprojekt mit mehreren Teilprojekten angedacht, so sind die Lösungsansätze und Lösungskomponenten den vorgesehenen Projekten oder Teilprojekten zuzuordnen.

Die Dokumentation der Lösungsansätze sollte zumindest die Fragen beantworten:

- Welche Lösungen/Lösungsansätze wurden bisher diskutiert?
- Was sind die Vor- und Nachteile der einzelnen Lösungsansätze?
- Welche Chancen und Risiken eröffnen die Lösungsansätze?
- Wie werden die Lösungen/Lösungsansätze priorisiert?
- Kann oder sollte die Projektaufgabe in zwei oder mehrere Aufgaben unterteilt werden?

- Wo müssen zur Minimierung der Risiken noch Informationen eingeholt werden?
- Kann für die Aufgabenstellung auch Standard-Software eingesetzt werden?
- Welche Rechner und Datensatz-Plattform ist vorgesehen?
- Welche Programmiersprache ist vorgesehen?

Methoden

- Analyse- und Designmethoden der EDV (Kap. 4.4)

Art und Umfang

- Grafische Darstellung ergänzt mit textlicher Beschreibung
- etwa 1 bis 5 Seiten

Tools

- Grafikprogramm
- Textverarbeitung

2.2.7 Projektgrenzen

Jede Projektaufgabe ist in die Unternehmensorganisation eingebunden. Die Einbindung erfolgt hierarchisch (Aufbauorganisation), prozeßspezifisch (Ablauforganisation) und dv-technisch (Schnittstellen zu Anwendungssystemen). Je nach Festlegung des Untersuchungsrahmens der Projektaufgabe kann sich der Projektaufwand sehr stark verändern. In aller Regel ist die Liste bzw. Aufzählung dessen, was betroffen ist, länger als die Aufzählung dessen, was vom Projekt betroffen ist. Tabelle 2.4 zeigt eine mögliche Darstellungsform für die Dokumentation der Projektgrenzen.

Für die Abgrenzung des Projektrahmens können folgende Fragen behilflich sein:

- Wo liegen die Grenzen des Projekts?
- Welche Prozesse sind Gegenstand des Projekts?
- Welche nicht mehr?
- Welche Bereiche sind betroffen?
- Welche nicht?
- Zu welchen Techniken und/oder DV-Systemen sind Schnittstellen zu berücksichtigen?
- Zu welchen nicht?
- Welche Informationen müssen ausgetauscht werden?
- In welche Richtung?
- Wer ist der Informationseigentümer?
- Was bedeutet die dv-technische Schnittstelle für den Datenschutz und die Datensicherheit?

Tabelle 2.4 Definition der Projektgrenzen

	Was gehört zum Projekt?	Was gehört nicht zum Projekt?
Aufbauorganisation • Bereiche • Abteilungen etc.		
Ablauforganisation • Hauptprozesse • Teilprozesse etc.		
DV-Schnittstellen • Anwendungssysteme • Netze etc.		
etc.		

Methoden

- Multiprojektmanagement (Kap. 3.7.2)
- Strategisches Projektmanagement (Kap. 3.7.3)
- Teilprojektbildung (Kap. 3.7.1)

Art und Umfang

- Grafische Darstellung und gegebenenfalls textliche Beschreibung
- Kontextdiagramm aus der Methode Strukturierte Analyse
- etwa 1 bis 3 Seiten

Tools

- Grafikprogramm
- Textverarbeitung

2.2.8 Wirtschaftlichkeitsbetrachtung

Je nach Vorgehensweise (induktive Planung oder deduktive Planung) wird die Wirtschaftlichkeitsrechnung vor oder nach der Projektplanung (Arbeitsschritte 9 bis 11) durchgeführt. Die deduktive Planung legt aufgrund des Nutzenpotentials und der Amortisationsvorgaben den maximalen Projektkostenrahmen für eine interessante Projektinvestition fest. Die induktive Planung entwickelt ihren Kostenrahmen aus der Summe der Einzelaufwände anhand der Projektplanung.

In dieser Vorgehensweise wird die deduktive Kostenplanung präferiert.

Die Einzelziele mit ihren betriebswirtschaftlichen Nutzenpotentialen werden zu einem Gesamtprojektnutzen zusammengefaßt. Daraus wird der Maximalaufwand bestimmt. Kann zu diesem Aufwand das Projekt bzw. die Aufgabe nicht durchgeführt werden, so ist z. B. mit einer ABC-Analyse der Aufgabenumfang auf A- und B-Potentiale oder nur auf A-Potentiale zu begrenzen (Abb. 2.11).

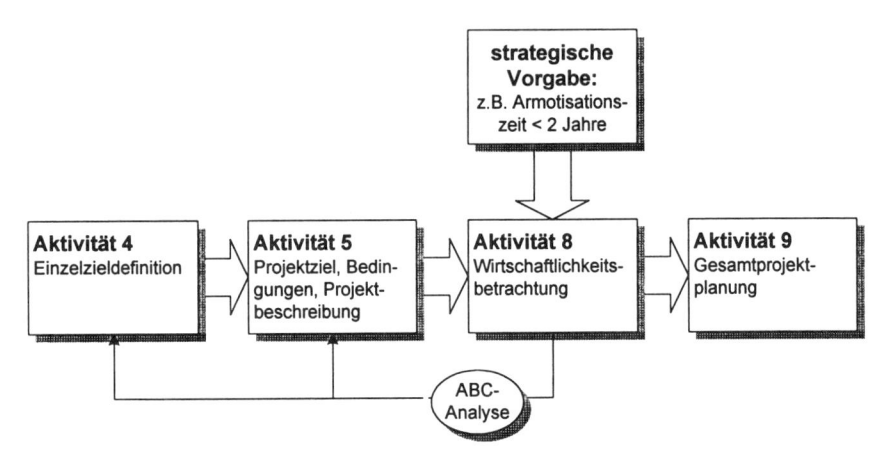

Abb. 2.11 Wirtschaftlichkeitsbetrachtung

Die in dieser Aktivität zu beantwortenden Fragen sind:
- Welcher Nutzen wird in Form von Projektzielen und/oder Einzelzielen anvisiert?
- Wird durch die Kostenbetrachtung und -verfolgung eher eine induktive oder eher eine deduktive Vorgehensweise angestrebt?
- Mit welchen Projektkosten ist aus jetziger Sicht zu rechnen?
- Reicht die ermittelte Amortisationszeit für die Durchführung des Projekts aus?
- Kann das Projekt aufgrund der Wirtschaftlichkeitsbetrachtung in Stufen (Stufe 1: Realisierung von A-Nutzen, Stufe 2: Realisierung von B-Nutzen, Stufe 3: Realisierung von C-Nutzen) aufgeteilt werden?

Methoden

- Nutzen-Controlling (Kap. 3.11.2)
- Rentabilitätsanalyse (Kap. 3.10)

Art und Umfang

- Tabellarische und textartige Darstellung
- etwa 1 bis 2 Seiten

Tools

- Textverarbeitung

2.2.9 Gesamtprojektplanung

Nachdem die inhaltliche Projektplanung das Problem skizziert, die Aufgabenstellung definiert, die Lösungsvorstellungen dokumentiert, der Rahmen der Projektaufgabe abgesteckt und die Wirtschaftlichkeit betrachtet wurde, kann die formale Planung des Gesamtprojektablaufs, der Projektorganisation und des Berichtswesens erfolgen.

Innerhalb des Projektablaufs sind Arbeitspakete (in Phasen, Arbeitsschritte bzw. Aktivitäten und Teilaktivitäten), Termine, Kapazitäten, Personal, Betriebs- und Hilfsmittel sowie Kosten zu planen. Dazu werden in Kapitel 3 die Methoden Arbeitspaketplanung, Terminplanung, Kapazitätsplanung, Personalplanung, Hilfsmittelplanung sowie Kostenplanung vorgestellt.

In der Aktivität „Gesamtprojektplanung" sind die nachfolgenden Fragen zu beantworten:

- In welche Phasen wird das Gesamtprojekt für die Bearbeitung unterteilt?
- Können Teilprojekte gebildet werden?
- Wenn ja, wie sehen die Schnittstellen zwischen den Teilprojekten aus?
- Welcher Zeitrahmen ist für die einzelnen Phasen vorgesehen?
- Welcher Zeitrahmen ist für die Phasenübergänge und für die Entscheidungen vom Auftraggeber bzw. Management vorgesehen?
- Welche Kapazitäten werden in den einzelnen Kapiteln von welchen Bereichen benötigt?
- Wer hat die notwendige Qualifikation für die Mitarbeit?
- Welche Hilfsmittel/Sachmittel sind für die Projektdurchführung notwendig?
- Wie teilen sich die Projektkosten auf die Phasen auf?
- Wie teilen sich die Projektkosten in Personal- und Sachkosten auf?
- Welche Projektorganisation wird schwerpunktmäßig ausgewählt?
- Aus welchen Personen setzt sich das Projektteam und die Projektleitung zusammen?
- Wer hat welche Verantwortung, Kompetenzen und Aufgaben?
- Gibt es einen eindeutigen Auftraggeber/Sponsor oder Steuerkreis?
- Wie häufig und in welcher Form wird der Auftraggeber, Sponsor oder Steuerkreis informiert?

Methoden

- Projektplanung (Kap. 3.6)
- Aufwandschätzung (Kap. 4.7)

Art und Umfang

- Grafische und textartige Darstellung der einzelnen Punkte
- etwa 1 bis 5 Seiten

Tools

- Projektplanung
- Grafikprogramm
- Textverarbeitung

2.2.10 Projektorganisation und Projektdokumentation

Ein Projekt ist ein zeitlich befristetes und bereichsübergreifendes Vorhaben, das unter Zusammenarbeit unterschiedlicher Bereiche bearbeitet wird. Da die traditionelle Linienorganisation hierfür wenig geeignet ist, wurden für die Projektorganisation drei klassische Grundformen entwickelt. Dies ist das Einfluß-Projektmanagement, das Matrix-Projektmanagement sowie das Reine Projektmanagement.

Die zentralen Fragestellungen für die Projektorganisation, -dokumentation und -berichtswesen lauten:

- Welche Projektorganisation muß aufgrund der sachlichen Anforderungen gewählt werden?
- Ist diese Projektorganisation aufgrund der formalen Projektvorgehensweise sinnvoll und praktikabel?
- Wie kann das Projektteam möglichst klein gehalten werden?
- Welche Projektergebnisse und Vorgehensweisen sind zu dokumentieren?
- Wer erstellt die Dokumentationen?
- Ist der Aufwand für die Projektdokumentation in der Planung berücksichtigt und ausreichend?
- Wer muß von welchem Sachverhalt informiert werden?
- Wie häufig hat diese Information zu erfolgen?
- Wer ist verantwortlich für diese Information?

Methoden

- Projektorganisation (Kap. 3.8)
- Kompetenzmatrix (Kap. 3.8.2)
- Projektdokumentation und Berichtswesen (Kap. 3.9)

Art und Umfang

- Grafische und textartige Darstellung und Beschreibung
- etwa 1 bis 5 Seiten

Tools

- Grafikprogramm
- Textverarbeitung

2.2.11 Konzeptionsplanung

In der Konzeptionsplanung wird nur die Phase „Konzeption" hinsichtlich Aktivitäten, Teilaktivitäten, eingesetzte Methoden, Termine, personelle Kapazitäten, Personal, Betriebsmittel und Kosten geplant. Im Einzelfall ist zu prüfen, inwieweit die Projektteams die Zusammensetzung der Anforderungen der Konzeptionsphase abändern müssen. Je nach Projektgröße sind hier auch

- Projekt-kick-off-Veranstaltungen sowie
- Projekt-Workshops für Vorgehensmodell- und Methodenschulung zu berücksichtigen.

Die zentralen Fragestellungen der Konzeptionsplanung lauten:

- In welche Aktivitäten wird die erste Projektphase - Konzeption - unterteilt bzw. welche Aktivitäten sind für die Lösung der konkreten Projektaufgabe erforderlich?
- Müssen die Aktivitäten noch weiter in Teilaktivitäten unterteilt werden?
- Wenn ja, welche?
- Wie kann der Zeitrahmen der Konzeption auf die einzelnen Aktivitäten der Konzeption aufgeteilt werden?
- Welche bereichsspezifischen Kapazitäten werden für die Bearbeitung der einzelnen Aktivitäten benötigt?
- Welche Personen verfügen über die geforderten Qualifikationen, um die Aktivitäten zu bearbeiten?
- Wer übernimmt für die Konzeptionsphase welche Aktivitäten?
- Ist eine Qualifikationsplanung bzw. Weiterbildung noch notwendig?

- Welche Hilfsmittel/Sachmittel werden für die Durchführung der ersten Projektphase benötigt?
- Wie teilen sich die Personal- und Sachkosten auf die einzelnen Aktivitäten auf?
- Sind für die Konzeptionsphase Qualitätssicherungs-Meilensteine erforderlich?
- Wenn ja, wieviele?
- Wie kann die Konzeptionsphase hinsichtlich der Dauer optimiert werden?

Methoden

- Projektplanung (Kap. 3.6)
- Aufwandschätzung (Kap. 4.7)

Art und Umfang

- Grafische und textartige Darstellung und Beschreibung
- etwa 1 bis 5 Seiten

Tools

- Projektplanung
- Grafikprogramm
- Textverarbeitung

2.2.12 Risikominimierung

> Anmerkung: Bitte beachten Sie bei der realen Planung unbedingt Kap. 2.3 (Arbeitsschritte zur Konzeption).

Jede Art von Aufgaben mit den Merkmalen einmalig, komplex, neuartig, bereichsübergreifend und begrenzte Ressourcen sowie eindeutiger Zielsetzung führt nicht unbedingt zu einem Investitions- und damit zu einem Unternehmenserfolg. Grundsätzlich kann die Unterscheidung getroffen werden zwischen (Abb. 2.12):

- Investitionsprojekten, also Vorhaben, die nach einer zuvor definierten Amortisationszeit einen betriebswirtschaftlichen Beitrag zum Unternehmenserfolg leisten,
- strategischen Projekten, also Vorhaben, die einen Beitrag zur strategischen Neupositionierung des Unternehmens leisten, und
- Risikoprojekten, also Vorhaben, für die die Wahrscheinlichkeit für einen Investitionserfolg oder einen strategischen Erfolg gering oder sehr gering ist.

2.2 Phase Projektvorbereitung 37

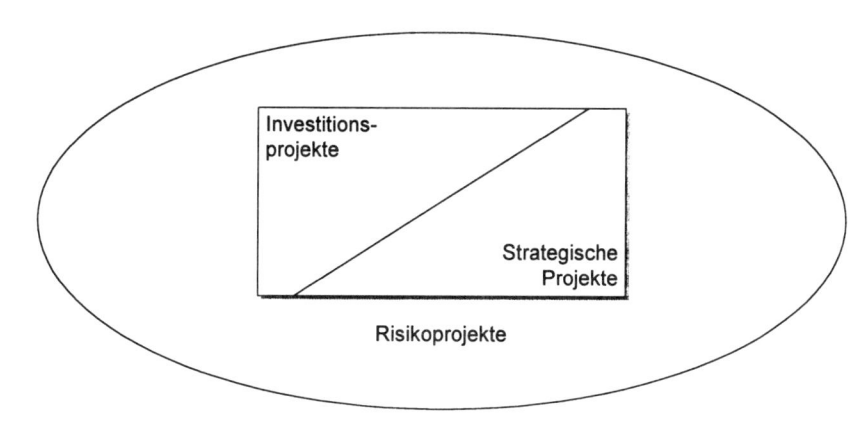

Abb. 2.12 Risikoprojekte

Um diese Unsicherheitsfaktoren frühzeitig zu minimieren und in die Projektsteuerung mit einzubeziehen, sind die Risikofaktoren zu ermitteln, zu bewerten, hohe Risiken durch die Einleitung von Maßnahmen zu reduzieren oder hohe Risiken verstärkt zu beobachten.

Die Maßnahmen für die Reduzierung der Projektrisiken können vielfältiger Art sein. Zu den eher einfacheren kann die Abänderung der Projektbeschreibung, des Aufgabenumfangs oder die Aufteilung in mehrere Teilprojekte gezählt werden. Deutlich schwieriger ist es dagegen, hohe Risiken situativ steuern zu wollen (Abb. 2.13).

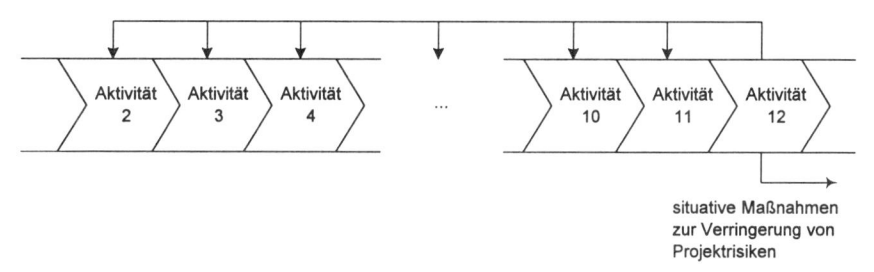

Abb. 2.13 Risiko-Management in der Projektvorbereitung

In Projekten können zwei Arten von Risiken auftreten. Zur ersten Art von Risiken können projektübergreifende Risiken gezählt werden, wie z. B. fehlendes Projektmanagement- und Methoden-Know-how, Ängste der Betroffenen, unklare Entscheidungswege, zu geringe Projekterfahrungen bei der Projektleitung und im Projektteam. Zur zweiten Art von Risiken können projektspezifische Risiken gezählt werden, wie z. B. komplexe Algorithmen und Schnittstellen, unerprobte Technik und fehlendes Spezialwissen. Für die erste Art von Risiken findet der Leser bei der Methode Chancen-Risiken-Analyse eine erste Checkliste mit über dreißig Risikovariablen. Für die zweite Art von Risiken ist für das jeweilige Projekt eine projektspezifische Analyse vorzunehmen.

Wichtige Fragen im Rahmen der Risikominimierung sind:
- Welche sachlichen Risiken beinhaltet das Projekt?
- Welche methodischen und sozialen Risiken beinhaltet das Projekt?
- In welche Komponenten können die Projektrisiken unterteilt werden?
- Welche Risiken sind wie hoch?
- Wie hängen die Risiken untereinander zusammen?
- Wie können hohe Risiken minimiert werden?
- Mit welchen Maßnahmen?
- Wer (Projektleiter, Projektteam, Auftraggeber) sieht in den einzelnen Risikofaktoren, wo, welche Unterschiede?
- Ist das Projekt in der Summe eher ein Investitionsprojekt oder eher ein Risikoprojekt?
- Wenn das Projekt ein Risikoprojekt ist, ist dies auch dem Auftraggeber bewußt?
- Wie bzw. mit welchen Maßnahmen werden hohe Risiken minimiert?
- Sind eine oder mehrere Aktivitäten der Projektvorbereitung zur Reduzierung des Gesamtprojektrisikos zu überarbeiten?

Methoden

- Chancen-Risiko-Analyse (Kap. 3.5.2)

Art und Umfang

- Tabellarische und/oder textartige Darstellung
- etwa 1 bis 3 Seiten

Tools

- Textverarbeitung

2.2.13
Präsentation des Projektauftrages

Dieser Arbeitsschritt faßt die Ergebnisse der Arbeitsschritte 2 bis 12 je Projekt oder Teilprojekt in der Regel in zwei Dokumenten zusammen (Abb. 2.14). Dies sind zum einen die Detailausarbeitung der Einzelergebnisse aus diesen Arbeitsschritten und den angewendeten bzw. eingesetzten Methoden. Zum anderen ist die eine Präsentationsunterlage für die Vorstellung die Idee beim Projektauftraggeber und/oder in einem Projektausschuß.

2.2 Phase Projektvorbereitung

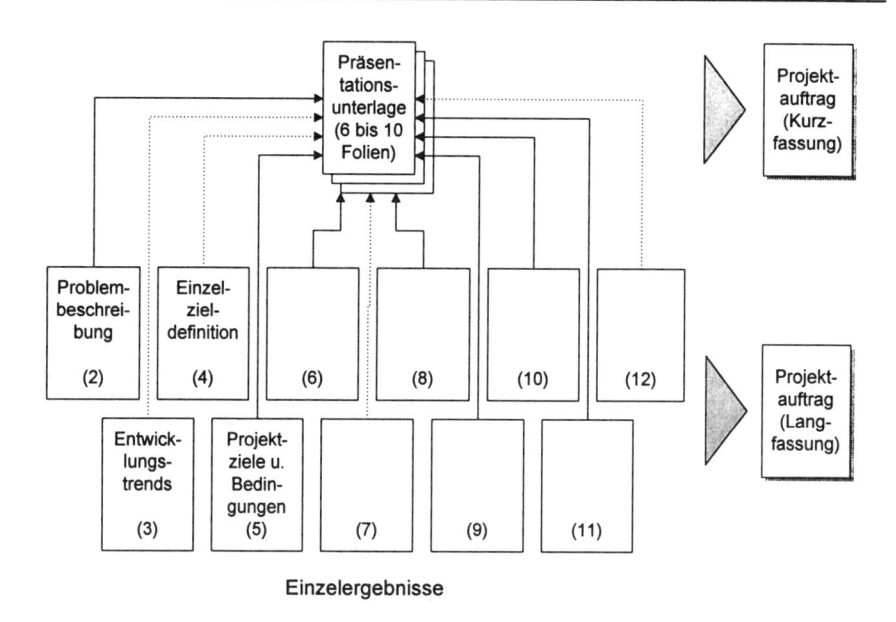

Abb. 2.14 Dokumentation und Präsentation des Projektauftrags

Ratsam ist, bei größeren Vorhaben das Ergebnis einer Abnahme zu unterziehen. An einer solchen Abnahme sollten Auftraggeber und Sponsor, beteiligte Bereiche, zukünftige Projektleitung und ausgewählte Personen des zukünftigen Projektteams mitwirken.

Eine abgeschlossene Projektvorbereitung zu einem konkreten Vorhaben wird häufig, wenn es nicht gleich in die Konzeption geht, in einem Projektportfolio eingestellt. Das Projektportfolio hat die Aufgabe, die projektspezifische Budgetverteilung zu systematisieren und transparent zu machen.

Für den Abschluß der Projektvorbereitung sollten folgende Fragen geklärt sein:
- Sind alle relevanten Aspekte für diese Aufgabenstellung abgedeckt?
- Was fehlt noch bezüglich Transparenz, für die Vorbereitung des Projekts?
- Ist der Projektauftrag klar und eindeutig?
- Ist der Projektauftrag auch klar und eindeutig für die Entscheider?
- Sind die Beteiligten und Betroffenen ausreichend informiert?

Methoden

- Präsentationstechnik (Kap. 5.4.1)
- Moderationstechnik (Kap. 5.4.3)

Art und Umfang

- Zusammenstellung der Arbeitsergebnisse aus Aktivität 2 bis 11 zu einer Projektdefinition (Langfassung)
- etwa 3 bis 100 Seiten
- Vorbereitung einer möglichst schriftlichen Beauftragung der Projektleitung und des Projektteams durch den Auftraggeber/Sponsor
- Zusammenfassung der Projektdefinition (Langfassung) zu einer Präsentationsunterlage vor Projektauftraggeber und gegebenenfalls Projektausschuß und zu einer Projektdefinition (Kurzfassung)
- bei Aufteilung in mehrere Projekte bzw. Teilprojekte ist für jedes Projekt bzw. Teilprojekt ein Projektauftrag zu erstellen

Tools

- Textverarbeitung
- Grafikprogramm

2.2.14
Beauftragung von Projektleitung und Projektteam

Die Beauftragung von Projektleitung und Projektteam ist die offizielle durch den Projektauftraggeber. Sind mehrere Bereiche in etwa gleicher Intensität von der Projektaufgabe betroffen, kann anstelle eines personifizierbaren Auftraggebers ein Projektausschuß definiert werden.

Methoden

- Multiprojektmanagement (Kap. 3.7.2)
- Strategisches Projektmanagement (Kap. 3.7.3)

Art und Umfang

- Richtet sich nach den Teilergebnissen der vorausgehenden Arbeitsschritte.

Tools

- Textverarbeitung

2.2.15
Zusammenfassung zur Projektvorbereitung

Das Zusammenwirken der formalen, der sachlich/inhaltlichen sowie der systemtechnischen Ebene in den vorausgehenden Arbeitsschritten der Phase Projektvorbereitung ist in Abb. 2.15 zusammengefaßt.

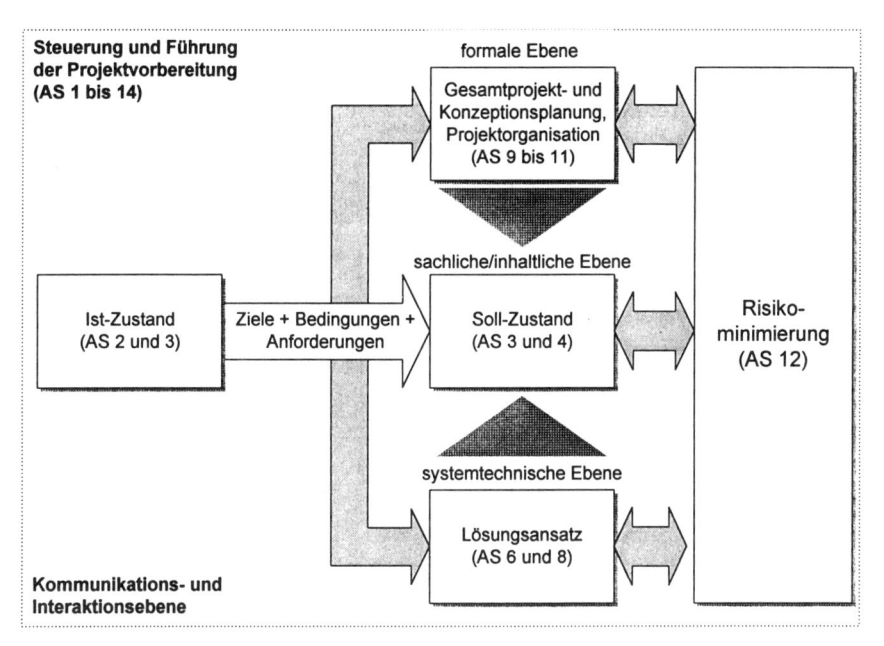

Abb. 2.15 Ebenen der Projektvorbereitung

2.3
Phase Konzeption

Unter der Konzeption versteht man die grobe Strukturierung und Planung einer Sache, die neu erstellt oder verändert werden soll. Das Konzept ist auch etwas vorläufiges, das oft nach Gebrauch wieder weggeworfen wird (Konzeptpapier). Und trotzdem wird es benötigt, um sich einen gewissen Überblick über ein Vorhaben zu verschaffen. Weiter ist es eine Orientierungsrichtlinie, die allen Beteiligten und Betroffenen hilft, ihr Vorhaben und ihre Arbeit durchzuführen, indem es eine gewisse Sicherheit vermittelt. Ein Konzept bzw. eine Konzeption ist damit keine starre Vorgabe, die keine Abweichungen erlaubt.

Konzepte und Konzeptionen werden in allen wissenschaftlichen Fachrichtungen, in allen wirtschaftlichen Branchen, in allen verwaltungstechnischen Bereichen etc. erstellt.

Ein Konzept kann unterteilt werden in:
- einen sachlichen/inhaltlichen Teil,
- einen systemtechnischen Teil und
- einen formalen Teil.

Der Konzeption kommen damit folgende Aufgaben zu:
- einen Grobentwurf mit allem Wichtigen (Zielen) und Notwendigen (Anforderungen) für die Ist-Situation darzustellen,
- Lösungsideen und -alternativen zu entwickeln,
- Lösungsalternativen konzeptionell aufzubereiten und
- eine Entscheidung zugunsten eines Lösungsentwurfes für die weitere Spezifikation und Realisierung zu treffen.

Die Arbeitsschritte und geeigneten Methoden für die Projektphase Konzeption sind in Tabelle 2.5 aufgeführt. Darüber hinaus können folgende Methoden für alle Arbeitsschritte der Konzeption angewendet werden:
- Sonstige Dokumentations- und Darstellungsmethoden (Kap. 4.5)
- Kreativitätsmethoden (Kap. 4.6)
- Gruppendynamik (Kap. 5.4.5)
- Teamentwicklung (Kap. 5.4.6)

Der zeitliche Ablauf der Konzeption ist in Abb. 2.16 aufgezeigt. Je nach Sachverhalt können zwischen ein und fünf Meilensteine für die Qualitätssicherung der Grobkonzeption festgelegt werden.

Für die Konzeption von Lösungen (Tabelle 2.5 und Abb. 2.16) bleibt noch anzumerken:
- Die Arbeitsschritte eins (Konzeptionsvorbereitung) und zwei (Kick-off-Workshop) dienen zur Vorbereitung, Planung und Herstellung der Arbeitsfähigkeit des Projektteams als Ganzes und der Projektteammitglieder als Individuen.
- Die Arbeitsschritte sechs (Ideensuche) und sieben (Lösungsalternativen) setzen gezielt auf einen Kreativitätsprozeß für die Nutzung des kreativen Potentials der Mitarbeiter.

2.3 Phase Konzeption

Tabelle 2.5 Arbeitsschritte und Methoden für die Konzeption

Arbeitsschritte und Ergebnisse für die Konzeption	geeignete Methoden
1. Konzeptionsvorbereitung	• Auftragsanalyse • Projektplanung • Teamentwicklung • Gruppendynamik
2. Kick-off-Workshop	• Projekt-Kick-off • Entwicklung und Gestaltung von Workshops und Seminaren
3. Ist-Analyse	• Analyse- und Designmethoden
4. Trendanalyse	• Analyse- und Designmethoden der Unternehmensentwicklung
5. Soll-Anforderungen	• Analyse- und Designmethoden • Qualitätsplanung • Projektzieldefinition • Bedingungsdefinition • Zielbeziehungsanalyse
6. Ideensuche	• Kreativitätsmethoden
7. Lösungsentwürfe	• Kreativitätsmethoden • Analyse- und Designmethoden • Bewertungstechniken
8. Lösungskonzepte	• Analyse- und Designmethoden
9. Wirtschaftlichkeitsprüfung	• Nutzen-Controlling • Bewertungsmethoden • Rentabilitätsanalyse
10. Make-or-buy-Entscheidung	• Bewertungsmethoden
11. Gesamtprojektplanung	• Projektplanung • Aufwandschätzung • Projektorganisation • Kompetenzmatrix
12. Spezifikationsplanung	• Projektplanung • Aufwandschätzung
13. Risikominimierung	• Chancen-Risiko-Analyse
14. Konzeptionsabnahme	• Abnahmeverfahren • Auftragsabnahme

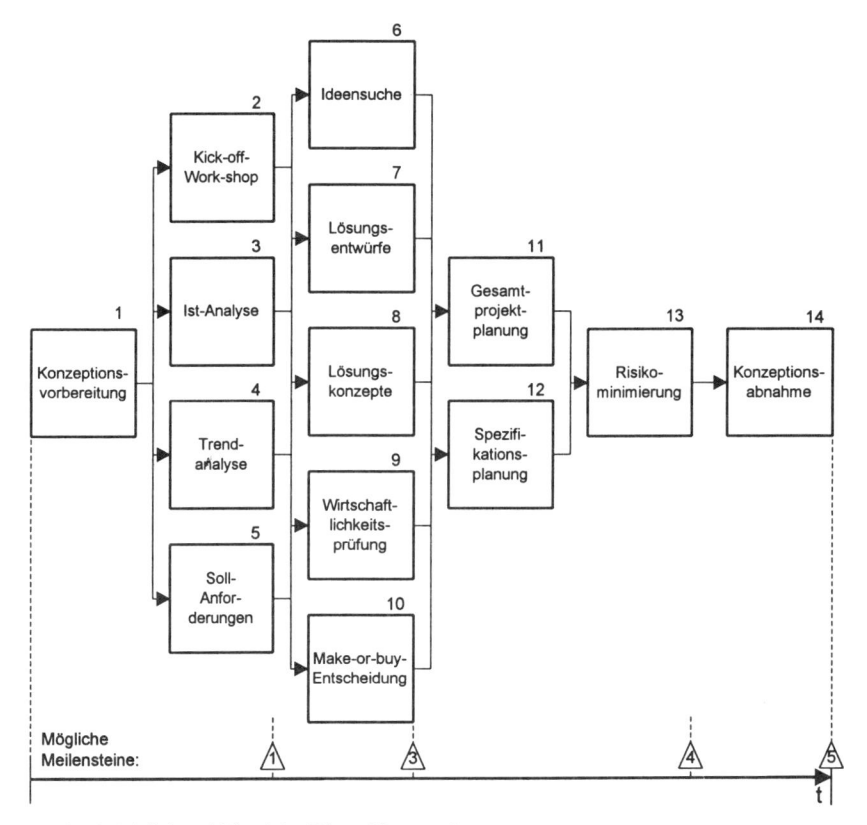

Abb. 2.16 Zeitlicher Ablauf der Phase Konzeption

Anmerkung: Im Mittelpunkt der Projektarbeit steht die Analyse, die Entwicklung, das Design, die Abstimmung von Strukturen in irgendeiner Art, z. B. Funktionsstrukturen, Prozeßstrukturen, Informationsstrukturen, Kommunikationsstrukturen, Kundenstrukturen, Produktstrukturen, Lieferstrukturen, Vertriebs- und Werbestrukturen, etc.
Wird an der Stelle von Eigenentwicklung der Lösung eine Fremdlösung gekauft, so hat dies auch Auswirkungen auf die Soll-Strukturen. In aller Regel sind dann Fremdstrukturen einzuführen, anzupassen und zu implementieren. Dies gilt insbesondere für die Einführung von Standard-Software oder die Integration von Systemkomponenten, d. h. diese Fremdstrukturen (dies können Schnittstellen-Formen, bestimmte Steuerungsmethoden und -verfahren, Datenbeziehungen, Funktionsaufteilungen, Teilkomponenten, etc. sein) sind im Rahmen der Konzeption zu erkennen und lösungstechnisch zu konzipieren.

2.3.1
Konzeptionsvorbereitung

In der Konzeptionsvorbereitung sind die Ergebnisse der Vorbereitung zu überprüfen und die Konzeptionsplanungen aus der Projektvorbereitung gegebenenfalls zu ergänzen oder zu detaillieren. Im Mittelpunkt steht die Optimierung der Zusammenarbeit von (Projekt-) Auftraggeber, über den Projektausschuß/Steuerkreis, Projektleitung und Projektteam, bis hin zum externen Dienstleister.

Da in der Zusammenarbeit von mehreren Personen vor allem in den Anfangsphasen Meinungsunterschiede, unterschiedliche Zielsetzungen, unklare Rollenverteilung, versteckte Machtstrukturen ganz natürliche Phänomene sind, ist es angebracht, die Zusammenarbeit in späteren Teams auch auf der Beziehungsebene vorzubereiten und zu planen.

Mögliche Fragen können sein:
- Wie groß bzw. wie eng ist der Gestaltungsraum für die Projektarbeit und die Projektleitung?
- Ist die Tiefe der Konzeptionsplanung ausreichend?
- Welche Modelle sind zu erstellen?
- Wie stehen die Modelle im Zusammenhang?
- Wie wird die Teamentwicklung und Gruppendynamik ablaufen?
- Können Konflikte auftreten?
- Wenn ja, welche?
- Wie können die Konflikte beschleunigt werden?
- Ist den Projektteammitgliedern die Vorgehensweise in der Konzeption bekannt?
- Hat der Projektablauf aufgrund der Bedeutung der Projektaufgabe offiziell vom Auftraggeber zu erfolgen?
- Wird eine Kick-off-Veranstaltung durchgeführt?
- Wenn ja, wie?
- Wer ist im Rahmen des Projekts für welche Entscheidung zuständig?
- Wer muß/will wann über was informiert werden?

Methoden

- Auftragsanalyse (Kap. 3.2.1)
- Projektplanung (Kap. 3.6)
- Gruppendynamik (Kap. 5.4.6)
- Teamentwicklung (Kap. 5.4.7)

Art und Umfang

- Textartige Beschreibung
- etwa 0,5 bis 3 Seiten

Tools

- Textverarbeitung
- Projektplanung

2.3.2
Kick-off-Workshop

Für den offiziellen Startschuß des Projekts ist es bei anspruchsvollen Projekten ratsam, dies in einer eigenständigen Veranstaltung zu tun. Anspruchsvoll heißt in diesem Zusammenhang nicht unbedingt eine bestimmte Projektkostengrenze zu überschreiten, sondern eher, daß ein Ziel im Ausmaß und/oder der Reichweite nicht zum „Kleinkram" gerechnet werden kann.

Wichtige Fragen für die Vorbereitung eines Kick-off-Workshops sind:

- Wie konfliktgeladen ist die Projektaufgabe, die Projektgruppe, das Projektumfeld etc.?
- Wieviel Vorinformationen, Vorwissen und Vorerfahrungen sind vorhanden?
- Welche?
- Wie kann eine Situation und Atmosphäre geschaffen werden, von der alle positiv überrascht sind?
- Wie können mögliche verborgene Konflikte möglichst spielerisch ans Tageslicht gebracht werden, ohne daß die Zusammenarbeit in der Sache gestört ist/wird?

Methoden

- Projekt-Kick-off (Kap. 5.5.6)
- Entwicklung und Gestaltung von Workshop und Seminar (Kap. 5.5.3)

Art und Umfang

- 2 Stunden bis 5 Tage
- Inhouse oder extern
- Spannweite von einer Präsentation der Projektdefinition über die methodische und thematische Einführung bis zu einem Event-Wochenende

Tools

- keine

2.3.3 Ist-Analyse

Die Ist-Analyse stellt die Ausgangssituation durch eine Analyse des gegenwärtigen Informationsstands dar (vgl. Zentrum Wertanalyse 1995, S. 104). Abhängig von der Zielsetzung der Aufgabenstellung ist zum einen der Hauptgegenstand des Vorhabens (z. B. die Ablaufstruktur, die Informationsstruktur, die Funktionsstruktur oder die Qualitätsstruktur) mit Hilfe von bestimmten Analysemethode ein oder mehrere Modelle zu entwickeln (Abb. 2.17).

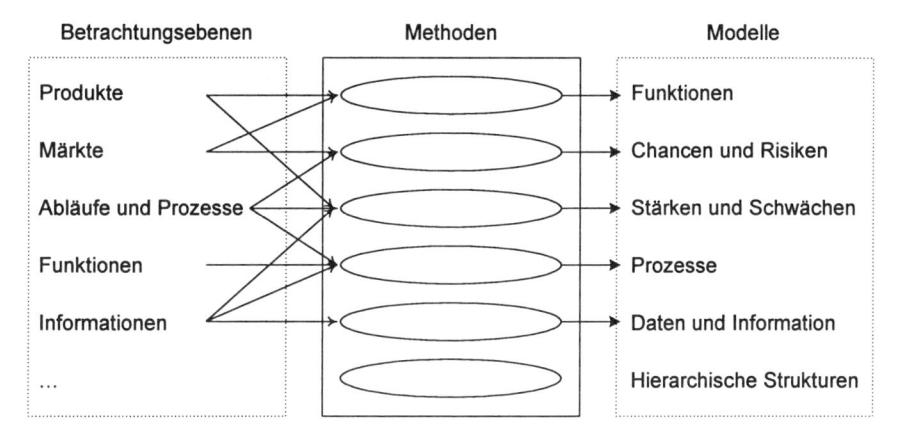

Betrachtungsebenen	Methoden	Modelle
Produkte		Funktionen
Märkte		Chancen und Risiken
Abläufe und Prozesse		Stärken und Schwächen
Funktionen		Prozesse
Informationen		Daten und Information
...		Hierarchische Strukturen

Abb. 2.17 Zusammensetzung von Analyse-Gegenständen, Methoden und Modelle

Anmerkung: Die Auswahl der passenden Modelle für Analyse und Design zählt mit zu den schwierigsten Aufgaben bei Projekten und projekthaften Arbeiten.

Für die Entwicklung integrierter Anwendungssysteme hat Scheer in ARIS (vgl. Scheer 1991, S. VII) die vier Modelle Organisationsmodelle, Vorgangs- und Funktionsmodelle, Datenmodelle und Steuermodelle zu einer Einheit integriert. Jedes Modell ergänzt das Wissen um eine spezifische Sichtweise (Abb. 2.18). Die Modelle untereinander müssen fähig sein, Teilinformationen eines anderen Modells nutzen zu können.

Für die Unternehmensentwicklung integriert Weissmann folgende Methoden: Ist-Vision, Trendanalyse, Kundenanalyse, Mitbewerberanalyse sowie Eigensituationsanalyse.

Zum anderen sind die einzelnen Modellelemente (z. B. Ablauf, Informationen, Funktionen, Qualität) mit der Meßzahl des Projektzieles zu quantifizieren.

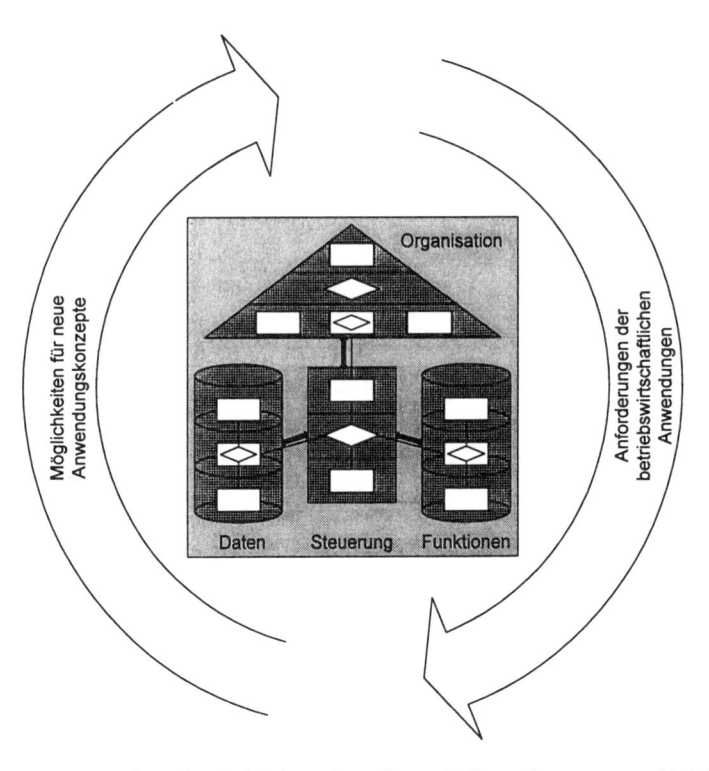

Abb. 2.18 Modelle für die Architektur integrierter Informationssysteme (ARIS) (vgl. Scheer 1991, S. 18)

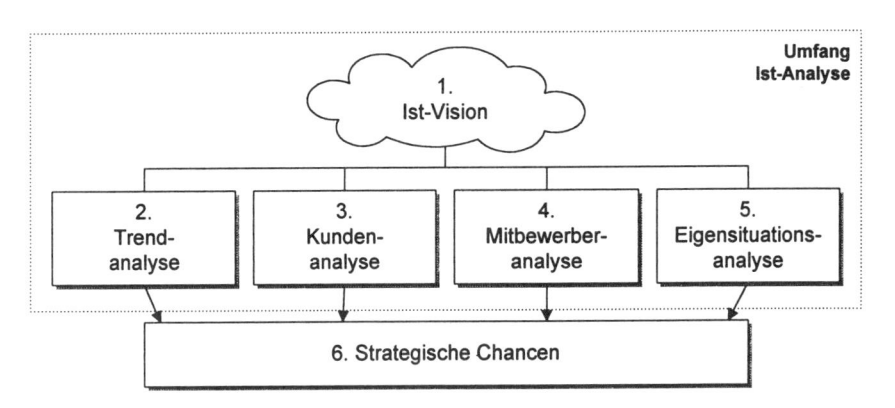

Abb. 2.19 Modelle für die Unternehmensentwicklung (vgl. Weissmann 1996, S. 27)

Für Kostenziele eignen sich Funktionsbäume mit der Kostenverteilung auf die einzelnen Funktionen (Abb. 2.20). Bei Zeitzielen sind an dieser Stelle die Prozeßkette oder der Dokumentenablauf mit einem Balkendiagramm oder einem Nutzenplan zu ergänzen. Ebenso ist für die Beschleunigung von Informationsflüssen mit einem Balkendiagramm oder Netzplan das Zeitverhalten zu modellieren (Abb. 2.21). Etwas schwieriger wird es dagegen bei Qualitätszielen. Hier ist bereits bei der Projektdefinition die Qualität näher zu präzisieren, z. B. auf Vollständigkeit, Richtigkeit, Aussagefähigkeit oder Informationsschwund.

Die Ist-Analyse kann in sieben Teilschritte unterteilt werden:

1. Sammeln von Informationen
   bezüglich der Schwachstellen, Funktionen, Informationsflüsse, Speicher und Objekte, Bedingungen/Prämissen sowie Ideen.
2. Ordnen und Darstellen der Informationen
   Dies kann z. B. mittels der Strukturierten Analyse (Kap. 4.3) erfolgen. So hilft die Strukturierte Analyse, Begriffe, Elemente, Funktionen, Speicher, Informationsflüsse, Über- und Untersysteme, Umgebungen etc. darzustellen, abzugrenzen und transparent zu machen (Strukturierte Analyse).
3. Verdichten der Funktionen und Informationen
   Die Betrachtungstiefe wird beschränkt, ohne gleichzeitig den Betrachtungshorizont zu begrenzen. Hier ist zu unterscheiden, ob eher eine Grobkonzeption für das Prüfen und Abwägen von Lösungsalternativen oder eine Feinkonzeption mit detaillierter Beschreibung bis auf Elementarfunktionsebene erwünscht wird.
4. Unnötige und unerwünschte Funktionen und/oder Informationen kennzeichnen.
   Hierzu können Fragestellungen hilfreich sein:
   - Sind die Funktionen und/oder Informationen erforderlich?
   - Sind die Funktionen und/oder Informationen die verursachenden Kosten wert?
5. Lösungsbedingte Vorgaben/Bedingungen auf Vollständigkeit überprüfen
   - Welche Bedingungen (Gesetze, Vorschriften etc.) sind einzuhalten?
   - Welche Schnittstellen sind fest?
   - Welche Datenmengen sind zu erwarten?
6. Abhängig vom Projektziel sind Kalkulationsunterlagen (Kostenziel) oder andere zielrelevante Kennzahlen (Zeitziele, Qualitätsziele, etc.) zu beschaffen.
   - Welche Funktionen und/oder Informationen verursachen welche Kosten bzw. Aufwendungen?
   - Welche Kennzahlen können entwickelt bzw. angewandt werden?
   - Welche Schwachstellen verursachen welche Kosten bzw. Aufwendungen?
7. Zielrelevante Kennzahlen den Funktionen zuordnen und/oder Schwachstellen bewerten. Der letzte Schritt beinhaltet eine zielgerichtete Aufarbeitung der Ist-Analyse (Abb. 2.20 und Abb. 2.21):
   - Kostenziele in einen Funktionsbaum
   - Zeitziele in ein Balkendiagramm oder Netzplan
   - zusätzliche Funktionsziele in einen Funktionsbaum
   - bei Qualitätszielen ist der Qualitätsbegriff zu operationalisieren und anschließend in entsprechende Kennzahlen zu quantifizieren.

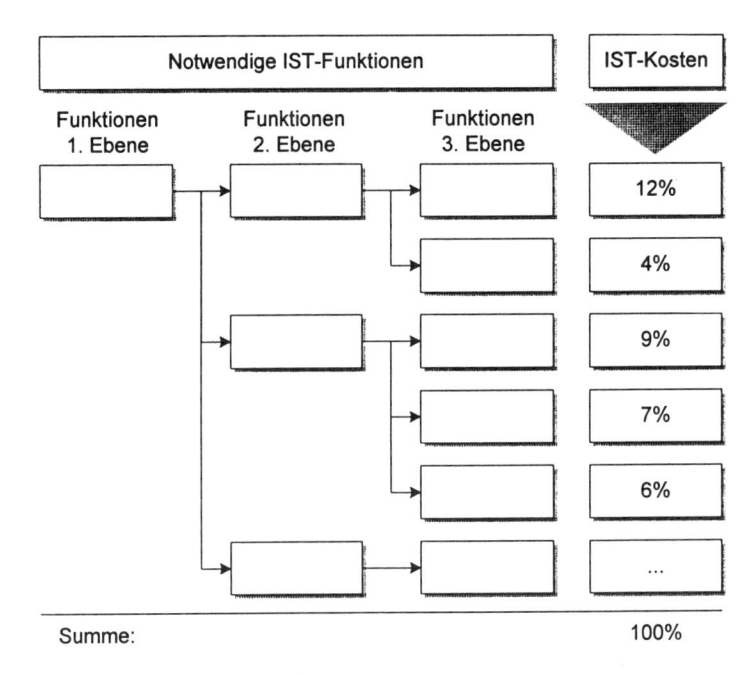

Abb. 2.20 Ist-Analyse für Kostenziele

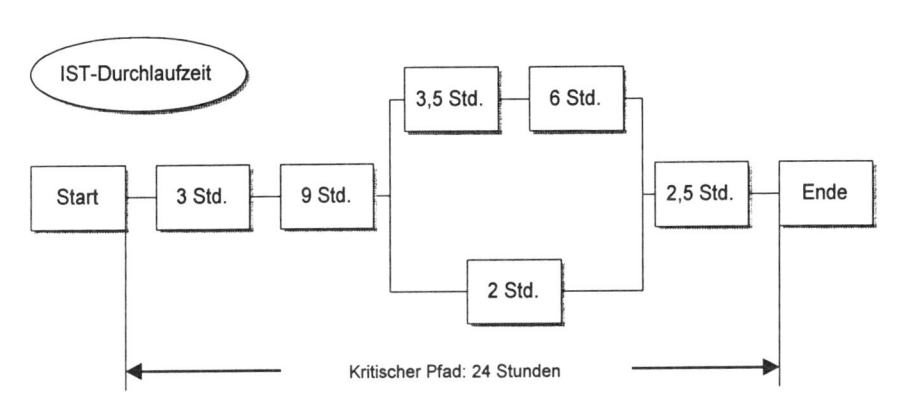

Abb. 2.21 Ist-Analyse für Zeitziele

Fragen für die Erstellung der Ist-Analyse sind:
- Was ist das Ziel?
- Wie kann die Zielveränderung dargestellt werden (Tabelle, Ablauf, Baum, etc.)?
- Was ist die geeignetste Methode für die Zieldarstellung?
- Wie kann der Untersuchungsumfang am besten und schnellsten in einem Ist-Modell dargestellt werden?

- Wie kann die Zielveränderung zum Ausdruck gebracht werden?
- Welche Bedingungen gelten für die Ist-Zustand bzw. -Situation?

Methoden

- Analyse- und Designmethode je nach Richtung (Unternehmensentwicklung, Organisation, EDV) oder gegebenenfalls eine Kombination dieser (Kap. 4.2 bis 4.4).

Art und Umfang

- graphische Darstellung des zu optimierenden Objektes
- etwa 1 bis 25 Seiten

Tools

- CASE-Tool mit den entsprechenden Methoden-Modellen
- Textverarbeitung
- Grafikprogramm

2.3.4 Entwicklungstrends

Das bereits in der Phase „Projektvorbereitung", Arbeitsschritt „Entwicklungstrends" gesagte gilt auch für diesen Arbeitsschritt.

Ein Lösungsentwurf bzw. -konzept darf nicht nur die Ausgangssituation, sondern muß auch Veränderungen, die anstehen und die „in der Luft" liegen berücksichtigen. Aus diesem Grunde ist bei der Konzeption die zukünftige Entwicklung auf ihre Gestaltungsmöglichkeiten hin zu betrachten.

Die zukünftige Entwicklung umfaßt hier nicht nur die technische und technologische Entwicklung, sondern auch die Absatz-/Verkaufs- und Marketingentwicklung, die unternehmenspolitischen und unternehmensstrategischen Entwicklungen, die Entwicklung in der DV-Technik und Software, die logistische Entwicklung und die theoretischen Entwicklungen der relevanten Wissenschaften (Betriebswirtschaft, Informatik) etc.

Mögliche Fragen, die bei der Abschätzung der zukünftigen Entwicklung helfen können, sind:

- Wo geht die Entwicklung im Umfeld hin?
- Wo geht die Entwicklung in der Technik/Technologie hin?
- Sind gravierende oder geringe Veränderungen zu erwarten?
- Welche zukünftigen Entwicklungen muß die Lösung bzw. das Lösungskonzept berücksichtigen?

- Wie groß sind die Risiken der zukünftigen Entwicklungen?
- Sind wir der Erste, die Ersten oder bestehen im Einsatz der neuen Techniken/Technologien bereits ausreichend Erfahrungen?
- Ist eine Machbarkeitsstudie notwendig?

Methoden

- Analyse- und Designmethode der Unternehmensentwicklung (Kap. 4.2)

Art und Umfang

- Textartige und gegebenenfalls graphische Darstellung
- etwa 0,5 bis 5 Seiten

Tools

- Textverarbeitung
- Grafikprogramm

2.3.5 Anforderungskatalog

Der Anforderungskatalog formuliert den Soll-Zustand, welcher sich aufgrund erkannter Bedürfnisse aus einer gestellten Aufgabe und unter Berücksichtigung gegebener Kriterien ableiten läßt.

Es ist zu unterscheiden zwischen logischem und physikalischem Soll-Zustand. Der logische Soll-Zustand beschreibt den Wunschzustand technikneutral und funktionsbezogen. Der physikalische Soll-Zustand beschreibt den Wunschzustand mit Einsatz konkreter Technikkomponenten.

Für das kreative Suchen von Lösungsideen (Arbeitsschritt 6) ist der logische Soll-Zustand völlig ausreichend, wenn nicht sogar von Vorteil.

Die Teilschritte für die Erstellung eines Anforderungskatalogs können in vier Teilaktivitäten unterteilt werden:

1. Funktionen, Informationen, Prozesse etc. auf ihre Notwendigkeit hin prüfen.
   Der Informationsbedarf bezeichnet die Art, Menge und Qualität jenes Wissens, das zur Erfüllung einer Aufgabe durch eine Person oder Organisationseinheit erforderlich ist. Auf die Informationsbedarfsanalyse wird im Methodenteil näher eingegangen.
2. Soll-Anforderungen bzgl. Funktionen, Informationen, Prozesse etc. formulieren. Dazu können folgende Fragen hilfreich sein:

2.3 Phase Konzeption

- Ist die Information erforderlich?
- Wie kann die Durchlaufzeit beschleunigt werden?
- Wie kann der Wert erhöht werden?
- Wo läßt sich der Aufwand niedrig halten?
3. Lösungsbedingte Vorgaben bzw. Bedingungen auf Gültigkeit für den Soll-Zustand prüfen und gegebenenfalls ergänzen, wenn neue hinzukommen.
4. Soll-Anforderungen mit Kostenzielen oder sonstigen zielrelevanten Kennzahlen quantifizieren (Abb. 2.22, Abb. 2.23).

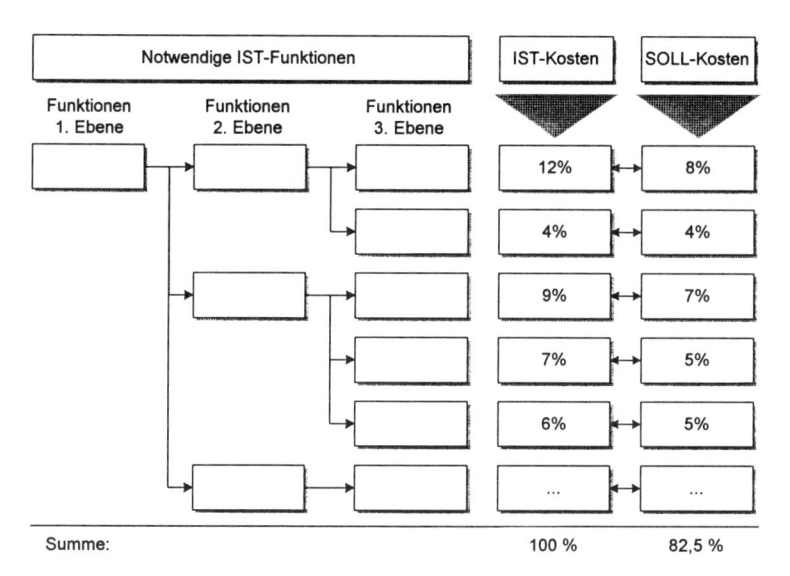

Abb. 2.22 Soll-Anforderungen für Kostenziele

Methoden

- Analyse- und Designmethoden je nach Richtung (Unternehmensentwicklung, Organisation oder EDV) oder gegebenenfalls eine Kombination dieser (Kap. 4.2 bis 4.4).

Art und Umfang

- graphische Darstellung der zuvor definierten Modelle (z. B. Informationsflüssen, Speichern, Systemzusammenhänge, etc.)
- textuelle Beschreibung der Modelle (z. B. Funktionen, Prozesse, etc.)

je nach Aufgabenstellung, Vorgehensweise (Auswahl und Definition von Arbeitsschritten) und Systemgröße kann ein Anforderungskatalog etwa 5 bis 50 Seiten umfassen

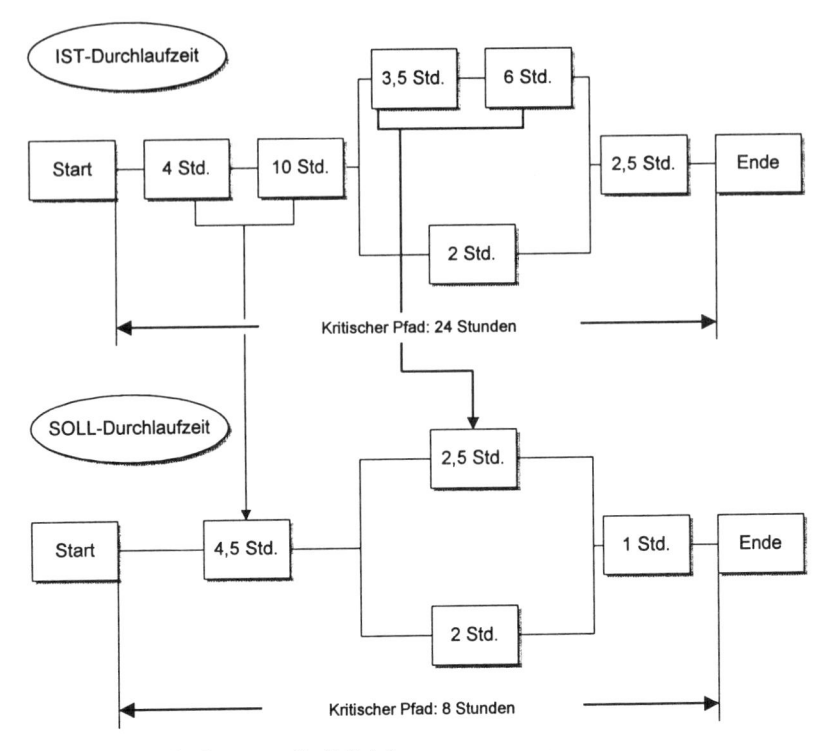

Abb. 2.23 Soll-Anforderungen für Zeitziele

Tools

- CASE-Tool mit den entsprechenden Methoden-Modellen
- Textverarbeitung
- Grafikprogramm

2.3.6
Lösungssuche

Die Suche von Lösungsideen und die Auswahl der favorisierten Alternativen beinhaltet fünf Teilaktivitäten:

1. Das Auswählen und Formulieren der Problemkreise für die Ideensuche.
   Bei der Auswahl und Formulierung der Problemkreise können folgende Fragestellungen hilfreich sein:
   - Wo bestehen Abweichungen zwischen Ist- und Soll-Zustand?
   - Welche Funktionen können zusammengefaßt werden?

2. Das Auswählen einer Kreativitätsmethode, die das Suchen von Lösungsalternativen, Ideen etc. unterstützen soll (Kap. 4.5).
3. Die Ideensuche mittels der ausgewählten Kreativitätsmethode durchführen.
4. Die Bewertung der Lösungsideen.
Bei der Bewertung der Ideen geht es darum, die „Spreu vom Weizen" zu trennen. Dabei können die Lösungsideen und -ansätze mit unterschiedlichen Bewertungsschemen bewertet werden. Ein mögliches Schema kann die Differenzierung in Kategorien sein. Diese können z. B. wie folgt aussehen:
- Ideen sind sofort umsetzbar
- Ideen bedürfen einer Erprobung
- Ideen bedürfen einer zusätzlichen Betrachtungsweise des Problems
- Ideen werden zurückgestellt
- Ideen sind unbrauchbar
5. Die Strukturierung der Lösungsideen mittels Morphologischem Kasten.
Die Lösungsideen können mittels Morphologischem Kasten strukturiert werden. Der Morphologische Kasten ist eine Matrixdarstellung, die die Lösungsmöglichkeiten und Problemsegmente beinhaltet. Die Problemsegmente werden in der Kopfzeile dargestellt. Die einzelnen Lösungsmöglichkeiten bzw. -ideen werden den Problemzeilen zugeordnet (Tabelle 2.6).

Tabelle 2.6 Ideenauswahl mit der morphologischen Matrix:

	Lösungsmöglichkeiten							
	1	2	3	4	5	6	7	8
1. Problem:								
2. Problem:								
3. Problem:								
4. Problem:								
5. ...								
6. ...								
7. ...								

Alternativ kann auch mit Symbolen gearbeitet werden, wie die nachfolgende Abb. 2.24 zeigt.

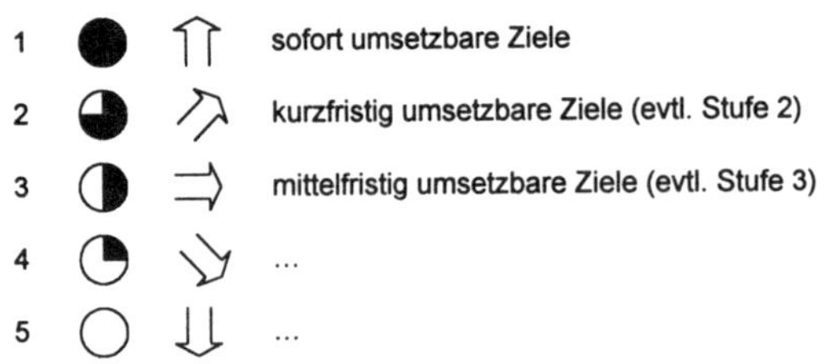

1 ● ⇑ sofort umsetzbare Ziele
2 ◐ ⇗ kurzfristig umsetzbare Ziele (evtl. Stufe 2)
3 ◐ ⇒ mittelfristig umsetzbare Ziele (evtl. Stufe 3)
4 ◔ ⇘ ...
5 ○ ⇓ ...

Abb. 2.24 Symbole für die Ideenbewertung

Methoden

- Kreativitätsmethoden (Kap. 4.6)

Art und Umfang

- Abhängig von den eingesetzten Kreativitätstechniken können unterschiedliche Medien eingesetzt werden.
- Mit der Methode 635 können in relativ kurzer Zeit 100 bis 200 Ideen entwickelt werden.
- Für die Entwicklung von mehreren Lösungsansätzen sind meist 10 bis 20 brauchbare Ideen ausreichend.

Tools

- Textverarbeitung

2.3.7 Lösungsentwürfe

Im Rahmen der Ideensuche wird meist das Aufgabenfeld in mehrere Teile oder Komponenten aufgeteilt und für jedes Teil oder jede Komponente nach neuen und anderen Lösungsideen gesucht.

In diesem Arbeitsschritt sind aus Ideen alternative Konzepte zusammenzustellen und zu entwickeln. Dafür eignet sich die morphologische Matrix in der Form, daß die als interessant bewerteten Ideen (in Tabelle 2.7) zusammengeführt werden. Dies kann in folgenden Schritten erfolgen:

1. Es ist zur ersten Idee aus Problem 1 eine möglichst gut passende Idee aus Problem 2 zu suchen.
2. Für die zwei Ideen zur Problem 1 und 2 ist eine möglichst gut passende Idee aus Problem 3 zu suchen.
3. Die Ideenkette ist dann mit möglichst gut passenden Ideen aus den restlichen Problemen zu ergänzen.

4. Diese drei Schritte können dann für die zweite Idee, die dritte usw. aus Problem 1 wiederholt werden.

Ideenketten entsprechen einer Lösungsalternative
Wichtig: Es sollten mindestens zwei bis drei Ideenketten entwickelt werden.

5. Oft sind einzelne Lösungsalternativen noch weiter auf die Machbarkeit zu untersuchen. In diesem Fall wäre zum Abschluß Alternativenentwicklung die Machbarkeitsstudie oder -prüfung zu initiieren und zu beauftragen.

Tabelle 2.7 Entwicklung von Lösungsalternativen und -ansätzen mit der morphologischen Matrix:

	Lösungsmöglichkeiten							
	1	**2**	**3**	**4**	**5**	**6**	**7**	**8**
1. Problem:	1.1	1.2	1.3	1.4	1.5	1.6		
2. Problem:	2.1	2.2	2.3	2.4	2.5			
3. Problem:	3.1	3.2	3.3					
4. Problem:	4.1	4.2	4.3	4.4	4.5	4.6	4.7	4.8
5. ...								
6. ...								
7. ...								

Legende: ☐ Lösungsalternative 1   ▨ Lösungsalternative 2

Methoden

- Kreativitätsmethoden (Kap. 4.6)

Art und Umfang

- Tabellarische Darstellung der Matrix
- etwa 2 bis 5 Seiten

Tools

- Textverarbeitung

2.3.8 Lösungskonzept

Die Gesamtfunktionalität des Problembereichs wird fachlich orientiert beschrieben und in Teilbereiche (primäre Funktionalitäten) gegliedert. Teilfunktionen sowie deren Beziehungen untereinander werden definiert und benannt. Außenbeziehungen werden festgelegt.

Relevant für die Betrachtungen sind Informationen. Dabei sind neue wie bestehende Aspekte zu berücksichtigen. Materialflüsse sind nur sekundär relevant, nämlich als Verursacher von Informationsflüssen. Die Eigenschaften des zu erstellenden (ändernden) Anwendungssystems werden zwischen dem Auftraggeber und der DV-Organisation grob abgestimmt. Es wird festgelegt, welche wesentlichen Eigenschaften der Anwender von der Anwendung erwartet.

Beschrieben werden Funktionen, Außenwelten, Datenflüsse und Datenspeicher sowie die Beziehungen zwischen diesen Objekten. Die Methode der funktionalen Zerlegung arbeitet nach dem top-down-Prinzip. Sie geht prozeßorientiert vom System als Ganzes aus und verfeinert jede Funktion schrittweise. Danach werden diese Funktionen durch Datenflüsse miteinander verbunden.

Logisch zusammenhängende Funktionen können anschließend anhand gleicher Schnittstellen identifiziert und entsprechend gruppiert werden. Daraus entstehen dann die *Teilsysteme*.

Im globalen Datenmodell ist die grobe Datenstruktur des Problembereichs darzustellen. Es wird festgestellt und festgelegt, welche Entitätstypen, Beziehungstypen und wichtige Attribute die Problembereiche des Anwendungssystems umfassen. Es ist meist bereits die Darstellung des Soll-Zustands (Anwendungsdatenmodell).

Methoden

- Analyse- und Designmethoden je nach Richtung (Unternehmensentwicklung, Organisation oder EDV) oder ggf. eine Kombination daraus (Kap. 4.2 bis 4.4).
- Bewertungsmethoden (Kap. 3.5), wenn mehrere Lösungskonzepte ausgearbeitet wurden.

Art und Umfang

- Graphische Darstellung und textuelle Beschreibungen der ausgewählten Methoden und damit Modelle.
- Die Abgrenzung des Anwendungsbereichs und des Problemraums wird erstmals in den Lösungsansätzen der Projektvorbereitung festgelegt. Darin sind die Zielsetzungen des Projekts und die Gesamtfunktionalität des Problembereichs beschrieben.
- etwa 1 bis 10 Seiten

Tools

- CASE-Tool mit den entsprechenden Methoden-Modellen
- Textverarbeitung
- Grafikprogramm

2.3.9 Wirtschaftlichkeitsprüfungen

In der Wirtschaftlichkeitsprüfung ist der Projektnutzen den Investitions- und Projektkosten gegenüberzustellen.

Dazu ist zunächst der Nutzen für das entwickelte Konzept bzw. bei mehreren für die entwickelten Konzepte auf die Unterstützung der Prozeßkette und die Zielerreichung mit den bereits definierten Kennzahlen zu bewerten. Hier kann mit der Methode Nutzen-Controlling die dritte Spalte in Tabelle 2.8 vervollständigt werden.

Tabelle 2.8 Nutzenbewertung in der Konzeption

	Ist bei Projekt-definition	Soll nach Implemen-tierung	Soll mit vorliegen-der Kon-zeption	Ist nach Implemen-tierung	Delta Ist vor/ Ist nach
Wie kann die Kennzahl bezeichnet werden?					
Formale zur Erreichung des Kennzahlenwerts					
Quantitative Beschreibung der einzelnen Meßgrößen					
quantitativer Wert der Kennzahl					
Anteil Kostenstelle 1					
Anteil Kostenstelle 2					
Anteil Kostenstelle n					

Zum Abschluß sind die ermittelten konkretisierten Nutzenpotentiale über alle Haupt- und Teilprozesse aufzuaddieren und den Einzelzielen aus der Vorstudie gegenüberzustellen.

Für die Kostenseiten kann bei Bedarf versucht werden, die primäre Systemfunktionalität und das globale Datenmodell hinsichtlich der optimalen Zielerreichung weiter zu optimieren.

Die Projektkosten werden meist mit einer Expertenschätzung (alternativ Function-Point-Verfahren, Prozentwertverfahren oder Analogieverfahren) ermittelt. In manchen Fällen ist es auch angebracht, zunächst die Gesamtprojektplanung zu erstellen und danach für die Aktivitäten und Teilaktivitäten den Aufwand zu schätzen (induktive Vorgehensweise).

Mögliche Fragen bei dieser Aktivität sind:
- Ist die Lösung klar erkennbar?
- In welche (System-)Komponenten kann die Lösung aufgeteilt werden?
- Welcher Aufwand entsteht für die Realisierung der Lösung?
- Wie können die geschätzten Kosten möglichst transparent in Personalkosten, Sachkosten und Investitionen aufgeteilt werden?
- Wo liegen in der Aufwandschätzung die größten Unsicherheiten?
- Kann die Wirtschaftlichkeit des Projekts erhöht werden, wenn Systemkomponenten mit geringem Nutzen (C-Potentiale) nicht realisiert werden?

Methoden

- Nutzen-Controlling (Kap. 3.11.2)
- Bewertungsmethoden (Kap. 3.5)

Art und Umfang

- nach Möglichkeit die vorausgehende Tabelle für die Ermittlung der Teilnutzen/ Einzelnutzen verwenden.
- tabellarische Darstellung der Kosten- und Nutzenbestandteile
- etwa 2 bis 5 Seiten

Tools

- Textverarbeitung

2.3.10 Make-or-buy-Entscheidung

Die Make-or-buy-Entscheidung hat die Aufgabe, zu prüfen, inwieweit
- eine Eigenentwicklung der Lösung anzustreben ist oder
- eine Fremdlösung gekauft, eingeführt und angepaßt wird.

Meist kommen dabei neben dem Nutzen und den Kosten noch weitere Faktoren zum Tragen.

Mögliche Kriterien für die Bewertung z. B. von Individual-Lösung und Standardsoftware-Lösung sind in Tabelle 2.9 aufgeführt.

Methoden

- Nutzen-Controlling (Kap. 3.11.2)
- Bewertungsmethoden (Kap. 3.5)

2.3 Phase Konzeption

Tabelle 2.9 Mögliche Bewertungskriterien für eine Nutzwertanalyse

Betriebswirtschaftliche Kriterien	– Funktionalität – Anschaffungskosten/laufende Kosten …
Organisatorische Kriterien	– Systemarchitektur – Schnittstellen – Datenträgersystem …
Softwaretechnische Kriterien	– Zuverlässigkeit – Benutzerfreundlichkeit – Qualität …
Implementierungskriterien	– Anpassungsaufwand – Schulung – Unterstützung – Wartung – Dokumentation – Erfahrungen …
Beschaffungskriterien	– Vertragsbedingungen – Entwicklungs-/Lieferzeit – Wartungsaufwand – Garantie/Gewährleistung …
Anbieterkriterien	– Qualifikation – Referenz – Zukunftschancen – geogr. Nähe – Unternehmensgröße …

Art und Umfang

- tabellarischer Vergleich der Lösungsentwürfe
- etwa 1 bis 3 Seiten
- bei sehr umfangreichen Aufgabenstellungen können auch mehrere untergeordnete Nutzwertanalysen (z. B. für Funktionalität, für Kosten, für Qualitätskriterien usw.) erstellt werden, die in eine aggregierten Nutzwertanalyse einfließen.

Tools

- Textverarbeitung

2.3.11
Gesamtprojektplanung

Nach dem die „Grob"-Konzeption inhaltlich erstellt wurde, kann die formale Planung des Gesamtprojektablaufs, der Projektorganisation und das Berichtswesen aktualisiert erfolgen. Innerhalb des Projektablaufs sind Arbeitspakete (im Kaufhof-Vorgehensmodell Phasen, Aktivitäten und Teilaktivitäten), Termine, Kapazitäten, Personal, Betriebsmittel und Kosten zu planen.

In der Aktivität „Gesamtprojektplanung" sind die nachfolgenden Fragen zu beantworten:

- In welche Phasen wird das Gesamtprojekt für die Bearbeitung unterteilt?
- Können Teilprojekte gebildet werden?
- Wenn ja, wie sehen die Schnittstellen zwischen den Teilprojekten aus?
- Welcher Zeitrahmen ist für die einzelne Phase vorgesehen?
- Welcher Zeitrahmen ist für die Phasenübergänge und für die Entscheidungen vom Auftraggeber bzw. Management vorgesehen?
- Welche Kapazitäten werden in den einzelnen Kapiteln von welchen Bereichen benötigt?
- Wer hat die notwendige Qualifikation für die Mitarbeit?
- Welche Hilfsmittel/Sachmittel sind für die Projektdurchführung notwendig?
- Wie teilen sich die Projektkosten auf die Phasen auf?
- Wie teilen sich die Projektkosten in Personal- und Sachkosten auf?
- Welche Projektorganisation wird schwerpunktmäßig ausgewählt?
- Aus welchen Personen setzt sich das Projektteam und die Projektleitung zusammen?
- Wer hat welche Verantwortung, Kompetenzen und Aufgaben?
- Gibt es einen eindeutigen Auftraggeber/Sponsor oder Steuerkreis?
- Wie häufig und in welcher Form wird der Auftraggeber, Sponsor oder Steuerkreis informiert?

Methoden

- Projektplanung (Kap. 3.6)
- Aufwandschätzung (Kap. 4.7)
- Projektorganisation (Kap. 3.8)
- Kompetenzmatrix (Kap. 3.8.2)

Art und Umfang

- Grafische und textartige Darstellung der einzelnen Punkte
- etwa 1 bis 5 Seiten

Tools

- Projektplanung
- Textverarbeitung
- Grafikprogramm

2.3.12 Spezifikationsplanung

Die Spezifikationsplanung ist vom Aufbau her mit der Konzeptionsplanung identisch. In der Spezifikationsplanung wird die Phase „Spezifikation" hinsichtlich Aktivitäten, Teilaktivitäten, eingesetzte Methoden, Termine, personelle Kapazitäten, Personal, Betriebsmittel und Kosten geplant. Im Einzelfall ist zu prüfen, inwieweit die Projektteams die Zusammensetzung der Anforderungen der Spezifikationsphase abändern müssen.

Die zentralen Fragestellungen der Spezifikationsplanung lauten:
- In welche Aktivitäten und Arbeitsschritten wird die zweite Projektphase – Spezifikation – unterteilt bzw. welche Aktivitäten sind für die Lösung der konkreten Projektaufgabe erforderlich?
- Müssen die Aktivitäten noch weiter in Teilaktivitäten unterteilt werden?
- Wenn ja, welche?
- Wie kann der Zeitrahmen der Spezifikation auf die einzelnen Aktivitäten der Spezifikation aufgeteilt werden?
- Welche bereichsspezifischen Kapazitäten werden für die Bearbeitung der einzelnen Aktivitäten benötigt?
- Welche Personen verfügen über die geforderten Qualifikationen, um die Aktivitäten zu bearbeiten?
- Wer übernimmt für die Spezifikationsphase welche Aktivitäten?
- Ist eine Qualifikationsplanung bzw. Weiterbildung noch notwendig?
- Welche Hilfsmittel/Sachmittel werden für die Durchführung der ersten Projektphase benötigt?
- Wie teilen sich die Personal- und Sachkosten auf die einzelnen Aktivitäten auf?
- Sind für die Spezifikationsphase Qualitätssicherungs-Meilensteine erforderlich?
- Wenn ja, wieviele?
- Wie kann die Spezifikationsphase hinsichtlich der Dauer optimiert werden?

Methoden

- Projektplanung (Kap. 3.6)
- Aufwandsschätzung (Kap. 4.7)
- Kompetenzmatrix (Kap. 3.8.2)

Art und Umfang

- Grafische und textartige Darstellung und Beschreibung
- etwa 1 bis 10 Seiten

Tools

- Projektplanung
- Textverarbeitung

2.3.13 Risikominimierung

Die Maßnahmen für die Reduzierung der Projektrisiken können vielfältiger in der Konzeption als in der Vorstudie eingesetzt werden. Zu den eher einfacheren kann die Abänderung der Aufgabenstellung, des Aufgabenumfangs oder die Auflistung in mehrere Teilprojekte gezählt werden. Deutlich schwieriger dagegen ist es, hohe Risiken situativ steuern zu wollen.

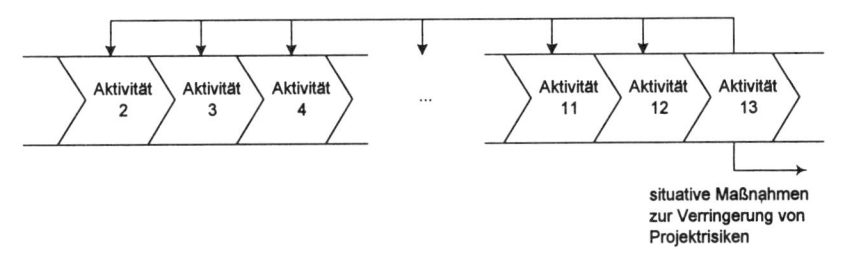

Abb. 2.25 Risiko-Management in der Konzeption

Wichtige Fragen im Rahmen des Risiko-Managements sind:

- In welche Komponenten können die Projektrisiken unterteilt werden?
- Welche sachlichen Risiken beinhaltet das Projekt?
- Welche methodischen und sozialen Risiken beinhaltet das Projekt?
- Welche Risiken sind wie hoch?
- Wie hängen die Risiken untereinander zusammen?
- Wie können hohe Risiken minimiert werden? Mit welchen Maßnahmen?
- Wer (Projektleiter, Projektteam, Auftraggeber) sieht in den einzelnen Risikofaktoren, wo, welche Unterschiede?
- Ist das Projekt in der Summe eher ein Investitionsprojekt oder eher ein Risikoprojekt?
- Wenn das Projekt ein Risikoprojekt ist, ist dies auch dem Auftraggeber bewußt?
- Sind eine oder mehrere Aktivitäten der Konzeption zur Reduzierung des Gesamtprojektrisikos zu überarbeiten?

Methoden

- Chancen-Risiken-Analyse (Kap. 3.5.3)

Art und Umfang

- Tabellarische und/oder textartige Darstellung
- etwa 1 bis 3 Seiten

Tools

- Textverarbeitung

2.3.14 Konzeptionsabnahme

Die Aktivität Gesamtkonzeption hat das Ziel, die systemrelevanten Teilergebnisse zusammenzufassen, damit der Auftraggeber/Sponsor die Gedankenmodelle prüfen und gegebenenfalls für die Realisierung freigeben kann. Je nach Größe des Projekts, Art des Projekts (eher Organisationsprojekt oder eher Informatikprojekt), Aufgabenstellung etc. fließen die Teilergebnisse der Aktivitäten 2 bis 6 vollständig, teilweise oder zusammengefaßt in die Gesamtkonzeption ein.

Die Gesamtkonzeption darf nicht mit einem Pflichtenheft für externe Anbieter gleichgesetzt werden. Das Pflichtenheft ist ein Auszug aus der Konzeption von den Teilen, die für einen externen Dienstleister von Bedeutung sind. Am Ende der Konzeption erfolgt eine Abnahme in Form eines Qualitätssicherungsmeeting (QSM).

Methoden

- Abnahmeverfahren (Kap. 4.8.2)
- Auftragsabnahme (Kap. 3.2.2)

Art und Umfang

Eine Konzeption in der hier beschriebenen Form kann einen Umfang von 10 bis 20 Seiten bei projektähnlichen Aufgaben, mehrere hundert Seiten bei mittelgroßen Projekten und mehrere tausend Seiten bei Großprojekten haben.

Tools

- Textverarbeitung

2.3.15
Zusammenfassung zur Konzeption

In der Konzeption untersuchen und prüfen die Schritte 3 und 4 sowie die Schritte 5 bis 8 die sachliche/inhaltliche Ebene. Die Schritte 6 bis 10 designen die systemtechnische Ebene. Die Schritte 11 und 12 planen die formale Ebene.

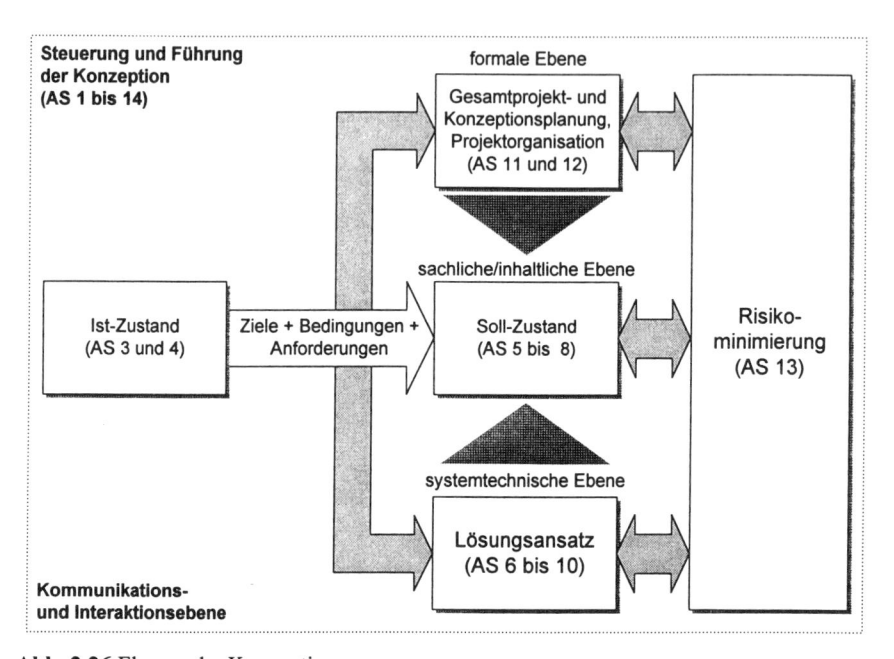

Abb. 2.26 Ebenen der Konzeption

2.4
Phase Spezifikation

Bei der Spezifikation und inhaltlichen Detailplanung steht die Erfüllung der folgenden Prämissen im Vordergrund:

1. Funktionstüchtigkeit und Leistungserbringung der Teilsysteme und Einheiten. Diese werden durch sorgfältig ausgearbeitete Spezifikationen und deren systematische Koordinierung und Kontrolle sichergestellt.
2. Budgetgerechte Realisierung und Vermeidung von Budgetüberschreitungen. Dies setzt eine projektgerechte Budgetierung und eine systematische Überwachung und Steuerung der Ausgaben voraus.

2.4 Phase Spezifikation

3. Termingerechte Projektabwicklung und Vermeidung von Terminüberschreitungen. Hierzu ist ein systematischer Ablauf der Terminplanung und die Sicherstellung der erforderlichen Kapazitäten sowie eine laufende Terminverfolgung und Terminsteuerung bzw. Termindurchsetzung notwendig.

Die Detailspezifikation hat das Ziel
- die geforderte fachliche Funktionalität in ausreichender Tiefe zu beschreiben,
- die notwendige (System-)Qualität festzulegen und zu beschreiben sowie
- die Wirtschaftlichkeit der Investition sicherzustellen.

Methoden und Werkzeuge zur Unterstützung der Detailspezifikation stehen, sich teilweise ergänzend, teilweise miteinander konkurrierend, zur Verfügung.

Tabelle 2.10 Arbeitsschritte und Ergebnisse für die Spezifikation

Arbeitsschritte und Ergebnisse für die Spezifikation	Methoden
1. Spezifikationsvorbereitung	• Auftragsanalyse • Projektplanung • Gruppendynamik • Teamentwicklung
2. Spezifikationsanalyse	• Analyse- und Designmethoden
3. Qualitätszieldefinition	• Qualitätsplanung
4. Systemarchitektur	• Analyse- und Designmethoden der EDV
5. Neuentwicklungsbedarf	• Analyse- und Designmethoden der EDV
6. Änderungsbedarf	• Analyse- und Designmethoden der Organisation
7. Testspezifikation	• Qualitätsplanung
8. Angebotseinholung	• Ausschreibungsvorbereitung
9. Angebotsauswertung	• Angebotsauswertung
10. Wirtschaftlichkeitsprüfung	• Nutzen-Controlling • Aufwandschätzung • Wirtschaftlichkeitsrechnung
11. Gesamtprojektplanung	• Projektplanung • Aufwandschätzung • Kompetenzmatrix
12. Realisierungsplanung	• Projektplanung • Aufwandschätzung
13. Risikominimierung	• Chancen-Risiko-Analyse • Kompetenzmatrix
14. Spezifikationsabnahme und Beauftragung	• Abnahmeverfahren • Auftragsabnahme

68 2 Projektphasen und Arbeitsschritte

Die Arbeitsschritte und die geeigneten Methoden für Spezifikation sind in Tabelle 2.10 zusammengefaßt. Auch hier können folgende zwei Methoden für alle Arbeitsschritte eingesetzt werden:

- Sonstige Dokumentations- und Darstellungsmethoden
- Kreativitätsmethoden

Je nach Aufgabenumfang können zwischen 1 und 5 Meilensteine für die Qualitätssicherung festgelegt werden.

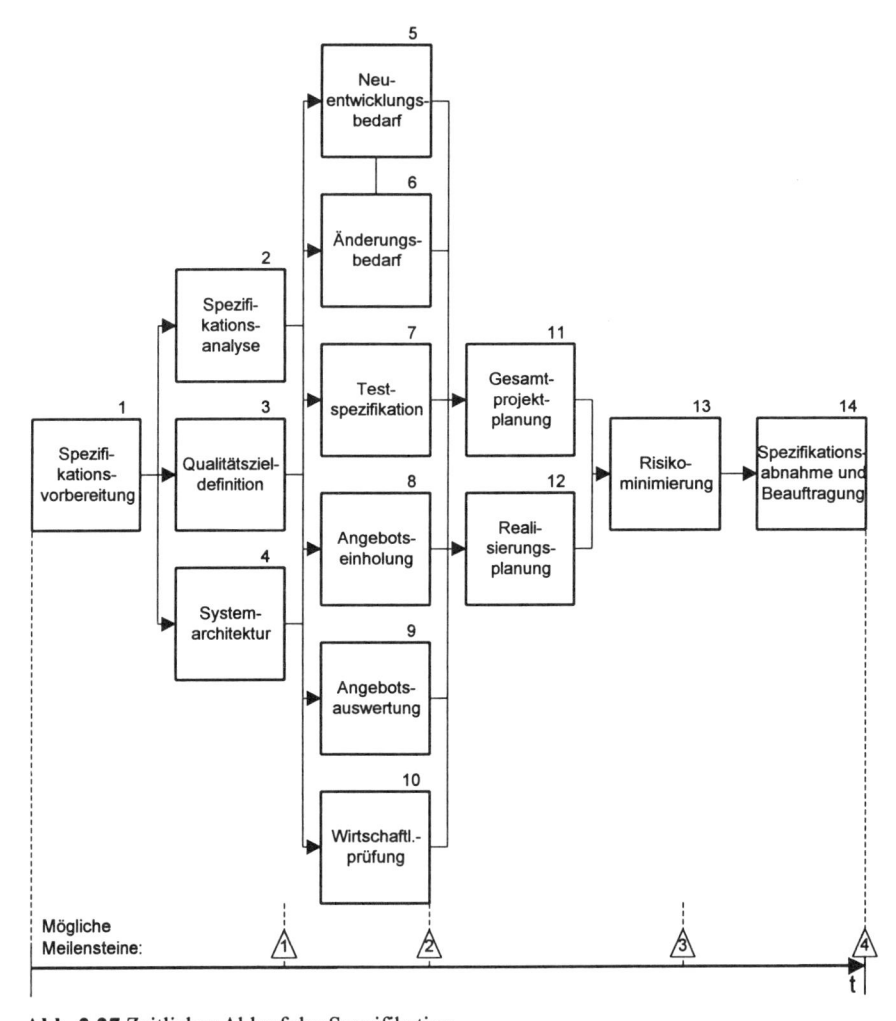

Abb. 2.27 Zeitlicher Ablauf der Spezifikation

2.4.1
Spezifikationsvorbereitung

Die Spezifikationsvorbereitung überprüft und ergänzt die Planungen aus der Projektvorbereitung. Im Mittelpunkt steht die Optimierung der Zusammenarbeit von Sponsor/Hauptverantwortlichen, über den Lenkungsausschuß/Steuerkreis, Projektleitung und Projektteam, bis hin zum externen Dienstleister.

Da in der Zusammenarbeit von mehreren Personen vor allem in den Anfangsphasen Meinungsunterschiede, unterschiedliche Zielsetzungen, unklare Rollenverteilung, versteckte Machtstrukturen ganz natürliche Phänomene sind, ist es angebracht, die Zusammenarbeit in späteren Teams auch auf der Beziehungsebene vorzubereiten und zu planen. Dazu können die Methoden Teamentwicklung und Gruppendynamik einen guten Beitrag leisten.

Mögliche Fragen können sein:
- Ist die Tiefe der Konzeptionsplanung ausreichend?
- Wie wird die Teamentwicklung und Gruppendynamik ablaufen?
- Wo können Konflikte auftreten?
- Ist den Projektteammitgliedern die Vorgehensweise in der Konzeption bekannt?
- Hat der Projektablauf aufgrund der Bedeutung der Projektaufgabe offiziell mit dem Sponsor/Hauptverantwortlichen zu erfolgen?
- Wird eine Kick-off-Veranstaltung durchgeführt? Wenn ja, wie?
- Wer ist im Rahmen des Projekts für welche Entscheidung zuständig?
- Wer muß/will wann worüber informiert werden?

Methoden

- Auftragsanalyse (Kap. 3.2.1)
- Projektplanung (Kap. 3.6)
- Gruppendynamik (Kap. 5.4.6)
- Teamentwicklung (Kap. 5.4.7)

Art und Umfang

- textartige Beschreibung
- etwa 0,5 bis 3 Seiten

Tools

- Textverarbeitung

2.4.2
Spezifikationsanalyse

Auch die Spezifikationsanalyse hat das Ziel, den Umfang und die Teile der Spezifikation näher zu bestimmen. Damit soll der Prozeß der Spezifikationserstellung (Arbeitsschritte 3 bis 9) weiter optimiert werden.

Die Spezifikationsanalyse untersucht folgende Fragen:
- Welche Teile müssen neu erstellt werden?
- Wo können wir auf bereits bestehendes zurückgreifen?
- Wie können wir Parallelarbeit vermeiden?
- Welche Teilergebnisse wurden in gleicher oder ähnlicher Form bereits erstellt oder erbracht?
- Auf welche Erfahrungen können wir zurückgreifen?
- Wer kann uns helfen?

Methoden

- Analyse- und Designmethoden, je nach Richtung (Unternehmensentwicklung, Organisation oder EDV) oder ggf. eine Kombination dieser (Kap. 4.2 bis 4.4)

Art und Umfang

- textliche Beschreibung
- etwa 0,5 bis 5 Seiten

Tools

- Textverarbeitung
- CASE-Tool mit den entsprechenden Methoden-Modulen

2.4.3
Anforderungsdefinition und Qualitätsziele

Qualität ist nach DIN 55350, Teil 11: „... die Gesamtheit von Eigenschaften und Merkmalen eines Produkts oder einer Tätigkeit, die sich auf deren Eignung zur Erfüllung gegebener Erfordernisse bezieht"

Qualitätssicherung ist nach Reifer 1985: „... ein System aus Methoden und Verfahren, das dazu benutzt wird, damit ein Software-Produkt die gestellten Anforderungen erfüllt. Das System umfaßt die Planung, die Messung und die Überwachung von Entwicklungsaktivitäten, die unabhängig von den Entwicklern durchgeführt werden." (Reifer, D.: State of the Art in Software Quality Management. Seminarunterlagen, Reifer Consulting, N. Y., 1985).

Das Qualitätssicherungssystem kann in Qualitätspolitik, Qualitätsmodell, Qualitätsplanung, Qualitätslenkung und Qualitätsprüfung unterteilt werden. Wallmüller hat die Qualitätskriterien nach der Relevanz für Designer, Programmierer, Benutzer und Betreiber von Software-Produkten zusammengefaßt (Abb. 2.28):

1. Relevante Eigenschaften für Designer
2. Relevante Eigenschaften für Programmierer
3. Relevante Eigenschaften für Benutzer
4. Relevante Eigenschaften für Betreiber von Software-Produkten

In dieser Aktivität sind Qualitätsziele zu definieren, die in späteren Aktivitäten detailliert in die Konzeption mit einfließen. Die Definition von Qualitätszielen läßt sich in folgende Teilaktivitäten unterteilen.

1. Auswählen der systembezogenen Qualitätskriterien.
2. Priorisierung der Qualitätskriterien nach großer Bedeutung, mittlerer, geringer/ keiner Bedeutung.
3. Klassifizierung der Kriterien in Qualitätsbündel.
4. Abschätzung der Auswirkung auf Spezifikation, Realisierung, Einführung und Betrieb hinsichtlich Kosten und Nutzen.

Dieser Schritt ist vor allem deshalb wichtig, weil einzelne Qualitätskriterien ganz erhebliche Auswirkung auf die Systemarchitektur, auf die Teilkomponenten, auf das Zusammenspiel der Teilkomponenten, auf die Anzahl der Teilkomponenten, auf den Neuentwicklungsumfang und den Änderungsbedarf haben.

Anmerkung: Viele Projekte sind an der Bedingung „Qualität so gut wie möglich" gescheitert. Daher ist es ratsam, die Konzentration in der Spezifikation und Realisierung auf „so gut wie nötig" zu richten.

Methoden

- Qualitätsplanung (Kap. 4.10.1)

Art und Umfang

- tabellarische Aufzählung, Gewichtung und Beschreibung der einzelnen Qualitätskriterien
- etwa 2 bis 10 Seiten je Projekt bzw. Teilprojekt

Tools

- Textverarbeitung
- CASE-Tool mit den entsprechenden Methoden-Modulen

2 Projektphasen und Arbeitsschritte

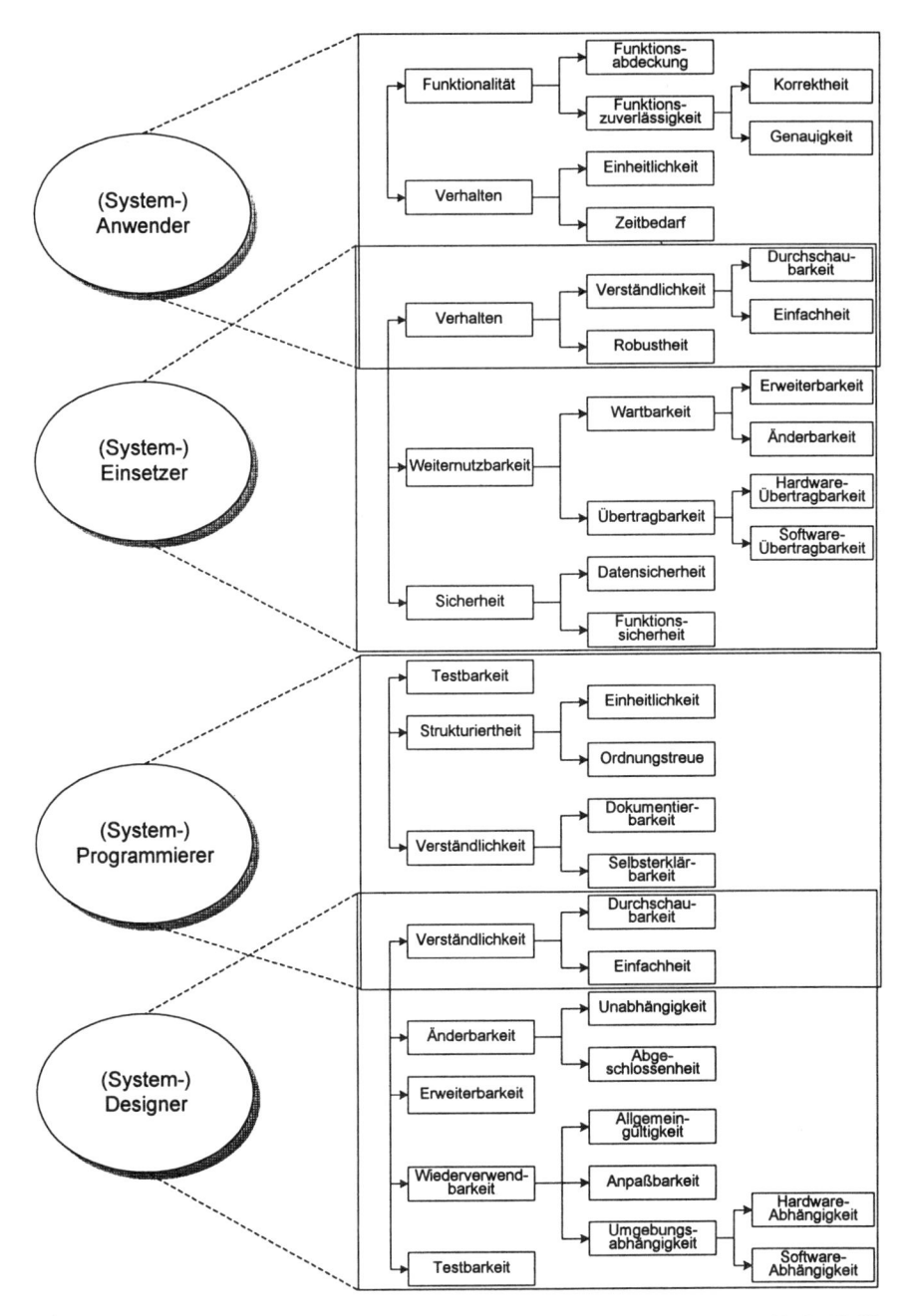

(System-) Anwender
- Funktionalität
  - Funktionsabdeckung
  - Funktionszuverlässigkeit
    - Korrektheit
    - Genauigkeit
- Verhalten
  - Einheitlichkeit
  - Zeitbedarf

(System-) Einsetzer
- Verhalten
  - Verständlichkeit
  - Robustheit
- Weiternutzbarkeit
  - Wartbarkeit
    - Erweiterbarkeit
    - Änderbarkeit
  - Übertragbarkeit
    - Hardware-Übertragbarkeit
    - Software-Übertragbarkeit
- Sicherheit
  - Datensicherheit
  - Funktionssicherheit

(System-) Programmierer
- Testbarkeit
- Strukturiertheit
  - Einheitlichkeit
  - Ordnungstreue
- Verständlichkeit
  - Dokumentierbarkeit
  - Selbsterklärbarkeit

(System-) Designer
- Verständlichkeit
  - Durchschaubarkeit
  - Einfachheit
- Änderbarkeit
  - Unabhängigkeit
  - Abgeschlossenheit
- Erweiterbarkeit
- Wiederverwendbarkeit
  - Allgemeingültigkeit
  - Anpaßbarkeit
  - Umgebungsabhängigkeit
    - Hardware-Abhängigkeit
    - Software-Abhängigkeit
- Testbarkeit

Abb. 2.28 Qualitätseigenschaften für Informationssysteme (vgl. Wallmüller 1990, S. 52 ff.)

2.4.4
Systemarchitektur

Die Systemarchitektur beschreibt den grundsätzlichen Aufbau des Anwendungssystems im Hinblick auf die Aufteilung der Funktionalität, der Daten, der dv-technischen Schnittstellen zu anderen Anwendungssystemen, der Rechner- und Netzkonzeption, der Benutzeroberflächen, der DV-Sicherheit und des Datenschutzes.

Weiter sollten Softwarestandards und Designanforderungen an Programme und Module, Festlegungen an das Betriebssystem, DB-Software, Kommunikationssoftware, Programmiersprache, Hilfsprogramme, Hardwareperipherie und Kommunikationsanschlüsse berücksichtigt werden.

Methoden

- Analyse- und Designmethoden der EDV (Kap. 4.4)

Art und Umfang

- meist gewünschte Darstellung zwischen Grafik und Beschreibung
- etwa 2 bis 15 Seiten
- bei Komponenten wie Mandantenfähigkeit, Historisierung der Datenhaltung, Workflow-Management sind dies eigenständige Teilkonzepte.

Tools

- Grafikprogramm
- Textverarbeitung

2.4.5
Neuentwicklungsbedarf

Die detaillierte Systemfunktionalität entspricht der funktionalen Feinkonzeption oder Spezifikation der Systemanforderungen.

Hier sind die in der Konzeption gewählten Methoden und Modelle bis auf die Elementarebene zu beschreiben.

Funktionsmodell: Es sind alle Ebenen in einer Strukturierten Analyse bis zur Elementarebene zu beschreiben (siehe Methode Strukturierte Analyse).

Datenmodell: Es sind alle Attribute, Schlüssel-Attribute, Datengruppen, Entitätstypen, Beziehungstypen vollständig zu beschreiben.

74 2 Projektphasen und Arbeitsschritte

Ereignismodell: Alle Funktionen des Funktionsmodells sind in der Ereignisprozeßkette ablauftechnisch zu beschreiben, einschließlich der Auslöse- und Verteiler-Bedingungen.

Die einzelnen Schritte sind neben den verwendeten Methoden auch von den jeweiligen Werkzeugen (CASE-Tools) abhängig. Sie bestimmen im Detail die Vorgehensweise der Modellerstellung.

Im Gegensatz zur Konzeption, wo alternativ noch Grafik- und Textverarbeitungsprogramme für die Dokumentation der Modelle einsetzbar sind, ist in der Spezifikation davon weitgehend abzuraten. In Grafik- und Textverarbeitungsprogrammen fehlt eine Konsistenzprüfung der Daten und der Modelle. Die kann die Qualität dieses Arbeitsschrittes ganz wesentlich beeinflussen.

Methoden

- Analyse- und Designmethoden der EDV (Kap. 4.4)

Art und Umfang

- Grafische (mit DFD) und textartige Beschreibung (Minispezifikation, Data Dictionary) der Elementarfunktionen
- etwa 5 bis 50 Seiten
- Grafische (mit ERM) und textartige Beschreibung (Data Dictionary) der Daten, der Datenbeziehungen und der Datenelemente
- etwa 5 bis 50 Seiten

Tools

- Textverarbeitung
- CASE-Tool mit entsprechenden Methoden-Modulen

2.4.6 Änderungsbedarf

Der Änderungsbedarf umfaßt die systemtechnischen Änderungen des Ist-Systems sowie die Änderung der heutigen Arbeitsweise. Häufig ist mit Einführung eines neuen Anwendungssystems auch der organisatorische Ablauf der Informationen oder des Materials (Logistik) vor Ort zu verändern. Wird diese Ablaufänderung vor allem bei komplexen Veränderungen nicht ausreichend dokumentiert, kommt der Systemnutzen häufig nicht zur Wirkung oder diese Gedankenarbeit muß von den späteren Nutzern wiederholt werden. Eine mögliche Dokumentationsform zeigt Abb.2.29:

2.4 Phase Spezifikation

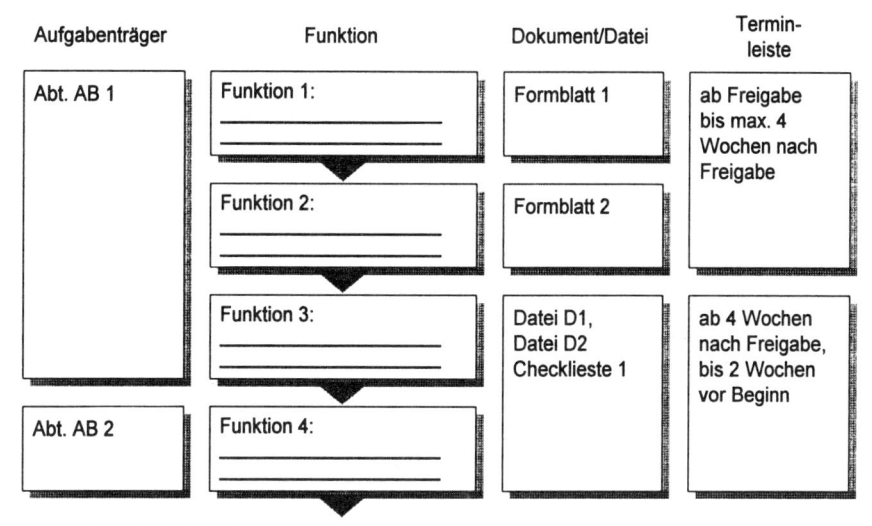

Aufgabenträger	Funktion	Dokument/Datei	Terminleiste
Abt. AB 1	Funktion 1:	Formblatt 1	ab Freigabe bis max. 4 Wochen nach Freigabe
	Funktion 2:	Formblatt 2	
	Funktion 3:	Datei D1, Datei D2 Checklieste 1	ab 4 Wochen nach Freigabe, bis 2 Wochen vor Beginn
Abt. AB 2	Funktion 4:		

Abb. 2.29 Beispiel für die Beschreibung der Arbeitsweisen

Die Detaillierungstiefe ist je nach Funktionsbedeutung für die Veränderung bei der Dokumentation festzulegen.

Fragen für diese Vorgehensweise sind:
- Um welche Funktionen geht es?
- In welchem Zeitablauf sind die Funktionen angeordnet?
- Wer sind die Aufgabenträger der einzelnen Funktionen?
- Welche Dokumente und Dateien unterstützen die Ausführung der Funktionen?
- In welchem zeitlichen Rahmen folgen die Funktionen einander?

Methoden

- Analyse- und Designmethoden der Organisation (Kap. 4.3)

Art und Umfang

- Infothek für das ablauf- und aufbauorganisatorische Informationsmanagement
- Grafische Darstellung der neuen Arbeitsweisen. Häufig hat diese Darstellung zur tatsächlich späteren Arbeitsweise nur eine Überdeckung von 60 bis 80 %.
- etwa 10 bis 50 Seiten

Tools

- Textverarbeitung
- Grafikprogramm

2.4.7
Testspezifikation

Innerhalb der Konzeption ist die Testspezifikation für die Systemfunktionalität zu erstellen. Ein mögliches Vorgehen ist in der Methode Testplanung dokumentiert.

Relevante Fragen in dieser Aktivität sind:
- Wie wird der Systemtest von der Ablaufseite gestaltet?
- Welche Testfälle und Testdaten haben eine sehr hohe Bedeutung und müssen unbedingt vollständig überprüft werden?
- Welche Testfälle und Testdaten haben eine weniger hohe Bedeutung und sind stichprobenartig zu überprüfen?
- Welche Testfälle und Testdaten können vernachlässigt werden?
- Wer führt die Tests durch?
- Welche Hilfsmittel sind für die Durchführung notwendig?
- Welche Fehler haben auf den Systemeinsatz die größten Auswirkungen?

Methoden

- Qualitätsplanung (Kap. 4.10.1)

Art und Umfang

- Beschreibung der Testfunktionen erfolgt häufig an den Systemfunktionen.
- etwa 5 bis 40 Seiten

Tools

- Textverarbeitung
- spezielle Software zur Protokollierung von Datenbankaktionen, Nachrichten, Datenein- und -ausgaben.

2.4.8
Angebotseinholung

Dieser Arbeitsschritt sieht vor, bei externer Realisierung die Ausschreibung vorzubereiten, mögliche Realisierer auszuwählen, Leistungsbeschreibungen bzw. Pflichtenhefte den in Frage kommenden Realisierern zuzusenden sowie Realisierungs-Angebote auszuwerten.

Dieser und der folgende Arbeitsschritt können bereits zum Einsatz kommen, wenn die Spezifikation durch eine Beratungsfirma oder ein Softwarehaus erstellt wird.

2.4 Phase Spezifikation

Methoden

- Ausschreibungsvorbereitung (Kap. 3.3.1)

Art und Umfang

- Textliche Beschreibung des Ausschreibungs- und Leistungsumfangs
- Umfang von drei bis mehrere hundert Seiten

Tools

- Textverarbeitung

2.4.9 Angebotsauswertung

Damit eine Angebotsauswertung notwendig wird, müssen mindestens zwei Angebote, besser drei bis fünf, vorliegen. Die Vorgehensweise kann der Methode Angebotsauswertung entnommen werden.

Methoden

- Angebotsauswertung (Kap. 3.3.2)

Art und Umfang

- Tabellarische Auswertung der Angebote
- etwa 3 bis 20 Seiten

Tools

- Textverarbeitung

2.4.10 Wirtschaftlichkeitsprüfung

In der Wirtschaftlichkeitsprüfung sind die gesamten Investitions- und Projektkosten dem Projektnutzen gegenüberzustellen.

Dazu ist zunächst der Nutzen für entwickelte Konzepte bzw. bei mehreren die entwickelten Konzepte auf die Unterstützung der Prozeßkette und die Zielerreichung mit den bereits definierten Kennzahlen zu bewerten. Ausgangspunkt für die Nutzenbewertung ist Tabelle 2.11.

Zum Abschluß sind die ermittelten konkretisierten Nutzenpotentiale über alle Haupt- und Teilprozesse aufzuaddieren und den Einzelzielen aus der Vorstudie gegenüberzustellen.

Bei Bedarf kann versucht werden, die primäre Systemfunktionalität und das globale Datenmodell hinsichtlich der optimalen Zielerreichung weiter zu optimieren.

Die Projektkosten werden meist mit einer Expertenschätzung (alternativ Function-Point-Verfahren, Prozentwertverfahren oder Analogieverfahren) ermittelt. In manchen Fällen ist es auch angebracht, zunächst die Gesamtprojektplanung zu erstellen und danach für die Aktivitäten und Teilaktivitäten den Aufwand zu schätzen (induktive Vorgehensweise).

Tabelle 2.11 Nutzenbewertung in der Konzeption

Wie kann die Kennzahl bezeichnet werden?					
Formale zur Erreichung des Kennzahlenwerts					
Quantitative Beschreibung der einzelnen Meßgrößen					
quantitativer Wert der Kennzahl					
Anteil Kostenstelle 1					
Anteil Kostenstelle 2					
Anteil Kostenstelle n					
	Ist bei Projekt-definition	Soll nach Imple-mentie-rung	Soll mit vorliegen-der Kon-zeption	Ist nach Imple-mentie-rung	Delta Ist vor/ Ist nach

Mögliche Fragen bei dieser Aktivität sind:
- Ist die Lösung klar erkennbar?
- In welche (System-)Komponenten kann die Lösung aufgeteilt werden?
- Welcher Aufwand entsteht für die Realisierung der Lösung?
- Wie können die geschätzten Kosten möglichst transparent in Personalkosten, Sachkosten und Investitionen aufgeteilt werden?
- Wo liegen in der Aufwandschätzung die größten Unsicherheiten?
- Kann die Wirtschaftlichkeit des Projekts erhöht werden, wenn Systemkomponenten mit geringem Nutzen (C-Potentiale) nicht realisiert werden?

Methoden

- Nutzen-Controlling (Kap. 3.11.2)
- Aufwandschätzung (Kap. 4.7)
- Bewertungsmethoden (Kap. 3.5)
- Rentabilitätsanalyse (Kap. 3.10)

Art und Umfang

- nach Möglichkeit die vorausgehende Tabelle für die Ermittlung der Teilnutzen/ Einzelnutzen verwenden.
- etwa 2 bis 5 Seiten
- tabellarische Darstellung der Kosten- und Nutzenbestandteile
- etwa 2 bis 5 Seiten

Tools

- Textverarbeitung

2.4.11 Gesamtprojektplanung

Nach dem die Spezifikation inhaltlich erstellt wurde, kann die formale Planung des Gesamtprojektablaufs, der Projektorganisation und das Berichtswesen aktualisiert erfolgen. Innerhalb des Projektablaufs sind Arbeitspakete, Termine, Kapazitäten, Personal, Hilfsmittel und Kosten zu auf ihre weitere Gültigkeit zu prüfen.

In der Aktivität „Gesamtprojektplanung" sind die nachfolgenden Fragen zu beantworten:

- Inwieweit kann die bisherige Gesamtprojektplanung beibehalten werden? Muß sie geändert werden?
- Wenn ja, welcher Zeitrahmen ist für die einzelne Phase vorgesehen?
- Welcher Zeitrahmen ist für die Phasenübergänge und für die Entscheidungen vom Auftraggeber bzw. Management vorgesehen?
- Welche Kapazitäten werden in den einzelnen Kapiteln von welchen Bereichen benötigt?
- Wer hat die notwendige Qualifikation für die Mitarbeit?
- Welche Hilfsmittel/Sachmittel sind für die Projektdurchführung notwendig?
- Wie teilen sich die Projektkosten auf die Phasen auf?
- Wie teilen sich die Projektkosten in Personal- und Sachkosten auf?
- Welche Projektorganisation wird schwerpunktmäßig ausgewählt?
- Aus welchen Personen setzt sich das Projektteam und die Projektleitung zusammen?

- Wer hat welche Verantwortung, Kompetenzen und Aufgaben?
- Gibt es einen eindeutigen Auftraggeber/Sponsor oder Steuerkreis?
- Wie häufig und in welcher Form wird der Auftraggeber, Sponsor oder Steuerkreis informiert?

Methoden

- Projektplanung (Kap. 3.6)
- Aufwandschätzung (Kap. 4.7)
- Kompetenzmatrix (Kap. 3.8.2)

Art und Umfang

- Grafische und textartige Darstellung der einzelnen Punkte
- etwa 1 bis 5 Seiten

Tools

- Projektplanung
- Textverarbeitung
- Grafikprogramm

2.4.12 Realisierungsplanung

In der Realisierungsplanung wird nur die Phase „Realisierung", auch Umsetzung, Entwicklung, Programmierung und Test genannt, hinsichtlich Aktivitäten, Teilaktivitäten, eingesetzter Methoden, Termine, personeller Kapazitäten, Personal, Betriebsmittel und Kosten geplant. Im Einzelfall ist zu prüfen, inwieweit die Projektteams die Zusammensetzung der Anforderungen der Realisierungsphase abändern müssen. Je nach Projektgröße sind hier auch

- Projekt-kick-off-Veranstaltungen sowie
- Projekt-Workshops für Vorgehensmodell- und Methodenschulung
  zu berücksichtigen.

Die zentralen Fragestellungen der Realisierungssplanung lauten:

- In welche Aktivitäten wird die erste Projektphase – Realisierung – unterteilt bzw. welche Aktivitäten sind für die Lösung der konkreten Projektaufgabe erforderlich?
- Müssen die Aktivitäten noch weiter in Teilaktivitäten unterteilt werden?
- Wenn ja, welche?
- Wie kann der Zeitrahmen der Realisierung auf die einzelnen Aktivitäten der Realisierung aufgeteilt werden?

2.4 Phase Spezifikation

- Welche bereichsspezifischen Kapazitäten werden für die Bearbeitung der einzelnen Aktivitäten benötigt?
- Welche Personen verfügen über die geforderten Qualifikationen, um die Aktivitäten zu bearbeiten?
- Wer übernimmt für die Realisierungsphase welche Aktivitäten?
- Ist eine Qualifikationsplanung bzw. Weiterbildung noch notwendig?
- Welche Hilfsmittel/Sachmittel werden für die Durchführung der ersten Projektphase benötigt?
- Wie teilen sich die Personal- und Sachkosten auf die einzelnen Aktivitäten auf?
- Sind für die Realisierungsphase Qualitätssicherungs-Meilensteine erforderlich?
- Wenn ja, wieviele?
- Wie kann die Realisierungsphase hinsichtlich der Dauer optimiert werden?

Methoden

- Projektplanung (Kap. 3.6)
- Aufwandschätzung (Kap. 4.7)
- Kompetenzmatrix (Kap. 3.8.2)

Art und Umfang

- Grafische und textartige Darstellung und Beschreibung
- etwa 1 bis 5 Seiten

Tools

- Projektplanung
- Grafikprogramm
- Textverarbeitung

2.4.13 Risikominimierung

Die Maßnahmen für die Reduzierung der Projektrisiken können vielfältiger in der Konzeption als in der Vorstudie eingesetzt werden. Zu den eher einfacheren kann die Abänderung der Aufgabenstellung, des Aufgabenumfangs oder die Auflistung in mehrere Teilprojekte gezählt werden. Deutlich schwieriger dagegen ist es, hohe Risiken situativ steuern zu wollen.

2 Projektphasen und Arbeitsschritte

```
                    Aktivität  Aktivität  Aktivität          Aktivität  Aktivität  Aktivität
                       2          3          4      ...         10         11         12
                                                                                        |
                                                                                        → situative Maßnahmen
                                                                                          zur Verringerung von
                                                                                          Projektrisiken
```

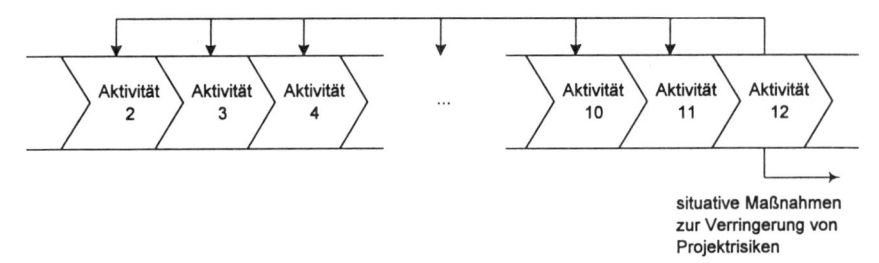

Abb. 2.30 Risiko-Management in der Konzeption

Wichtige Fragen im Rahmen des Risiko-Managements sind:
- In welche Komponenten können die Projektrisiken unterteilt werden?
- Welche sachlichen Risiken beinhaltet das Projekt?
- Welche methodischen und sozialen Risiken beinhaltet das Projekt?
- Welche Risiken sind wie hoch?
- Wie hängen die Risiken untereinander zusammen?
- Wie können hohe Risiken minimiert werden? Mit welchen Maßnahmen?
- Wer (Projektleiter, Projektteam, Auftraggeber) sieht in den einzelnen Risikofaktoren, wo, welche Unterschiede?
- Ist das Projekt in der Summe eher ein Investitionsprojekt oder eher ein Risikoprojekt?
- Wenn das Projekt ein Risikoprojekt ist, ist dies auch dem Auftraggeber bewußt?
- Sind eine oder mehrere Aktivitäten der Konzeption zur Reduzierung des Gesamtprojektrisikos zu überarbeiten?

Methoden

- Chancen-Risiken-Analyse (Kap. 3.5.3)

Art und Umfang

- Tabellarische und/oder textartige Darstellung
- etwa 1 bis 3 Seiten

Tools

- Textverarbeitung

2.4.14
Spezifikationsabnahme und Beauftragung

Die Aktivität Spezifikationsabnahme hat das Ziel, die systemrelevanten Teilergebnisse zusammenzufassen, damit der Auftraggeber/Sponsor den Leistungsumfang des Projekts prüfen und gegebenenfalls für die Realisierung freigeben kann. Je nach Größe des Projekts, Art des Projekts (eher Organisationsprojekt oder eher Informatikprojekt), Aufgabenstellung etc. fließen die Teilergebnisse der Aktivitäten 3 bis 7 vollständig, teilweise oder zusammengefaßt in die Leistungsbeschreibung ein.

Die Gesamtspezifikation – wie die Gesamtkonzeption auch – darf nicht mit einem Pflichtenheft für externe Anbieter gleichgesetzt werden. Das Pflichtenheft ist ein Auszug aus der Spezifikation von den Teilen, die für einen externen Dienstleister von Bedeutung sind.

Methoden

- Abnahmeverfahren (Kap. 4.8.2)
- Auftragsabnahme (Kap. 3.2.2)

Art und Umfang

- Eine Spezifikation kann einen Umfang von 10 bis 20 Seiten bei projektähnlichen Aufgaben, mehrere hundert Seiten bei mittelgroßen Projekten und mehrere tausend Seiten bei Großprojekten haben.

Tools

- Textverarbeitung

2.4.15
Zusammenfassung zur Spezifikation

In der Spezifikation liegt der Schwerpunkt auf der Beschreibung der systemtechnischen Lösung (Arbeitsschritte 3 bis 5 und 7 bis 9). Die sachlich/inhaltliche Ebene wird überwiegend in den Arbeitsschritten 2, 6 und 7 bearbeitet. Die formale Ebene wird in den Schritten 11 und 12 überprüft und ergänzt.

84   2 Projektphasen und Arbeitsschritte

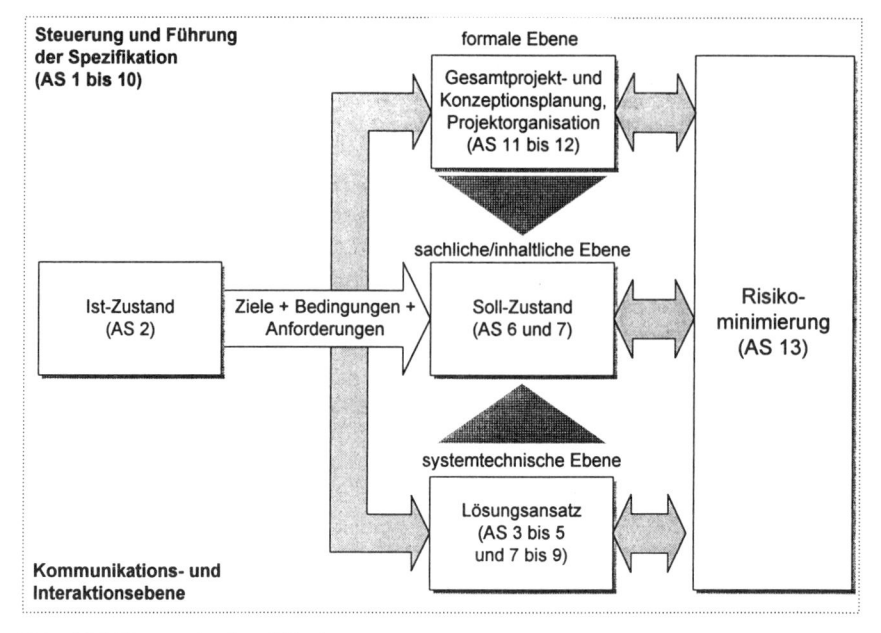

Abb. 2.31 Ebenen der Spezifikation

2.5
Phase Realisierung

In der Realisierung erfolgt die eigentliche Leistungserstellung und die durch die Aufgabenstellung verlangten Produkte. Bei einer Reorganisation einer Abteilung, eines Betriebes oder einer Unternehmenseinheit werden in der Realisierung die Betriebsmittel erstellt und gegebenenfalls angepaßt. Bei der Entwicklung von Anwendungssystemen handelt es sich um Designs für Masken und Listen, Programme und Module, Programmvorgaben sowie um Programm- und Datenbanktests. Daran anschließend können Datenbanken, Programme und Module entwickelt und getestet werden. Des weiteren umfaßt die Realisierung den Systemtest, die Erstellung der Systemdokumentation, die Nutzenverifizierung sowie die Einführungsplanung.

Die Arbeitsschritte bzw. Aktivitäten und geeigneten Methoden für die Realisierung sind in Tabelle 2.12 dokumentiert. Darüber hinaus können auch hier Methoden für alle Arbeitsschritte mehr oder weniger intensiv eingesetzt werden Dies sind:
- sonstige Dokumentations- und Darstellungstechniken (Kap. 4.5)
- Kreativitätsmethoden (Kap. 4.6)

Tabelle 2.12 Arbeitsschritte und Methoden für Realisierung

Arbeitsschritte und Ergebnisse für die Realisierung	geeignete Methoden
1. Realisierungsvorbereitung und Auftragsanalyse	• Auftragspräzisierung • Projektplanung • Gruppendynamik • Teamentwicklung
2. Realisierungsanalyse	• Analyse- und Designmethoden der EDV
3. Realisierungsdesign	• Analyse- und Designmethoden der EDV
4. Leistungsentwicklung und -erstellung	
5. Qualitätskontrolle und Einzeltestdurchführung	• Qualitätsplanung • Testplanung
6. Systemtest	• Qualitätsplanung • Testspezifikation
7. Systemdokumentation	• Analyse- und Designmethoden der Organisation
8. Projektnutzenüberprüfungsplanung	• Nutzen-Controlling • Bewertungsmethoden
9. Einführungsplanung	• Projektplanung • Aufwandschätzung • Kompetenzmatrix
10. Systemabnahme	• Abnahmeverfahren • Auftragsabnahme

Der Ablauf der Arbeitsschritte ist in Abb. 2.32 dargestellt. Für die dv-technische Realisierung können je nach Umfang ein bis sechs Meilensteine zur Qualitätssicherung definiert werden.

2.5.1
Realisierungsvorbereitung

Die Realisierungsphase wird im Rahmen der Projektarbeit heute häufig zu Teilen oder ganz fremdvergeben. Bei Fremdvergabe der Realisierung umfaßt die Realisierungsvorbereitung die Detailplanung des Auftragnehmers.

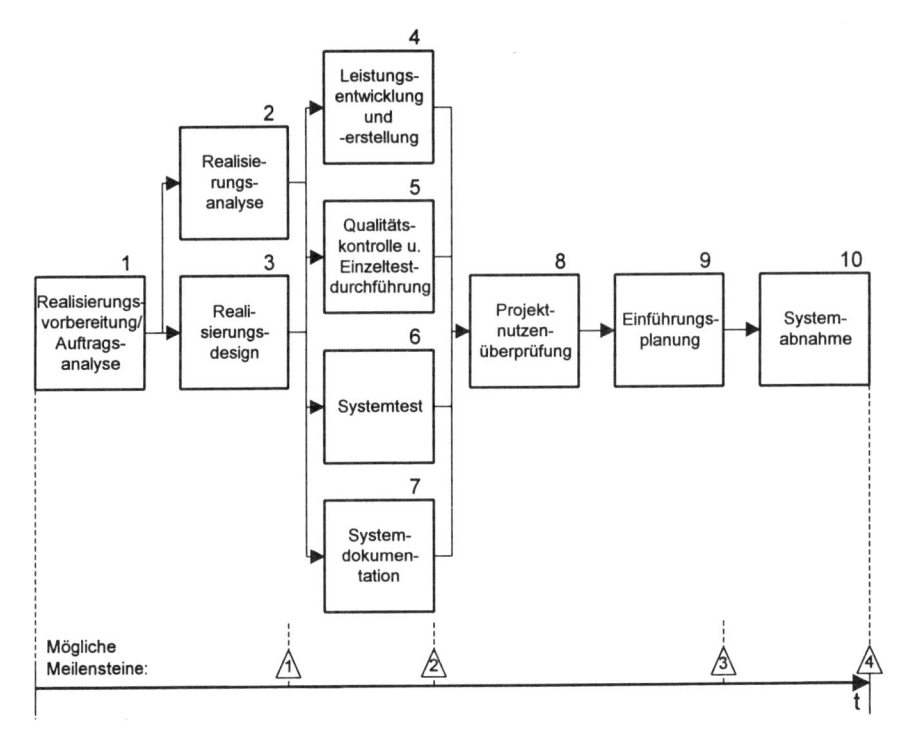

Abb. 2.32 Zeitlicher Ablauf der Phase Realisierung

Mögliche Fragen in diesem Arbeitsschritt können sein:
- Ist die Projekttiefe der Konzeptionsplanung ausreichend?
- Wie wird die Teamentwicklung und Gruppendynamik ablaufen?
- Wo können Konflikte auftreten?
- Ist den Projektteammitgliedern die Vorgehensweise in der Konzeption bekannt?
- Hat der Projektablauf aufgrund der Bedeutung der Projektaufgabe offiziell mit dem Auftraggeber zu erfolgen (Kick-off-Veranstaltung)?
- Wer ist im Rahmen des Projekts für welche Entscheidung zuständig?
- Wer muß/will wann worüber informiert werden?

Methoden

- Auftragsanalyse (Kap. 3.2.1)
- Projektplanung (Kap. 3.6)
- Gruppendynamik (Kap. 5.4.6)
- Teamentwicklung (Kap. 5.4.7)

Art und Umfang

- Textartige Beschreibung
- etwa 0,5 bis 3 Seiten

Tools

- Textverarbeitung

2.5.2 Realisierungsanalyse

Dieser Schritt soll helfen, möglichst viel aus Bestehendem zu übernehmen und möglichst wenig neu zu erstellen. Dies ist nur möglich, wenn auf bestehendem aufgebaut wird. Werden neue Technologien, Verfahren, Methoden, Entwicklungsumgebungen eingesetzt, dann sind Infrastruktur-Arbeiten notwendig.

Fragen für die Realisierungsanalyse sind:

- In wieweit kann auf Vorhandenes (Komponenten, Module, Teillösungen, etc.) zurückgegriffen werden?
- Was muß tatsächlich im Detail neu erstellt werden?
- Auf welche Erfahrungen kann zurückgegriffen werden?
- Was muß bestellt oder anderweitig beschafft werden?
- Wie sieht dazu der Zeitplan aus?

Methoden

- Analyse- und Designmethoden (Kap. 4.2. bis 4.4)

Art und Umfang

- Grafische Darstellung soweit möglich
- Textliche Beschreibung

Tools

- Textverarbeitung

2.5.3
Realisierungsdesign

Die Programmvorgaben umfassen die Dokumentation des dv-technischen Umfelds für das neu zu entwickelnde Anwendungssystem.

Typische Fragen dieser Aktivität sind:
- Welche Programm- und Modulrahmen sind zu verwenden?
- Welche Unterprogramme oder Klassenbibliotheken sind einzusetzen?
- Welche Fehlerbehandlungsart und Systemkommentare sind zu integrieren?
- Welche Kaufhof-Standards (Oberflächen) sind einzusetzen?
- Wie stark ist ein Programm im Modul zu strukturieren?
- Welche Qualitätskennzahlen sind einzuhalten (Antwortzeilen, Plattenzugriffszeiten etc.)?
- Für welche Funktionsgruppen gelten welche Qualitätskennzahlen?

Das Masken- und Listendesign legt die Schnittstelle zwischen Anwendungssystem und Benutzer fest. Es umfaßt:
- das Design von Dialoganwendungen mit Ein-/Ausgabemasken und Maskenabfolge,
- das Design von Drucklayouts,
- die Optimierung der Datenzugriffswege auf das Datenträgersystem,
- den Zugriffsschutz mit Benutzergruppen und Zugriffsverwaltung,
- die Fehlerbehandlung,
- das Help-System,
- das Mandanten-System,
- das Workflow-Management System,
- die Historisierung der Datenbestände,
- die Mehrsprachigkeit usw.

Ein einfaches Beispiel eines Zustandsübergangsdiagramm für die Modellierung von Maskenabläufe ist in Abb. 2.33 dargestellt:

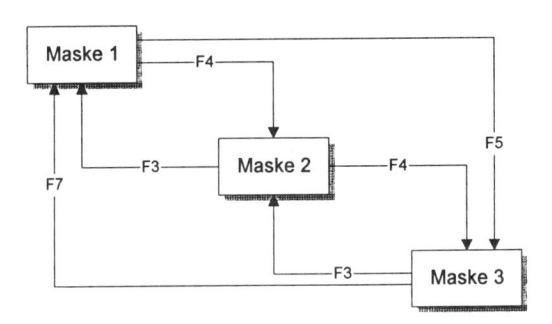

Abb. 2.33 Beispiel für ein Zustandsübergangsdiagramm

Bei der Entwicklung von Windows-Applikationen werden heute relativ früh und häufig Prototypen zur Erprobung von Benutzeroberflächen, Klärung von Design-Ideen, Demonstration von zukünftigen Funktionsumfängen, Abwägung der Machbarkeit oder Performance-Untersuchung bei kritischen Systemen entwickelt.

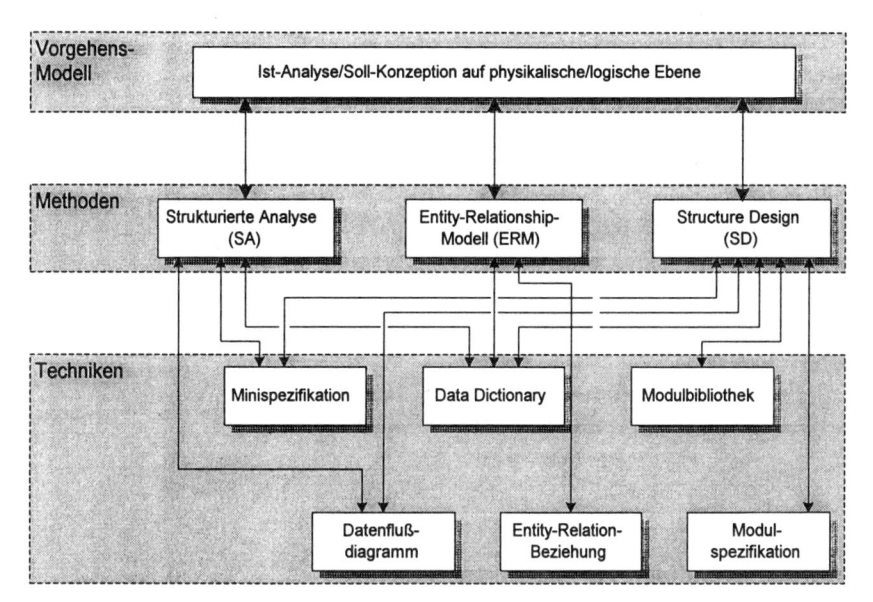

Abb. 2.34 Zusammenwirken der Methoden Strukturierte Analyse, Entity-Relationship-Modell und Structure Design

Das Programm- und Moduldesign modelliert die später zu programmierenden Programme und Module mit ihrer Kommunikation und den Datenbankzugriffen. Methodische Unterstützung leistet hier vor allem das Structure Design. Die Methode Strukturiertes Design setzt auf den Ergebnissen der Strukturierten Analyse und dem Entity-Relationship-Modell auf. Das Zusammenwirken der Methodenergebnisse zeigt Abb. 2.34.

Methoden

- Analyse- und Designmethoden der EDV (Structure Design) (Kap. 4.4)

Art und Umfang

- Grafische und textartige Beschreibung der Programm- und Modulstruktur, der Kommunikation zwischen Programmen und Modulen und der Steuerung zwischen Programmen und Modulen.
- etwa 5 bis 50 Seiten

Tools

- CASE-Tools mit Structure Design (SD)
- Textverarbeitung
- Grafikprogramm

2.5.4
Leistungsentwicklung und -erstellung

In dieser Aktivität wird die logische Datenstruktur bzw. das Anwendungsdatenmodell in der Datenbank implementiert. Die Definition der Schlüssel und Attribute sind in der Data Description Language (DDL) des Datenbank-Systems zu definieren. Zusammen mit dem Entity-Relation-Modell kann die Datenbank generiert werden.

Methoden

- gegebenenfalls tool-spezifische Methoden (nicht im Buch)

Art und Umfang

- Erstellung von Structure Chart-Diagrammen und Modul-Spezifikationen

Tools

- Abhängig von der Art der Leistung und gegebenenfalls von der Entwicklungsumgebung

2.5.5
Qualitätskontrolle und Einzeltest

Die Testspezifikation hat das Ziel, den Programm- und Modultest bestmöglich vorzubereiten und zu unterstützen.

Folgende Schritte können unterschieden werden:
1. Testfälle definieren und dokumentieren
2. Testdaten spezifizieren
3. Testablauf bestimmen und dokumentieren
4. Testprotokollierung vorbereiten

In der Aktivität Programmierung sind die Programme und Module nach dem Programm- und Moduldesign zu codieren, kompilieren und zu testen. Für die Code-Strukturierung können weitere Methoden, wie die Strukturierte Programmierung in Form von Struktogrammen, Pseudocode oder Programmablaufpläne verwendet werden.

Die Elemente der Strukturierten Programmierung sind

- Sequenz als Abfolge von Verarbeitungsschritten
- Interaktion als Wiederholung von Anweisungen (Interaktion mit vorhergehender Bedingungsprüfung, nachfolgender Bedingungsprüfung oder konstanter Wiederholungszahl)
- Selektion als Auswahlmöglichkeit von Anweisungen (Bedingte Ausführung ohne Alternative, mit Alternative oder Fallunterscheidung)

Methoden

- Qualitätsplanung (Kap. 4.10.1)

Art und Umfang

- Textartige Beschreibung
- etwa 3 bis 20 Seiten

Tools

- Textverarbeitung
- Programmiereditor
- Compiler

2.5.6 Systemtest

Diese Aktivität sieht den Systemtest nach Vorgaben der Testspezifikation-Entwicklung vor. Der Systemtest umfaßt zum einen den Programm- und Modultest sowie den Systemkomponententest des Entwicklers sowie zum anderen der System- bzw. Anwendungstest des Nutzers.

Grundlage für den Systemtest ist die Testspezifikation des Anwenders (Projektphase: Konzeption) sowie die Testspezifikation-Entwicklung (Projektphase: Realisierung).

Methoden

- Qualitätsplanung (Kap. 4.10.1)
- Testplanung (Kap. 4.8.1)

Art und Umfang

- Dokumentation des Testumfangs und der Testergebnisse in Form eines Testprotokolls
- etwa 5 bis 50 Seiten

Tools

- Textverarbeitung
- Testumgebung

2.5.7 Systemdokumentation

Eine vollständige Systemdokumentation setzt sich aus folgenden drei Teilen zusammen:

- Benutzerhandbuch:
  Es beschreibt, wie der Benutzer das System aufruft, steuert und wie die Interaktionen ablaufen. Das Benutzerhandbuch kann in eine Einführung, generelle Systembeschreibung, Beschreibung der Dialogfunktionen, Beschreibung der Reports, Umgang mit besonderen Fällen und in Beispiele unterteilt werden.
- Rechenzentrumshandbuch:
  Es beschreibt den Einsatz des Systems im Rechenzentrum oder im Fachbereich. Zielgruppe ist immer häufiger die DV-Koordinatoren vor Ort in der Fachabteilung.
- Schulungsunterlagen:
  Sie beschreiben das neue Anwendungssystem, jedoch weniger unter dem Gesichtspunkt der Vollständigkeit, als vielmehr unter dem Lernaspekt der Schulungsteilnehmer.

Methoden

- Analyse- und Designmethoden der Organisation (Kap. 4.3)

Art und Umfang

- Textartige und graphische Beschreibung
- etwa 20 bis 200 Seiten

Tools

- Textverarbeitung
- Grafikprogramm

2.5.8
Nutzenüberprüfungsplanung

Die Aktivität „Projektnutzenverifizierung" soll sicherstellen, daß das entwickelte Anwendungssystem tatsächlich den erwarteten Nutzen bringt. Dazu ist die Einzelzielmatrix für die in der Vorstudie definierten Kennzahlen heranzuziehen und für die bereits realisierte Systemfunktion neu zu bewerten.

Die Frage ist:
- Wie kann die Einführung so gestaltet werden, daß der Systemnutzen möglichst hoch wird?
- Was ist dazu notwendig?

Methoden

- Nutzen-Controlling (Kap. 3.11.2)
- Bewertungsmethoden (Kap. 3.5)

Art und Umfang

- Tabellarische Darstellung
- etwa 3 bis 5 Seiten

Tools

- Textverarbeitung
- Tabellenkalkulation

2.5.9
Einführungsplanung

Bei der Erstellung der Konzeption wird festgelegt, wie das zu erstellende System sachlich/inhaltlich in die bestehenden Abläufe eingeführt werden soll.

Die Einführungsplanung hat das Ziel, die Einführung formal bezüglich Arbeitspakete (Aktivität), Termine, Kapazitäten, Personen, Betriebsmittel und Kosten zu planen.

Es wird der Übergang auf die neue Anwendung aus EDV-Sicht beschrieben. Wichtiger Teilaspekt ist z. B. die Datenkonversion. Es werden die Datenbestände identifiziert, die für die neue Anwendung konvertiert werden müssen. Neben der Konversion ist möglicherweise auch ein Eingabesystem vorzusehen, um die für die neue Applikation erforderlichen zusätzlichen Daten zu erfassen. Erforderliche Aktivitäten für die EDV-seitige Integration werden festgehalten und zeitlich mit den betroffenen Stellen abgesprochen und geplant.

Änderungen im betrieblichen Ablauf werden beschrieben, abgestimmt und zeitlich geplant.

Wird ein Anwendungssystem an verschiedenen Orten eingeführt, so ist für jede Einführung ein Einführungsplan zu erstellen. Hier kann es auch notwendig werden, die einzelnen Einführungen mit ihren Eckwerten in einem gesamten Einführungsplan zusammenzufassen.

Fragen für die Einführungsplanung sind:
- Welche Besonderheit hat der zur Einführung anstehende Bereich oder Warenhaus?
- Welche Aktivitäten sind vorzusehen/müssen berücksichtigt werden?
- Wer ist von der Einführung betroffen?
- Welche Kapazität wird von den betroffenen benötigt?
- Werden Hilfsmittel benötigt?
- Werden Daten benötigt?
- Wenn ja, welche?
- Welche Kosten entstehen mit der Einführung?
- Was könnten mögliche Risiken bei der Einführung sein?
- Wie kann die Einführung optimal werden?

Methoden

- Projektplanung (Kap. 3.6)
- Aufwandschätzung (Kap. 4.7)
- Kompetenzmatrix (Kap. 3.8.2)

Art und Umfang

- Tabellarische Planung der Einführung
- etwa 1 bis 5 Seiten

Tools

- Textverarbeitung
- Projektplanungstool

2.5.10 Systemabnahme

Die Systemabnahme kann in zwei Teilumfänge unterteilt werden:
1. Funktionelle Abnahme
   Sie dokumentiert, daß das Anwendungssystem die fachliche Funktionalität erfüllt.
2. Systemtechnische Abnahme
   Sie dokumentiert, daß das Anwendungssystem die hardwarespezifischen (Rechner- und Netzkonzept, Hardwareperipherie, Hardwareschnittstellen) und

softwarespezifischen (Einhaltung von Standards, Methoden, Konventionen, Einhaltung von Softwarevorgaben, Schnittstellen, Programmvorgaben) Anforderungen erfüllt.

Methoden

- Abnahmeverfahren (Kap. 4.8.2)

Art und Umfang

- Protokollierung bzw. Dokumentation der noch offenen bzw. nicht abgenommenen Umfänge
- etwa 1 bis 5 Seiten

Tools

- Textverarbeitung

2.5.11
Zusammenfassung zur Realisierung

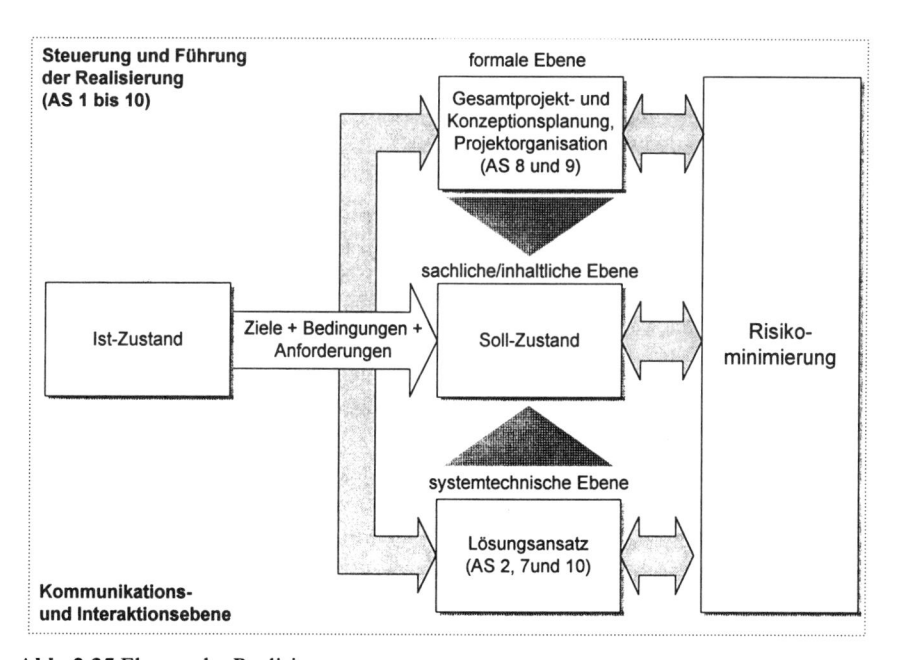

Abb. 2.35 Ebenen der Realisierung

In dieser Phase wird meist sehr intensiv auf der systemtechnischen Ebene (Arbeitsschritte 2 bis 7 und 10) gearbeitet. Bei Reorganisationsprojekten kann natürlich auch die sachlich/inhaltliche Ebene mit einbezogen werden. Die formale Ebene ist in den Arbeitsschritten 8 und 9 angesprochen.

2.6 Phase Implementierung

Nachdem das neue Anwendungssystem in der Phase zuvor spezifiziert, entwickelt und getestet wurde, erfolgt in der Projektphase Einführung die Systemimplementierung in den Produktionsprozeß und Anpassung der Organisation an die systembedingten Veränderungen.

Grundsätzlich wird unter der Einführung die Piloteinführung verstanden. Nur relativ kleine und einfache Lösungen können ohne großes Risiko als Ganzes eingeführt werden. Bei großen und komplexen Systemen ist aufgrund der möglichen, nicht kalkulierbaren Nebenerscheinungen eine vollständige Einführung oft nicht ratsam. In diesem Fall ist eine stufenweise Einführung besser geeignet. Man geht zwar weiterhin vom Gesamtkonzept aus, macht aber die detaillierte Einführung weiterer Stufen von den ersten Einführungserfahrungen abhängig.

Nach der Installierung steht ein Anwendungssystem im allgemeinen noch nicht im vollen Umfang für den Betrieb zur Verfügung. Weitere Funktions-, Leistungs- und Integrationstests sollten durchgeführt werden. Wird ein Anwendungssystem schrittweise installiert, so ergibt sich daraus eine zunächst nur geringe, aber ständig wachsende Nutzung.

Neben der eigentlichen Systemimplementierung gehört in diese Phase auch der Projektabschluß mit der Überprüfung des Nutzens, der Abrechnung der Projektkosten, der Auswertung des Projekts sowie der Entlastung der Projektgruppe und Projektleitung.

Die Arbeitsschritte bzw. Aktivitäten und geeigneten Methoden für die Implementierung sind in Tabelle 2.13 dokumentiert. Darüber hinaus können auch hier Methoden für alle Arbeitsschritte mehr oder weniger intensiv eingesetzt werden. Dies sind:

- sonstige Dokumentations- und Darstellungstechniken (Kap. 4.5)

Tabelle 2.13 Arbeitsschritte für Implementierung

Arbeitsschritte und Ergebnisse für die Implementierung	geeignete Methoden
1. Einführungsvorbereitung	• Projektplanung • Gruppendynamik • Teamentwicklung
2. Übergabe, Verteilung und Installation	• Analyse- und Designmethoden der EDV
3. Schulung und Information	• Entwicklung und Gestaltung von Workshops und Seminaren • Steuerung von Workshops und Seminaren • Reflexion und Auswertung von Seminaren und Workshops
4. Parallelbetrieb	• Analyse- und Designmethoden der EDV
5. Organisationsveränderung	• Analyse- und Designmethoden für Organisation
6. Test und Abnahme	• Abnahmeverfahren • Projektplanung
7. Nutzenüberprüfung	• Nutzen-Controlling
8. Projektkostenabrechnung	• Projektplanung • Operatives Controlling
9. Projektauswertung	• Reflexion und Auswertung von Workshops und Seminaren
10. Entlastung der Projektgruppe und Projektleitung	• keine

Ein möglicher zeitlicher Ablauf der einzelnen Arbeitsschritte ist in Abb. 2.36 dargestellt. Die Systemimplementierung kann je nach Aufgabenstellung bis zu vier Meilensteine enthalten.

2.6.1
Einführungsvorbereitung

Wie beim Start der vorausgehenden Projektphasen, ist auch beim Start in die Systemimplementierung die Phase im Detail zu planen. Auch hier kann wieder auf die drei Ebenen verwiesen werden:

- Sachebene,
- Formalebene sowie
- Kommunikations- und Interaktionsebene.

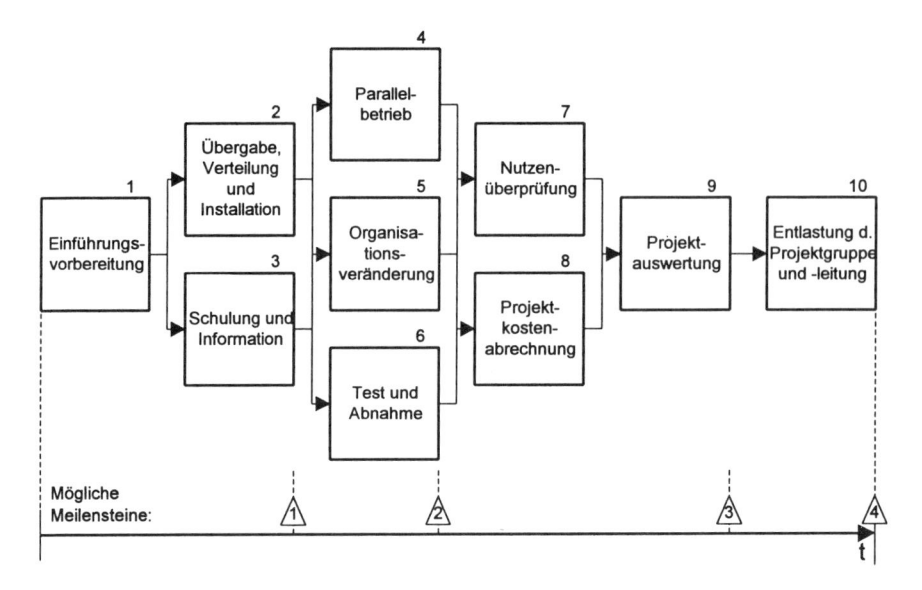

Abb. 2.36 Zeitlicher Ablauf der Einführung

Es sollten folgende Fragen in der Einführungsvorbereitung beantwortet werden:
- Reichen die vorgesehenen Aktivitäten aus?
- Wie können die vorgesehenen Aktivitäten in Teilaktivitäten unterteilt werden?
- Wo liegen die Gefahren bei der Einführung?
- Wer kann noch zusätzlich Unterstützung leisten?
- Ist der Terminplan realistisch?
- Sind die Beteiligten und Betroffenen ausreichend informiert?
- Wie sieht die Integration der Projektgruppenmitglieder in der Linie aus?
- Muß eine Datenmigration geplant werden?
- Ist die Rückintegration des Projektteams in die Linie sichergestellt?
- Wurde die Planung der Anwenderschulung berücksichtigt?
- Welche Aktionen werden für die Steuerung und Führung dieser Phase benötigt?

Methoden

- Projektplanung (Kap. 3.6)
- Gruppendynamik (Kap. 5.4.6)
- Teamentwicklung (Kap. 5.4.7)

Art und Umfang

- textartige Beschreibung der Einführung, gegebenenfalls ergänzt und graphische Darstellung der Einführungsplanung
- etwa 1 bis 5 Seiten

Tools

- Textverarbeitung
- Projektplanung

2.6.2 Übernahme, Verteilung und Installation

Die Systemübernahme, -verteilung und -installation umfaßt die Installation von Datenträgersystemen/Datenbanken, Programmen, Modulen und gegebenenfalls Klassenbibliotheken.

Sind Daten aus Altsystemen zu übernehmen, so ist die Datenmigration im Anschluß an die Installation durchzuführen. Hierzu sind bei größeren Anwendungssystemen meist umfangreichere Vorbereitungsmaßnahmen in Form von Datenkonvertierung, -auswertung, -aggregierung etc. zu treffen.

Wird eine Abnahme der Systeminstallation vorgenommen, was eher bei der Zusammenarbeit mit externen Realisierern/Dienstleistern in Frage kommt, so ist es ratsam, folgende Fragen zu beantworten:

- Was, welche Endprodukte wurden übernommen?
- Wo liegen die Quellprogramme, wo die Run-Time-Programme?
- Von wem ist die Übernahme erfolgt?
- Wann kann die Übernahme erfolgen?
- Wer war dabei?
- Welche Endprodukte des realisierten Anwendungssystems wurden nicht übernommen?
- Aus welchen Gründen wurden welche Endprodukte nicht portiert bzw. übernommen?
- Wann werden die nichtportierten Endprodukte wieder portiert bzw. einer Abnahme unterzogen?

Besteht die Lösung an einem organisatorischen Redesign einer Abteilung, eines Bereichs oder eines Unternehmens, so ist in diesem Schritt die Organisationsänderung durchzuführen; also das neue Organigramm in Kraft zu setzen, die Aufgaben-, Kompetenz- und Verantwortlichkeitsverteilung umzustellen, die Geschäftsvorfälle den neuen Prozessen (Haupt- und Teilprozessen) anzupassen, die Werkzeuge (Formulare, Checklisten, Programme etc.) zu installieren, die Planungs- und Steuerungsprozesse zu verändern etc.

Methoden

- Analyse- und Designmethoden der EDV (Kap. 4.4)

Art und Umfang

- textartige Dokumentation des Ablaufs und Umfangs
- etwa 2 bis 20 Seiten

Tools

- Textverarbeitung

2.6.3 Schulung und Information

Schulung und Information kann bei der Einführung eines DV-Systems eine Anwenderschulung sein, bei einer Änderung von Prozessen und Strukturen eine Information (-sveranstaltung) der nachgeordneten Hierarchien einschließlich der Mitarbeiter.

Die organisatorische und dv-technischen Anforderungen an eine Anwenderschulung sind:

- Die Anwendung und Nutzung des neuen und erweiterten Anwendungssystems sowie die organisatorischen Veränderungen zu unterstützen und mit zu gestalten – wo noch notwendig.
- Die Systemanwender ermutigen, ihr neues Wissen und ihre neuen Fertigkeiten im Sinne von Multiplikatoren an Kollegen/Kolleginnen weiterzugeben.
- Geänderte Abläufe weiter hinterfragen, wie kann das Arbeitsergebnis und der Prozeß verbessert werden.

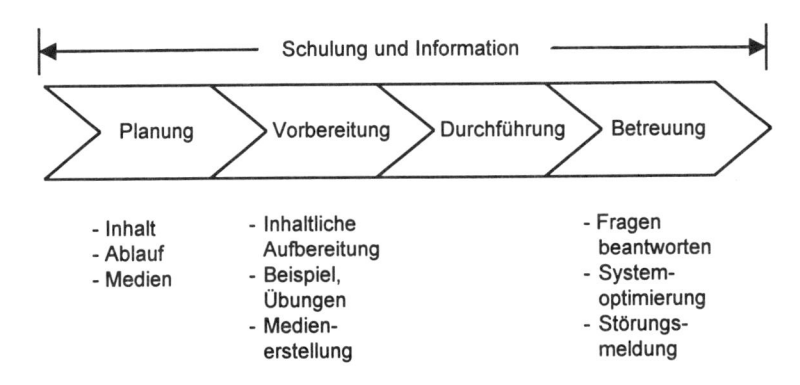

Abb. 2.37 Ablauf einer Schulungs- und Informationsveranstaltung

2.6 Phase Implementierung

Ein Schulung und Information kann entsprechend der nachfolgenden Schritte in diese Teilaktivitäten unterteilt werden:
1. Planung von Inhalt, Ablauf und Medien
2. Vorbereitung von Inhalten, Beispielen, Übungen und Medien
3. Durchführung des Trainings
4. Betreuung bei Fragen, Störungen und Systemoptimierung

Für die Vorbereitung und Durchführung einer Schulungs- und Informationsveranstaltung sind die unten aufgeführten Grundsätze ein wichtiger Orientierungsrahmen.

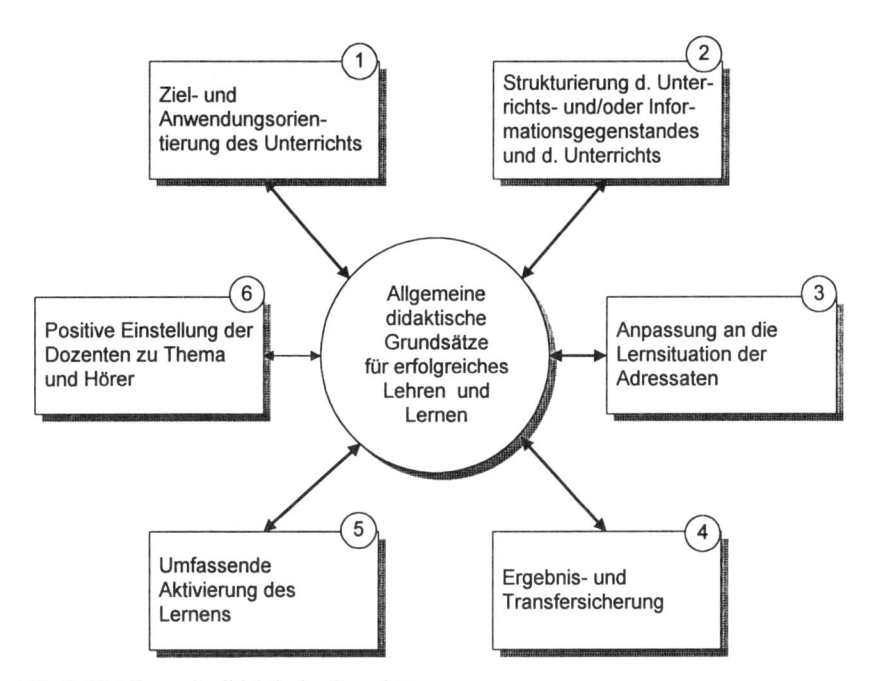

Abb. 2.38 Allgemein didaktische Grundsätze

Methoden

- Entwicklung und Gestaltung von Workshop und Seminar (Kap. 5.5.3)
- Steuerung von Workshop und Seminar (Kap. 5.5.4)
- Reflexion und Auswertung von Workshop und Seminar (Kap. 5.5.5)

Art und Umfang

- Grafische und textartige Darstellung der Schulungsinhalte
- tabellarische Beschreibung des Seminarablaufs, -design bzw. -leitfadens

Tools

- Grafikprogramm
- Textverarbeitung

2.6.4 Parallelbetrieb

In der Aktivität Parallelbetrieb geht das neue Anwendungssystem in den Echtbetrieb. Alle Änderungen von Daten, Beständen sind zu protokollieren. Ausgaben in Form von Listen, Protokollen und/oder Formularen sind mit dem Altsystem abzugleichen. Im Mittelpunkt steht das Erkennen und Nachvollziehen von Abweichungen zwischen Alt- und Neusystem, damit bei Abweichungen frühzeitig reagiert werden kann.

Die Dokumentation des Parallelbetriebs bzw. Protokolls des Parallelbetriebs sollte auf folgende Fragen Antwort geben:

- Welche Systembestandteile wurden parallel betrieben?
- Wie lange lief der Parallelbetrieb?
- Wo gab es Differenzierungen zwischen dem Alt- und Neusystem?
- Waren die Unterschiede geplant oder ungeplant?
- Wie und wer stellte die Unterschiede fest?
- Welche Unterschiede sind Systemfehler?
- Welche Maßnahmen erfolgten, um die Fehler zu beheben?

Bei einem nicht-dv-technischen Projektergebnis entfällt dieser Arbeitsschritt. In diesem Fall ist es nicht sinnvoll, die manuelle Arbeit doppelt zu machen.

Methoden

- Analyse- und Designmethoden für EDV (Kap. 4.4)

Art und Umfang

- Dokumentation umfaßt die Datenverarbeitung in Datenbanken, Dateien/Tabellen und Datenfelder.
- Dokumentation umfaßt den Abgleich von Schnittstellen, Formularen, Listen, Protokollen.
- etwa fünf bis einige hundert Seiten

Tools

- Textverarbeitung
- spezielle Systeme

2.6.5 Organisationsveränderung

Die Organisationsveränderung kann je nach Fokus in einer der vier Dokumentationen enden.

- Ablaufbeschreibung (für Soll-Zustand),
- Arbeitsweisenbeschreibung (für Soll-Zustand),
- ISO 9000-Ablaufbeschreibung oder
- explizit erstellte Organisationsveränderungsdokumentation

Primär wird die Organisationsveränderung in der Konzeption und insbesondere in der Spezifikation dokumentiert werden. Wichtig ist, daß die Veränderungen dokumentiert wurden. Projektphase: Konzeption, Aktivität: Arbeitsweisenspezifikation. Das Dokumentationsmedium bzw. die Dokumentationsbeschreibung ist sekundär. Anhand dieser Unterlagen kann in dieser Aktivität die betriebliche Veränderung vorgenommen werden.

Die Durchführung der Organisationsveränderung ist in der Systemabnahme zu protokollieren. Wichtige Fragen sind:

- Was wurde verändert? Was nicht? Warum?
- Wie ist die Veränderung erfolgt?
- Wer ist betroffen?
- Wer ist zu unterrichten?
- Wer kann für die Veränderung hinzugezogen werden?
- Wo ist sie vorzunehmen?
- Muß die Veränderung überwacht werden?
- Wird die Veränderung von den späteren Nutzern akzeptiert?
- Kann die Veränderung gegebenenfalls von den Betroffenen eingeleitet werden (z. B. durch Workshops)?
- Wie verändert sich die Aufgabenverteilung?
- Wie verändert sich der Zeitablauf bei den Aufgaben?

Methoden

- Analyse- und Designmethoden für Organisation (Kap. 4.3)

Art und Umfang

- Die Dokumentation von neuen Arbeitsweisen kann je nach Größe des betroffenen Bereichs etwa 10 bis 200 Seiten umfassen.
- Organisationsveränderungen können damit je nach Größe etwa 0,5 Tage bis 3 Monate dauern.

Tools

- Textverarbeitung
- Grafikprogramm

2.6.6
Test und Abnahme

Grundlage für die Abnahme sind die Teilergebnisse aus der Konzeption und Realisierung. Die Abnahme umfaßt sowohl den organisatorischen Änderungsumfang, als auch den Umfang des neuen Anwendungssystems. Für die Zusammenarbeit mit einem externen Realisierer ist der Zeitpunkt der Abnahme und der Beginn der Gewährleistung des Realisierers zu bestimmen.

Ziel der Systemabnahme, wie auch aller vorausgegangener Tests ist es, festzustellen, ob die erstellte Software „fehlerfrei" arbeitet und die geforderte Funktionalität und Eigenschaften erfüllt sind. Der Umfang des Systemtests sollte dabei unter wirtschaftlichen Gesichtspunkten gewählt werden. Ein weiteres Ziel der Systemabnahme ist es, den geforderten Lieferumfang auf Vollständigkeit zu prüfen. Dies umfaßt alle geforderten Dokumente und falls erforderlich auch die Hardware.

Bei der Systemabnahme von Endprodukten unterscheidet man drei Abnahmearten:

1. Funktionelle Abnahme
   Dabei ist zu prüfen, ob das System die fachlichen dokumentierten Anforderungen korrekt erfüllt. Das Endprodukt ist das funktionelle Abnahmeprotokoll, aus dem hervorgeht
   - was abgenommen wurde
   - von wem abgenommen wurde
   - wann die Abnahme erfolgte
   - wo Differenzen zum Pflichtenheft in welcher Art bestehen und
   - welche Maßnahmen bei Differenzen erfolgen.

2. Systemtechnische Abnahme
   Bei der systemtechnischen Abnahme sind die geforderten hard- und softwarespezifischen Sachverhalte auf ihre Korrektheit zu prüfen. Das Endprodukt ist das systemtechnische Abnahmeprotokoll, aus dem hervorgeht
   - was abgenommen wurde
   - von wem abgenommen wurde
   - wo Differenzen zum Pflichtenheft in welcher Art bestehen und
   - welche Maßnahmen bei Differenzen ergriffen werden.

3. Fachlich-organisatorische Abnahme
   Hierbei werden die Pilotinstallationen und die durchgeführten organisatorischen Maßnahmen am Pilotstandort auf Korrektheit geprüft und dokumentiert.

Das Endprodukt ist das fachlich-organisatorische Abnahmeprotokoll, aus dem hervorgeht
- was abgenommen wurde
- von wem abgenommen wurde und
- wann die Abnahme erfolgte.

Aus der Abnahmedokumentation bzw. dem Abnahmeprotokoll muß hervorgehen:
- Was wurde abgenommen?
- Von wem erfolgte die Abnahme?
- Wann ist die Abnahme vorgenommen worden?
- Wo bestehen Differenzen zum Pflichtenheft und in welcher Art?
- Welche Maßnahmen erfolgen zur Behebung der Differenzen?
- Bis wann müssen die Maßnahmen beendet sein?
- Welchen Aufwand bedeuten diese Maßnahmen?
- Wer muß diese Maßnahmen durchführen?
- Welche Hilfsmittel sind notwendig?
- Wer übernimmt die Kosten?

Methoden

- Abnahmeverfahren (Kap. 4.8.2)
- Projektplanung (Kap. 3.6)

Art und Umfang

- textartige Beschreibung der obigen Fragen

Tools

- Textverarbeitung

2.6.7 Nutzenüberprüfung

Für eine zielorientierte Projekt- und Managementarbeit ist nach der Einführung der Lösungen und Ergebnisse eine Nutzenüberprüfung durchzuführen. Dafür ist im Rahmen der Phase Konzeption in der Aktivität Projektnutzenbewertung ein Konzept zu erstellen. Dieses Konzept sollte beinhalten, inwieweit die ursprünglich gewählte Systematik des Nutzen-Controlling beibehalten werden kann und wie die Nutzenüberprüfung formal abläuft.

Die Tabelle 2.14 ist um die letzten zwei Spalten zu ergänzen.

Die Ergebnisse des Nutzen-Controlling sind nicht nur für die betriebswirtschaftliche Erfolgsprüfung wichtig, sondern auch für die Projektauswertung. Nur so kann Projektmanagement sich immer wieder weiter entwickeln (vgl. Keßler u. Winkelhofer 1997, S. 217).

Tabelle 2.14 Abschluß des Nutzen-Controlling

Welcher Systemnutzen kann unterstützt werden?					
Wie kann die Kennzahl bezeichnet werden?					
Formel zur Errechnung des Kennzahlenwertes					
Quantitative Beschreibung der einzelnen Meßgrößen (aus Formel)					
Kennzahl					
Anteil Kostenstelle 1					
Anteil Kostenstelle 2					
Anteil Kostenstelle n					
	Ist bei Vorstudie	Soll bei Einführung	Soll mit Konzeption	Ist nach Einführung	Delta Ist vor .../ Ist nach

Methoden

- Nutzen-Controlling (Kap. 3.11.2)

Art und Umfang

- nach Möglichkeit die vorausgehende Tabelle für die Ermittlung des Teilnutzens/Einzelnutzens verwenden.
- etwa zwei bis zwanzig Seiten

Tools

- Textverarbeitung

2.6.8 Projektkostenabrechnung

Die gesamten Projektkosten sollten zum Projektende abgerechnet werden, unabhängig davon, ob eine eigene Projektkostenstelle existiert oder nicht.

Zur Abrechnung der Projektkosten gehören:

- Investions- und Sachkosten für die Hardware, Software, Tools sowie für die Entwicklungs- und Testumgebung etc.
- Beratungskosten für interne und externe Experten
- Kosten der Projektvorbereitung
- Kosten des Projektkernteams
- Investitionskosten für die Produktionsumgebung
- Projektmanagement-Kosten
- Schulungs- und Informationskosten
- Budgetabschluß (für den Projektleiter)

Methoden

- Projektplanung (Kap. 3.6)
- Operatives Controlling (Kap. 3.11.1)

Art und Umfang

- nach Möglichkeit sollte eine phasenorientierte, besser eine aktivitätsorientierte Aufschlüsselung der Projektkosten erfolgen.
- etwa 2 bis 10 Seiten

Tools

- Textverarbeitung

2.6.9 Projektauswertung

Die Projektauswertung hat das Ziel, den Lernprozeß aus der Projektarbeit zu erhöhen (vgl. Keßler u. Winkelhofer 1997, S. 217). Dazu ist es angebracht, nach Systemeinführung und -abschluß den Projektverlauf aus der Sichtweise anderer Personen kennenzulernen. Zielgruppen der Projektauswertung sind in Abb. 2.39 dargestellt.

108 2 Projektphasen und Arbeitsschritte

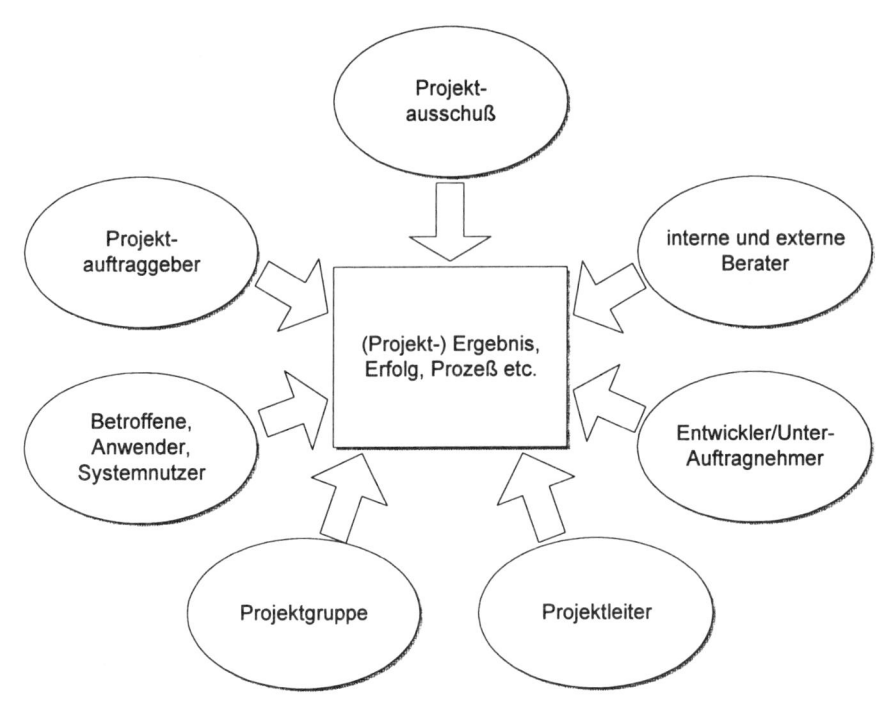

Abb. 2.39 Zielgruppen der Projektauswertung

Für die Auswertung des Projekterfolgs und Projektverlaufs sind folgende Fragen von besonderem Interesse:

- Wurden die Projektziele erreicht?
- Wurden die Projektbedingungen eingehalten?
- Wurden die Kosten und Termine eingehalten?
- Wurde die definierte Systemqualität erreicht?
- Was waren die Kernprobleme im Projektverlauf?
- Wie verliefen die einzelnen Phasen und Arbeitsschritte?
- Wo haben wir bewußt, wo unbewußt Abweichungen davon gemacht?
- War die Projektdokumentation ausreichend?
- War die Projekterfahrung bei den Beteiligten ausreichend?
- War die Schulung und Information ausreichend?
- War die Projektorganisation (reines Projektmanagement/Matrixorganisation/ Einfluß-Projektmanagement, Lenkungsausschuß/Steuerkreis) aufgabengerecht gewählt?
- Welche Entscheidungen wurden im Team getroffen? Welche vom Auftraggeber? Welche vom Projektausschuß?
- Wie verlief die Zusammenarbeit im Team? Wie verlief die Zusammenarbeit mit den Betroffenen/Anwendern?

- Wie groß war das Methodenbewußtsein und die Methodentreue?
- Was war gut?
- Was war weniger gut?
- Was würden Sie als Projektleiter beim nächsten Mal anders machen?

Methoden

- Reflexion und Auswertung von Workshop und Seminar (Kap. 5.5.5)

Art und Umfang

- Durchführung der Projektauswertung kann je nach Projektgröße in einem oder mehreren Workshops erfolgen.
- Bei Kleinprojekten bzw. Kleinaufgaben kann an dieser Stelle auch ein mündliches Interview oder eine kurze schriftliche Befragung erfolgen.

Tools

- Textverarbeitung

2.6.10 Entlastung von Projektgruppe und Projektleitung

Die Entlastung von Projektleitung und Projektgruppe ist die letzte Aktivität im Vorgehensmodell. Sie ist – je nachdem, wer den Projektauftrag gegeben hat – vom Auftraggeber/Sponsor oder vom Projektausschuß vorzunehmen. In aller Regel ist die Projektlösung so weit eingeführt, daß der Projektnutzen sein Maximum erreicht hat bzw. kurz davor steht (Abb. 2.40).

Die Entlastung von Projektleitung umfaßt:

- terminliche Entlastung,
- budgetmäßige Entlastung,
- fachliche Entlastung sowie
- personelle Entlastung.

Die Entlastung der Projektgruppe umfaßt:

- fachliche Entlastung.

Mit der Entlastung von Projektleitung und Projektgruppe sollten die nachfolgenden Fragen beantwortet werden:

- Welche positiven und negativen Terminabweichungen gab es?
- Welche positiven und negativen Budgetabweichungen gab es?
- Welche definierten Anforderungen wurden erfüllt, welche nicht?
- Welche personellen Veränderungen gab es im Projekt?
- Welche Ursachen haben zu diesen Abweichungen geführt?

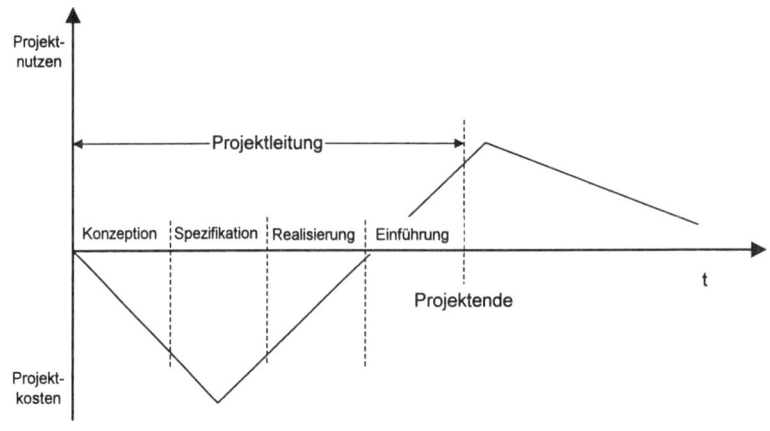

Abb. 2.40

Methoden

- keine expliziten

Art und Umfang

- textartige Beantwortung der obigen Fragen
- etwa 1 bis 3 Seiten

Tools

- Textverarbeitung

2.6.11
Zusammenfassung zur Implementierung

Auch die Arbeitsschritte der Phase Implementierung lassen sich in das in Kap. 2.2.16 eingeführte Schema einordnen.

Die Schritte 2 und 3 betrachten überwiegend die Ebene der Lösung, die Schritte 4 bis 6 die systemtechnische und sachlich/inhaltliche Ebene. Der Arbeitsschritt 7 untersucht die sachlich/inhaltliche Ebene mit formalen Mitteln, Die Arbeitsschritte 8 und 9 lassen sich am ehesten der formalen Ebene zuordnen.

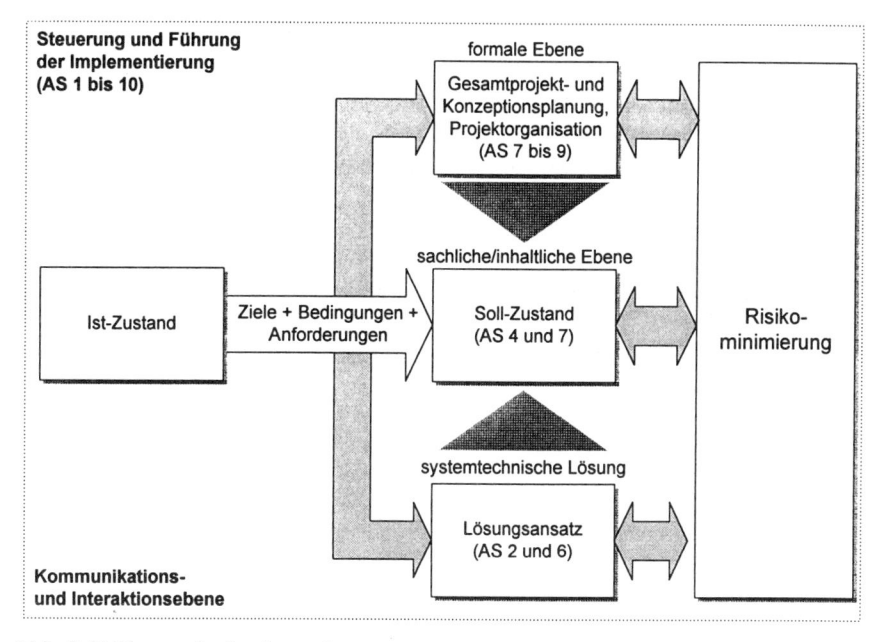

Abb. 2.41 Ebenen der Implementierung

2.7
Phase Systemoptimierung

Nach Abschluß der Systemimplementierung und des Projekts geht das System in den laufenden Betrieb. Dort steht es zu Beginn in der Regel noch nicht im vollen Umfang für den eigentlichen Gebrauch zur Verfügung. Organisatorische Strukturen, technisches System und Mensch müssen „zusammenwachsen" und optimieren (Abb. 2.42).

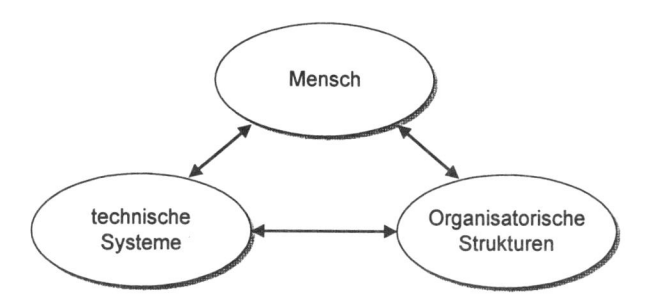

Abb. 2.42 Beispieldreieck Mensch – technisches System – organisatorische Strukturen

2 Projektphasen und Arbeitsschritte

Das Auftreten und Beseitigen von Fehlern beeinflußt die Nutzungsintensität. Durch eine korrigierende Wartung können die Ursachen von Fehlern beseitigt und Maßnahmen ergriffen werden, die der Vermeidung von Fehlern dienen.

Das Ziel der Systemoptimierung ist die volle Funktionsfähigkeit des (Projekt-)Ergebnisses, der Lösung und/oder des Anwendungssystems herzustellen, zu erhalten und auszubauen.

Je nach Größe des Unternehmens, der Problemstellung und Größe des Anwendungssystems kann der Betrieb von Informationssystemen ganz unterschiedlich ablaufen. Die Spannweite für die Systemoptimierung kann von einer extra dafür eingerichteten Arbeitsgruppe für den Systemeinsatz bzw. -optimierung über die Betreuung durch das Entwicklungsteam bis hin zu keinerlei Betreuung bzw. Optimierung reichen.

Tabelle 2.15 Arbeitsschritte und Methoden für die Systemoptimierung

Arbeitsschritte und Ergebnisse für die Systemoptimierung	geignete Methoden
1. Betreuung	• Kompetenzmatrix • Reflexion und Auswertung von von Workshop und Seminar • Moderation • Fehler-Möglichkeits-Einfluß-Analyse (FMEA)
2. Nachschulung	• Entwicklung und Gestaltung von Workshop und Seminar • Steuerung von Workshop und Seminar • Reflexion von Workshop und Seminar • Moderation
3. Wartung und Systempflege	• Qualitätsprüfung • Projektplanung • Kompetenzmatrix
4. Verfahrensoptimierung	• Nutzen-Controlling

Die Arbeitsschritte, Ergebnisse und Methoden für die Systemoptimierung sind in Tabelle 2.15 zusammengefaßt. Der mögliche Ablauf ist in Abb. 2.43 dargestellt.

2.7 Phase Systemoptimierung

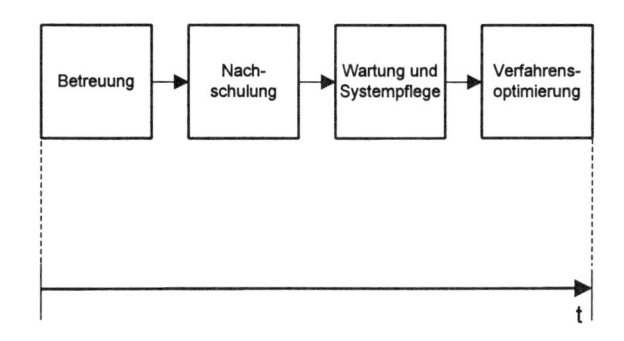

Abb. 2.43 Zeitlicher Ablauf der Systemoptimierung

2.7.1 Betreuung

Die Betreuung umfaßt alle Aufgaben für die Aufrechterhaltung des laufenden Systembetriebs aus organisatorischer, technischer und systemtechnischer Sicht. Dazu kann gezählt werden:

- Verwaltung der Zugriffsberechtigung,
- Hotline bei Störungen und Fragen,
- Verwaltung der Datenbestände und -zustände,
- Betreuung des Datenaustausches mit anderen Systemen,
- Verwaltung und Betreuung der Datensicherung,
- Sicherstellung des systemspezifischen Datenschutzes und der Datensicherung.

Methoden

- Kompetenzmatrix (Kap. 3.8.2)
- Reflexion und Auswertung von Seminaren und Workshops (Kap. 5.5.5)
- Fehler-Möglichkeits-Analyse (FMEA) (Kap. 4.10.2)
- Moderation (Kap. 5.4.3)

Art und Umfang

- Organigramm für Systembetreuung

Tools

- Grafikprogramm
- Textverarbeitung

2.7.2
Nachschulung

Die Nachschulung umfaßt zum einen die Erweiterungen des Schulungskreises auf weitere Anwender und zum anderen die Aktualisierung der Schulungsinhalte im Hinblick auf die Erfahrungen aus der Einführung und der Anpassung der Organisation an das System.

Die Nachschulung kann auch als Workshop für den optimalen Systemeinsatz nach Fertigstellung des Systems und Kennen der Systemfunktionen durchgeführt werden. Geht man davon aus, daß keine vollständige Konzeption und Spezifikation der organisatorischen Abläufe, der technischen und systemtechnischen Komponenten aufgrund des dafür notwendigen Zeitbedarfs erfolgen kann, so ist die Nachschulung für den optimalen Systemeinsatz eine zwingende Notwendigkeit.

Weiter kann die Nachschulung auch Impulse für eine weitere organisatorische und dv-technische Verfahrensoptimierung geben (übernächster Arbeitsschritt).

Methoden

- Entwicklung und Gestaltung von Workshop und Seminar (Kap. 5.5.3)
- Steuerung von Workshop und Seminar (Kap. 5.5.4)
- Reflexion von Workshop und Seminar (Kap. 5.5.5)
- Moderation (Kap. 5.4.3)

Art und Umfang

- bei Workshop-Charakter in Moderationsform
- Dauer ca. 2 Stunden bis 1 Tag

Tools

- Textverarbeitung

2.7.3
Wartung und Systempflege

Unter Wartung wird die Fehlerbehebung, unter Pflege die Anpassung und Änderung verstanden (vgl. Balzert 1982, S. 16).

Die Hardware- und Software-Wartung sowie die Software-Pflege weist folgende Merkmale auf (Abb. 2.44; vgl. Balzert 1982, S. 476):

- sich wiederholende, langfristige Tätigkeiten,
- ereignisgesteuert, d. h. nicht vorhersehbar und daher schwer planbar und kontrollierbar.

2.7 Phase Systemoptimierung

Unter Hardware-Wartung versteht man die Instandsetzung (korrigierende Wartung) und die Instandhaltung (vorbeugende oder präventive Wartung) der einzelnen Maschinen und des Zubehörs eines Computersystems. Da man nicht voraussagen kann, wann einzelne Hardware-Komponenten ausfallen, sollten die Ziele für die Wartung wie folgt formuliert werden:

- möglichst lange Laufzeiten ohne Störung (große MTBF = Mean Time Between Failures) und
- möglichst kurze Reperaturzeiten (kurze MTTR = Mean Time To Repair).

Bei der Software-Wartung (oft auch Programmpflege genannt) werden folgende Arten unterschieden:

- Anpassungs-Wartung (adaptive maintenance)
- korrigierende Wartung (corrective maintenance)
- Verbesserungs-Wartung (perfective maintenance)

Die adaptive Software-Wartung bezeichnet die Anpassung an geänderte Gegebenheiten. Der Begriff wird meist für Änderungen verwendet, ohne die das System nicht mehr funktionieren würde. Dabei ist notwendigerweise die Einschränkung zu beachten, daß die Software nur unter definierten Bedingungen lauffähig sein muß.

Die korrigierende Software-Wartung ist das Suchen und Beheben von eigentlichen Fehlern.

Die perfective Software-Wartung bedeutet technische Verbesserungen an der bestehenden Software, ohne den grundsätzlichen Aufbau des Systems zu verändern.

Ziele der Software-Wartung sind (vgl. Becker et al. 1990, S. 446 f.):

- Erhaltung der Kompatibilität mit der Hardware und der Organisation sowie
- schnelle Behebung von auftretenden Fehlern.

Methoden

- Qualitätsplanung (Kap. 4.10.1)
- Kompetenzmatrix (Kap. 3.8.2) für die Definition der Zuständigkeiten für Wartung und Pflege

Art und Umfang

- Es muß ein individueller Wartungsplan festgelegt werden. Darin muß enthalten sein, ob eine normale Wartung genügt oder ob für anwenderseitige Spitzenzeiten eine erweiterte Wartung notwendig ist.

Tools

- Textverarbeitung

2 Projektphasen und Arbeitsschritte

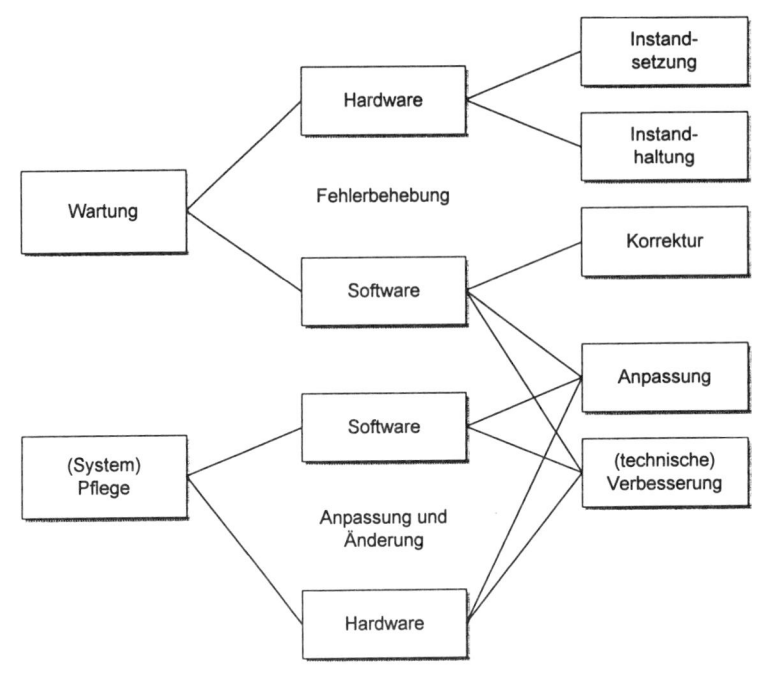

Abb. 2.44 Systemwartung und -pflege

2.7.4 Verfahrensoptimierung

Die Verfahrensoptimierung hat das Ziel, ein Optimum zwischen Organisation, Technik und Anwendungssystem herzustellen. Dies kann zum einen die optimale Unterstützung der systemnutzenden Bereiche bei ihrer Zielerreichung sein (Output des Systems). Dazu sind die Bereichsziele qualitativ und quantitativ zu optimieren und zielorientiert durch Systemfunktionen zu unterstützen. Zum anderen der optimale Betrieb des Anwendungssystems selbst (Input des System). Hierzu können folgende Unterscheidungen gemacht werden:

1. Auflistung der teuersten laufenden Funktion, die 50 % oder mehr der laufenden Systemkosten ausmacht. Dies kann in einer Grafik dargestellt werden (Abb. 2.45):

2.7 Phase Systemoptimierung 117

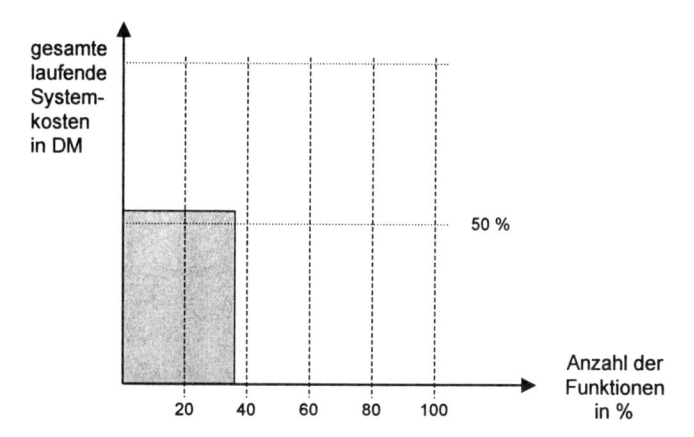

Abb. 2.45 Teuerste laufende Funktionen

2. Auflistung der wartungsintensivsten Funktion, die 50 % oder mehr der jährlichen Wartungskosten ausmacht. Dazu ist die vorausgehende Grafik entsprechend zu skalieren (Abb. 2.46).

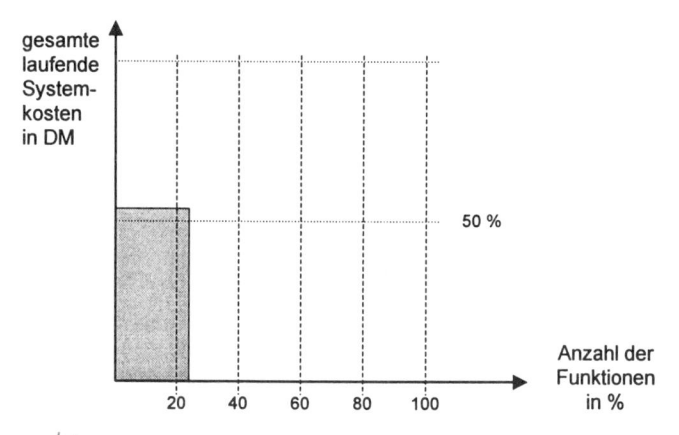

Abb. 2.46 Wartungsintensivste Funktion

Zeigt sich im Rahmen der Verfahrensoptimierung, daß das Nutzenpotential entsprechend hoch ist, kann die Beauftragung für eine neue Projektdefinition veranlaßt werden (Abb. 2.47). Im anderen Fall werden die Verfahrensoptimierungen im Rahmen der (System-)Pflege bearbeitet.

Die Systempflege erfolgt in Form von projekthaftem Arbeiten ohne ein festes Projektteam und mit einer deutlichen Reduzierung der vorgeschlagenen Vorgehensweise.

2 Projektphasen und Arbeitsschritte

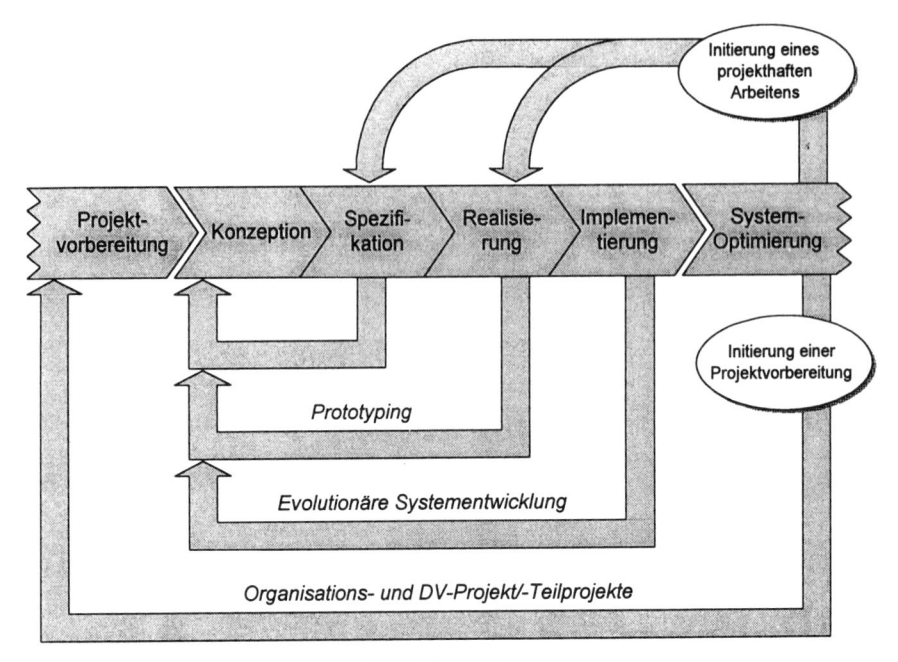

Abb. 2.47 Projektphasen und Vorgehensphilosophien

Methoden

- Nutzen-Controlling (Kap. 3.11.2)

Art und Umfang

- Grafische Darstellung
- Ergänzt um tabellarische Detailinformationen über die einzelnen Meß- und Kennzahlen

Tools

- Grafikprogramm
- Textverarbeitung

2.7.5
Zusammenfassung zur Systemoptimierung

In der Phase Systemoptimierung sind nur noch die sachlich/inhaltliche und die systemtechnische Ebene in allen Arbeitsschritten zu organisieren, steuern und führen (Abb. 2.48)

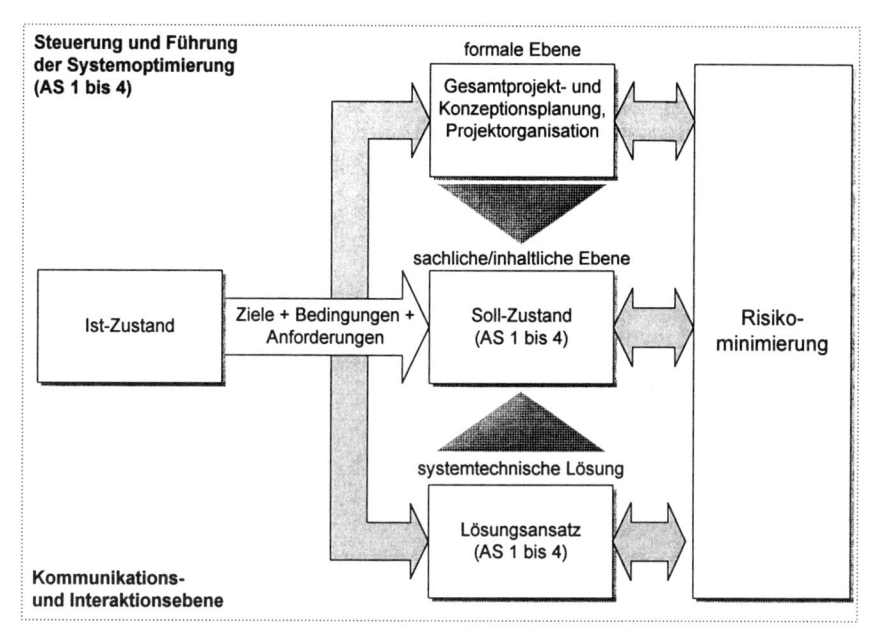

Abb. 2.48 Ebenen der Systemoptimierung

2.8 Zum Praxistransfer

Die in dem vorausgehenden Kapitel vorgestellte Arbeitsweise stellt für den Anwender und Leser dieser Methodik den sogenannten „roten Faden" dar. Ihm bleibt jedoch nicht erspart, diese Vorgehensweise an seine konkrete Aufgabenstellung anzupassen.

Aus Sicht der Projektplanung ist das vorgestellte Vorgehensmodell mit den Arbeitsschritten und z. T. Unterschritten ein erster „Master-Projektstrukturplan", der auf jedes neue Vorhaben (Idee, Problem und/oder Anforderung) angepaßt werden muß.

Der Autor schlägt dem Anwender für die Anpassung dieser Methodik und der später vorgestellten Methoden – abhängig von dem jeweiligen Stand im Phasenmodell – bei der Planung der jeweiligen Phase die Beantwortung der nachfolgenden Fragen vor:

- Welche Arbeitsschritte müssen so wie sie sind unmittelbar übernommen werden?
- Welche Arbeitsschritte werden nicht benötigt?
- Warum werden diese nicht benötigt?
- Müssen evtl. zusätzliche Arbeitsschritte aufgenommen werden?

- Warum werden diese zusätzlich benötigt?
- Welche Methoden werden für die einzelnen Arbeitsschritte benötigt?
- Warum werden diese benötigt?
- Was fällt dabei in die Zuständigkeit der Methodik und was in die Zuständigkeit der Methoden? (vgl. Keßler u. Winkelhofer 1997)

Für den Einsatz in einem konkreten Projekt hat es sich als sehr vorteilhaft erwiesen, die einzelnen Projektphasen mit Workshops (von je 2,5 bis 4 Tagen) durch externe Berater zu begleiten.

Diese Workshops finden zu Beginn jeder Phase statt und geben eine theoretische Einführung in die Phase und die Arbeitsschritte. Anschließend können die Methoden in Theorie und in Beispielen vorgestellt werden. Im nächsten Schritt können die Workshop-Teilnehmer das Gelernte für ihr konkretes Projekt oder ihre Management-Aufgabe anwenden. Nachdem eine einzelne Methode ansatzweise von den Teilnehmern angewendet wurde, kann der nächste Arbeitsschritt und die nächsten Methoden in gleicher Weise bearbeitet werden.

Diese Art der Vorgehensweise bringt dem Anwender betriebswirtschaftlich und qualitativ bzgl. der (Projekt-) Ergebnisse erheblichen Nutzen. Besonders zu erwähnen bleibt:

- Die Beratungskosten für die Definition der Aufgabe, für die Analyse und Konzeption können um bis zu 80–90% reduziert werden.
- Das Methoden-know-how bleibt nicht bei den (externen) Beratern, sondern wird im eigenen Unternehmen entwickelt.
- Bei Fragen oder kleinen Anwendungsproblemen der einzelnen Arbeitsschritte und Methoden oder bei Unsicherheiten im Vorgehen steht während des Workshops und danach der Berater zu Verfügung.

Anmerkung: Diese Vorgehensweise liegt ganz eindeutig im Trend von „Lean-Consulting".

Für die Einführung dieser Vorgehensweise in Unternehmen oder Verwaltungen hat es sich bewährt, daß zu Beginn eine „Standortbestimmung für Projektmanagement" erstellt wird. Darauf aufbauend können dann gezielt die am schwächsten ausgebildeten Erfolgsfaktoren *für* Projektmanagement entwickelt werden (vgl. Keßler u. Winkelhofer 1997). Für so einen Prozeß sind mindestens ein bis zwei Jahre anzusetzen.

3 Methoden der Projektplanung

3.1
Einführung

Die Methoden der formalen Projektplanung sind im vorliegenden Buch in neun Unterthemen aufgeteilt (Abb. 3.1). Jedes dieser Unterthemen enthält zwischen zwei und sechs Methoden. Insgesamt beschreibt dieses Kapitel 29 Methoden.

3.2
Auftragsanalyse und Auftragsabnahme

3.2.1
Auftragsanalyse

Methodische Grundlagen

Aufträge sind die konkrete Beschreibung einer Aufgabe mit einer klaren Problembeschreibung, einer eindeutigen Zielsetzung, eventuell mit einer Idee für die Umsetzung, einer umfassenden Abgrenzung, mit einer definierten Vorgabe für Zeit, Aufwand und gegebenenfalls Kosten (vgl. Schmidt 1991a, S. 25).

Die Auftragsanalyse dient dazu, systematisch und vollständig alle anfallenden Aufgaben, eventuell als Assistent oder Projektleiter, in der notwendigen Gliederungstiefe zu ermitteln. Die Gliederungstiefe ergibt sich aus der Fragestellung.

Sollen nur Aufgaben Aufgabenträgern zugewiesen werden, reicht normalerweise eine weniger tiefe Gliederung aus. Anders ist es, wenn im Detail festgelegt werden muß, in welcher Folge einzelne Teilaufgaben zu erfüllen sind. Die Aufgaben der letzten Zerlegungsstufe werden auch Elementaraufgaben genannt.

Die Auftragsanalyse dient zur Ermittlung organisatorisch relevanter Elemente, d. h. es werden die wichtigsten Aufgaben mittels der Auftragsanalyse gesammelt.

3 Methoden der Projektplanung

Die Aufgabenanalyse ist also die Zerlegung einer Aufgabe in ihre Verrichtungs- und/oder Objektkomponenten (vgl. Schmidt 1991a, S. 26).

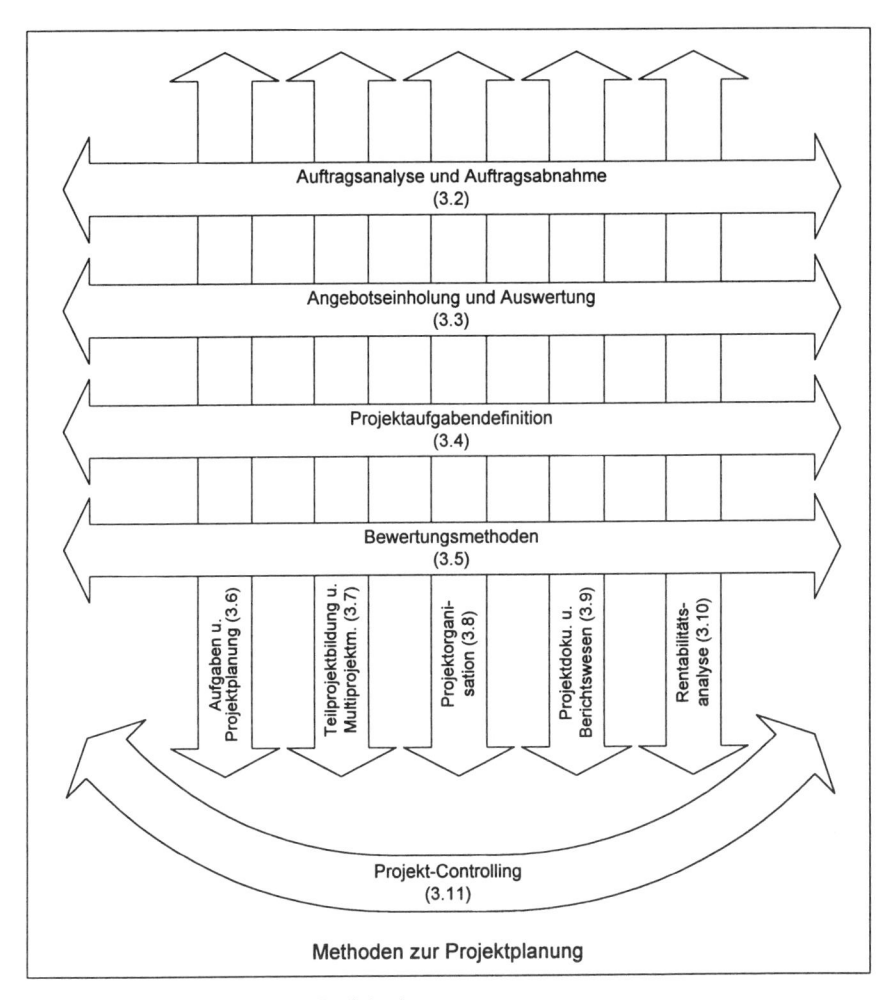

Abb. 3.1 Methodenstruktur zur Projektplanung

Ablauf

Die Auftragsanalyse soll Klarheit in die Aufgabe, das Umfeld und die dafür notwendigen Informationen bringen. Folgende Fragen sollten beantwortet werden können:
- Was ist das eigentliche Problem?
- Was ist das Ziel?

3.2 Auftragsanalyse und Auftragsabnahme

- Was sind die Bedingungen?
- Wo liegen die Gestaltungsgrenzen?
- Bis wann muß die Aufgabe gelöst sein?
- Welcher Aufwand darf investiert bzw. wieviel Geld verbraucht werden?

Regeln

Der Umfang der Auftragsanalyse ergibt sich aus den Arbeitsschritten und den Ergebnissen der jeweiligen Projektphase. Die Auftragsanalyse zu Beginn der Spezifikation prüft die Arbeitsschritte und Ergebnisse der Konzeption. Darüber hinaus ist zu prüfen, in wieweit sich Änderungen ergeben haben.

Eine Ausnahme bildet dabei der Beginn der Phase Projektvorbereitung. Hier ist es bei großen Projekten ratsam, einen Vorauftrag für die Projektdefinition zu erstellen.

Einsatzmöglichkeiten, Chancen und Risiken

Die Auftragsanalyse sollte grundsätzlich bei jedem neuen Projektauftrag im Rahmen der Projektvorbereitung und gegebenenfalls beim Start einer weiteren Projektphase gründlich durchgeführt werden, um zu vermeiden, daß Aufgabenstellungen falsch oder unvollständig bearbeitet werden.

Beispiel

Eine bestimmte, etwa für die Auftragsabwicklung zuständige Stelle weist durch ihre Abteilungsbezeichnung die zu erfüllenden Aufgaben aus. Diese Information mag genügen, wenn z. B. Herr Buch die Frage zu entscheiden hat, ob Herr Abwick (Inhaber der Stelle Auftragsabwicklung) dem Vertrieb oder der Technik unterstellt werden soll. Dazu muß der Arbeitsablauf von Herrn Abwick untersucht und optimiert werden. Dies erfordert die Erhebung und Ordnung der anfallenden Aufgaben bei Herrn Abwick. Hierzu müssen die Aufgaben in einzelne Teilaufgaben und Oberaufgaben gegliedert werden, die als Summe dann das Ziel, nämlich die Aufgabenerfüllung bilden (vgl. Schmidt 1991a, S. 26).

3.2.2 Auftragsabnahme

Methodische Grundlagen

In vielen Unternehmen wird nach Abschluß einer Projektphase und/oder Einführung eines neuen Systems gemeinsam von den Fachabteilungen und der Projektgruppe ein Abnahmeprotokoll erstellt. Mit der Erstellung des Abnahmeprotokolls

3 Methoden der Projektplanung

wird die Anlaufphase abgeschlossen und die Restarbeit für die Projektgruppe festgehalten (vgl. Steinbuch 1990, S. 193).

Die korrekte Durchführung der Abnahmeprüfung ist sowohl aus betrieblichen als auch aus juristischen Gründen wichtig. Beim Werkvertrag, und um einen solchen handelt es sich bei der Erstellung einer Leistung, muß der Besteller das Werk nach § 640 I BGB abnehmen. Hierbei bedeutet Abnahme jedoch auch Anerkennung der vertragsmäßigen Herstellung. Mit der Abnahme geht die Gefahr nach § 644 BGB auf den Besteller über, dabei wird nach § 641 BGB die Vergütung fällig. Der Hersteller unterliegt keiner Mängelhaftung für Mängel des Werkes, die der Besteller bei der Abnahme kennt, wenn sich dieser seine Rechte nicht ausdrücklich vorbehält (§ 640 II BGB) (vgl. Gabler-Wirtschafts-Lexikon 1993, S. 19).

Ablauf

1. Es empfiehlt sich, schon parallel mit der Realisierung, insbesondere im Rahmen der Einzel- und Systemtests, Funktionsproben durchzuführen und eventuell Mängel unverzüglich zu beheben.
2. Nach Abschluß der Installation sind die Systemkomponenten und zusammenhängenden Teilsysteme einer Feinabstimmung zu unterziehen sowie ein Probebetrieb durchzuführen. Dabei sollen je nach Bedarf Vertreter des Lieferanten, der Montagefirma und der Benutzer zugezogen werden. Festgestellte Mängel sind unverzüglich zu beheben.
3. Die Erfüllungen aller Leistungsverpflichtungen sollen einer Kontrolle unterzogen und die Ergebnisse in einem Protokoll festgehalten werden.
4. Die Abnahmeprüfungen sind unter voller betrieblicher Belastung vorzunehmen.
5. Die Funktionsfähigkeit, die Funktionstüchtigkeit (störungsfreie Funktion) sowie Menge und Qualität der Leistung sind zu erfassen.
6. Parallel hierzu erfolgt die Einweisung des Bedienungs- und Instandhaltungspersonals.
7. Um die Inbetriebnahme nicht zu verzögern, besteht die Möglichkeit, die Systeme bzw. Anlagen trotz kleiner Mängel abzunehmen, die Mängel in einem Protokoll festzuhalten und für ihre Beseitigung einen verbindlichen Termin festzulegen. Dabei sind die kostenlose Behebung der Mängel und eventuell beschlossene Ergänzungsaufträge genau auseinanderzuhalten (vgl. Aggteleky u. Bajna 1992, S. 283).
8. Nach erfolgreich durchgeführter Abnahmeprüfung findet der Gefahrenübergang vom Lieferanten auf den Auftraggeber und die Inbetriebnahme statt. Mit diesem Zeitpunkt beginnt die Garantiefrist.
9. In der abschließenden Realisierungsphase, parallel mit der Feinmontage, Einregulierung und Abnahmeprüfung, ist die Enddokumentation vorzubereiten (vgl. Aggteleky u. Bajna 1992, S. 284).

3.2 Auftragsanalyse und Auftragsabnahme

Für die Abnahme einer Projektphase sind die obigen Schritte entsprechend zu reduzieren.

Regeln

- Bei der abschließenden Abnahmeprüfung und des Probebetriebes ist darauf zu achten, daß diese, im schlüsselfertigen Zustand bei voller Belastung und unter betrieblichen Bedingungen durchgeführt werden. Nur so kann die Erfüllung der vertraglich festgelegten Anforderungen und Garantiebedingungen stichhaltig geprüft werden. Dies schließt jedoch nicht aus, daß einzelne Funktionsproben bereits früher vorgenommen werden (vgl. Aggteleky u. Bajna 1992, S. 283).
- Abnahmeprüfungen müssen mit einem ausgedehnten Probebetrieb verknüpft werden.
- Besonders bei größeren und komplexeren Anlagen erweist sich die Erstellung und Bereinigung der Endabwicklung als zeitraubende und arbeitsintensive Aufgabe, weil auf die Aktualisierung aller Pläne und auf die Vollständigkeit aller Unterlagen, inklusiver Bedingungs- und Instandhaltungsanleitungen, zu achten ist. Das gleiche gilt für die Verfügbarkeit der notwendigen Ersatzteile und Betriebsstoffe (vgl. Aggteleky u. Bajna 1992, S. 284).

Einsatzmöglichkeiten, Chancen und Risiken

Vorteilhafter ist es, die Abnahmeprüfung und formelle Endabnahme für das ganze Projekt bzw. für größere Teilbereiche des Projektes, gleichzeitig vorzunehmen. Auf dieser Weise laufen auch die Garantiezeiten gleichzeitig ab. Eine solche Regelung erlaubt eine lückenlose und rationelle Nachprüfung der Garantieleistungen kurz vor Ablaufen der Garantiezeit (vgl. Aggteleky u. Bajna 1992, S. 284).

Beispiel

Im Rahmen der Projektorganisation und Projektdokumentation, der Gesamtprojektplanung der Phasenplanung sind die dafür notwendigen Dokumente und Informationen zu berücksichtigen und einzuplanen.

3.3
Ausschreibungsvorbereitung und Angebotsauswertung

3.3.1
Ausschreibungsvorbereitung

Methodische Grundlagen

Als Ausschreibung bezeichnet man öffentliche Bekanntgaben von Bedingungen, zu denen ein Vertragsangebot erwartet wird. Die teilweise umfangreichen Bedingungen werden unter Umständen in einem Lastenheft zusammengefaßt, mit der Aufforderung an Interessenten, sich durch Vorlage von Offerten zu bewerben. Die Ausschreibenden müssen häufig durch eine Ausschreibungs- oder Bietungsgarantie gesichert werden, besonders wenn die sich bewerbende Firma fremd ist. Eine Bank übernimmt hierbei die Gewähr dafür, daß die Firma ein ernsthaftes Angebot macht und nicht zurücktritt, bevor der Vertrag zum Abschluß kommt. Die Haftung der Bank in der vereinbarten Höhe (meist fünf bis zehn Prozent des Offertpreises) gilt für die der ausschreibenden Stelle entstehenden Kosten und Nutzen (vgl. Gabler-Wirtschafts-Lexikon 1993, S. 289).

Bei staatlichen Auftraggebern beziehen sich die Ausschreibungen in der Regel auf richtungsweisende Standarddokumente des Landes oder der auftraggebenden Organisation, die sich der Anbieter im Bedarfsfall beschaffen muß (vgl. Madauss 1991, S. 342).

Ablauf

Der Ablauf kann grob in vier Punkte unterteilt werden:

1. Der Vergabe eines Projektauftrags geht in der Regel eine Angebotsphase zur Erlangung eines marktgerechten Angebots voraus, auf dessen Basis der Auftraggeber die günstigste Offerte auswählen kann. Die Angebotsphase basiert auf der Angebotsaufforderung des Auftraggebers, in der die Projektanforderungen und allgemeinen Bedingungen festgelegt sind.
2. Das Projekt durchläuft in der Regel mehrere Phasen, wie Konzeption, Spezifikation, Realisierung und Implementierung. In den Frühphasen muß der Auftraggeber sich das Wissen über das zukünftige, bisher nur auf dem Papier stehende Produkt langsam erarbeiten. In der Konzept- und Spezifikationsphase sind deshalb möglichst viele Systemstudien zur Untersuchung der wichtigsten technischen und wirtschaftlichen Einflußparameter durchzuführen.
3. Für jeden der Ausschreibungsvorgänge in den einzelnen Projektphasen ist vom Auftraggeber eine Angebotsaufforderung zu erstellen, die aus folgenden Ele-

3.3 Ausschreibungsvorbereitung und Angebotsauswertung

menten bestehen sollte: dem Ausschreibungsbrief (Anschreiben) und den Anlagen zum Brief, bestehend aus der Produktspezifikation, dem Leistungsverzeichnis, den Auswertungskriterien, den Vertragsbedingungen (gegebenenfalls Mustervertrag), den allgemeinen Ausschreibungsbedingungen und - bei internationalen staatlichen Vorhaben - den Bedingungen zum Mittelrückfluß.
4. Die Inhalte der einzelnen Ausschreibungspakte müssen sich voneinander unterscheiden. Das trifft besonders für das Leistungsverzeichnis zu, das für die einzelnen Phasen entsprechend der unterschiedlichen Aufgabenstellung aufzubauen ist (vgl. Madauss 1991, S. 340 ff.).

Regeln

Für die Auschreibungsvorbereitung sollten folgende Punkte beachtet werden:
1. In den Ausschreibungsbedingungen legt der Auftraggeber die Bedingungen fest, nach denen die Ausschreibung erfolgen soll. Hierzu sollten im einzelnen gehören: Beteiligungserklärung des Anbieters, Abgabebedingungen, Instruktionen zur Angebotserstellung, Sprache, Preisgestaltung, Steuern und Zölle, Währung, Bindefrist, Angebotskosten, Fragen an den Auftraggeber sowie sonstige Bedingungen.
2. Es ist allgemein üblich, daß der Auftraggeber den Anbietern vorschreibt, innerhalb eines bestimmten Zeitraums anzuzeigen, daß sie sich an der Ausschreibung beteiligen möchten.
3. Die Abgabebedingungen schreiben den Abgabetag und die Uhrzeit der spätest möglichen Abgabe, den Ort der Übergabe, die Anzahl der Kopien sowie die Verpackungs- und Versiegelungsmodalitäten vor.
4. Die Instruktion zur Angebotserstellung erstreckt sich in der Regel auf die Angebotsgliederung. Bei technischen Produkten ist es üblich, das Angebot in Bände bzw. Kapitel zu gliedern:

   Kapitel I: Zusammenfassung
   Kapitel II: Technisches Angebot
   Kapitel III: Managementangebot
   Kapitel IV: Kosten, Preis und Vertrag

   Oftmals werden vom Auftraggeber auch die maximale Anzahl der Seiten, die zu verwendende Schrift und der Zeilenabstand explizit vorgeschrieben.
5. Bei internationalen Ausschreibungen spielt die zu verwendende Sprache eine wichtige Rolle. Viele Auftraggeber bestehen dabei auf Abfassung der Zusammenfassung und aller Vertragsunterlagen (Kapitel IV) in eigener Landessprache. Der technische und managiale Teil werden dagegen häufig in englischer Sprache abgefaßt.
6. Häufig schreibt der Auftraggeber auch bereits die erwartete Preisart, beispielsweise Festpreis oder Festpreis mit Preisgleitklausel, zur Berücksichtigung der erwarteten Inflation vor.

7. Steuer- und Zollabgaben sowie die Währung sind in der Regel ebenfalls Bestandteil der Angebotsbedingungen. Darüber hinaus ist es sinnvoll, jedes Preisangebot mit einer Bindefrist zu versehen.
8. Der Auftraggeber sollte darauf hinweisen, daß die mit der Angebotserstellung entstandenen Kosten vom Auftraggeber nicht erstattet werden (vgl. Madauss 1991, S. 342 f.).

Einsatzmöglichkeiten, Chancen und Risiken

Eine Ausschreibungsvorbereitung sollte grundsätzlich vor jeder Ausschreibung erfolgen, unabhängig von der Größe des zu vergebenden Auftrags.

Vorteile:
1. Es können gezielt Informationen gesammelt werden.
2. Es kann gezielt der geeignetste Anbieter ausgewählt werden.
3. Es besteht die Möglichkeit, ein möglichst großes Spektrum an Fachwissen in das zukünftige Projekt einfließen zu lassen.
4. Der Anbieter hat seinerseits die Möglichkeit, sich auf die neuen Aufgaben vorzubereiten und kann entsprechende Teams zur Lösung der Aufgaben zusammenstellen.

Nachteile:

Wurde keine klare und eindeutige Ausschreibungsvorbereitung durchgeführt, so besteht die Gefahr, daß die Angebotseinholung und Auswertung nicht den eigentlichen Anforderungen der Aufgabe entspricht.

Beispiel

Ein Beispiel, das die detaillierte Vorgehensweise der Ausschreibungsvorbereitung wiedergibt, würde den Rahmen dieses Buches sprengen. Deshalb soll an dieser Stelle auf ein Beispiel verzichtet werden.

3.3.2
Angebotsauswertung

Methodische Grundlagen

Eine im Vorfeld systemgerechte Ausarbeitung der Spezifikation und Anfragen ermöglichen ein rasches Auswerten der Angebote. Dies gilt sowohl qualitativ (Stichhaltigkeit der Auswertung) als auch quantitativ (zügige und rationelle Arbeitsabwicklung).

3.3 Ausschreibungsvorbereitung und Angebotsauswertung

Die Beurteilungskriterien, die bei der Angebotsauswertung zu berücksichtigen sind, können sehr vielfältiger Natur sein und sich von Fall zu Fall unterscheiden. Es handelt sich um Beurteilungskriterien, deren Gewichtung nach Bedarf unterschiedlich sein kann. Dies ist auch der Grund, weshalb eine Angebotsauswertung prinzipiell in Teamarbeit erfolgen sollte.

Neben den Preisangaben und Terminzusagen sollten auch die sonstigen, für die Beurteilung wichtigen technischen Angaben und kaufmännischen Konditionen sowie Informationen über den Anbieter erfaßt werden.

Grundsätzlich sollten in der Angebotsauswertung nur Angebote erfaßt werden, die vollständig sind und den Anforderungen der Anfrage in allen wichtigen Aspekten entsprechen. Dort wo es angebracht erscheint, sollten für die stichhaltige Erfassung der Angaben Rückfragen bzw. Vorverhandlungen geführt werden.

Aufgrund der Angebotsauswertung wird eine engere Auswahl von 2 bis 3 Anbietern getroffen, mit denen man in Vergabeverhandlungen tritt. Diese Auswahl erfolgt im Projektteam, im Einverständnis mit dem Projektleiter, dem Projektbeauftragten des Auftraggebers und, wenn möglich, mit den zukünftigen Nutzern.

Die Absage an die sonstigen Anbieter erfolgt, wenn die Vergabeverhandlungen mit einem der Anbieter zufriedenstellend abgeschlossen wurden (vgl. Aggteleky u. Bajna 1992, S. 300 ff.).

Ablauf

Der Ablauf einer Angebotsauswertung kann in folgenden Schritten erfolgen:

1. Die Angebote werden in dreifacher Ausfertigung verlangt und sollten direkt an das Projektbüro gesandt werden. Die nötigen Mahnungen sollte der Projektleiter erledigen.
2. Das zur Auswertung der Angebote beauftragte Team sollte für jede Bestellung eine Angebotsauswertung in tabellarischer Form durchführen. Sie hat alle für die Entscheidung wichtigen technischen und kostenmäßigen Informationen zu enthalten. In dieser Aufstellung sollten auch bereits die Empfehlungen des Teams mit entsprechender Begründung festgehalten werden.
3. Die Angebotsauswertung wird von der Projektleitung der zuständigen Stelle des Auftraggebers vorgelegt, welche eine engere Auswahl trifft.
4. Die Vergabeverhandlungen mit der ausgewählten Firma sollte das Projektteam führen. Die Termine der wichtigen Besprechungen sollten den zuständigen Stellen rechtzeitig mitgeteilt werden, damit diese daran teilnehmen können.
5. Aufgrund dieser Besprechungen wird ein Vorschlag für die Auswahlentscheidung erarbeitet. Die Entscheidung trifft der Projektbeauftragte des Auftraggebers.
6. Ein Vorschlag für das Bestellformular und die Bestellnumerierung wird von der Projektleitung vorbereitet und zur Genehmigung vorgelegt.
7. Der Bestelltext sollte auf dem oben genannten Bestellformular durch das Team vorbereitet und an die Projektleitung weitergeleitet werden.

8. Die vom Auftraggeber freigegebenen Bestellungen werden gemäß geltender Regelung unterschrieben. Ein Durchschlag sollte an die für den Einkauf zuständigen Stellen des Auftraggebers gehen.
9. Die Auftragsbestätigung sollte durch die Unterzeichnung und Rücksendung der Auftragsannahme (Durchschlag der Bestellung) erfolgen.
10. Die erforderlichen Ausführungspläne sollten vom Lieferanten erstellt und an das Team zur Genehmigung vorgelegt werden. Die Ausführung kann erst nach erfolgter Freigabe begonnen werden. Zwischenprüfungen sind nach Bedarf zu vereinbaren (vgl. Aggteleky u. Bajna 1992, S. 237).

Regeln

Im Rahmen der Ausschreibungsvorbereitung bzw. bei der Vorbereitung einer Angebotsauswertung sind folgende Punkte zu beachten:
- Gesamtleistung aufteilen in mehrere (Auftrags-) Positionen.
- Als einzelne Positionen möglichst eigenständige Systemkomponenten oder Teilsystemkomponenten verwenden.
- Die Abfrage von Einzelpreisen ermöglicht bei der Auswertung der Angebote eine weitere Kosten-Nutzen-Optimierung. Durch den Vergleich der einzelnen Positionen im Angebot erhält man Hinweise auf Ansatzpunkte für Verbesserungen und Preissenkungen bei den sich anschließenden technischen und preislichen Verhandlungen.
- Zusätzlich können Alternativvorschläge, die mit der Anfrage etwa gleichwertig sind, aufgenommen werden.

Die Beurteilungskriterien, die bei der Angebotsauswertung zu berücksichtigen sind, können sehr vielfältig sein. Die häufigsten Kriterien sind (vgl. Aggteleky u. Bajna 1992, S. 301):

- Zielerfüllung:
  Funktionelle Eignung gesamthaft und je Einheit, Qualität und Wirksamkeit.
- Ökonomische Vorteilhaftigkeit:
  Preis-Nutzen-Verhältnisse, Wirtschaftlichkeit, Zuverlässigkeit bzw. Verfügbarkeit und Nutzungsdauer
- Liefertermin im Vergleich zum Bedarfstermin
- Leistungsfähigkeit, Zuverlässigkeit und Bonität des Anbieters
- Zukünftige Serviceleistungen wie Ersatzteilbereitstellung, Kundendienst, Hotline, Garantieleistungen
- Weitere Konditionen der Auftragsabwicklung.

3.3 Ausschreibungsvorbereitung und Angebotsauswertung

Einsatzmöglichkeiten, Chancen und Risiken

Vorteile:

- Die mit den Angeboten verfügbar gemachten und die zusätzlich beschafften und/oder bereits vorhandenen Informationen werden durch die Angebotsanalyse zur Auswahl des optimalen Angebots herangezogen.
- Durch ein systematisches Auswahlverfahren wird mit Hilfe zuvor bestimmter Bewertungskriterien eine Objektivierung erreicht.
- Das Bewertungsergebnis kann dadurch analysiert und die Zuverlässigkeit der Bewertung überprüft werden.

Nachteile:

- Die Angebotsauswertung läßt viel Raum für unkontrollierte, subjektive Einflüsse.
- Zur Vorbereitung der Entscheidung über das optimale Angebot sollten alle Angebote dem Entscheidungsträger so präsentiert werden, daß der Bewertungsprozeß transparent wird und die Bewertungsergebnisse nachvollziehbar sind. Dies beansprucht unter Umständen viel Zeit (vgl. Heinrich 1996, S. 163 f.).

Beispiel

Ein bewährtes Mittel zur Angebotsauswertung ist die tabellarische Auswertung (Tabelle 3.1). Darin werden nur die für die Auswahlentscheidung maßgebenden Angaben und Informationen aufgeführt.

3 Methoden der Projektplanung

Tabelle 3.1 Angebotsauswertung (vgl. Aggteleky u. Bajna 1992, S. 300)

Anbieter	A	B	C
Lieferfrist	4 Wochen	8 Wochen	6 Wochen
genehmigte Schätzung: 11.000,- DM	11.505,- DM	9258,- DM	9936,- DM
1. Kompressoren			
• Leistung Nm^3/h	100	60	75
• Kühlungsart	Wasser	Luft	Luft
• Preis DM	4500,-	3160,-	3492,-
2. Elektromotoren			
• Leistung kW	15	10,5	13
• Preis DM	1430,-	1126,-	1290,-
3. Druckbehälter			
• Inhalt m^3	2	2	2
• Preis DM	1980,-	1780,-	1865,-
4. Öl- und Wasserabscheider			
• System	Zyklon	Zyklon	Keramikkerzen
• Preis DM	355,-	280,-	346,-
5. Steuerung DM	1645,-	1432,-	1293,-
6. Montage DM	1595,-	1480,-	1650,-
Anmerkung:	Angefragt wurde bei fünf Firmen. Erhaltene Angebote 3. Die Anlage der Firma A ist zu groß und zu teuer (Wasserkühlung). Die Anlage der Firma B ist zu klein.		
Empfehlung:	Firma C		
Begründung:	Gute Referenzen und Servicedienste. Anlage entspricht dem vorgesehenen Bedarf.		

3.4 Projektaufgabendefinition

3.4.1 Projektzieldefinition

Methodische Grundlagen

Ziele sind Maßstäbe oder Soll-Vorgaben, an denen zukünftiges Handeln zu einem bestimmten Zeitpunkt und Ort gemessen werden kann. Sie werden benötigt um zunächst die Gestaltungsrichtung zu erkennen, die Ideensuche zielgerichtet führen zu können, zielgerichtete Problemlösungen entwickeln zu können und nach Einführung der Lösung die Erfolge bewerten zu können. Nur aus einem permanenten Soll-Ist-Vergleich heraus kann ein Projektleiter sein Projekt steuern und führen.

Ziele können diesen Anspruch jedoch nur erfüllen, wenn sie vollständig definiert sind. Dazu sind folgende vier Punkte detailliert zu beantworten:

1. Zielinhalt bzw. Zielvariable
   In erster Linie sind dies in Projekten ökonomische Ziele wie Kosten, Zeit und Qualität, daneben können auch nicht-ökonomische Zielvariablen, wie z. B. Prestige, Firmenimage, etc., von Interesse sein.
2. Zielausmaß bzw. Zielgröße
   Die Zielgröße sagt etwas darüber aus, was mit der Zielinhalt geschehen soll. Minimierung und Maximierung sind als Unterfälle der Extremierung die gebräuchlichsten Zielvorschriften. Präzisierung mit Angabe einer Unter- oder Obergrenze oder die Fixierung auf einen Wert sind in der Praxis zu bevorzugen. Auch die Definition von mehreren Zielgrößen ist dabei möglich.
3. Zielzeitpunkt bzw. Zieldauer
   Der Zielzeitpunkt ist das Datum, an dem das Ziel voll erreicht sein soll. Die Zieldauer ist der Zeitraum, für den das Ziel gelten soll. Das können sowohl kurzfristige Zeiträume als auch langfristige sein. Bei generellen Zielen im Gegensatz zu fallweisen oder problembezogenen Zielen wird eine unbefristete, also eine extrem lange Zieldauer unterstellt, die erst mit dem Wegfall oder der Neufassung der Planungsprämissen beendet ist.
4. Zielort
   Der Zielort ist die Organisationseinheit, in der das Ziel erreicht werden soll, z. B. in einem bestimmten Werk oder in allen Werken, in einer bestimmten Abteilung oder in mehreren Abteilungen.

Grundsätzlich bleibt ein Ziel mit der angegebenen Zieldefinitionen kompatibel, wenn der Anwendungsbereich auf ein engeres Planungs- und Entscheidungsfeld eingeengt wird (vgl. Mag 1995, S. 47 f.).

Ablauf

Der Ablauf einer Projektzieldefinition kann nach zwei grundsätzlichen Vorgehensweisen erfolgen (Abb. 3.2). Entweder werden die Projektziele als ganzes vom Management bzw. Projektauftraggeber vorgegeben und sind vom Projektleiter bzw. zukünftigen Projektleiter in konkreten Einzelzielen zu präzisieren, oder die Einzelziele werden aus Problemen abgeleitet und anschließend nach oben aggregiert.

Je nach gewählter Vorgehensweise spricht man dann in der Praxis von einem Top-Down- oder Bottom-Up-Vorgehen (Abb. 3.2). Das Top-Down-Vorgehen bedient sich dazu überwiegend des Fragewortes „Wie ?". Das Bottom-Up-Vorgehen nutzt das Fragewort „Warum ?".

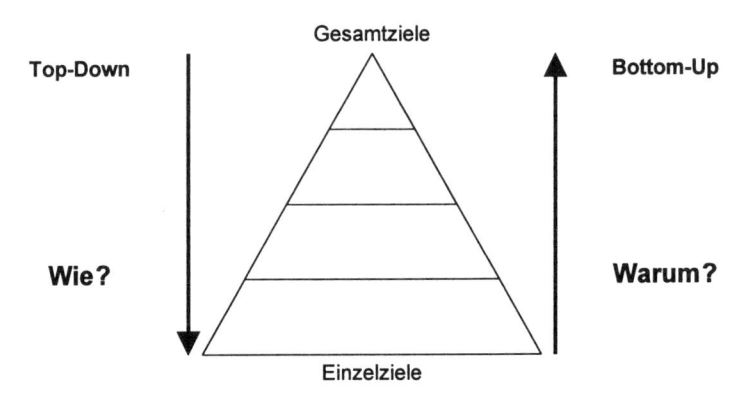

Abb. 3.2 Zielpyramide

Der zweite Weg „Bottom-Up" kann sich in folgenden Schritten vollziehen:

1. Zielideen suchen
2. Zielkatalog aufstellen
3. Zielstruktur bilden
4. Ziele operationalisieren
5. Zielsystem dokumentieren
6. Zielbeziehungen analysieren
7. Ziele gewichten

Regeln

Damit Projektzieldefinitionen voll zur Wirkung kommen, sind einige Regeln zu beachten:

3.4 Projektaufgabendefinition

- Projektziele dürfen keine Lösungen darstellen, sondern sind lösungsneutral zu formulieren.
- Sie müssen vollständig, präzise, realistisch aber gleichzeitig anspruchsvoll für alle Projektbeteiligten sein.
- Projektziele sollten soweit wie möglich in absoluten oder relativen Werten quantifiziert werden. Wobei die absoluten Werte in der Praxis meist eine höhere Anforderung darstellen. Nicht quantifizierte Ziele können später nur sehr schwer überprüft werden.
- Die Ziele des Projekts dürfen nicht der strategischen Planung des Unternehmens zuwiderlaufen.
- Es darf nicht passieren, daß zum Zeitpunkt der Zielerreichung dieses als überflüssig, unsinnig und falsch angesehen wird. Das bedeutet, daß im Vorfeld eine sorgfältige Zielanalyse stattfinden und eventuell ein Rahmenplan erstellt werden muß.
- Es kann durchaus möglich sein, daß sich das formulierte Ziel während des Projektverlaufs ändert, weil sich z. B. neue Erkenntnisse, Technologien oder Projektbedingungen ergeben haben (vgl. Kupper 1986, S. 21 f.). Einer Änderung der Projektdefinition muß der Auftraggeber unbedingt zustimmen.

Projektziele können in sachliche bzw. inhaltliche Projektziele, in systemtechnische Projektziele und in formale Projektziele unterteilt werden (Abb. 3.3). Das gleiche gilt auch für Projektbedingungen und Projektkriterien (siehe Kap. 3.2.2).

		Projekt-bedingungen	Projekt-ziele	Projekt-kriterien	
Projektebenen	formale Ebene				Projektplanung
	sachliche/ inhaltliche Ebene		Projektaufgabe		Organisationsplanung
	systemtechnische Ebene				Systemplanung

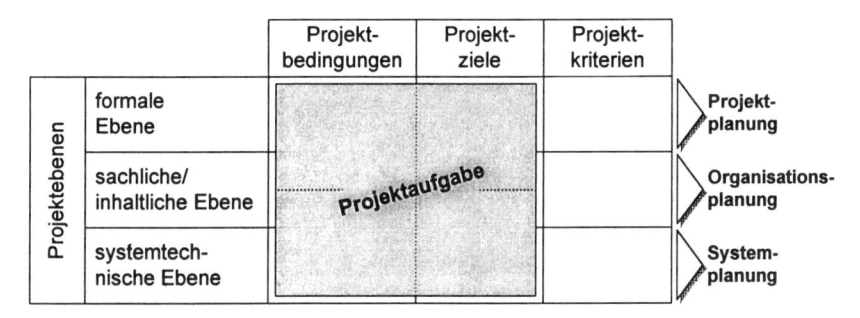

Abb. 3.3 Projektbedingungen, Projektziele und Projektkriterien

Einsatzmöglichkeiten, Chancen und Risiken

Vor der Inangriffnahme eines jeden Projekts müssen zuvor die zu verfolgenden Ziele klar und eindeutig definiert werden. Die Vorteile, die sich daraus ergeben, sind fundamental für eine erfolgreiche Projektarbeit:

- Klare Ausrichtung und Steuerung des Projekts
- Entscheidungsgrundlage für die Auswahl und den Einsatz von Methoden und Werkzeugen
- Grundlage für ein projektinternes und projektexternes Projektzielcontrolling

- Verbesserung der unternehmerischen und/oder bereichsspezifischen Erfolgsfaktoren
- Motivation und psychologischer Anreiz für die Projektleitung und Projektmitarbeiter.

Negative Auswirkungen, die bei fehlender Zielformulierung auftreten können, sind dagegen: mangelnde Problemerkennung, erschwerte Lösungssuche, fehlerhafte Alternativenbewertung, falsche Entscheidungen, lückenhafte Organisationsplanung, mangelnde Koordination, unzureichende Information und Kommunikation, unterdrückte Konfliktbewältigung, ungesteuerter Projektablauf, fehlende Qualitätssicherung, lückenhafte Kontrolle, wirkungslose Projektorganisation, orientierungsloses Vorgehen, fehlende Motivation und Akzeptanz oder unzufriedene Projektteammitglieder.

Die Offenlegung und Transparenz der Projektziel- und Bedingungsformulierung hat meist auf die Qualität und Intensität einen ganz erheblichen Einfluß (Abb. 3.4).

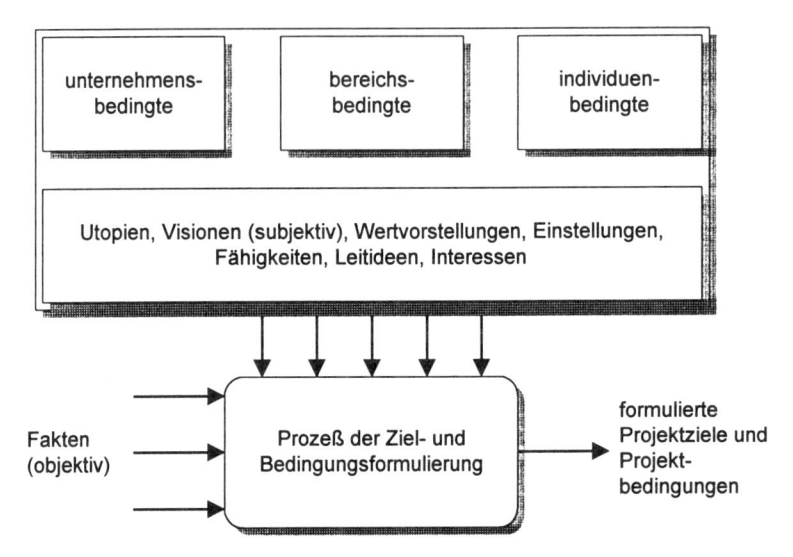

Abb. 3.4 Prozeß der Projektziel- und Bedingungsformulierung (vgl. Haberfellner et al. 1994, S. 144)

Beispiel

Das inhaltliche Projektziel ist die Beschreibung des Endzustands, der durch das Projekt zu erreichen ist:
- Reduzierung der Betriebsunfälle um 30 % bis 31.12.2000 (Basis Jahr 1997)
- Kosteneinsparung im Controlling von 50 % bis 31.12.1999 (Basis Jahr 1997)

- Reduzierung der Informationsdurchlaufzeit um 80 % für die Angebotserstellung bis zum 31.12.1999 in der Vertriebsabteilung
- Reduzierung der Angebotserstellungskosten von heute DM 478,- pro Angebot auf DM 250,- pro Angebot bis zum 31.12.1999 in der Vertriebsabteilung.

3.4.2 Bedingungsdefinition

Methodische Grundlagen

Unter Bedingungen, auch K.O.-Kriterien, Randbedingungen, Prämissen oder Muß-Ziele genannt, werden Festlegungen oder Vereinbarungen verstanden, die unter bestimmten Voraussetzungen ihre Gültigkeit haben und das Lösungsfeld eingrenzen. Solche Festlegungen oder Vereinbarungen können Gesetze, Vorschriften, Einsatzbedingungen, Schnittstellen, Kennzahlen oder technische Gegebenheiten darstellen.

Dagegen stellen Kriterien unterscheidende Merkmale, Kennzeichen oder Gesichtspunkte dar. Typische Beispiele sind der Einsatz von Standardsoftware oder die Entwicklung von Individualsoftware.

Ablauf

Die Bedingungsdefinition erfolgt zum ersten Mal in der Projektvorbereitung. Nach dem Projektstart wird die Bedingungsdefinition mit Arbeitsschritten, wie Ist-Analyse oder Soll-Konzept, ergänzt, reduziert oder geändert. Projektbesprechungen haben häufig die Diskussion von Kriterien zum Gegenstand. Wird eines der Kriterien akzeptiert, entsteht eine neue Bedingung.

Regeln

Bei der Formulierung und Definition der Bedingungen sollten folgende Grundsätze beachtet werden:
- Die Bedingungsdefinition soll Vorstellungen bereinigen, systematisch strukturieren und in einer verbindlichen Form festhalten.
- Die Bedingungen sind Muß-Ziele, deren Erreichen als unbedingt erforderlich angesehen wird. Sie stellen die Kriterien für eine erste Auswahl von Lösungsalternativen. Eine Lösung, die eine Bedingung bzw. ein Muß-Ziel nicht erfüllt, scheidet grundsätzlich aus.
- Bedingungen müssen so eindeutig formuliert oder quantifiziert werden, daß später ohne Zweifel festgestellt werden kann, ob sie erreicht sind oder nicht.
- Aus Kriterien erst Bedingungen machen, wenn es der Zeitpunkt erfordert. Zu früh definierte Bedingungen engen die kreative Lösungssuche und die Lö-

sungsmöglichkeiten unnötig ein. Zu spät definierte Bedingungen geben dem Team unnötigen Diskussionsstoff.
- Bedingungen in einem separaten Dokument mit Daten und Grund verwalten, damit später in der Projektauswertung die Entwicklung reflektiert werden kann.

Einsatzmöglichkeiten, Chancen und Risiken

Muß- und Kann-Ziele sind bei allen Projekten notwendig, da eine schnelle und effiziente Ergebniserreichung ansonsten nicht möglich ist.

Bei der Suche nach den Muß-Zielen besteht immer die Gefahr, daß kritische Ziele nicht erkannt werden, da die Identifikation der Ziele nicht genügend erfolgt ist, die Bedeutung der Ziele falsch verstanden wird und persönliche Ziele vorrangig behandelt oder falsch bewertet werden (vgl. Kupper 1986, S. 28).

Beispiel

Typische Bedingungsdefinitionen können sein:
- Einhaltung des Arbeitsrechts
- Einhaltung der ordnungsgemäßen Buchführung
- Schnittstellenprotokoll X.25
- Tag- und Nachtbetrieb
- Vor Ort Service

3.4.3 Zielbeziehungsanalyse

Methodische Grundlagen

In der Praxis werden in Projekten in der Regel mehrere Ziele gleichzeitig verfolgt. Zwischen ihnen können folgende Beziehungen bestehen:
- Identität, d. h. ein Ziel ersetzt ein anderes in seinen Wirkungen. Man spricht in diesem Zusammenhang auch von totaler Komplementarität, d. h. ein Ziel unterstützt in seinen Wirkungen ein anderes Ziel.
- Hat ein Ziel keinerlei Wirkungen auf ein anderes Ziel, so spricht man von Zielneutralität.
- Übt die Erreichung eines Ziels negative Wirkungen auf ein anderes Ziel aus, so spricht man von Zielkonkurrenz.
- Von Antinomie spricht man dann, wenn zwei Ziele sich in symmetrischer Konkurrenz gegenseitig ausschließen (vgl. Michel 1991, S. 334).

3.4 Projektaufgabendefinition

Ablauf

Um die Zielbeziehungen zu ermitteln, kann man diese miteinander vernetzen. Vernetzung bedeutet dabei: Wie stark beeinflußt jedes Ziel, charakterisiert durch seine wichtigsten Einflußfaktoren, jeweils alle anderen Ziele? Dies kann in folgender Reihenfolge erfolgen:

1. Zur Analyse des Zielsystems müssen zunächst alle Ziele identifiziert und in ihrer Struktur und Funktion voneinander abgegrenzt werden (vgl. Reibnitz von 1992, S. 30 ff.).
2. In einer Vernetzungsmatrix wird die Stärke der direkten Einflüsse der einzelnen Ziele aufeinander bezogen (Tabelle 3.2). Jedes Matrixelement v_{nm} (n = 1, ..., N; m = 1, ..., N; N = Anzahl der Ziele) gibt an, wie stark das Ziel n auf das Ziel m einwirkt, wobei die Einflußstärke gemäß einer vorzugebenden Skala zu bewerten ist.

    0 = keine oder sehr geringe Wirkung
    1 = schwache Wirkung
    2 = mittlere Wirkung
    3 = starke Wirkung (vgl. Götze 1990, S. 145 ff.)

3. Addiert man die Zeilensumme eines jeden Elements, so erhält man die Aktivsumme (vgl. Reibnitz von 1992, S. 36 ff.). Sie stellt die Stärke dar, mit der ein Ziel direkt auf alle anderen einwirkt. Die Spaltensumme, auch Passivsumme genannt, entspricht der Stärke der direkten Beeinflussung des Ziels durch alle anderen.
4. Durch die Multiplikation und Division der Aktiv- und Passivsumme eines Ziels lassen sich Kennzahlen ermitteln, die zur Analyse der Zielbeziehungen herangezogen werden können (vgl. Götze 1990, S. 145 ff.).

Regeln

Für die Zielbeziehungsmatrix, auch Papiercomputer genannt, sollten die nachfolgenden Regeln beachtet werden:
- Die Anzahl von 10 Zielvariablen sollte nach Möglichkeit nicht überschritten werden.
- Die Skala sollte bewußt sehr klein gewählt werden, da es sich um qualitative Aussagen handelt.

Einsatzmöglichkeiten, Chancen und Risiken

Die Zielbeziehungsanalyse sollte zum Einsatz kommen, um die Einflüsse der einzelnen Zielelemente bzw. Teilziele zu ermitteln. Aufgrund der Auswertung der Analyse können dann gegebenenfalls Zielkorrekturen vorgenommen werden, sofern Ziele sich zu stark gegenseitig beeinflussen oder gar kompensieren.

Beispiel

Zielelemente:	A = Ziel 1	D = Ziel 4
	B = Ziel 2	E = Ziel 5
	C = Ziel 3	F = Ziel 6
		G = Ziel 7

Einflußstärke: 0 = kein Einfluß
1 = schwacher oder indirekter Einfluß
2 = starker Einfluß (vgl. Reibnitz von 1992, S. 35)

Tabelle 3.2 Beziehungsanalyse für unterschiedliche Ziele

System-element	A	B	C	D	E	F	G	Aktiv-summe	Multi-plika-tion
A	X	2	2	2	2	1	2	11	22
B	1	X	1	1	0	0	0	3	30
C	0	2	X	2	2	1	2	9	54
D	0	2	2	X	2	1	1	8	48
E	0	2	0	1	X	0	0	3	24
F	0	1	0	0	2	X	0	3	9
G	1	1	1	0	0	0	X	3	15
Passiv-summe	2	10	6	6	8	3	5	40 (40:7=5,7)	
Division	5,5	0,3	1,5	1,33	0,38	1,0	0,6		

Wie die Tabelle 3.2 zeigt, sind die am stärksten wirkenden Ziele Ziel A, Ziel C und Ziel D. Gleichzeitig zeigt diese Tabelle, daß die Ziele B und E am stärksten beeinflußbar sind.

3.4.4 Projektbeschreibung

Methodische Grundlagen

Die Projektaufgabendefinition beschreibt mit einer kurzen Einleitung das zu optimierende Objekt mit den wichtigsten Projektzielen und bedeutendsten Projektbedingungen. Sie umfaßt etwa drei bis fünf Sätze.

Ablauf

Die Projektaufgabendefinition faßt die Ergebnisse der vorausgehenden drei Methoden in einer verbalen Beschreibung zusammen. Damit ergibt sich auch der Ablauf:
1. Definition der Projektziele
2. Ermittlung und Definition der Projektbedingungen
3. Erstellung einer Aufgabendefinition

Regeln

Die Aufgabendefinition sollte folgenden Bedingungen genügen:
1. Sie sollte aufgrund der Formulierung eine Verbindlichkeit zum Ausdruck bringen bzw. assoziieren.
2. Sie sollte – soweit wie möglich – quantifizierte Projektziele in absoluter Form beinhalten.

Einsatzmöglichkeiten, Chancen und Risiken

Die Auftragsdefinition sollte grundsätzlich bei jedem neuen Projektauftrag gründlich durchgeführt werden, um zu vermeiden, daß Aufgabenstellungen falsch oder unvollständig bearbeitet werden.

Durch eine falsche oder unvollständige Aufgabendefinition können dem Unternehmen erhebliche Kosten, sowohl durch den Zeitverzug als auch durch die anfallenden Sach- und Personalkosten, entstehen. Dies gilt es durch eine detaillierte Auftragsdefinition zu vermeiden.

Beispiel

„Das bei der Firma xy GmbH bestehende MAC-PAC PPS-System ist im Rahmen der Umstellung von der 36er Umgebung auf den native Mode der AS/400 durch ein noch zu bestimmendes neues AS/400 PPS-System zu ersetzen. Das System muß sowohl bei der Firma xy GmbH Frankfurt/M. als auch bei der Firma xz Madrid einsetzbar sein. Die Auswahl hat unter wirtschaftlichen Gesichtspunkten (Kosten-/Nutzenrelation) zu erfolgen."

3.5 Bewertungsmethoden

In der vorliegenden Methodensammlung sind für die Bewertung fünf Methoden ausgewählt worden (Abb. 3.5).

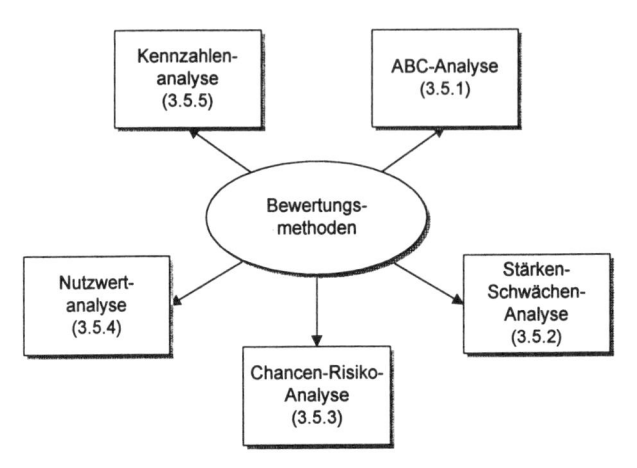

Abb. 3.5 Bewertungsmethoden im Überblick

Eine weitere Bewertungs-Methode, die Portfolioanalyse, wurde den Methoden der Unternehmensentwicklung (Kap. 4.2) zugeordnet.

3.5.1 ABC-Analyse

Methodische Grundlagen

Die ABC-Analyse ist die bekannteste Methode der Datenauswertung. Sie ist ein Ordnungsverfahren nach statistischen Kriterien und klassifiziert eine größere Anzahl von Daten aufgrund der Häufigkeitsverteilung charakteristischer Eigenschaften (vgl. Aggteleky u. Bajna 1992, S. 67).

Die ABC-Analyse dient der Aufgabenanalyse und Prioritätensetzung, indem sie systematisch die Aufgaben nach ihrer Wichtigkeit gliedert und dann die Anteile der Aufgaben am Gesamtwert und am Gesamtumfang mißt (vgl. Hentze et al. 1993, S. 107).

Ziel der ABC-Methode ist das Finden von Schwerpunkten aus einer größeren Menge von Informationen. Dies erfolgt durch die Sammlung von Informationen,

3.5 Bewertungsmethoden

die einem bestimmten Arbeitsgebiet angehören. Mittels der Wahl von Parametern kann anschließend eine Zuordnung vorgenommen werden (vgl. Zentrum Wertanalyse 1995, S. 337 f.).

Ablauf

Die Erstellung einer ABC-Analyse kann in folgende vier Schritte unterteilt werden:
1. Zunächst ermittelt man für jeden Betrachtungsgegenstand einen geeigneten Parameter, z. B. Periodenverbrauch in Geldeinheiten, Umsatz etc.
2. Danach wird jedem Betrachtungsgegenstand eine Rangziffer entsprechend seiner Größe zugeteilt, z. B. höchster Umsatz wird eins, zweithöchster Umsatz wird zwei, usw.
3. Anschließend ordnet man die Betrachtungsgegenstände nach ihrer Rangziffer und errechnet die kummulierten Prozentsätze des mengen- und wertmäßigen Umfangs.
4. Die Klassifizierung in A-, B- oder C-Teile hängt von der Festlegung der Grenzwerte ab. Oft ergeben sich anhand der Rangfolge Anhaltspunkte für eine sinnvolle Festlegung der Grenzwerte (Tabelle 3.3, 3.4 und Abb. 3.6).

Die Ergebnisse der ABC-Analyse lassen sich nach erfolgter Auswertung graphisch entweder in Form einer Lorenzkurve oder als Balken- bzw. Blockdiagramm darstellen (vgl. Wöhe u. Döring 1993, S. 523 ff.).

Regeln

Grundsätzlich gilt, daß der analysierte Betrachtungsgegenstand homogen sein muß. Je nachdem, welcher Zweck verfolgt wird, ist die Grundmenge zu definieren.

Einsatzmöglichkeiten, Chancen und Risiken

Die ABC-Analyse ist in der Projektplanung ein wichtiges Hilfsmittel zur Ermittlung der repräsentativen Mehrheit, auf die der Schwerpunkt der Untersuchung und der Planung zu legen ist. Diese Schwerpunktbildung erlaubt eine wesentliche Rationalisierung der oftmals arbeitsintensiven und zeitaufwendigen Analyse komplexer Zusammenhänge, ohne dabei die Aussagefähigkeit der Ergebnisse zu beeinträchtigen (vgl. Aggteleky u. Bajna 1992, S. 67).

Weitere Anwendungsbereiche der ABC-Analyse sind die Materialwirtschaft, Absatz, Bedarfsermittlung innerhalb der Produktion etc.

Beispiel 1

Die ABC-Analyse soll anhand der Zusammenhänge zwischen der Anzahl der Artikel und dem erwirtschafteten Umsatz erläutert werden.

Tabelle 3.3 Beispiel für eine ABC-Analyse der Artikel

Artikel-Nr.	Anzahl	%	% kumuliert	Umsatz in DM	% des Umsatzes	% kumuliert	Klasse
1	30	6	6	50 000	50	50	A
5	50	10	16	25 000	25	75	B
8	100	20	36	15 000	15	90	C
2	320	64	100	10 000	10	100	D

Aus Tabelle 3.3 wird ersichtlich, welcher Artikel den größten Umsatz erwirtschaftet. Somit wird auch klar, für welchen Artikel ein hoher Aufwand gerechtfertigt ist und wofür nur ein geringer Aufwand betrieben werden sollte.

Die Tabelle 3.3 wird nun klassifiziert und die Artikel in die Klassen A, B und C eingeteilt (Tabelle 3.4).

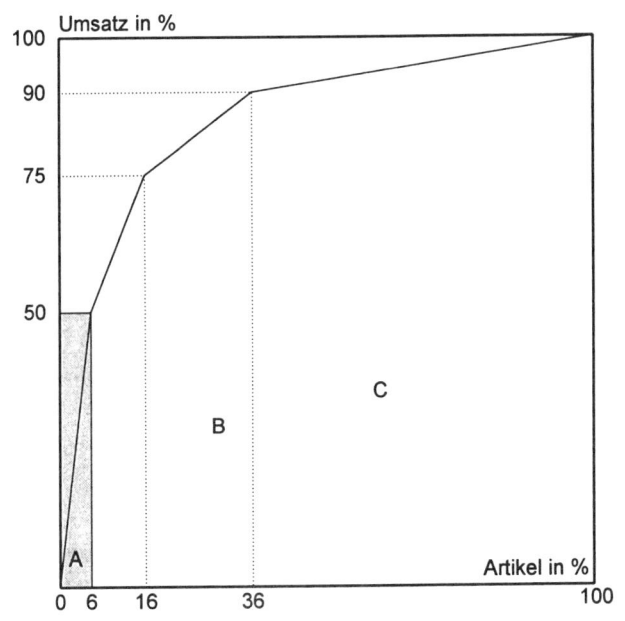

Abb. 3.6 Graphische Darstellung einer ABC-Analyse

3.5 Bewertungsmethoden

Tabelle 3.4 Beispiel für eine A-, B- und C-Aufteilung

Klasse	Einordnungskriterium
A	Mit 6 % der Artikel werden 50 % des Umsatzes erzielt. ⇒ wichtigster Artikel
B	Mit 30 % (10 % + 20 %) der Artikel werden 40 % (25 % + 15 %) des Umsatzes erzielt. ⇒ wichtige Artikel
C	Mit 64 % der Artikel werden 10 % des Umsatzes erzielt. ⇒ weniger wichtige Artikel

Beispiel 2

Die Analyse der Zeitverwendung kann mittels der ABC-Analyse erfolgen. Die Zeitverwendung entspricht in vielen Fällen nicht der Wichtigkeit der Aufgaben. Die Analyse der Wichtigkeit der Aufgaben unterteilt die Aufgaben in A-Aufgaben, die „sehr wichtig", in B-Aufgaben, die „wichtig" sind, und in C-Aufgaben, die nur Nebensächlichkeiten darstellen. In der Praxis hat sich in der Vergangenheit jedoch gezeigt, daß die Zeitverwendung der Mitarbeiter – aufgrund vielfältiger Ursachen – selten der Wichtigkeit der Aufgaben entspricht (Abb. 3.7).

Für die wichtigen A-Teile sollen etwa 65 % der Zeit, etwa 20 % für die durchschnittlich wichtigen B-Teile und 15 % für die unbedeutenden und delegierbaren C-Teile verwendet werden (vgl. Hentze et al. 1993, S. 107).

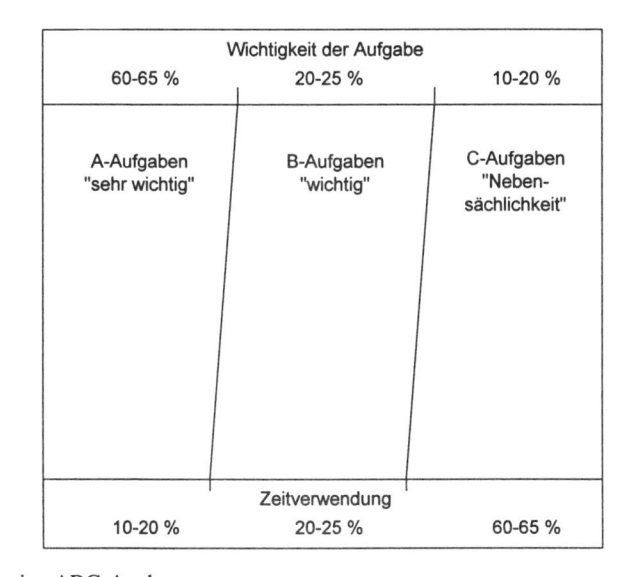

Abb. 3.7 Beispiel für eine ABC-Analyse

3.5.2 Stärken-Schwächen-Analyse

Methodische Grundlagen

Zur Erkennung von organisatorischen Stärken und Schwächen kann die Stärken-Schwächen-Analyse eingesetzt werden.

Das Ziel der Stärken- und Schwächenanalyse ist es, die augenblicklich intern günstigsten Einflußfaktoren aufzuzeigen sowie diejenigen im Auge zu behalten, die die möglichen zukünftigen Entwicklungen gefährden könnten. Die Ergebnisse einer systematischen Stärken-Schwächen-Analyse können in einer Aufstellung erfaßt sowie zyklisch aktualisiert und vervollständigt werden.

Zur reinen Schwachstellenanalyse werden vornehmlich zwei Techniken eingesetzt: die Kennzahlenanalyse sowie die Checklisten (vgl. Steinbuch 1990, S. 38 f.).

Ablauf

Der Ablauf kann sich wie folgt gestalten:

1. Bestandsaufnahme und Analyse der Stärken und Schwächen
2. Interpretation des Änderungspotentials der Umwelt, wie z. B. Werte- und Trendwandel in der Gesellschaft, technologische Entwicklungen etc.
3. Festlegen von Maßnahmen, um die für das Unternehmen und den Projektverlauf bestehenden Gefahren abzuwenden.
4. Aufstellen eines Maßnahmenkatalogs, der sich im wesentlichen auf die beeinflußbaren Faktoren bezieht. Man spricht in diesem Zusammenhang auch von Lenkungsstrategien.
5. Im letzten Schritt werden die empfohlenen Maßnahmen mit den betriebs- oder projektspezifischen Stärken und Schwächen auf ihre Durchführbarkeit hin überprüft (vgl. Steinbuch 1990, S. 336).

Regeln

Eine explizite Regelformulierung ist bei dieser Methode nicht sinnvoll.

Einsatzmöglichkeiten, Chancen und Risiken

Der Einsatz der Stärken-Schwächen-Analyse empfiehlt sich im Anschluß an die Analyse der Problemsituation.

Vorteile:
- sie erfaßt alle strategisch wichtigen internen und externen Einflußgrößen
- ganzheitliche Darstellung als Entscheidungsgrundlage
- leicht durchzuführen

Nachteile:
- Interaktionen bleiben unberücksichtigt
- konzentriert sich eventuell auf einige wenige, deutlich erkennbare Aspekte
- erfaßt unter Umständen nur die Symptome (vgl. Steinbuch 1990, S. 336).

Beispiel

Ein Beispiel für eine Stärken-Schwächen-Analyse zeigt Tabelle 3.5.

Tabelle 3.5 Beispiel für die Analyse von Stärken und Schwächen einer Fluggesellschaft (vgl. Steinbuch 1990, S. 336)

Gewählte Kriterien	Stärken	Schwächen
Finanzen	Außergewöhnliche Verbesserung der Geschäftsergebnisse.	Die allgemeine Stabsstelle trägt den Bedürfnissen der einzelnen Einheiten nicht immer Rechnung.
Technik	Gute Wartung.	
Organisation		Äußerst langsame Entscheidungsprozesse. Die Hierarchien und Stabsstellen spielen eine zu große Rolle. Es herrscht eine zu geringe Koordinierung unter den Abteilungen.
Unternehmenskultur	Die Mitarbeiter stehen voll hinter den hohen Qualitätsstandards des Service-Angebots.	
Konjunkturabhängigkeit		Wechselkursschwankungen ausländischer Währungen haben großen Einfluß auf die Geschäftsergebnisse.
Personal	Gute Ausbildung und eine günstige Arbeitsmarktlage.	
Forschung- und Entwicklung	Verstärkte Innovationstätigkeit im Hinblick auf die zusätzlichen Lösungen.	

3.5.3
Chancen-Risiko-Analyse

Methodische Grundlagen

Bei der Chancen-Risiko-Analyse von Projekten wird davon ausgegangen, daß jede der gemachten Annahmen, Zielfaktoren und Maßnahmen hinsichtlich ihrer Gültigkeit, Erfüllbarkeit und Wirksamkeit mit Chancen, aber auch mit Risiken behaftet ist.

Im Gegensatz zur Stärken-Schwächen-Analyse, die die internen organisatorischen Faktoren prüft, analysiert die Chancen-Risiko-Analyse die zukünftigen und externen Faktoren.

Bei einer systematischen Chancen-Risiko-Analyse handelt es sich um ein Vorgehen, bei dem die jeweiligen Faktoren mit günstigen und ungünstigen Werten belegt werden. Auf diese Weise können sowohl die Sensibilität der einzelnen Faktoren als auch deren Folgen bezüglich des Zusammenwirkens ermittelt werden (vgl. Aggteleky u. Bajna 1992, S. 159).

Ablauf

Eine Chancen-Risiko-Analyse kann in fünf Schritten erstellt werden (Abb. 3.8):

1. Ermittlung und Analyse der derzeitigen Chancen und Risiken (Bestandsaufnahme).
2. Interpretation der Änderungspotentiale der Umwelt bezüglich Wertewandel, technologischer Entwicklungen, struktureller oder organisatorischer Veränderungen etc.
3. Berücksichtigung der möglichen Chancen und Risiken für die Machbarkeit und den Verlauf des geplanten Projekts.
4. Aufstellen eines Maßnahmenkatalogs, der sich schwerpunktmäßig auf die hohen Risiken sowie auf die beeinflußbaren Faktoren bezieht und Prüfen des Maßnahmenkatalogs mit Blick auf dessen Durchführbarkeit (vgl. Probst 1992, S. 336).
5. Durchführung der Maßnahmen zur Risikoreduzierung.

Regeln

Für die Anwendung der Chancen-Risiko-Analyse gelten folgende Grundsätze:
- Kalkulierbare Risiken mit geringen finanziellen Folgen können bewußt in Kauf genommen werden.
- Größere, schwer kalkulierbare Risiken müssen vermieden und die Zielerfüllung abgesichert werden.

- Risiken, die das Überleben des Unternehmens gefährden, müssen soweit wie möglich ausgeschlossen werden.
- Besondere Chancen, die nur durch risikoreiche Maßnahmen erzielt werden können, müssen aus Risikokapital finanziert werden (vgl. Aggteleky u. Bajna 1992, S. 160))

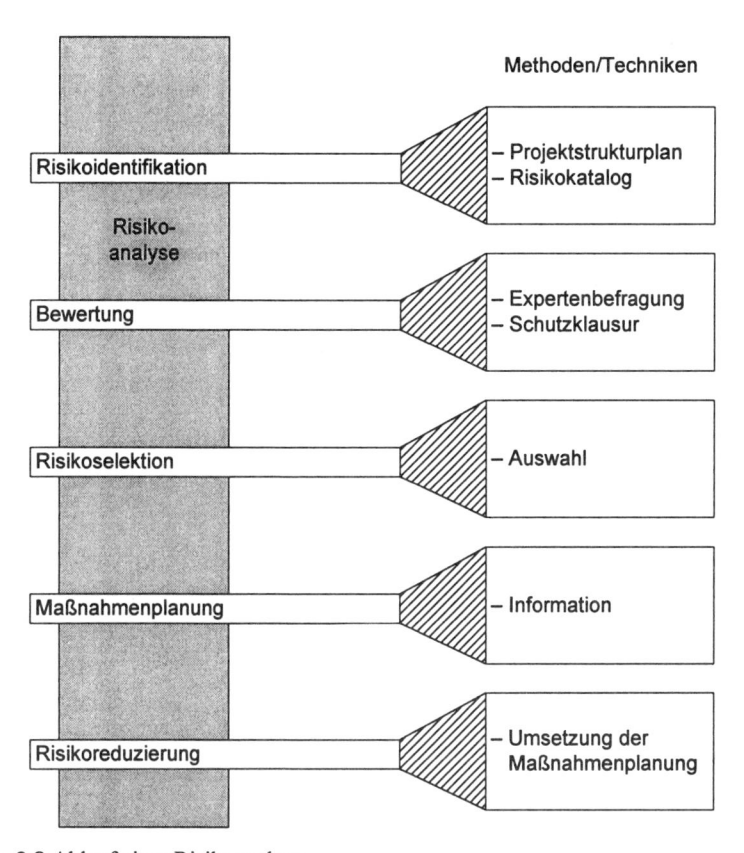

```
Risikoidentifikation          Methoden/Techniken
                              – Projektstrukturplan
                              – Risikokatalog
Risiko-
analyse
Bewertung                     – Expertenbefragung
                              – Schutzklausur

Risikoselektion               – Auswahl

Maßnahmenplanung              – Information

Risikoreduzierung             – Umsetzung der
                                Maßnahmenplanung
```

Abb. 3.8 Ablauf einer Risikoanalyse

Einsatzmöglichkeiten, Chancen und Risiken

Der Einsatz einer Chancen-Risiko-Analyse empfiehlt sich vor allem bei Projekten mit zahlreichen Einflußfaktoren. Die potentiellen Risiken und Chancen sind in den einzelnen Projektphasen sehr unterschiedlich. So kann man beispielsweise davon ausgehen, daß in der Phase der Zielplanung das Risiko häufig am größten ist. Mögliche Risikoeinflüsse in der Konzeptplanung und Optimierung sind in der Regel weniger schwerwiegend, obwohl bei Nichterreichung der Planungsziele Nachteile in Kauf genommen werden müssen.

Beispiel

In Tabelle 3.6 sind die wichtigen Projektpotentiale in Form von Chancen und Risiken aufgeführt. Die Tabelle soll die Vorgehensweise beispielhaft verdeutlichen.

Tabelle 3.6 Beispiel zu einer Chancen-Risiko-Analyse

Projektrisiken	Potentiale			Mögliche Risikoreduzierungsmaßnahmen
	gering	mittel	hoch	
Risiken der Aufgaben: – Aufgabenumfang und -komplexität – Datenumfang und -komplexität – Schnittstellenarchitektur – Absolute und relative Ergebnisse – Erforderliche Anwendung – Durchzuführende Maßnahmen – Reaktionen von Führungskräften – Reaktionen von Mitarbeitern				
Fachliche Risiken: – Entsprechendes fachbereichsspezifisches Fachwissen und -können – Informatik – BWL – Umfeld				
Risiken in der Projektarbeit: – Methodenakzeptanz – Methodentreue – Methoden-Wissen und -Können				

Risiken im emotionalen Umfeld: - Motivation - Hoffnungen, Erwartungen - Angst vor Folgen - Lernerfordernisse - Veränderungsbereitschaft				
Risiken in der Person des Projektleiters: - Projektleitererfahrung - Akzeptanz - Moderation - Motivation				
Sonstige Risiken: - Information - Bereitschaft zur Mitarbeit - Verfügbare Kapazität - Autorität, Kommunikations- und Kooperationsfähigkeit - Methodensicherheit und -fähigkeit - Aufgabenspezifisches Fachwissen				

- Die Ressourcen zur Projektentwicklung können mittels dieser Methode analysiert und deren Einsatz bzw. Verwendung besser geplant werden.
- das Projektrisiko kann verringert werden.
- je langfristiger ein Projekt angelegt ist, desto schwieriger gestaltet sich die Planung und Entwicklung der entsprechenden Ressourcen.
- die Abschätzung der benötigten Projektpotentiale ist häufig unzureichend.

3.5.4 Nutzwertanalyse

Methodische Grundlagen

Die Nutzwertanalyse ermittelt den in Zahlen ausgedrückten subjektiven Wert von Lösungen und/oder Maßnahmen in bezug auf die Zielvorgaben. Durch diese Nutzenzuweisung können die verschiedenen Alternativen miteinander verglichen werden (vgl. Ehrmann 1995, S. 87).

3 Methoden der Projektplanung

Die Nutzwertanalyse wird allgemein definiert als „ein Bewertungsverfahren in Planungsabläufen, mit dem bei einer vorgegebenen Zielsetzung mehrere gegebene oder zu entwickelnde Handlungsalternativen in einem komplexen Feld von Bewertungskriterien bezüglich der Zielerreichung zu ordnen sind" (Hentze et al. 1993, S. 78).

Die bekannteste Klassifikation ist die in *eindimensionale* und *mehrdimensionale* Bewertungsansätze, je nach dem ob ein Bewertungskriterium (Zielinhalt) oder mehrere Bewertungskriterien zugrunde gelegt werden. Die mehrdimensionalen Bewertungsansätze gehören dann zur Klasse der *Scoring-Modelle*, wenn die Berücksichtigung aller Bewertungskriterien durch Punktbewertungen mit anschließender Wertsynthese erfolgt. Das bekannteste Verfahren unter den mehrdimensionalen Ansätzen ist jedoch die Nutzwertanalyse (vgl. Mag 1995, S. 91).

Ablauf

1. Formulierung des Zielsystems
   Dies erfolgt in der Regel zum Zeitpunkt der Projektdefinition.
2. Gewichtung der Zielkriterien
   Die zur Beurteilung bestimmten Zielkriterien sind im Wirkungszusammenhang zu gewichten.
3. Bewertung der Alternativen
   Die zur Wahl stehenden Alternativen sind zu bewerten. Diese Bewertung erfolgt für jedes Zielkriterium einzeln. Aus der Multiplikation der Alternative A_i mit den Zielkriterien Z_i resultiert die Bewertung U_i.

$$U_i = A_i \cdot Z_i$$

Die Bewertung kann mittels verschiedener Bewertungssysteme erfolgen:
- Punktverfahren
- Punktvergabe beispielsweise von 10 (sehr gut) bis 1 (schlecht)
- Rangreihung
- Reihung der Alternativen für jedes Zielkriterium (1. Platz bis n. Platz)

Dabei ist zu beachten, daß die Gewichtung der Zielkriterien und die Bewertung der Alternativen gleich gewichtet sein muß.

4. Errechnung des Nutzwertes
   Aus der Muliplikation der Gewichtung G_i jedes Zielkriteriums mit der entsprechenden Bewertung B_i und der Addition aller Ergebnisse einer Alternative ergibt sich der Nutzwert N_i für eine Alternative.

$$N_i = \sum_{i=1}^{n} G_i \cdot B_i$$

Somit ergibt sich für jede Alternative eine Summe als Nutzwert. Durch den Vergleich der Nutzwerte aller Alternativen kann eine Rangreihung vorgenommen werden. Aus der Differenz der Nutzwerte können Schlüsse auf die Gleichwertigkeit oder Ungleichwertigkeit von Projekten gezogen werden (vgl. Steinbuch 1990, S. 113 ff.).

Regeln

Kernpunkt der Nutzwertrechnung ist die Bestimmung der Bewertungskriterien. Folgende vier Hauptgruppen von Bewertungskriterien werden in der Regel verwendet:

- wirtschaftliche Kriterien
- technische Kriterien
- rechtliche Kriterien
- soziale Kriterien

Bei der Aufstellung einer Punkteskala sind folgende Grundsätze zu berücksichtigen (vgl. Ehrmann 1995, S. 87 f.):

- die Punkteskala muß für alle Kriterien gleich sein
- die Punkteskala sollte nicht bei 0 beginnen, damit extrem niedrige Punktwerte noch berücksichtigt werden können
- die Bewertungsrichtung muß bei allen Kriterien die gleiche sein
- die Punkteskala muß eine ausreichende Differenzierung ermöglichen
- die Punkteskala sollte möglichst wenig Bewertungssprünge enthalten
- die Punktwerte sollten in Prozentpunkte umgewandelt werden, um die Anschaulichkeit zu verbessern
- eine Transformationsmatrix, die die Regelung der Punktevergabe enthält, sollte verwendet werden.

Einsatzmöglichkeiten, Chancen und Risiken

Der Einsatz der Nutzwertanalyse ist für klassische Bewertungssituationen von Alternativen zweckmäßig, d. h. für Entscheidungssituationen, die sich dadurch auszeichnen, daß

- mehrere Zielsetzungen vorliegen, d. h. es handelt sich um ein multidimensionales oder multiples Zielsystem
- die Zielgröße quantitativer und/oder qualitativer Natur ist
- eine Anzahl von Alternativen zu vergleichen ist
- eine große Anzahl entscheidungsrelevanter Einflußgrößen zu beachten ist, deren Interdependenzen meist nicht angegeben werden können
- die persönliche, subjektive Einschätzung bzw. Beurteilung dieser Größen durch den Entscheidungsträger eine erhebliche Rolle spielt (vgl. Welge u. Al-Laham 1992, S. 375).

Die *Vorteile* der Nutzwertanalyse liegen auf verschiedenen Ebenen:

- sie ermöglicht eine besser vergleichbare Bewertung, weil an alle Varianten die gleichen, gleichgewichteten Kriterien angelegt werden
- sie fördert die Transparenz, indem sie den Bewertungsvorgang nachvollziehbar macht
- sie fördert die Objektivität, wenn der Bewertungsvorgang von verschiedenen Beteiligten selbständig vorgenommen wird.

Als *Nachteile* der Nutzwertanalyse sind zu nennen (vgl. Schmidt 1991a, S. 257):

- die Punktwerte können eine Scheingenauigkeit oder Scheinobjektivität vortäuschen. Absolute Objektivität und Genauigkeit kann es bei Bewertungsvorgängen nie geben. Bewertungen sind immer subjektiv.
- für die nicht in Geldeinheiten quantifizierbaren Größen ist die Nutzwertanalyse sehr sinnvoll. Nachteilig ist, daß finanzielle Größen in Punktwerte umgeformt werden, die dem Verhältnis viel schwerer zugänglich sind.

Beispiel

1. Formulierung des Zielsystems
   Aus der Definitionsphase sind folgende Ziele festgeschrieben:
   - Kostenreduzierung
   - Durchlaufzeiten-Reduzierung
   - Beibehaltung des jetzigen Personalbedarfs
   - Servicegraderhöhung

2. Gewichtung der Zielkriterien (Tabelle 3.7)

Tabelle 3.7 Beispiel für Gewichtung der Zielkriterien

Kriterien	Prozentbewertung
Kostenreduzierung	35 %
Durchlaufzeiten-Reduzierung	20 %
Beibehaltung des jetzigen Personalbedarfs	25 %
Servicegraderhöhung	15 %
Imageverbesserung	5 %

3. Bewertung der Alternativen und Errechnung des Nutzwertes (Tabelle 3.8)

Tabelle 3.8 Beispiel für Nutzwertanalyse (alle Angaben in %)

Kriterien	Gewich-tung	Lösungsentwürfe					
		Lösungs-alternative 1		Lösungs-alternative 2		Lösungs-alternative 3	
Kj	Gj	W1j	Gj* W1j	W2j	Gj* W2j	W3j	Gj* W3j
Kostenreduzierung	35	80	28,0	60	21,0	50	17,5
Durchlaufzeiten-reduzierung	20	100	20,0	50	10,0	40	8,0
Beibehaltung des jetzigen Personal-bedarfs	25	100	25,0	50	12,5	90	22,5
Servicegraderhöung	15	80	12,0	100	15,0	10	1,5
Imageverbesserung	5	80	4,0	100	5,0	60	3,0
	Summe = 100 %		N1 = 89,0 %		N2 = 63,5 %		N3 = 52,5 %

Kj: Kriterium, Gj: Gewichtung, Wij: Erfüllungsgrad, Gj * Wij: Teilnutzwert, Ni: Gesamtnutzwert

3.5.5 Kennzahlenanalyse

Methodische Grundlagen

Kennzahlen sind Verhältniszahlen, die eine besondere Aussagefähigkeit bei der Beurteilung von Systemen bzw. Teilsystemen aus der Sicht der Planung, Nutzung oder Zielerfüllung haben. Um sie allgemein auswerten zu können ist es wichtig, daß sie auf einem möglichst breiten Gebiet von analogen oder ähnlichen Systemen Gültigkeit haben (z. B. Unabhängigkeit von den jeweiligen Systemgrößen).

Besondere Bedeutung kommt den Kennzahlen bei der Ist-Zustands- und Kostenanalyse bestehender Ist-Situationen (Funktionen, Abläufe, Prozesse, Daten etc.) und beim Soll-Ist-Vergleich für Verbesserungs- und Rationalisierungsstudien oder für die Umgestaltung vorhandener Zustände zu (vgl. Aggteleky u. Bajna 1992, S. 69).

Ablauf

Bei der Anwendung der Kennzahlenanalyse zur Beurteilung der Effizienz von Projekten muß zwischen Produktivitätszahlen und den geldwertbezogenen, betriebswirtschaftlichen Kennzahlen unterschieden werden.

1. **Kennzahlenanalyse der Produktivität**

Die Kennzahlen der Produktivität sind mengenbezogene Verhältniszahlen, die über die Sparsamkeit eines Systems Auskunft geben, ohne dazu die äquivalenten Preise und Kosten bereits zu kennen ($\Rightarrow$ Input-Output-Relationen). Sie können als Indikatoren der Wirtschaftlichkeit betrachtet werden.

Operativ gesehen dient die Produktivität zur Messung und Beurteilung des technischen Leistungsgrades nach verschiedenen Kriterien. Sie ist eine Verhältniszahl zwischen einer physikalischen Leistung und einer Mengen- oder Zeiteinheit (z. B. Stück pro Stunde). Dabei kann die Produktivität für ein ganzes System, für Betriebsteile oder für spezielle Systemelemente ermittelt werden (z. B. Kennzahlenanalyse der Layoutplanung oder der Investitionsausgaben etc.).

2. **Betriebswirtschaftliche Kennzahlenanalyse**

Die betriebswirtschaftlichen Kennzahlen sind dagegen geldwertbezogene Verhältniszahlen, die überwiegend der Beurteilung der Wirtschaftlichkeit und Rentabilität dienen. Ihre Anwendung setzt eine fortgeschrittene Phase der Planung voraus, in der bereits Preis- und Kostenangebote für die Analyse zur Verfügung stehen (vgl. Aggteleky u. Bajna 1992, S. 86).

Die betriebswirtschaftliche Vorteilhaftigkeit von Projekten hängt von verschiedenen Zielkriterien ab. Diese sind zwar einzeln zu ermitteln, müssen aber insgesamt beurteilt werden.

Die wichtigsten Zielfaktoren sind:

- *Kosten*, d. h. Kostenoptimierung bzw. -minimierung
- *Rentabilität*, d. h. Erfolgsoptimierung des investierten Kapitals
- *Kapitalwert*, d. h. die Optimierung der diskontierten Überschüsse oder der Mehreinnahmen
- *Annuität*, d. h. der durchschnittlich, auf den Investitionszeitpunkt diskontierte Jahreseinnahmenüberschuß
- *Interner Zinsfuß*, d. h. der berechnete Zinsfuß des Kapitals bei Kapitalwert Null
- *Cash-flow*, d. h. der Einnahmenüberschuß (Gewinn + Abschreibungen)

Zu diesen erfolgsbezogenen Kriterien kommen sicherheitsbezogene Einflußgrößen hinzu:

- *Liquidität*, d. h. Sicherstellung der Zahlungsfähigkeit
- *Risiko*, d. h. die Begrenzung der Unsicherheiten bezogen auf die stochastischen Einflußfaktoren
- *Amortisationszeit*, d. h. die Wiedergewinnungszeit des investierten Kapitals als zeitliche Dauer des Investitionsrisikos.

3.5 Bewertungsmethoden

Die genannten Zielfaktoren und Einflußgrößen können entweder im Zeitablauf miteinander verglichen werden, oder man vergleicht die Werte mit denen anderer Unternehmen, Bereiche, Abteilungen oder Projekte.

Bei der ökonomischen Optimierung von komplexen Projekten sind die richtige Gestaltung, Dimensionierung und Verrechnung der Hilfs- und Nebensysteme wichtig. Die Leistungen werden auf die verschiedenen „Verbraucher" mittels Verrechnungssätze verteilt. Die Verrechnungssätze stellen Kennzahlen dar, die bei der Analyse und Optimierung der Hilfssysteme wichtig sind. Die Leistungen der Hilfssysteme werden nach dem Verursacherprinzip verrechnet. Dabei werden die variablen (proportionalen) Kostenteile direkt entsprechend dem Leistungsbezug verrechnet, wogegen die Fixkosten anteilsmäßig, nach dem jeweiligen Leistungsanteil, auf die verschiedenen Benutzer umgelegt werden (vgl. Aggteleky u. Bajna 1992, S. 86 ff.).

Die Kennzahlen stellen ein wichtiges Hilfsmittel der Projektplanung dar, solange sie in ihrem Gültigkeitsbereich angewandt werden. Eine weitere wichtige Voraussetzung ist ihre Überprüfung auf Aktualität und ihre gegebenenfalls erforderliche Richtigstellung.

Regeln

Vorsicht: Bei vergleichenden Kennzahlen, z.B. prozentualer DV-Kosten-Anteil, ist nicht nur von den Datenverarbeitungskosten auszugehen, sondern auch von anderen wichtigen Variablen. Ein Beispiel macht dies deutlich:

Der prozentuale Datenverarbeitungskostenanteil ist in einem stark eigenfertigenden Unternehmen mit großer Sicherheit höher als bei einem Unternehmen der gleichen Branche, das nur eine Endmontage besitzt.

Einsatzmöglichkeiten, Chancen und Risiken

Die meistverwandten Berechnungsmethoden der Kennzahlenanalyse sind (vgl. Aggteleky u. Bajna 1992, S. 89):

- *Wirtschaftlichkeitsrechnungen* ($\Rightarrow$ Kostenoptimierung, Konkurrenzfähigkeit)
- Kostenvergleichsrechnungen
- Dynamische Stückkostenermittlung
- Gewinnvergleichsrechnungen
- *Rentabilitätsrechnung* ($\Rightarrow$ Endvermögenmaximierung)
- Kapitalwertmethode
- Annuitätenmethode
- MAPI-Methode zur Ermittlung der relativen Rentabilität bei Ersatzinvestitionen
- *Cash-flow* ($\Rightarrow$ Risikobegrenzung)
- Statische Amortisationsrechnung
- Dynamische Amortisationsrechnung

3 Methoden der Projektplanung

Die Kennzahlenanalyse bildet die Grundlage für die Projektplanung. Sie besitzt meist in komprimierter und leicht überschaubarer Form Aussagekraft über die Zusammenhänge der Abläufe eines Projekts. Da es sich bei den Kennzahlen in aller Regel um Verhältniszahlen oder Durchschnittszahlen handelt, muß besonderer Wert auf ihre richtige Interpretation gelegt werden. Nur so können sie zu einer effektiven Planung beitragen und verfälschen nicht den Aussagegehalt. Eine wichtige Voraussetzung für die Berechnung der verschiedenen Kennzahlen und somit auch deren Analyse ist das Vorhandensein ausreichender und zuverlässiger Grunddaten (vgl. Hammer 1991, S. 72 f.).

Die Kennzahlenanalyse der Produktivität bezieht sich auf die jeweiligen Gegebenheiten des Projekts, z. B. F.u.E.-Projekte oder IV-Projekte und ist somit nicht allgemein gültig. Sie werden hauptsächlich für projektinterne Bewertungen (also Soll-Ist-Vergleiche, Gegenüberstellungen von Alternativen) und für Projektvergleiche (Gegenüberstellung von ähnlich gelagerten Projekten) verwandt.

Die betriebswirtschaftliche Kennzahlenanalyse zeichnet sich durch eine weitgehende Allgemeingültigkeit aus, die von der unterschiedlichen Art der Projekte weit weniger beeinflußt wird als die Kennzahlen der Produktivität. Außerdem stehen sie in engeren, mathematisch leicht formulierbaren Beziehungen und lassen sich zum Teil in Kennzahlensystemen zusammenfassen (vgl. Aggteleky u. Bajna 1992, S. 87).

Beispiel

In Abb. 3.9 soll ein Auszug aus einer ROI-(Return-on-Investment-) Kennzahlenanalyse wiedergegeben werden (vgl. Aggteleky u. Bajna 1992, S. 87).

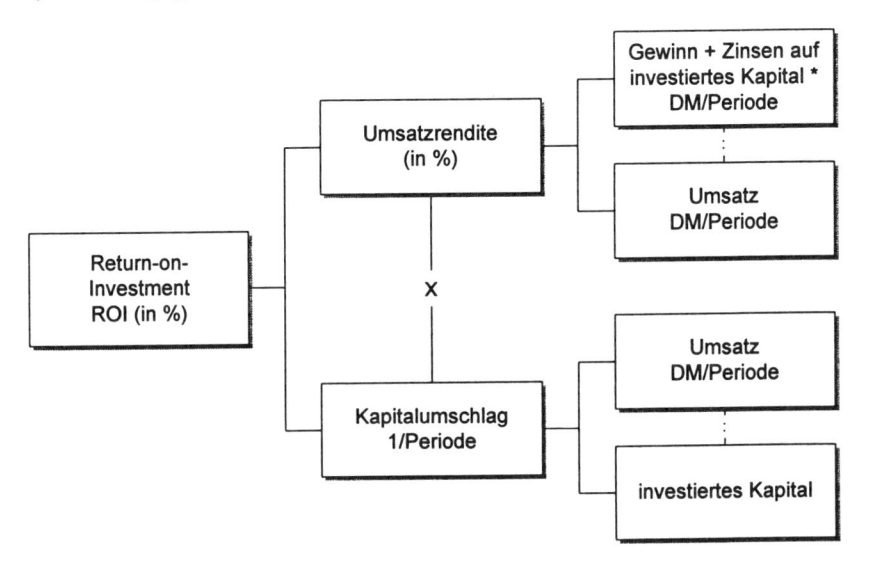

Abb. 3.9 Kennzahlenanalyse eines Return-on-Investment (ROI)

3.6 Projektplanung

Unter Projektplanung versteht Litke „die systematische Informationsgewinnung über den zukünftigen Ablauf des Projekts und die gedankliche Vorwegnahme des notwendigen Handelns im Projekt" (Litke 1991, S. 57).

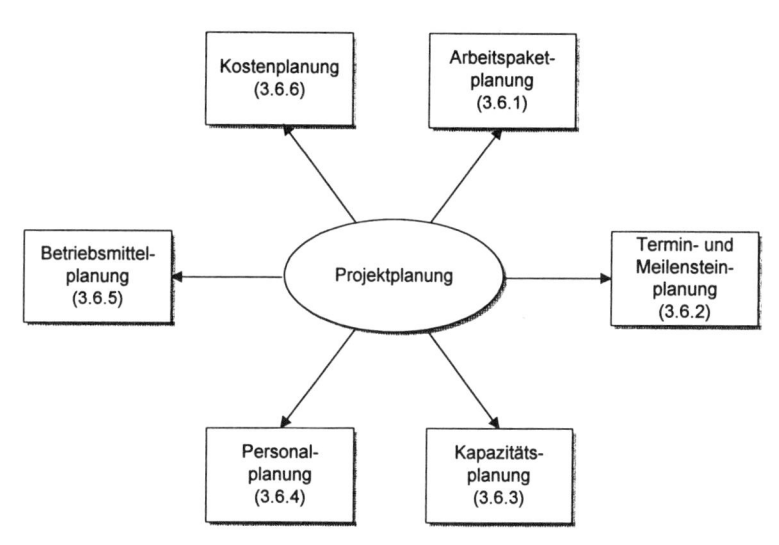

Abb. 3.10 Aufgaben- und Projektplanung

Bei der Planung eines Projekts muß zunächst bestimmt werden, was durch das Projekt erreicht werden soll und welche zeitlichen, finanziellen und personellen Ressourcen dafür zur Verfügung stehen. Sie wird durch die Termin-, Kapazitäts-, Personal-, Hilfsmittel- und Kostenplanung präzisiert (Abb. 3.10).

Ziel der Projektplanung ist die Ermittlung realistischer Sollvorgaben bezüglich der zu erbringenden Arbeitsleistung und deren Termine, Ressourceneinsatz und Kosten sowie von Einzelschritten der Projektdurchführung (Teilprojekte, Teilprodukte, Arbeitspakete etc.) im Rahmen der gegebenen Randbedingungen.

Sie erarbeitet ferner Vorgaben für die Projektdurchführung, Projektüberwachung, führt Soll-Ist-Vergleich durch und meldet Abweichungen an die Projektsteuerung. Die Projektsteuerung erarbeitet und leitet Maßnahmen ein, um Abweichungen in der Projektdurchführung zu korrigieren. Sollten die entsprechenden Regelmechanismen hierzu nicht ausreichen, schlägt sie Änderungen in der Projektplanung vor. Eine Änderung der Planung sollte gleichsam vorgenommen werden, wenn sich bestimmte Voraussetzungen und Annahmen geändert oder als unzutreffend erwiesen haben.

Die Projektplanung bildet folglich die Basis für die Steuerung des Projekts und die Kontrolle des Projektfortschritts (vgl. Litke 1991, S. 57 f.).

3.6.1
Arbeitspaketplanung

Methodische Grundlagen

Um ein Projekt überschaubar zu machen, kann es in seine Teilprojekte, Projektphasen, Arbeitsschritte bzw. Arbeitspakete, Teilarbeitspakete etc. strukturiert werden. Dies bedeutet, daß das Projekt in seine Elemente zerlegt und die Beziehungen zwischen den Elementen festgestellt werden.

Um eine solche Strukturierung vornehmen zu können, muß ein Projektstrukturplan entworfen werden. Damit wird die Gesamtaufgabe des Projekts in sinnvolle, das heißt für sich bearbeitbare Teilaufgaben zerlegt. Dabei steuert der Projektstrukturplan die Arbeitsteilung sowie die Reintegration der Ergebnisse zum Ganzen. Das Ergebnis stellt eine Aufgabenhierarchie, bestehend aus der Hauptaufgabe (Erreichen des Projektziels), Teilaufgaben, Arbeitspaketen und Planungseinheiten, dar (vgl. Mees et al. 1993, S. 188 f.).

Eine nicht mehr zu teilende Aufgabe heißt Arbeitspaket. Ein Arbeitspaket umfaßt normalerweise alle Tätigkeiten eines Projekts, die sachlich zusammengehören und in einer kleinen organisatorischen Einheit durchgeführt werden. Jedes Arbeitspaket stellt eine echte Aufgabe im Sinne von Arbeit dar.

Die Summe aller Arbeitspakete stellt den gesamten Leistungsumfang eines Pakets dar (vgl. Litke 1991, S. 66 f.).

Ablauf

Zunächst sollte jede Aufgabe nach

- Funktionen (z. B. analysieren, entwerfen, programmieren etc.) oder
- Objekten (z. B. Schnittstellen, Dialogmasken, Datenbanken etc.) oder
- Organisationen (z. B. Abteilung 1, Abteilung 2)

strukturiert werden. Anschließend werden die einzelnen Arbeitspakete bezüglich ihres Aufgabeninhalts, ihres Aufwands und ihrer Kosten, der Dauer und Laufzeit, der Mengen oder Umfänge, der Ergebnisse und Dokumente sowie der Ausführenden und deren Verantwortlichkeiten beschrieben (Tabelle 3.9).

Tabelle 3.9 Arbeitspaketbeschreibung 1

Variable	Beschreibung
Arbeitspaket-Name:	
Arbeitspaket-Nummer:	
Inhalt:	
Aufwand:	
Kosten:	
Dauer:	
Laufzeit:	
Menge:	
Umfang:	
Ergebnis:	
Dokumente:	
Ausführende:	
Verantwortliche:	

Aufbauend auf die Arbeitspaketbeschreibung wird der Projektstrukturplan erstellt. Je nach Projektgröße ist ein Projekt in der ersten Ebene in Teilprojekte (sehr große Projekte) (Abb. 3.11) oder in Phasen (mittlere und große Projekte) (Abb. 3.12) oder in Arbeitspakete (kleine Projekte oder projekthafte Aufgaben) (Abb. 3.13) zu unterteilen.

Viele Projekte werden zusätzlich zur Reduzierung des Risikos in Projektphasen eingeteilt.

Regeln

Der Freiheitsgrad der Arbeitspakete muß sich nach den im Rahmen des Projekts vereinbarten Verantwortungen und Kompetenzen richten. Dadurch kann der Umfang dieser Arbeitspakete sehr unterschiedlich ausfallen und von einer bestimmten Tätigkeit einer Einzelperson bis hin zur Vergabe eines Entwicklungsauftrags an die Linie oder an eine externe Firma reichen. In den beiden letztgenannten Fällen ist eine weitere Strukturierung in die entsprechenden Verantwortungsbereiche vorzunehmen (vgl. Litke 1991, S. 69 f.).

3 Methoden der Projektplanung

Einsatzmöglichkeiten, Chanchen und Risiken

Der Projektplanung kommt eine besonders große Bedeutung vor dem Start eines jeden Projekts zu. Zusammenfassend soll auf die Aspekte, aus denen sich der Nutzen einer solchen Vorgehensweise ableiten läßt, eingegangen werden:

- Der Projektstrukturplan zerlegt das gesamte Projekt stufenweise in abgestimmte Teilaufgaben und stellt damit sicher, daß alle notwendigen Arbeitspakete erfaßt werden.
- Für die einzelnen Arbeitspakete können die jeweils zu erzielenden Ergebnisse sowie der Personal- und Materialeinsatz präzise ermittelt und während der Durchführung besser kontrolliert werden.
- Der Projektstrukturplan ist eine Hilfe für die Festlegung des Projektablaufplans, das heißt der Folge, in der die einzelnen Arbeitspakete logisch abgearbeitet werden müssen.
- Die Zerlegung des Projekts in seine Arbeitspakete ermöglicht die Vergabe dieser Pakete an die verschiedenen Organisationseinheiten (vgl. Litke 1991, S. 70).

Beispiel

Die Abb. 3.11, 3.12 und 3.13 geben die Grundstrukturen eines Projektstrukturplanes für unterschiedlich große Projekte wieder.

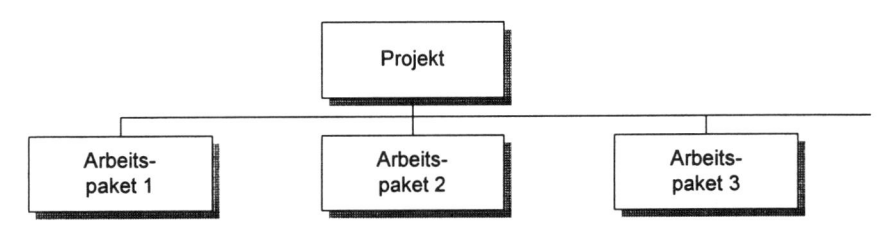

Abb. 3.11 Projektstrukturplan für Kleinprojekte

3.6 Projektplanung

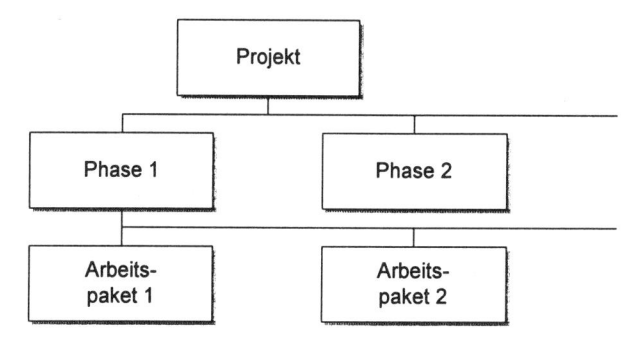

Abb. 3.12 Projektstrukturplan für mittelgroße Projekte

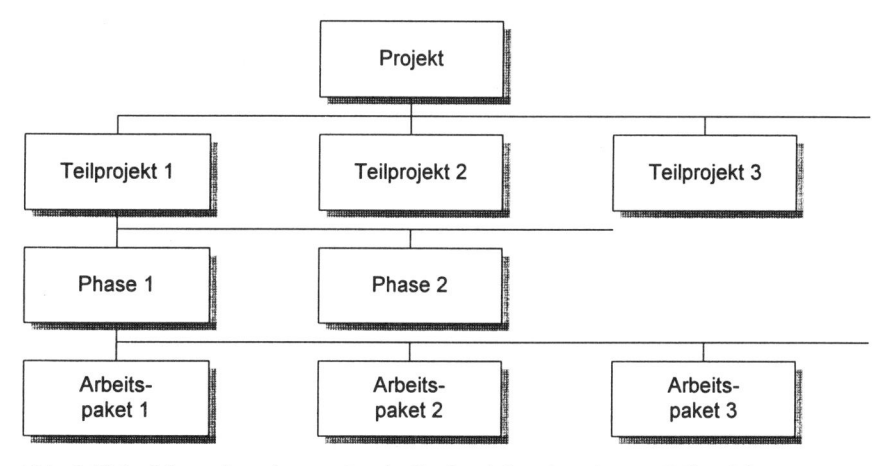

Abb. 3.13 Projektstrukturplanung für ein Großprojekt mit mehreren Teilprojekten

3.6.2 Termin- und Meilensteinplanung

Methodische Grundlagen

Aufbauend auf dem Projektstrukturplan und der Arbeitspaketplanung werden die Abhängigkeitsplanung sowie der Termin- und die Meilensteinplanung erstellt.

Unter einem Termin wird ein Zeitpunkt verstanden. Im Rahmen des Projektmanagements kann man zwischen

- Anfangsterminen
- Endterminen
- Stichtag (Termin der aktuellen Betrachtung, auch time-now-date genannt) und
- Meilensteinen (Stichtag für ein wesentliches Projektergebnis) unterscheiden.

Bei der Durchführung der Terminplanung geht es darum, für jedes Element des Planungsablaufs dessen Zeitdauer zu schätzen. Dabei bezeichnet die Zeitdauer den Zeitraum, der zwischen einem Anfangs- und Endtermin einer Tätigkeit liegt.

Für eine realistische Schätzung muß zunächst für jedes Arbeitspaket der Arbeitsaufwand bestimmt werden. Die Ermittlung der Zeitdauer für jeden Arbeitsvorgang setzt eine genaue Beschreibung der jeweiligen Arbeitsumfänge und der zur Erledigung vorgesehenen Hilfsmittel voraus. Außerdem ist zu überlegen, wie viele Personen für ein Arbeitspaket eingesetzt werden müssen, inwieweit diese parallel arbeiten können oder auf Zwischenergebnisse innerhalb des Arbeitspaketes angewiesen sind.

Weiterhin ist zu überlegen, mit welcher Kapazität diese Mitarbeiter dem Projekt zur Verfügung stehen und ob eventuell Wartezeiten oder Fristen bei der Abwicklung des Arbeitspaketes zu berücksichtigen sind.

Nach der Ermittlung der Zeitdauer für alle Vorgänge kann die Berechnung der Terminsituation erfolgen. Hierbei wird, ausgehend vom geplanten Starttermin des Projekts, zunächst eine Vorwärtsrechnung und dann, ausgehend vom geplanten Endtermin, eine Rückwärtsrechnung durchgeführt. Dadurch erhält man für jeden Vorgang den frühest möglichen Anfangs- und Endtermin und den spätest möglichen Anfangs- und Endtermin. Somit wird für die einzelnen Vorgänge bekannt, wann sie durchgeführt werden können und wieviel Puffer existiert.

Unter einem Puffer versteht man eine Zeitspanne, um die die Lage eines Vorgangs verändert werden kann, ohne daß sich dies auf den Endtermin auswirkt. Ist kein Puffer vorhanden, so handelt es sich um einen kritischen Vorgang. Die Folge der kritischen Vorgänge bildet den kritischen Weg (vgl. Litke 1991, S. 74).

Mit der Terminplanung werden folgende Ziele verfolgt:

- Ermittlung der Projektdauer und damit des Endtermins
- Bestimmung der Anfangs- und Endtermine der einzelnen Vorgänge
- Ermittlung der Pufferzeiten
- Feststellung der kritischen Wege (vgl. Schmidt 1991a, S. 353).

Als Planungstechniken für die Terminplanung können folgende Techniken und Darstellungstechniken herangezogen werden (Abb. 3.14):

- die Terminleiste,
- das Balkendiagramm sowie
- die Netzplantechnik.

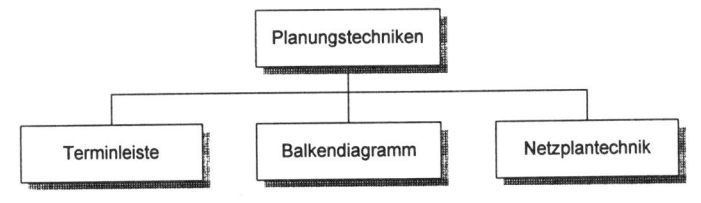

Abb. 3.14 Terminplanungstechniken

Tabelle 3.10 Arbeitspaketbeschreibung 2

zusätzliche Variable	Beschreibung
Dauer:	
Anfangstermin:	
Endtermin:	
Pufferzeiten:	

Ablauf

Bei der Terminplanung werden folgende Schritte durchlaufen:
1. Ermittlung der Dauer jedes Vorgangs (Tabelle 3.10).
   Die Vorgangsdauer wird in der Regel in Tagen gemessen. Bei Aufgaben bis zu einer Woche empfiehlt es sich, diese in Stunden zu messen. Bei Projekten, die länger als ein halbes Jahr laufen, sind Wochen die geeignetste Zeiteinheit.
2. Bestimmen der frühesten zeitlichen Lage jedes Vorgangs (Start- und Endtermin).
   Die frühest möglichen Anfangszeitpunkte werden ermittelt, indem, beginnend mit dem Starttermin, vorwärts gerechnet wird. Dadurch ergibt sich automatisch auch das frühest mögliche Ende eines jeden Vorgangs.
3. Errechnung der Projektdauer.
4. Bestimmung der spätesten zeitlichen Lage jedes Vorgangs.
   Die späteste zeitliche Lage ergibt sich durch eine Rückrechnung, d. h. es werden vom Endtermin die Zeiten abgezogen, die die Vorgänge beanspruchen. Hat ein Vorgang zwei oder mehrere Vorgänge, dann ist der späteste Starttermin abhängig vom längsten Weg.
5. Errechnen der Zeitreserven je Vorgang (Puffer).
   Innerhalb dieser Zeitreserven kann ein Vorgang verschoben oder verlängert werden, ohne daß die Projektdauer gefährdet wird. Besonders wichtig ist die Gesamtpufferzeit. Sie sagt aus, um wieviele Zeiteinheiten ein Vorgang verlängert oder nach vorne verschoben werden kann, so daß der oder die Nachfolger gerade noch zum spätest erlaubten Anfangszeitpunkt beginnen können. Man errechnet die Gesamtpufferzeit eines Vorgangs, indem man vom spätesten Endzeitpunkt den frühesten Endzeitpunkt subtrahiert.
6. Ermittlung des kritischen Weges.
   Der kritische Weg ist der längste Weg des Projekts, d. h. der Weg, bei dem keine Zeitreserven mehr zur Verfügung stehen. Die Projektdauer ist identisch mit dem zeitlängsten Weg (vgl. Schmidt 1991a, S. 353 f.).

Die Terminleiste ist eine einfache Auflistung aller Aktivitäten mit den geschätzten Zeiten und dem Start- und Endtermin für jedes Arbeitspaket (vgl. Litke 1991, S. 75).

Zunächst werden die einzelnen Projektteile in einer Liste gereiht. Die Dauer des jeweiligen Projektteils wird ausgewiesen. In Abhängigkeit von der Projektstruktur werden für die einzelnen Vorgänge die Anfangs- und Endtermine errechnet und eingetragen.

Das Balkendiagramm entspricht zunächst der Terminleiste, stellt jedoch die geplante Zeitdauer pro Arbeitspaket als Balken dar. Beim Balkendiagramm werden über eine Zeitachse die einzelnen Vorgänge abgetragen, wobei die Zeitdauer als Balken dargestellt wird.

Bei der Darstellung der Balken kann man beispielsweise den Bearbeitungsstand am Balken vermerken. In geringerem Maße kann auch die Verknüpfung der einzelnen Vorgänge untereinander kenntlich gemacht werden. Eine durchaus sinnvolle Erweiterung des Balkendiagramms ist die Qualifizierung und Quantifizierung des Balkens.

Die Netzplantechnik umfaßt Verfahren zur Projektplanung und -steuerung, wobei der Netzplan die graphische Darstellung von Ablaufstrukturen ist, die die logische und zeitliche Aufeinanderfolge von Vorgängen veranschaulichen.

Der Netzplan wird aus dem Projektstrukturplan entwickelt. Dabei werden die einzelnen Arbeitspakete der untersten Strukturebene in ihre einzelnen Vorgänge zerlegt. Anschließend werden die Aufgaben, die zeitlich nacheinander oder parallel verlaufen, in ihren Beziehungen zueinander so dargestellt, daß für jedes Arbeitspaket sogenannte Teilnetze entstehen. Nach dieser analytischen Phase werden die einzelnen Teilnetze zu einem Gesamtnetzplan zusammengefügt (vgl. Litke 1991, S. 77 f.; Steinbuch 1990, S. 84 f.).

Regeln

Für die Terminplanung gelten folgende Bedingungen:
- Die Zeitdauer ähnlicher Aktivitäten sollte soweit wie möglich an frühere Projekte angelehnt werden (Ähnlichkeitsbildung).
- Die Schätzung sollte frei von Terminvorstellungen sein.
- Zuteilung mit unbegrenzter Kapazität. Dabei sollte zunächst davon ausgegangen werden, daß genügend Kapazität zur Durchführung des Arbeitspakets vorhanden ist (vgl. Litke 1991, S. 75).
- Der Gesamtprojektumfang sollte überschaubar gehalten werden.
- Der Terminplan sollte in Form einer Terminleiste, eines Balkendiagramms oder eines Netzplans für den gesamten Projektablauf erstellt werden.
- Nach Möglichkeit sollte kein Projekt größer als ein Jahr geplant werden.
- Es sollten Teilprojekte in der Projektvorbereitung gebildet werden.
- Der quantitative zeitliche Aufwand sollte begrenzt werden.

3.6 Projektplanung

Grundsätzlich sollte die Projektleitung die Zeitschätzung in Zusammenarbeit mit den Mitarbeitern, die die einzelnen Arbeitspakete bearbeiten sollen, vornehmen. Es muß darauf geachtet werden, daß die Zeitschätzung möglichst realistisch vorgenommen wird und keine Sicherheitszuschläge enthält.

Einsatzmöglichkeiten, Chancen und Risiken

Die Terminisierungstechniken und -ergebnisse dienen der Planung, aber auch der Überwachung und Steuerung der Projektdurchführung (Tabelle 3.11).

Tabelle 3.11 Terminplanungstechniken im Vergleich:

Terminpla-nungstechnik	Terminleiste	Balkendiagramm	Netzplan
Anwendungs-gebiete	Die Terminleiste findet vornehmlich Anwendung bei Projekten mit wenigen Projektteilen oder bei Abläufen ohne Vernetzung.	Die Planungsmethodik des Balkendiagramms findet Anwendung bei Projekten, deren Vorgänge wenig miteinander verknüpft sind.	Die Netzplantechnik wurde zur Terminierung von Großprojekten entwickelt und eingesetzt (vgl. Steinbuch 1990, S. 84 f.), da in diesen Projekten die Tätigkeiten vorrangig voneinander abhängen und häufig mit hohem Zeitaufwand verbunden sind.
Vorteile	• keine speziellen Kenntnisse nötig • einfach • schnell zu erstellen	• weit verbreitet u. weitgehend verständlich • sehr übersichtlich • schnell zu erstellen • geeignet für kleine u. mittlere Projekte • zeigt zeitliche Parallelen auf	• geeignet bei großen und sehr großen Projekten
Nachteile	• nicht geeignet für größere Projekte • Darstellung von Abhängigkeiten nicht möglich • schnell unübersichtlich	• Änderungsaufwand bei manueller Anwendung sehr groß • Schulungsaufwand erforderlich	• hoher Schulungsaufwand und • hoher Änderungs- und Betreuungsaufwand

3 Methoden der Projektplanung

Beispiel

In Tabelle 3.12, Abb. 3.15 und Abb. 3.16 ist je ein Beispiel zu den oben aufgeführten Terminplanungstechniken aufgeführt.

Tabelle 3.12 Beispiel für eine Terminleiste

Arbeitspakete	Zeitdauer	Anfangstermin	Endtermin
....	....	....	....
....	....	....	....
....	....	....	....

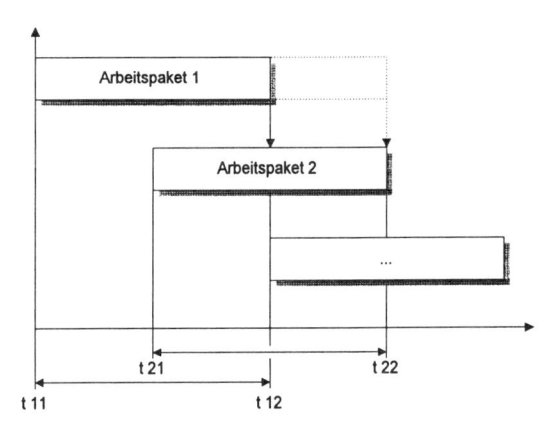

Abb. 3.15 Beispiel für ein Balkendiagramm

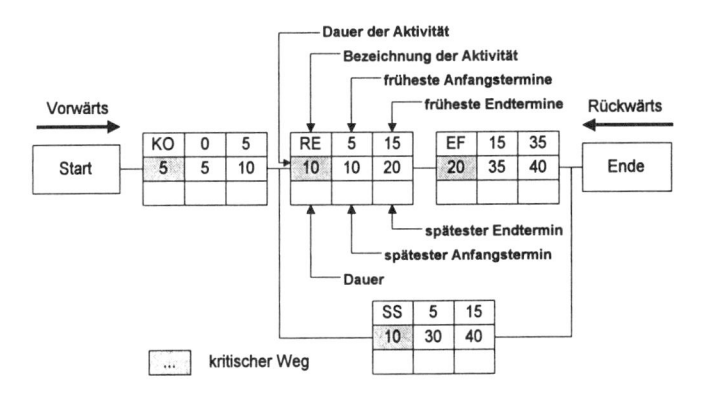

Abb. 3.16 Beispiel für einen Netzplan

3.6.3 Kapazitätsplanung

Methodische Grundlagen

Die Kapazitätsplanung beruht auf der Ermittlung der personellen Aufwände eines jeden einzelnen Arbeitspakets, Tätigkeit oder Vorgangs während der Projektdauer.

Die Kapazitätsplanung hat das Ziel, Kapazitätsengpässe, die z. B. durch die Bearbeitung mehrerer Projekte entstehen, im Vorfeld zu erkennen, um Gegenmaßnahmen in der Vorbereitung eines Projekts einleiten zu können. Darüber hinaus hat die Kapazitätsplanung die Aufgabe, die Auslastung der beteiligten Personen und/oder Einsatzmittel optimal zu planen, damit Spitzenbelastungen und/oder Unterbelastungen frühzeitig ausgeglichen werden können.

Wichtiges Einflußkriterium für die Kapazitätsermittlung bzw. -schätzung ist die geforderte Qualität und Quantität.

Die graphische Darstellung der Kapazitätsplanung erfolgt in Form eines Kapazitäts- bzw. Belastungsdiagramms (Abb. 3.17):

Ablauf

1. Im ersten Schritt muß definiert werden, welche Arbeitspakete des Projekts oder welche Vorgänge des Ablaufplans welche Kapazitätsarten verlangen.
2. Im zweiten Schritt ist festzustellen, wie hoch der jeweilige zur Erlangung eines Arbeitspakets oder Vorgangs notwendige Kapazitätsbedarf ist.
3. Anschließend werden alle Kapazitätsanforderungen hoch gerechnet, um den Gesamtbedarf mit der vorhandenen Kapazität zu vergleichen. Dieser Soll-Ist-Vergleich führt in aller Regel zu der Erkenntnis, daß die geforderte Kapazität höher ist als die vorhandene, daher muß im Anschluß daran ein Kapazitätsausgleich vorgenommen werden.
4. Das Ziel eines solchen Ausgleichs ist es, einen akzeptablen Kompromiß zwischen geforderter Sollkapazität und vorhandener Istkapazität zu erreichen. Für den Ausgleich der auftretenden Kapazitätsspitzen sind verschiedene Maßnahmen erforderlich:

- Verschiebung und/oder zeitliche Dehnung von nicht kritischen Aktivitäten innerhalb der vorgegebenen Pufferzeiten
- Einstellung von neuem Personal
- Personalverschiebung innerhalb des Bereichs oder des Unternehmens
- Verschiebung und/oder zeitliche Dehnung von kritischen Aktivitäten unter Inkaufnahme einer Verschiebung des Endtermins
- Auftragsvergabe an Fremdfirmen.

Regeln

Die Meßeinheiten, in denen die Kapazität gemessen wird, sind von Unternehmen zu Unternehmen unterschiedlich. Diese können z. B. sein:

- produktive Arbeitstage
- Maschinenstunden
- Volumen in Geldeinheiten
- Produkteinheiten
- Fertigungszeiten
- Fertigungskostenstellen

etc.

Die Fortschreibung von Vergangenheitswerten ist jedoch wenig zweckmäßig, wenn die Situationskriterien der Vergangenheit nicht für den Planungszeitraum gelten.

Einsatzmöglichkeiten, Chancen und Risiken

Die Kapazitätsplanung ist bei allen Projekten einsetzbar.

Beispiel

Das Beispiel (Abb. 3.17) zeigt ein Belastungsdiagramm mit einer Belastungsgrenze bei acht Leistungseinheiten.

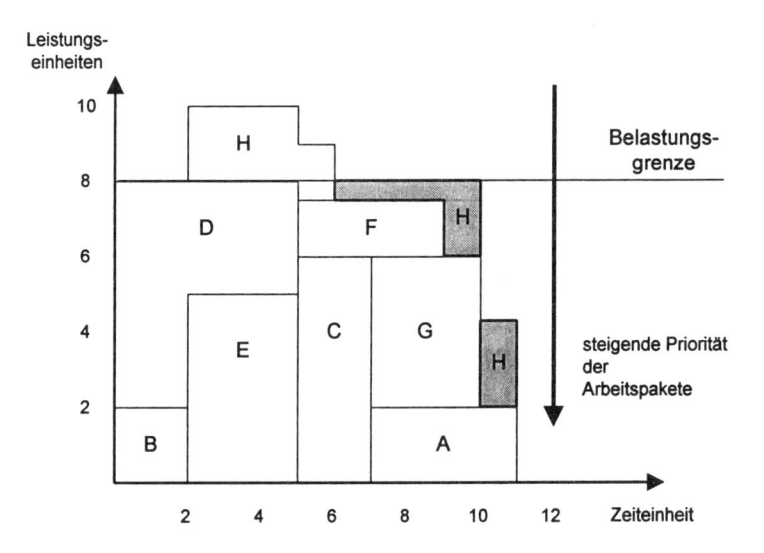

Abb. 3.17 Beispiel für ein Belastungsdiagramm

3.6.4 Personalplanung

Methodische Grundlagen

Die Personalplanung wird auf die Planung von Personalbedarf und Personalkosten sowie auf die damit verbundenen Maßnahmen zur Personalbeschaffung, zum Personaleinsatz, zur Personalentwicklung und zum Personalabbau eingegrenzt (vgl. Weber u. Weinmann 1989, S. 209). Demnach beinhaltet die Planung alle Überlegungen, die im Zusammenhang mit dem konkreten Einsatz der Mitarbeiter im Projektteam stehen (vgl. Litke 1991, S. 99).

Das Ziel der Personalplanung ist die optimale Nutzung der menschlichen Ressourcen im Hinblick auf die Unterstützung des Projektteams und des Projektergebnisses. Sie umfaßt alle vorweggenommenen Überlegungen, die auf den konkreten Einsatz der Mitarbeiter im Projektteam gerichtet sind.

In idealer Weise beruht die Personalplanung auf der Kapazitätsplanung, und zwar in der Form, daß für jedes Arbeitspaket, jede Tätigkeit oder jeden Vorgang die benötigte Qualifikation ermittelt wird sowie ein Mitarbeiter zugeordnet wird, der bestmöglich die geforderte Qualifikation erfüllt.

Im Anschluß daran sind die einzelnen Projektmitarbeiter für die Mitarbeit im Projektteam zu beauftragen. Die Beauftragung umfaßt die Aufgabenbeschreibung für den zu erbringenden Umfang, den Kapazitätsumfang, die Endtermine sowie die vorgesehenen Kosten.

Für die Qualifikationsdefizite, die aufgrund der Anforderungen aus den Aufgabenstellungen und dem Know-how des Mitarbeiters bei jedem Projektmitarbeiter mehr oder weniger vorliegen, sollten individuelle Aus- und Weiterbildungsmaßnahmen definiert werden. Wichtig dabei ist, daß der Qualifizierungsplan mit dem Aufgabenablauf abgestimmt wird, damit das neu erworbene Wissen und die Lernerfahrungen effizient in die Projektarbeit einfließen können.

Tabelle 3.13 Arbeitspaketbeschreibung 3

Zusätzliche Variable	Beschreibung
Benötigte Qualifikationen: vorgesehener Mitarbeiter: Mitgebrachte Qualifikation: Qualifikationsdefizite: Qualifikationsmaßnahmen:	

Ablauf

Die Personalplanung besteht aus folgenden Punkten (Tabelle 3.13):

1. Ermittlung der benötigten Qualifikationen für jedes Arbeitspaket
2. Ermittlung des für das Arbeitspaket in Frage kommenden Mitarbeiters und dessen verfügbarer Kapazität sowie dessen Qualifikation. Der Projektleiter sollte die notwendigen Informationen in einem persönlichen Gespräch mit jedem Mitarbeiter in Erfahrung bringen.
3. Abgleichung von benötigten Qualitfikationen und vorhandenen Qualifikationen. Qualifikationsdefizite festhalten.
4. Beauftragung des Mitarbeiters
   Die Beauftragung eines jeden Mitarbeiters mit den entsprechenden Aufgaben sollte in schriftlicher Form mittels einer sogenannten Aktivitätenliste erfolgen. Sie sollte folgende Punkte enthalten:
   - die zu lösende Aufgabe
   - die zur Verfügung stehenden Kapazitäten
   - die geplanten Kosten und
   - den zu erreichenden Endtermin.

   In diesem Zusammenhang erscheint es sinnvoll, die Aufgaben und Kapazitäten mit den einzelnen Mitarbeitern zu besprechen.
5. Aus- und Weiterbildungsplanung, bezogen auf die Projektaufgabe
   Der Mitarbeiter sollte an Aus- und Weiterbildungsveranstaltungen teilnehmen, um die im gemeinsamen Gespräch festgestellten Wissenslücken schließen zu können. Dafür wird eigens ein Aus- und Weiterbildungsplan aufgestellt. Wichtig ist, daß das erforderliche Know-how zum benötigten Zeitpunkt zur Verfügung steht.
6. Laufbahnplanung
   Dieser Aspekt ist dann von besonderer Bedeutung, wenn ein Mitarbeiter über einen längeren Zeitraum hinweg ausschließlich für ein Projekt eingesetzt wird. Der Projektleiter hat hierbei die Aufgabe:
   - den Mitarbeiter zu beurteilen,
   - während des Projektverlaufs über Personalförderungsmaßnahmen auch für die Weiterentwicklung der Teammitglieder Sorge zu tragen und
   - zum Ende des Projekts Anregungen über den späteren Einsatz seiner Teammitglieder zu geben (vgl. Litke 1991, S. 99 f.).

Regeln

Mittels der Personalplanung können nur höhere Grade der betrieblichen Zielkonzeption erreicht werden, sofern diese zusammen mit der Planung aller anderen Einzelaktivitäten erfolgt. Dies wiederum bedingt die Integration der Personalplanung in das Planungssystem des Projekts.

3.6 Projektplanung

Eine solche Integration hat unterschiedliche Konsequenzen:

- Die Personalplanung ist von den Ergebnissen der Teilplanungen anderer Betriebsbereiche abhängig. Somit hat die Personalplanung derivativen Charakter.
- Allerdings besteht die Planabhängigkeit nicht ausschließlich in dieser Richtung. Vielmehr werden auch umgekehrt die übrigen Teilpläne von den Ergebnissen der Personalplanung beeinflußt. Insofern hat sie originären Charakter.

Dies ist vor allem dann unumgänglich, wenn sich der Personalbereich als Engpaßfaktor erweist. Der Engpaßfaktor bestimmt dann die Gesamtplanung des Projekts (vgl. Berthel 1989, S. 107 ff.).

Für den Aufbau des Systems der Teilpläne gibt es zahlreiche Kriterien:

- Welche und wieviele Teilpläne in einem Unternehmen erstellt werden, hängt von verschiedenen Einflußgrößen, z. B. der Organisationsstruktur, ab.
- Gleichgültig, welche Anzahl und welche Arten von Teilplänen eine Unternehmung erstellt, sie muß immer darauf achten, daß sämtliche Teilbereiche berücksichtigt werden. Vernachlässigt man einzelne Teilbereiche, so wird die ganzheitliche Planung unmöglich.
- Die einzelnen Pläne müssen miteinander abgestimmt werden. Die Abstimmung zwischen gleichgeordneten Plänen wird dabei als Koordination, die zwischen über- und untergeordneten als Integration bezeichnet. Diese Koordinationsfunktion wird vor allem durch die bereichs- bzw. funktionsübergreifenden sowie operativen Pläne erfüllt (vgl. Hammer 1991, S. 67 f.).

Einsatzmöglichkeiten, Chancen und Risiken

Grundsätzlich sollte vor jedem Projekt eine Planung erfolgen, die die Personalplanung beinhaltet. Im Zuge der Projektarbeit treten vor allem die Probleme der Personalentwicklung in den Vordergrund. Dies betrifft:

- Schulung und Ausbildung der Mitarbeiter:
  Sie sollte sich nicht nur auf die rein fachliche Qualifikation beschränken, sondern sich auch auf den Bereich der Persönlichkeitsentwicklung erstrecken.
- Kaderplanung:
  Sie beinhaltet alle Maßnahmen zur Beschaffung, Erhaltung, Förderung und optimalen Einsatz aller Führungskräfte (vgl. Hammer 1991, S. 66).

Beispiel

Tabelle 3.14 Beispiel für eine quantitative Personalplanung

	Mai	Jun	Jul	Aug	Sep	Okt
Mitarbeiter	18	18	18	19	20	21
Tage effektiv	22	21	21	21	20	19
Manntage, brutto	396	378	378	399	400	399
Minuten-Faktor	1,000	0,9000	0,8000	0,7000	0,6000	0,7000
Manntage, netto	396	340	302	279	240	279
angeforderte Manntage (Aufträge)	200	300	300	250	200	100
lt. Plan freie Kapazität	196	40	2	29	40	179

3.6.5 Hilfsmittelplanung

Methodische Grundlagen

Unter *Betriebsmittel* werden materielle Güter verstanden, die neben den Elementarfaktoren, wie z. B. menschliche Arbeitsleistung oder Werkstoffe, zur Produktion erforderlich sind und nicht wesentliche Bestandteile der Endprodukte werden (vgl. Gabler-Wirtschafts-Lexikon 1993, S. 470). Die Betriebsmittelplanung legt die notwendigen Betriebsmittel (z. B. Hardware, Software, Geräte, Räume, Gebäude etc.) für die Projektdurchführung fest. Die Art und der Umfang der Planung gehen aus der Arbeitspaketbeschreibung, -planung und Aufwandschätzung hervor (vgl. Heinrich u. Burgholzer 1988a, S. 134). Die Betriebsmittel sind nicht Gegenstand der Projektplanung, sondern der systemtechnischen Lösungsplanung oder der sachlichen/inhaltlichen Planung.

Dagegen umfaßt die *Hilfsmittelplanung* die Planung der erforderlichen methodischen und arbeitstechnischen Hilfsmittel, die das Projektteam benötigt, um die gestellte Aufgabe möglichst effizient bewältigen zu können.

Zum Inhalt der Hilfsmittelplanung gehören die Raumplanung, die Planung der Arbeitsmittel, die Entwicklungsrechnerkapazitäten, die Testumgebungskapazitäten und die Produktionsumgebungkapazitäten (vgl. Litke 1991, S. 102).

Tabelle 3.15 Arbeitspaketbeschreibung 4

Zusätzliche Variable	Beschreibung
Hilfsmittelart: Hilfsmittelmenge:	
Hilfsmittelart: Hilfsmittelmenge:	

Ablauf

Die Hilfsmittel, die von den einzelnen Projekten benötigt werden, sollten in einer Matrix den einzelnen Trägern zugeordnet werden (vgl. Heinrich 1992, S. 244 ff.). Tabelle 3.16 zeigt exemplarisch, wie eine solche Matrix aussehen könnte.

Tabelle 3.16 Hilfsmittelplanung

Hilfsmittel \ Träger	Verteiler/ Projektmitglied	Teilaufgabe
Büroplanung	...	...
PKW-Planung	...	...
Entwicklungsumgebungsplanung	...	...
Testumgebungsplanung	...	...
Produktionsumgebungsplanung	...	...

Regeln

Hilfsmittel sind in Unternehmensentwicklungs-, Organisations- und EDV-Projekten meist zu bedeutend, als daß sie vernachlässigt oder nur als ein Punkt in der Kostenplanung erscheinen dürfen.

Einsatzmöglichkeiten, Chancen und Risiken

Die Hilfsmittelplanung kann in allen Projekten zum Einsatz kommen. Sie kann helfen, den organisatorischen Rahmen aufzubauen, um somit den Ablauf des Projekts zu unterstützen.

3 Methoden der Projektplanung

Beispiel

Beispiele der Hilfsmittelplanung sind:

- Gebäude, Räume, Büroeinrichtungen etc.
- Hardware in Form von CPUs, Terminals, Drucker, sonstige Endgeräte
- Software in Form von Editoren, Software-Tools etc.
- Entwicklungs- und Testumgebungen bei Vorortentwicklungen
- Software-Werkzeuge für die Projektplanung und das Projektmanagement

3.6.6 Kostenplanung

Methodische Grundlagen

Die Aufgabe der Kostenplanung liegt in der Vorschau und Disposition der zur Erstellung geplanten notwendigen Kosten. In den Unternehmen werden in der Regel folgende Kostenpläne erstellt:

- Investitionskostenplan
- Sachkostenplan
- Personalkostenplan
- Projektteamkostenplan
- Projektmanagementkostenplan
- Projektunterstützungskostenplan
- Beratungskostenplan

Voraussetzung dafür ist das Vorhandensein der entsprechenden Teilpläne, die Kosten üblicher (Projekt-)Standards, die Istzahlen der Vergangenheit und die Ergebnisse (Projektkostenabrechnungen) verschiedener vorausgehender Projekte (vgl. Hammer 1991, S. 65; Ehrmann 1995, S. 374 f.).

Grundsätzlich gibt es zwei Ansätze der Kostenplanung (vgl Ewert u. Wagenhofer 1995, S. 595 ff.):

- statische Methoden der Kostenplanung
- analytische Methoden der Kostenplanung

Auf diese beiden Ansätze soll in diesem Zusammenhang jedoch nicht näher eingegangen werden.

Bei Projekten, die nach betriebswirtschaftlichen Kriterien zu optimieren sind, nimmt die Kostenplanung eine zentrale Rolle ein. Ausgegangen wird von der Ermittlung und Quantifizierung der kostenverursachenden Einflußfaktoren, die vorwiegend im Rahmen der Bereichsplanung ermittelt werden. Anschließend werden diese Faktoren auf Geldwerte bezogen und auf eine typische Zeitperiode umgerechnet (vgl. Aggteleky u. Bajna 1992, S. 218 f.).

Ablauf

Die Inhalte der Kostenplanung:
1. Die Kosten für das Gesamtprojekt ermitteln und festlegen
2. Die Kosten auf die einzelnen Phasen aufteilen
3. Den Phasenanteil nach Personal- und Sachkosten aufteilen
4. Die Personal- und Sachkosten ermitteln
5. Die Kosten auf die Kalenderjahre aufteilen
6. Die Gegenfinanzierung der Projektkosten sicherstellen und in Punkt 5 aufnehmen.

Regeln

Bei der Aufstellung und Überprüfung der Kostenpläne ist vor allem darauf zu achten, daß die

- Wirtschaftlichkeit,
- Vollständigkeit,
- Kontinuität,
- Einmaligkeit der Verrechnung,
- Wahrheit,
- Übersichtlichkeit,
- Praktikabilität,
- Nachvollziehbarkeit eingehalten werden und
- daß keine Kostenbewegung ohne Beleg erfolgt.

Von ganz besonderer Wichtigkeit ist bei der Kostenplaung die Berücksichtigung von Kostenbestimmungsfaktoren, insbesondere die der Beschäftigung in den Projekten. Die Reaktion der Kosten auf Beschäftigungsänderungen in den Projekten muß deutlich erkennbar sein. Deshalb sind die Kosten getrennt nach fixen und variablen Bestandteilen zu planen (vgl. Ehrmann 1995, S. 374 f.).

Einsatzmöglichkeiten, Chancen und Risiken

Die Kostenplanung sollte in allen Projekten zum Einsatz kommen, die unter betriebswirtschaftlichen Gesichtspunkten effizient ablaufen sollen.

Beispiel

In aller Regel ist eine Kostenplanung bzgl. Investitions-, Personal-, Sachmittel- und Projektmanagementkosten aufgeteilt auf die Kalenderjahre ausreichend (Tabelle 3.17)

Tabelle 3.17 Beispiel für eine Kostenplanung

Kostenarten	Planungsjahre		
	1. Jahr	2. Jahr	3. Jahr
Investitionskosten • Systemkomponente 1 • Systemkomponente 2 • Systemkomponente 3 • etc.			
Personalkosten • Phase 1: Konzeption • Phase 2: Spezifikation • etc.			
Sachkosten • Bürokosten • PkW- und Reisekosten • etc.			
Projektmanagementkosten • Projektleitungskosten • Beratungskosten • Projektmanagementunter- stützungskosten • etc.			

3.7 Teilprojektbildung und Multiprojektmanagement

3.7.1 Teilprojektbildung

Methodische Grundlagen

In Anlehnung an Litke können Teilprojekte definiert werden als „jede Aufgabe, die einen definierbaren Anfang und ein definierbares Ende besitzt, die den Einsatz mehrerer Produktionsfaktoren für jeden der einzelnen, miteinander verbundenen und wechselseitig voneinander abhängigen Teilvorgänge erfordert, die ausgeführt

3.7 Teilprojektbildung und Multiprojektmanagement

werden müssen, um das dieser Aufgabe vorgegebene Ziel zu erreichen" (Litke 1991, S. 15).

Die Vorteilhaftigkeit der möglichen Lösungen einer Problemstellung hängt vor allem vom Umfang und der Wirksamkeit der realisierbaren synergetischen Effekte ab. Die synergetischen Effekte für das Gesamtprojekt steigen mit der Anzahl und dem Gewicht der Teilprojekte, die ins Gesamtprojekt eingebunden sind. Die Teilprojektbildung, d. h. die richtige Abgrenzung des Teilprojekts, darf deshalb nicht nur aus der Sicht der Zielformulierung heraus erfolgen, sondern hat vor allem die optimale Realisierung des Gesamtprojekts im Auge zu behalten (vgl. Aggteleky; u. Bajna 1992, S. 139).

Übersteigen Vorhaben im Rahmen einer Projektvorbereitung bestimmte Grenzen, z.B. die Dauer des Vorhabens ist größer als ein Jahr und das Team umfaßt mehr als 8 Personen, so ist es ratsam zu prüfen, ob das Vorhaben aufgrund des überproportional ansteigenden Kommunikationsaufwandes des Teams und der Komplexität der Aufgabe nicht in zwei oder mehr Teile aufgeteilt werden kann.

In Mittel- und Großunternehmen sind dafür, abhängig von den unterschiedlichen Gegebenheiten, Projektgrenzen in den Projekt- und Methoden-Handbüchern definiert. Dies erfolgt meist in der in Abb. 3.18 gezeigten Form.

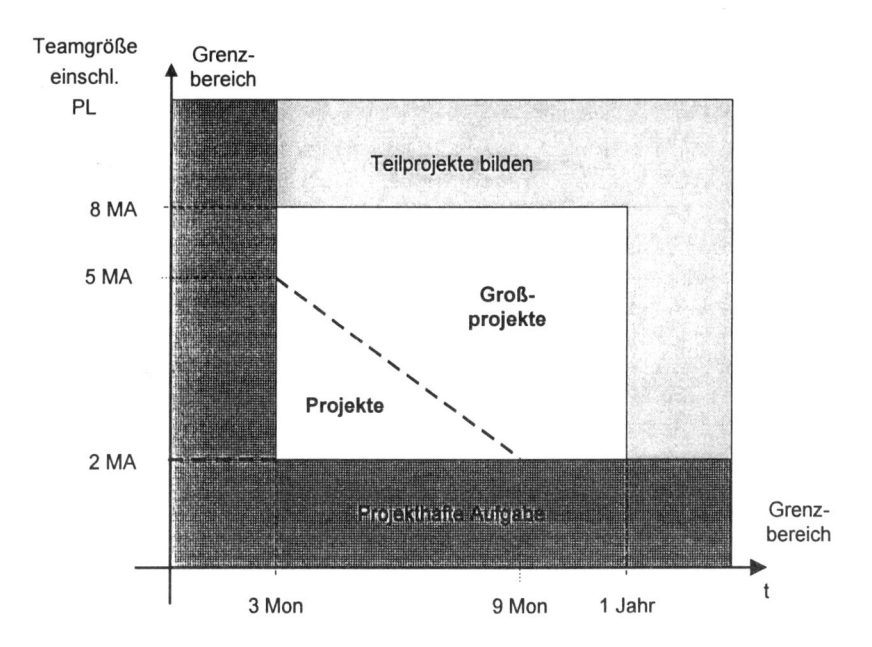

Abb. 3.18 Mögliche Definition der Projektgröße

Die praktische Konsequenz daraus ist ein Aufgaben- und Projektkatalog, der folgende Teile enthalten sollte (Abb. 3.18):

180 3 Methoden der Projektplanung

- Projekte ohne Teilprojekte,
- Projekte mit parallelen oder versetzten, sich ergänzenden Teilprojekten,
- Projekte mit hintereinander ungeordneten, sich aufbauenden Teilprojekten und
- Aufgaben für projekthaftes Arbeiten.

Ablauf

Die Teilprojektbildungen haben so zu geschehen, daß durch Ergänzungen und Abgrenzungen die gesamtheitlich vorteilhafteste Konstellation entsteht (Abb. 3.19).

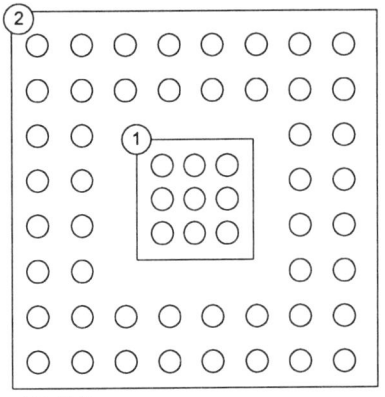

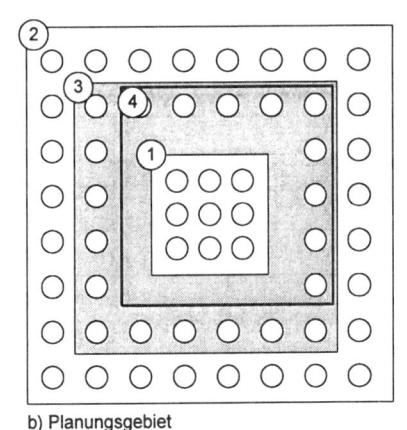

a) Zielfaktoren   b) Planungsgebiet

◯ = Zielfaktoren
① = Unbedingt geforderter Planungsbereich (Minimalforderung)
② = Erweiterter (extensiver) Planungsbereich (Maximalforderung)
③ = Grauzone der Zielvorstellungen
④ = Optimales Planungsgebiet aufgrund der Zwischenergebnisse der Planung

Abb. 3.19 Teilprojektbildung und -abgrenzung – Schematische Darstellung (vgl. Aggteleky u. Bajna 1992, S. 139).

Verschiedene einzelne Vorhaben, die jedoch miteinander funktionell, planerisch oder nur realisierungsmäßig in Verbindung stehen, also einander nahe sind und gleichzeitig realisiert werden, können meistens rationeller ausgelegt und ausgeführt werden, wenn sie zu einem Projekt bzw. Teilprojekt zusammengefaßt werden. Die erzielbaren synergetischen Effekte (funktionelle Vorteile und Einsparungen bei Investitionen und Kosten) können die Vorteilhaftigkeit der so ermöglichten Gesamtlösung wesentlich steigern (vgl. Aggteleky u. Bajna 1992, S. 140).

3.7 Teilprojektbildung und Multiprojektmanagement

Regeln

Folgende Regeln sind bei der Teilprojektbildung zu beachten:

- Die Teilprojekte sind so zu gestalten, daß durch Ergänzungen und Abgrenzungen die für das Projekt vorteilhafteste Konstellation entsteht.
- Vorhaben, die untereinander funktionell, planerisch oder nur realisierungsmäßig in Verbindung stehen, sollten ein Teilprojekt bilden.
- Es ist zu vermeiden, daß durch zu viele Teilprojekte das eigentliche Projekt unnötig aufgebläht wird.
- Die Trennung eines Projekts in Teilprojekte sollte im Interesse einer ganzheitlichen Optimierung nach der Terminplanung oder wenn möglich, erst nach der Konzeptplanung vorgenommen werden.
- Oberstes Ziel bei der Teilprojektbildung muß ein Maximum an Synergieeffekten sein.
- Es ist zu vermeiden, rentable Teilprojekte mit unwirtschaftlichen Zusatzforderungen, die in keinem kausalen Zusammenhang mit dem eigentlichen Projekt stehen oder keine Synergien dazu aufweisen, aufzublähen (vgl. Aggteleky u. Bajna 1992, S. 140).

Einsatzmöglichkeiten, Chancen und Risiken

Der Einsatz von Teilprojekten ist vor allem dann empfehlenswert, wenn es sich um Projekte mit großem bis sehr großem Umfang handelt oder wenn zu erwarten ist, daß durch die Teilprojektbildung synergetische Effekte realisierbar sind.

Vorteile:

- Erzielbare synergetische Effekte (funktionelle Vorteile und Einsparungen bei den Investitionen und Kosten).

Nachteile:

- Gefahr des Aufblähens rentabler Projekte durch Teilprojektbildung.

Beispiel

In Abb. 3.18 ist die Aufteilung in Teilprojekte schematisch dargestellt.

3.7.2
Multiprojektmanagement

Methodische Grundlagen

Zur Festlegung und Durchsetzung von Strategien im Unternehmen sollten diese an den Unternehmenszielen ausgerichtet sein. Ferner sollten sie an der derzeitigen Führungsorganisation ausgerichtet werden. Sinnvoll ist es deshalb, hierfür gesonderte (Planungs-)Gremien einzusetzen. Die Gremienorganisation trägt die strategische Gesamtverantwortung für alle damit zusammenhängende Fragen. Die Gremien beschäftigen sich mit Fragen der Strategie, der Planung von Aufgaben und Budgets sowie des Controlling in den jeweiligen Bereichen. Die mittel- und langfristigen Vorgaben werden in speziell ausgearbeiteten Plänen, unter Berücksichtigung der Wirksamkeit und unter Einbeziehung zukünftiger Erkenntnisse und technologischer Möglichkeiten, festgehalten.

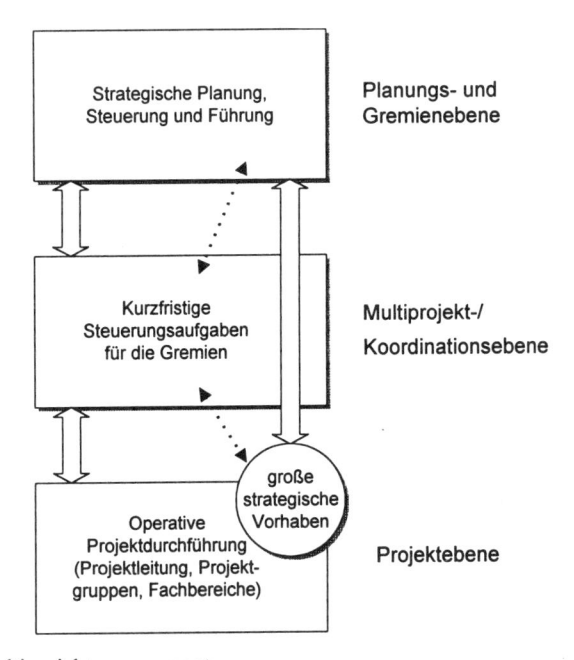

Abb. 3.20 Multiprojektmanagement

Die Gremien befassen sich in der Regel nicht mit der Steuerung von Projekten. Vielmehr werden diese Aufgaben im Rahmen der Planvorgaben durch die Fach-, Organisations- und Controllingbereiche in der Linienfunktion und in entsprechen-

3.7 Teilprojektbildung und Multiprojektmanagement

den Sitzungen der Fachbereiche wahrgenommen. Die besondere Stellung der Projekte im Projektportfolio ergibt sich aus folgenden Punkten:

1. Es handelt sich um Vorhaben oder Projekte, die von den Gremien zur Lösung übergreifender Probleme initiiert werden.
2. Es handelt sich um Projekte, die aufgrund ihrer Größe (Aufwand, Dauer, Risiko) der besonderen Aufmerksamkeit unterliegen.

Solchermaßen gekennzeichnete Vorhaben und Projekte werden in Plänen und Berichten durch das Gremium gesondert dargestellt. Daraus wird ersichtlich, daß die Gremien eine projektübergreifende Steuerungs- und Führungsfunktion und eine Art ordnungspolitische Funktion einnehmen. Dies stellt die Abb. 3.20 schematisch dar.

Dem Projektausschuß ist die Multiprojektkoordinationsebene zugeordnet. Ihr obliegen die Aufgabenstellungen:

1. Erarbeitung und Weiterentwicklung von Instrumentarien zur
   - Identifikation strategischer Projekte
   - Bewertung, Einordnung und Vergleich von Projekten hinsichtlich Komplexität und relativem Nutzenzuwachs in einem Projektportfolio
   - einheitliche Berichterstattung über den Status der wichtigsten Projekte
2. Methodische Unterstützung bei der Anwendung der Instrumentarien
   - für den Projektleiter
   - für den Projektausschuß
3. Vorbereitung der Projektausschußsitzung
   - Tagesordnung
   - Ansprechpartner für die Projektleiter

Ablauf

Im folgenden sollen die wesentlichen Schritte der Vor- und Aufbereitung von Entscheidungen, die Entscheidungspunkte (Meilensteine) und die Festlegung, in welchem Rahmen die Projekte abgewickelt und verfolgt werden, dargestellt werden.

1. Ursprung von strategischen Projekten

Strategische Projekte können zwei Ausgangspunkte haben:

1. die periodische strategische Planung des Geschäftsbereichs
2. die periodische strategische Planung des Unternehmens.

Die Beschreibung besteht aus

- Zielen und Rahmenbedingungen für das Projekt
- Projektstrukturplan
- Projektorganisation
- Projektablaufplan
- Aufwand-/Nutzenabschätzung

Die Beschreibung entsteht bereits in der Projektvorbereitung und soll mit fortschreitender Bearbeitung ergänzt und konkretisiert werden.

2. Kategorisierung von Projekten

Die entwickelten Projekte werden in einer ersten Bewertung bzw. Kategorisierung auf ihre strategische Bedeutung hin überprüft. Diese Bewertung wird - falls notwendig - im Projektausschuß behandelt und verabschiedet.

Abhängig vom Ergebnis der Bewertung werden die Projekte entweder als strategische Projekte oder als operative Projekte in den Bereichen (Centern) weiter behandelt, wobei sie in der Linienfunktion oder mit einer ausgeprägten Projektorganisation in der Verantwortung der Center durchgeführt werden können.

3. Bewertung von Projekten im Portfolio

Die Portfolio-Analyse dient zur Priorisierung der strategischen Projekte. In dieser Bewertung werden Produkt-, Bereichs- und Strukturprojekte miteinander vergleichbar gemacht, hinsichtlich ihrer „Attraktivität" bewertet und im Portfolio dargestellt.

Diese Bewertung wird von den Projektleitern durchgeführt, der Unternehmensleitung zur Entscheidung vorgelegt und im Projektausschuß abschließend unter Beachtung aller Projekte im Unternehmensportfolio diskutiert. Falls es notwendig sein sollte, kann ein Projekt auch mehrmals in seine unterschiedlichen Phasen diesem Bewertungsverfahren unterzogen werden. Abhängig von der Bewertung im Portfolio und dem terminlichen und kapazitätsmäßigen Abgleich im Projektausschuß werden von der Unternehmensleitung konkrete Projektaufträge erteilt, zurückgestellt oder zur Überarbeitung zurückgegeben.

4. Beschreibung der Projektabhängigkeit

Strategische Projekte können nach Produkten, Bereichen oder Funktionen ausgerichtet sein. Folglich gibt es drei Arten von strategischen Projekten:

- Produktprojekte (Neuprodukte, laufende Serie (fiktives Projekt)
- Bereichskoordinationsprojekte (Organisation- und EDV-Projekte)
- Funktional- (oder Struktur-)projekte (Unternehmensentwicklungs-Projekte)

Aus der genannten Zuordnung der drei Projektarten ergibt sich für das Projektpotential des Unternehmens:

- Die Summe der Potentiale aus allen Produktprojekten ist gleich
- der Summe der Potentiale aus allen Funktionsprojekten und gleich
- der Summe der Potentiale aus allen Bereichsprojekten.

5. Projektberichterstattung

Im Rahmen der Aufgabenstellung der Multiprojektmanagement-Unterstützung sind dem Projektausschuß zur Projektkoordination für die Ausschußsitzung aktuelle Informationen über die Projekte zusammenzustellen. Dies sollte in formalisierter Form erfolgen.

- Projektstatusbericht

  Neben quasi statischen Informationen wie Projektbezeichnung, Projektleiter, Projektcharakteristik und Potentialziel werden im Statusbericht die sich verändernden Informationen, wie z. B. jeweiliger Status und Handlungsbedarf, aufgeführt.

  Ziel des Statusberichts ist es, dem Projektausschuß die Abweichungen zwischen geplantem und tatsächlich erreichtem Realisierungsumfang zu signalisieren.

- Projektpotentialziele

  Zusätzlich zum Statusbericht sollten dem Projektausschuß für jedes Projekt und kumuliert für das Unternehmen der zeitliche Verlauf der abgeschätzten und mit den jeweiligen Projektleitern abgestimmten Projektziele zur Verfügung stehen.

- Projektkennzahlen

  In Form eines Übersichtsblattes sollte für jedes Projekt die wesentlichen Kennzahlen/-daten und inhaltlichen Beschreibungen zusammengefaßt werden. Sie dienen dem Projektausschuß als Einstieg in die Einzelprojektbeschreibungen.

Regeln

Die Regeln des Multiprojektmanagements sind abhängig von der Ausgestaltung der einzelnen Ablaufschritte und somit nicht allgemein definierbar.

Einsatzmöglichkeiten, Chancen und Risiken

Die Einrichtung solcher Gremien empfiehlt sich für größere Unternehmen und hier speziell für die mittel- bis langfristige strategische Planung.

Vorteile:
- Die Gremienorganisation trägt die strategische Gesamtverantwortung und alle damit zusammenhängenden Fragen.
- Wirksamkeit, Wirtschaftlichkeit und zukünftige Erkenntnisse und technologische Entwicklungen werden berücksichtigt.
- Einbindung in die Unternehmensplanungsprozesse.
- Entlastung der Führungskräfte.
- Zentrale Festlegung und Durchsetzung von Strategien.
- Es kann ein effizientes Projektmanagement im Unternehmen betrieben werden, wodurch sich die Projektlaufzeiten unter Umständen deutlich verkürzen, das Projektrisiko verringert und die Kosten gesenkt werden können.

Nachteile:
- Aufbau der Gremien ist zum Teil sehr statisch.
- Die einzelnen Sitzungen können unter Umständen wenig produktiv sein, da verschiedene Interessensfelder mit einfließen und der ein oder andere versucht, seine Anträge/Interessen durchzusetzen.

Beispiel

An dieser Stelle wird auf Abb. 3.20 verwiesen, die einen möglichen Aufbau für Multiprojektmanagement darstellt.

3.7.3 Strategisches Projektmanagement

Methodische Grundlagen

Das Strategische Projektmanagement ist auf die Gestaltung des Unternehmens und seiner Beziehung zur Umwelt ausgerichtet. Die aus dieser Grundaufgabe abzuleitenden Einzelmaßnahmen richten sich auf die Modifikation von Strategien, die Gestaltung von Projekten, die Anpassung der Organisation sowie der übrigen Subsysteme des Unternehmens. Ursachen für die Herausbildung eines Projekts sind wiederum die Veränderungen der Unternehmensumwelt.

Die Veränderungen in den Beziehungen zwischen der Unternehmung und der Unternehmensumwelt erhöhen die Anforderungen an die Anpassungs- und Innovationsfähigkeit eines Unternehmens und lenken damit die Aufmerksamkeit auf sogenannte „soft facts". Unter diesem Gesichtspunkt erlangen die Fähigkeiten des Personals, die Organisation, die Unternehmenskultur und die Information eine selbständige strategische Bedeutung. Daraus ist zu erkennen, daß bei einer strategischen Ausrichtung der Projekte nicht nur eine verbesserte Implementation von Strategien und Einzelmaßnahmen möglich ist, sondern auch die Qualität der Projektplanung erhöht werden kann (vgl. Bea u. Haas 1995, S. 7 ff.).

Der Ursprung von Strategischen Projekten kann in der periodischen strategischen Planung des Geschäftsbereichs oder in der periodischen strategischen Planung des Unternehmens liegen.

Ablauf

Eine strategische Projektanalyse kann in folgenden vier Schritte durchgeführt werden:

1. Beschreibung von strategischen Projekten
   Die Projektvorhaben müssen zunächst von den Projektleitern bzw.- initiatoren geeignet beschrieben werden. Die Beschreibung besteht aus einer vollständigen Projektvorbereitung (s. Kap. 2.2: Phase Projektvorbereitung):
   - Ziele und Bedingungen für das Projekt
   - Projektstrukturplan,
   - Projektorganisation,
   - Projektablaufplan,
   - Aufwand- und Nutzenabschätzung.

3.7 Teilprojektbildung und Multiprojektmanagement

2. Kategorisierung von Projekten
Die aus dem Unternehmen heraus entwickelten Projekte werden in einer ersten Bewertung bzw. Kategorisierung auf ihre unternehmensstrategische Bedeutung hin überprüft.

Abhängig vom Ergebnis der Bewertung werden die Projekte entweder als unternehmensstrategische Projekte oder als operative Projekte in den Bereichen behandelt.

3. Bewertung von Projekten im Portfolio
Die Portfolio-Analyse dient zur Priorisierung der strategischen Projekte.

Die Portfolio-Matrix bietet dafür eine sehr transparente und verdichtete Übersicht über die strategischen Projekte im Unternehmen. Die beiden Dimensionen der Matrix sind in der Senkrechten die Komplexität, d. h. der Schwierigkeitsgrad, und in der Waagrechten der relative Nutzenzuwachs, entsprechend dem im Bewertungsverfahren ermittelten Punktwertepaar für diese Projektkenngrößen (Abb. 3.21).

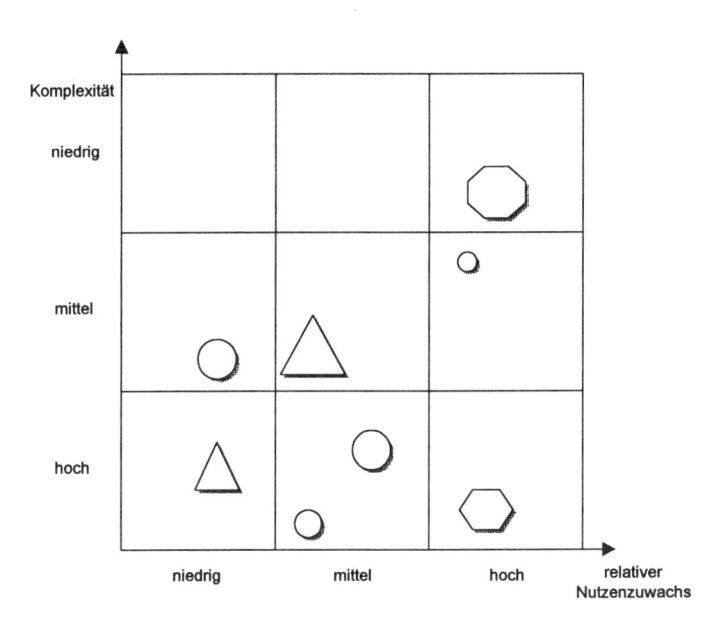

Abb. 3.21 Projekt-Portfolio (vgl. hierzu Henderson 1995, S. 286 ff.)

Die Matrix ist in beiden Achsen in drei klassifizierende Felder aufgeteilt. Dies ergibt neun Nennfelder in der Matrix. Die für das Unternehmen interessantesten Projekte haben einen hohen relativen Nutzenzuwachs und eine niedrige Komplexität. Folglich befinden sie sich im rechten oberen Feld. Projekte, die im linken unteren Feld liegen, dürfen an sich gar nicht begonnen werden oder

müssen dahingehend untersucht werden, wie sie abgebrochen werden können bzw. die Komplexität reduziert.
4. Abhängigkeitsmatrix erstellen
Auf der Grundlage der jeweiligen Projektstruktur wird die Abhängigkeitsmatrix erstellt. In dieser symmetrischen Matrix werden alle strategischen Projekte einander in aktiven und passiven Beziehungen zugeordnet. Aktive Projektarbeit heißt dabei, daß in dem betrachteten Projekt inhaltliche Aspekte in einem Teilpaket einem anderen Projekt zur Verfügung gestellt werden. Passive Projektarbeit heißt Koordinationsarbeit oder Übernahme von Methoden und Ergebnissen aus einem anderen Projekt. Die Abhängigkeitsmatrix liefert einen qualitativen Überblick darüber, wie stark das einzelne Projekt von anderen abhängig ist, d. h. auf die Übernahme von Ergebnissen und Methoden aus anderen Projekten angewiesen ist. (vgl. hierzu Aggteleky u. Bajna, S. 105ff.)

Regeln

Das Strategische Projektmanagement sollte Bestandteil des strategischen Managements eines Unternehmens sein und sollte somit, wie das strategische Management auch, in jedem Unternehmen oder Bereich, in dem mittels der Projektmethode gearbeitet wird, zum Einsatz kommen.

Einsatzmöglichkeiten, Chancen und Risiken

Vorteile:

- Reduziert die Komplexität und fördert die ganzheitliche Betrachtungsweise im Unternehmen.
- Erhöht die Leistungsfähigkeit der einzelnen Projekte und trägt zu einer schnelleren und effizienteren Projektabwicklung bei.
- Die Produktlebenszyklen können dadurch verkürzt und neue Innovationen schneller durchgesetzt werden.
- Das Strategische Projektmanagement kann zur Personalentwicklung beitragen, da Lern- und Arbeitszeiten so konzipiert werden können, daß sie enger zusammenliegen.
- Es erhöht die Flexibilität des Unternehmens.
- Liefert aufgabenangemessene Sachergebnisse in hoher Qualität.
- Integriert Projekte in den Unternehmensgesamtzusammenhang.
- Entscheidungen werden dezentral, problem- und zeitnah getroffen.
- Erhöht die Motivation bei den Projektmitarbeitern durch den stärkeren Sinnbezug.

Nachteile:

- Die Kompetenzverteilungen in den einzelnen Projekten sind zunächst noch unklar.
- Es können Machtkonflikte durch neue Weisungsstrukturen entstehen.

3.7 Teilprojektbildung und Multiprojektmanagement

- Es besteht die Gefahr der Verselbständigung des Projektmanagements im Unternehmen (vgl. Mees et al. 1993, S. 22 ff.)

Beispiel

Die Mindestanforderung an ein Projekt für eine erste strategische Bewertung ist die Projekt-Kurzbeschreibung (Tabelle 3.18)

Tabelle 3.18 Projektkurzbeschreibung

Projekttitel: Qualitätsförderung	
Projektziel: • Qualität sichern, Kosten senken • Fehler vermeiden statt Fehler prüfen	
Grund/Notwendigkeit: • Überlappen der Prüftätigkeiten beim Prüfwesen (statistische Kontrolle, Endprüfung) und Produktion (betriebliche Selbstprüfung) ⇒ Mehrfachprüfungen am gleichen Teil	**Problemfelder:** • sehr hoher Prüfaufwand, um die Qualität zu erprüfen • Grenzen des Erprüfbaren sind nahezu erreicht • Reibungsverluste zwischen Produktion und Prüfwesen • Durch operative Tätigkeiten zu wenig Kapazitäten für Aufgaben wie Fehlerursachen ermitteln, abstellen, Maßnahmen zur Fehlervermeidung entwickeln.
Teilziele: • Stärken der Eigenverantwortlichkeit in der Produktion • Entlastung des Prüfwesens von operativen Aufgaben und stärken der Methodenarbeit	**Bedingungen/Restriktionen:** • Anteil ungelernter Arbeiter von ...% in der Produktion • unterschiedliche Arbeitswerte im Prüfwesen und Produktion • Anteil Frauenarbeitsplätze und leistungsgewandelte Mitarbeiter
Schnittstellen zu anderen Projekten: • Projekt Personalentwicklung • Projekt Arbeitsorganisation	**Risiken:** • Überforderung der Mitarbeiter • Akzeptanzschwierigkeiten der neuen Qualitätsphilosophie ⇒ Qualitätsverbesserung/-einbruch

3.8 Projektorganisation

Mit der Projektorganisation ist die Aufbauorganisation des Projektmanagements sowie die Verteilung von Aufgaben, Kompetenzen und Verantwortung für alle Projektbeteiligten zu einem bedeutenden Element geworden.

3.8.1 Organisationsmodell

Methodische Grundlagen

In einem Projekt ist meist eine intensive fachübergreifende Zusammenarbeit in neuartigen Aufgaben notwendig. Daraus ergeben sich Konflikte sowohl im sachlichem Bereich als auch im Führungsbereich. Um derartigen Problemen aus dem Weg zu gehen, bietet sich die Schaffung einer speziellen Organisation für Projekte an, die sogenannte Projektorganisation.

Unter einer Projektorganisation wird die mit der Durchführung eines Projekts beauftragte Organisation und ihre Eingliederung in die bestehende Firmenorganisation verstanden. Mit dieser Organisation wird der Ordnungsrahmen geschaffen, der

- das zielgerichtete Zusammenwirken der am Projekt Beteiligten (Projektleitung, Projektmitarbeiter, Kernteam, erweitertes Projektteam, etc.) und
- den reibungslosen Ablauf des Projekts sicherstellen soll.

Zur Sicherung des Zusammenwirkens zwischen dem Projekt und der Unternehmensorganisation (Linienorganisation) müssen die Zuständigkeiten, Verantwortungen und Kompetenzen festgelegt werden. Bei der Gestaltung der Projektorganisation muß sowohl das Prinzip der Stabilität als auch das der Flexibilität in ausreichender Form beachtet werden. Dabei bedeutet Stabilität, daß so viele Projektaktivitäten wie möglich im Rahmen festgelegter Regelungen und Einrichtungen abgewickelt werden. Dadurch wird das Vorgehen in einem Projekt vereinheitlicht, transparent, besser kontrollierbar und effizienter. Flexibilität bedeutet in diesem Zusammenhang, daß es der Projektorganisation möglich sein muß, sich an schnell verändernde Anforderungen anzupassen (vgl. Litke 1991, S. 43 f.).

Die Planung der Projektorganisation, die vom Informationsmanagement projektübergreifend erfolgt, legt alle struktur- und ablauforganisatorischen Gesichtspunkte des Projektmanagements fest. Dazu gehören insbesondere (vgl. Heinrich 1992, S. 162 f.):

- die Form der Projektorganisation,
- die Beteiligung der vom Projekt Betroffenen und
- die Aufbauorganisation innerhalb der Projektgruppe.

3.8 Projektorganisation

Ablauf

Es gibt folgende Formen der Projektorganisation:

1. Einfluß-Projektorganisation

Charakteristiken für das Einfluß-Projektmanagement sind (Abb. 3.22):

- Die Projektmitarbeiter bleiben voll – funktionell und personell – den Linienvorgesetzten unterstellt. Der Projektleiter hat kein Weisungsrecht.
- Der Projektleiter übt beratende und berichtende Funktion aus.
- Der Projektleiter ist verantwortlich für den Informationsstand des Entscheiders sowie die Qualität der Entscheidungsvorlage.
- Der Projektleiter hat eine Stabsstelle.

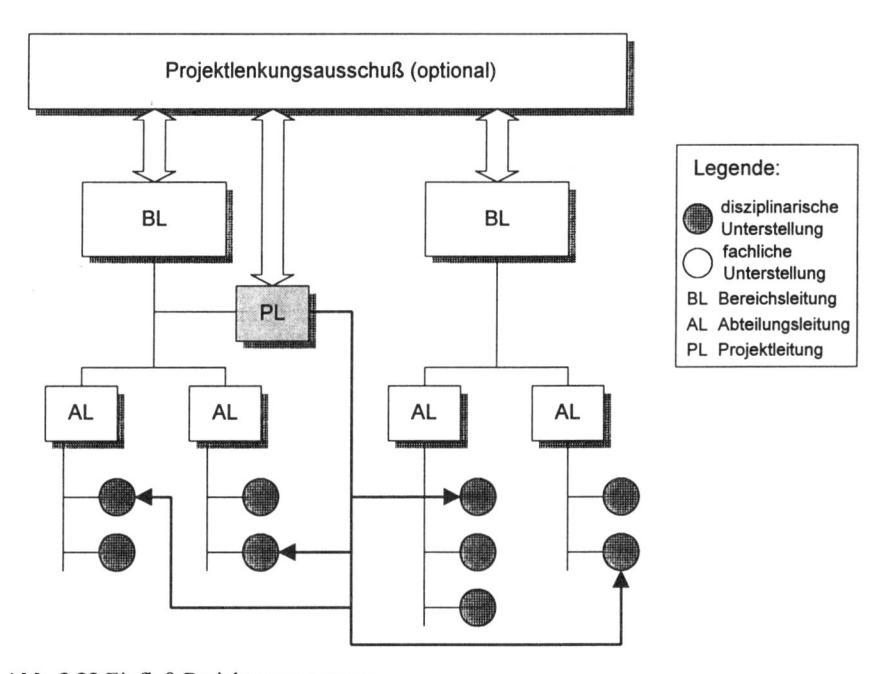

Abb. 3.22 Einfluß-Projektmanagement

2. Reines Projektmanagement

Charakteristiken für das Reine Projektmanagement sind (Abb. 3.23):

- Mitarbeiter aus unterschiedlichen Abteilungen sind temporär für die Dauer des Projekts fachlich und personell dem Projektleiter unterstellt.
- Der Projektleiter hat in der Regel die Verfügungsgewalt über alle Projektressourcen (Sach-, Termin- und Kostenziele) und trägt dafür die Verantwortung.
- Das Projekt ist eine selbständige Einheit.

192 3 Methoden der Projektplanung

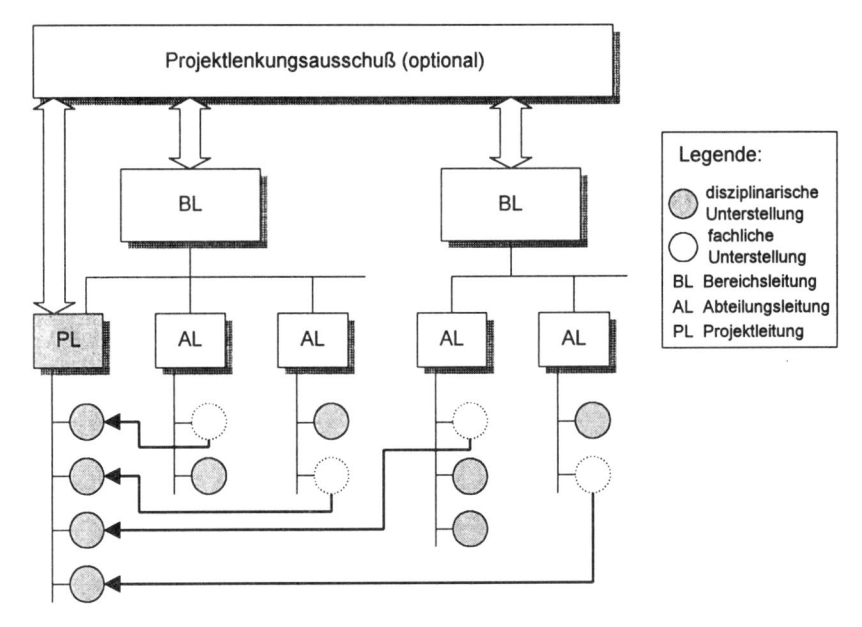

Abb. 3.23 Reines Projektmanagement

3. Matrix-Projektorganisation

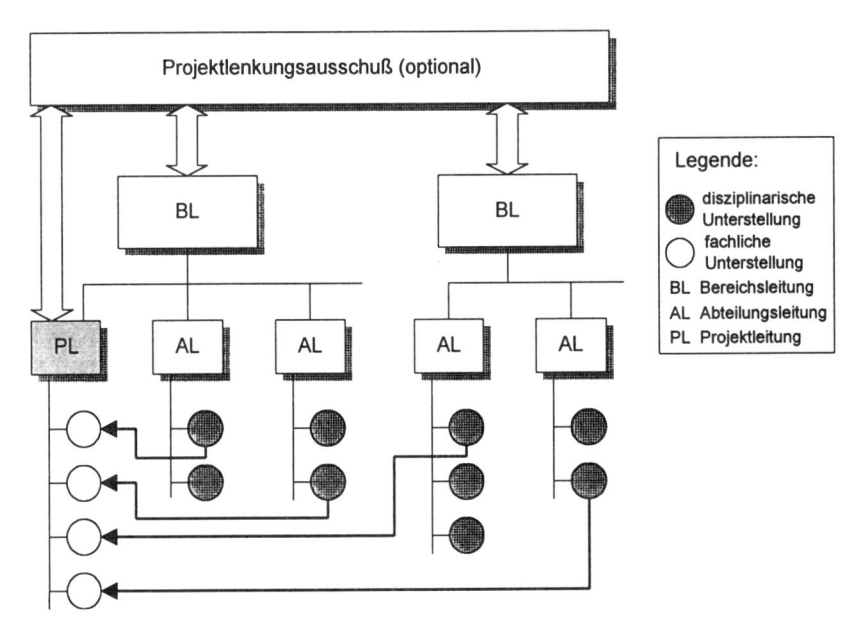

Abb. 3.24 Matrix-Projektorganisation

Charakteristiken für das Matrix-Projektmanagement sind (Abb. 3.24):
- Die Mitarbeiter werden von der Linie in das Projekt delegiert und dem Projektleiter fachlich unterstellt. Personell bleiben sie beim Linienvorgesetzten.
- Der Projektleiter ist verantwortlich für Termine und Kosten. Die Projektmitglieder sind für die Sachinhalte verantwortlich.

Der Projektleiter ist in der Linie integriert (vgl. Heinrich 1992, S. 162 ff.).

Regeln

Die Planung der Projektorganisation umfaßt vornehmlich folgende Aufgaben:
- Projektauslösung
- Die Auslösung eines organisatorischen Projekts sollte nicht zufällig erfolgen. Vielmehr sollte sie wohl begründet sein.
- Projektgruppe
- Projekte werden häufig von einer Gruppe von Mitarbeitern gemeinsam bearbeitet. Gruppenart, Zahl und Art der Mitarbeiter und der Projektleiter sind für die Projektgruppe wesentliche Merkmale.
- Projektplanung
- In die Planung eines Projekts müssen mehrere Komponenten einfließen: Aktivitäten, Termine, Kapazitäten, Personal, Hilfsmittel und Kosten
- Projektentscheidung
- Die Aufnahme des Projekts setzt entsprechende Entscheidungen voraus.
- Projektsteuerung und -kontrolle

Zur wirksamen Durchführung eines Projekts ist es erforderlich, das Projekt zu steuern. Diese Steuerung setzt eine Projektplanung und Projektkontrolle bzw. Projektüberwachung voraus.

Einsatzmöglichkeiten, Chancen und Risiken

1. **Einfluß-Projektorganisation**

Einsatzmöglichkeiten bei
- kleineren und mittleren Projekten
- teamorientierte Führungsstrukturen

Vorteile:
- Flexibler Personaleinsatz, da das Personal ohne größere organisatorische Schwierigkeiten gleichzeitig in verschiedenen Projekten mitarbeiten kann.
- Organisatorische Umstellungen sind nicht erforderlich.

Nachteile:
- Es fühlt sich niemand für das Projekt voll verantwortlich.
- Die Reaktionsgeschwindigkeit bei Projektabweichungen ist gering.

- Das Bedürfnis der Mitarbeiter der Projektgruppe gegenüber, Schwierigkeiten über die Abteilungsgrenzen hinweg gemeinsam zu überwinden, sind gering.

2. Reines Projektmanagement

Einsatzmöglichkeiten bei

- Projekten mit hohem Risiko
- Full-time-Projekte

Vorteile:

- Der einheitliche Wille durch die Linienautorität des Projektleiters.
- Die schnelle Reaktionsfähigkeit bei Projektabweichungen.
- Die Identifikation der Mitarbeiter gegenüber der Projektgruppe mit den Projektzielen.

Nachteile:

- Wiedereingliederung der Mitarbeiter nach Ablauf des Projekts in die Linie.

3. Matrix-Projektorganisation

Einsatzmöglichkeiten bei

- einer hohen Anzahl von laufenden Projekten
- stark abteilungsübergreifenden Projekten

Vorteile:

- Der Projektleiter und sein Stab fühlen sich für das Projekt voll verantwortlich.
- Es ist ein flexibler Personaleinsatz möglich.
- Spezialwissen und besondere Erfahrungen können gezielt eingesetzt werden.

Nachteile:

- Es kann an den Schnittstellen zwischen den projektbezogenen und den funktionsbezogenen Weisungssystemen zu Weisungskonflikten kommen (vgl. Heinrich 1992, S. 162 ff.).

Beispiel

Die grundsätzlichen Kriterien für die Wahl einer bestimmten Projektorganisation sind in Tabelle 3.19 aufgeführt. In der Praxis wird meist eine Mischung von zwei Organisationsformen gewählt. Häufig werden für die Definition einer Projektorganisation nicht nur die Projektanforderungen herangezogen, sondern auch die Anforderungen der Linienorganisation sowie die Betrachtung des Schnittstellenmanagements.

Tabelle 3.19 Kriterien zum Einsatz einer bestimmten Projektorganisation (vgl. Heinrich 1992, S. 166)

Kriterien	Einfluß-Projektorganisation	Matrix-Projektorganisation	Reine Projektorganisation
Bedeutung für das Unternehmen	gering	groß	sehr groß
Umfang des Projekts	gering	groß	sehr groß
Unsicherheit der Zielerreichung	gering	groß	sehr groß
Technologie	standard	kompliziert	neu
Zeitdruck	gering	mittel	hoch
Projektdauer	kurz	mittel	lang
Komplexität	gering	mittel	hoch
Bedürfnis nach zentraler Steuerung	mittel	groß	sehr groß
Mitarbeitereinsatz	nebenamtlich (Stab)	Teilzeit (variabel)	hauptamtlich
Projektleiterpersönlichkeit	wenig relevant	qualifizierter Projektleiter	sehr fähiger Projektleiter

3.8.2 Kompetenzmatrix

Methodische Grundlagen

Für die eindeutige Zuordnung von Aktivitäten zu den Aufgabenträgern der Projektorganisation und deren Handlungsrahmen kann die Kompetenzmatrix eingesetzt werden. In der Kompetenzmatrix ist eindeutig festgehalten

- Wer für die Ausführung (A) bestimmter Aktivitäten zuständig ist
- Wer endgültige Entscheidungen (E) trifft und die Abnahme vornimmt
- Wer Teilentscheidungen (e) treffen darf

etc.

Der Rahmen für eine Kompetenzmatrix ist in Tabelle 3.19 dargestellt Die verwendeten Kompetenzen (Legende) richten sich nach den Anforderungen und der Gestaltung der Projektorganisation.

Ablauf

Hier sind für alle Aktivitäten die entsprechenden Aufgabenträger (z. B. MA 1, MA 2, ...) zu benennen. Weiter ist jedem Aufgabenträger ein Handlungsrahmen (z. B. A für Ausführung, E für endgültige Entscheidung, e für Teilentscheidung, F für Auftragsfortschritt etc.) zu definieren (Tabelle 3.20).

Tabelle 3.20 Kompetenzmatrix

Aktivitäten	Projektorganisationsmitglieder					
	PL	PTM 1	PMT 2	...	PAG	PA
Aktivität 1						
Aktivität 2						
...						
...						

Legende: PL = Projektleiter, PTM 1 = Projektteammitglied 1, PAG = Projektauftraggeber, PA = Projektausschuß, A = Ausführung, E = endgültige Entscheidung, Abnahme, e = Teilentscheidung, F = Auftragsfortschritt, L = Anleitung und Auftragsfortschritt, B = muß beteiligt sein, I = muß informiert werden, V = verfügbar, um mitzuarbeiten.

Regeln

Bei der Erstellung einer Kompetenzmatrix sind zu beachten:

- Klare und eindeutige Formulierung der einzelnen Aktivitäten
- Saubere Abgrenzung der einzelnen Aktivitäten zueinander
- Die einzelnen Aktivitäten entsprechend den Kenntnissen und Fertigkeiten den Aufgabenträgern zuordnen
- Definition der Kompetenzen (siehe Tabelle 3.19) jedes Aufgabenträgers

Einsatzmöglichkeiten, Chancen und Risiken

Der Einsatz einer Kompetenzmatrix sollte zu Beginn eines jeden Projekts in der Phase der Projektdefinition erfolgen, unabhängig davon, ob es sich dabei um die Projektdefinition des Gesamtprojekts oder um die Projektdefinition einzelner Teilprojekte handelt (Abb. 3.25).

Die *Vorteile* der Kompetenzmatrix liegen in Festlegung eines Handlungsrahmens für jeden Aufgabenträger sowie in der Festlegung der einzelnen Aufgaben innerhalb dieses Handlungsrahmens.

3.8 Projektorganisation

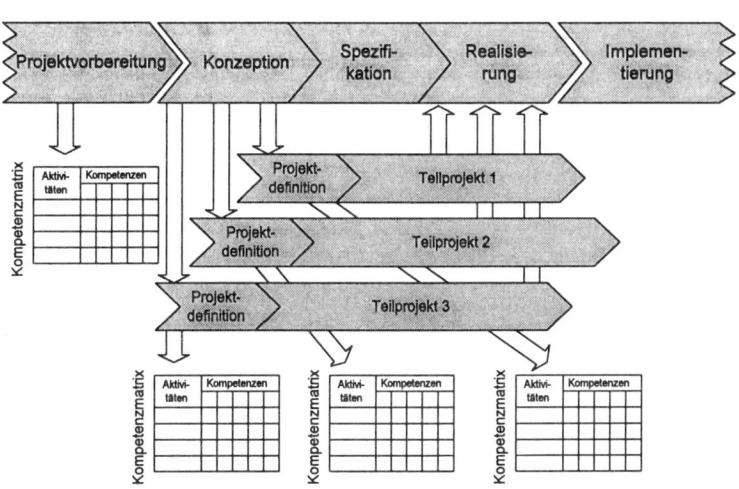

Abb. 3.25 Einsatz von Kompetenzmatrix in mehreren Teilprojekten

Beispiel

Ein Auszug aus einer Kompetenzmatrix zeigt die Tabelle 3.21.

Tabelle 3.21 Beispiel für eine Kompetenzmatrix

Haupt-prozeß	Teilprozeß	Funktionen	Abteil-ungs-leiter	OE 2 Sekre-tariat	OE 3 Budget-Cont.	OE 4 Projekt-leiter
Führung	Strat. Post-ionierung	1. Umsatzstrategie	E			B
		2. Arbeitsumfeld gestalten	B		V	E
		3. Aufgaben, Kompetenzen u. Verantwortung der Mitarbeiter definieren	E	A	I	E
		4. PR-Strategie entwickeln und umsetzen	E	A		B

Legende: A = Ausführung, E = endgültige Entscheidung, Abnahme, e = Teilentscheidung, F = Auftragsfortschritt, L = Anleitung und Auftragsfortschritt, B = muß beteiligt sein, I = muß informiert werden, V = verfügbar, um mitzuarbeiten.

3.9 Projektdokumentation und Berichtswesen

3.9.1 Projektordner/-akte

Methodische Grundlagen

Für die Information der Auftraggeber, des Projektbeauftragten und der sonstigen Betroffenen ist ein Informationsverfahren bzw. Informationsmanagement erforderlich. Die Grundlage des Informationsverfahrens bildet der Verteiler der Unterlagen. Im Verteiler wird von Beginn an festgelegt, welche der Planungsunterlagen welcher Stelle zur Kenntnisnahme oder zur Genehmigung vorzulegen sind.

Die zweite Säule ist die zentrale Projektdokumentation, die vom Projektsekretariat betreut wird. Es handelt sich dabei um eine offene, für alle Mitarbeiter zugängliche Ablage, in der alle projektbezogenen Dokumente enthalten sind - die Projektakte. Sie wird von den jeweils zuständigen Sachbearbeitern à-jour gehalten. Die so abgelegten Orginale dienen dabei nur zur Ansicht und dürfen nicht entnommen werden. Als Arbeitsexemplare sind grundsätzlich Kopien anzufertigen.

Diese offene zentrale Projektdokumentation dient zugleich der laufenden Koordinierung und Kontrolle.

Der Projektleiter sollte zusätzlich monatlich einen Bericht über den Stand der Arbeiten für den Auftraggeber erstellen (vgl. Aggteleky u. Bajna 1992, S. 242).

Schon in den frühen Projektphasen muß man sich Klarheit darüber verschaffen, welche Dokumente für die Projektabwicklung erforderlich sind und welche Bedeutung diese Dokumente für das Projekt haben. Außerdem ist festzulegen, wer für die Erstellung der jeweiligen Dokumente zuständig ist und wie das Freigabeverfahren funktionieren soll. Eine gründliche Planung dieser Vorgänge verhindert, daß wichtige Maßnahmen dem Zufall überlassen bleiben (vgl. Madauss 1991, S. 301).

Ablauf

1. Identifikation und Klassifikation der Projektdokumente
Eine erste wichtige Maßnahme zur Identifikation und Klassifikation der Projektdokumente in der Projektakte ist die Festlegung der verschiedenen Dokumentenarten. Damit wird eine grundsätzliche Übersicht über die Verschiedenartigkeit der Projektdokumente geschaffen. Typische Dokumentenarten sind beispielsweise

Anforderungen, Vorschriften, Spezifikationen, Pläne, Prozeduren, Berichte, Abnahmedokumente, Handbücher, Vertragsunterlagen, Zeichnungen, Listen etc.

Diese Dokumentenarten lassen sich weiter nach ihrem speziellen Verwendungszweck untergliedern. Dies kann beispielsweise folgendermaßen aussehen (vgl. Madauss 1991, S. 301 f.):

1. Spezifikation
   - Systemspezifikation
   - Entwurfsspezifikation
   - Fertigungsspezifikation
   - Test- und Abnahmespezifikation
   - Nahtstellenspezifikation
   - ...

2. Pläne
   - Projektplan
   - Controllingplan
   - Finanzplan
   - Entwicklungsplan
   - ...

In der Praxis hat sich die graphische Darstellung der Dokumentenarten bewährt, da sie den Projektmitarbeitern einen besseren Überblick verschafft (Abb. 3.26).

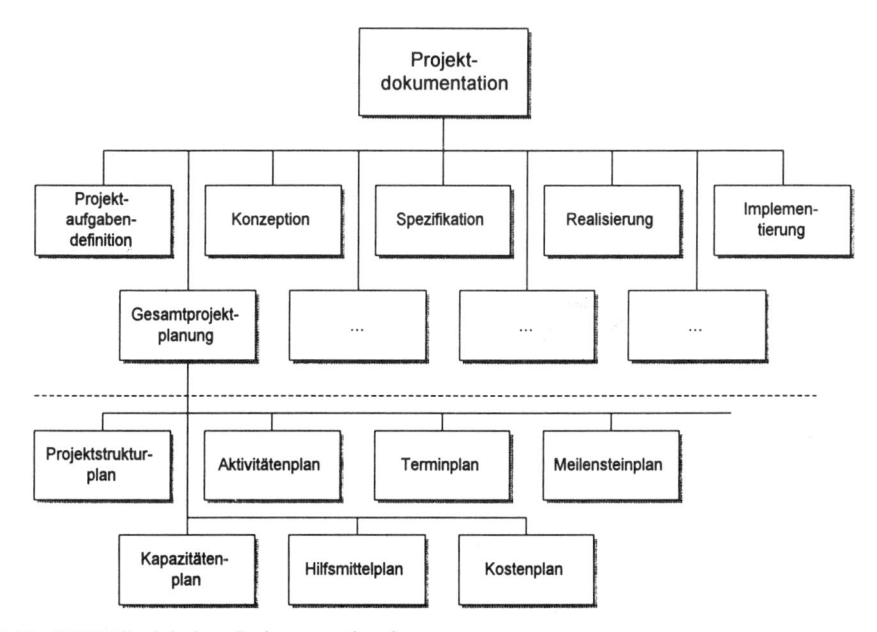

Abb. 3.26 Beispiel eines Dokumentationsbaums

2. Festlegung von Dokumentationsanforderungen

Die Festlegung der Dokumentationsanforderungen baut auf der Artenbestimmung aus Schritt 1 auf und ist in enger Zusammenarbeit mit dem Entwicklungsmanagement vorzunehmen. Für jedes im Projektstrukturplan (PSP) definierte Projektelement ist die erforderliche Projektdokumentation zu bestimmen. In Zusammenarbeit mit dem jeweiligen Verantwortlichen ist also für ein PSP-Element oder ein Arbeitspaket festzulegen, welche Spezifikationen, Pläne, Zeichnungen etc. für seine Arbeit erforderlich sind.

Sind an dem Projekt außerdem mehrere Abteilungen oder Firmen beteiligt, so ist die Präzisierung der Dokumentationsanforderungen (Data Requirements) von besonderer Bedeutung.

Ein in der englischsprachigen Literatur als Data Requirement List (DRL) bekannt gewordenes praktisches Instrument zur Dokumentationserfassung ist die Dokumentations-Anforderungsliste. Sie sollte folgende Informationen enthalten (vgl. Madauss 1991, S. 303):

1. Dokumentationsbezeichnung (Titel)
2. Dokumentationsnummer
3. Ersteller des Dokuments (Firma/Abteilung)
4. Geplantes Ausgabedatum (gegebenenfallsMeilenstein)
5. Geplanter Verteiler

In Ergänzung zu der Dokumentations-Anforderungsliste ist die Dokumentations-Anforderungsbeschreibung zu sehen. Sie wird in der englischsprachigen Literatur als Data Requirements Description (DRD) bezeichnet.

Die Erstellung von Dokumentations-Anforderungsbeschreibungen ist für die Projektleitung von außerordentlicher Bedeutung. Durch sie wird sichergestellt, daß der Dokumentationsinhalt dem entspricht, worauf es der Projektleitung ankommt.

Die Dokumentations-Anforderungsbeschreibung sollte mindestens folgende Informationen liefern (vgl. Madauss 1991, S. 304):

1. Zweck des Dokuments
2. Verantwortliche Organisation
3. Bezugnahme zu anderen Plänen
4. Referenzen, wie z.B. Handbücher
5. Erstellungsinstruktionen

3. Dokumentations-Nummernsystem

Eine effiziente Dokumentationskontrolle setzt ein wirkungsvolles Dokumentations-Nummernsystem voraus. Es sollte mindestens drei Bedingungen erfüllen:

1. Schaffung eines Ordungssystems
2. Einmalige Identifikation eines Dokuments
3. Identifikation des Dokumentationsstatus

Die Schaffung eines Ordungssystems ist für die Festlegung von Suchkriterien der Projektdokumente besonders wichtig.

Die in der Praxis am häufigsten verwendeten Sortierkriterien lassen sich wie folgt zusammenfassen:

- Dokumentationsart
- Dokumentationsersteller
- PSP-Zuordnung

Die PSP-Zuordnung setzt nicht voraus, daß die volle Länge des PSP in die Dokumentationsnummer übernommen wird. Vielmehr sollte sich die PSP-Zuordnung nur auf die unbedingt notwendigen Ebenen des PSP beziehen. Meist reichen drei bis vier PSP-Ebenen für die Zuordnung aus.

Am Ende des Dokumentations-Nummernsystems ist der jeweilige Dokumentationsstatus anzuzeigen. In der Regel handelt es sich dabei um einen zweistelligen Code. Die erste Stelle gibt Auskunft über die Ausgabe, die zweite Stelle bezeichnet den Änderungszustand innerhalb einer Ausgabe.

Abschließend sei noch darauf verwiesen, daß das Dokumentations-Nummernsystem eines Projekts die bereits in der Firma vorhandenen Nummersysteme oder andere Normungen nicht völlig außer acht lassen sollte. Vielmehr ist eine Anpassung oder Fusion der Nummernsysteme Projekt/Firma erforderlich.

4. Dokumentationsfreigabe und -verteilung

Jedes offizielle und in der Projektakte geführte Dokument muß durch die Projektleitung vor seiner Verteilung freigegeben werden.

Die Bedeutung der einzelnen Dokumente ist im Dokumentationsbaum ihrer Hierarchie entsprechend festzulegen. Der Freigabemodus sollte sinnvollerweise an die Dokumentationshierarchie angepaßt werden. D.h. man trifft Regelungen, nach denen festgelegt wird, welche Dokumentationsgruppe durch die Projektleitung und welche Dokumente durch nachgeschaltete Organisationseinheiten freigegeben werden. Dabei gilt folgender Grundsatz: Ruft die Einfügung einer Änderung eines untergeordneten Dokuments keine Änderungen eines übergeordneten Dokuments hervor, so ist die zuständige Organisationseinheit zur Freigabe des Dokuments befugt. Ergeben sich durch den Vorgang jedoch Änderungen eines übergeordneten Dokuments, so ist die übergeordnete Organisationseinheit einzuschalten.

Viele Dokumente müssen vor der Freigabe von mehreren Stellen geprüft werden. Der Prüfungs- und Freigabemodus ist für die einzelnen Dokumente detailliert und eindeutig festzulegen.

Neben den offiziellen Dokumenten gibt es meist noch eine Anzahl inoffizieller Projektdokumente, die nur Informationscharakter haben. Die Erstellung dieser nicht vorgeplanten Dokumente stellt eine sinnvolle Ergänzung dar. Sie haben den Sinn, bestimmte Vorgänge zu dokumentieren und sollten deshalb unbedingt durch das Dokumentations-Nummersystem erfaßt werden. Inoffizielle Dokumente bedürfen jedoch nicht der Freigabe und der Statuskontrolle.

Die Dokumentenabteilung des Projekts ist für die Festlegung des Verteilungsschlüssels, der in Abstimmung mit der Projektleitung erfolgen muß, zuständig. In der Praxis hat sich neben der individuellen Verteilung die Festlegung von Standard-Verteilerlisten bewährt. Zusätzlich sollte die Dokumentenabteilung die Verteilung von Dokumenten überwachen, so daß es jederzeit möglich ist, festzustellen wer welches Dokument erhalten hat (vgl. Madauss 1991, S. 306 f.).

5. Überwachung des Dokumentenstatus

Die Dokumentenabteilung sollte möglichst streng darüber wachen, daß nur die jeweils gültigen Dokumente im Umlauf sind.

Die Änderung eines bereits freigegebenen Dokuments sollte nur über einen Änderungsantrag vollzogen werden. Jede vorgenommene Änderung sollte über den Änderungsindex identifizierbar sein. Ist die Änderung einfacher Natur, so wird dies in der Änderungsmitteilung mitgeteilt. Bei Änderungen größeren Umfangs empfiehlt sich die Verteilung von Austauschblättern. In Fällen, wo Änderungen fast das ganze Dokument betreffen, kann die Neuausgabe des Dokuments angebracht sein.

In regelmäßigen Abständen sollte die Dokumentenabteilung die Dokumentations-Statusliste veröffentlichen, aus der der gerade gültige Dokumentations-Status für alle Projektmitarbeiter ersichtlich wird. Bei der Statusermittlung ist nach folgenden Situationen, in denen sich das Dokument gerade befindet, zu unterscheiden (vgl. Madauss 1991, S. 307 f.):

1. Vorhanden und im Gebrauch
2. In Vorbereitung
3. Wird gerade geprüft
4. Wird gerade geändert

Regeln

Was muß und was soll in die Projektakte (vgl. Schlick 1996, S. 251)?

Muß:

1. Projektauftrag und Projektziel
2. Projektleiter und Projektmitglieder
3. Projektanfang und Projektende
4. Anzahl und Dauer der Zusammenkünfte
5. Zwischenergebnisse, Endergebnisse

Soll:

1. Ergebnisbegründung (Pro und Contra der Lösung)
2. Welche Alternativen wurden untersucht? (Gründe warum verworfen?)
3. Welche Widerstände/Schwierigkeiten mußten wie überwunden werden? (Gründe des Gelingens)
4. Welche Vorschläge/Folgerungen ergeben sich über das Projekt hinaus?

Kann:

1. Bewertung alternativer Lösungen (qualitativ/quantitativ)
2. Aufwand-/Ergebnis-Betrachtung (Effizienz und Effektivität bei diesem Projekt)
3. Leistungsbeitrag der Team-Mitglieder

Einsatzmöglichkeiten, Chancen und Risiken

Grundsätzlich sollte bei jedem Projektbeginn eine Projektakte angelegt und über die Dauer des Projekts gepflegt werden. Als besonders nützlich hat sich die Projektakte bei Forschungs- und Entwicklungsprojekten erwiesen.

Vorteile:
- Der modulare Aufbau der Projektakte und der darin abgelegten Dokumente erleichtern die Einfügung von Änderungen.
- Durch die Nummerierung der Dokumente in der Projektakte wird sichergestellt, daß mehrfach erschienene Dokumente mit dem gleichen Ordungssystem klar und eindeutig voneinander zu unterscheiden sind.
- Der Dokumentationsstatus kann leicht überwacht werden.
- Standardisieren und Rationalisieren der Projektberichte wird ermöglicht.

Nachteile:
- Bei großen Gemeinschaftsprojekten läßt es sich aufgrund der verschiedenen firmeninternen Nummernsystemen oft nicht vermeiden, daß Projektdokumente einerseits eine einheitliche projektspezifische und gleichzeitig die firmeninterne Dokumentennummer erhalten (vgl. Madauss 1991, S. 306).

Beispiel

Auf ein Beispiel wird an dieser Stelle aufgrund der detaillierten Ausführungen im Ablauf und in den Regeln verzichtet.

3.9.2 Berichtswesen/Projektstatusbericht

Methodische Grundlagen

Berichte enthalten nach bestimmten Aspekten gesammelte und geordnete Daten. In der Praxis wird der Begriff Bericht nicht einheitlich verwendet. Allgemein wird unter Berichtswesen die Erstellung und Weiterleitung von Unterlagen an das Management zum Zweck der Planung und Kontrolle verstanden (vgl. Ehrmann 1995, S. 46 f.).

3 Methoden der Projektplanung

Berichte können nach unterschiedlichen Kriterien eingeteilt werden. Mögliche Kriterien können beispielsweise sein:
- Sachgebiete (Material, Produktion, Absatz, Personal, Projekte, etc.)
- Berichtszeitpunkt (regelmäßig, sporadisch)
- Funktion (Dokumentation etc.)
- Grad der Verdichtung (Kennzahlen etc.)
- Art der Darstellung (Dokumentation, Präsentation, etc.)
- Empfänger (Auftraggeber, Projekt-Controlling etc.)

etc.

Ablauf

Eine für den Zweck der Planung besonders gut geeignete Einteilung der Berichte ist die nach ihrer Eignung für die Planung und Kontrolle. Danach unterscheidet man:

1. Standardberichte:
- Detaillierte Darstellungen
- Antworten auf Fragen, die sich aus einem klar definierten Informationsbedarf ergeben
- Festgelegte Form und festgelegter Zeitpunkt der Berichterstattung

2. Abweichungsberichte:
- Bei Über- oder Unterschreitung bestimmter Vorgaben oder Sollwerte
- Benötigt bei Einzelfallentscheidungen

3. Bedarfsberichte:
- Ergänzung von Standard- oder Abweichungsberichten
- Benötigt bei zusätzlichem Informationsbedarf (vgl. Ehrmann 1995, S. 47).

Regeln

Regeln für ein Berichtswesen sind von den Unternehemens- oder Verwaltungsanforderungen sowie der Projektorganisation abhängig.

Einsatzmöglichkeiten, Chancen und Risiken

Einsatzmöglichkeiten ergeben sich bei der Projektarbeit zur Planung und Überwachung des Projektfortschritts.

Die *Vorteile* eines detaillierten Berichtswesens ergeben sich aus
- einer übersichtlichen und klaren Darstellungen des derzeitigen Projektstands
- den Kontrollmöglichkeiten für den Vergleich des Ist-Soll-Zustands
- der Vorbereitung für das weitere Vorgehen.

3.9 Projektdokumentation und Berichtswesen

Nachteile können sich ergeben, wenn

- die Berichte unvollständig und/oder nicht den Tatsachen entsprechen
- die Berichte nicht fristgerecht erstellt und vorgelegt werden.

Beispiel

Die nachfolgenden Beispiele – Mitteilung (Tabelle 3.22), Besprechungsprotokoll (Tabelle 3.23) und Statusbericht (Tabelle 3.24) – zeigen eine mögliche Ausführungsform für ein systematisiertes Berichtswesen.

Tabelle 3.22 Beispiel für ein standardisiertes Mitteilungsschreiben

Mitteilung

von:	…
an:	…
Datum:	…
Betr.:	…

Tabelle 3.23 Beispiel für ein standardisiertes Besprechungsprotokoll

Besprechungsprotokoll

Gesprächsteilnehmer:	…
Besprechungsdatum:	…
Erstellt von:	…
Thema:	…

lfd. Nr.	Stichwort	Text	zuständig Termine	Stat.
1	Pünktlichkeit	Die Pünktlichkeit aller Teilnehmer wurde angemahnt	alle	K
2	…	…		
3	…	…		

Legende: K = zur Kenntnis, B = Beschluß, A = Aktion

Tabelle 3.24 Beispiel für einen standardisierten Statusbericht

Statusbericht

Projekt:	...
Monat:	...
Verantwortliche Projektleiter:	...
Verantwortliche Fachbereiche:	...
Mitarbeiter:	...
Erstellungsdatum:	...

Überblick

Thema	J/N	Begründung
Terminüberschreitung		
absehbare Terminüberschreitung		
Aufwandsüberschreitung		
nicht geplanter Aufwand		
Personalanforderungen		
freiwerdende Mitarbeiter		
voraussehbare Risiken		
zusätzlicher Abstimmungsbedarf		
zusätzlicher Aufwand/Verzögerungen mit/durch den Fachbereich		
Verzögerungen durch Informatik		

Aufwand

Phase	Beginn tt.mm.jj	Ende tt.mm.jj	geplanter Aufwand BT	geleisteter Aufwand BT	Fertigstellung %
Projektvorbereitung	...	...	...	...	...
Konzeption externer Aufwand interner Aufwand	...	...	...	...	...
Spezifikation externer Aufwand interner Aufwand					
sonstiger Aufwand					
Summe:					

a. Zusätzliche Aufwände

a) Änderung und Abstimmung

– ...	... BM
– ...	... BM
– ...	... BM

...

Teilsumme: ... DM

Gesamtsumme ...DM

(BT = Bearbeitungstage, BM = Bearbeitungsmonate)

b) Kapazitätsbereitstellung

	Monat 1 (...BT)	Monat 2 (...BT)	Monat 3 (...BT)
Frau ...	...	...	...
Herr ...			
Herr ...			
Summe	... BT	... BT	... BT

c) Darstellung Restaufwand:

Geplanter Gesamtaufwand	... BM
abzügl. Geleisteter Aufwand (... – ...)	... BM
Voraus. Restaufwand Stand ...	... BM
zuzügl. Mehraufwand	... BM
Gesamtaufwand ...	... BM
noch zu leistender Aufwand ...	... BM

d) Restaufwandsverteilung auf die Monate

Monat ...	... BM
personelle Verfügbarkeit:	... BM
abzügl. Gesamtaufwand	
Restaufwand (Monat ...)	... BM
Monat ...	
personelle Verfügbarkeit:	... BM
abzügl. Gesamtaufwand	... BM

Endtermin für die Phase ist Woche ...

3.10 Rentabilitätsanalyse

Methodische Grundlagen

Die ökonomische Vorteilhaftigkeit einer Lösung kann anhand verschiedener Kriterien, Merkmale oder Parametern gemessen werden.

Die Rentabiltität ist ein Parameter, der die Ergiebigkeit des Kapitaleinsatzes, gemessenen Verhältnis zum Gewinn ausdrückt (vgl. Aggteleky u. Bajna 1992, S. 85 f.).

Das Verfahren schließt die Annahme mit ein, daß Finanzmittel zu einem Zinssatz in Höhe der vom Entscheidungsträger vorgegebenen Mindestrendite unbegrenzt angelegt oder aufgenommen werden können (vgl. Biethahn et al. 1990, S. 225 ff.).

Es gibt verschiedene, miteinander kombinierbare Methoden zur Analyse der Rentabililtät:

- die Amortisationsrechnung
- der Return on Investment
- die Interne Zinsfußmethode
- der Kapitalwert
- die Kosten-Nutzen-Analyse sowie
- die Payback-Methode.

Da jedes Unternehmen in erster Linie gewinnorientiert ist, muß es sich auf solide Finanzen stützen. Bei jeder Reorganisation sollte daher zumindest langfristig ein bestimmter Return on Investment in Aussicht stehen. Folglich muß jedes mal die voraussichtliche und die tatsächliche Rentabilität ermittelt werden (vgl. Probst 1992, S. 361).

Ablauf

Bei der Rentabilitätsanalyse kombiniert man verschiedene Methoden der Rentabilitätsermittlung. Im Folgenden sollen einiger dieser Methoden kurz vorgestellt werden.

Die **Amortisationsrechnung** errechnet innerhalb welchen Zeitraums der Anschaffungswert einer Investition aus den Erträgen wiedergewonnen werden kann. Hierbei wird die Dauer der Kapitalverwendung nicht berücksichtigt. Erfaßt werden lediglich die Risiken sowie die liquiden Mittel (vgl. Probst 1992, S. 361).

Als Pay-off-Periode bezeichnet man dabei den Zeitraum, in dem es möglich ist, die Anschaffungsauszahlungen einer Investition wiederzugewinnen, d. h. die Anlage hat sich amortisiert, sobald die Erlöse die Anschaffungsauszahlungen und die laufenden Betriebskosten decken (vgl. Wöhe u. Döring 1993, S. 802 ff.).

$$Pay-off-Periode = \frac{IA}{E\ddot{U}}$$

IA = Investitionsauszahlung; EÜ = Einzahlungen abzüglich laufender Betriebskosten und Gewinnsteuern

Beim **Return on Investment** (ROI) wird der mögliche jährliche Ertrag mit der Investitionssumme verglichen. Auf diese Weise läßt sich die Investitionsrendite berechnen. Zusätzlich muß jedoch der zeitliche Aspekt mit einkalkuliert werden.

Der Return on Investment bestimmt sich aus dem Quotienten des Gewinns einschließlich der Zinsen auf das Fremdkapital durch das Gesamtkapital (vgl. Ewert u. Wagenhofer 1995, S. 174).

$$ROI = \frac{Gewinn}{Umsatz} \cdot \frac{Umsatz}{invest.Kapital} \cdot 100$$

(vgl. Wöhe u. Döring 1993, S. 800)

Bei der **Interner Zinsfußmethode** ermittelt man auf der Grundlage eines vorgegebenen Nutzungszeitraums, bei welcher Verzinsung sich die Investiton lohnt. Der für ein geplantes Projekt prognostizierte Zins kann mit dem für andere Investionen gültigen Zinsfuß verglichen werden. Daraufhin wird die Entscheidung für oder gegen das Projekt getroffen.

$$0 = \sum_{t=1}^{n}(E_t - A_t)(1+i)^{-t}$$

E_t = (laufende) Einzahlung am Ende der Periode t; A_t = (laufende) Auszahlung am Ende der Periode t; $\sum (Et - At)$ = Summe der in der Periode 1 bis n erzielbaren Einzahlungsüberschüsse; i = Kalkulationszinsfuß = Rendite aus Alternative a_x (vgl. Wöhe u. Döring 1993, S. 806 f.).

$$i = \left(\frac{IA}{\sum_{t=1}^{n}(E_t - A_t)}\right)^{1/t} - 1$$

Aus der obigen Gleichung wird ersichtlich, daß nach jenem Diskontierungszinsfuß gesucht wird, der zu einem Kapitalwert von Null führt, d. h. bei dem die Barwerte der Einzahlungs- und Auszahlungsreihe gleich groß sind (interner Zinsfuß). Der Vergleich mehrerer Investitionen erfolgt durch Vergleich der jeweils errechneten internen Zinsfüße. Das Investitionsprojekt mit dem höchsten internen Zinsfuß wird als das Vorteilhafteste angesehen (vgl. Wöhe u. Döring 1993, S. 806 ff.).

Bei der **Kapitalwertmethode** vergleicht man die zu einem bestimmten Zeitpunkt erwarteten Einnahmen und Ausgaben. Diese Methode gibt Aufschluß über den Gewinn den ein bestimmtes Projekt abwirft. Bei dieser Methode werden alle Einnahmen (laufende Einnahmen + Restwert) und Ausgaben (laufende Ausgaben + Anschaffungswert) auf den Kalkulationszeitpunkt mit einem gegebenen Zinsfuß – dem Kalkulationszinsfuß – abgezinst. Die Differenz der Gegenwartswerte ergibt den Kapitalwert der Investiton

$$K = \sum_{t=0}^{n}(E_t - A_t)(1+i)^{-t}$$

K = Kapitalwert; E_t = Einzahlung am Ende der Periode t; A_t = Auszahlungen am Ende der Periode t; i = Kalkulationszinsfuß; t = Periode (t = 0, 1, 2, ... , n); n = Nutzungsdauer des Investionsobjektes

Nach der Kapitalwertmethode ist eine Investition vorteilhaft, wenn ihr Kapitalwert gleich Null oder positiv ist (vgl. Wöhe u. Döring 1993, S. 804 ff.).

Die **Kosten-Nutzen-Analyse** stellt dem zu erwartenden Gewinn die Projektkosten gegenüber, wobei den qualitativen Kriterien, soweit wie möglich Rechnung getragen werden sollte. Diese Berechnung wird auch im Rahmen der Wertanalyse durchgeführt.

Bei der **Payback** Methode wird ermittelt, wie oft die Anfangsinvestition während der voraussichtlichen Projektdauer aus den Erträgen wiedergewonnen wird. Die Anwendung erfolgt vor allem bei kurzfristigen Projekten (vgl. Probst 1992, S. 361).

Regeln

Voraussetzungen für diese Rechnungen sind isolierbare, d. h. den einzelnen Varianten zurechenbare Leistungen und die Bewertung in Geldeinheiten.

Voraussetzung für die Anwendung der Rentabilitätsrechung ist ein für jede Periode des Planungszeitraumes gleichbleibender Gewinn, wobei die zukünftigen wertmäßigen Schwankungen der Rückflüsse, der Kosten und des gebundenen Kapitals nicht berücksichtigt werden. Grundsätzlich ist anzumerken, daß zeitliche Unterschiede im Anfall der Gewinne kein Eingang in das Kalkül finden (vgl. Biethahn et al. 1990, S. 223 ff.).

Einsatzmöglichkeiten, Chancen und Risiken

Ihre Einsatzmöglichkeiten sind sehr begrenzt, da die Leistungen organisatorischer Lösungen nur selten in Geldeinheiten quantifiziert werden können (vgl. Schmidt 1991, S. 251).

Die *Vorteile* der Rentabilitätsanalyse sind darin zu sehen, daß
- sie Projekte verhindert, die nur deshalb durchgeführt werden, weil das zur Zeit alle Firmen machen
- sich der Projektverlauf in jeder Phase mit den Erwartungen vergleichen läßt
- es ein wichtiges Auswahlkriterium zur Sicherung des Fortbestandes des Unternehmens ist
- es leicht anwendbar ist und ein unmißverständliches Entscheidungskriterium darstellt.

Die *Nachteile* liegen darin, daß
- die qualitativen Aspekte eines Vorschlags unberücksichtigt bleiben
- die „Nebenwirkungen" des Projektes nicht bewertet werden können und
- sich die Situation während des Projektverlaufs sich nicht mit der ohne des Projekts eingetretenen Entwicklungen vergleichen läßt (vgl. Probst 1992, S. 361).

Beispiel

Tabelle 3.25 Beispiel für eine Rentabilitätsvergleichsrechnung:

	Variante A	Variante B
Gewinn	1.000	800
Kapitaleinsatz	10.000	7.000
Rentabilität	10 %	11,4 %

$$Rentabilität = \frac{Gewinn/Jahr}{Kapitaleinsatz}$$

3.11 Projekt-Controlling

Unter Controlling ist die Gesamtheit jener Aufgaben zu verstehen, die die Koordination der Unternehmensführung sowie die Informationsversorgung der Führungskräfte zur optimalen Erreichung der Unternehmensziele zum Gegenstand haben. Es zielt auf eine umfassende Versorgung der Führungskräfte mit aufgaben- und zielrelevanten Informationen sowie auf eine systematische Entscheidungskoordination ab. Somit stellt es eine führungsunterstützende Aufgabe dar, die sich auch auf die Führungsinstrumente der Planung und Kontrolle bezieht.

Die Zwecke des Controlling sind im Prinzip dieselben wie die der Planung, nämlich (vgl. Bea et al. 1993, S. 90 f.):

- Zielausrichtung,
- Frühwarnung,
- Koordination von Teilplänen,
- Entscheidungsvorbereitung,
- Mitarbeiterinformation und Mitarbeitermotivation.

Projekt-Controlling kann in sechs Teilschritte unterteilt werden (vgl. Keßler u. Winkelhofer 1997, S. 213). Dies sind das Strategische Controlling, das Operative Controlling, das Nutzen-Controlling, das Qualitative Controlling, das Ergebnis-Controlling sowie das Prozeß-Controlling.

Auf das Operative Controlling sowie Nutzen-Controlling wird in den nachfolgenden Kapiteln näher eingegangen.

3.11.1 Operatives Controlling

Methodische Grundlagen

Das Operative Controlling umfaßt alle Planungs-, Überwachungs- und Steuerungsaufgaben für eindeutig, zeitlich sowie aufwands- und kostenmäßig definierte Ziele. Gleichzeitig muß es einen fixierten, funktionalen und technischen Leistungsumfang einschließlich der erforderlichen Rahmenbedingung beinhalten.

Die phasenorientierte Strukturierung eines Projekts liefert unter anderem eine wesentliche Voraussetzung für ein effektives und effizientes Projektcontrolling, wodurch die Transparenz für die Projektabwicklung gefördert wird.

Ein Projekt umfaßt alle für einen ordnungsgemäßen, planungskonformen Projektablauf notwendigen personellen und sachlichen Regelungen. Diese Regeln haben verbindlich zu sein und Standards, Verfahren und den Ablauf der Projektarbeit vorzugeben. Dadurch werden die Voraussetzungen für eine operative Planung, Überwachung und Steuerung zur Einhaltung der Termin- und Kostenvorgaben geschaffen.

Ablauf

1. **Projektorganisation und -planung von Projekten**
   Der Projektleiter sollte für ein operatives Controlling mindestens in einer Matrixstruktur eingebunden sein und über die fachliche Weisungsbefugnis über die ihm zeitlich befristet unterstellen Mitarbeiter verfügen. Nur so kann er für die Termin- und Kostenentwicklung verantwortlich gemacht werden. Wichtig ist, daß der Projektleiter zur Erfüllung seiner Aufgaben über die notwendigen Kompetenzen verfügt.

Neben einer präzisen Aufwandskalkulation müssen auch alle Projektfehlzeiten mit in die Planung einfließen. Projektfehlzeiten können projektfremde Tätigkeiten, Urlaub, Schulungen, Krankheit oder sonstige Fehlzeiten sein. Zusätzlich sollte in die Planung ein ausreichender aufwandsmäßiger und zeitlicher Sicherheitspuffer mit einfließen.

2. Projektfortschrittskontrolle

Eine Projektfortschrittskontrolle verfolgt das Ziel, mit möglichst geringem Aufwand jederzeit transparente und aktuelle Projektstatus-Aussagen treffen zu können, damit Projektplanabweichungen so früh wie möglich erkannt werden und rechtzeitig mit entsprechenden Maßnahmen gegengesteuert werden kann. Die Vorgehensweise orientiert sich an den geplanten mitarbeiterbezogenen Aktivitäten, die in der Größenordnung von 5 bis 10 Manntagen liegen sollten. Neben der täglichen Ist-Aufschreibung des Mitarbeiters über die geleisteten Stunden zur Plan-Aktivität wird täglich eine Aussage zum Projektfortschritt verlangt.

Die Zusammenführung aller mitarbeiterbezogenen Projektfortschrittskontrollaussagen ergibt den tatsächlichen Projektfortschritt im Vergleich zum geplanten Fortschritt.

3. Der Projektausschuß als Projekt-Controlling-Instrument

Ein Projektausschuß ist ein projektbezogenes Kontroll- und Entscheidungsgremium für mittlere und größere Projekte. Es setzt sich zusammen aus den Management-Verantwortlichen der Querschnittsbereich (z. B. Organisation und EDV) sowie der Fachbereiche. Es kontrolliert einerseits Termine und Aufwände, genehmigt Änderungen des Leistungsumfangs (fachinhaltliche Ergänzungen) und entscheidet über Termine und/oder Aufwandsänderungen. Außerdem unterstützt es die Projektleiter bei Entscheidungen, die außerhalb seines Kompetenz-Bereiches liegen. Die Tagungshäufigkeit hängt von der Größe (gemessen in Bereichsmonate), der Bedeutung und von den kritischen Projektphasen eines Projekts ab. Es bewegt sich in der Regel in Intervallen von 4 bis 8 Wochen. Der Projektleiter berichtet den Projektausschuß über den Projektstatus zum Betrachtungszeitpunkt bezüglich des

- Soll-Aufwands,
- Ist-Aufwands und
- der Abweichungen.

Der Bericht bezüglich der Abweichungen gliedert sich in Aufwand, Fortschritt und Gründe. Der Projekt-Status wird über die Projekt-Fortschrittskontrolle ermittelt.

214 3 Methoden der Projektplanung

```
                    ┌──────────────────────────────────────┐
                    │           Projektausschuß            │
                    │ (Controlling- und Entscheidungsgremium) │
                    └──────────────────────────────────────┘
        ↑           ↕              ↑              ↕
   Änderungs-   Entscheidung:   Entscheidung:   Projektbericht
   anfragen     Aufwand-/Termin- Fachinhalts-
                änderung         änderung
        ↑           ↓              ↑              ⇓
   ┌──────────────────────────────────────────────────┐
   │                    Projekt                       │
   ├──────────────────────────────────────────────────┤
   │                  Projektleiter                   │
   └──────────────────────────────────────────────────┘
```

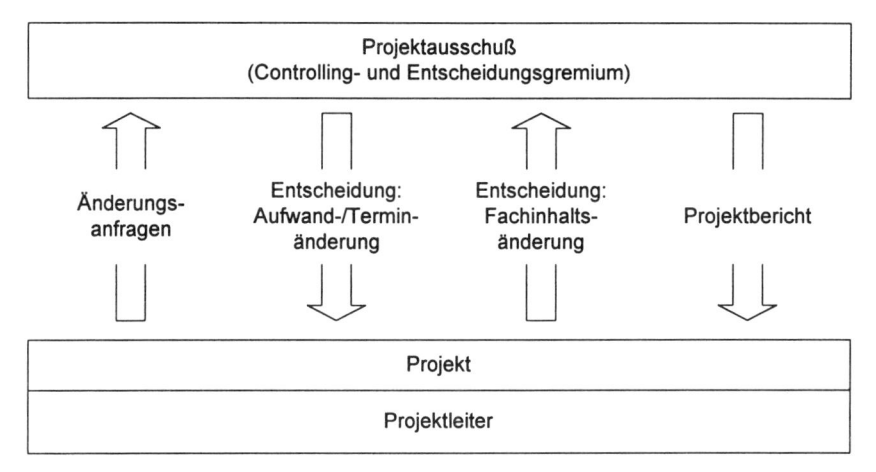

Abb. 3.26 Projektausschuß als Controlling- und Entscheidungsgremium

4. Kostenträger-Rechnung

Die Kostenträgerrechnung ist ein geeignetes, ergänzendes Instrument zur kostenmäßigen Kontrolle von Projekten. Sinnvoll ist die Nutzung dieses Instruments zur Abweichungsanalyse von Leistungsarten auf der Einzel-Kostenträger-Ebene sowie die Nutzung als Berichtswesen in der flexiblen Zusammenfassung von Kostenträgern nach unterschiedlichen Kriterien.

Die Wiedergabe eines DV-Projekts in Form einer Kostenträgerstruktur ergibt sich somit über die Leistungsarten und Gruppen, wie z. B.

- Kosten Entwicklungsaufwand/Montage je Phase
- Hardware-Kosten

usw.

Zum Zeitpunkt der Planung des Projekts werden die Sollwerte und Mengen der korrespondierenden Leistungsarten in den Kostenträger übernommen. Dem entgegen stehen die periodischen (z. B. monatlichen) Mengen und DM-Werte. Als Ergebnis erhält man periodisch einen Überblick über die erwirtschaftete Über- und Unterdeckungen je Leistungsbereich bzw. Aussagen darüber, ob der Auftrag mit dem geplanten Leistungsvolumen abgewickelt werden konnte und die geplanten Erlöse realisiert werden.

Die Verdichtung von Kostenträgern ermöglicht Aussagen auf der jeweiligen Verdichtungsstufe.

Regeln

Hier gilt das bereits in Kap. 3.9.2 (Berichtswesen) Gesagte.

Einsatzmöglichkeiten, Chancen und Risiken

Die speziellen Aufgaben, Einsatzmöglichkeiten, der Umfang der Überwachung sowie die Chancen und Risiken sind je nach Art des Wirtschaftszweiges und der Betriebsgröße unterschiedlich. In einem Bank- oder Handelsbetrieb tauchen beispielsweise ganz andere Kontrollprobleme auf als in einem Industriebetrieb. Eine laufende Überwachung muß beim Einsatz der betrieblichen Produktionsfaktoren, in sämtlichen betrieblichen Funktionsbereichen und in Projekten erfolgen (vgl. Wöhe u. Döring 1993, S. 200). Das bedeutet, daß das Controlling nicht nur auf einzelne Bereiche oder Funktionen beschränkt sein, sondern sich durch das gesamte Unternehmen ziehen sollte.

Für die Kostenträger-Rechnung als Kontrollinstanz ist anzumerken, daß sie in der Regel ein Projektfortschrittsverfahren nicht ersetzen kann. Umgekehrt kann ein Projektfortschrittsverfahren die Kostenträger-Rechnung nicht ersetzen, so daß beide Verfahren in einer sinnvollen Ergänzung zu sehen sind.

Beispiel

Ein allgemeines Beispiel würde aufgrund von Projekt- und Unternehmensspezifika nur ein sehr verkürztes Bild des operativen Controlling geben. Aus diesem Grund wurde auf ein Beispiel verzichtet.

3.11.2 Nutzen-Controlling

Methodische Grundlagen

Durch das Nutzen-Controlling soll gewährleistet werden, daß sich der projektierte Nutzen auch tatsächlich einstellt. Wenn der Nutzen quantifizierbar ist, dann muß sich dieser auch in einer Kostensenkung und einer Optimierung der Leistung niederschlagen.

Ablauf

Zunächst ist das Projekt in Haupt- und Teilprozesse zu gliedern (Abb. 3.27):

216   3 Methoden der Projektplanung

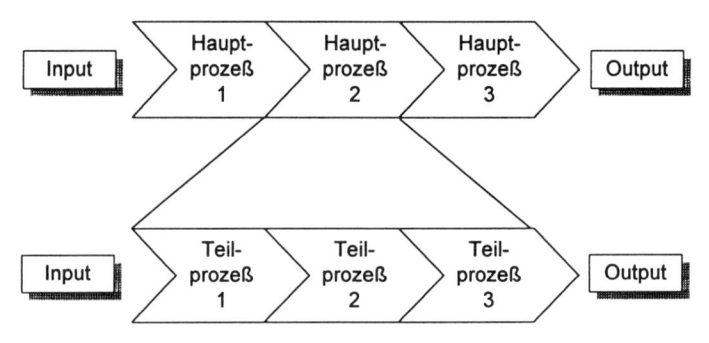

Abb. 3.27 Prozeßkette

Anschließend sind die einzelnen zu optimierenden Prozesse in ein Formblatt zu übertragen.

Tabelle 3.24 Formblatt für das Nutzen-Controlling

Nutzen der Systemunterstützung					
Beschreibende Kennzahl					
Formel für die Kennzahl					
Quanitative Beschreibung der einzelnen Meßgrößen					
Kennzahl					
Anteil Abteilung 1					
Anteil Abteilung 2					
...					
	In der Projektvorbereitung	Soll nach Systemeinführung	Soll nach Konzeption	Ist nach Systemeinführung	Abweichung Ist bei Projektvorbereitung und Ist nach Systemeinführung

Da es keine allgemeingültigen Nutzenkennzahlen gibt, müssen die Kennzahlen projektspezifisch erarbeitet werden.

Die Erarbeitung von Nutzenkennzahlen ist demnach ein „kreativer" Vorgang. Es hat sich gezeigt, daß es effektiv ist, wenn man die Kennzahlen in einem eintägigen Workshop (Projektteam/Projektteammitglied und Fachbereich) erarbeitet. Die Erarbeitung der Nutzen-Kennzahlen erfolgt in drei Schritten:

1. Durchführung einer Prozeßanalyse zur prozeßorientierten Darstellung in Haupt- und Teilprozeßketten
2. Ermittlung der Prozesse, in denen Einsparungen auftreten
3. Ermittlung und Beschreibung von Nutzenkennzahlen

Nach der Erarbeitung der Kennzahlen sind die jeweiligen Meßgrößen, aus denen sich die Kennzahlen errechnen, zu messen. Des weiteren sind bei jeder Meßgröße die erwarteten Sollwerte anzugeben (Nutzenpotentiale).

Wenn sich im Laufe des Projekts zeigt, daß sich der Nutzen verändert, müssen die Kennzahlen aktualisiert werden. Bei problemloser Realisierung des Nutzens kann nach Abstimmung mit allen Beteiligten auf ein Nachmessen der Kennzahlen und die Durchführung eines abschließenden Soll-Ist-Vergleichs verzichtet werden.

Regeln

Bei der Erarbeitung der Nutzenkennzahlen sollten folgende Punkte berücksichtigt werden.

- Pro Projekt nicht mehr als 5–10 Kennzahlen.
- Einfachheit und Transparenz.
- Leichte Meßbarkeit, da der Aufwand für das Messen nicht zu groß sein darf.
- Projektnutzen, der sich auf zu viele Kostenstellen verteilt, erfordert einen hohen Meßaufwand und sollte daher nicht berücksichtigt werden.
- Es sollten auch Einsparungen dokumentiert werden, die kleiner als 1 Meßeinheit sind.
- Orientierung an dem vom Prozeß zu unterstützenden Ablauf bzw. Arbeitsprozeß und dessen Teilprozessen, da der Projektnutzen und nicht die Kostenstelle beurteilt werden soll.
- Dokumentation von organisatorischen und technischen Voraussetzungen für die Nutzenrealisierung.
- Die zum Zeitpunkt der Kennzahlenermittlung zugrundeliegenden Mengengerüste/Geschäftsvorfälle müssen in der Bearbeitung der Kennzahlen dokumentiert sein.
- Wenn es möglich ist, so sollten „qualitative" Nutzenaussagen quantitativ dargestellt werden (z. B. Qualitätsindex, Zufriedenheitsindex etc.).

Einsatzmöglichkeiten, Chancen und Risiken

Für den Einsatz des Nutzen-Controlling sollte eine Mindestprojektgröße definiert werden.

Der Vorteil liegt in der Sichtbarmachung der Ist-Zustände und der Möglichkeit der Optimierung bei zu großen Sollabweichungen.

3 Methoden der Projektplanung

Beispiel

Mögliche Nutzen einer Systemunterstützung (dv-technisch und/oder organisatorisch) sind in Tabelle 3.25 zusammengestellt. Ein bearbeitetes Formblatt mit der Definition einer Kennzahl ist in Tabelle 3.26 dargestellt.

Tabelle 3.25 Beispiele für mögliche Kennzahlen

Nutzen der Systemunterstützung	Beschreibende Kennzahl
Reduzierung der Vertriebskosten	Kosten pro neuer Kontakt Kosten pro Angebotserstellung Kosten pro Auftragsabschluß
Reduzierung der Dokumentationskosten	Kosten pro Konzeptseite Kosten pro Grafikseite Kosten pro Korrektur- und Abstimmungslauf

Tabelle 3.26 Teilprozeß „Falscheingaben korregieren"

Nutzung der Systemunterstützung	Reduzierung von Falscheingaben				
Beschreibende Kennzahl	Anteil der Falscheingaben an Gesamteingabesätze				
Formel für die Kennzahl	$\dfrac{\#Formeleingaben}{\#Eingaben} \cdot 100$				
Quanitative Beschreibung der einzelnen Meßgrößen	Anzahl der Falscheingaben im Teilprozeß pro Monat Anzahl der Eingabesätze im Teilprozeß pro Monat				
Kennzahl	30 %	10 %			
Anteil Abteilung 1					
Anteil Abteilung 2					
...					
	In der Projektvorbereitung	Soll nach Systemeinführung	Soll nach Konzeption	Ist nach Systemeinführung	Abweichung Ist bei Projektvorbereitung und Ist nach Systemeinführung

4 Methoden zur Unternehmensentwicklung, Organisation und EDV

4.1
Einführung

Die Methodenbeschreibung für Unternehmensentwicklung, Organisation und Informatik wurde in neun Unterkapitel aufgeteilt (Abb. 4.1). Zunächst werden die Methoden zu den drei Hauptthemen vorgestellt (Kap. 4.2 bis 4.4). Daran schließen sich allgemeinere Methoden wie sonstige Dokumentations- und Darstellungsmethoden, Kreativitätsmethoden, Aufwandschätzungsmethoden, Test- und Abnahmemethoden, Aufnahme- und Erhebungsmethoden sowie Qualitätssicherungsmethoden an.

4.2
Analyse- und Designmethoden für Unternehmensentwicklung

4.2.1
Visionsanalyse

Methodische Grundlagen

Begriffe wie Leitbild, Kultur, Ethik oder Unternehmensphilosophie sind zur Zeit zentrale Elemente der Managementdiskussion. Ein Unternehmen ohne schriftlich formuliertes Leitbild ist heute nicht mehr „in"!

Die Bedeutung einer Vision wird im „Kleinen Prinzen" von Antoine de Saint-Exupéry so ausgedrückt: „Wenn Du ein Schiff bauen willst, so trommle nicht Männer zusammen, um Holz zu beschaffen, Werkzeuge vorzubereiten, Aufgaben zu vergeben und die Arbeit einzuteilen, sondern lehre die Männer die Sehnsucht nach dem weiten endlosen Meer."

```
┌─────────────────────────────────────────────────────────┐
│           Analyse- und Designmethoden für               │
│           Unternehmensentwicklung (4.2)                 │
│                                                         │
│           Analyse- und Designmethoden                   │
│           für Organisation (4.3)                        │
│                                                         │
│           Analyse- und Designmethoden                   │
│           für EDV (4.4)                                 │
│                                                         │
│           Sonstige Dokumentations- und                  │
│           Darstellungsmethoden (4.5)                    │
│                                                         │
│   Kreativitäts-  Aufwandschätzungs-  Test- und Abnahme-  Aufnahme- u. Erhe- │
│   methoden (4.6) methoden (4.7)      methoden (4.8)     bungsmethoden (4.9) │
│                                                         │
│              Qualitätssicherungsmethoden                │
│                       (4.10)                            │
│      Methoden zur Unternehmensentwicklung, Organisation und EDV │
└─────────────────────────────────────────────────────────┘
```

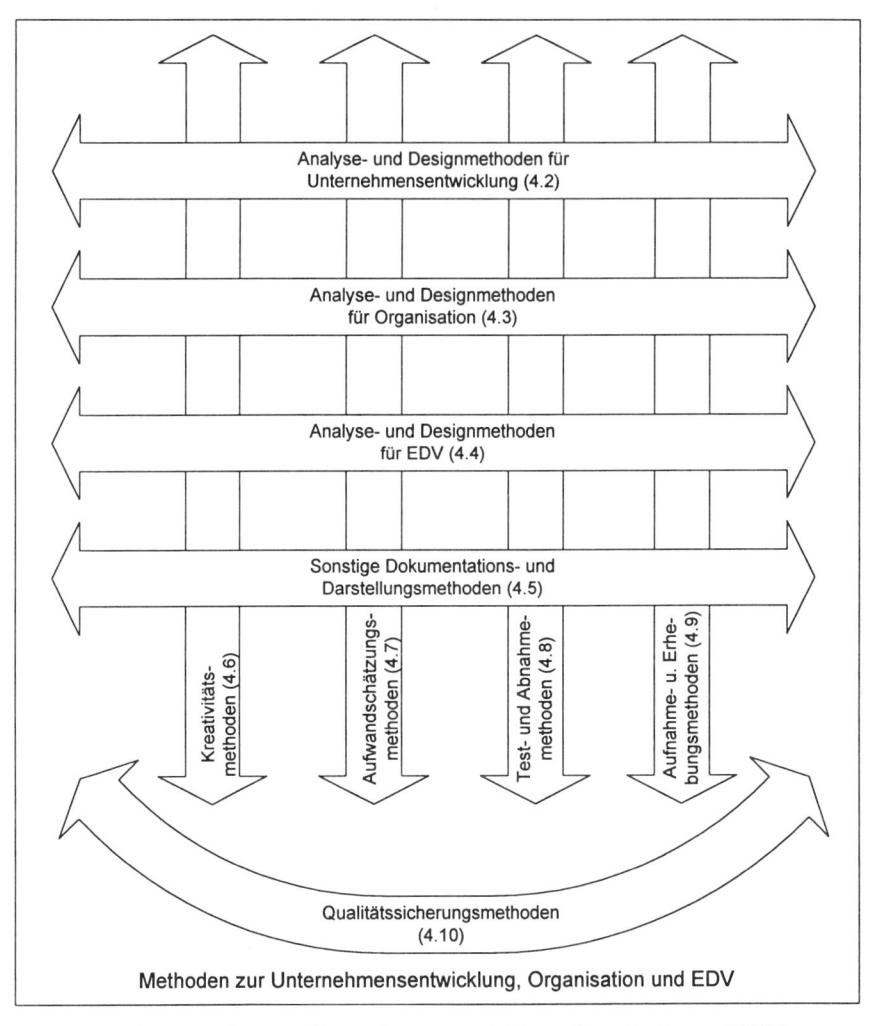

Abb. 4.1 Methodenstruktur zur Unternehmensentwicklung, Organisation und EDV

Visionen sind in einem Unternehmen die Grundvoraussetzung für Bewegung und Veränderungen. Visionen ermöglichen, Energie zu mobilisieren und frei werden zu lassen - sie lösen Aktivität aus.

Die Bedeutung einer Unternehmensvision läßt sich demonstrieren als Pyramide (Abb. 4.2):

4.2 Analyse- und Designmethoden für Unternehmensentwicklung

```
        /\
       /  \
      /Sinn\      geistige Ebene
     /------\
    /        \
   /Motivation\
  /------------\
 /              \
/   Bewegung     \
/------------------\
/                    \
/      Materie        \   sichtbare Ebene
/_____\
```

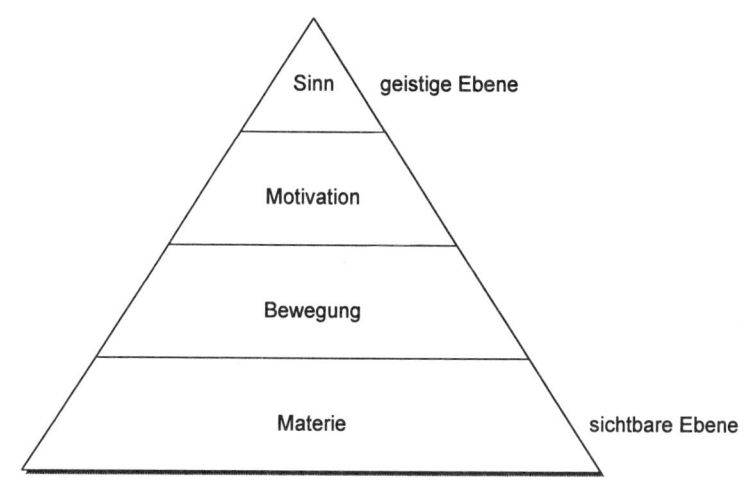

Abb. 4.2 Unternehmensvision (vgl. Schmelcher-Neff et al. 1994, S. 21 f.)

Die oberste Ebene in der dargestellten Pyramide stellt den höchsten Energiezustand dar. Hier liegt die Vision. Starke Visionen geben Kraft, motivieren und setzen Energie zum Handeln frei. Aus dieser Energie entsteht Bewegung, Tatkraft. Dinge beginnen sich zu gestalten, zu vollenden. Das Ergebnis ist die Materie, in Form von Wohlstand, Gebäuden, Häuser etc.

Auf der geistigen Ebene ist alles noch weich und formbar. Auf der Ebene der Umsetzung ist alles bereits plastischer; auf der Ebene der Materie starr und unbeweglich.

Für die Unternehmen bedeutet dies, daß das Problem der mangelnden Motivation der Mitarbeiter nur von der Sinnebene her, von der Vision, behoben werden kann. Die Motivation der Mitarbeiter hängt demnach von der Qualität der Ziele und damit von den Visionen ab. Verbinden sich Wünsche und Handeln eines einzelnen und konzentriert sich das Ganze auf ein zentrales Problem im Markt, kann aus einer Berufung ein Beruf werden - oder: Der Beruf wird zur Berufung.

Ablauf

1. Entwicklung einer Traumvorstellung - losgelöst von allen derzeitigen Zwängen.
2. Aus der Vision ist ein Leitbild zu entwickeln. In diesem Sinne sind Unternehmensvisionen langfristige Wegweiser. Sie helfen bei der Orientierung und geben Sicherheit.
3. Die Visionen müssen an die Mitarbeiter weitergegeben werden.
4. Die Visionen müssen in konkrete Aktionspläne einfließen. Es geht darum, die richtige Einstellung und den entsprechenden Glauben zu erzeugen. Es muß

deutlich gemacht werden, daß man versucht, sich im Unternehmen diesen Idealbildern durch konkrete Aktionen zu nähern.

Regeln

1. Für das Management bedeutet dies, daß es notwendig ist, klare, eindeutige Bilder des Unternehmens nach innen wie nach außen zu schaffen.
2. Es gilt: Je klarer man ein Ziel vor Augen hat, umso größer ist die Wahrscheinlichkeit, daß dieses Ziel auch erreicht wird.
3. Klarheit heißt in diesem Falle: Bildliches Vorstellungsvermögen.
4. Eine Vision ist eine konkrete Vorstellung, die den Unternehmenszweck und das Unternehmensziel allen Mitarbeitern und der Öffentlichkeit verdeutlichen soll.

Einsatzmöglichkeiten, Chancen und Risiken

Die Visionen sollten zentrale Bestandteile eines jeden Unternehmens, Projekts oder Vorhabens sein. Sie erzeugen beim einzelnen Mitarbeiter ein Spannungsverhältnis, oder besser ein Gefühl des mangelnden Geschlossenseins, das seinerseits Energie zum Handeln freisetzt, um diesen Mangel an Geschlossenheit zu beheben - um ein Ziel, ein Ergebnis zufriedenstellend zu erreichen. Visionen können also Motivation zum Handeln erzeugen.

Problematisch wird die Idee der Vision, wenn es lediglich bei der Vision, dem Leitbild bleibt und nicht zu einer Umsetzung, zur Aktion kommt. Ebenfalls als problematisch können sich Leitbilder erweisen, die so abstrakt sind, daß sie sich trotz massiver Energie nicht zufriedenstellend verwirklichen lassen. Aus einer solchen Tatsache heraus kann Frustration und Resignation erwachsen. In einem solchen Fall sollte die Maxime lauten: „Wer A sagt muß nicht B sagen, denn er kann erkennen, daß A falsch war." (Th. Storm)

Beispiel

Als Beispiel sollen einige ausgewählte Fragestellungen zum Thema Unternehmensvision dienen (vgl. Schmelcher-Neff et al. 1994, S. 15 f.):

1. Aus welcher Vision heraus entstand unser Unternehmen?
2. Existiert diese Vision heute noch und wie ist sie zu spüren?
3. Welche mittel- oder langfristigen Vorstellungen über die zukünftige Entwicklung unseres Unternehmens gibt es?
4. Welche Wunschbilder haben wir von unserem Unternehmen?
5. Wie stellen wir uns unser Unternehmen im Jahr 2000 vor?
6. Welche Bilder entstehen bei uns aufgrund dieser Fragen?

4.2.2 Umweltanalyse

Die Analyse und Prognose von Umwelt ist neben anderen ein wichtiges Element der Informationsbeschaffung im Rahmen der strategischen und operativen Planung von Unternehmen (vgl. Hammer 1991, S. 37 f.). Umweltanalyse und Unternehmensanalyse werden zusammen auch als strategische Analyse bezeichnet.

Jede Unternehmung ist von einer Umwelt umgeben, die sowohl Chancen als auch Risiken bietet. Die Umweltanalyse hat diese Chancen und Bedrohungen rechtzeitig zu identifizieren.

Der Gedanke, die Umwelt in die Unternehmensplanung mit einzubeziehen, erfuhr eine starke Aufwertung durch den sogenannten Outside-In-Approach. Dieser Ansatz wird – in Abgrenzung zur traditionellen Sicht – von folgender Grundidee geleitet: „Wie sieht die Umwelt die eigene Unternehmung?" (Bea u. Haas 1995, S. 73)

Dieser Positionswechsel läßt sich anhand folgender Entwicklungslinie nachzeichnen (vgl. Bea u. Haas 1995, S. 73 ff.):

1. Produktionstheoretischer Ansatz (Gutenberg, 1897–1984)
   Bei diesem Ansatz richtet die Unternehmung ihren Blick zunächst nach innen, d. h. auf die Produktion, und dann nach außen.
2. marketingorientierte Betrachtungsweise
   In dieser Betrachtungsweise findet eine stärkere Hinwendung zur Unternehmensumwelt statt, aber der Blick geht immer noch von innen nach außen.
3. Umwelt-Strategie-Struktur-Ansatz
   Dieser Ansatz ist von Ansoff (1976) in Anlehnung an Chandlers Strategie-Struktur-Hypothese (1962) entwickelt worden. Ausgangspunkt dieses Ansatzes ist die Hypothese, daß die Strategiewahl auf die Bedingungen der Umwelt abzustimmen ist, damit ein Unternehmen erfolgreich ist.
4. Stakeholder-Ansatz
   In diesem Ansatz wird die Unternehmensumwelt als sehr weit und einflußreich interpretiert. Allein die Betroffenheit von einer Unternehmensaktivität genügt für das Herstellen einer Relation zwischen Umsystem und Unternehmung. Das heißt konkret, daß Personen, Gruppen etc. in die Umweltanalyse mit einbezogen werden, die bei einer Beschränkung auf die Aufgabenumwelt als nicht relevant betrachtet werden würden.

Methodische Grundlagen

Resultate einer Umweltanalyse sind Informationen über bestimmte Entwicklungen bzw. Trends in der Umwelt eines Unternehmens oder einer Organisation. Damit ein Unternehmen offen für Neuerungen bleibt und potentielle Gefahren rechtzeitig erkennen kann, ist die Beobachtung von Entwicklungen in der Umwelt von großer Bedeutung.

Der Ausgangspunkt einer Umweltanalyse liegt meist in der Abgrenzung von *Unternehmen* und *Umwelt*. Zur Lösung dieses Abgrenzungsproblems gibt es recht unterschiedliche Vorschläge. Eine weite Fassung des Unternehmensbegriffes liegt vor, wenn man die Lieferanten und Kunden als Mitglieder des Systems „Unternehmen" ansieht. Betrachtet man lediglich die Unternehmensführung als Teil des Systems „Unternehmen" und somit die Arbeitnehmer als Teil der Unternehmensumwelt, liegt eine enge Fassung des Unternehmensbegriffes vor.

Eine weitere wesentliche Frage in diesem Zusammenhang ist die nach der *Ordnung der Umwelt*. Mintzberg (1979) unterscheidet die Umwelt nach den Kriterien *Komplexität* und *Dynamik* und erhält so vier Typen der Umwelt:

1. einfache-statische Umwelt
2. einfache-dynamische Umwelt
3. komplexe-statische Umwelt
4. komplexe-dynamische Umwelt

Nimmt man hingegen den *Grad der Verflechtung* von Unternehmen und Umwelt als Klassifikationskriterium, so läßt sich zwischen einer weiteren Unternehmensumwelt (Makro-Umwelt) und einer engeren Umwelt (Mikro-Umwelt) unterscheiden. Diese Zweiteilung nach der Nähe zum Unternehmen unterscheidet folglich zwischen

- dem *Markt* als aufgabenspezifische Umwelt und Wettbewerbsumwelt und
- der *weiteren Unternehmensumwelt* als globale Umwelt (Bevölkerung, Politik, Gesellschaft, ...)

Für eine langfristig ausgerichtete strategische Planung werden nicht nur Informationen über die Abgrenzung zukünftiger Märkte benötigt (Triffin'sche Koeffizient), sondern auch über deren Marktattraktivität. Diese läßt sich über die Technik der Marktanalyse und der Branchenstrukturanalyse (z. B. Porter) ermitteln.

Die *weitere Unternehmensumwelt* wird in Anlehnung an verschiedene Klassifikationen meist in die fünf Segmente
Gesamtwirtschaft/Bevölkerung/Technologie/Politik/Gesellschaft untergliedert. Diese Segmente sind jedoch nicht völlig überschneidungsfrei und beeinflussen sich außerdem wechselseitig. Bei einer in die Zukunft gerichteten Strategie sind an den genannten Umweltsegmenten weniger der gegenwärtige Stand als die zukünftigen Entwicklungen von Interesse.

Eine Umweltanalyse im Rahmen der Unternehmungsplanung kann jedoch nicht die Entwicklungen aller Umweltvariablen kontrollieren.

Ablauf

Ein Unternehmen oder eine Organisation kann durch die Einrichtung sogenannter Früherkennungssysteme seine Umwelt auf vielfältige Weise beobachten.

Den Unternehmen stehen folgende Möglichkeiten offen (vgl. Probst 1992, S. 342):

1. **Expertenanalysen**: In den verschiedenen strategisch wichtigen Bereichen zieht man Experten zur Analyse hinzu. Der Experte nimmt dabei die Rolle eines „neutralen" Spezialisten ein, der aufgrund seines Kontaktes zu mehreren Firmen aussagekräftige Informationen zu den Entwicklungen in der Umwelt liefern kann.
2. **Konjunkturprognosen**: Offizielle Berichte über sozioökonomische Trends (Statistisches Bundesamt, ...) oder Studien von Konjunkturexperten liefern allgemeine Daten über Entwicklungen und Tendenzen der Umwelt – sei es über die Tendenzen eines Marktes oder das Gesellschaftssystem.
3. **Fachpresse**: Tageszeitungen, Wochen- oder Monatszeitungen stellen ebenfalls eine gute Informationsbasis für die Beobachtung der Umwelt dar. Die Presse berichtet über Neuerungen, über die wichtigsten Erfolge oder Mißerfolge in einem bestimmten Bereich und liefert ferner nützliche Informationen über die Konkurrenz.
4. **Fachbücher**: Mit Fachbüchern kann ein Gebiet oder ein Bereich tiefergehender erkundet werden. Ferner geben sie Anregungen oder Vorschläge für Produktions- oder Führungsmethoden, die in anderen Unternehmen bereits eingesetzt worden sind.
5. **Symposien, Messen, Kolloquien, Seminare, zwischenbetriebliche Konferenzen**: Diese Möglichkeiten fördern den Ideenaustausch und erlauben gleichzeitig einen Vergleich der technologischen Entwicklungen und Erfahrungen auf dem Gebiet der Unternehmensführung zwischen den verschiedenen Unternehmen derselben Branche.
6. **Meinungsumfragen**: Durch den Einsatz dieses Instrumentariums kann ein Unternehmen Aufschluß über das eigene Image, das Image seiner Produkte und über die Entwicklung des Kundengeschmacks erhalten. Der Einsatz dieser Methode ist allerdings an die Einhaltung bestimmter Kriterien gebunden, damit die gewonnenen Ergebnisse auch eine zuverlässige Aussage ermöglichen.
7. **Marktanalysen**: Darunter werden enger gefaßte, konkrete Umfragen zur Ermittlung der Bedürfnisse einer bestimmten Kundenzielgruppe verstanden. Marktanalysen wenden sich an die wichtigsten Verbraucher eines bestimmten Marktes und dienen dem Unternehmen zur Verfeinerung seiner Strategie.
8. **Gespräche mit den wichtigsten Kunden**: Diese Gespräche, die meist im Alltag von den Verkäufern oder im Rahmen von regelmäßigen Zusammenkünften mit den Hauptkunden geführt werden, erschließen dem Unternehmen, was, aus der Sicht der Kenner seines Leistungsangebotes, zu verbessern ist.
9. **Fluktuation**: Fluktuation bedeutet einerseits durch den Weggang erfahrener Mitarbeiter zunächst Verlust von Know-how, bietet aber andererseits durch die neue Besetzung die Möglichkeit, daß neue Standpunkte, Ideen, wertvolles Wissen über die Konkurrenz etc. in das Unternehmen eingebracht werden.

Regeln

Es können keine expliziten Regeln dazu angegeben werden.

Einsatzmöglichkeiten, Chancen und Risiken

Die Umweltanalyse findet vor allem in Unternehmen Anwendung, deren strategische Position durch den harten Wettbewerb ständig in Frage gestellt wird oder werden könnte. Beobachtet ein Unternehmen konsequent seine Umwelt und seine Beziehungen zur Umwelt, läuft es weniger Gefahr, vom Markt verdrängt zu werden. Die Frage, wie ein Unternehmen auf Umweltveränderungen reagieren soll und kann, läßt sich nur beantworten, wenn man weiß, welche Potentiale einem Unternehmen zur Verfügung stehen. Mit dieser Aufgabe beschäftigt sich die Unternehmensanalyse.

Vorteile von Umweltanalysen:
- althergebrachte Meinungen werden in Frage gestellt
- langfristige Überlegungen werden begünstigt
- fördert die Innovation
- zeigt alternative Standpunkte auf, was aufgrund der Komplexität der Probleme unabdingbar ist

Nachteile der Umweltanalysen:
- Umweltanalysen können die Unternehmensidentität und unternehmerische Initiativen untergraben, wenn dazu, aufgrund der Resultate der Umweltanalyse, eine Anpassung um jeden Preis als Vorwand benutzt wird.
- Umweltanalysen liefern eine solche Fülle an Informationen, so daß es sehr mühsam und zeitaufwendig ist, die momentan für das Unternehmen bedeutsamen Informationen herauszufiltern.

Beispiel

Eine Umweltanalyse kann sich aus einer Expertenanalyse, einer Meinungsumfrage und einer Marktanalyse zusammensetzen.

4.2.3 Kundenanalyse

Methodische Grundlagen

Nur wer seiner Zielgruppe langfristig gute Problemlösungen anbietet, kann auf Dauer am Markt existieren. Kunden können in externe und interne Kunden unterschieden werden. Von externen Kunden spricht man dann, wenn man Nachfrager, Lieferanten, Joint Venture Partner und ehemalige oder potentielle Mitarbeiter betrachtet. Aber auch Gewerkschaften, Politik oder Staat können im weitesten Sinne als externe Kunden mit in den Betrachtungshorizont aufgenommen werden.

4.2 Analyse- und Designmethoden für Unternehmensentwicklung

Sie nehmen auf ihre Weise Einfluß auf die unternehmerischen Aktivitäten. Bei den internen Kunden handelt es sich beispielsweise um Mitarbeiter, Abteilungen oder Bereiche aus dem eigenen Unternehmen, die eine spezielle Leistung nachfragen.

Ablauf

Eine gute Möglichkeit, mehr über die Belange der internen und externen Kunden zu erfahren, sind Gruppendiskussionen. Dabei wird in kleinen Gruppen (bis zu 10 Personen) über Fragen wie

- Produktnutzen,
- pro und contra verschiedener Produkte oder Dienstleistungen,
- likes oder dislikes etc.
  nachgedacht.

Konkrete Problemlösungen sind jedoch nicht zu erwarten. Vielmehr muß sozusagen „zwischen-den-Zeilen-gelesen" werden (vgl. Weissman 1995, S. 109).

Regeln

1. Wünsche oder Klagen der Kunden stehen immer im Vordergrund.
2. Orientiert sich in die Zukunft.
3. Das Ziel ist die ständige Optimierung der angebotenen Leistung.
4. Aus jeder Kritik des Kunden Nutzen ziehen.

Einsatzmöglichkeiten, Chancen und Risiken

Einsatzmöglichkeiten der Kundenanalyse sind bei internen Kunden in den Abteilungen und Bereichen des Unternehmens möglich. Dabei hat das vorrangige Ziel die optimale Bereitstellung von Informationen, Produkten und Dienstleistungen zu sein.

Einsatzmöglichkeiten bei externen Kunden ergeben sich bei Nachfragern, Lieferanten, potentiellen und ehemaligen Mitarbeitern sowie Joint Venture Partnern. Hier hat die primäre Zielsetzung die Erhebung von Einkaufsdaten, Ermittlung des Mediaverhaltens, das Einzugsgebiet, die demographische Struktur sowie Wünsche und Bedürfnisse der Kunden zu sein (vgl. Gabler-Wirtschafts-Lexikon 1993, S. 2001).

Als vorteilhaft ist die Kundenanalyse zu sehen, da sie die relative Bedeutung der einzelnen internen und externen Kunden, im Hinblick auf erzielte Umsätze, Deckungsbeiträge und Erreichung der Zielvorgaben, zeigt (vgl. Bruhn 1990, S. 128).

Beispiel

Ausgewählte Fragen zur Kundenanalyse:
- Bei welchen Gelegenheiten verwenden Ihre Kunden das Produkt oder die Dienstleistung?
- Welchen Grundnutzen bieten Ihre Produkte oder Dienstleistungen?
- Welchen Zusatznutzen?
- Erfüllen Ihre Produkte/Dienstleistungen eine notwendige Funktion?
- Leisten Ihre Produkte/Dienstleistungen mehr oder sind sie besser als nötig?
- Lassen sich durch Weglassen unnötiger Leistungen Preisreduzierungen erreichen, die den Gesamtnutzen erhöhen?
- Werden alle Eigenschaften benötigt?
- Welche zusätzlichen Verbesserungen würden Ihre Produkte/Dienstleistungen noch attraktiver machen?
- Gibt es irgend etwas, das die Funktion besser erbringen kann, auch wenn es derzeit vielleicht noch nicht realisierbar ist?
- Welche Verbesserung würde der Zielgruppe den wahrscheinlich größten Nutzen bringen?
- Wären Sie selbst Kunde, würden Sie Ihr Produkt/Ihre Dienstleistung kaufen? Wenn ja: Was wäre das Hauptargument? Wenn nein: Warum nicht?
- Wie sieht innerhalb Ihres Marktsegments das Idealprodukt aus Kundensicht aus?
- Welche Funktionsstufe könnten bei der Nutzung verbessert werden?
- Kann ein anderer Lieferant die Funktion zu einem günstigeren Preis liefern, ohne die Qualität und Zuverlässigkeit zu beeinträchtigen?
- Gibt es weitere Kriterien, mit denen Sie den Nutzen Ihrer Produkte/Dienstleistungen erhöhen können? (vgl. Weissman 1995, S. 105 ff.).

4.2.4 Produktanalyse

Methodische Grundlagen

Der Lebenszyklus eines Produkts spiegelt den typisch zu erwartenden Verlauf der Umsatz- und Deckungsbeitrags- bzw. Gewinnkurve wieder, und zwar ab dessen Einführung bis zu dessen Entfernung aus dem Angebot eines Unternehmens (vgl. Bea et al. 1994, S. 164 f.).

Idealtypisch gliedert sich der Produktlebenszyklus in die Einführungs-, Wachstums-, Reife- und Sättigungsphase eines Produkts, aus denen sich unterschiedliche Konsequenzen für die absetzbare Menge ergeben.

4.2 Analyse- und Designmethoden für Unternehmensentwicklung

Ziel der Analyse ist es, die zu erwartenden Ressourcen in solche Geschäftsfelder zu lenken, in denen die Marktaussichten günstig erscheinen und die Unternehmen relative Wettbewerbsvorteile nutzen können.

Basierend auf empirischen Studien entwickelte die Boston Consulting Group dazu eine Vier-Feld-Matrix, aus der sich zwei typische Determinanten für die Erfolgspotentiale herauskristallisierten, nämlich der Marktanteil und das Marktwachstum. Die Matrix ergibt sich aus einer Einteilung der Determinanten in niedrig und hoch.

Ablauf

Produktlebenszyklus:
Zur Illustration wird der idealtypische Lebenszyklus eines Produkts herangezogen. Dabei wird die Entwicklung des Erlöses und ergänzend des Gewinns im Zeitablauf betrachtet. Die Zeitachse wird in sechs Phasen unterteilt, deren zeitliche Ausdehnung aus dem Lebenszyklus selbst, d. h. aus der Erlös- und Gewinnkurve abgeleitet wird (Abb. 4.3):

1. Einführungsphase:
   Reicht von der Markteinführung bis zum Erreichen der Gewinnschwelle.
2. Wachstumsphase:
   Erstreckt sich von der Gewinnschwelle bis zum Zeitpunkt des maximalen Gewinns.
3. Reifephase:
   Beginnt im Zeitpunkt des maximalen Gewinns und endet vor dem Zeitpunkt des Erlösmaximums.
4. Sättigungsphase:
   Ist nicht exakt definiert. Sie endet nach dem Zeitpunkt des Erlösmaximums.
5. Verfallsphase:
   Ist nicht exakt definiert.
6. Absterbephase:
   Ist nicht exakt definiert. Endet mit der Herausnahme des Produkts aus dem Markt (vgl. Berndt 1992, S. 28 f.).

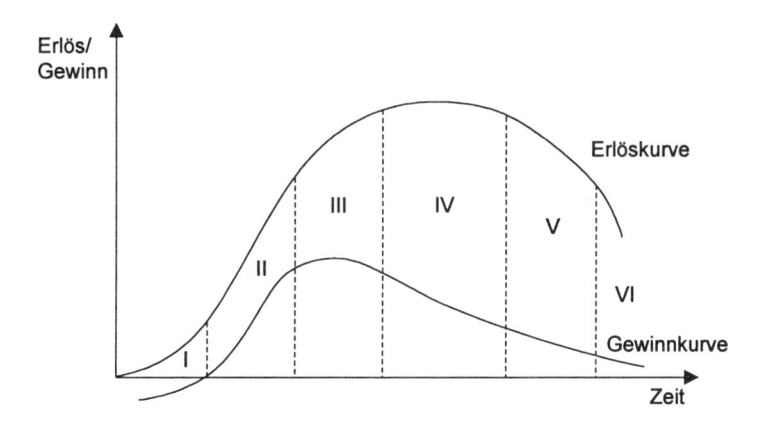

Abb. 4.3 Produktlebenszyklus mit Erlös- und Gewinnkurve (vgl. Wöhe u. Döring 1993, S. 679)

Vier-Feld-Matrix
Der relative Marktanteil wird durch die Relation des eigenen Marktanteils zu dem des größten Konkurrenten bestimmt. Die Marktwachstumsrate kann aus statistischen Untersuchungen abgeleitet werden. Da beide Größen quantifizierbar sind, ist es möglich, die Position, die die strategischen Geschäftsfelder (Produkte) in der Vier-Feld-Matrix einnehmen, durch Kreise zu fixieren. Der auf die strategischen Geschäftsfelder entfallende Umsatzanteil wird zusätzlich durch eine Variation des Durchmessers der Kreise ausgedrückt.

Entsprechend ihrem Standort in der Vier-Feld-Matrix können die strategischen Geschäftsfelder in vier Kategorien eingeteilt werden (Abb. 4.4):

1. Cash Cows:
Zu dieser Kategorie zählen strategische Geschäftsfelder, die zwar einen hohen Marktanteil besitzen, deren Wachstumsaussichten allerdings gering sind. Sie tragen in hohem Maße zur Bildung des derzeitigen Cash flows bei und stellen somit für die Weiterentwicklung des Unternehmens durch finanzielle Unterstützung anderer Geschäftsfelder die wichtigste Grundlage dar. Die entsprechenden Produkte sollen „gemolken" werden, ohne daß hohe Investitionen erforderlich sind.

2. Stars:
Weist ein Produkt einen hohen Marktanteil mit günstigen Wachstumsaussichten auf, zählt es zur Kategorie der Stars. Stars ermöglichen das Unternehmenswachstum und entwickeln sich, sobald das Wachstum nachläßt, zu „Cash Cows". Folglich repräsentieren sie die Geschäftsfelder, die zukünftig zur Erwirtschaftung des Cash flows beitragen.

3. Nachwuchsprodukte:
Die weitere Entwicklung der in diese Kategorie einzuordnenden strategischen Geschäftsfelder ist noch offen. Sie besitzen zwar ein erhebliches Wachstumspotential, der derzeitige Marktanteil ist jedoch noch zu gering, als daß sie Stars wer-

4.2 Analyse- und Designmethoden für Unternehmensentwicklung

den könnten. Ihr Beitrag zum Cash flow ist aufgrund der noch relativ hohen Kosten gering.

4. Problemprodukte:
Zu dieser Kategorie sind die strategischen Geschäftsfelder zu zählen, deren Markt nur noch geringfügig wächst oder sogar schrumpft und die selbst nur relativ gering wachsen oder sogar schrumpfen. Zudem haben sie nur einen relativ geringen Marktanteil und eine schwache Wettbewerbsstellung. Obwohl sie oft noch große Umsatzanteile haben, können sie wegen ihrer sachlichen Kostenposition zu einer erheblichen Verschlechterung des Cash flows führen (vgl. Wöhe u. Döring 1993, S. 146 ff.; sowie Henderson 1995b, S. 286 ff.).

	niedrig	hoch
Marktwachstum hoch	Nachwuchsprodukte („Fragezeichen")	„Stars"
Marktwachstum niedrig	Problemprodukte („dogs")	Milchkühe („Cash Cows")

relativer Marktanteil

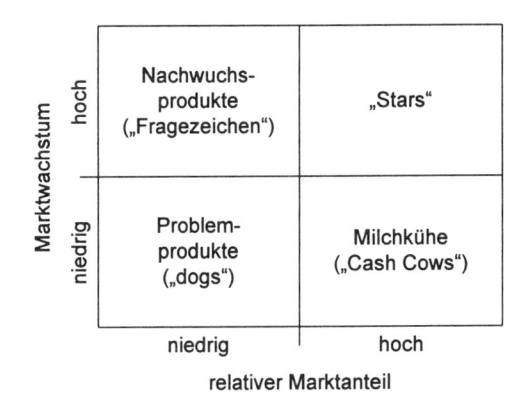

Abb. 4.4 Produktportfolio

Die beiden Instrumente sind anschließend zu kombinieren (Abb. 4.5). Dies ist möglich, da der relative Marktanteil lediglich ein Indikator für das aus der Erfahrungskurve abgeleitete Kostensenkungspotential darstellt. Das Marktwachstum kann als Steigungsmaß des Produktlebenszyklus gedeutet werden.

Regeln

- Viele strategische Geschäftseinheiten benötigen mehr Geld als sie jemals freisetzen.
- Einige strategische Geschäftseinheiten erzeugen mehr Erlös, als man in sie reinvestieren sollte.
- Einige strategische Geschäftseinheiten haben einen ausgeglichenen Cash flow. Sie wachsen und sind die Cash-Erzeuger der Zukunft.
- Die meisten strategischen Geschäftseinheiten verbrauchen wenige Mittel. Sie setzen aber auch wenig frei. Der ausgewiesene Gewinn muß vollständig reinvestiert werden. Diese Geschäfte sind „Cash Fallen".

- Zwischen diesen Kategorien liegt eine Zone der Instabilität. Gleich große Wettbewerber in einem Geschäft bleiben selten lange gleich groß (vgl. Henderson 1995b, S. 286).

Einsatzmöglichkeiten, Chancen und Risiken

Die Produktanalyse kann für alle Produkte eines Unternehmens herangezogen werden.

Vorteile:
Gelingt es, für ein Produkt seine derzeitige Lage im Produktlebenszyklus zu fixieren, so können die Wachstumschancen für die absetzbare Menge geschätzt werden. Folglich kann eine entsprechende Ausrichtung der langfristigen Produktprogrammplanung erfolgen.

Nachteile:
Ein wesentlicher Nachteil dieses Instruments besteht darin, daß empirisch ermittelte Produktlebenszyklen oftmals erheblich von dem idealtypischen Verlauf abweichen, und daß es vorwiegend bei Produkten mit einem sehr langen Produktlebenszyklus häufig nicht gelingt, kurzfristige Schwankungen von einem langfristigen Abwärtstrend zu unterscheiden (vgl. Berndt 1992, S. 30 f.).

Beispiel

Das nachfolgende Beispiel stellt die Kombination von Produktlebenszyklus und Portfolio dar.

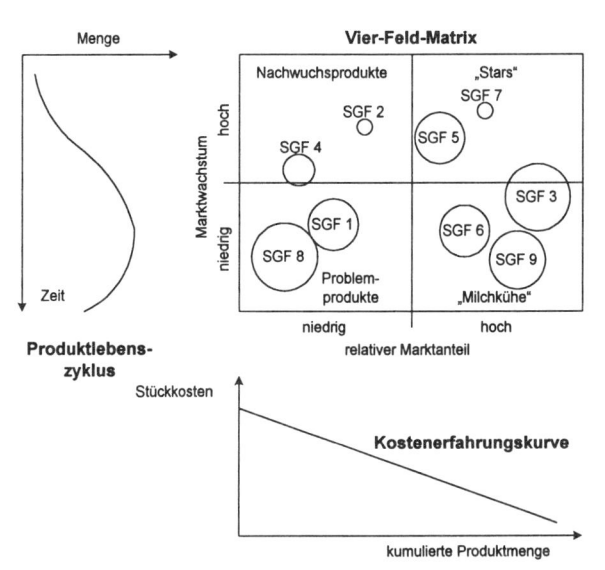

Abb. 4.5 Kombination von Produktlebenszyklus und Produktportfolio (vgl. Wöhe u. Döring 1993, S. 147)

4.2.5
Portfolio-Analyse

Die Portfolio-Analyse kam gemeinsam mit der strategischen Planung in den 70er Jahren auf und hat seitdem in vielen Unternehmen einen festen Platz (vgl. Reibnitz von 1992, S. 16).

Der Begriff des Portfolios stammt aus der Kapitaltheorie und bezeichnet dort die Zusammenstellung eines Wertpapier-Portefeuilles unter Risiko- und Gewinnerwartungsgesichtspunkten (vgl. Mag 1995, S. 160), wobei das Gesamtrisiko der Wertanlage als Summe der Einzelrisiken durch Ausgewogenheit minimiert werden soll. Dieser Grundgedanke einer Risikostreuung wurde auf die Problematik des strategischen Managements übertragen und in der Portfolioanalyse konkretisiert.

Die Portfolio-Matrix der Boston Consulting Group ist die erste und bekannteste Darstellung alternativer Geschäftsfelder.

Aufbauend auf empirischen Studien, aus denen sich zwei typische Determinanten für die Erfolgspotentiale herauskristallisieren, nämlich der Marktanteil und das Marktwachstum, entwickelte die Boston Consulting Group eine Vier-Feld-Matrix.

Methodische Grundlagen

Die Portfolioanalyse versucht, in einer mehrdimensionalen Darstellung einen Überblick über die Marktsituation strategischer Geschäftseinheiten (strategic business unit) zu geben, um daraus Schlußfolgerungen für eine Neuorientierung zu ziehen (vgl. Bruhn 1990, S. 65). Sie stellt den Zusammenhang zwischen Rentabilität, Cash-flow, Verschuldungskapazität, Wachstums- und Dividendenpotential und Wettbewerbsfähigkeit dar. Grundsätzlich kann man sagen, daß das Portfolio ein Diagnoseinstrument ist (vgl. Henderson 1995a, S. 281 f.).

Die Abgrenzung der strategischen Geschäftseinheiten ist der erste Schritt einer Portfolioanalyse. Die strategischen Geschäftseinheiten (SGE) sollen Produktgruppen mit eigenen Chancen, Risiken und Ertragsaussichten definieren. Nach der Abgrenzung der SGEs werden diese in eine Portfolio-Matrix positioniert.

Ablauf

Die nachfolgenden fünf Ablaufschritte sollen die Vorgehensweise der Portfolioanalyse verdeutlichen:

1. Festlegung der Dimensionen (Achsen) des üblicherweise zweidimensionalen Portfolios. Die Abszisse gibt eine unternehmensgesteuerte Größe, die Ordinate eine marktbezogene Größe wieder.
2. Erhebung von Informationen über die Lage der SGEs im zweidimensionalen Raum und graphische Positionierung. Die SGEs können dabei als Kreise darge-

stellt werden, wobei ihre Größe einen Hinweis auf die Marktbedeutung gibt. Dies stellt das Ist-Portfolio dar.
3. Je nach Zuordnung der SGEs im Ist-Portfolio können dann unterschiedliche Normstrategien ausgearbeitet werden. Dabei sind die Unternehmensressourcen, Konkurrenzsituation etc. zu berücksichtigen.
4. In diesem vierten Schritt wird die Soll-Position für den betrachteten Planungshorizont erstellt. Auf diese Weise erhält man das Soll-Portfolio, daß die zukünftig angestrebte Lage der SGEs wiedergibt.
5. In diesem letzten Schritt werden die Normstrategien und das Soll-Portfolio konkretisiert (vgl. Bruhn 1990, S. 66).

Regeln

Im folgenden sollen Kriterien zur Festlegung des relativen Marktanteils, des Wachstums sowie der Einteilung der SGEs in die vier Kategorien der Matrix aufgezeigt werden.

Im Portfolio wird der *relative Marktanteil* wie folgt dargestellt (Abb 4.6):

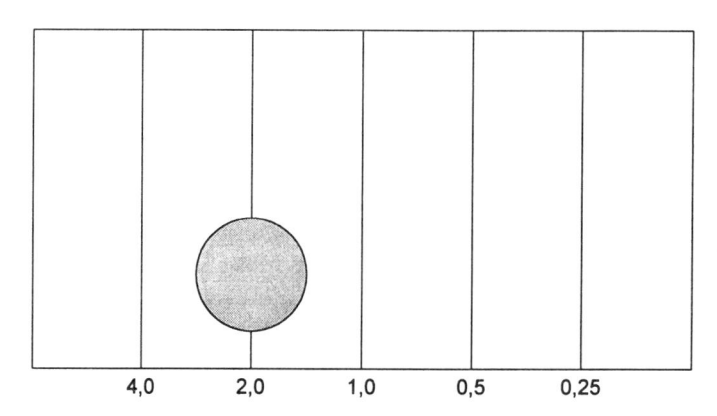

Abb. 4.6 Verhältnis zum Marktanteil des größten Wettbewerbers

Das Portfolio-Konzept ist direkt von der Erfahrungskurve abgeleitet. Die Erfahrungskurve mißt Kostendifferenziale zwischen den Wettbewerbern. Ein doppelt so großer Marktanteil sollte ein Kostendifferential von mindestens 20% oder mehr auf die Wertschöpfung ausmachen. Das entspricht je nach Vermögensumschlag und Wertschöpfungsanteil einem Renditenunterschied von 5 bis 25%. Das Cashflow-Verhalten hängt vom größten Wettbewerber ab.

4.2 Analyse- und Designmethoden für Unternehmensentwicklung

relative Kosten

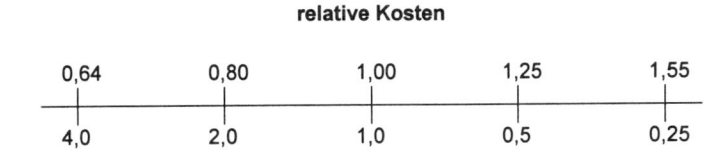

```
0,64      0,80      1,00      1,25      1,55
 |         |         |         |         |
─┼─────────┼─────────┼─────────┼─────────┼─
4,0       2,0       1,0       0,5      0,25
```

relativer Marktanteil
(im Verhältnis zum größten Wettbewerber im Geschäft)

Abb. 4.7 Relative Kosten und relativer Marktanteil

Nur ein einziger Wettbewerber kann sich links von 1,0 befinden. Alle anderen müssen einen kleineren relativen Anteil haben.

Das *Wachstum* kann in Form alternativer Kapitaleinsatzmöglichkeiten dargestellt werden (Abb. 4.8):

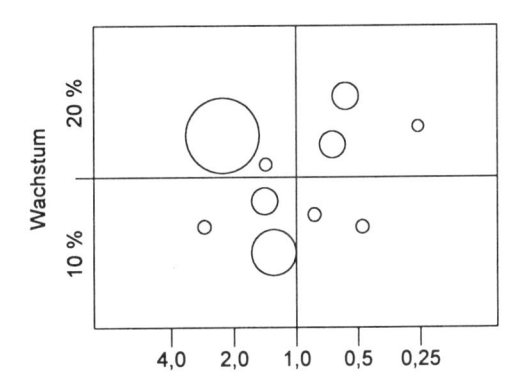

Abb. 4.8 Portfolio zu Marktanteil und Wachstum

Liegt das Wachstum unter dem Schwellenwert der Investitionsverzinsung, dann hat die gegenwärtige Cash-Erzeugung einen höheren Barwert als die zukünftige und umgekehrt. Die Kreisgröße entspricht der Größe des investierten Kapitals (vgl. Henderson 1995b, S. 286 ff.).

Cash Cows sind Geschäftseinheiten, deren Kapitalrendite die Wachstumsrate übersteigt. Sie finanzieren ihr eigenes Wachstum, bezahlen die Dividende und die Gemeinkosten, decken die Zinsen, liefern Investitionsmittel und bestimmen die Verschuldungskapazität. Der wirkliche Wert einer Cash Cow ist ihre Eigenkapitalrendite unter der Annahme, daß das Verhältnis von Fremd- zu Eigenkapital so hoch ist, daß die Kosten in Prozent vom Umsatz genau so hoch sind wie die des nächsten Wettbewerbers. Der Wert der Cash Cow wird durch die Kapitalrendite alternativer Investitionsmöglichkeiten im Portfolio bestimmt. Sie ist der Zinssatz zur Bestimmung des Barwertes der Cash Cow (vgl. Henderson 1995c, S. 292 ff.).

Der Marktführer in einem schnell wachsenden Markt ist ein *Star*. Er zeigt ausgezeichnete Gewinne. Der eigentliche Wert jedes Produktes oder jeder Dienstleistung mißt sich am Barwert der Cash-Rückflüsse abzüglich der Reinvestitionen. Für den Star liegen diese Cash-Rückflüsse in der Zukunft. Um den echten Wert zu ermitteln, müssen diese Rückflüsse mit dem Zinssatz alternativer Anlagemöglichkeiten abgezinst werden. Beim Star zählt nur der künftige Cash-Rückfluß und nicht der gegenwärtig ausgewiesene Gewinn (vgl. Henderson 1995d, S. 295 f.).

In schnell wachsenden Märkten wird jedes Geschäft des Portfolios als *Fragezeichen* bezeichnet, das einem oder mehreren Konkurrenten unterlegen ist. Zwischen Cash-Erzeugung und Wettbewerbsposition besteht ein direkter Zusammenhang. Es müssen große Investitionen getätigt werden, nur um mit dem Marktwachstum Schritt zu halten. Ein Fragezeichen in einer unveränderten Position zu halten ist sehr teuer: Der Cash-flow ist stark negativ.

In der Regel ist es ratsam, sich aus diesen Kategorien des Portfolios zurückzuziehen, wenn

- die Ressourcen für eine langfristig aggressive Strategie nicht ausreichen und
- eine Spezialisierung nicht möglich ist.

Die *Problemprodukte* verbrauchen mehr Cash als sie erwirtschaften. Investitionen in diese Produkte führen meist zu weiteren Cash-Verlusten. Um dem zu entgehen, muß man entweder alle weiteren Investitionen einstellen oder den Cashflow maximieren bzw. so hohe Investitionen tätigen, daß das Produkt zum Marktführer wird (vgl. Henderson 1995e, S. 297 ff.).

Einsatzmöglichkeiten, Chancen und Risiken

Das Portfolio kann praktisch in jedem diversifizierten Unternehmen eingesetzt werden (vgl. Henderson 1995a, S. 281).

Die *Vorteile* der Vier-Feld-Matrix sind darin zu sehen, daß sie leicht zu handhaben und ihr Informationsbedarf leicht zu bewältigen ist. Außerdem stellt die Portfolio-Methode ein hervorragendes Instrument dar, um die derzeitige Situation eines Unternehmens mit seinen verschiedenen strategischen Geschäftseinheiten in Relation zum Wettbewerb darzustellen.

Als *Nachteil* muß man die Beschränkung der Betrachtung auf zwei Faktoren sehen. Problematisch ist auch die Fixierung der Grenzen zwischen „niedrig" und „hoch"; das wird dadurch noch verstärkt, daß durch die einfache Einteilung viele Geschäftsfelder Mittelpositionen einnehmen, also auf der Grenze zwischen zwei Kategorien liegen. Für diese Geschäftsfelder gibt es nämlich keine Normstrategien (vgl. Wöhe 1993, S. 149).

Ein weiterer Nachteil ist, daß das Zukunfts- oder Soll-Portfolio lediglich aus dem Ist-Portfolio abgeleitet wird. Beispiel: Man hat auf der Basis des Ist-Portfolios erkannt, daß man mit einigen strategischen Geschäftseinheiten in un-

4.2 Analyse- und Designmethoden für Unternehmensentwicklung

günstigen Feldern des Portfolios positioniert ist. Um nun der Geschäftsleitung ein gutes Soll-Portfolio zu präsentieren, werden vielfach nach dem Prinzip Hoffnung die ungünstig positionierten strategischen Geschäftseinheiten in die hoffnungsvolle „Star-Ecke" geschoben. Die Basis für diese Positionierung war aber keine ausgefeilte Zukunftsstrategie, sondern lediglich Wunschdenken und es bleibt nach wie vor die Frage im Raum stehen, welche Strategie verfolgt werden muß, um in einigen Jahren tatsächlich in der „Star-Position" operieren zu können.

Ein weiteres Problem besteht darin, daß man versucht, aus der Portfolio-Analyse sogenannte Normstrategien, wie z. B. Investitions- oder Desinvestitionsstrategien abzuleiten. Um jedoch entscheiden zu können, ob man in einem Bereich investiert oder desinvestiert, muß man weit fundiertere Zukunftsinformationen vorliegen haben, als dies ein Ist- und Soll-Portfolio bieten kann (vgl. Reibnitz von 1992, S. 16 f.).

Beispiel

Die Boston Consulting Group entwickelte, aufbauend auf empirischen Studien, aus denen sich zwei typische Determinanten für die Erfolgspotentiale herauskristallisieren, nämlich der Marktanteil und das Marktwachstum, eine Vier-Feld-Matrix, die im folgenden beispielhaft dargestellt werden soll.

Der relative Marktanteil wird dabei durch die Relation des eigenen Marktanteils zu dem des größten Konkurrenten bestimmt. Die Marktwachstumsrate kann aus statistischen Untersuchungen abgeleitet werden. Da beide Größen quantifizierbar sind, kann man die Position der SGEs in der Vier-Feld-Matrix durch Kreise darstellen. Dabei wird der auf die einzelnen SGEs entfallende Umsatzanteil durch eine Variante des Durchmessers der Kreise zum Ausdruck gebracht (vgl. Wöhe 1993, S. 146 f.).

Entsprechend ihrem Standort in der Matrix können die strategischen Geschäftsfelder in vier Kategorien eingeteilt werden (siehe Kap. 4.2.4). Aus der Einordnung in die verschiedenen Kategorien können sogenannte Normstrategien abgeleitet werden.

Für die strategischen Geschäftsfelder, die zur Kategorie der Nachwuchsprodukte gerechnet werden, kann zwischen einer Offensiv- und einer Defensivstrategie gewählt werden. Sofern es unter den gegebenen Wettbewerbsbedingungen möglich erscheint, sollte das Unternehmen versuchen den Marktanteil deutlich zu steigern, um somit eine günstigere Kostensituation zu erreichen. Ist dies nicht möglich, sollte man das Geschäftsfeld aufgeben.

Zur Beseitigung des negativen Einflusses der Problemprodukte auf den Cashflow muß das Unternehmen eine mittelfristige Desinvestitionsstrategie verfolgen. Der für diese Geschäftsfelder typische hohe Umsatzanteil läßt einen kurzfristigen Rückzug in der Regel jedoch nicht zu.

Bei den strategischen Geschäftsfeldern, die zu den „Cash Cows" gerechnet werden, muß geprüft werden, ob die finanziellen Mittel, die zur Erhaltung des hohen Marktanteils aufgewendet werden müssen (Konsolidierungsstrategie), den

Cash-flow dieser Geschäftsfelder nicht so stark mindern, daß ein Festhalten an dieser Strategie nicht mehr gerechtfertigt ist und statt dessen eine Desinvestitionsstrategie eingeleitet werden sollte. Der Cash-flow dieser Geschäftsfelder, ergänzt um die liquiden Mittel, die durch die Liquidation der Geschäftsfelder der Kategorie Nachwuchs- und Problemprodukte frei werden, ist vor allem zur Finanzierung der Investitions- und Wachstumsstrategien der zur Kategorie „Stars" zählenden Geschäftsfelder einzusetzen (vgl. Wöhe 1993, S. 148 f.).

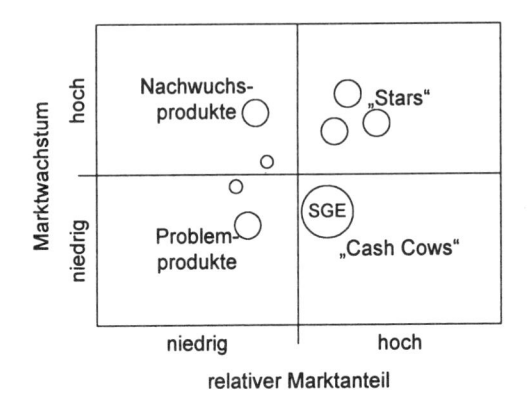

Abb. 4.9 Bewertetes Produktportfolio (vgl. Wöhe u. Döring 1993, S. 147)

4.2.6 Strategieentwicklung

Methodische Grundlagen

Der Begriff „Strategie" stammt vom griechischen Wort „stratēgós", das übersetzt so viel wie „Heerführer" bedeutet. Heute versteht man unter Strategie „Maßnahmen zur Sicherung des langfristigen Erfolgs eines Unternehmens" (Bea u. Haas 1995, S. 46).

Der Planung werden folgende Merkmale zugeschrieben:
- geordneter Prozeß
- informationsverarbeitende Vorgänge
- Entwürfe
- Erreichung von Zielen
- zukunftsbezogen

4.2 Analyse- und Designmethoden für Unternehmensentwicklung

Aus diesen Merkmalen läßt sich Planung formulieren als „ein geordneter, informationsverarbeitender Prozeß zur Erstellung eines Entwurfs, welcher Größen für das Erreichen von Zielen vorausschauend festlegt" (Bea et al. 1993, S. 21).

Folglich ist die strategische Planung „ein informationsverarbeitender Prozeß zur Abstimmung von Anforderungen der Umwelt mit den Potentialen des Unternehmens in der Absicht, mit Hilfe von Strategien den langfristigen Erfolg eines Unternehmens zu sichern" (Bea u. Haas 1995, S. 46).

Als zentrale Begriffe lassen sich aus der Definition zur strategischen Planung herausarbeiten (vgl. Bea u. Haas 1995, S. 46):

- Strategie
- Anforderungen der Umwelt
- Potentiale des Unternehmens
- Langfristiger Erfolg
- Informationsverarbeitender Prozeß
- Abstimmung von Umwelt und Unternehmen

Ablauf

In Anlehnung an das Phasenschema der Planung unterscheidet man bei der strategischen Planung die Komponenten

1. Zielbildung
2. Umweltanalyse
3. Unternehmensanalyse
4. Strategiewahl
5. Strategieimplementierung

Umweltanalyse und Unternehmensanalyse werden zusammen auch als strategische Analyse bezeichnet. Aufbauend auf den oben genannten Komponenten läßt sich folgender strategischer Planungsprozeß entwickeln (Abb. 4.10). Die Reihenfolge soll dabei nicht als Norm verstanden werden. Vielmehr ist der Prozeß der strategischen Planung von multioperationalen, multipersonalen, multitemporalen sowie Mehrfachdurchläufen gekennzeichnet.

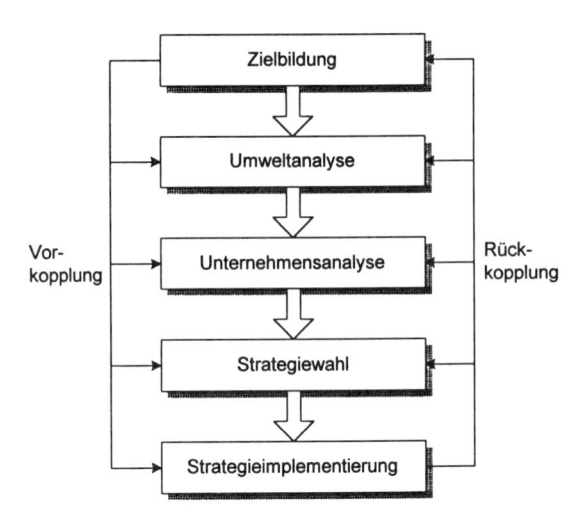

4 Methoden zur Unternehmenentwicklung, Organisation und EDV

Abb. 4.10 Strategischer Planungsprozeß

Bei dem zuvor dargestellten strategischen Planungsprozeß wird die strategische Kontrolle als ein planungsbegleitender Vorgang interpretiert und somit als eigenständiger Aufgabenbereich betrachtet (vgl. Bea u. Haas 1995, S. 49 f.).

Regeln

Die Umweltfaktoren stellen wichtige Elemente bei der Strategieplanung dar. Als wichtiger externer Faktor gilt der Marktanteil. Als wichtige interne Faktoren gelten der technologische Fortschritt, die Rationalisierungsbemühungen, die Größendegression („Economics of Scale"), die Nutzung der Fähigkeiten und das Lernvermögen der Mitarbeiter sowie die Aus- und Weiterbildung. Weitere Kontextfaktoren sind (vgl. Hentze u. Brose 1985, S. 147 f.):

1. Ökonomische Bedingungen
   - Entwicklung des Bruttosozialprodukts
   - Zinsraten
   - Wirtschaftsstruktur
2. Anbieter-Variablen
   - Anbieter-Konzentration
   - Technologische Entwicklungen
   - Größere Veränderungen von Handelsbedingungen
3. Variablen des Marktes und des Kundenverhaltens
   - Studium der Produktlebenszyklen
   - Marktgröße und -potential
   - Marktsegmentation
   - Nachfrageelastizität

4. Branchenstruktur-Variablen
- Art des Produkts
- Ausmaß der Produktdifferenzierung
- Preis/Kostenstruktur
- Kostendegressionsmöglichkeiten (Skalenerträge)
- Ausmaß der Automation
- Rate des technologischen Produktwandels
- Marktzutrittsbarrieren

Einsatzmöglichkeiten, Chancen und Risiken

Eine Strategieentwicklung kann für ein Unternehmen, eine Unternehmenseinheit, einen Bereich, eine Abteilung etc. erstellt werden.

Der Vorteil besteht im Entwickeln und Kennenlernen von Handlungsmöglichkeiten, die aufgrund der Strategieentwicklung aufeinander abgestimmt sind.

Als Nachteile sind insbesondere der Aufwand für die Erstellung und die Erprobung in Marktsegmenten zu nennen.

Beispiel

Basierend auf dem Ansoff'schen Entwurf von Strategiearten kann die folgende Klassifizierung vorgenommen werden (vgl. Bea u. Haas 1995, S. 154):

1. Entwicklungsrichtung
   – Wachstumsstrategie
   – Stabilisierungsstrategie
   – Schrumpfungsstrategie
2. Produkt-Markt-Kombination
   – Marktdurchdringungsstrategie
   – Marktentwicklungsstrategie
   – Produktentwicklungsstrategie
   – Diversifizierungsstrategie
3. Organisatorischer Geltungsbereich
   – Unternehmensstrategie (corporate strategy)
   – Geschäftsbereichsstrategie (business strategy)
   – Funktionsbereichsstrategie (functional strategy)
4. Ansatzpunkte für Wettbewerbsvorteile
   – Kostenführerstrategie (overall cost leadership)
   – Differenzierungsstrategie (differentiation)
   – Nischenstrategie (focus)
5. Geltungsbereich nach Funktionen
   – Beschaffungsstrategie
   – Produktionsstrategie
   – Absatzstrategie

- Finanzierungsstrategie
- Personalstrategie
- Technologiestrategie
6. Regionaler Geltungsbereich
   - Lokale Strategie
   - Nationale Strategie
   - Internationale Strategie
   - Globale Strategie
7. Grad der Eigenständigkeit
   - Do-it-yourself-Strategie
   - Kooperationsstrategie
   - Akquisitationsstrategie

4.3 Analyse- und Designmethoden für Organisation

4.3.1 Situationsanalyse

Methodische Grundlagen

Die Situationsanalyse ist eine Art „Lagebeurteilung", bei der den Umweltfaktoren des Projekts eine besondere Rolle zukommt (vgl. Aggteleky u. Bajna 1992 S. 131).

Unter der Situationsanalyse versteht man die systematische Durchleuchtung oder Analyse einer intuitiv als problematisch empfundenen Gegebenheit oder eines im Projektauftrag angegebenen Sachverhaltes (Situation) zu Beginn der Planungstätigkeit.

Der Zweck einer Situationsanalyse ist es, den betrachteten Bereich mit der für die Problemdefinition notwendigen Transparenz abzubilden und die Möglichkeiten und Grenzen der für den Lösungsprozeß in Frage kommenden Handlungseinheiten zu analysieren.

Die zu betrachtenden Bereiche müssen folglich so strukturiert werden, daß die Problemsituation erkennbar und eine entsprechende Definition ermöglicht wird. Um dies zu erreichen, müssen zunächst Fakten gesammelt, gegliedert und zueinander in Beziehung gesetzt werden. Des weiteren müssen Ursachen und Ursachenketten sichtbar gemacht werden. Von der herkömmlichen Ist-Aufnahme unterscheidet sich die Situationsanalyse durch Einbeziehung von Zukunfts- und Umweltaspekten.

Ablauf

Eine Situationserfassung kann in folgenden drei Schritten durchgeführt werden (vgl. Keßler u. Winkelhofer 1997, S. 182 f.):

1. Stellen Sie eine Gruppe zur Situationserfassung zusammen, die möglichst heterogen zusammengesetzt ist, damit viele unterschiedliche und auch kontroverse Sichtweisen auf die Ausgangssituation deutlich werden können.
2. Legen Sie eine Struktur fest, nach welcher die Informationen gesammelt und gegliedert werden sollen, z. B.:
   - Tatsachen, Daten, Fakten (z. B.: am 1.1. ist Neujahr),
   - Ereignisse, Vorkommnisse (z. B. Herr Meier kündigte am 28.4.),
   - Veränderungen, die eingetreten sind (z. B. Dollarkurs gestiegen von 1,40 auf 1,70 DM),
   - Meinungen, Wertungen (z. B. unsere Produkte sind zu teuer, wir müssen schneller werden),
   - Probleme, Schwierigkeiten (z. B. Sicherung der Finanzierung),
   - Beteiligte und Betroffene,
3. Die Gruppe sammelt und ordnet die vorhandenen Informationen den einzelnen Gliederungspunkten zu.

Eine Situationsstrukturierung kann in folgenden fünf Schritten organisiert werden (vgl. Keßler u. Winkelhofer 1997, S. 183 f.):

1. Klären: Welche Aussagen der Situationsbeschreibung (Tatsachen, Fakten, Daten, Ereignisse, Veränderungen, Meinungen, Schwierigkeiten, Betroffene) stehen in einem thematischen Zusammenhang?
2. Bilden Sie aus diesen zusammenhängenden Aussagen Themenfelder (Segmente, Cluster). Formulieren Sie für jedes Themenfeld eine zusammenfassende *Aussage* (kein Schlagwort!).
3. Wiederholen Sie die Schritte 1 und 2 bis alle Aussagen strukturiert sind.
4. Überprüfen Sie, ob nach der jetzt sichtbaren Struktur wichtige Sichtweisen, Daten, Fakten, Ereignisse, Veränderungen fehlen. Wenn ja, wiederholen Sie die diesbezüglichen Schritte (Situationserfassung und Situationsstrukturierung).
5. Legen Sie fest, zu welchen Feldern Sie ihre Informationsbasis verbessern wollen und wie dies geschehen wird. (Wer beschafft welche Information in welcher Qualität bis zu welchem Termin?)

Regeln

Die Situationsanalyse ist eine Art „Lagebeurteilung", bei der die Umweltfaktoren des Projekts eine Rolle spielen. Die Analyse ist aus dem Blickfeld des übergeordneten Systems, z. B. der Unternehmensstrategie, vorzunehmen und beruht auf einer vorausschauenden ganzheitlichen Betrachtungsweise. Dies gilt sowohl für die Bedarfsermittlung als auch für die Erfassung der bestehenden Gegebenheiten und vorhandenen Möglichkeiten. Die Betrachtung des Umfeldes ist gleichzeitig eine partielle Durchleuchtung des übergeordneten Systems. Dabei sind folgende Fragestellungen bedeutsam:

- Entspricht der Ist-Zustand des übergeordneten Systems dem neuesten Stand der Anforderungen oder ist auch hier eine Aktualisierung anzustreben?
- Erfordert die Verwirklichung des Vorhabens Modifikationen im übergeordneten System? Wenn ja, welche?
- Welche Vor- und Nachteile oder eventuelle Risiken entstehen durch die Zielvorstellung und welche, wenn das Vorhaben nicht durchgeführt wird?
- Welche Alternativkonzepte und Ausweichmöglichkeiten bieten sich an?

Die Aufgaben der Situationsanalyse sind das Erkennen und Ableiten der eigentlichen Problematik aus dem deklarierten Bedarf, die Abgrenzung des Problemfeldes und das Erstellen einer stichhaltigen Problemdefinition. Die primär empfundenen Mängel und der Bedarf, die die Projektidee ausgelöst haben, erweisen sich dabei oft lediglich als Symptome, aus denen die eigentlichen Ursachen und Ansatzpunkte zu ermitteln sind (vgl. Aggteleky u. Bajna 1992, S. 131 f.).

Beispiel

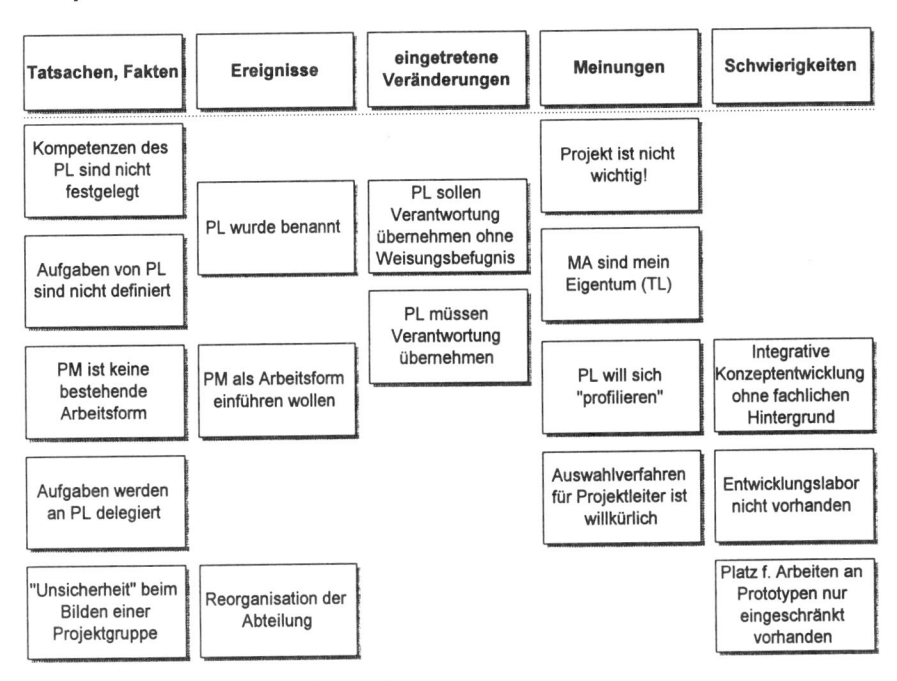

Tatsachen, Fakten	Ereignisse	eingetretene Veränderungen	Meinungen	Schwierigkeiten
Kompetenzen des PL sind nicht festgelegt			Projekt ist nicht wichtig!	
	PL wurde benannt	PL sollen Verantwortung übernehmen ohne Weisungsbefugnis		
Aufgaben von PL sind nicht definiert			MA sind mein Eigentum (TL)	
		PL müssen Verantwortung übernehmen		
PM ist keine bestehende Arbeitsform	PM als Arbeitsform einführen wollen		PL will sich "profilieren"	Integrative Konzeptentwicklung ohne fachlichen Hintergrund
Aufgaben werden an PL delegiert			Auswahlverfahren für Projektleiter ist willkürlich	Entwicklungslabor nicht vorhanden
"Unsicherheit" beim Bilden einer Projektgruppe	Reorganisation der Abteilung			Platz f. Arbeiten an Prototypen nur eingeschränkt vorhanden

Abb. 4.11 Beispiel einer Situationsanalyse

4.3.2
Problemanalyse

Methodische Grundlagen

Ein Problem läßt sich allgemein als eine Abweichung der angestrebten Sollzustände (Planziele) von der gegenwärtigen oder zukünftigen Realität beschreiben. Vergangenheits- oder Gegenwartsinformationen können durch eine Lagediagnose über die Unternehmung und über das Umsystem gewonnen werden. Es erfolgt eine Zustandsbeschreibung und -analyse der Stärken und Schwächen der Unternehmung einerseits und eine Identifikation und nähere Untersuchung der unternehmungsrelevanten Einflußgrößen andererseits. Bezogen auf Planungsebenen stehen operativ interne Informationen im Mittelpunkt. Als wichtige Quellen können Ergebnis-, Planfortschritt- und Prämissenkontrollen angesehen werden. Umsysteminformationen spielen dagegen bei der strategischen Planung die entscheidende Rolle. Die Lageprognose dient zur Aufdeckung zukünftiger Schwierigkeiten bzw. Gefahren und Risiken, aber auch sich bietender Chancen.

Die Problemerkenntnis erfolgt durch eine Gegenüberstellung vom Zielsystem und Prognoseergebnissen, wobei mögliche Ziellücken aufgedeckt werden sollen (vgl. Hentze et al. 1993, S. 72 f.).

Ablauf

Das hier beschriebene Verfahren der Problemanalyse ist Teil der zielorientierten Projektplanung. Mittels Problemanalyse werden für eine gegebene Situationsstrukturierung die wichtigsten Probleme identifiziert und auf ein bzw. mehrere Kernprobleme hin ausgerichtet.

Das Verfahren kann sich der Techniken der Kartenabfrage und Clusterung mit anschließender themenorientiert-analytischer Kleingruppenarbeit bedienen. Ergebnis der Problemanalyse ist eine Problemhierarchie, in deren Zentrum ein Kernproblem benannt wird, dem zum einen Ursachenkomplexe, zum anderen Folgekomplexe eindeutig zugeordnet werden können. Methodisch ist die Problemanalyse Grundlage der Zielbildung. Gleichzeitig dient sie aber auch dazu, die Problematik kommunizierbar zu machen.

Die Vorgehensweise für eine Problemanalyse und -strukturierung kann in acht Schritte unterteilt werden:

1. Kartenabfrage nach erkannten, erlebten, empfundenen Problemen.
2. Clustern nach Themengruppen und Überschriftensuche.
3. Identifikation einer der Clusterüberschriften als Kernproblem.
4. Zuordnung der anderen Überschriften als Ursachen oder Wirkung des Kernproblems.
5. Vervollständigen von Ursachen und Wirkungen

6. Bildung von Arbeitsgruppen (je Cluster eine Gruppe).
7. Kausale Strukturierung und Ergänzung der Teilprobleme durch die Arbeitsgruppen.
8. Zusammenführen und Abgleichen der Ergebnisse im Plenum (vgl. Mees et al. 1993, S. 155 f.).

Regeln

Zur Lösung des Problems muß zunächst eine möglichst exakte Problemformulierung aufzeigen, was zur Lösung des Problems erreicht werden muß, ohne bereits bestimmte Lösungswege vorzuzeigen oder auszuschließen.

Für einzelne, neuartige und besonders komplexe Probleme mit einem weiteren Planungshorizont empfiehlt sich eine frühzeitige Schätzung des Kosten- und Zeitaufwands (vgl. Hentze et al. 1993., S. 74).

Einsatzmöglichkeiten, Chancen und Risiken

Das Verfahren der Problemanalyse und -strukturierung kann bei allen auftretenden Problemen eingesetzt werden.

Vorteile:
- Gibt das Problembild der Beteiligten wieder.
- Ergibt ein unmittelbar in einen Zielbaum umdefinierbares Ergebnis.
- In der Struktur übersichtlich, gute Orientierung möglich.

Nachteile:
- Zeitaufwendiges Verfahren.
- Das Ergebnis ist eine auf ein bestimmtes Problem zentrierte Sichtweise.
- In der Ausdehnung unübersichtlich (vgl. Mees et al. 1993, S. 156).

Beispiel

Die Abb. 4.12 zeigt ein Problemnetz aus dem Bereich.

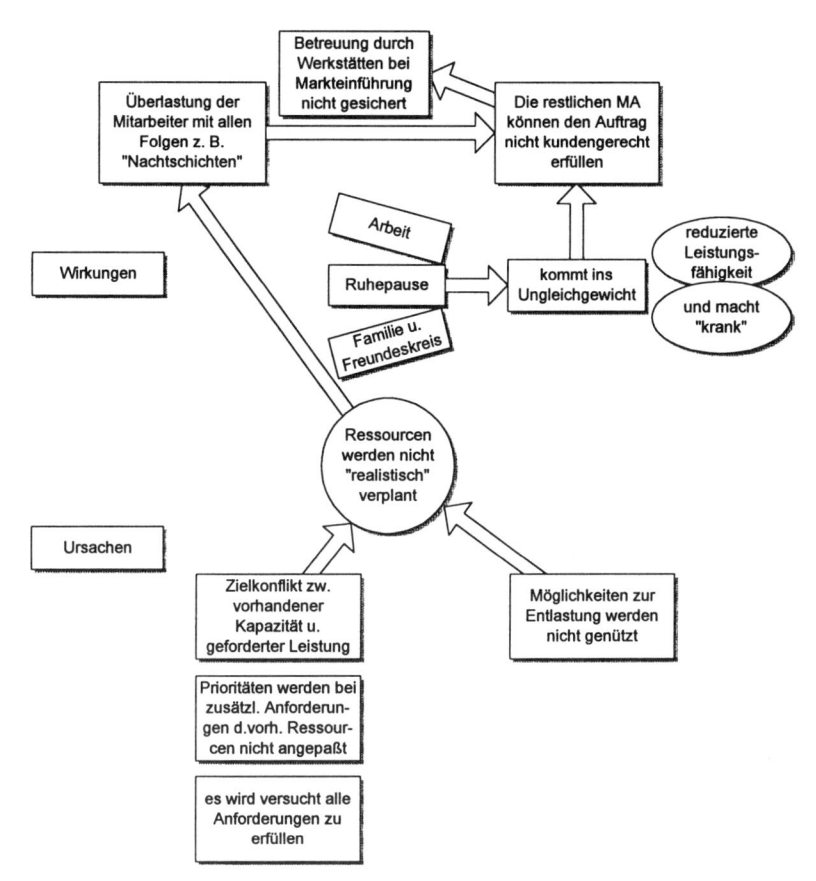

Abb. 4.12 Problemnetz

4.3.3 Ursachen-Wirkungs-Analyse

Methodische Grundlagen

Das Verhalten eines komplexen Systems läßt sich nicht zufriedenstellend aus den Ergebnissen der Analyse der isolierten Systemteile rekonstruieren. Deshalb ist es von entscheidender Bedeutung, das gesamte Systemverhalten zu beobachten, um bestimmte Verhaltensweisen, die in unterschiedlichen Situationen, zu unterschiedlichen Zeitpunkten und/oder unter unterschiedlichen Umgebungsbedingungen wiederkehren, zu erkennen. Diesen Verhaltensmustern liegen meist Wirkungsverläufe zwischen einzelnen Objekten zugrunde. Dabei liegen selten rein lineare Ursachen-Wirkungs-Zusammenhänge vor. Vielmehr existieren zirkuläre Verknüpfungen, die positive als auch negative Rückkoppelungen mit sich bringen können. Auf diese Weise entsteht in einem komplexen System eine hohe Anzahl von miteinander verknüpften und aufeinander einwirkenden Regelkreisen, die das System oder einzelne Teile davon ebenso stabilisieren wie destabilisieren können (vgl. Heinbokel u. Schleidt 1993, S. 63).

Die Ursachen-Wirkungs-Zusammenhänge müssen also verstanden und aktualisiert werden, um die Unterstützung aller Entscheidungsträger bei anzustrebenden Veränderungen zu gewinnen. Das Verständnis von Ursachen-Wirkungs-Zusammenhängen ist in Organisationen zur Unterstützung des Managements absolut vonnöten. Nur ein tiefgreifendes Verständnis der Ursachen-Wirkungs-Zusammenhänge erlaubt ein dauerhaftes, starkes Engagement der Organisation (vgl. Lochridge 1995, S. 236).

Ablauf

Um Probleme dauerhaft zu lösen, ist es wichtig, zuerst die Ursachen herauszufinden. Wie oben bereits erläutert wurde, gehen viele Probleme auf eine Reihe unterschiedlicher Ursachen zurück. Um die Ursachen eines Problems systematisch zu erfassen, ist es ratsam, nach den grundsätzlichen Einflußgrößen Mensch, Material, Methode und Maschine zu unterscheiden. Dabei sollen jeweils Art des Problems, Ort und Zeitpunkt des Auftretens sowie Problemumfang untersucht werden. Danach werden die Abhängigkeiten zwischen Ursachen und Wirkungen in einem Ursachen-Wirkungs-Diagramm dargestellt.

Vorgehensweise (vgl. Mees et al. 1993, S. 152 f.):
1. Problemdefinition
2. Festlegung der Problemhauptursachen
3. Brainstorming zu Einzelursachen
4. Selektion der wahrscheinlichsten Ursachen
5. Überprüfung und Lösungssuche.

Regeln

Um die Umwelt nach Ideen, Informationen und Zusammenhängen abzuklopfen, Annahmen zu überprüfen und um die Ursachen-Wirkungs-Zusammenhänge zu artikulieren, bedarf es einiger Voraussetzungen:
- Zuverlässige und präzise Informationsquellen
- Intensiver Kontakt zum Kunden
- Herausarbeitung von Ursachen-Wirkungs-Zusammenhänge
- Ständige Überprüfung der Annahmen
- Gezielte Suche nach neuen Ideen, Informationen und Zusammenhängen (vgl. Lochridge 1995, S. 236 f.).

4.3 Analyse- und Designmethoden für Organisation

Einsatzmöglichkeiten, Chancen und Risiken

Die Ursachen-Wirkungs-Analyse wird vorwiegend in Qualitätszirkeln eingesetzt. Sie kann aber grundsätzlich bei allen angestrebten Optimierungsprozessen zum Einsatz kommen.

Vorteile:
- Die Innovationskraft und Kreativitätsfreudigkeit werden stimuliert und gesteigert.
- Einfache, übersichtliche und leicht handhabbare Technik.
- Zwang zum methodischen Vorgehen.

Nachteile:
- Weniger geeignet für sehr komplexe Probleme.
- Die Einflußursachen (horizontale Logik) und Einflußgrößen (diagonale Logik) sind nicht immer eindeutig abzugrenzen (vgl. Mees 1993, S. 153).

Beispiel

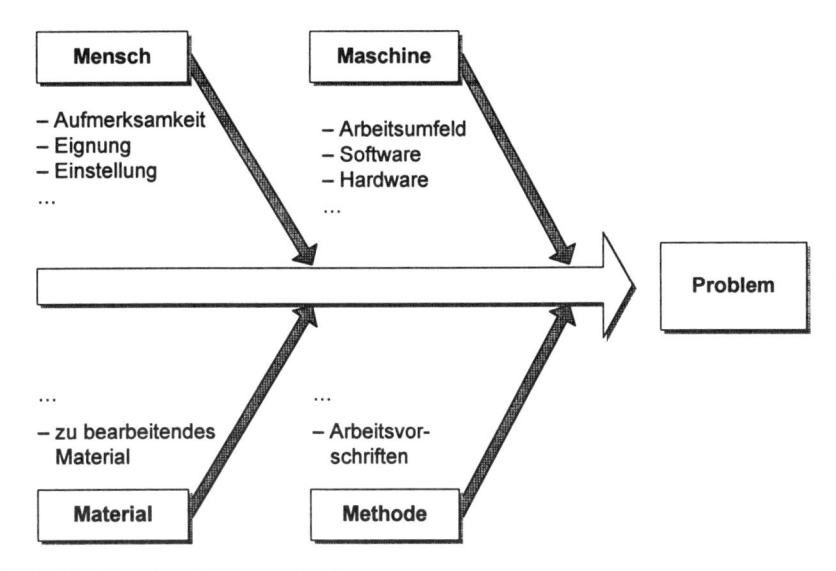

Abb. 4.13 Ursachen-Wirkungs-Analyse

4.3.4 Prozeßkettenanalyse

Methodische Grundlagen

Die Prozeßketten bilden die grundlegende Einheit des Unternehmens, da die eigentliche Tätigkeit im Rahmen von Prozeßketten abgewickelt wird.

Die Prozeßkettenanalyse ist eine einfache und pragmatische Methode, mit der es möglich ist, Zusammenhänge der einzelnen Arbeitsabläufe und den Informationsfluß zwischen den Abläufen bildhaft darzustehen. Durch diese Darstellung werden die Gesamtzusammenhänge deutlich.

Die Ziele der Prozeßkettenanalyse sind:

- den Ist-Zustand zu visualisieren
- Prozeßtransparenz schaffen
- die Komplexität der Prozeßketten sichtbar machen
- lernen, in Prozeßketten zu denken
- Doppelarbeiten erkennen und beseitigen
- Reibungsverluste erkennen und beseitigen
- Schnittstellen dokumentieren
- Informationsfluß darstellen
- Veränderungsbereitschaft bei den Mitarbeitern erzeugen und verbessern
- Basis für die Konzeption schaffen.

Im Rahmen der weiteren Ausführungen sind einige zentrale Begrifflichkeiten zu klären:

- Gesamtprozeß
  Summe aller Prozeßketten im Unternehmen.
- Kernprozeß
  Kernprozesse sind die wichtigsten Prozeßketten in einem Unternehmen.
- Prozeßkette
  Aneinanderreihung von Arbeitsabläufen in der Reihenfolge der Bearbeitung.
- Arbeitsablauf
  Aneinanderreihung von Arbeitsgängen in der Reihenfolge der Bearbeitung.
- Arbeitsgang
  Einzelne Tätigkeit innerhalb eines Arbeitsablaufs, wie z. B. zeichnen, planen, buchen, prüfen etc.
- Datenelement
  Kleinste Informationseinheit bei der Abwicklung von Arbeitsgängen wie z. B. Belegnummer, Betrag, Teilenummer, Zeichnungsnummer etc.
- Schnittstelle
  Verbindungen zwischen den Arbeitsabläufen.

4.3 Analyse- und Designmethoden für Organisation

Ablauf

1. Erstellung der Kernprozeßübersicht
   - Erfassung aller Arbeitsabläufe pro Abteilung in einem Formular. Dafür verantwortlich ist der Abteilungsleiter. Die Festlegung der Abläufe erfolgt in Zusammenarbeit mit dem Abteilungsleiter, Teamleiter, Meister, Prozeßberater, Prozeßunterstützer und Mitarbeiter. Anhaltspunkte für die Definition der Arbeitsabläufe bieten die Tätigkeitsauflistungen aus der Arbeitsplatzanalyse.
   - Priorisierung der Arbeitsabläufe
     – Priorität 1:
     Abläufe, die zur Erfüllung der Aufgaben einer Abteilung unbedingt notwendig sind.
     – Priorität 2:
     Abläufe, die zur Erfüllung der Aufgaben einer Abteilung wichtig sind.
     – Priorität 3:
     Abläufe, die zur Erfüllung der Aufgaben einer Abteilung unterstützenden Charakter haben.
   - Zuordnung der Arbeitsabläufe zu den Kernprozessen. Nicht zuzuordnende Arbeitsabläufe sind als solche zu kennzeichnen.
   - Ist die Arbeitsablaufübersicht vollständig, so ist diese offen und für alle Mitarbeiter sichtbar in der Abteilung auszuhängen. Alle Mitarbeiter haben so die Möglichkeit, die Aufstellung der Arbeitsabläufe einzusehen und Ergänzungen sowie Korrekturen vorzunehmen.
   - EDV-mäßige Erfassung der Arbeitsablaufübersicht. Die Erfassung dient zur Steuerung und Koordination der weiteren Vorgehensweise.
2. Dokumentation der Schnittstellen
   - Ausfüllen des Schnittstellenblattes
   Die Informationen im Schnittstellenblatt bilden die Grundlage zur Bildung der Prozeßketten. Die Informationen ermöglichen die Verbindung der Arbeitsabläufe in der Reihenfolge der Bearbeitung.
   - EDV-mäßige Erfassung des Schnittstellenblattes
   Die Schnittstellenblätter werden per EDV erfaßt. Die Erfassung dient zur Steuerung und Koordination der weiteren Vorgehensweise.
3. Prozeßkettenworkshop
   In einem Workshop werden die Arbeitsabläufe pro Kernprozeß zu Prozeßketten verbunden und visualisiert.
   - Vorbereitung des Workshops
   Die Vorbereitung findet pro Abteilung statt.
   Die zuständigen Prozeßberater koordinieren die Workshops. Zu klären sind: Termin des Workshops, Teilnehmer, Protokollant, der die Sofortmaßnahmen und die Ideen zur Konzeption festhält sowie Vorbereitung der Visualisierungshilfen.

- Durchführung der Visualisierung
  Ziele der Moderation sind die Visualisierung der Prozeßketten, Darstellung der Zusammenhänge der Arbeitsabläufe, Erarbeiten von Sofortmaßnahmen, Ableitung von Ideen zur Konzeption sowie das Festlegen der Abläufe, die mit der Methodik und Systematik der Arbeitsablaufanalyse dargestellt werden.
  Der Teilnehmerkreis wird mittels der dv-technisch verwalteten Arbeitsablaufübersichten und Schnittstellenblätter festgelegt.
- Die Abläufe werden in der Reihenfolge ihrer Bearbeitung aneinandergereiht. Hinweise auf Störungen, Doppelarbeit, Engpässe, Fehlerquellen und Probleme werden gekennzeichnet.
- Sofortmaßnahmen und Ideen zur Konzeption werden abgeleitet und festgehalten.
- Die Sofortmaßnahmen sind offen in der Abteilung auszuhängen.
- Festlegen der Abläufe, die ausführlich zusammen mit der Methodik und Systematik der Arbeitsablaufanalyse graphisch darzustellen sind.
- Die darzustellenden Abläufe sind in der Prozeßkette zu kennzeichnen und in der Ablaufübersicht zur Aufnahme zu markieren.
- Kriterien zur detaillierten Darstellung der Arbeitsabläufe sind die Priorität des Ablaufs, besondere Probleme und Störungen, Qualität des Ablaufs, häufige Durchführung des Ablaufs und lange Durchlaufzeit des Ablaufs.
- Am oberen Rand einer jeden Prozeßkette wird der Name des betreffenden Kernprozesses, der Name der Prozeßkette, der Name des Paten, der Name des Kernprozeß-Verantwortlichen, der Name des zuständigen Prozeßberaters und das Datum der Erstellung eingetragen.

Regeln

Die Symbolik der Prozeßkettenanalyse kann mittels Metaplankarten dargestellt werden (Abb. 4.14).

Einsatzmöglichkeiten, Chancen und Risiken

Die Prozeßkettenanalyse kann in jedem Bereich bzw. in jeder Abteilung im Unternehmen zum Einsatz kommen.

Die *Vorteile* sind darin zu sehen, daß sie
- die Komplexität eines Prozesses sichtbar macht,
- Schnittstellen dokumentiert,
- den Informationsfluß darstellt und
- daß sie Probleme offen legt.

Somit trägt die Prozeßkettenanalyse zur Verbesserung der Wettbewerbsfähigkeit bei.

4.3 Analyse- und Designmethoden für Organisation

Nachteilig ist, daß unter Umständen Informationen in die Analyse einfließen, die unvollständig oder verfälscht sind. Somit ist der Aussagegehalt nur begrenzt brauchbar.

Symbol	Bedeutung
Kreis: von / Ablauf-Nr. Ablaufbezeichnung Kernprozeß / nach	Ablauf in einer Abteilung
Kreis: von / Bereich Extern / nach	Organisationseinheiten
Pfeil-Rechteck	Schnittstellen und Flußrichtung
Raute mit Fall A, Fall B, Fall C	Verzweigung

Abb. 4.14 Symbole für Prozeßanalyse

Beispiel

Im folgenden werden beispielhaft Formblätter zu den einzelnen Schritten dargestellt.

Tabelle 4.1 Kernprozeß

Rangfolge	Kernprozeß	Pate	Kernprozeß-verantwortlicher	zuständige Prozeßberater

Tabelle 4.2 Prozeßkettenanalyse: Schnittstellen

Ablauf-Nr.	Bezeichnung des Ablaufs	Priorität	Zuordnung zum Kernprozeß	Darstellung fertig bis	O. K.

Kurzbeschreibung des Ablaufs
....
....
....
....

Die weiteren Punkte können der obigen Ablaufbeschreibung entnommen werden.

4.3.5 Ablaufanalyse

Methodische Grundlagen

Die Ablaufanalyse ist ein Verfahren der Arbeitswissenschaften. Sie bezweckt die Untersuchung und rationelle Gestaltung des Arbeitsablaufs, d. h. das Zusammenwirken von Mensch und Betriebsmittel sowie den Arbeitsgegenstand unter

- zeitlichen,
- logischen,
- räumlichen,
- menschlichen und
- technischen Aspekten.

Für die Beschreibung des Ablaufs ist die Zerlegung in Ablaufabschnitte erforderlich (vgl. Gabler-Wirtschafts-Lexikon, S. 172).

Die Arbeitssituation eines Mitarbeiters ist zum einen durch die gestellte Aufgabe, die angewandten Arbeitsverfahren und die dabei eingesetzten Hilfsmittel gekennzeichnet, zum anderen aber auch durch eine Vielzahl weiterer situativer Faktoren, wie z. B. das betriebliche Umfeld, Arbeitskontakt-Personen (Vorgesetzte, gleichgestellte und unterstellte Mitarbeiter sowie Kunden, Lieferanten etc.).

Bei der Ablaufanalyse geht es darum, wer was, wann, wie, wo, mit wem und mit welchen Methoden macht. Ausgangspunkt der Ablaufanalyse ist eine Aufgabenanalyse unter organisatorischen Gesichtspunkten. Dazu können unterschiedliche Analyse-Merkmale herangezogen werden:

- der Zweckaspekt:
  - Leistungsaufgaben
  - Verwaltungsaufgaben

- der Substanzaspekt:
  - materielle Aufgaben
  - informelle Aufgaben
- der Phasenaspekt:
  - Planungsaufgaben
  - Realisierungsaufgaben
  - Kontrollaufgaben

Zu diesen Beschreibungsmerkmalen treten die Erfüllungsmerkmale Zeit, Ort, Hilfsmittel und Träger (vgl. Berthel 1989, S. 113 f.).

Die Ablaufanalyse richtet sich an die Gliederung der Erfüllungsvorgänge (Arbeitsverfahren), die Analyse der Arbeitsbedingungen und die Analyse der Mittel zur Aufgabenerledigung.

Ablauf

Die Durchführung einer Ablaufanalyse bedingt zweierlei:

1. Kenntnisse von Verfahren (Heuristiken), mit denen es möglich ist, die mit einer Aufgabe verbundenen Anforderungen herauszuarbeiten.
2. Kenntnisse von begrifflichen Kategorien, in denen Arbeits-, -prozeß und -situations-Aspekte sowie Aspekte der Persönlichkeit erfaßt, beschrieben und einander zugeordnet werden können und zwar in der Art und Weise, daß die Summe im Ergebnis die „notwendige Leistungsvoraussetzung" ausmacht.

Diese verschiedenen Methoden werden einzeln oder kombiniert eingesetzt (vgl. Berthel 1989, S. 114 f.).

Regeln

Als Methoden/Instrumente der Ablaufanalyse werden eingesetzt:
- unstandardisierte Methoden:
  - vorliegende Aufgabenbeschreibungen
  - Berichte über bereits bearbeitete Teilaufgaben
  - Berichte aus der Aufgabenanalyse
  - Dokumentenanalyse
- halbstandardisierte Methoden:
  - Methode der kritischen Ereignisse
  - Arbeitstagebücher
  - Beobachtungen
  - Interviews
- standardisierte Methoden:
  - Fragebögen
  - Beobachtungsinterviews
  - Checklisten.

Einsatzmöglichkeiten, Chancen und Risiken

Die Ablauf- bzw. Prozeßanalyse sollte bei allen größeren Projekten zum Einsatz kommen, da diese eine klare Strukturierung der Abläufe erfordern.

Die Ablaufanalyse stößt dort auf ihre Grenzen, wo eine vollständige, d. h. eine alle relevanten Merkmale umfassende und über eine längere Zeit gültige Erfassung der Abläufe kaum möglich erscheint. Zu dem sind insbesondere geistige Tätigkeiten nur schwer analysier- und beschreibbar, so daß ein Ablauf nur schwerlich analysiert werden kann. Dies hat zwei Gründe:

1. Die Zweckbestimmung ist nicht immer eindeutig operational definierbar. Dies ist nämlich davon abhängig, wieviele und welche Determinanten des Prozesses oder Ablaufs in die Analyse mit einbezogen werden.
2. Im weiteren Verlauf des Projekts können sich die zu fordernden Determinanten verändern (vgl. Berthel 1989, S. 114).

Die *Vorteile* der Ablauf- bzw. Prozeßanalyse liegen in der Strukturierung von Abläufen und der damit verbundenen Planung von Ressourcen. Durch die Planung dieser wird ein gezielter Einsatz möglich, was hilft, Kosten zu senken.

Beispiel

Für die Ablaufanalyse können folgende Kriterien wie in Tabelle 4.3 herangezogen werden.

Tabelle 4.3 Beispiel für eine Ablaufanalyse

1.	Kenntnisse der Mitarbeiter	Ausbildung Erfahrung Denkfähigkeit
2.	Verantwortung der Mitarbeiter	für die eigene Arbeit für die Arbeit anderer für die Sicherheit anderer
3.	geistige Belastbarkeit	Aufmerksamkeit Denkfähigkeit
4.	Umgebungseinflüsse	Klima, Nässe Lärm, Erschütterung Blendung oder Lichtmangel Unfallgefährdung etc.(vgl. Berthel 1989, S. 117)
5.	Ergebnisse aus der Aufgabenanalyse	Teilaufgaben übergeordnete Aufgaben Ziele
6.	Dokumentenanalyse	schriftliche Berichte von bereits bearbeiteten Teilaufgaben

4.3.6 Informationsbedarfsanalyse

Methodische Grundlagen

Generell wird unter „Information" eine Auskunft, Aufklärung oder Belehrung verstanden. Zur Vorbereitung wirkungsvoller Handlungen gehört ein spezifisches Wissen. Je mehr man über bestimmte Handlungsalternativen weiß, desto besser wird im allgemeinen das Handeln bezüglich der verfolgten Ziele sein. Demzufolge läßt sich der Begriff Information definieren als eine „... handlungsbestimmende Kenntnis über historische, gegenwärtige und zukünftige Zustände der Realität und Vorgänge in der Realität." (vgl. Heinrich u. Burgholzer 1988a, S. 5)

Dagegen ist der Informationsbedarf die Nachfrage nach Information, die für eine bestimmte Aufgabe von einem Aufgabenträger zur Aufgabenerfüllung gebraucht wird (vgl. Heinrich u. Burgholzer 1988a, S. 140).

Die Informationsbedarfsanalyse beschäftigt sich im Rahmen der Wertanalyse mit den Informationsflüssen im Unternehmen (vgl. Zentrum Wertanalyse 1995, S. 367).

Vorrangiges Ziel der Informationsbedarfsanalyse ist die Reduzierung der Informations-Durchlaufzeiten. Der wesentliche Anteil der Informationsdurchlaufzeit wird von Warte- und Liegezeiten bestimmt, während Bearbeitungs- und Transportzeit nur etwa 10 % der gesamten Durchlaufzeit ausmacht.

Ablauf

Die Reduzierung des Informationsaufwands ergibt sich oft zwangsläufig dadurch, daß Lösungsansätze zur Durchlaufzeitverkürzung gleichzeitig das Entfallen von Tätigkeiten beinhalten.

Die Methode der Informationsbedarfsanalyse nutzt die Systematik der anwendungsneutralen Wertanalyse einschließlich der Synergie-Effekte, die durch ein interdisziplinär zusammengesetztes Team möglich werden.

Bei der Informationsbedarfsanalyse ist zunächst der Funktionsermittlung besondere Aufmerksamkeit zu schenken. Hierbei ist problemorientiert zu unterscheiden, ob die Funktionen des Informationsträgers oder des Informationsberaters erfaßt werden müssen.

Die wichtigsten Funktionen eines Informationsträgers bzw. Informationsberaters sind in Tabelle 4.4 aufgelistet.

Um den Soll-Zustand festzulegen, ist es unter anderem erforderlich, alle verfügbaren Informationen auszuwerten, um Unterscheidungspunkte zu finden. Ein Hilfsmittel kann die Informations-Durchlaufzeit-Analyse sein. Hiermit werden untersuchungswürdige Pfade des Informationsnetzes ermittelt (vgl. Zentrum Wertanalyse 1995, S. 370 f.).

Tabelle 4.4

Funktionen eines Informationsträgers	Informationsbezogene Funktionen eines Bearbeiters
Informationen aufnehmen Informationen spreichern Informationswiedergabe ermöglichen Informationstransport ermöglichen	Informationen erstellen Informationen aufbereiten Informationen aufnehmen Informationen anwenden Informationsträger handhaben

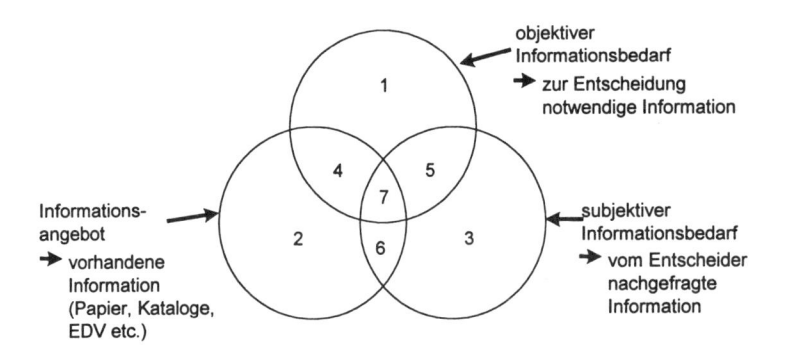

Abb. 4.15 Felder der Informationsbedarfsanalyse

Regeln

Die Abgrenzung des Untersuchungsrahmens kann unter Umständen große Schwierigkeiten bereiten. Zu beachten ist, daß

- das zu lösende Problem tatsächlich im Analysefeld liegt.
- das Analysefeld genügend Potential beinhaltet, um das Ziel zu erreichen.
- das Analysefeld in ein inneres und äußeres Analysefeld sowie ein Analyseumfeld gegliedert wird.

Für das innere Analysefeld werden bei der Lösungssuche mittelbare Problemlösungen gesucht, während für das äußere Analysefeld eventuelle Auswirkungen dieser Maßnahmen betrachtet werden müssen (vgl. Zentrum Wertanalyse 1995, S. 369 f.).

Einsatzmöglichkeiten, Chancen und Risiken

Häufig ist es für die erste Analyse sinnvoll, Informationsflüsse- bzw. -netze als Analysefeld heranzuziehen. Dies hat den Vorteil, daß sie mit gängigen Hilfsmitteln wie der Netzplantechnik leicht dargestellt werden können.

4.3 Analyse- und Designmethoden für Organisation

Sollen dagegen Organisationseinheiten untersucht werden, müssen zuerst relevante Informationsflüsse und ihre Schnittstellen ermittelt werden (vgl Zentrum Wertanalyse 1995, S. 370).

Beispiel

Bewertung bei der Informationsbedarfsanalyse:

Tabelle 4.5 Tabelle zur Informationsbedarfsanalyse

Feld	Beschreibung	zugeordnete Information
1	*Objektiver Informationsbedarf:* Notwendige Informationen zur optimalen Entscheidung, die jedoch weder angeboten noch nachgefragt werden.	
2	*Informationsangebot:* Vorhandene Informationen, die zur Entscheidungsfindung nicht notwendig sind; vom Entscheider auch nicht nachgefragt werden.	
3	*Subjektiver Informationsbedarf:* Nachgefragte Informationen, die zur Entscheidungsfindung nicht notwendig sind und vom Informationssystem auch nicht zur Verfügung gestellt werden.	
4	Vorhandene und entscheidungsnotwendige Informationen, die jedoch nicht vom Entscheider nachgefragt werden.	
5	Nachgefragte und entscheidungsnotwendige Information, die jedoch nicht verfügbar sind.	
6	Vorhandene Informationen, die nachgefragt werden, obwohl sie nicht entscheidungsnotwendig sind.	
7	Entscheidungsnotwendige Informationen, die vom Entscheider nachgefragt werden und verfügbar sind.	

4.4
Analyse- und Designmethoden für EDV

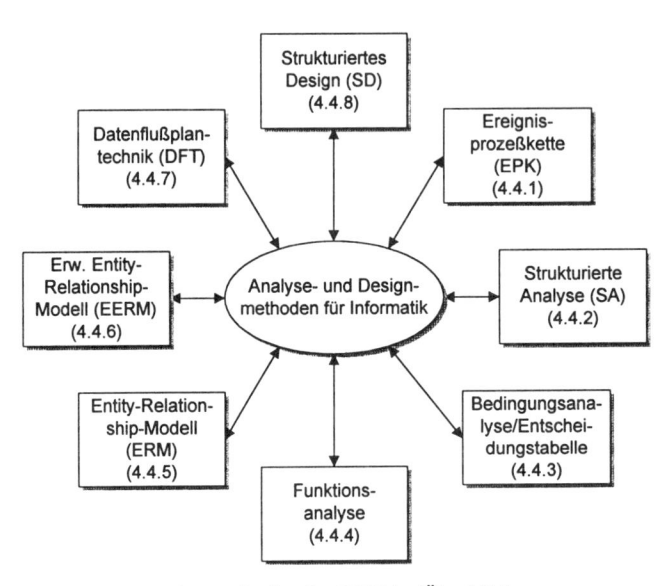

Abb. 4.16 Analyse- und Designmethoden für EDV im Überblick

4.4.1
Ereignisprozeßkette (EPK)

Methodische Grundlagen

Die Ereignisprozeßkette (EPK) wird für die Erstellung von Ablaufmodellen, die Darstellung von Ist- und Soll-Zuständen bzw. Ablaufanforderungen verwendet.

Mit einem Ablaufmodell werden die zeitlichen oder organisatorischen Abhängigkeiten betrieblicher Elementarfunktionen oder der Funktionen untereinander dargestellt. Ein Ablaufmodell konstituiert sich aus den Elementen:

- Ablaufdiagramm
- Funktionen
- Ereignisse
- Elementarfunktionen
- Ablaufsteuerfunktionen
- Schnittstellenfunktionen
- Teilvorgänge
- Verknüpfungsoperatoren

Die Ereignisprozeßkette verwendet dafür verschiedene Symbole (Abb. 4.17).

4.4 Analyse- und Designmethoden für EDV

▭	Ereignis/Zustand
⟶	Ablaufpfeil
○	Funktion/Elementarfunktionen
═	Auslöser/Verteiler

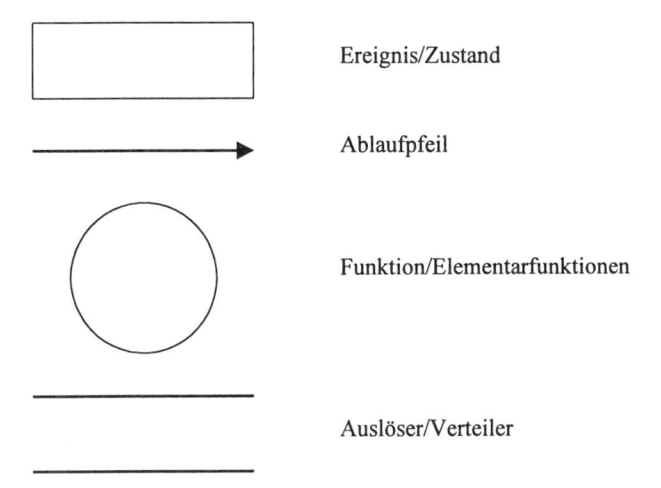

Abb. 4.17 Symbole der Ereignisprozeßkette

Funktion/Vorgang

Unter einer *Funktion* versteht man eine zeitverbrauchende, ziel- und zweckgerichtete, betriebliche Tätigkeit oder einen Tätigkeitskomplex unter Verwendung betrieblicher Objekte. Eine Funktion muß aus mindestens einer betrieblich sinnvollen Tätigkeit bestehen. Die Funktion/der Vorgang wird durch ein Ereignis gestartet und durch ein Ereignis beendet.

Das Element *Funktionstyp* erhält man durch Abstrahieren der konkreten Ausprägungen.

Beispiel: Funktion =   Rechnung Nr. 413 erstellen
                 Funktionstyp =   Rechnung erstellen

Elementarfunktion

Darunter versteht man eine betriebliche Funktion, die fachlich nicht weiter (sinnvoll) zu verfeinern ist, ohne daß fachliche Einheiten zerteilt oder aus ihrem Kontext gelöst werden.

Beispiel für eine Elementarfunktion = Auftragsannahme

Schnittstellenfunktion für den Teilvorgang/-funktion

Sie verweist oder bezieht sich auf einen Teilvorgang, unter dem ein fachlich wiederverwendbares Ablaufdiagramm verstanden wird.

Ereignis/Zustand

Ein *Ereignis* ist ein zeitbezogenes Geschehen, das weder Ressourcen noch Zeit verbraucht. Es repräsentiert eine passive Komponente im Informationssystem. Das Ereignis determiniert den weiteren Ablauf im Informationssystem. Wenn ein Ereignis das Resultat von Funktionen ist, spricht man von *Zustand*.

Merkmale von *Ereignissen*:

- sie können Funktionen auslösen
- sie stellen einen eingetretenen betrieblichen Zustand dar
- sie spezifizieren betriebswirtschaftliche Bedingungen
- sie können das Resultat von Funktionen sein
- sie können auf Informationsobjekte des Datenmodells Bezug nehmen
- sie können Schnittstellen zu Fremdsystemen darstellen

Das Element *Ereignistyp* erhält man auf der Fachkonzeptebene durch Abstrahieren der konkreten Ausprägungen. Unter Ereignistyp wird eine eindeutig benannte Sammlung von Ereignissen verstanden.

Beispiel: Ereignis =   Ware ist an den Kunden XY ausgeliefert
                Ereignistyp =   Ware ist ausgeliefert

Verknüpfungsoperatoren und -art

Verknüpfungsoperatoren, auch Auslöser und Verteiler genannt, geben an, auf welche Weise Elemente (Ereignis- oder Funktionstypen) miteinander verknüpft werden.

Es sind drei Verknüpfungsoperatoren zu unterscheiden:

1. die *konjunktive* Verknüpfung („und")
2. die *disjunktive* Verknüpfung („entweder oder")
3. die *adjunktive* Verknüpfung („und/oder")

Die *Verknüpfungsart* macht Aussagen darüber, welche Elemente, d.h. Ereignistypen und Funktionstypen in den Modellen verknüpft werden.

Ereignistypenverknüpfung: mehrere Ereignistypen mit einem Funktionstyp (Auslöser) verknüpft

Funktionstypenverknüpfung: mehrere Funktionstypen mit einem Ereignis (Verteiler) verknüpft

Wird eine Funktion jedoch genau von einem Ereignis gesteuert, ist kein Auslöser erforderlich.

Ablauf

Für die Erstellung eines Ablaufmodells kann man auf zwei Vorgehensweisen zurückgreifen – je nachdem, ob ein Datenflußmodell bzw. -diagramm bereits vorliegt oder nicht.

1. Vorgehensweise bei bereits vorliegendem Datenflußmodell
- Zuerst werden die Elementarfunktionen aus dem Datenflußmodell bzw. -diagramm übernommen. Anhand der Richtung der Datenflüsse lassen sich erste grobe zeitliche Funktionsgruppierungen vornehmen.

4.4 Analyse- und Designmethoden für EDV

- Anschließend werden die Beschreibungen der Mini-Spezifikationen zu den jeweiligen Elementarfunktionen ausgewertet. Nun können die Inhalte auf die Elemente *Ereignis*, *Auslöser* und *Verteiler* übertragen und abgebildet werden.
- Abschließend erfolgt anhand der Resultate die Erstellung des Ablaufes der Elementarfunktionen.

Bedingung für diese Vorgehensweise: Im Datenflußmodell müssen die Elementarfunktionen vollständig beschrieben sein.

2. Vorgehensweise ohne ein vorliegendes Datenflußmodell
- Die Ablaufmodellierung beginnt zunächst mit der Erfassung der Teil-Geschäftsprozesse.
- Darauf aufbauend werden die ersten groben Funktionen dieser Prozesse modelliert. Zu diesem Zeitpunkt könnte auch bereits ein erstes grobes Ablaufdiagramm erstellt werden.
- Im weiteren Verlauf kommt es zu einer Verfeinerung der Funktionen der Teilprozesse als Ablaufdiagramm bis auf die Ebene der Elementarfunktionen. Zur Erkennung von Teilfunktionen greift man bei Abläufen häufig auf die vier Gliederungskriterien der Funktionenanalyse zurück - Objektzerlegung und -klassifizierung/ Verrichtungszerlegung und -klassifizierung. Auf diese Weise lassen sich schließlich die Elementarfunktionen finden. Diese sind in der Mini-Spezifikation vollständig zu beschreiben.

Empfehlung für die Verfeinerung der Abläufe: Bei der Verfeinerung wendet man häufig die Verrichtungszerlegung an, d. h.: „Welche Tätigkeiten sind notwendig, um die Funktion auszuführen?"

Regeln

Regeln für das Ablaufmodell
- ein Ablaufmodell kann hierarchisch dargestellt werden. Die Verfeinerung einer Funktion erfolgt bis zur Ebene der Elementarfunktionen
- jede Funktionsablauf-Verfeinerungsebene muß in einem separaten Diagramm dargestellt werden
- jedes Ablaufdiagramm sollte, wenn möglich, auf einer DIN A4 Seite darstellbar sein
- ein Ablaufdiagramm hat stets einen definierten Ausgang
- Abläufe, die sich wiederholen, werden über eine Schleife (Ablaufpfeil) dargestellt
- sequentielle Abläufe sind am besten vertikal zu zeichnen
- parallele Abläufe sollten nebeneinander dargestellt werden
- Ablaufpfeile sollten so gezeichnet werden, daß sie von oben auf das Objekt zeigen
- Ablaufpfeile sollten sich nicht kreuzen
- eine einheitliche Zeichnungsart ist empfehlenswert (entweder rechtwinklig oder schräg)

Regeln für Ereignisse

- sie werden nicht hierarchisch verfeinert
- sie sind Funktionen zugeordnet
- die Durchführung der Ablaufmodellierung erfolgt auf der Ebene der Ereignistypen
- die Unterscheidung von Ereignis und Ereignistyp wird in der Projektarbeit häufig nicht vorgenommen

Regeln für die Funktion/den Vorgang

- mit Funktionen lassen sich Abläufe von Elementarfunktionen zusammenfassen und verdichten
- jedem Ereignis wird eine Funktion zugeordnet. Diese Funktion beschreibt die Reaktion auf dieses Ereignis
- jede Funktion entspricht einem Ablaufdiagramm und endet mit einem Zustand
- die Durchführung der Ablaufmodellierung erfolgt auf der Ebene der Funktionstypen

Regeln für die Elementarfunktion

- die fachlichen Beschreibungen der Elementarfunktionen erfolgen in der Minispezifikation des Datenflußdiagramms oder des EPK
- die Beschreibungen erfolgen immer in dem Modell, mit dem gestartet wird.

Einsatzmöglichkeiten, Chancen, Risiken

Die praktische Analyse und das Design kann auf mehreren Ebenen aufgeteilt werden. Abb. 4.18 zeigt eine EPK-Entwicklung über drei Stufen.

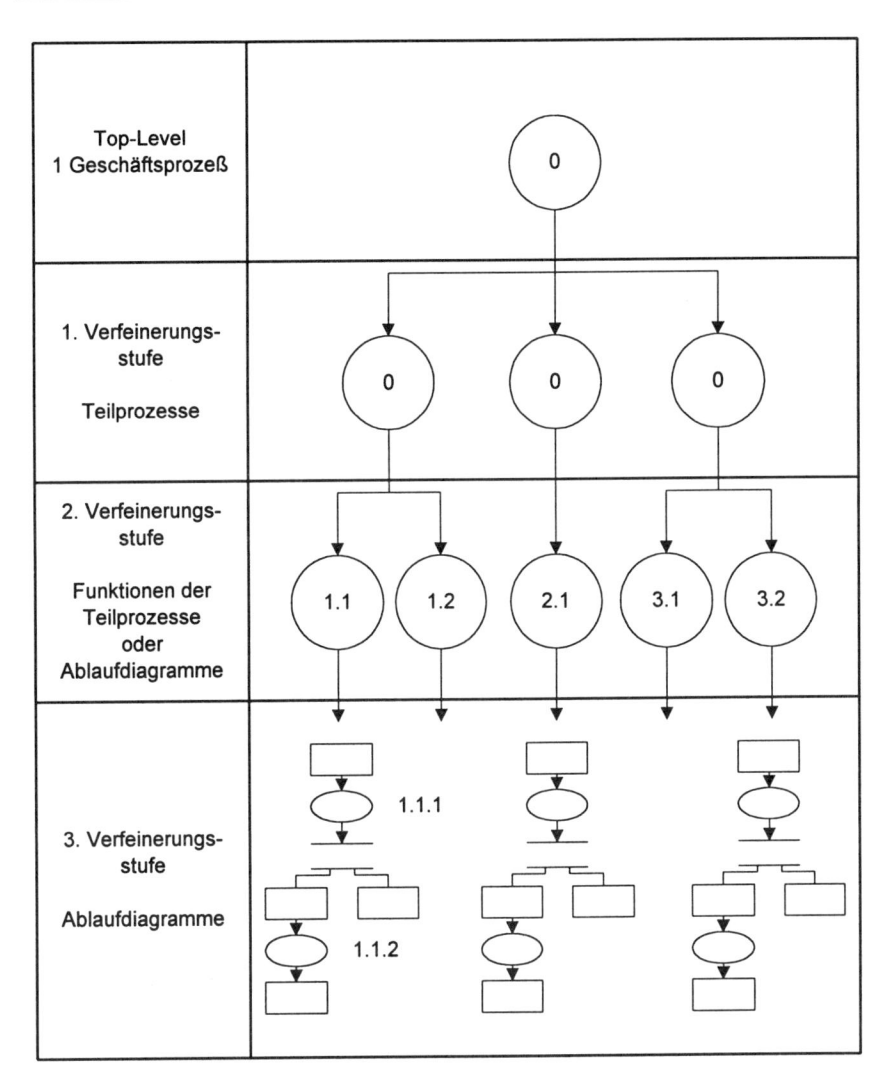

Abb. 4.18 Aufbauhierarchie der EPK

Die Gegenüberstellung von Verknüpfungsarten und Verknüpfungsoperationen sind in Abb. 4.19 dargestellt.

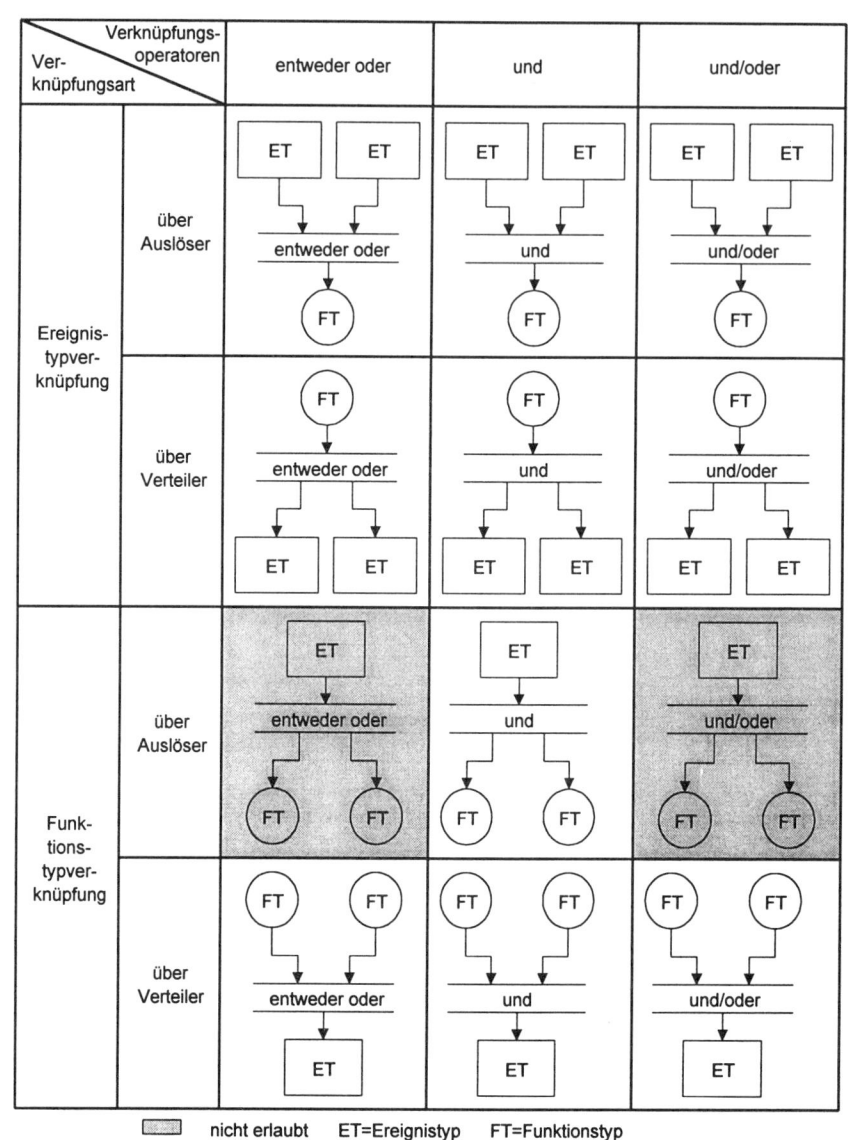

266   4 Methoden zur Unternehmenentwicklung, Organisation und EDV

Verknüpfungsart \ Verknüpfungsoperatoren		entweder oder	und	und/oder
Ereignistypverknüpfung	über Auslöser	ET ET → entweder oder → FT	ET ET → und → FT	ET ET → und/oder → FT
	über Verteiler	FT → entweder oder → ET ET	FT → und → ET ET	FT → und/oder → ET ET
Funktionstypverknüpfung	über Auslöser	*ET → entweder oder → FT FT* (nicht erlaubt)	ET → und → FT FT	*ET → und/oder → FT FT* (nicht erlaubt)
	über Verteiler	FT FT → entweder oder → ET	FT FT → und → ET	FT FT → und/oder → ET

▓ nicht erlaubt   ET=Ereignistyp   FT=Funktionstyp

Abb. 4.19 Verknüpfungsarten und Verknüpfungsoperationen

Ereignisprozeßketten ergänzen die Analyse und Designinformationen bezüglich des Ablaufs. EPKs stehen in engem Zusammenhang mit Datenflußplänen.

Beispiel

Die Abb. 4.20 zeigt einen Auszug aus einer Ereignisprozeßkette zur Vertragsprüfung.

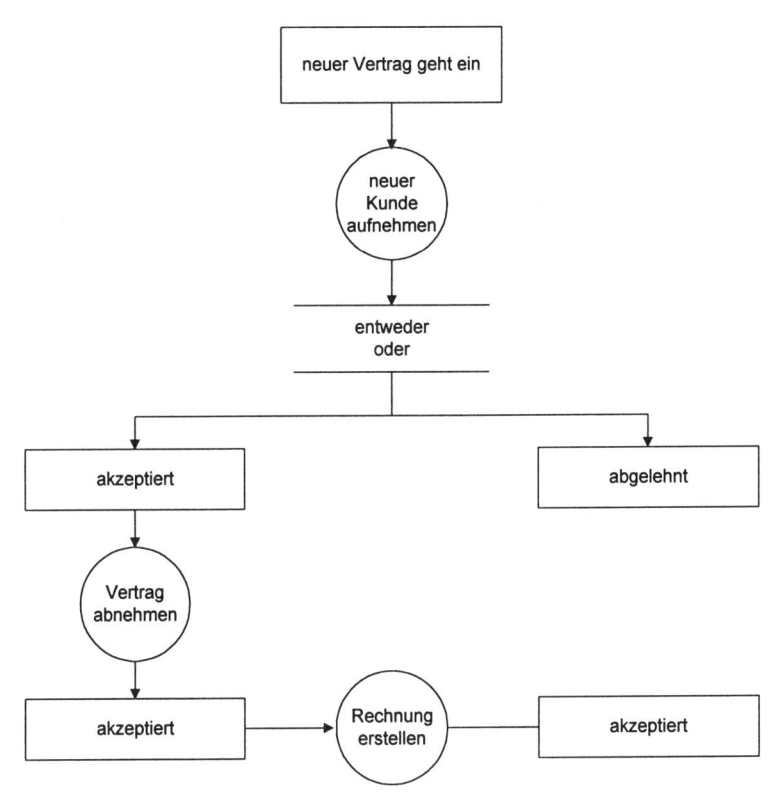

Abb. 4.20 Beispiel für ein EPK-Diagramm

4.4.2
Strukturierte Analyse (SA)

Methodische Grundlagen

Die Mitte der siebziger Jahre von T. DeMarco entwickelte Strukturierte Analyse (SA) „... ist eine Methode zur Analyse von vorhandenen Informationssystemen und zur Modellierung von neu zu entwickelnden Systemen" (Steinweg 1995, S. 270). Durch ihre hierarchische Gliederung können große und komplexe Systeme auf unterschiedlichen Abstraktionsebenen dargestellt werden.

Die SA beschreibt das fachliche WAS und nicht das DV-technische WIE einer Anwendung (vgl. Steinweg 1995, S. 270). Aufgrund der übersichtlichen graphischen Darstellung des Modells ist eine hohe Verständlichkeit für alle Gruppen von Anwendern erreichbar.

Die SA-Methode findet vornehmlich in der Modellierungs-Phase zur *Ist-Analyse* und zur Erstellung eines *fachlichen Soll-Modells* Einsatz und kann folgenden Zwecken dienen:

- Systemabgrenzungen:
  Durch das sogenannte „Kontextdiagramm" lassen sich die Grenzen eines existierenden oder geplanten Systems festlegen. Dies ist vorteilhaft, weil damit zu Projektbeginn alle Beteiligten ein gemeinsames Verständnis vom Umfang eines Systems besitzen.
- Funktionsbeschreibung:
  Mit SA-Modellen lassen sich die Zusammenhänge zwischen den fachlichen Funktionen eines Systems übersichtlich darstellen.
- Organisationsbeschreibung:
  SA-Modelle werden auch zur Beschreibung von Organisationen um ein DV-System herum eingesetzt. Faßt man die Organisationseinheiten als Funktionen auf, dann beschreibt das Modell die Kommunikation und die Abhängigkeiten zwischen den einzelnen Organisationseinheiten.

Ferner können SA-Modelle auch zur **fachlichen Nachdokumenation** von bestehenden DV-Systemen eingesetzt werden (vgl. Steinweg 1995, S. 270).

Mit der SA werden vorliegende Gedanken bezüglich eines zu entwickelnden Systems gesammelt, strukturiert und einem breiten Interessentenkreis vermittelt (vgl. Schönthaler u. Németh 1990, S. 59 ff.). Um diesen Ansprüchen zu genügen, muß die „verwendete Sprache" einfach und natürlich zu gebrauchen, zu lesen und zu verstehen sein. Datenflußdiagramme genügen diesen sprachlichen Anforderungen, da sie eine geringe Anzahl an Sprachelementen aufweisen, die dennoch große Aussagekraft besitzen. Mit Datenflußdiagrammen kann man die *funktionale Architektur* sowohl existierender als auch noch zu entwickelnder Systeme darstellen. Funktionale Architektur wird hierbei verstanden als Hierarchie von Systemaktivitäten, sowohl mit ihren Schnittstellen untereinander als auch zur Systemumgebung. Datenflußdiagramme liefern so ein anschauliches Systemabbild aus der Sicht der Daten.

Neben der DeMarco-Datenflußdiagramm-Technik, auf die im folgenden Bezug genommen und die auch von E. Yourdon und L.L Constantine (1979) verwendet wird, bieten C. Gane und T. Sarson (1979) dazu eine Alternative (vgl. Schönthaler u. Németh 1990, S. 72 f.). Sie arbeiten mit sogenannten *logischen Datenflußdiagrammen*. Zur Beschreibung der Zusammenhänge stellen sie auf logischer Ebene Symbole und Konzepte zur Verfügung. Die logischen Datenflußdiagramme unterscheiden sich von denen DeMarcos durch die verwendeten Symbole und den Aufbau des Data Dictionaries. In den grundlegenden Konzepten liegen keine erheblichen Unterschiede vor. Für die Data Dictionaries haben Gane und Sarson deutlich mehr Informationen zu den Datenelementen vorgesehen als z. B. DeMarco, was bei der späteren Implementation bedeutsam ist.

Ablauf

DeMarco gliedert die SA in sieben Teilschritte (vgl. Schönthaler u. Németh 1990, S. 59 ff.):

1. Ist-Analyse
   Bei der Entwicklung eines neuen Systems geht man meist von einem bereits bestehenden System aus. In einem ersten Schritt analysiert man daher zunächst den Ist-Zustand und dokumentiert diesen in einem Datenflußdiagramm (*physisches Datenflußdiagramm*).
2. Entwurf einer logischen Sicht
   Die aus der Ist-Analyse resultierende Sicht wird auf eine logische Ebene transformiert und in einem *logischen Ist-Datenflußdiagramm* dargestellt.
3. Logischer Entwurf des neuen Systems
   In einer der Analyse vorausgehenden Vorstudie wurden Verbesserungen gefordert. Diese werden nun im aktuellen logischen Datenflußdiagramm berücksichtigt. Das Festhalten des neuen spezifizierten Systems erfolgt im *logischen Soll-Datenflußdiagramm*.
4. Bestimmung physischer Eigenschaften
   Die Spezifikation des neuen Systems wird in automatisierbare und manuelle Bestandteile zerlegt. Dazu muß das logische Soll-Datenflußdiagramm modifiziert werden. Aus dieser Modifikation resultiert schließlich das *vorläufige physische Soll-Datenflußdiagramm* bzw. eine Menge solcher Diagramme, falls mehrere Lösungsalternativen aufgezeigt werden sollen.
5. Kosten/Nutzen-Analyse
   Die vorgeschlagenen Lösungsmöglichkeiten unterzieht man einer Kosten/Nutzen-Analyse.
6. Auswahl einer Option
   Auf der Basis dieser Kosten/Nutzen-Analyse wählt man eine der aufgezeigten Lösungsmöglichkeiten aus. Als Resultat erhält man das *physische Soll-Datenflußdiagramm*.
7. Dokumentation
   Anschließend bereitet man das physische Soll-Datenflußdiagramm und alle dazugehörigen Dokumente auf und faßt sie in der *Strukturierten Spezifikation* zusammen.

Bei der Beschreibung der Methode wird auf die graphische Notation von DeMarco Bezug genommen. Seine Notation sieht vier verschiedene graphische Elemente vor:

+ Datenflüsse (gerichtete Kanten) ⟶

270 4 Methoden zur Unternehmenentwicklung, Organisation und EDV

+ Prozesse (Kreise)

+ Dateien (Linien)

+ Externe Schnittstellen (Kasten)

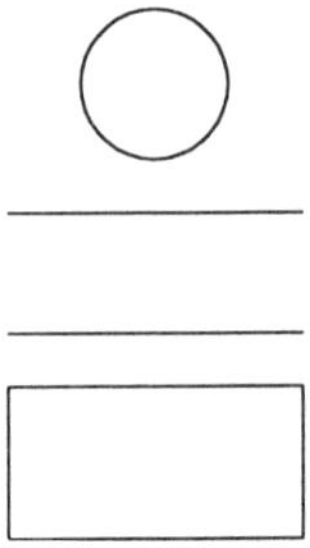

Abb. 4.21 Symbole für Datenflußplan

Mit diesen Elementen lassen sich Netzwerke aufbauen, die als Datenflußdiagramme bezeichnet werden.

Datenflüsse
- stellen Schnittstellen zwischen den Komponenten eines Systems dar, werden als Pfade verstanden, auf denen in ihrer Zusammensetzung bekannte Informationseinheiten transportiert werden
- die Richtung des Datenflusses ergibt sich aus der Richtung der für ihn gezeichneten Kante
- tragen eindeutige Namen, die auf den Typ der fließenden Daten Bezug nehmen

Prozesse
- sind die aktiven Elemente eines Systems
- transformieren die eingehenden Datenflüsse in ausgehende
- ihre Namensbezeichnung soll dem Benutzer eine Vorstellung von der Bedeutung des Prozesse vermitteln
- oft werden ihnen zusätzlich noch eindeutige Nummern zugewiesen

Dateien
- werden als Ablage von Daten verstanden, wobei das Spektrum von der Datenablage in einem Ordner bis zu Ablage in einer Datenbank reichen kann
- die Richtung des mit einer Datei verknüpften Datenflusses zeigt, ob Daten gelesen oder geschrieben werden

Externe Schnittstellen
- repräsentieren eine Person, Organisation oder generell ein System
- senden Daten an das im Datenflußdiagramm beschriebene System Datensenken sind zu verstehen als ein außerhalb des Systems angesiedelter Datenempfänger

Bei der Gestaltung von Diagrammen sollte beachtet werden, daß Menschen nur relativ wenig graphische Symbole simultan erfassen können (vgl. Schönthaler u. Németh 1990, S. 66 ff.). Will man Datenflußdiagramme auch auf mittlere und große Systeme anwenden und gleichzeitig dem eingeschränkten symbolischen Erfassungsvermögen der Menschen Rechnung tragen, benötigt man eine Technik, mit der Systeme hierarchisch beschrieben werden können. Als geeignet erweist sich die Top-down-Vorgehensweise. Dabei wird zunächst ein sogenanntes *Kontextdiagramm* angefertigt, das

- nur einen Prozeß (das zu spezifizierende System) und
- die Systemschnittstellen zur Umgebung aufzeigt.

Dieser Prozeß auf der „obersten Ebene", der die Systemgrenzen festlegt, wird nun Schritt für Schritt in Subsysteme zerlegt (daher Top-down-Vorgehensweise), die jeweils durch auf ihrer Ebene liegende Datenflußdiagramme beschrieben werden. Als Resultat erhält man eine Hierarchie von Diagrammen, die Top-down entwickelt und gelesen werden können.

Die Verfeinerung endet, wenn die unterste Ebene nur noch Prozesse/Funktionen aufweist, die logisch zusammengehörig sind und keiner weiteren Zerlegung bedürfen. Daran anschließend werden die Funktionen hierarchisch in einem Funktionsbaum dargestellt. Für jede auf der untersten Ebene dargestellte Funktion im Funktionsbaum ist dann eine Prozeßspezifikation zu erstellen.

Wie im Punkt Teilschritte der SA dargestellt, ist das Resultat der SA eine strukturierte Spezifikation, die

- eine Hierarchie von Datenflußdiagrammen und
- ein sogenanntes Data Dictionary

aufweist.

Prozeßspezifikation

Prozesse werden entweder durch Datenflußdiagramme oder Mini-Spezifikationen beschrieben. Die letztgenannten ermöglichen die Darstellung der Details, die in der graphischen Repräsentation bislang vernachlässigt wurden. Damit meint man die Regeln, wie Eingangsdaten in Ausgangsdaten transformiert werden.

Mit der Prozeßspezifikation oder auch Minispezifikation werden die Aufgaben einer Funktion kurz und präzise dargestellt.

Datenspezifikation

Das Data Dictionary ist der hierarchisch strukturierte Aufbewahrungsort für die Informationen über die Zusammensetzung der für das System relevanten Daten.

Für die Spezifikation von Datenflüssen ist das Data Dictionary sicherlich hilfreich, problematisch ist jedoch, daß sich Dateien nur als eine Menge von Datenelementen beschreiben lassen. Die Abbildung zusätzlicher Beziehungen zwischen den Datenelementen ist nicht möglich, was jedoch bei Datenbanken z. B. notwendig wäre.

Regeln

Die aus der SA resultierende Spezifikation setzt sich, wie oben erwähnt, aus

- Kontextdiagramm,
- Subsystemen (Datenflußdiagrammen auf den verschiedenen Ebenen),
- Prozeßspezifikationen und

- Funktionsbaum

zusammen.

Regeln für das Kontextdiagramm

- Datenflüsse müssen bezeichnet und beschrieben werden
- das Kontextdiagramm, d. h. der oberste Prozeß beinhaltet eine Funktion.
- jede außerhalb des Systems befindliche Stelle ist mit dem System durch mindestens einen ausgehenden und einen eingehenden Datenfluß zu verbinden.
- Verbindung des gesamten Systems mit sämtlichen außerhalb gelegenen Stellen durch Datenfluß.

Regeln für das Datenflußdiagramm

- das Kontextdiagramm, d. h. der oberste Prozeß beinhaltet genau eine Funktion.
- da der Mensch nur relativ wenig graphische Symbole gleichzeitig wahrnehmen kann, sollte ein Datenflußdiagramm nie mehr als sieben Funktionen aufzeigen.
- das erste auf das Kontextdiagramm folgende Datenflußdiagramm sollte aus Gründen der Übersichtlichkeit nur wenige, aber globale Funktionen enthalten, weil im ersten Datenflußdiagramm sämtliche Datenflüsse zu und von den ausserhalb des Systems liegenden Stellen enthalten sind.
- nimmt in einer Prozeßspezifikation die Darstellung der Funktionen ca. 1–2 Seiten ein, sollten die Prozesse nicht mehr durch neue Diagramme verfeinert werden.
- ein- und ausgehende Datenflüsse müssen, wenn sie mit einer Funktion in einem übergeordneten Datenflußdiagramm verbunden sind, auch mit der in einem untergeordneten Datenflußdiagramm verbunden sein. Nur dann ist das Diagramm hierarchisch ausgeglichen.

Regeln für die Prozeßspezifikation

- für alle Funktionen sollte beschrieben sein, wie Eingabedaten in Ausgabedaten transformiert werden
- für die Funktionen der unteren Ebene muß eine Prozeßspezifikation formuliert werden
- gleiche Benennung der Prozeßspezifikation und der dazugehörigen Funktion ist erforderlich
- die Beschreibung sollte höchstens 1–2 Seiten DIN A4 umfassen
- im Vordergrund steht das fachliche WAS und nicht das DV-technische WIE.

Einsatzmöglichkeiten, Chancen und Risiken

Durch den Einsatz der SA-Methode versucht man, ein System in vollem Umfang und voller Tiefe zu beschreiben. Dies hat jedoch meist eine explosionsartige Zunahme von verschiedenen Diagrammen zur Folge, die kaum mehr überblick- und wartbar sind.

4.4 Analyse- und Designmethoden für EDV

Beispiel

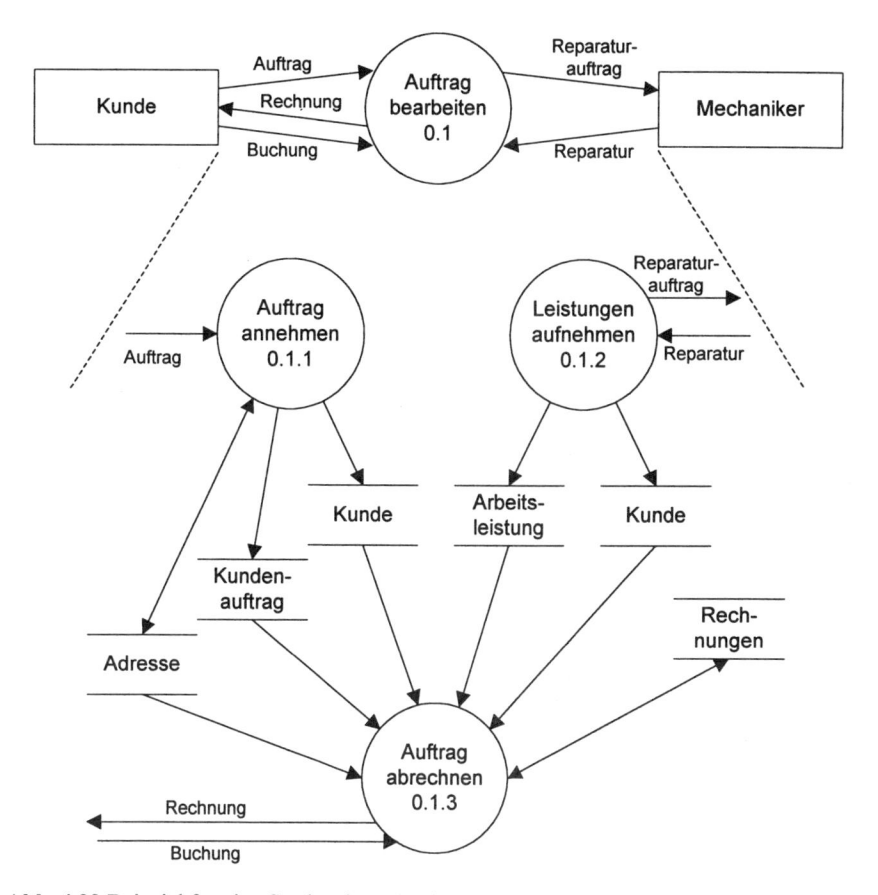

Abb. 4.22 Beispiel für eine Strukturierte Analyse

Steinweg (1995, S. 275 ff.) empfiehlt daher einen pragmatischen Einsatz, an die Vorstellung gekoppelt, daß die SA die Rolle einer Kommunikations- und Visualisierungstechnik übernehmen kann. Für feinere Systembeschreibungen hält er den Einsatz der SA für ungeeignet, da sie keine formale Methode für Systementwickler sei. Seine Vorstellungen zum Einsatz der SA gehen in die Richtung einer Moderationsmethode in der Kommunikation mit dem Fachbereich/der Organisationsabteilung. Da mit der SA die essentiellen Systemzusammenhänge auf überschaubare Weise dargestellt werden können, kann er sich ihren Einsatz auch gut in der Managementinformation vorstellen.

Im Rahmen einer Modellierung oder Nachdokumentation wird die SA-Methode meist nicht allein eingesetzt, sondern findet stets Verwendung in einem Methodenverbund. Die anderen Methoden im Verbund sind das E/R-Modell und die Geschäftsvorfallbeschreibung (STD). In ihrem Vorgehen erfüllen diese drei Methoden das *fachliche* Modell eines Systems.

Zusammenfassend:

- Datenflußdiagramme (nach DeMarco) zeichnen sich durch eine leichte Erlernbarkeit aus.
- Datenflußdiagramme geben allerdings nur Auskunft über Datentransformationen, aber nicht über die Datenorganisation.
- Datenflußdiagramme geben keine Information über das dynamische Verhalten des Softwaresystems.

4.4.3
Bedingungsanalyse/Entscheidungstabelle

Im Jahre 1957 wurde von einer Projektgruppe der General Electric Company die Technik der Entscheidungstabellen entwickelt (vgl. Frick 1995, S.141). 1979 wurden die Entscheidungstabellen nach DIN 66 241 genormt.

Anlaß für die Entwicklung der Entscheidungstabellen war das immer wiederkehrende Problem, daß in der Softwareentwicklung die Ausführungen von Aktionen gleichzeitig von mehreren Bedingungen zu einem bestimmten Zeitpunkt abhängig sind. Hier finden Entscheidungstabellen ihren Einsatz. In ihnen faßt man die an der Entscheidungssituation beteiligten Bedingungen, die auszuführenden Aktionen und die Entscheidungsregeln zusammen und setzt sie schließlich zueinander in Beziehung.

Methodische Grundlagen

Entscheidungstabellen werden in den frühen Phasen der Softwareentwicklung eingesetzt. Sie helfen bei der Umsetzung der informellen, widersprüchlichen und unvollständigen Anwendungsbeschreibungen und bringen sie in eine formale Form. Mit der Technik der Entscheidungstabellen können komplexe Entscheidungssituationen, d. h. die Beziehungen, die zwischen den Bedingungen und den Aktionen liegen, übersichtlich und kompakt dargestellt werden.

Unter *Entscheidungstabelle* soll in Anlehnung an Heinrich u. Burgholzer (1986, S. 83) verstanden werden: „Eine übersichtliche Zusammenfassung von Entscheidungsregeln, die angeben, welche Bedingung oder Kombination von Bedingungen erfüllt sein müssen, wenn eine genau definierte Aktion oder Aktionsfolge ausgelöst werden soll."

Aufbau von Entscheidungstabellen

Eine Entscheidungstabelle besteht aus vier Darstellungselementen. Die linke Hälfte der Tabelle nehmen der Bedingungs- und der Aktionsteil ein. In der rechten Hälfte werden die Regeln festgehalten, die den Bedingungs- mit dem Aktions-

4.4 Analyse- und Designmethoden für EDV 275

teil verbinden. Die rechte Hälfte gliedert sich folglich in einen Bedingungsanzeigenteil und einen Aktionsanzeigenteil auf. Die Seite, auf der die Regeln notiert werden, bezeichnet man auch als Operandenfeld.

Tabellenname	Regeln					
	R1	R2	R3	R4	...	Rn
Bedingungsteil	Bedingungsanzeigenteil					
Aktionsteil	Aktionsanzeigenteil					

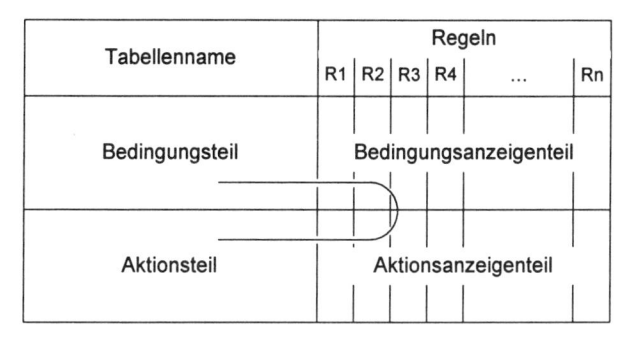

Abb. 4.23 Prinzipieller Aufbau einer Entscheidungstabelle

Ein prinzipieller Aufbau einer Entscheidungstabelle (Abb. 4.23) ist aufgeteilt in

- **Bedingungsteil**: Hier werden alle für die Entscheidungssituation relevanten Bedingungen aufgelistet.
- **Aktionsteil**: Hier werden alle in Abhängigkeit von den Bedingungen auszuführenden Aktionen aufgelistet.
- **Bedingungsanzeigenteil**: Hier werden die Regeln notiert und angegeben, welche Bedingungskonstellationen eintreten müssen, damit die über den Aktionsanzeigenteil referenzierten Aktionen ausgelöst werden können.
- **Aktionsanzeigenteil**: Hier wird angegeben, welche Aktionen und in welcher Reihenfolge sie ausgeführt werden müssen.

Für die Interpretation der Entscheidungstabelle gilt, daß die Bedingungen des Bedingungsteils auf die Regeln im Bedingungsanzeigenteil hin untersucht werden. Sobald eine Regel zutrifft, werden die auszuführenden Aktionen über den Aktionsanzeigenteil referenziert.

Entscheidungstabellen lassen sich in eine *begrenzte* und eine *erweiterte* Entscheidungstabelle unterscheiden.

- **begrenzte Entscheidungstabelle**: jede Bedingung ist im Bedingungsteil vollständig beschrieben, so daß im Bedingungsanzeigenteil nur noch in Form eines „X" oder „J" angegeben werden muß, ob eine Bedingung zutrifft oder nicht.
- **erweiterte Entscheidungstabelle**: hier sind die Bedingungen im Bedingungsteil nur unvollständig beschrieben. Im Bedingungsanzeigenteil muß die jeweilige Ergänzung zur Bedingung aufgeschrieben werden.

In der Praxis werden verschiedene Verfahren angewandt, mit deren Hilfe die Arbeit mit umfangreichen Entscheidungstabellen vereinfacht und ihre Gestaltung übersichtlicher wird. Dazu werden große Entscheidungstabellen auf mehrere kleinerer aufgeteilt. Eine Möglichkeit der Vereinfachung besteht z. B. in der Hierarchisierung von Entscheidungstabellen.

Ablauf

Die wesentlichen Schritte bei der ET-Vorgehensweise sind:
1. Im Bedingungsteil werden die relevanten Bedingungen festgelegt. Liegen mehr als vier Bedingungen vor, setzt man gegebenenfalls die Strukturierungstechnik von Entscheidungstabellen ein.
2. Anschließend werden im Aktionsteil die möglichen Aktionen festgelegt.
3. Im Bedingungsanzeigenteil werden die Bedingungskonstellationen festgelegt.
4. Die Bedingungskonstellationen werden auf ihre Widerspruchsfreiheit und Vollständigkeit hin überprüft.
5. Im Aktionsanzeigenteil werden die auszuführenden Aktionen bestimmt.
6. Abschließend erfolgt die Zusammenfassung von Regeln mit derselben Menge an Aktionen.

Regeln

Die Entscheidungstabellen-Technik ermöglicht die Anwendung verschiedener Analysemethoden, die sowohl während der Tabellenerstellung als auch nach ihrer Beendigung Aussagen über deren Korrektheit zulassen.

- **Vollständigkeitsanalyse**: Überprüfung der Entscheidungstabellen hinsichtlich ihrer inhaltlichen und formalen Vollständigkeit. Die Prüfung nach der inhaltlichen Vollständigkeit untersucht, ob alle Aktionen und Bedingungen der jeweiligen Aufgabenstellung erfaßt wurden. Die formale Vollständigkeitsprüfung ermittelt, ob alle durch die Bedingungskonstellationen möglichen Regeln erfaßt wurden.
- **Redundanzanalyse**: Durch sie wird ermittelt, ob in der Entscheidungstabelle Regeln enthalten sind, die inhaltlich identische Einträge aufweisen oder nicht. Sind für bestimmte Aktionen mehrere Regeln vorhanden, so muß aufgezeigt werden, daß diese inhaltlich nicht identisch sind.
- **Widerspruchsfreiheit**: Die Widerspruchsprüfung soll zeigen, daß keine inhaltlich identischen Regeln bestehen, die verschiedene Aktionen steuern, d. h. Regeln mit gleicher Aussage, die aber auf verschiedene Aktionen referenzieren.

Einsatzmöglichkeiten, Chancen und Risiken

Die Einsatzfähigkeit von Entscheidungstabellen ist universell.
- In den frühen Phasen des Software-Entwicklungsprozesses werden sie zur Spezifikation von Softwaresystemen eingesetzt. Verwendung finden sie ferner

4.4 Analyse- und Designmethoden für EDV

für den Modulentwurf. Vor allem in den Bereichen, in denen Aktionen unter Berücksichtigung verschiedener Bedingungen gesteuert werden, können mit ihrer Hilfe informelle Anforderungen in formale Systemspezifikationen umgesetzt werden.
- Die Spezifikation des Systems wird wesentlich erleichtert durch die systematische und konsequente Anwendung der Entscheidungstabellen-Technik auf die ermittelten Anforderungen. Komplexe Beziehungszusammenhänge lassen sich übersichtlich und transparent darstellen.
- Entscheidungstabellen sind in Bezug auf ihre Semantik nicht eindeutig und machen beispielsweise keine Aussagen über die Reihenfolge der Bedingungsprüfungen. Für eine genauere Interpretation empfiehlt es sich, Entscheidungstabellen mit Zusatzinformationen auszustatten.
- Damit Entscheidungstabellen nicht unübersichtlich und schwer analysierbar werden, sollten sie eine bestimmte Größe nicht überschreiten. Als Faustregel für Entscheidungstabellen kann gelten: 4–6 Bedingungen, 6–10 Aktionen und 6–10 Regeln.
- Entscheidungstabellen sind wie Zustandsautomaten relativ leicht in einen Entwurf und weiter in eine Implementation zu überführen.

Beispiel

Ein Beispiel für den Aufbau einer Bedingungsanalyse/Entscheidungstabelle ist in Tabelle 4.6 dargestellt:

Tabelle 4.6 Beispiel für eine Entscheidungstabelle

	Regeln					
	R1	R2	R3	R4	R5	R6
Bedingungen						
Antragsteller ist Gewerblicher	1	-	-	-	-	
Vertragstyp sieht keine maschinelle Genehmigung vor	-	1	-	-	-	
Antragsteller hat sehr gute Risikoklasse	-	-	-	1	-	
Antragsteller hat gute oder default Risikoklasse	-	-	-	-	1	
Antragsteller hat keine gute Risikoklasse	-	-	1	-	-	
Aktionen						
Maschinelle Genehmigung abbrechen	x	x	x			
Ablehungskommentar: Kunde ist gewerblicher Kunde	x					

Ablehnungskommentar: Dieser Vertragstyp sieht keine maschinelle Genehmigung vor		x			
Ablehnungskommentar: Keine gute Risikoklasse			x		
Antragssummenprüfung aufrufen				x	x
Objektprüfung					

4.4.4 Funktionsanalyse

Methodische Grundlagen

Das Arbeiten mit Funktionen – die Funktionsanalyse – ist ein zentrales Instrument der Wertanalyse (WA). Die funktionsorientierte Analyse von Problemen und Problemlösungen ist ein im Wertanalyse-Arbeitsplan fix vorgesehener Schwerpunkt.

Funktionen im Sinne der Wertanalyse sind einzelne Wirkungen des Objektes. Diese sind durch ein nach Möglichkeit quantifizierbares Substantiv mit einem dazugehörigen Verb im Infinitiv beschrieben. Beispiele hierfür sind: Aufträge erfassen, Aufträge prüfen, Aufträge löschen, Fertigungsaufträge erstellen, Fertigungsaufträge planen etc. Mit Hilfe der Funktionen gelangt man zu einer lösungsunabhängigen (abstrakten) Definition des WA-Objektes, für das vielfältige konkrete Lösungsansätze denkbar sind (vgl. Zentrum Wertanalyse 1995, S. 18).

Die Funktionsanalyse von Systemen läßt deren Wesensgehalt klar erkennen. Der Einsatz der Funktionsanalyse zum Erfassen eines Produktsystems vertieft das Verstehen des Systems, ermöglicht jedem, das Wesentliche des Systems zu erfassen, indem die Produktkonzepte und -kennzeichen aufgedeckt werden, enthüllt die Bedeutung der Produktstruktur, der Materialien, der Abmessungen etc. und ermöglicht das Aufdecken von Verschwendung. Die Funktionsanalyse eines Verwaltungssystems und immateriellen innerbetrieblichen Dienstleistungssystems vertieft das Verstehen des Systems, ermöglicht jedem das Erfassen der Struktur und den Zweck derartiger Systeme und gestattet das Auffinden von Verschwendung in der Struktur von und bei Abläufen in derartigen Systemen (vgl. Akiyama 1994, S. 165 f.).

Ablauf

Der Ablauf einer Funktionsanalyse kann in folgende Schritte unterteilt werden:
1. Bestimmung der Untersuchungsobjekte
2. Bilden eines Funktionsanalyse-Teams

4.4 Analyse- und Designmethoden für EDV

3. Anwenden der Funktionsanalyse
4. Anwenden der Funktionsanalyse-Ergebnisse (vgl. Akiyama 1994, S. 166 ff.).
5. Das Entwickeln eines Funktionsbaumes kann nach folgendem Schema erfolgen (Abb. 4.24):
   - Erstellen von Funktionskarten
   - Übertragen jeder benannten Funktion auf eine Karte
   - Einordnen der Funktionen
   - Suchen solcher Funktionen, die als Ziel von anderen Funktionen auf anderen Karten dienen und Herausarbeiten der gegenseitigen Beziehungen
   - Überprüfen der Funktionenfolge
   - Überprüfen des Funktionsbaumes auf seine logische Richtigkeit
   - Aufstellen von Kriterien
   - Benutzen von Spezifikationen, Daten verschiedenster Art etc., um Kriterien zu jeder Funktion des Funktionsbaumes aufzustellen (vgl. Akiyama 1994, S. 71).
6. Gewichten der einzelnen Funktionen bzgl. Kostenanteil, Priorität oder einer anderen zielrelevanten Maß- oder Kennzahl.

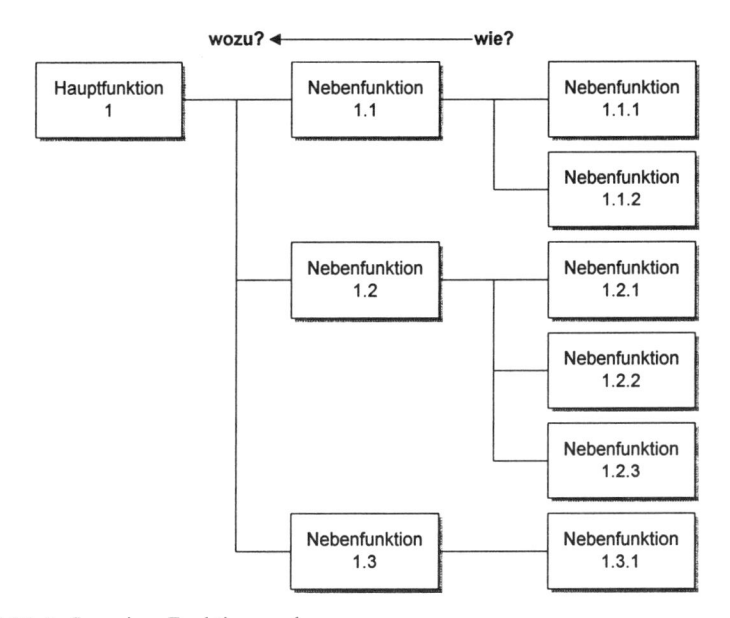

Abb. 4.24 Aufbau einer Funktionsanalyse

Regeln

Das Arbeiten mit Funktionen im Rahmen der WA soll folgendes berücksichtigen:

- Der Zusammenhang zwischen Funktionsträger und Funktion ist herzustellen.
- Die von der WA-Aufgabe und den WA-Zielsetzungen betroffenen Funktionen sind zu definieren.
- Die Funktionen sind entsprechend der WA-Aufgabe und den WA-Zielsetzungen zu gliedern, um Wechselbeziehungen erkennbar zu machen.
- Informationen sind dem Funktionsbegriff mit dem Ziel zuzuordnen, Aussagen über Art und Wirkungsweise der betreffenden Funktion und über das Aufwand/Nutzen-Verhältnis zu erhalten (vgl. Zentrum Wertanalyse 1995, S. 114).

Einsatzmöglichkeiten, Chancen und Risiken

Ein unzulängliches Erfassen von Systemen gibt Anlaß für vielfältige Probleme. Das Lösen dieser Probleme kann mittels der Funktionsanalyse erfolgen. Vielfältige Probleme können im Produktionsprozeß, im Produktionssystem, in Produktionseinrichtungen, in der Organisation und im Dienstleistungsbereich auftreten. In all diesen Systemen kann die Funktionsanalyse zum Tragen kommen (vgl. Akiyama 1994, S. 165 ff.).

Beispiel

Das folgende Beispiel soll eine Funktionsanalyse im immateriellen innerbetrieblichen Dienstleistungsbereich anhand eines Funktionsbaumes darstellen (vgl. Akiyama 1994, S. 142).

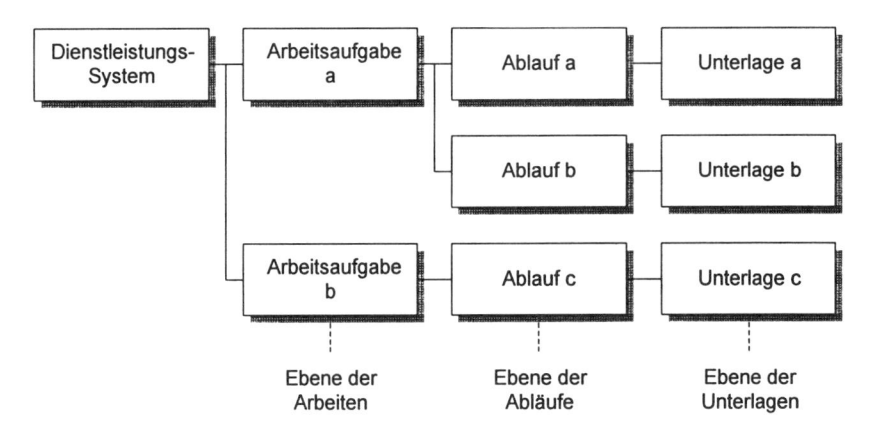

Abb. 4.25 Beispiel für eine Funktionsanalyse

4.4.5
Entity-Relationshipmodeling (ERM)

Methodische Grundlagen

Die Entity-Relationship-Modellierung ist eine in der Software-Entwicklung weit verbreitete Methode zur Datenanalyse und -modellierung. (vgl. Steinweg 1995, S. 256 ff.). Sie ist sowohl als formale Designmethode für technische datenbanknahe Sachverhalte als auch als Darstellungstechnik für fachliche Inhalte in der Kommunikation mit Kunden und Anwendern nutzbar. Mit der Entity-Relationship-Modellierung (ERM) lassen sich die Daten eines zu realisierenden Systems und deren Zusammenhänge beschreiben. Der Ursprung der ERM geht auf P.P. Chen (1976) zurück. Die ERM nimmt im Phasenmodell eine zentrale Bedeutung ein.

In der *Modellierung* beschreibt man mit der ERM ein fachliches Ist- oder Soll-Datenmodell unter den Aspekten:

- welche Instanzen im System bearbeitet werden und
- welche Beziehungen zwischen den Instanzen berücksichtigt werden müssen.

Die ERM wird in dieser Phase vorwiegend als Visualisierungs- und Moderationsmethode eingesetzt, d.h. zur Kommunikation mit Kunden und Anwendern über fachliche Inhalte (konzeptuelles Datenmodell).

In der *Analyse* verwendet man die ERM als formale Methode, um logische Datenmodelle zu erarbeiten und zu beschreiben. Dabei wird das Soll-Datenmodell aus der Modellierung unter Einbezug formaler Regeln der Datenmodellierung verfeinert, normalisiert und präzisiert. Ferner kann man die ERM auch zur Dokumentation des physischen Datenmodells nutzen.

Die ERM wird hauptsächlich in Form eines ER-Diagramms dargestellt. Diese Diagramme beinhalten folgende Elemente vier Symbole (Abb. 4.26):

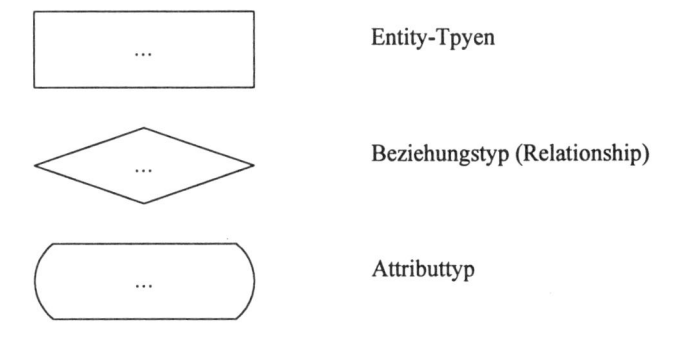

Symbol	Bedeutung
▭ ...	Entity-Tpyen
◇ ...	Beziehungstyp (Relationship)
⬭ ...	Attributtyp

Primärschlüssel

Abb. 4.26 Symbole für ein Entity-Relationship-Modell

Entity

Unter Entity wird ein eigenständiges, eindeutig benennbares Objekt verstanden, dessen Existenz prinzipiell unabhängig von anderen Objekten ist (vgl. Schönthaler u. Németh 1990, S. 163 ff.). Ein Entity ist real oder begrifflich existent.
- „real existent" meint die Welt der Dinge, z. B. der „Aufträge" oder der „Kunde".
- „begrifflich existent" meint die Welt der Begriffe, die sich sprachlich herausgebildet haben, um Sachverhalte zu beschreiben, z. B. die Zahlungskondition „zahlbar rein netto".

Für die Modellierung werden gleichartige Entities zu Klassen oder Entity-Typen zusammengefaßt. Die Klassifikation ihrer Gleichartigkeit erfolgt nach den Kriterien
- gleichartige Bedeutung
- gleichartige Attribute
- gleichartige Beziehungen zu anderen Entities.

Man bezeichnet ein Entity auch als Ausprägung eines Entitätstyps. So kann die Entität „Maurer" oder „Peter" oder „Bauer" beispielsweise dem Entity-Typ „Mitarbeiter" zugerechnet werden.

Relationships

Eine Beziehung (relationship) ist eine Verknüpfung von zwei oder mehreren Entities. Wie Entities werden auch Relationships zwischen Entities zu Klassen zusammengefaßt. Dann spricht man von Relationship-Typen. Sie werden graphisch durch Rauten repräsentiert.

In vielen Fällen ist es ferner sinnvoll, durch die Verwendung von „Rollennamen" (als Kantenbeschriftungen) die Aussagekraft der Diagramme zu steigern. Eine Rolle ist eine Aufgabe, die ein Entity im Zusammenhang mit einer Beziehung zu einem oder mehreren Entities übernimmt.

In ER-Diagrammen wird im allgemeinen auch die Komplexität von Beziehungen angegeben. Dafür können unterschiedliche Notationen eingesetzt werden. Bei der Min-Max-Notation wird z. B. angegeben, in wieviel konkret vorhandenen Beziehungen ein Entity im Minimum oder Maximum vorkommt.

4.4 Analyse- und Designmethoden für EDV

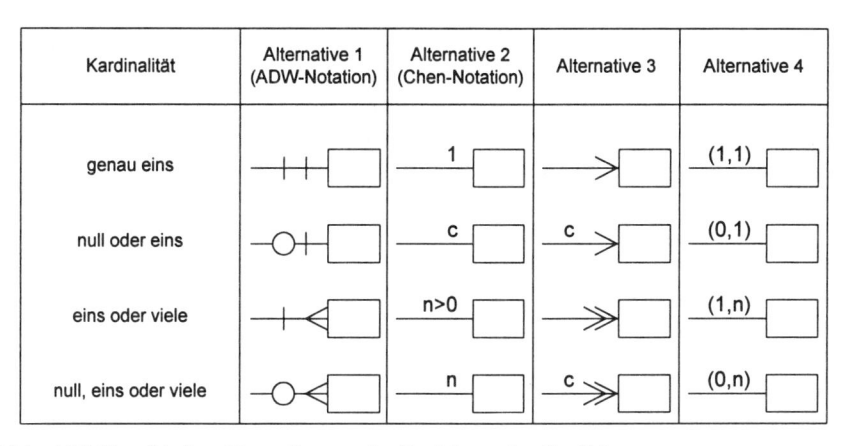

Kardinalität	Alternative 1 (ADW-Notation)	Alternative 2 (Chen-Notation)	Alternative 3	Alternative 4
genau eins	⊢⊢☐	1 ☐	→☐	(1,1) ☐
null oder eins	─○⊢☐	c ☐	c →☐	(0,1) ☐
eins oder viele	⊢<☐	n>0 ☐	↠☐	(1,n) ☐
null, eins oder viele	─○<☐	n ☐	c ↠☐	(0,n) ☐

Abb. 4.27 Verschiedene Darstellungen der Beziehungskardinalitäten

Attribut

Attribute sind beschreibende Merkmale einer Entity bzw. Relationship. Alle zu einer Entity gehörenden Instanzen müssen dieses Attribut besitzen. Die Abbildung in ER-Diagrammen erfolgt über beschriftete Ellipsen. Zur Definition eines Attributes gehört neben seinem Namen der Wertebereich (Domäne), damit die Plausibilität von Attributwerten für Entities überprüfbar wird. Unter Domäne versteht man den Wertebereich, aus dem Attribute ihre Werte beziehen können.

Primärschlüssel

Der Primärschlüssel eines Entity-Typen ist ein Attribut oder eine Gruppe von Attributen. Bei der Festlegung sollte berücksichtigt werden, daß sich der Wert eines Attributes/der Attribute während der Lebensdauer eines Entities nicht ändert. Man könnte allerdings auch einen synthetischen Primärschlüssel wählen, jedoch geht damit die Semantik verloren.

Ein Grund für die weite Verbreitung des ER-Modells ist, daß es Konzepte des Netzwerk- und des Relationenmodells kombiniert und erweitert und sich deshalb auch gut mit diesen klasssehen Modellen verwenden läßt (vgl. Schönthaler u. Németh 1990, S. 107 ff.). In der Praxis wird meist das ER-Modell zur konzeptuellen Modellierung verwandt und dann das sich ergebende konzeptuelle Schema in ein entsprechendes logisches Schema auf der Basis des Relationenmodells transformiert.

Da das ER-Modell im Vergleich zu semantisch-hierarchischen Datenmodellen einige Schwächen aufweist, z.B. bezüglich der Möglichkeiten zur Abstraktion, verwendet man in der Praxis selten die oben geschilderte Grundform, sondern nimmt Erweiterungen wie die „Modellierung von Teilmengen-Beziehungen" oder die „Bildung von Subtypen" vor.

Für die graphische Repräsentation dieser zusätzlichen Konzepte verwendet man die sogenannte „Krähenfuß-Notation". Die Krähenfuß-Notation unterscheidet sich im wesentlichen nur geringfügig von der Min-Max-Notation und wird im folgenden daher nur in groben Zügen angedeutet. Die Entity-Typen werden ebenfalls als Rechtecke dargestellt und die Relationsship-Typen durch Kanten repräsentiert, lediglich die Ausgangs- und Endpunkte der letzteren können mit speziellen Symbolen, sogenannten Komplexitätszeichen, nach der Komplexität der Beziehungen versehen werden.

Für die Relationships gilt, daß bei horizontalen Kanten die Bezeichnung oberhalb der Kanten sich auf die links stehenden Entity-Typen bezieht, die Bezeichnung unterhalb auf den rechts stehenden Typ. Bei vertikalem Kantenverlauf bezieht sich die links von der Kante angegebene Bezeichnung auf den oben stehenden Entity-Typ, die rechts von der Kante angegebene Bezeichnung auf den unten stehenden Typ. Auf Attribute wird aus Gründen der Übersichtlichkeit oft verzichtet. Wenn Attribute erwünscht sind, können sie als beschriftete Ellipsen angegeben werden.

Möglichkeiten für die „Modellierung von Beziehungen zwischen Relationships" sind die *Modellierung von Teilmengen-Beziehungen* oder *die Verknüpfung von Beziehungstypen durch eine Disjunktion*, wobei man bei letztgenanntem sowohl ein inklusives als auch ein exklusives Oder modellieren kann.

Ziel der „Bildung von Subtypen" ist die Definition von Teilmengen eines Entity-Typs, vorausgesetzt, Entities dieser Teilmengen weisen unterschiedliche Beziehungen zu anderen Entities oder unterschiedliche Attributmengen auf. Diese Entity-Subtypen lassen sich immer weiter in Subtypen zerlegen, so daß man ganze Subtyp-Hierarchien erhalten kann.

Ablauf

Im folgenden wird der Frage nachgegangen, wie die Integration der Datenmodellierung in Life-Cycle-Modellen erfolgen kann (vgl. Schönthaler u. Németh 1990, S. 115-132). Die Datenmodellierung umfaßt neben der konzeptuellen Modellierung auch die Aufstellung des logischen und des internen Modells sowie der externen Modelle.

Das idealisierte Life-Cycle-Modell konstituiert sich aus den drei Schritten *Anforderungsanalyse*, *Entwurf* und *Implementation* und die Phasen der Datenmodellierung werden nun diesen drei Schritten zugeordnet.

4.4 Analyse- und Designmethoden für EDV

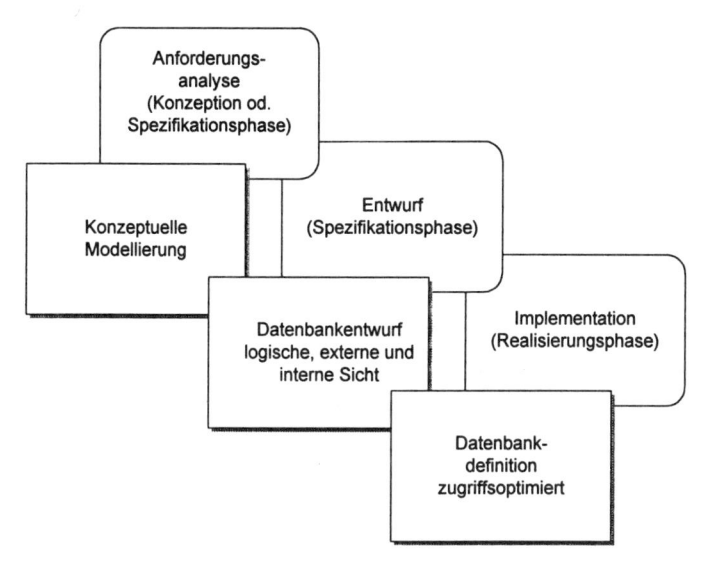

Abb. 4.28 Datenmodelle im Projektverlauf

1. Konzeptuelle Modellierung

Im Life-Cycle-Modell wird die konzeptuelle Modellierung als Bestandteil der Anforderungsanalyse ausgewiesen, häufig jedoch auch als expliziter Schritt zwischen Anforderungsanalyse und Entwurf.

Folgende Schritte erfolgen im Rahmen der konzeptuellen Modellierung:

- Ermittlung des Informationsbedarfs für die zu entwickelnde Anwendung
- Formalisierung dessen mittels eines geeigneten Datenmodells

Das Ziel ist die Schaffung eines möglichst stabilen konzeptuellen Modells für weitergehende Datenmodellierungs-Aktivitäten.

2. Datenbankentwurf

Unter dem Datenbankentwurf werden die Aktivitäten logische, externe und interne Modellierung zusammengefaßt. In dieser Phase muß bereits die Entscheidung für ein bestimmtes Datenbanksystem getroffen sein. „Die Entwurfsaktivitäten umfassen hauptsächlich Abbildungsschritte, die sich sehr gut durch Software-Werkzeuge unterstützen lassen" (Schönthaler u. Németh 1990, S. 117).

Folgende Tools können jeweils verwendet werden:

- Formular- und Report-Generatoren für die externe Modellierung
- interaktive Schemaeditoren und Normalisierungs-Tools für die logische Modellierung
- die interne Modellierung wird durch Vorgabe eines Default-Modells und Tools unterstützt

3. Datenbankdefinition

Das Anlegen einer Datenbank, d. h. die Definition des logischen, internen und externen Modells, erfolgt meistens durch die Anwendung der vom verwendeten Datenbanksystem zur Verfügung gestellten Tools für den Datenbankentwurf.

4. Weiteres Konzept zur Beschreibung der Stufen der Datenmodellierung

Ein anderes Konzept zur Beschreibung der Stufen der Datenmodellierung teilt den gesamten Entwicklungsprozeß der Datenstrukturen in die Stufen logisches und physisches Datenmodell. In diesem Modell unterteilt man in die Phasen Grobkonzeption, Feinkonzeption und Realisierung. Das logische Datenmodell und gegebenfalls das Relationenmodell sind dabei der Grob- und Feinkonzeption zugeordnet, das physische Datenmodell hingegen der Realisierungsphase.

Das Vorgehen bei der logischen Datenmodellierung umfaßt folgende Schritte:

- Die wichtigsten Entitättypen werden festgelegt und verbal beschrieben
- Festlegen der identifizierenden Attributtypen
- Zuordnung der bekannten Attributtypen zu den Entity-Typen
- Untersuchung der Entity-Typen auf mögliche Beziehungstypen
- Festlegen der Beziehungskardinalitäten
- Mehrmaliger Durchlauf der Schritte 1-5 und Vervollständigung des ER-Modells. Anwendung von Verfeinerungstechniken wie Generalisierung/ Spezialisierung, Rekursionen etc. Darstellung der Punkte 1, 4, 5 in einem ER-Diagramm und Beschreibung der Entity-, Attributs- und Beziehungs-Typen in einem Datenlexikon.
- Normalisierung durchführen
- Ermittlung der Mengenverhältnisse für Entity- und Beziehungs-Typen
- Integritätsbedingungen festlegen
- Erstellung der Zugriffspfadmatrix

In der Grobkonzeption laufen die Schritte 1-6 ab, die angedeuteten Verfeinerungstechniken sowie die Schritte 7-9 in der Phase der Feinkonzeption.

Regeln

Für die in den methodischen Grundlagen aufgeführten Elemente lassen sich zusammenfassend folgende Regeln anführen:

Entity/Entity-Typ

- bei Unkenntnis des funktionalen Zusammenhangs definiert man zunächst die wesentlichen Entity-Typen
- sind die in Funktionen benötigten Daten bereits bekannt, können sie zunächst modelliert und später in einen größeren Kontext eingebettet werden (Bottom up)
- die definierten Entity-Typen sind so zu benennen und zu beschreiben, daß die Entities eindeutig einem Entity-Typ zugeordnet werden können

- der Entity-Schlüssel, der für eine eindeutige Unterscheidung notwendig ist, darf nicht mehrfach oder gar nicht belegt sein
- der Entity-Schlüssel kann aus einem oder mehreren Attributtypen oder aus Nummern bestehen.

Beziehung/Beziehungstyp

- alle definierten Entity-Typen müssen auf die Existenz eines Beziehungstyps untersucht werden und daraufhin, ob ein Beziehungstyp beschrieben werden muß
- Beziehungstypen, die bereits indirekt dargestellt sind, müssen nicht nochmals direkt dargestellt werden
- zwischen zwei Entity-Typen können auch mehrere Beziehungstypen bestehen
- Beziehungstypen existieren nur zwischen Entity-Typen

Attributtyp/Attributwert/Domäne

- alle Attributtypen müssen verbal beschrieben werden
- für die Attributtypen ist die Domäne sowie die logische Länge anzugeben
- wenn möglich, sollten beschreibende Attributtypen nur in einem Entity-Typ vorkommen

Einsatzmöglichkeiten, Chancen und Risiken

Mit dem Einsatz der Entity-Relationship-Modellierung soll ein logisches Datenmodell erschaffen werden, das

- alle zur Abbildung des jeweiligen Realitätsausschnitts relevanten Aussagen erfaßt,
- zur Klärung der gewachsenen Begriffe und ihrer Abhängigkeiten in dem jeweils fokussierten Realitätsausschnitt und
- zum Erkennen und Beschreiben der existenten Geschäftregularien beiträgt.

Ferner bildet das logische Datenmodell die grundsätzlichen Regularien ab, zeigt unterschiedliche Sichtweisen auf und dokumentiert diese hinsichtlich ihrer Begriffe und logischen Abhängigkeiten. Diese unterschiedlichen Sichtweisen finden sich schließlich mehr oder weniger in einem gemeinsamen Datenmodell integriert.

Aufgrund der gemachten Erfahrungen erweist sich das ER-Modell im Rahmen der Modellierung (fachliches Modell) als abstrakteste Darstellungsmethode. Steinweg (1995, S. 265) empfiehlt daher, daß die ER-Modellierung von einem sogenannten Kernmodell ausgehend entwickelt werden sollte. Ferner sollte die ERM erst nach dem GV-Modell und Funktionsmodell erarbeitet werden, da man aus der Beschreibung der Geschäftsvorfälle und der Funktionen, Indikatoren auf mögliche Entities und Attribute erhalten kann.

Bezogen auf die Informationsbedarfsanalyse, eine der Schlüsselaktivitäten in Entwicklungsprojekten, läßt sich für die Einschätzung der ERM folgendes festhalten (vgl. Schönthaler u. Németh 1990, S. 119 ff.):

- die ERM ist dort überlegen, wo ein Top-down-Vorgehen möglich ist, und zwar aufgrund bereits vorhandenen Grundwissens im Anwendungsbereich.
- bei der Formularanalyse zeigt sich, daß aufgrund der hierarchischen Struktur von Formularen semantisch-hierarchische Datenmodelle ebenfalls Vorteile gegenüber den ER-Modellen haben.
- für die Datenbestandsanalyse weisen die ER-Modelle hingegen deutliche Vorteile gegenüber den semantisch-hierarchischen Datenmodellen auf, vor allem bei relationalen Datenbeständen.

Beispiel

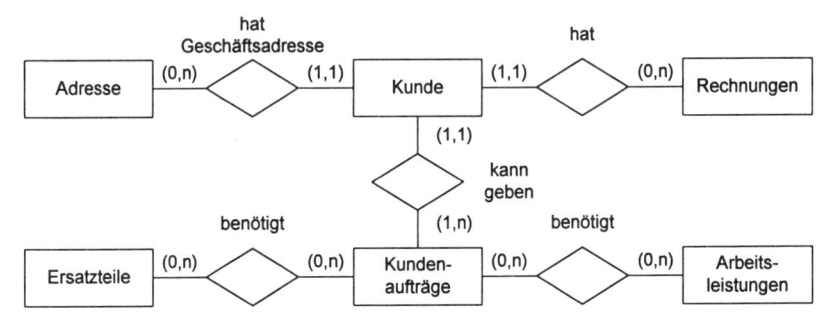

Abb. 4.29

4.4.6
Erweitertes Entity-Relationshipmodeling (EERM)

Methodische Grundlagen

Die Datenmodellierung hat als oberste Zielsetzung eine hohe Flexibilität. Um dieses Ziel zu erreichen, werden bei der Datenmodellierung die sonst üblichen Methoden angewandt. Das entstehende Datenmodell zeichnet sich durch eine möglichst weitgehende Anwendung der folgenden Prinzipien aus:
- Abstraktion
- Aggregation
- Abbilden der Informationen darüber im Datenmodell selbst

Ein betriebliches Datenmodell beschreibt in der Regel einen Ausschnitt der Realität. Das spezielle Datenmodell stellt eine Abstraktion eines betrieblichen Datenmodells dar.

Die Entitäten und Beziehungen, die diese Abstraktion des betrieblichen Datenmodells beschreiben, bilden die konkrete Ebene des Datenmodells. Eine Entität

4.4 Analyse- und Designmethoden für EDV

der konkreten Ebene ist häufig ein Ergebnis der Abstraktion und Aggregation. Diese beiden Prinzipien werden im allgemeinen gleichzeitig angewandt.

Zusätzlich zur Beschreibung des Realitätsausschnitts bzw. dessen Abstraktion enthält das Datenmodell Informationen über die Abstraktionen und Aggregationen, die bei der Modellierung verwandt wurden. Es enthält folglich Informationen über sich selbst, also eine Art Meta-Ebene, die hier Typ-Ebene genannt wird. Informationsobjekte der Typ-Ebene werden Typ-Entitäten genannt.

Ablauf

1. Abstraktion

Es gibt betriebliche Informationen, die von gleicher Struktur und gleichem Inhalt sind, aber von unterschiedlichen Fachabteilungen oder in unterschiedlichen Zusammenhängen unterschiedlich bezeichnet werden. Diese Gleichartigkeiten werden im speziellen Datenmodell genutzt. Es wird von fachlichen Zusammenhängen weitgehend abstrahiert, so daß diese gleichartige Information in einer einzigen Entität abgebildet werden kann. Die Abstraktion betrifft nicht nur die Normen der Entität, sondern auch die Beziehung der Attribute und die Bezeichnungen selbst.

Das Ergebnis der Abstraktion ist eine abstrahierte Entität, die zur konkreten Ebene des Datenmodells gehört. Die Interpretation der Abstraktion erfolgt über die Typ-Ebene.

Die Beziehungen sind insoweit abstrahiert, als daß sie zwischen abstrahierten Entitäten bestehen. Sie werden, wenn sie dadurch nicht an Aussagekraft verlieren sollen, nicht auf ein Teilnehmerobjekt, sondern als seine Generalisierung geführt. Dies dient auch der Abstrahierbarkeit der Entitäten. Oftmals begründen nur die gemeinsamen Beziehungen die Zusammenfassung mehrerer Entitäten zu einer Generalisierung.

Die Beziehungen werden in den speziellen Datenmodellen nicht zusammengefaßt und typisiert, auch wenn es mehrere Beziehungen zwischen den gleichen Entitäten gibt.

2. Aggregation

Es werden Strukturen, soweit dies möglich ist, nicht im Datenmodell selbst festgeschrieben, sondern von der Möglichkeit Gebrauch gemacht, diese zu aggregieren. Die Aggregation erlaubt auf diese Weise, Mengenaggregationen vorzunehmen.

Gehören die zusammengesetzten Ausprägungen wieder zu der ursprünglichen Entität, ergibt sich eine rekursive Mengenaggregation, die eine Verwendungsstruktur beschreibt. In diesem Fall wird eine Entität spezialisiert in (Abb. 4.30):

- ein Basis-Informationsobjekt, das konkrete Attribute besitzt und
- in ein zusammengesetztes Informationsobjekt, das im allgemeinen keine eigenen Attribute besitzt. Es aggregiert sich aus seiner generalisierten Entität. Eine Ausprägung der zusammengesetzten Entitäten besteht aus (anderen) Ausprägungen sowohl des Basis- als auch des zusammengesetzten Informationsobjekts.

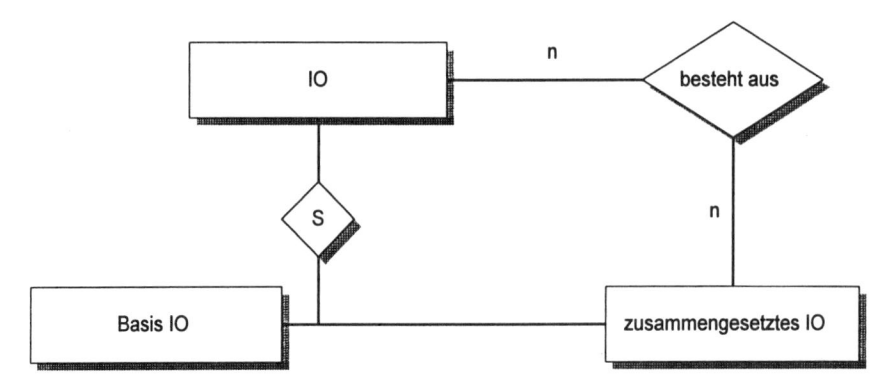

Abb. 4.30 Erweitertes Entity-Relationshipmodell

Informationen über die Zusammensetzung von Ausprägungen aggregierter Entitäten werden in der Typ-Ebene abgebildet.

3. Typ-Ebene des speziellen Datenmodells
Ziel der Typ-Ebene ist es, die Informationsverluste des Datenmodells, die durch Abstraktion und Aggregation entstehen, zu kompensieren. Das heißt:
- Konkretisierung der abstrakten Entitäten und
- die Zusammensetzung der aggregierten Entitäten abbilden.

Des weiteren können die explizit vorhandenen Meta-Informationen über die Struktur genutzt werden:
- Typ-bezogene, d. h. strukturbedingte Integritätsbedingungen verallgemeinert abbilden,
- Standardwerte durch Beziehungen zwischen konkreter und Typ-Ebene festlegen.

4. Konkretisierung der abstrakten Entitäten
Über die Bezeichnung „ist-vom-Typ" zwischen einer Entität und ihrer Typ-Entität wird für eine Ausprägung der Entität festgelegt, welche der fachlichen Entitäten, die zusammengefaßt wurden, gemeint ist. Davon sind unter anderem die fachlichen Bezeichnungen der Attribute betroffen. Diese sind nicht im Datenmodell als Attribute abgelegt, sondern nur in textlichen Beschreibungen enthalten. Sie werden erst in der Funktion Benutzeroberfläche, jeweils abhängig vom Typ, verwandt.

Diese Art der Typzuordnung betrifft im allgemeinen nur Entitäten, die keine Spezialisierung darstellen. Ist dagegen die abstrahierte Entität eine Spezialisierung, so wird der generalisierten Entität eine Typ-Entität zugeordnet.

5. Zusammensetzung der aggregierten Entitäten
Über die gleiche Beziehung „ist-vom-Typ" wird die Zusammensetzung einer Ausprägung einer aggregierten Entität festgelegt. Dabei gibt es zwei Arten, die Zusammensetzung aus dem zugeordneten Typ zu bestimmen:

- die Typ-Entität aggregiert sich genauso wie die zugrundeliegende Entität
- es gibt ein Verfahren, einen Algorithmus, zur Bestimmung der Zusammensetzung des zugrundeliegenden Informationsobjekts

Die Ebene der konkreten Nicht-Typ-Entitäten bilden eine Abstraktion eines normalen betrieblichen Datenmodells. Erst mit den Ausprägungen der Typ-Ebene und deren Beschreibung kann das betriebliche Datenmodell konstruiert werden.

6. Integritätsbedingungen

Die Beziehungen zwischen den Typ-Entitäten dienen zur Abbildung von logischen Zusammenhängen. Sie haben ihre Entsprechung auf der konkreten Ebene des Datenmodells. Zu einer Beziehung auf konkreter Ebene zwischen zwei Entitäten gibt es eine entsprechende Beziehung zwischen den Typ-Entitäten. Da es zwischen Entitäten und ihren Typ-Entitäten die Beziehung „ist-vom-Typ" gibt, gibt es zwei Wege zwischen den Entitäten der konkreten Ebene:

- direkt über die konkrete Beziehung oder
- über die Beziehung „ist-vom-Typ" zur ersten Typ-Entität, von dort über die Typ-Beziehung zur zweiten Typ-Entität und zurück über „ist-vom-Typ" (in die andere Richtung) zur zweiten Entität.

Dies gilt auch für die Aggregationsbeziehung „besteht-aus". Die „besteht-aus"-Beziehung ist ein sehr wesentlicher Spezialfall. Anzumerken ist noch, daß sich die Integritätsbedingungen nur dann verallgemeinern lassen, wenn sie strukturbedingt sind (Abb. 4.31).

Regeln

- Das Datenmodell ist fertig, wenn die Typ-Ebene bis zu den Ausprägungen hinunter festgelegt und beschrieben ist.
- Es gibt nur ein Anwendungsdatenmodell, das von allen Anwendungsentwicklungsprojekten genutzt wird.
- Abläufe können flexibel gesteuert werden.

Einsatzmöglichkeiten, Chancen und Risiken

1. Abstraktion

Vorteile:
- Die Abstraktion erhöht die Flexibilität.
- Die Zusammenfassung von mehreren Informationsobjekten zu einer abstrahierten Entität verringert den Aufwand für die Pflegefunktionalität.
- Umgekehrt liefert der Abstraktionsprozeß allgemein Begriffe, die den abteilungsübergreifenden Dialog fördern bzw. erst möglich machen.

Nachteile:
- Informationsverluste in den Beziehungen.
- Zeitverlust auf der physikalischen Datenbank.

2. Aggregation

Vorteile:
- Hohe Flexibilität der Zusammensetzung von Entitäten.
- Verringerter Aufwand bei der Funktionalität für die konkrete Ebene.

Nachteile:
- Struktur-Informationen gehen verloren.
- Erhöhter Aufwand bei der Funktionalität, da die Zusammensetzung gesteuert, über die Typ-Ebene implementiert und gepflegt werden muß. (Jedoch ist diese Ebene äußerst stabil).

3. Typ-Ebene

Vorteile:
- Der Informationsverlust durch die Abstraktion und Aggregation wird ausgeglichen, da die Informationen in den Ausprägungen der Typ-Ebene vorhanden sind.
- Solche Informationen können mit sehr wenig Aufwand ergänzt und geändert werden.
- Strukturelle Gemeinsamkeiten können erkannt, explizit benannt und für die Funktionalität ausgenutzt werden.
- Flexibilität. Änderungen sind sehr schnell möglich

Nachteile:
- Das Datenmodell wird abstrakt.
- Das ER-Diagramm ist weniger aussagefähig.
- Es muß mit viel Text gearbeitet werden.

Beispiel

Die folgende Abb. 4.31 soll das Gesagte nochmals beispielhaft verdeutlichen.

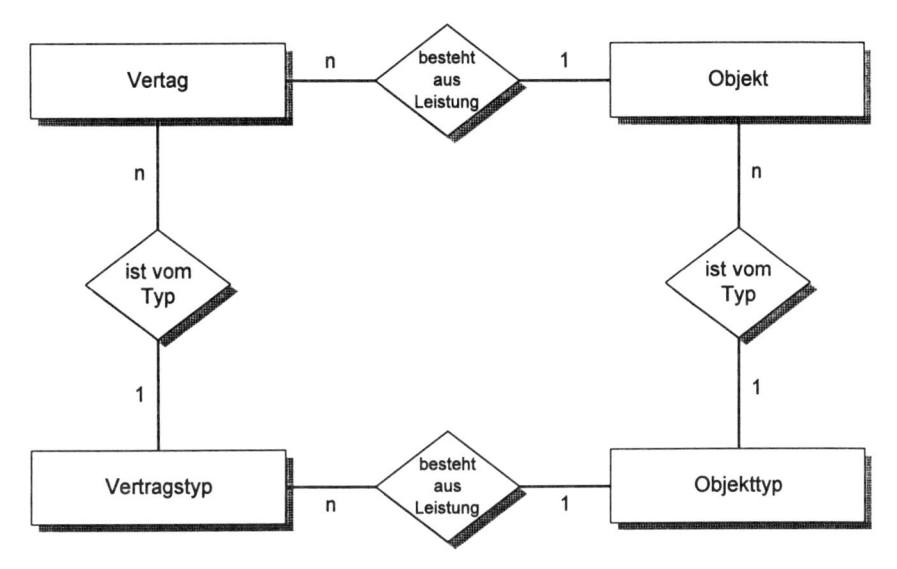

Abb. 4.31 Einführung einer Typ-Ebene im ERM

4.4.7
Strukturiertes Design (SD)

Methodische Grundlagen

Die Methode des Strukturierten Design beschäftigt sich mit der Fragestellung, wie ein zu entwickelndes Informationssystem in geeignete Programme bzw. Module zerlegt werden kann. Das Strukturierte Design ist eine Methode, welche die Abhängigkeiten zwischen den jeweiligen Modulen eines Informationssystems darstellt und zeigt wie sie zu minimieren sind. Die Methode erlaubt die Spezifikation von Systemen, die der von *Neumann-Architektur* folgen. Somit ist sie also nicht an einzelne Sprachumgebungen oder Abstraktionsstufen gebunden, sondern an die Systemstruktur, die die Instruktionen sequentialisiert und ausführt (vgl. Raasch 1992, S. 333 f.).

Eine strukturierte Systemspezifikation besteht aus

- dem Structure-Chart und
- der Modul-Spezifikation.

Das Structure-Chart ist ein Hierarchiediagramm, welches alle wesentlichen Systemmodule darstellt. Es enthält die Elemente (Abb. 4.32):

- Modul und Bibliotheksmodul (Rechtecke),
- Modulaufruf sowie

- Übergabeparameter in Form von Datenflüssen bzw. Informationsflüssen und Steuerflüssen bzw. Kontrollflüssen.

Im Gegensatz dazu repräsentiert die Modul-Spezifikation die innere Sicht eines Systemmoduls. Neben der Verarbeitungslogik ist auch die Definition der Schnittstellen wichtig, ohne die die Modultests nicht durchgeführt werden können.

Dabei wird als Modul eine Aktivität bezeichnet, die eingehende Daten in ausgehende transformiert. Jedes Modul modelliert eine systemtechnische Funktion.

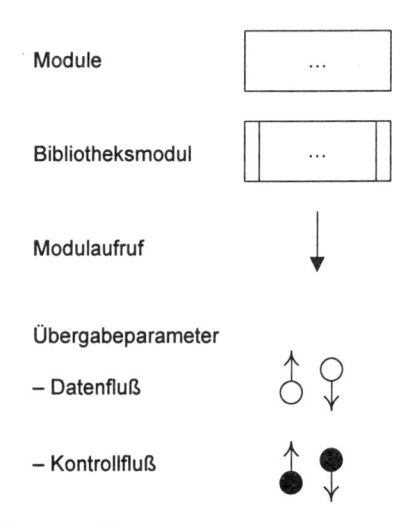

Abb. 4.32 Symbole für Structure Chart

Die Bibliotheksmodule sind Module, die in einer allgemein zugänglichen Bibliothek verfügbar sind. Sie können aus früheren oder aus laufenden Projekten hervorgehen oder sind bereits in der Entwicklungsumgebung enthalten.

Datenflüsse, die in die Module eingehen oder verlassen, werden als Schnittstellendaten oder Übergabeparameter bezeichnet. Ihre Struktur wird im Structure-Chart durch einen Pfeil und einem Namen dargestellt. Die Pfeilrichtung gibt an, ob es sich um eine ein- bzw. ausgehende Datenstruktur handelt.

Außerdem unterscheidet man zwischen Datenflüssen und Kontrollflüssen. Die Kontrollflüsse dienen zur Steuerung und Beschreibung interner Zustände von Modulen.

Ablauf

Bei der Vorgehensweise wird davon ausgegangen, daß aus der vorangegangenen Spezifikation ein konsistentes und logisches Funktionsmodell in Form eines Datenflußdiagrammes vorliegt. Ist dies gegeben, so erfolgt das Strukturierte Design in folgenden Schritten.

1. Erstellung des Structure-Charts/Verifizierung des Transformationsvorschlages aus der Strukturierten Analyse bzw. den Systemstrukturplänen.
   Die Umformung ist kein formaler Algorithmus, sondern ein Vorschlag für eine Vorgehensweise. Dieser Design-Vorschlag ist jedoch nur ein vorläufiges Ergebnis, welches noch überarbeitet werden muß.
2. Beschreibung der Modulspezifikation
   Dieser Schritt ist die Voraussetzung für die Programmierung. Daher ist eine genaue Übertragung der Anforderungen aus den Prozeß-Spezifikationen, z. B. aus der Strukturierten Analyse, in das Modul-Design notwendig. Außerdem ist das Design um die systemtechnischen Module und die Fehlerbearbeitung zu erweitern.
3. Wiederholung der Schritte 1 und 2 für die verbleibenden abgegrenzten Subsysteme.
   Sind alle Subsysteme in das Strukturierte Design transformiert, so liegen mehrere Structure-Charts vor, die durch eine Ablaufsteuerung miteinander verknüpft werden.
4. Strukturierung des Systems gemäß Designprinzipien und Darstellung aller weiteren Systemfunktionen
5. Abgleichung des Moduldesigns mit dem Datenbank-Design
   Dabei müssen all jene Module überprüft werden, die einen Zugriff auf eine Datenbank beinhalten. Bei der Prüfung ist zu verifizieren, daß der Aufbau und die Definition der Datenstrukturen aus den Modul-Spezifikationen mit den Datenstrukturen aus dem Datenbank-Design übereinstimmt.

Zur Erstellung der Structure-Charts ist es zunächst notwendig, die Abgrenzung der Subsysteme vorzunehmen. Hierbei ist darauf zu achten, daß der Zugriff auf einen Datenspeicher von mehreren Subsystemen weitgehenst vermieden wird. Die Festlegung der Implementierungsgrenzen ist ein kreativer Vorgang. Deshalb ist es wichtig, sich an der Ablaufstruktur, z. B. dem Systemstrukturplan zu orientieren. Die Abgrenzung der Subsysteme kann sich aus dem Ablaufstrukturplan ableiten.

Als Kriterien können die verschiedenen Ablaufstrukturen innerhalb eines Systemmodells herangezogen werden. Als weiteres können die Kriterien zur Abgrenzung auf andere Organisationseinheiten innerhalb einer Ablaufstruktur herangezogen werden.

Sind in dem Systemmodell alle Subsysteme abgebildet, so wird für jedes Subsystem die zentrale Transformation herausgearbeitet. Die zentrale Transformation ist der Teil des Subsystems, der die größte Anzahl an Datenflüssen aufweist. Dies ist jener Prozeß, der im abgegrenzten Bereich zwischen den zentralen Eingabe- und Ausgabedatenflüssen liegt.

Nach dem die zentrale Transformation durchgeführt ist, kann das erste Structure-Chart entwickelt werden. Hierzu wird in dem Structure-Chart formal ein Modul eingerichtet, welches die Ablaufsteuerung übernimmt. Es wird an oberster Stelle im Structure-Chart plaziert. Aus dem zentralen Transformationsmodul wird ein Untermodul, das direkt vom Steuerungsmodul aufgerufen wird.

Die Eingabe- und/oder Ausgabeprozesse werden links oder rechts zum zentralen Transformationsmodul im Diagramm angeordnet.

Am unteren Ende des Structure-Charts werden gezielt Lese- und/oder Schreibmodule verwendet. Dies sind meist standardisierte Bibliotheksmodule, die Routinen des Betriebssystems, der Entwicklungsumgebung oder des Datenbanksystems beinhalten.

Regeln

- Funktionen müssen mindestens einen Eingabe- und einen Ausgabeparameter haben.
- Komplexe Funktionen werden in weiteren Hierarchieebenen detaillierter dargestellt.
- Auf unterster Ebene muß für jedes Modul eine Modul-Spezifikation formuliert werden.
- Module sind zu bezeichnen mit Substantiv und Verb
- Eine Dekomposition sollte 3 bis maximal 7 Module beinhalten.
- Die Anordnung der Module im Structure-Chart ist so zu gruppieren, daß
  - Eingabe-Module soweit wie möglich nach links,
  - Ausgabe-Module soweit wie möglich nach rechts,
  - Transformationsmodule in der Mitte und
  - Quelle und Senken am Ende von Zweigen angeordnet werden.
- Die Verarbeitungsreihenfolge von Modulen in Structure-Charts hat von oben nach unten und innerhalb einer Ebene von links nach rechts zu erfolgen.

Einsatzmöglichkeiten, Chancen und Risiken

Das Strukturierte Design erlaubt die Spezifikation von Systemen, die der von Neumann-Architektur folgen. Wenn also Software für eine solche Rechner-Architektur zu entwickeln ist, dann müssen die grundlegenden Eigenschaften einer single-thread-Rechnerstruktur beachtet werden. Für diese ist das Strukturierte Design die geeignete Spezifikationsmethodik (vgl. Raasch 1992, S. 333 ff.).

Beispiel

Ein Struktur-Chart Beispiel ist in Abb. 4.33 dargestellt.

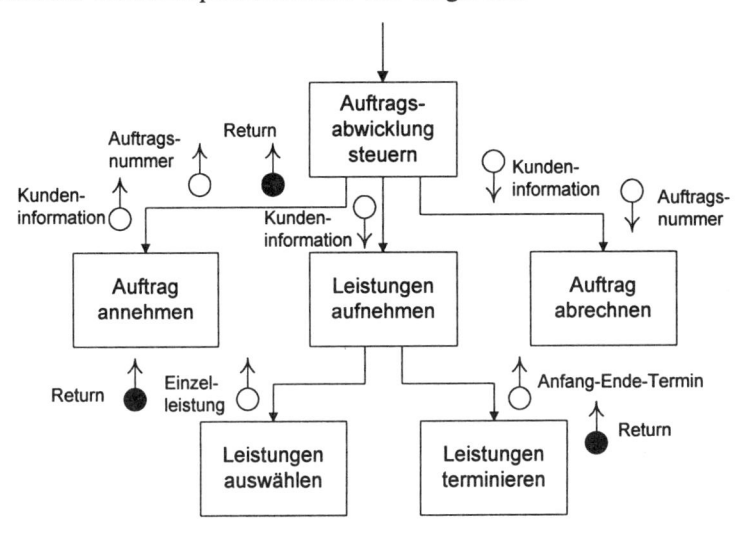

Abb. 4.33 Beispiel für Structure Chart

4.4.8 Datenflußplantechnik

Methodische Grundlagen

„Die Symbolik des Datenflußplanes ist gemeinsam mit der des Programmablaufplanes in der DIN 66001 genormt."

Unter einem Datenflußplan versteht man eine EDV-orientierte, genormte Dokumentationstechnik für Abläufe. Ein Datenflußplan zeigt „den Fluß der Daten durch ein informationsverarbeitendes System" (Schmidt 1991a, S. 319). Die Methode bezweckt eine einheitliche und anschauliche Darstellung von Aufgabenabläufen in der Informationsverarbeitung. Die Methode legt neben den Symbolen auch die Art der Verknüpfung dieser Elemente fest. Für die Datenflußplantechnik gilt das Prinzip *Eingabe – Verarbeitung – Ausgabe,* d. h., vor einer Verarbeitung erfolgt immer eine Eingabe und nach einer Eingabe erfolgt immer eine Ausgabe.

Durch die netzmäßige Darstellung des Datenflußplanes können

- Alternativen
- Schleifen und
- Parallelbearbeitungen

  gut dargestellt werden.

4 Methoden zur Unternehmenentwicklung, Organisation und EDV

Die Datenflußplantechnik arbeitet mit folgenden fünf Arten von Sinnbildern (vgl. Steinbuch 1990, S. 221 ff.):
- Bearbeitungssymbole
- Datenträgersymbole
- Datenflußsymbole
- Kombinationssymbole
- Formalsymbole

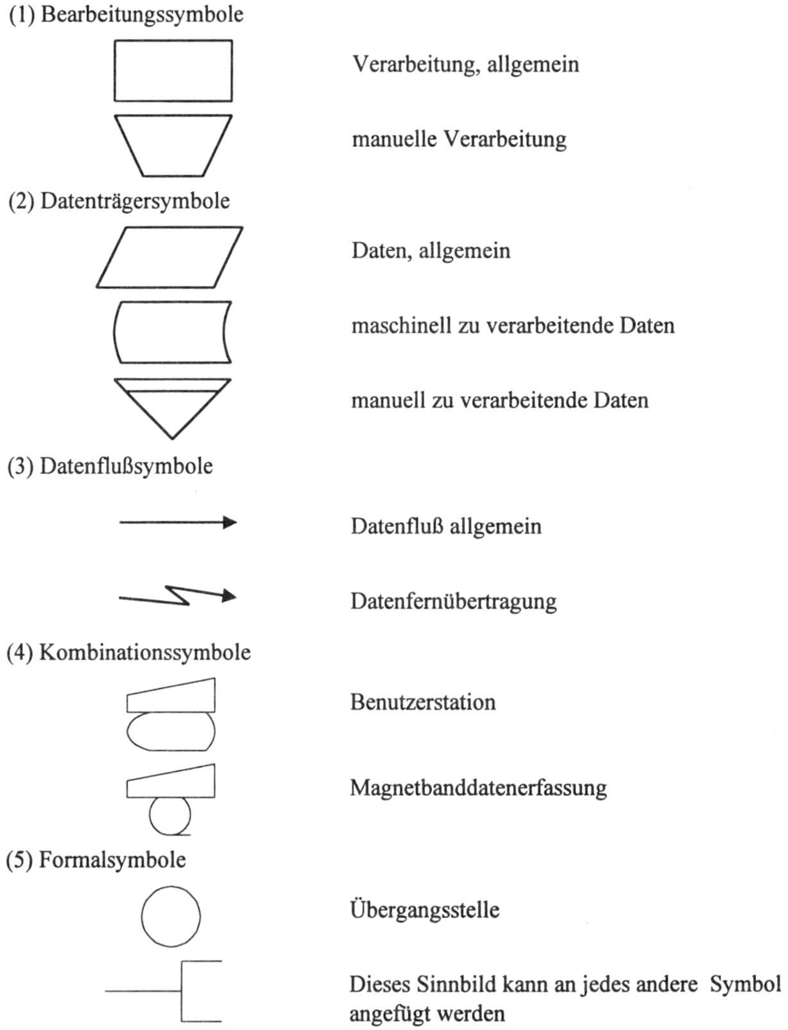

(1) Bearbeitungssymbole

    Verarbeitung, allgemein

    manuelle Verarbeitung

(2) Datenträgersymbole

    Daten, allgemein

    maschinell zu verarbeitende Daten

    manuell zu verarbeitende Daten

(3) Datenflußsymbole

    Datenfluß allgemein

    Datenfernübertragung

(4) Kombinationssymbole

    Benutzerstation

    Magnetbanddatenerfassung

(5) Formalsymbole

    Übergangsstelle

    Dieses Sinnbild kann an jedes andere Symbol angefügt werden

Abb. 4.34 Symbole der Datenflußplantechnik (Auszug, vgl. Steinbuch 1990, S. 221)

Ablauf

Folgende Vorgehensweise empfiehlt sich beim Erstellen von Datenflußplänen:

1. Die Vorzugsrichtung bei Datenflußplänen ist von oben nach unten oder von links nach rechts. Nur Schleifen können in Gegenrichtung ausgewiesen werden.
2. Jedes informationsverarbeitende System zeichnet sich durch das *Eingabe – Verarbeitung – Ausgabe*-Prinzip aus. Daher müssen sich Datendarstellungen und Bearbeitungen jeweils abwechseln.
3. Bearbeitungssymbole sollten folgenden verbalen Inhalt haben: *Aufgabenträger = wer die Bearbeitung vornimmt* und *Verrichtung = welche Bearbeitung vorgenommen wird*.
4. Alle Datenträger werden einzeln ausgewiesen.
5. Die Vernetzungen werden graphisch dargestellt. Konnektoren sollten deshalb nur bei Blattwechsel benutzt werden.
6. Keine Darstellungsredundanz durch Symbol und Benennung.
7. Die Darstellung sollte so einfach wie möglich, aber so komplex wie nötig sein.

Regeln

Datenflußpläne gelten als vollständig und abgeschlossen, wenn:

- das Prinzip *Eingabe – Verarbeitung – Ausgabe* eingehalten wird,
- alle Datenträger einzeln und vollständig ausgewiesen sind,
- die Vorzugsrichtung nur bei Schleifen nicht eingehalten wird,
- die Bearbeitungssymbole sowohl mit dem Aufgabenträger als auch der Verrichtung versehen werden,
- die Darstellung der Vernetzungen graphisch und ohne Konnektoren erfolgt, schließlich nur die erlaubten Symbole verwendet werden.

Einsatzmöglichkeiten, Chancen und Risiken

Datenflußpläne werden in der betrieblichen Praxis sehr häufig als Dokumentationstechnik für Abläufe eingesetzt. Sie ermöglichen einen schnellen und zuverlässigen Überblick. Mit Datenflußplänen werden die Eingabe- und Ausgabedaten graphisch dargestellt. Die Verarbeitung kann nur angedeutet werden. Aus einem Datenflußplan kann folglich entnommen werden, welche Daten eingehen, wie die Daten zwischen den beteiligten Objekten (Sachmitteln) fließen und welche Resultate aus dem Verarbeitungsprozeß herauskommen (vgl. Schmidt 1991, S. 319). Allerdings sind Datenflußpläne eher für den EDV-Fachmann gedacht und von einem Laien nur sehr schwer zu interpretieren.

Beispiel

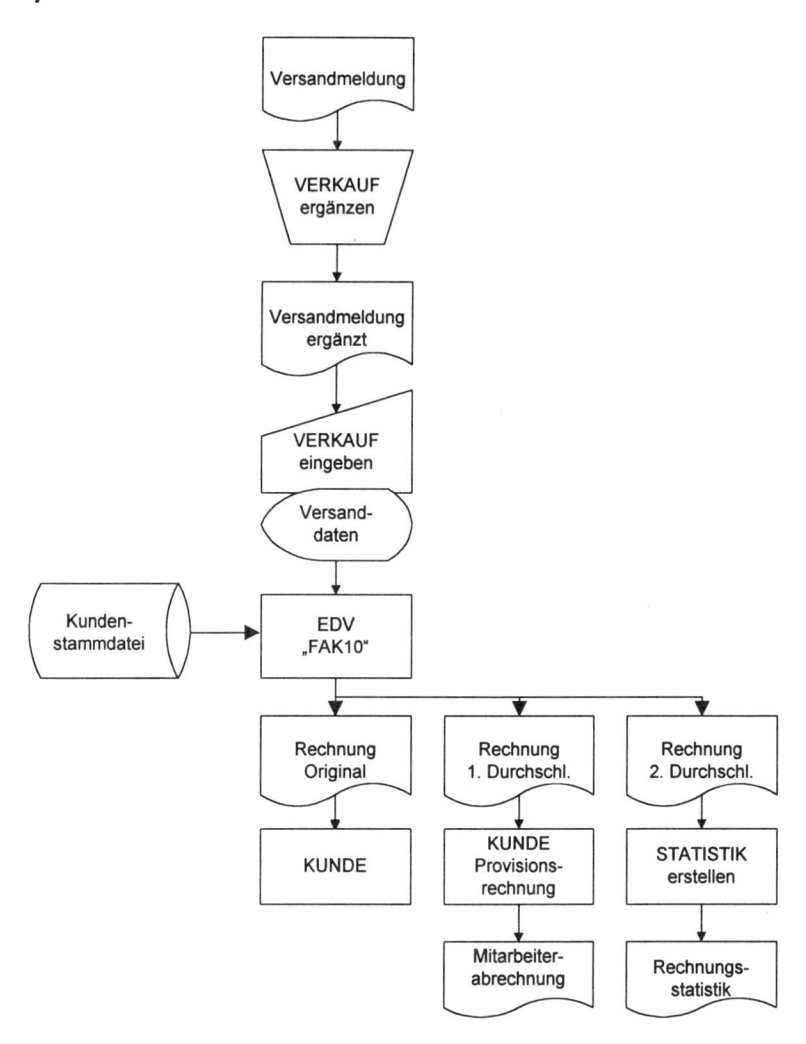

Abb. 4.35 Beispiel für ein Datenflußplandiagramm

4.5
Sonstige Dokumentations- und Darstellungsmethoden

Ergebnisse und Teilergebnisse fallen in jeder Phase jedem Arbeitsschritt sowie in einer Vielzahl von Steuerungs- und Führungsaufgaben von Projekt- und Managementaufgaben an. Damit diese Informationen ausgetauscht, abgestimmt, festgeschrieben und archiviert werden können, sind sie möglichst leicht erstell-, les- und

4.5 Sonstige Dokumentations- und Darstellungsmethoden

verstehbar zu dokumentieren und darzustellen. Soweit keine der in dem vorausgegangenen Kapitel dargestellten Methoden zielorientiert eingesetzt werden kann, bleibt nur die Textform und/oder Grafikform übrig (Abb. 4.36):

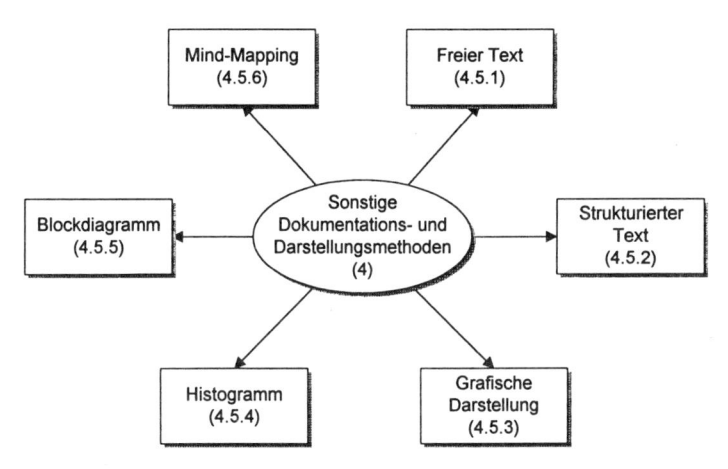

Abb. 4.36 Methodenübersicht zur Dokumentation und Darstellung

4.5.1 Freier Text

Methodische Grundlagen

Der Freie Text ist eine rein verbale Beschreibung. Durch einfache und sachliche Formulierungen werden die einzelnen Sachverhalte, wie z. B. der Inhalt eines Besprechungsprotokolls, schriftlich dargestellt.

Für die Verständlichkeit ist die Einfachheit der sprachlichen Formulierung, also die Wortwahl und Grammatik wichtig. Dies gilt sowohl für einfache als auch für komplexe Zusammenhänge.

Ablauf

Die Darstellung des Freien Textes ist gekennzeichnet durch
- eine Gliederung,
- eine einfache und übersichtliche Darstellung,
- Prägnanz,
- Eindeutigkeit und
- Stimulanz.

Regeln

Bei dieser Methode macht es wenig Sinn, die Gestaltungsmöglichkeiten durch Regeln einzuschränken.

Einsatzmöglichkeiten, Chancen und Risiken

Der Freie Text ist bei Sachverhalten geeignet, die einfach zu strukturieren, eindeutig und nicht zu komplex sind. In Tabelle 4.7 sind die Kriterien eines Freien Textes aufgelistet und die positiven wie negativen Merkmale gegenübergestellt.

Tabelle 4.7 Positive und negative Merkmale des Freien Textes

Merkmale	Positiv	Negativ
Einfachheit	konkret kurze Sätze geläufige Wörter Fachbegriffe klären Beispiele	abstrakt lange verschachtelte Sätze unbekannte Wörter, Fremdwörter Wortschöpfungen doppelte Negationen
Gliederung	übersichtlich logisch gegliedert Wesentliches gut erkennbar Top-down Vorgehen optische Hervorhebungen Inhaltsverzeichnis Stichwortverzeichnis Abbildungsverzeichnis ggf. Literaturverzeichnis	unübersichtlich ungegliedert, wirr ohne „roten Faden" Hintereinanderreihung von Details
Prägnanz	keine Wiederholungen auf das Wesentliche beschränkt	viel Redundanz ausschweifend breit
Stimulanz	persönliche Anrede Abwechselung interessant	unpersönlich langweilig farblos, nüchtern Umgangssprache

Vorteile des Freien Textes sind:

1. Der Freie Text ist geeignet, wenn der Sachverhalt einfach, eindeutig, nicht zu komplex und vom Umfang her begrenzt ist.
2. Bei der Beschreibung von fachlichen Funktionen und Abläufen im Rahmen der Grob- und Feinkonzeption ist der Freie Text nicht immer allein der geeignetste.
3. Gut gestaltete Freie Texte sind gekennzeichnet durch einfache sprachliche Formulierungen (Einfachheit), eine transparente Gliederung, kurze prägnante

Sätze und vorsichtig dosierte stimulierende Merkmale, die den Leser motivieren sollen.

Beispiel

Einige Beispiele zeigt das vorliegende Buch in Form
- der individuellen Strukturierung durch die Kapitel
  1. Einführung
  2. Phasen und Arbeitsschritte
     $\Rightarrow$ Phasen
        $\Rightarrow$ Arbeitsschritte
           $\Rightarrow$ Methoden
- oder die Hauptkapitel 3, 4 und 5 in Phasen mit Methodengruppen und mit der Darstellung von Einzelmethoden.
     $\Rightarrow$ Methoden der Projektplanung
        $\Rightarrow$ Projektaufgabendefinition
           $\Rightarrow$ Projektzieldefinition
              $\Rightarrow$ Zielbeziehungsanalyse

4.5.2 Strukturierter Text

Methodische Grundlagen

Der Strukturierte Text ist eine Spezifikationssprache, die eine begrenzte Syntax und eine begrenzte Möglichkeit zur Verknüpfung von Anweisungen besitzt. Die Syntax der strukturierten Sprache ist angelehnt an einen Formalismus.

Ablauf

Die grundlegenden Darstellungselemente sind:
- Segment
- Wiederholung
- mit vorausgehender Bedingungsprüfung
- mit nachfolgender Bedingungsprüfung
- mit feststehender Anzahl
- Bedingte Verarbeitung
- ohne Alternative
- einfache Alternative
- mehrfache Alternative

Diese Elemente sind beliebig untereinander kombinierbar, wodurch die logisch wichtige und eindeutige Darstellung auch von komplexen Sachverhalten möglich ist.

Regeln

Voraussetzungen zur Anwendung dieser einfachen Darstellungstechnik sind:
- Die Adressaten der Beschreibung sollten mit dieser Syntax vertraut sein.
- Diese Darstellungstechnik ist immer dann geeignet, wenn der zu beschreibende Sachverhalt detailliert und exakt dargestellt werden muß. Dies gilt insbesondere dann, wenn der Sachverhalt komplex ist und wenn logische Abhängigkeiten beschrieben werden müssen.
- Weniger geeignet ist diese Methode, wenn globale Aussagen, Zusammenfassungen, Protokolle oder ähnliches beschrieben werden. Der Strukturierte Text wird vorwiegend auf der operationalen Ebene verwandt.

Einsatzmöglichkeiten, Chancen und Risiken

Die Methode des Strukturierten Textes wird vorwiegend bei der Beschreibung von fachlichen Inhalten in der Konzeption von IV-Systemen eingesetzt.

Grundsätzlich kann man sagen, daß sie immer dann zum Einsatz kommt, wenn nicht die sprachlich-grammatikalische Korrektheit wichtig ist, sondern die
- Eindeutigkeit,
- knappe Darstellung und
- Vollständigkeit.

Vorteil:
- Darstellung komplexer Sachverhalte in einer übersichtlichen Form.

Nachteil:
- Die Darstellungen sind nicht verständlich, wenn die Syntax und Formalismen nicht bekannt sind.

Beispiel

Auch dazu zeigt das vorliegende Buch Beispiele:
- in der systematischen Unterteilung der Phasen, Arbeitsschritte und geeigneten Methoden oder
- in der Dokumentation der einzelnen Methoden in Form von methodischen Grundlagen, Ablauf, Regeln, Einsatzmöglichkeiten, Chancen und Risiken sowie Beispielen.

4.5.3
Graphische Darstellungstechniken

Methodische Grundlagen

Die Graphische Darstellungstechnik ist eine sehr häufig vorzufindende Technik, die bei der Top-down-Vorgehensweise, bei der Analyse, Spezifikation und dem Entwurf zur Darstellung hierarchischer Strukturen Verwendung findet.

Die graphische Darstellung statistischer Ergebnisse ist mittels Strecken oder Kurven, Flächen, dreidimensionalen Gebilden etc. möglich.

Den meisten graphischen Darstellungen liegt ein Koordinatensystem zugrunde. Im allgemeinen beschränkt man sich auf die Darstellung des I. Quadranten. Mitunter kann es sinnvoll sein, den Maßstab logarithmisch darzustellen, einen einmal gewählten Maßstab zu verändern, weil die Proportionen nicht deutlich werden, das Diagramm zu drehen etc.

Nachfolgend wird auf die wichtigsten Darstellungsformen eingegangen.

Ablauf

1. Ellipsendiagramm (Abb. 4.37)
   Diese Darstellung vermittelt einen Eindruck von der Einbettung der jeweiligen Teile in das Ganze.

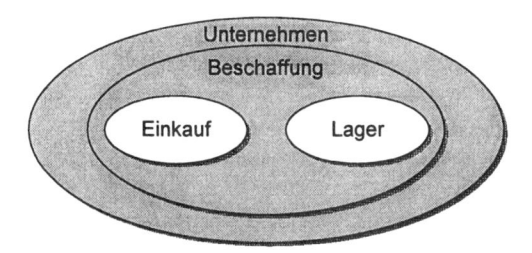

Abb. 4.47 Beispiel für ein Elipsendiagramm

2. Kastendiagramm (Abb. 4.48)
   Ein Kastendiagramm ist eine äußerst kompakte Darstellung, die eine übersichtliche abgeschlossene Situation vermittelt.

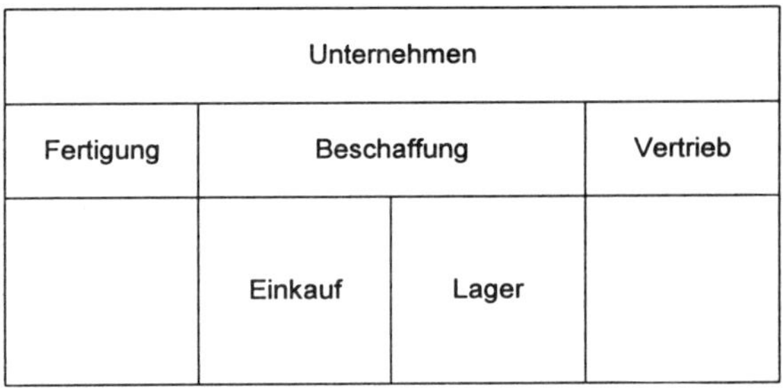
Unternehmen
Fertigung
Beschaffung
Vertrieb
Einkauf
Lager

Abb. 4.38 Beispiel für ein Kastendiagramm

3. Baumdiagramm (Abb. 4.39)
   Sie zeigen am besten hierarchische Beziehungen auf. Baumdiagramme eignen sich sehr gut für Systemüberblicke. Zur Darstellung wird meistens ein Querformat verwendet.

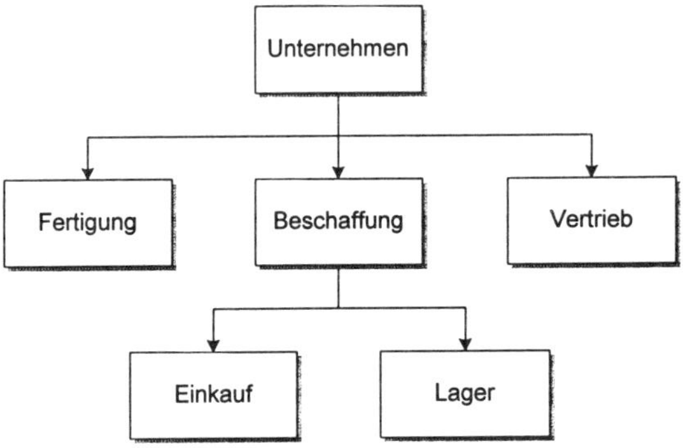
Unternehmen
Fertigung
Beschaffung
Vertrieb
Einkauf
Lager

Abb. 4.39 Beispiel für ein Baumdiagramm

4.5 Sonstige Dokumentations- und Darstellungsmethoden 307

4. Links-Rechts-Baum (Abb. 4.40)
   Diese Darstellung ist ein um 90° gedrehtes Baumdiagramm.

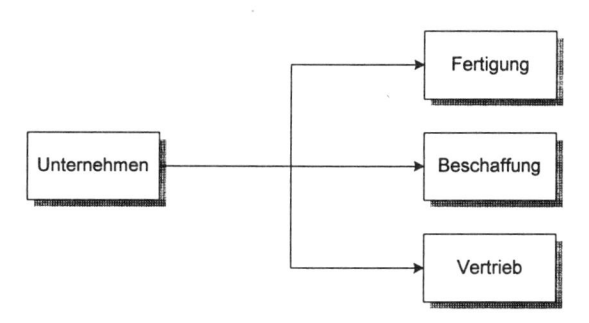

Abb. 4.40 Beispiel für ein Links-Rechts-Baum

5. Ursache-Wirkungs-Diagramm (Fischgrät- oder Ishikawa-Diagramm) (Abb. 4.41)
   Um die Ursachen von Problemen systematisch zu erfassen, wird nach den grundsätzlichen Einflußgrößen Mensch, Material, Methode und Maschine unterschieden. Dabei sollen jeweils Art des Problems, Ort und Zeitpunkt des Auftretens sowie Problemumfang untersucht werden. Danach werden die Abhängigkeiten zwischen Ursachen und Wirkungen in dem Ursache-Wirkungs-Diagramm dargestellt.

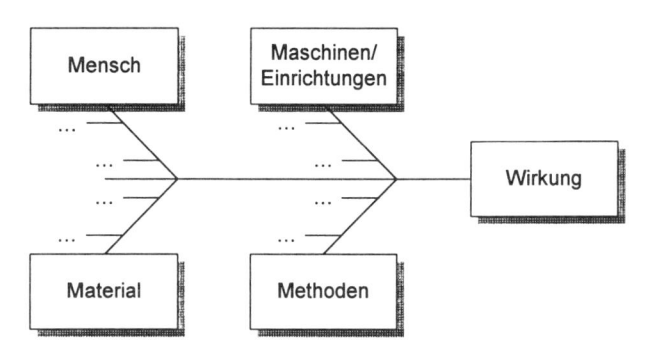

Abb. 4.41 Beispiel für ein Ursache-Wirkungs-Diagramm

6. Häufigkeitsverteilung (Abb. 4.42)
   Eine Häufigkeitsverteilung zeigt, wie sich Werte um einen Schwerpunkt oder um einen Sollwert streuen.
   Starke negative Abweichungen von einem Sollwert signalisieren Handlungsbedarf, d. h. die Notwendigkeit einer Ursachenanalyse.

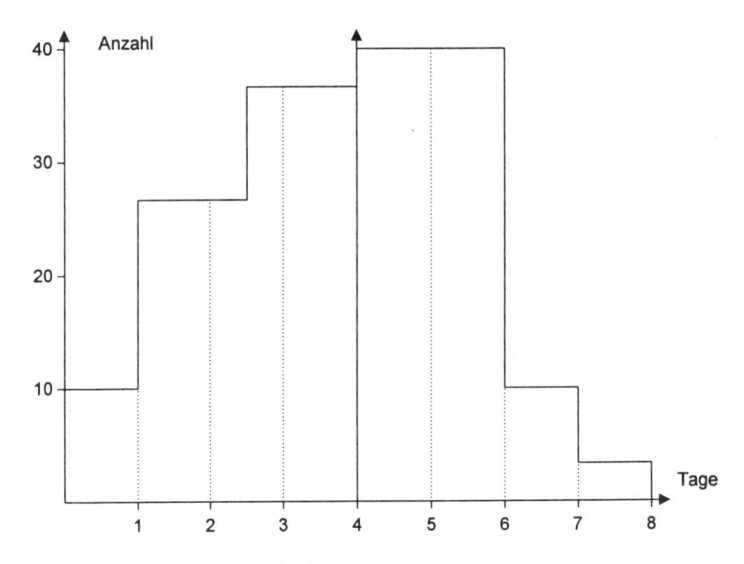

308 4 Methoden zur Unternehmenentwicklung, Organisation und EDV

Abb. 4.42 Beispiel für ein Häufigkeitsdiagramm

7. Flächendiagramm
Wenn man die Größenordnung verschiedener Grundgesamtheiten zueinander oder die Relation von Teilgesamtheiten zu ihrer Grundgesamtheit darstellen will, ist es sinnvoll, auf Flächendiagramme zurückzugreifen. Dabei werden am häufigsten Kreisdiagramme oder Struktogramme eingesetzt. Beim Struktogramm werden z. B. die Teilgesamtheiten auf 100 % bezogen oder als relativer Anteil der Grundgesamtheit dargestellt.
Die Abb. 4.43 und 4.44 zeigen ein Kreisdiagramm und ein horizontales Struktogramm.

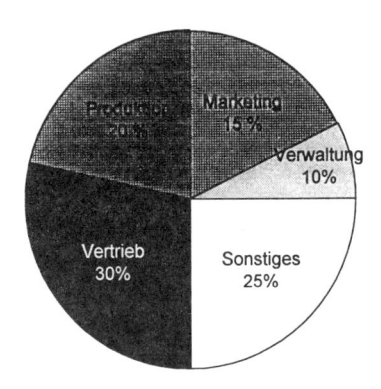

Abb. 4.43 Beispiel für ein Kreisdiagramm

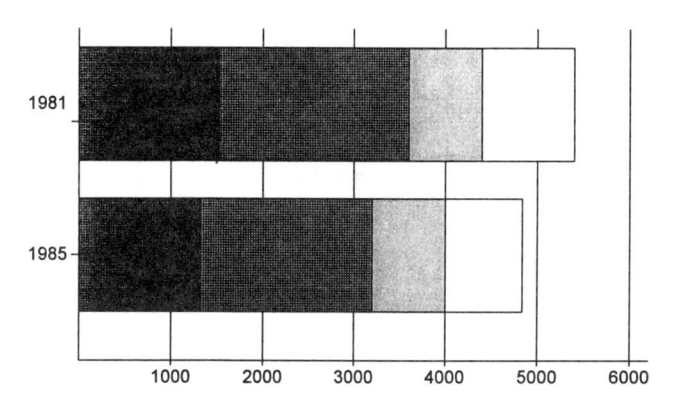

4.5 Sonstige Dokumentations- und Darstellungsmethoden

Abb. 4.44 Beispiel für ein Struktogramm/Balkendiagramm

8. Regressionsanalyse (Abb. 4.45)
Die Regressionsanalyse untersucht die Art der Beziehungen zwischen einer endogenen und einer oder mehreren exogenen Variablen, wobei zusätzlich eine Störgröße mit in den Ansatz einfließt.
Dabei geht man so vor, daß durch eine Punktewolke, das sogenannte Streudiagramm, eine Gerade gelegt wird. Der aufzuzeigende Trend ist dann korrekt charakterisiert, wenn die Quadrate aller Abstände zwischen den Punkten und der Geraden insgesamt ein Minimum ergeben. Dies ist der Grund, weshalb diese Methode auch als „Die Methode der kleinsten Quadrate" bezeichnet wird.

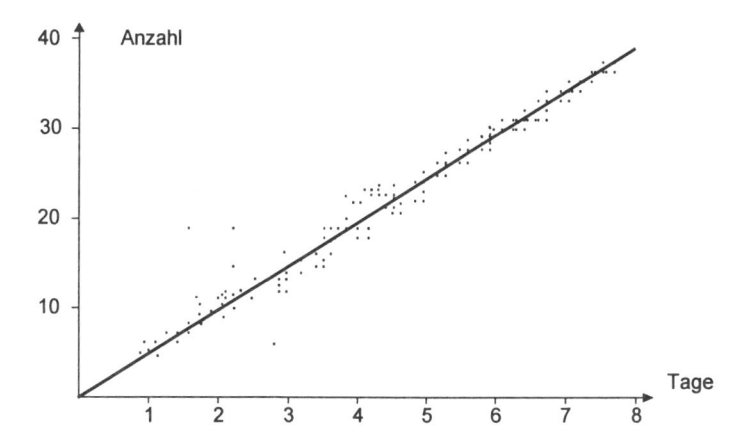

Abb. 4.45 Beispiel für ein Regressionsdiagramm

Regeln

Regeln können hierzu nicht explizit formuliert werden.

Einsatzmöglichkeiten, Chancen und Risiken

1. Ellipsendiagramm
   Zur Darstellung von komplexen Systemen geeignet, um die Ganzheitlichkeit aufzuzeigen. Der Vorteil liegt in der Tatsache, daß einfache Strukturen gut überschaubar dargestellt werden können. Werden jedoch die Strukturen oder darzustellenden Systeme sehr komplex, wird diese Darstellungsart sehr schnell unübersichtlich.
2. Kastendiagramm
   Eignet sich, um Strukturen übersichtlich darzustellen.
3. Baumdiagramm und Links-Rechts-Baum
   Die Baumdiagramme machen sich sehr gut, um hierarchische Strukturen anschaulich aufzuzeigen.
4. Ursache-Wirkungs-Diagramm
   Das Ursache-Wirkungs-Diagramm findet hauptsächlich seinen Einsatz, wenn es darum geht, Probleme oder Schwierigkeiten zu lösen.
5. Häufigkeitsverteilung
   Die Häufigkeitsverteilungen lassen sich sehr schön anwenden, um zu zeigen, inwieweit die Ist-Werte von den vorgegebenen Soll-Werten abweichen. Der Vorteil ist in der Übersichtlichkeit und Transparenz zu sehen.
6. Flächendiagramm
   Diese Darstellungsvariante wird sehr häufig bei der Darstellung von prozentualen Verteilungen verwendet. Sie ist eine anschauliche Methode und eignet sich sehr gut für die Präsentation.
7. Regressionsanalyse
   Die Regressionsanalyse untersucht die Beziehungen zwischen einer endogenen und einer oder mehreren exogenen Variablen. Somit ist sie eine statistische Methode, die es ermöglicht, entsprechendes Zahlenmaterial aufzubereiten.
   Das Problem dieser Methode ist, daß sie eigentlich aus der Stochastik kommt, also eine Schätz- und Testmethode ist. Um den minimalen Abstand zwischen der Geraden und den Punkten der Punktewolke zu ermitteln, ist eine mathematische Vorgehensweise notwendig. Auf die Herleitung und Darstellung einer solchen Formel wird bewußt verzichtet.

Beispiel

Beispiele sind bereits im Punkt Ablauf dargestellt.

4.5.4
Histogramm

Das Ziel, einen Überblick über das vorliegende Datenmaterial zu geben, läßt sich gut mit graphischen Darstellungen erreichen. Ausgangspunkt ist die Auffassung, daß die graphische Darstellung das geometrische Bild einer Menge von Daten bzw. eines mathematischen Zusammenhangs ist. Häufigkeiten lassen sich folglich u. a. durch Flächen äquivalent graphisch darstellen. Die bekanntesten graphischen Darstellungsformen für Häufigkeitstabellen sind das Histogramm und der Polygon. Histogramme gehören zu den ältesten Instrumenten der Planung.

Methodische Grundlagen

Mit einem Histogramm läßt sich der zeitliche Ablauf von aufeinanderfolgenden Arbeitsschritten darstellen. Folgendes Prinzip leitet die Erstellung eines Histogramms im Rahmen eines Projekts, der Ausführung einer Unternehmensaktivität etc.:
„Wie sollen die Arbeitsschritte in logischer Abfolge und unter Berücksichtigung des Zeitablaufs auf die verschiedenen Arbeitsstellen verteilt werden, ..."? (Probst 1992, S. 123).

Neben der Beschreibung der Abfolge von Arbeitsschritten kann mit einem Histogramm auch die Mindestdauer eines Prozesses („*kritischer Weg*") festgelegt werden. Eingesetzt als Planungsinstrument können Histogramme Fehlentwicklungen aufzeigen, d. h. Abweichungen zwischen Soll- und Ist-Zustand.

Ablauf

Das Histogramm, auch als Treppen- oder Stufenpolygon bezeichnet, stellt die statistische Häufigkeitsverteilung in Klassen mit Hilfe eines Säulendiagramms dar.

Beim Histogramm werden auf der sogenannten „Abszissenachse" des Koordinatensystems die Meßwerte eingetragen, auf der Ordinatenachse erfolgt der Eintrag der Häufigkeiten. Das Histogramm besteht aus einzelnen *Säulen*.

Die Säulen entstehen wie folgt:
Über jedem Meßwert wird ein Rechteck gezeichnet. Dessen Breite wird durch ein zu dem Meßwert gehörendes Intervall bestimmt, seine Höhe bestimmt sich über die Häufigkeit, in der ein Meßwert vorkommt, d. h., die Höhen der Rechtecke sind proportional zu den (Kategorie-) Häufigkeiten.

Regeln

Folgende Bedingungen müssen beim Einsatz von Histogrammen erfüllt sein:
- die Zahl der elementaren Arbeitsschritte und ihre Dauer müssen bekannt sein
- die in der Abfolge zwingend vorgegebenen Arbeitsschritte müssen in der Reihenfolge ihrer Ausführung bekannt sein

- bei einem Einsatz in Unternehmen sollten bei der Zeitplanung Kundenwünsche vorrangig berücksichtigt werden

Histogramme eignen sich vorwiegend zur Darstellung von diskreten Variablen. Während Häufigkeiten dimensionslos sind, haben Meßwerte eine in der Graphik anzugebende Dimension.

Bei der Darstellung von Häufigkeitsverteilungen ist darauf zu achten, wieviel Kategorien bestimmt werden. Werden zuwenig Kategorien bestimmt, wird Information verschenkt. Bestimmt man zu viele Kategorien, dann wird die Übersichtlichkeit gemindert.

Das Anfertigen von graphischen Darstellungen erscheint als sehr einfach. Deshalb ist vor Fehlinterpretationen zu warnen. Hinzuweisen ist auch auf die Manipulationsgefahr mit Hilfe des Maßstabs. Wählt man den Maßstab für die Häufigkeiten im Verhältnis zu dem für die Meßwerte zu klein, kommt es zu einer Nivellierung der Verteilung. Wird der Maßstab zu groß gewählt, kommt es zu einer ungerechtfertigten Überhöhung.

Als Faustregel kann angeführt werden: Das Verhältnis von maximaler Häufigkeit (Höhe) und Streuungsbreite der Meßwerte (Breite) sollte zwischen 3:5 und 1:1 liegen.

Einsatzmöglichkeiten, Chancen und Risiken

Mit Histogrammen kann der zeitliche Ablauf von aufeinanderfolgenden Arbeitsschritten dargestellt werden, die für die Realisierung eines Projekts, eine Produktfertigung oder generell die Ausführung einer Unternehmensaktivität notwendig sind.

Histogramme finden Anwendung,
- bei Projekten mit einer geringen Zahl von Projektelementen
- wenn es sich um relativ zufallsunabhängige Projekte oder Arbeitsabläufe handelt
- bei der Gestaltung von Abfolgen technischer Abläufe

Histogramme lassen sich gut für die Darstellung nur einer Verteilung einsetzen; für einen optischen Vergleich von zwei oder mehr Verteilungen in einem Koordinatensystem eignen sie sich wegen der dadurch entstehenden geringeren Übersichtlichkeit nicht. Histogramme ermöglichen ähnliche Aussagen wie Netzpläne.

Vorteile:
- Histogramme vermitteln einen Überblick über die zeitliche Abfolge elementarer Arbeitsschritte,
- tatsächliche bzw. wünschenswerte Arbeitsfortschritte können parallel verfolgt werden,
- Histogramme weisen auf den jeweiligen Stand jedes (Projekt-)Elementes in seinem Zeitbezug zur Entwicklung des Ganzen hin.

4.5 Sonstige Dokumentations- und Darstellungsmethoden

Nachteile:
- Histogramme geben keine Hinweise auf Beziehungsverhältnisse,
- sie weisen ferner nicht darauf hin, inwieweit sich die Zeitgewinne oder -verluste eines Elementes auf weitere Elemente auswirken,
- im Falle komplexer Projekte oder Abläufe sind Histogramme nur begrenzt präsentationsfähig.

Beispiel

Auf ein Beispiel für ein Histogramm wird hier aufgrund seiner Einfachheit verzichtet.

4.5.5 Blockdiagramm

Das Blockdiagramm (Block-Fluß-Diagramm) hat seinen Ursprung in der Praxis des EDV-Einsatzes. Dort wird es zur analytischen Aufbereitung der logischen Struktur eines Problems oder eines Ablaufs verwendet. Mit Hilfe von Blockdiagrammen können komplexe Prozesse dargestellt werden (vgl. Bronner 1989, S. 51).

Methodische Grundlagen

Freie Texte weisen häufig als Nachteil auf, daß sie Abläufe ohne formale Bindung und Untergliederung beschreiben (vgl. Probst 1992, S. 136 f.). Durch die Zerlegung und Aufgliederung eines Prozesses kann ein frei formulierter Text übersichtlich angeordnet und somit schneller verstanden werden.

Blockdiagramme sind als Planungs-, Steuerungs- und Entscheidungsinstrument zu verstehen, d. h., mit Blockdiagrammen können Problemstellungen, die die Planung oder Analyse umfangreicher, logisch konsistenter Abläufe erfordern, in der Regel gut gelöst werden.

Blockdiagramme finden vor allem in der Systemplanung häufigen Einsatz. Nach DIN 66001 gehören dazu die Datenflußplantechnik und der Programmablaufplan (vgl. Heinrich u. Burgholzer 1987, S. 93).

Ablauf

Blockdiagramme weisen einen dynamischen Charakter auf und in Abhängigkeit vom Erfahrungshorizont können mit ihnen komplizierte Problemstrukturen im Detail verdeutlicht werden. Dies ist möglich aufgrund der praktisch unbeschränkten Verfügbarkeit an Problemelementen, allerdings nur unter Einbezug sogenannter Konnektoren (Verknüpfungsziffern).

Blockdiagramme ermöglichen sowohl die Erarbeitung von Problemlösungen in arbeitsteiliger, kollektiver Form als auch eine allein erarbeitete Problemlösung.

Regeln

Folgende Bedingungen müssen für den Einsatz von Blockdiagrammen erfüllt sein:
- relativ einfach strukturierte Abläufe
- lineare Abläufe ohne mehrfache Rückkoppelungen
- Aktivitäten müssen verbal zu beschreiben sein

Blockdiagramme arbeiten mit folgenden Symbolen (vgl. Bronner 1989, S. 51):

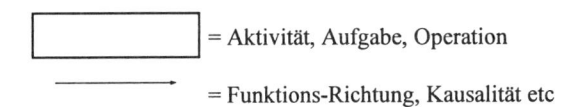

```
┌──────────────┐
│              │  = Aktivität, Aufgabe, Operation
└──────────────┘

─────────────▶    = Funktions-Richtung, Kausalität etc
```

Abb. 4.46 Symbole für Blockdiagramme

Einsatzmöglichkeiten, Chancen und Risiken

Blockdiagramme finden Anwendung,
- wenn es um eine genaue Beschreibung der Aktivitäten geht
- wenn gleichbleibende oder wiederkehrende Abläufe beschrieben werden
- als Gedächtnisstütze und Lernhilfe
- bei einer Analyse zeitlich inkohärenter Abläufe

Vorteile von Blockdiagrammen:
- sie sind allgemein leicht verständlich
- geben einen Gesamtüberblick über eine sequentielle Prozeßanordnung
- liefern eine allgemein verständliche Darstellung des Ablaufs
- sind jedem zugänglich
- ermöglichen kurze erklärende Zusätze
- mit ihnen lassen sich Alternativen bewerten.

Nachteile von Blockdiagrammen:
- mit Blockdiagrammen lassen sich keine Beziehungsverhältnisse sichtbar machen
- sie lassen nur minimale Erläuterungen zu, da die Aktivitäten möglichst kurz beschrieben werden müssen
- sie weisen beschränkte Verknüpfungsmöglichkeiten auf
- mit ihnen lassen sich keine Alternativen gewinnen

Beispiel

Ein Beispiel erübrigt sich aufgrund der Einfachheit dieser Technik.

4.5.6
Mind-Mapping

Methodische Grundlagen

Mind-Mapping ist, vereinfacht gesagt, eine Art strukturiertes Brainstorming mit sich selbst, das durch Visualisierung auch andere in diesen Prozeß miteinbinden kann (vgl. Fuchs u. Graichen 1990, S. 97).

Das Entscheidende des Mind-Maps ist ein Ausgangsbild anstatt eines Begriffs. Im weiteren Verlauf wird, wo immer es möglich ist, mit Bildern anstatt mit Worten gearbeitet (vgl. Buzan u. Buzan 1994, S. 83 f.). Demzufolge ist ein Mind-Map eine bildhafte Darstellung organisierter und methodisch strukturierter Schlüsselworte.

Bei der Entwicklung der Mind-Mapping-Methode ging man zunächst von der Überlegung aus, daß das Gehirn bei kreativen Prozessen sehr schnell und vor allem sprunghaft, also eher assoziativ statt linear, arbeitet. Dadurch ist man nicht mehr in der Lage, mittels unseres linearen Schreibsystems diese Gedankenflut auch nur annähernd schriftlich zu verarbeiten (vgl. Fuchs u. Graichen 1990, S. 97).

Ablauf

1. Zu Beginn muß man jedoch im ersten Schritt das Ausgangsbild (Basic Ordering Ideas, kurz: BOIs) festlegen. Das BOI ist der Ausgangspunkt des Konzepts, auf dem alle anderen Schritte im weiteren aufbauen.
2. Ausgehend von diesem zentralen Begriff wird in einem kreativen, assoziativen Suchprozeß nach Unterkategorien dieses Begriffs gesucht und schriftlich fixiert. Um die assoziativen Prozesse des Gehirns auf ein Problem bezogen ablaufen zu lassen, muß man die Gedanken strukturieren und das Mind-Map in Hierarchieebenen und Kategorien einteilen (vgl. Buzan u. Buzan 1994, S. 84 f.).

Regeln

- Thema/Problem
  Das zentrale Thema wird wie ein Baumstamm als Kreis oder Ellipse in die Mitte eines Blattes positioniert.
- Hauptgedanken
  Vom zentralen Thema zweigen die Hauptgedanken wie Äste ab.
- Zweige
  Die zu dem jeweiligen Hauptgedanken gehörenden fortgeführten Gedanken werden als Zweige festgehalten, die ihrerseits wiederum in weitere Verästelungen unterteilt werden können.

- Substantive
  Zu Beginn sollte man möglichst nur Substantive verwenden. Die Kernaussagen sollten so an die jeweiligen Zweige und Äste geschrieben werden, daß sie frontal lesbar sind.
- Blockschrift
  Durch zu langes Entziffern von Schreibschrift geht schnell der Überblick verloren. Deshalb ist es sinnvoll, Druck- statt Schreibschrift zu verwenden.
- Pfeile und Farbe
  Zur Verdeutlichung von Abhängigkeiten oder Verbindungen lassen sich Pfeile einsetzen. Um wichtiges hervorzuheben, kann Farbe eingesetzt werden.
- Einkreisung
  Lassen sich einzelne Astgruppen zur Weiterverarbeitung für bestimmte Projekte oder bestimmte Personen auswählen, so sollte man diese durch Einkreisung oder mittels anderer Symbole kennzeichnen.
- Numerierung
  Diese Symbole, aber auch einzelne Äste lassen sich durch Numerieren in eine Rangordnung bringen. Dies hilft bei der Aufgabenverteilung und Weiterverarbeitung.
- Ideen festhalten
  Spontane Gedanken und Eingebungen, die nicht sofort irgendeinem vorhandenen Ast zugeordnet werden können, werden am Ast „Sonstiges" festgehalten.
- Symbole
  Überall dort, wo Symbole oder Bilder für gezielte Hinweise eingebaut werden können, sollte man auch davon Gebrauch manchen (vgl. Fuchs u. Graichen 1990, S. 98 f.)

Einsatzmöglichkeiten, Chancen und Risiken

Die Mind-Mapping-Methode kann bei allen kreativen, assoziativen Such- und Problemlösungsprozessen eingesetzt werden.

Die Schlüsselworte entlasten die linke Gehirnhälfte von der Suche nach passenden Satzkonstruktionen. Die Möglichkeit, Inspirationen sofort zuzuordnen, wird der sprunghaften und assoziativen Arbeitsweise des Gehirns gerecht. Dadurch kommt man schneller an Informationen heran. Die Fülle der Informationen steht in der Regel in viel kürzerer Zeit und wesentlich umfangreicher zur Verfügung (vgl. Fuchs u. Graichen 1990, S. 101).

Vorteile:

- Die Zeitersparnis durch das ausschließliche Notieren der relevanten Begriffe beträgt zwischen 50 % und 95 %.
- Die Zeitersparnis beim Lesen der relevanten Begriffe beträgt mehr als 90 %.
- Die Zeitersparnis beim nochmaligen Überblicken der Mind-Map Notizen beträgt mehr als 90 %.
- Konzentration auf die tatsächliche Steigerung des Ergebnisses.

- Die wichtigen Schlüsselbegriffe machen die Zusammenhänge leichter sichtbar.
- Das Mind-Map arbeitet bei der Ergänzung oder Ganzheitlichkeit ähnlich wie die natürliche Gehirnstruktur (vgl. Buzan u. Buzan 1994, S. 89 f.).

Nachteile:
- Die Mitarbeiter müssen sich zunächst an die ungewohnte Vorgehensweise gewöhnen.
- Eventuell können Schwierigkeiten beim Umsetzten des Mind-Maps in ein schriftlich ausformuliertes Dokument auftreten.

Beispiel

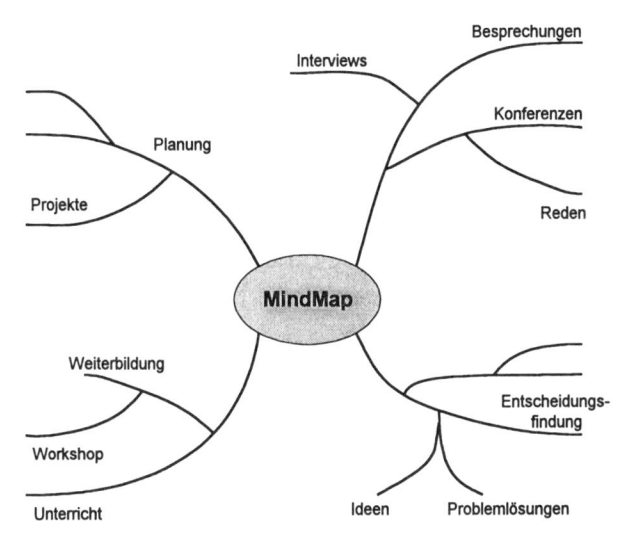

Abb. 4.47 Beispiel für Mind-Mapping

4.6 Kreativitätsmethoden

Die Anzahl von Kreativitätsmethoden wird in der Literatur mit etwa 80 bis 100 Methoden angegeben. Oft ist der Unterschied zwischen den einzelnen Methoden nur marginal.

Im vorliegenden Buch werden die fünf Methoden Brainstorming, Methode 635, Morphologie, Problemlösungsbaum sowie Synektik beschrieben (Abb. 4.48). Sie haben sich bei einer Vielzahl von Projekten in ganz unterschiedlichen Situationen bewährt.

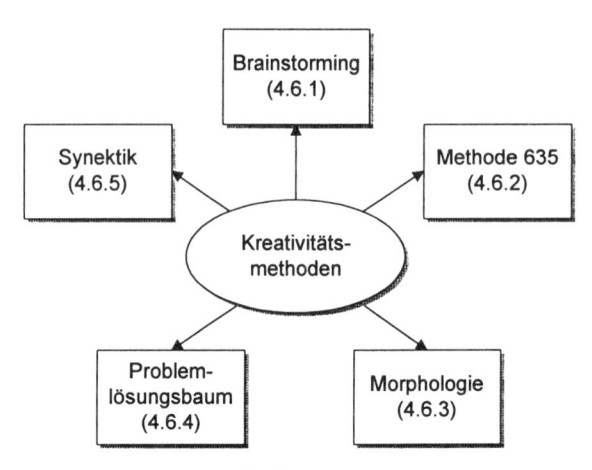

Abb. 4.48 Auswahl von Kreativitätsmethoden

> Anmerkung: Beim Einsatz von Kreativitätsmethoden werden in der Regel bei einem Team von 8 bis 12 Personen und 10 bis 15 Problemen in wenigen Stunden oft 400 bis 500 Ideen gesammelt, entwickelt und dokumentiert.
> Es ist meist ausreichend, wenn etwa 10 bis 20 Ideen als besonders interessant bewertet werden.
> Daneben ermöglicht der Einsatz von Kreativitätsmethoden, daß alle Ideen einfach dokumentiert und anderen Ideen gegenüber gestellt werden.

Darüber hinaus können auch Methoden der Dokumentation und Darstellung für die Kreativität gute Dienste leisten, insbesondere Mind-Mapping.

4.6.1 Brainstorming

Das Brainstroming wurde Ende der dreißiger Jahre von A. Osborn entwickelt. Nach dem zweiten Weltkrieg galt es als die schöpferische Methode in der Industrie.

Methodische Grundlagen

Das Brainstorming ist die bekannteste und am häufigsten angewandte Technik des Lösungsversuchs. Es handelt sich dabei im wesentlichen um eine Art Konferenztechnik der Ideenfindung, die sowohl auf Zufallsbasis als auch aufgrund von Analogien durchgeführt werden kann. Die Ideenfindung erfolgt durch Teamarbeit in einer interdisziplinär zusammengesetzten Arbeitsgruppe, deren Einfälle, Gedanken und Lösungsvorschläge gesammelt und aus verschiedener Sicht beleuchtet werden. Dabei steigert das Zusammenwirken verschiedener Wissensgebiete das Leistungsverhalten und die gegenseitige Motivation der Teilnehmer (vgl. Aggteleky u. Bajna 1992, S. 55).

Ablauf

Der Teilnehmerkreis einer Brainstormingsitzung sollte zwischen 5 und 12 Personen liegen, bei möglichst unterschiedlichem Erfahrungshintergrund. Auch sollte man darauf achten, daß keine allzu großen hierarchischen Unterschiede zwischen den Teilnehmern bestehen, da sonst eventuell der Ideenfluß gebremst werden könnte. In der Einladung sind Ort, Zeit, Teilnehmer und Themenkreis, nicht aber das zu behandelnde Problem oder Thema bekanntzugeben.

Der Ablauf des Brainstorming kann in folgende Teile gegliedert werden:
1. Vorstellung des Problems, der Bedingungen und der Kriterien
   - Eine positive Formel der Problemformulierung kann beispielsweise lauten:
     - Welche Lösungen sind für das Problem denkbar?
     - Wie kann man erreichen, daß ...?
   - Eine negative Formulierung des Problems kann beginnen mit:
     - Warum ...?
     - Welche Fehler können gemacht werden?
     - Was stört mich an dem gegebenen Zustand?
2. Lösungsvorschläge
   Nennung und Sammlung von Ideen auf einem Ideen-Chart oder auf einer Pinnwand. Auf der Pinnwand können die Teilnehmer die Ideen sehen und dadurch leichter Verknüpfungen herstellen, die zu neuen Ideen führen können. Die Pinnwand hat den Vorteil, daß die Teilnehmer die Ideen selbst auf die Pinnwand schreiben können, die durch den Moderator dann vorgelesen und an die Pinnwand angepinnt werden. Das Ergebnis ist eine Ideenkette (Abb. 4.49).

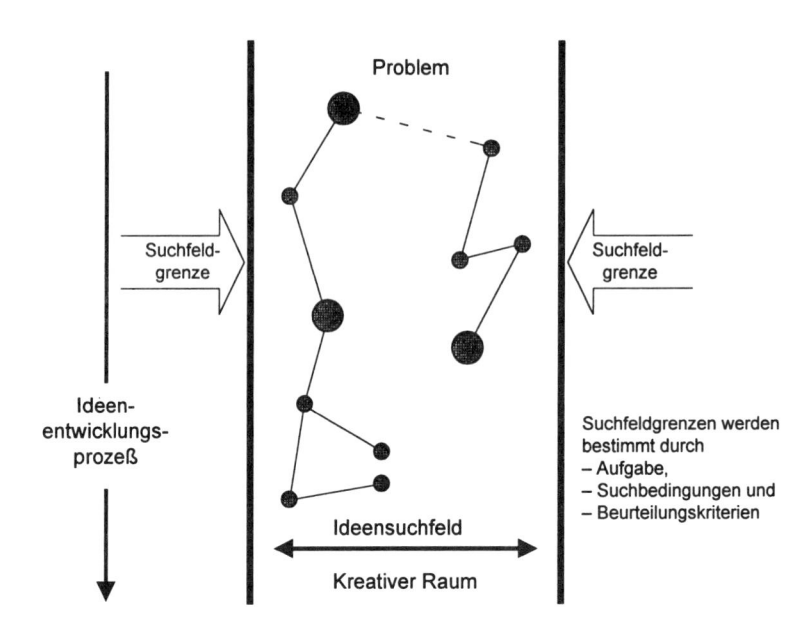

4 Methoden zur Unternehmenentwicklung, Organisation und EDV

Abb. 4.49 Suchfeld und Suchfeldgrenze im Brainstorming (vgl Freitag 1986, S. 39)

3. Nachsitzung und die Bewertung von Ideen.
Die während der Brainstormingsitzung gesammelten Ideen werden in einer anschließenden Sitzung bewertet. Der Grund dafür ist, daß die logische Vorgehensweise der Bewertung den Ablauf der Brainstormingsitzung nicht stören und behindern soll.

Regeln

Bei einer Brainstormingsitzung sind folgende Regeln unbedingt einzuhalten:
- Störungen während der Phase der Ideenfindung sind zu vermeiden.
- Kritik oder Beurteilung der genannten Ideen ist untersagt. Vor allem negative Kritik darf auf keinen Fall erfolgen, da sonst eine Atmosphäre geschaffen wird, in der die Beteiligten sich nicht mehr frei äußern und der Ideenfluß unterbrochen wird. Kommt es zur Kritik, egal ob in verbaler oder nonverbaler Form, so ist das Brainstorming sofort abzubrechen.
- Freie Assoziationen sind erlaubt und erwünscht. Dabei sind alle spontanen Äußerungen gemeint, die in irgendeinem Zusammenhang mit dem Problem in Verbindung stehen. Es spielt keine Rolle, wie phantastisch oder unpassend ein Vorschlag erscheint. Denn gerade aus scheinbar nutzlosen Äußerungen können sich besonders neue, originelle und konstruktive Ideen entwickeln.

- Quantität vor Qualität. Es ist empirisch nachgewiesen, daß durch die Hervorbringung einer hohen Anzahl von Alternativen die Wahrscheinlichkeit, auf eine „gute Idee" zu stoßen, erhöht wird.
- Anknüpfen an die Ideen anderer. Durch die Gruppe erreicht das Brainstorming seine hohe Leistungsfähigkeit. Die Teilnehmer stimulieren sich wechselseitig und kreieren neue Beiträge und Ideen.

Der Moderator hat auf die Einhaltung der Regeln zu achten, die Teilnehmer zu aktivieren und die Ideen zu visualisieren. Am Ende einer Brainstormingsitzung, die 30 Minuten nicht überschreiten sollte, werden die Ideen vom Moderator systematisiert und gemeinsam mit den Gruppenmitgliedern bewertet (vgl. Schmidt 1991a, S. 233).

Einsatzmöglichkeiten, Chancen und Risiken

Die Durchführbarkeit des Brainstorming ist relativ einfach, jedoch lassen sich Schwierigkeiten nicht ausschließen. Denn ein freies und ungehemmtes Äußern der Phantasie fällt nicht immer leicht und bedarf oftmals großen Mutes.

Trotz dieser Schwierigkeit erfreut sich das Brainstorming in der Industrie großer Beliebtheit. Vor allem im Bereich Marketing, wo es um Innovationen geht, kommt diese Kreativitätstechnik häufig zur Anwendung. Auch im Bereich Unternehmensentwicklung und Organisation gibt es viele Anwendungsfelder für das Brainstorming.

Beispiel

Ein Abteilungsleiter bespricht mit seinem Team allmorgendlich die anstehenden Aufgaben. Für jede Aufgabe erstellt er spontan ein Flip und beginnt - ohne Erwähnung - mit Fragen der Art:
- Wie kann der Sachverhalt unterteilt werden?
- Zu welcher Reihenfolge kann dies geschehen?
- Was ist dabei zu beachten?

So kann jeder aus dem Team seine Anregungen dem zukünftigen Aufgabenträger mit auf die Bearbeitung geben und die der Aufgabenträger erhält die Ideen seiner Kollegen.

4.6.2
Methode 635

Methodische Grundlagen

Die Methode 635 hat ihre Ursprünge im Brainstorming und wurde von Rohrbach entwickelt. Die Bezeichnung 635 steht für sechs Probleme zusammenstellen, drei Ideen zu jedem Problem suchen und fünf Weitergaben je Problem.

Mittels dieser Methode soll in einer Gruppe die Kreativität gesteigert werden. Die Teilnehmer sollen dabei die Ideen der einzelnen Gruppenmitglieder aufgreifen, verarbeiten und neue Ideen entwickeln. Die Ideen werden schriftlich fixiert und an den nächsten Sitzungsteilnehmer weitergegeben. Das schriftliche Festhalten der Ideen auf einem Formblatt (Abb. 4.51) fördert die Konzentration auf die Weiterentwicklung bereits vorhandener Einfälle. Gerade die systematische Vertiefung führt sehr häufig zu besonders guten Ergebnissen.

Ablauf

Der Ablauf einer 635-Sitzung kann in folgenden Schritten erfolgen (Abb. 4.50) (vgl. Schmidt 1991a, S. 233):

1. Es wird eine Gruppe mit 6 Teilnehmern gebildet.
2. Zu Beginn einer Sitzung werden die Regel und das Thema bzw. das sich stellende Problem bekanntgegeben.
3. Das (Gesamt-)Problem wird in sechs (Teil-)Probleme bzw. Problemkreise aufgeteilt.
4. Jedes (Teil-)Problem bzw. jeder Problemkreis wird auf ein Formblatt übertragen.
5. Jedes Mitglied der Gruppe erhält ein Formblatt, mittels dem die Ideen zu jeweils einem Problem gesammelt werden.
6. Jedes Mitglied erhält Gelegenheit, 3 Ideen in das Formblatt einzutragen. Nach 5 Minuten wird das Blatt an den nächsten Teilnehmer weitergegeben.
7. Aufbauend auf den vorliegenden Ideen sollen die Teilnehmer jeweils drei weitere Ideen ergänzen. Die Ideen sollen sich möglichst an die vorhandenen anlehnen und diese Ideen weiterentwickeln.
8. Das jeweilige Formblatt wird insgesamt fünfmal weitergereicht.

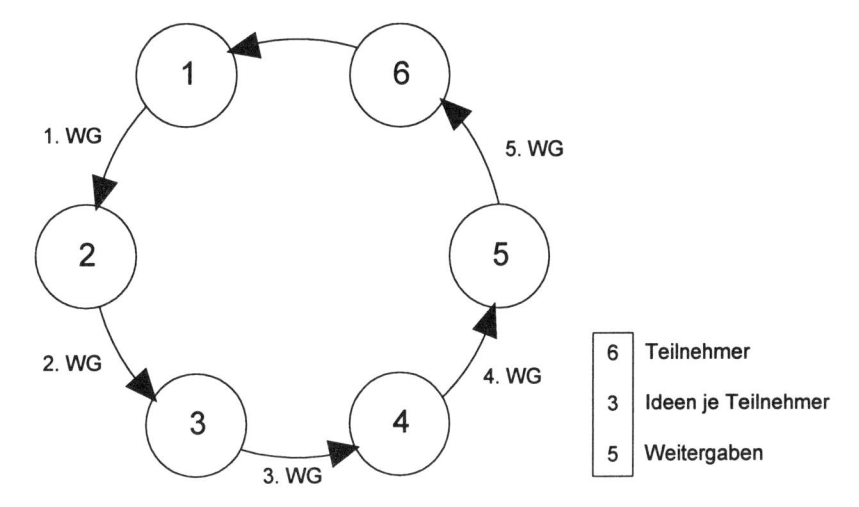

Abb. 4.50 Weitergabe eines Formblattes

Regeln

Für eine konsequente Durchführung dieser Methode gelten folgende Regeln:
- Die Teilnehmer sprechen während der kreativen Zeit nicht miteinander.
- Die Zeitvorgaben sind unbedingt einzuhalten.
- Je Formular nur eine Idee, möglichst schlagwortartig und gut lesbar.
- Skizzen einfachster Natur sind, wenn nötig, gefordert.
- Wenn ein Vorgänger ein oder zwei Felder frei gelassen hat, werden immer zuerst die eigenen Felder mit Ideen gefüllt.
- Da bei der 635 Methode nur wenig Kontakt der Teilnehmer untereinander besteht, ist auch eine hierachisch inhomogene Zusammensetzung der Gruppe möglich.
- Grundsätzlich ist es möglich, daß der Auftraggeber mitarbeiten kann.

Einsatzmöglichkeiten, Chancen und Risiken

Wegen der vertiefenden Wirkung eignet sich die Methode 635 insbesondere auch als Folgeaktion auf das Brainstorming. Die attraktivsten Vorschläge aus dem Brainstorming werden z. B. in die Kopfzeile der Blätter eingetragen. Die Methode 635 baut dann auf diesen Ideen auf und vertieft sie. Auf diese Art und Weise können die Vorteile des Brainstorming, insbesondere die wechselseitigen Anregungen während der Sitzung, genutzt werden (vgl. Schmidt 1991a, S. 233 f.).

Weitere Vorteile liegen in der

- vorwiegend logisch analytischen Vorgehensweise
- raschen interaktiven Ideenproduktion

- völlig ungesteuerten Ideenproduktion
- genauen Aufgabenstellung

Nachteilig können sich auswirken:

- eine ungenaue Aufgabenstellung
- eine völlig ungesteuerte Ideenproduktion

Beispiel

Die nachfolgende Abb. 4.51 zeigt ein unbenutztes Formblatt:

Wie kann man erreichen, daß		
1.1	1.2	1.3
2.1	2.2	2.3
3.1	3.2	3.3
4.1	4.2	4.3
5.1	5.2	5.3
6.1	6.2	6.3

Abb. 4.51 Formblatt für Methode 635

4.6.3 Morphologie

Die morphologische Methode wurde von dem Schweizer Astronom F. Zwicky entwickelt, um technologische und wissenschaftliche Forschungsarbeiten auf dem Gebiet der Astrophysik und Raketentechnik voranzutreiben (vgl. Majaro 1993, S. 183).

Methodische Grundlagen

Die morphologische Methode gehört zu den Methoden der „systematischen Problemstrukturierung" und dient der systematischen Ermittlung aller möglichen Lösungen eines komplexen Problems, in dem Lösungen für elementare Teilprobleme gesucht werden (vgl. Berndt 1992, S. 39).

Die Morphologie befaßt sich mit der Denkmethode des Entdeckens und Erfindens. Sie dient der vollständigen Erfassung eines komplexen Problembereichs. Kern der morphologischen Methode ist eine Matrix. In der Kopfspalte werden mindestens 5, maximal 10 möglichst voneinander unabhängige Einflußgrößen, d. h. Kenngrößen der Lösung, die in unterschiedlicher Ausprägung auftreten können, aufgelistet. Für jede der Einflußgrößen wird jede nur denkbare Ausprägung eingetragen. So entsteht ein sogenannter „morphologischer Kasten". Jede Kombination der Ausprägung ist eine mögliche Lösung (vgl. Schmidt 1991a, S. 234 f.).

Ablauf

Die morphologische Methode vollzieht sich in fünf Schritten:

1. Umschreiben und zweckmäßige Verallgemeinerung des Problems
2. Bestimmung des morphologischen Kastens
3. Aufstellung des morphologischen Kastens
4. Analyse und Bewertung der Lösungsmöglichkeiten
5. Auswahl der optimalen Lösung.

Zuerst wird das Problem von einer Kleingruppe (2–3 Personen) so allgemein wie möglich definiert, um das Spektrum möglicher Lösungsideen nicht von vornherein zu stark einzugrenzen. Anschließend erfolgt eine Zerlegung des Problems in seine einzelnen Problemelemente (Parameter). Sodann werden alle erdenklichen Ausprägungen für jeden Parameter des Problems gesucht und aufgelistet, wobei jede Kritik vorerst unterbleiben sollte. Ordnet man die Problemelemente untereinander und die Ausprägungen waagrecht daneben an, so ergibt sich ein morphologischer Kasten, auch „Problemlösungsmatrix" genannt. Aus der Kombination von je einer Ausprägung der einzelnen Parameter resultiert dann eine Lösung für das Gesamtproblem (vgl. Berndt 1992, S. 39 f.).

Regeln

1. Beschränkung der Problemsegmente auf maximal 10.
2. Beschränkung der Detaillierungsansätze auf maximal 10.
3. Eine große Zahl an Lösungsmöglichkeiten erhöht die Wahrscheinlichkeit der Kombination.
4. Urteile bezüglich der Problemsegmente und der Lösungsmöglichkeiten sollten zunächst unterlassen werden.

Einsatzmöglichkeiten, Chancen und Risiken

Vorteile

- Die Zahl der Lösungsmöglichkeiten ist unbeschränkt erweiterbar.
- Universell einsetzbar.

Nachteile

- Unübersichtlichkeit bei größeren Suchfeldern.
- Die Ausarbeitung sollte unter Rückkopplung mit der Gruppe erfolgen und nimmt sehr viel Zeit in Anspruch.

Beispiel

In der Kopfspalte sind die Parameter des Problems „Gestaltungsmöglichkeiten von Kaffeemaschinen", in den Zeilen daneben die einzelnen Ausprägungen der Parameter angegeben. Als denkbare Problemlösungen sind die derzeit verbreitete Art der Kaffeemaschine und eine „interessante" Alternative angegeben (vgl. Berndt 1992, S. 40 f.) (Tabelle 4.8).

Tabelle 4.8 Morphologische Matrix

	Lösungsmöglichkeiten							
	1	2	3	4	5	6	7	8
1. Problemkreis								
2. Problemkreis								
3. ...								
4. ...								
5. ...								
6. ...								
7. ...								

4.6.4 Problemlösungsbaum

Methodische Grundlagen

Diese Methode beruht auf der Zerlegung des Ganzen in seine Teile. Dies ähnelt einer Verästelung, welche nach bestimmten Kriterien erfolgt, die zur Differenzierung des zu untersuchenden Bereichs führt.

Mit Hilfe eines Problemlösungsbaums können folglich alle Lösungsalternativen, die sich bei einer bestimmten Problemstellung anbieten, erfaßt und in geordneter Weise dargestellt werden.

Ablauf

Die sich hierarchisch verästelnde Struktur ist ein typisches Merkmal des Problemlösungsbaums (vgl. Berndt. 1992, S. 43). Bei jeder Verästelung wird nach einem bestimmten Kriterium eine weitere Differenzierung des untersuchten Bereichs vorgenommen.

Werden den bei einer Verästelung folgenden Handlungsalternativen Wertangaben (z. B. Produktivitäts- oder Wirtschaftlichkeitskennziffern) zugeordnet, so läßt sich der Problemlösungsbaum zu einem Relevanzbaum erweitern (vgl. Berndt 1992, S. 43 f.).

Regeln

Bei der Erstellung eines Problemlösungsbaumes sind die folgenden zwei Punkte zu beachten:
- Zunächst sind die wichtigsten Kriterien heranzuziehen.
- Bei den angewandten Unterscheidungskriterien ist eine bewußte Ordnung vorzunehmen.

Einsatzmöglichkeiten, Chancen und Risiken

Der Einsatz des Problemlösungsbaumes gestaltet sich sehr einfach. Flip und Pinnwand sind besonders geeignet. Evtl. kann ein Protokollant die Alternativen auch im Rahmen von Notizen festhalten.

Vorteile
- Die Handhabung ist relativ einfach
- Klare, übersichtliche Strukturierung der Lösungsalternativen

Nachteile
- Eine Präferenzbildung gestaltet sich schwierig
- Kann bei zahlreichen Verästelungen sehr schnell unübersichtlich werden.

Beispiel

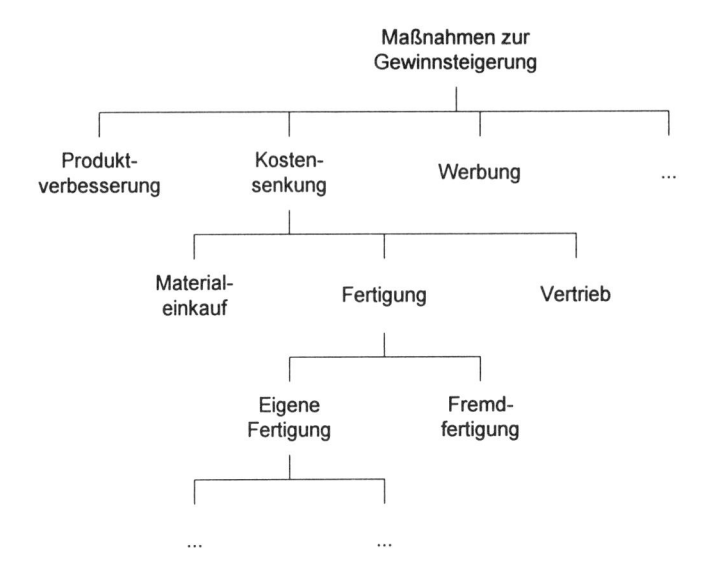

```
                    Maßnahmen zur
                    Gewinnsteigerung
        ┌───────────────┼───────────────┬───────────┐
   Produkt-          Kosten-          Werbung        ...
 verbesserung        senkung
              ┌────────┼────────┐
         Material-  Fertigung  Vertrieb
         einkauf
                   ┌────┴────┐
                Eigene    Fremd-
               Fertigung  fertigung
                 ┌─┴─┐
                ...  ...
```

Abb. 4.52 Beispiel für ein Problemlösungsbaum

4.6.5 Synektik

Methodische Grundlagen

Die Synektik ist durch Beobachtung der Arbeits- und Denkweise von schöpferisch tätigen Personen entwickelt worden. Die Grundidee besteht darin, den normalerweise unbewußt ablaufenden kreativen Prozeß bewußt zu stimulieren. Diese Technik zur Ideengewinnung wird in einer Gruppe angewandt, die in der Regel aus 5 bis 7 Mitgliedern verschiedener Fachgebiete besteht und häufig ein festes Team darstellt. Eine Synektik-Sitzung kann bis zu 3 Stunden dauern.

Ausgehend von der Tatsache, daß man zur Lösung eines Problems nahe an das Problem herankommen muß, um sich dann wieder zu distanzieren, beginnt die Synektik-Sitzung mit der Problemdefinition und -analyse. Der Sitzungsleiter läßt das zu lösende Problem von einem oder mehreren Experten erläutern und fordert anschließend die Teilnehmer auf, spontane Lösungsideen zu äußern. Im Anschluß an diese Phase soll das Problem neu formuliert werden, d. h. jeder Teilnehmer soll es so, wie er es verstanden hat, wiedergeben. Dadurch identifizieren sich die Gruppenmitglieder stärker mit dem Problem (vgl. Berndt 1992, S. 47).

Die Verfremdung des Problems geschieht durch Analogiebildung. Dabei sind drei Analogiearten zu unterscheiden:

- direkte Analogie
- persönliche Analogie
- symbolische Analogie

In der direkten Analogie geht es um die Assoziation des Problems mit den in der Natur auftretenden Phänomenen und Effekten. Die persönliche Analogie setzt die Identifikation mit dem Problem voraus. Das „sich Hineinversetzen" steht hierbei im Mittelpunkt. Die symbolische Analogie soll den Kern eines Sachverhaltes oder Gegenstands, der mit dem Problem zusammenhängt, kurz beschreiben.

Ablauf

Der Ablauf eines Synektikprozesses kann in folgenden Schritten erfolgen (vgl. Probst 1992, S. 351):

1. Man bildet eine Gruppe aus maximal 10 Mitarbeitern verschiedener Fachbereiche und Hierarchieebenen.
2. Zu Beginn der Sitzung schildern der Moderator und die betroffenen Personen kurz das Problem.
3. Zum besseren Verständnis der Problemsituation folgt eine Diskussion, in der dann die ersten Lösungsvorschläge gemacht werden können.
4. Das Problem wird anschließend klar und für jeden verständlich formuliert.
5. Die Teilnehmer suchen nach Analogien – im allgemeinen zur Natur.
6. Man überlegt sich, wie die Natur in einem solchen Fall reagiert.
7. Analogien zwischen der Art und Weise, wie sich die Natur anpaßt und der eigenen Problemsituation werden aufgezeigt.
8. Im Anschluß daran werden die Lösungsvorschläge für das betriebliche Problem festgehalten.
9. Die Ideen zur Lösung technischer Probleme werden zur Bewertung an Fachleute weitergeleitet, die Neuerungen gegenüber aufgeschlossen sind.
10. Die Ergebnisse sind den Teilnehmern der Sitzung mitzuteilen.

Regeln

Dabei sind folgende Regeln zu beachten (vgl. Probst 1992, S. 351):

- Keine Kritik an den Lösungsvorschlägen, die in der Phase der Ideenfindung gemacht werden; keine Werturteile abgeben.
- Möglichst konkrete und präzise Vorschläge machen.
- Die anderen nicht unterbrechen.
- Finanzielle Probleme vermeiden.
- Die Teilnehmer je nach ihren persönlichen Eigenschaften in die Moderation mit einbinden.
- Den Ablauf der Sitzung zu Beginn klar schildern.
- Lösungsvorschläge für alle sichtbar schriftlich fixieren.

Eigenschaften, Chancen und Risiken

Die Methode ist für alle Problemstellungen geeignet, besonders jedoch für hohe kreative Anforderungen einfacher oder komplexer Strukturen (vgl. Zentrum Wertanalyse 1995, S. 359).

Vorteile

- Die Lösungssuche wird nicht durch die psychologischen Aspekte des Problems beeinträchtigt.
- Wirkt kreativitätsfördernd durch Übertragung des Problems auf einen anderen Bereich.
- Die hierarchische Stellung und Funktion der Gruppenmitglieder verliert an Bedeutung.

Nachteile

- Die Analogiesuche erweist sich häufig als schwierig.
- Es besteht die Gefahr von Desinteresse bei den Gruppenmitgliedern.
- Das Problem wird eventuell nur oberflächlich behandelt.
- Kompliziertes Umdenken von der Analogie auf die eigentliche Problemsituation (vgl. Probst 1992, S. 351).

Beispiel

Ein ausführliches und anschauliches Beispiel findet sich in Berndt 1992.

4.7 Aufwandschätzungsmethoden

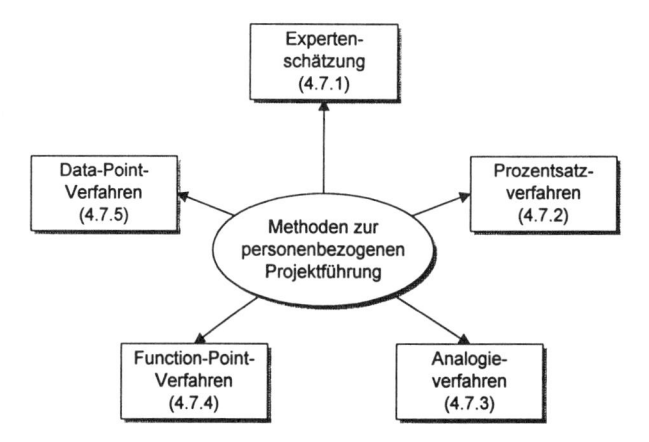

Abb. 4.53 Methodenübersicht zur Aufwandschätzung

Für die Aufwandsermittlung haben sich vor allem fünf Methoden in den betrachteten Bereichen durchgesetzt (Abb. 4.53). Die am meisten verbreitete Methode ist in der Praxis sicherlich die Expertenschätzung.

4.7.1 Expertenschätzung

Methodische Grundlagen

Bei der Expertenschätzung handelt es sich um ein qualitatives Prognoseverfahren, das das Wissen eines ausgewählten Personenkreises nutzt. Diese besitzen aufgrund ihrer Kenntnisse und Erfahrungen ein spezielles Fachwissen. Die Experten werden veranlaßt, die Schätzgrößen subjektiv zu prognostizieren. Aus den vorliegenden Einzelprognosen wird eine aggregierte Gesamtprognose erstellt (vgl. Wöhe u. Döring 1993, S. 665).

Ablauf

In der Praxis haben sich die nachfolgenden acht Arbeitssschritte als vorteilhaft bestätigt:
1. Projektleiter plant und definiert die Arbeitspakete der abzuschätzenden Einheit.
2. Der Projektleiter wählt die geeigneten Experten aus.
3. Die zulässigen Grenzwerte der Schätzabweichungen vom Mittelwert der einzelnen Schätzungen werden gemeinsam von Projektleiter und Experten festgelegt.
4. Die Experten schätzen jeder für sich den Aufwand für jedes Arbeitspaket.
5. Die Schätzwerte pro Arbeitspaket werden arithmetisch ermittelt.
6. Falls mindestens einer der Schätzwerte in einer Größenordnung vom Mittelwert abweicht, die den vereinbarten zulässigen Grenzwert überschreitet, muß das entsprechende Arbeitspaket nochmals in kleinere Arbeitspakete zerlegt werden.
7. Für diese neu gebildeten Arbeitspakete muß der Schätzprozeß neu durchgeführt werden, bis die Abweichungen die gesetzte Grenze nicht mehr überschreiten.
8. Der Mittelwert wird als Schätzwert für den Aufwand eines Arbeitspaketes genommen.

Regeln

Die wichtigsten drei Regeln sind:
- Voraussetzung ist die Planung der Arbeitspakete.
- Mittels der Expertenschätzung werden die Aufwandswerte für die einzelnen Arbeitspakete möglichst genau geschätzt. Dabei wird keine Termin- und Kapazitätsplanung durchgeführt.

- Ratsam für die Nachvollziehbarkeit der Schätzung ist, daß ein Protokoll über die Annahmen zu den einzelnen Arbeitspaketen gemacht wird.

Einsatzmöglichkeiten, Chancen und Risiken

Die Expertenschätzung ist ein heuristisches Verfahren, daß in allen Phasen des Projekts einsetzbar ist. Die Expertenbefragungen können sowohl für Entwicklungs- als auch für Wirkungsprognosen herangezogen werden (vgl. Wöhe u. Döring 1993, S. 665).

Die Erfahrungen mit der Expertenschätzung zeigen, daß diese Methode stark von subjektiven Einflüssen bestimmt und schlecht nachvollziehbar ist.

Als Ergänzung zu anderen Verfahren ist sie jedoch gut geeignet.

Beispiel

Eine mögliche Protokollierungsform für die Expertenschätzung mit drei Schätzern ist in Tabelle 4.9 dargestellt

Tabelle 4.9 Tabelle zur Expertenschätzung

Arbeitspakete, Systemkomponenten	Annahmen	Schätzungen			Mittelwert
		Schätzer 1	Schätzer 2	Schätzer 3	
1. ...					
2. ...					
3. ...					
4. ...					
Summe					

4.7.2 Analogieverfahren

Methodische Grundlagen

Die Grundlagen für das Analogieverfahren bilden bereits abgeschlossene Projekte. Für das zu schätzende Projekt wird ein Leistungsprofil erstellt, das mit den Profilen der bereits abgeschlossenen Projekte verglichen wird. Dabei baut man auf bisher gemachten Erfahrungen auf und versucht, Abweichungen, die durch andere Voraussetzungen und Anforderungen entstehen, aufzuzeigen und die Ergebnisse des abgeschlossenen Projekts entsprechend zu modifizieren (vgl. Biethahn et al. 1990, S. 208).

Ablauf

Die Aufwandschätzung baut auf Erfahrungswerten, die bei ähnlichen Projekten gewonnen wurden, auf. Dabei geht man von einem Leistungsprofil für ein geplantes Projekt aus und arbeitet in folgenden Schritten (vgl. Heinrich u. Burgholzer 1988a, S. 270):

1. Suche nach bereits abgeschlossenen, ähnlichen Projekten
2. Ermittlung des neuen Leistungsprofils
3. Ermittlung der Abweichungen zwischen dem neuen und dem bereits abgeschlossenen Projekt
4. Bewertung der Abweichungen und Ermittlung der zu erwartenden Projektkosten (vgl. Biethahn et al. 1990, S. 208).

Regeln

Es gelten folgende Punkte bei der Anwendung des Analogieverfahrens:
- Grundsätzlich wird auf die Erfahrung ähnlicher Projekte zurückgegriffen. Dabei wird der tatsächliche Aufwand (Ist-Werte) eines bereits zu einem früheren Zeitpunkt realisierten Projekts für die Aufwandschätzung herangezogen.
- Voraussetzung ist also immer das Vorhandensein vergleichbarer Projekte und das Vorliegen des Aufwands für die Vergleichsprojekte.
- Mit dem Grad der Vergleichbarkeit nimmt die Qualität der Schätzung zu.

Einsatzmöglichkeiten, Chancen und Risiken

Dieses Verfahren kann bei Existenz von genügend Aufwandswerten abgeschlossener und vergleichbarer Projekte eingesetzt werden.

Als *Vorteil* ist der geringe Zeitaufwand zu nennen.

Da dieses Verfahren jedoch auf Werten der Vergangenheit basiert, ist Vorsicht bei neuen Technologien und Techniken, neuen Systemkomponenten oder neuen Umgebungen geboten.

Beispiel

Auf ein Beispiel wird hier verzichtet.

4.7.3
Prozentsatzverfahren

Methodische Grundlagen

Die Prozentsatzmethode geht davon aus, daß sich der Gesamtaufwand eines Projekts aus der Addition der Aufwendungen in den einzelnen Phasen eines Phasenkonzeptes ergibt und die Aufwendungen in den einzelnen Phasen in einem festen Verhältnis zueinander stehen.

Der prozentuale Anteil einer Phase an den Gesamtkosten eines Projekts läßt sich z. B. aus einer statistischen Analyse beendeter Projekte ermitteln. Sind die Kosten für eine Phase bekannt, so kann man die Gesamtkosten ermitteln. Bei neu zu schätzenden Projekten nimmt man eine Schätzung der Gesamtkosten dann vor, wenn die Kosten für eine Phase bereits angefallen sind und interpoliert über den prozentualen Anteil (vgl. Biethahn et al. 1990, S. 210).

Der Gesamtaufwand kann deshalb auf zwei Arten prognostiziert werden:
- Eine Phase des Projekts wird abgeschlossen und von dem dort angefallenen Aufwand wird der Gesamtaufwand hochgerechnet.
- Eine Phase wird detailliert geschätzt und von diesem Teilaufwand wird auf den zu erwartenden Gesamtaufwand geschlossen (vgl. Litke 1991, S. 88).

Ablauf

Der typische Ablauf des Prozentwertverfahrens sieht wie folgt aus:

1. Ermittlung der relevanten Aufwände pro Phase.
2. Die zugrundegelegte Verteilung muß der vergleichbarer Projekte entsprechen.
3. Zuordnen des Aufwands, der für die Phase Grobkonzeption des zu schätzenden Projekts erforderlich war.
4. Wenn gelegentlich phasenübergreifend gearbeitet wird, dann ist es notwendig, für dieses Schätzverfahren eine exakte Abgrenzung des Aufwands zu den Phasen vorzunehmen.
5. Extrapolieren des Aufwands für die restlichen Phasen.

Regeln

- Will ein Unternehmen eine Schätzung vornehmen, so sollte es nicht versuchen, die dafür nicht vorhandenen Informationen zu schätzen, sondern vielmehr bestrebt sein, die Menge der vorhandenen Informationen zu nutzen und systematisch auszuwerten (vgl. Biethahn et al. 1990, S. 212). Dabei erleichtert eine exakte Phasenabgrenzung die Anwendung des Verfahrens.
- Voraussetzung ist jedoch die durchschnittliche Verteilung des Aufwands über die einzelnen Phasen.

4.7 Aufwandschätzungsmethoden

Einsatzmöglichkeiten, Chancen und Risiken

Die Ergebnisse der einzelnen Schätzverfahren variieren erheblich. Es gibt bis jetzt noch kein Verfahren, das firmen- und anwendungsproblemunabhängig genaue Prognosen liefert (vgl. Biethahn et al. 1990, S. 212).

Ein großer *Nachteil* ist, daß die möglichen Interpretations- und Entscheidungsspielräume dieses Verfahren manipulierbar machen.

Der *Vorteil* liegt jedoch darin begründet, daß es geeignet ist, den zeitlichen Bedarf für die restlichen Projektphasen zu überprüfen. Die exakte Phasenabgrenzung erleichtert die Anwendung des Verfahrens.

Beispiel

Tabelle 4.10 Beispiel für die relative Aufteilung des Aufwands

Phasen	Projektvorbereitung	Konzeption	Spezifikation	Realisierung	Implementierung	Summe
relativer Anteil in %	3–5 %	10–15 %	20–30 %	20–40 %	10–40 %	100 %

4.7.4 Function-Point-Verfahren

Methodische Grundlagen

Das Function-Point-Verfahren ist ein analytisches Schätzverfahren zur Aufwandschätzung von kommerziellen Projekten. Gelegentlich wird es auch als Albrecht-Verfahren bezeichnet.

Es basiert auf der Ermittlung von Funktionen (Aufgaben, Datenbestände), der Bewertung dieser Funktionen (leicht, mittel, schwer) und der zu erbringenden Qualität. Aus diesem wird dann die Anzahl der Function-Points ermittelt und als eine Funktionskurve graphisch dargestellt (vgl. Litke 1991, S. 88 f).

Ablauf

Man geht davon aus, daß der Aufwand zur Durchführung eines Projekts einerseits von dessen Umfang und andererseits von seinem Schwierigkeitsgrad abhängt. Beide Größen werden durch die Summe von den sogenannten Function-Points dargestellt.

Diese werden ihrerseits ermittelt, indem das zu realisierende Projekt nach verschiedenen Kriterien auf bestimmte Merkmale hin untersucht wird. Letztere kön-

nen als „Funktionen" oder „Geschäftsvorfälle" bezeichnet werden, die realisiert werden sollen.
1. Unterteilung in Geschäftsvorfälle.
   Die „Funktionen" oder „Geschäftsvorfälle" werden bei jedem Auftreten nach den Kriterien „leicht", „mittel" oder „schwer" klassifiziert. Diesen Kriterien sind für jeden Geschäftsvorfall Zahlen zwischen 3 und 15 zugeordnet (Tabelle 4.11).
   Die Bestimmung der Systemfunktionen erfolgt für Benutzereingabe, -ausgabe, Anwenderdateien, Referenzdateien, Abfragen.

Benutzereingaben:	Eingabe-Formular, Bildschirm-Eingabe, Interface-Daten von Nachbarsystemen etc.
Benutzerausgaben:	Ausgabelisten, Bildschirmausgaben, Interface-Daten an Nachbarsystemen etc.
Anwenderdateien:	Dateien, die im Rahmen des Informationssystems gepflegt werden.
Referenzdateien:	Daten, die vom Informationssystem als Informationsträger benötigt werden.
Online-Abfragen:	Bewirken, daß noch Informationen in einem Datenbestand gesucht werden und dem Benutzer das Ergebnis sichtbar gemacht wird.

Tabelle 4.11 Bewertungsparameter für Systemfunktion E1

	Komplexitätsstufen		
Systemfunktion (i)	Einfach	Durchschnitt	Komplex
Benutzereingaben	..*3	..*4	..*6
Benutzerausgaben	..*4	..*5	..*7
Anwenderdateien	..*7	..*10	..*15
Referenzdateien	..*5	..*7	..*10
Online-Abfragen	..*3	..*4	..*6
Summe Systemfunktion E1			

2. Bewertung der Geschäftsvorfälle
   Anschließend werden die zugehörigen Zahlen (Function-Points) addiert.
3. Analyse der Einflußfaktoren

Der endgültige Wert wird errechnet, indem 10 Faktoren, die auf das Projekt wesentlichen Einfluß besitzen, entsprechend ihrer Einwirkung nach vorgegebenen Richtlinien mit Zahlen bewertet werden (Tabelle 4.12).

Tabelle 4.12 Bewertungsparameter für Korrekturfaktor E2

Einflußbewertung / Einflußfaktoren (EF)	keiner 0	geringer 1	mäßiger 2	mittlerer 3	bedeutsamer 4	starker 5
Verflechtung mit anderen Verfahren						
DTP-Konzept						
Performance						
Verarbeitungslogik: Rechenoperationen						
Verarbeitungslogik: Kontrollverfahren						
Verarbeitungslogik: Ausnahmeregelungen						
Verarbeitungslogik: Logik						
Qualitätssicherung						
Anzahl Einsatzorte						
Präsentation und Handbücher						
Summe Korrekturfaktor E2						

Das Ergebnis wird als „functions" bezeichnet.

Korrekturfaktor (E3) = 0,70 + Summe (E2)/100

4. Berechnung der bewerteten Function-Points
Im weiteren wird dieses durch 100 dividiert und zu 0.70 addiert. Mit dem so erhaltenen Wert ist die zunächst ermittelte Summe von Function-Points zu multiplizieren. Das endgültige Ergebnis ergibt die sogenannten „bewerteten Function-Points".

Die Systemfunktionspunkte berechnen sich aus
Aufwand = E1 * E3

5. Ermittlung des Aufwandes
Die Beziehung zwischen den bewerteten Function-Points und dem zu erwartenden Aufwand wird durch eine Art „Erfahrungsdatensatz" wiedergegeben, der unternehmensspezifisch und ggf. entwicklungssystemspezifisch zu ermitteln ist. Für eine größere Anzahl in letzter Zeit abgeschlossener Projekte werden die bewerteten Function-Points ermittelt. Dadurch erhält man eine Anzahl von Relationen von bewerteten Function-Points zu angefallenem Aufwand. Mittels statistischer Verfahren kann aus diesen Beziehungen eine Kurve entwickelt werden, die den Zusammenhang zwischen bewerteten Function-Points und Aufwand darstellt. Somit können für jedes zu kalkulierende Projekt die bewerteten Function-Points ermittelt und anhand der Kurve der wahrscheinliche Aufwand abgelesen werden (vgl. Litke 1991, S. 89 f.).

Regeln

Wichtige Voraussetzungen sind:
- Die Projektanforderungen müssen bekannt und ausreichend detailliert sein.
- Der Schätzer muß ausreichend Informationen über die Projektanforderungen haben.
- Es müssen Erfahrungen über bereits durchgeführte Projekte vorhanden und mit dem Function-Point-Verfahren bewertet worden sein.
- Der effiziente Einsatz des Function-Point-Verfahrens erfordert eine einheitliche Vorgehensweise.
- Außerdem sollte eine eindeutige Definition und schriftliche Abgrenzung der drei Klassen „leicht", „mittel" und „schwer" vorliegen.

Der Aufwandsinhalt und die Projektumgebung, die der Kurve zugrunde liegen, müssen genau dokumentiert werden. Für Projekte, die von diesen Voraussetzungen abweichen, sind auf das von der Kurve abgelesene Ergebnis Zu- oder Abschläge vorzunehmen. Diese werden von der schätzenden Person festgelegt und sollten zum Zweck der Nachvollziehbarkeit begründet sein (vgl. Litke 1991, S. 90 f.).

Einsatzmöglichkeiten, Chancen und Risiken

Die Function-Point-Methode ist insbesondere für kommerzielle und nicht für technische Anwendungen bzw. Projekte entwickelt und ausgelegt worden. Mit der Function-Point-Methode wird der gesamte Realisierungsaufwand, einschließlich dem Aufwand der Fachbereiche, für die unternehmensspezifischen Phasen geschätzt.

Zusammenfassend kann festgehalten werden, daß ein **Vorteil** des Function-Point-Verfahrens in der Orientierung am Funktionsumfang liegt. Dies ermöglicht eine

- „Black-Box-Betrachtung" aus Benutzersicht,
- eine erhöhte Transparenz der Kalkulation,
- sichere und frühere Bestimmung der Systemgröße und
- eine Kosten-Nutzen-Betrachtung auf Funktionsebene.

Außerdem erlaubt die spezielle Anpassung des Verfahrens, viele Umgebungseinflüsse als konstant anzusehen (vgl. Litke 1991, S. 91).

Beispiel

Im folgenden ist eine Tabelle 4.13 mit bewerteten Function-Points und des daraus resultierenden Gesamtaufwands für die Realisierung eines EDV-Projekts exemplarisch dargestellt.

Tabelle 4.13 Beispiel

Bewertete Function-Points	Aufwand in Personenstunden
200	2.000
300	3.500
400	5.000
500	7.000
600	8.800
700	10.800
800	12.800
900	15.000
1.000	17.000

Um die individuellen bereichsspezifischen Belange in die Schätzung mit einfließen zu lassen, ist es empfehlenswert, eine solche Tabelle aus den Function-Points und dem tatsächlichen Aufwand ex post zu erstellen. Bei genügendem Umfang dieser Erfahrungswerte können später diese bereichsspezifischen Tabellen verwendet werden.

4.7.5 Data-Point-Verfahren

Methodische Grundlagen

Grundlage der Data-Point-Methode ist das Schätzen aufgrund eines Datenmodells. Data-Points ergeben sich aus den Entitäten, Sichten und Beziehungen. Die Data-Point-Schätzmethode wurde als Alternative zum Function-Point-Schätzverfahren konzipiert. Sie ist eine Antwort auf den Trend zur datenbezogenen bzw. objektbezogenen Software-Entwicklung. Das Quantitätsmaß der Data-Point-Methode ist der Data-Point.

Im Gegensatz zur Function-Point-Methode, die den Umfang des zu erstellenden Software-Systems aus dem Datenfluß ableitet, geht die Data-Point-Methode von der Datenmenge aus. Die „Größe" der Software wird an den betroffenen Objekten und der Summe der darin enthaltenen Datenelemente gemessen. Im Mittelpunkt stehen das Datenmodell und die Benutzeroberfläche. Das Datenmodell enthält die Informationsobjekte, die Attribute der Informationsobjekte und die Beziehung derer untereinander. Die Benutzeroberfläche umfaßt die Bildschirmmaske, die Berichte und die Systemnachrichten. Diese haben Formate, in denen ihre Felder beschrieben sind. Die Objekte der Benutzeroberfläche, die Kommunikationsobjekte, sind mit den Informationsobjekten über die Datensichten bzw. Views verknüpft. Somit ergeben sich die Data-Points aus (vgl. Sneed 1991, S. 43):

- der Anzahl der Informationsobjekte,
- der Anzahl der Attribute,
- der Anzahl der Kommunikationsobjekte,
- der Anzahl der Ein- und Ausgabedaten und
- der Anzahl der Datensichten bzw. Views.

Ablauf

Sneed (1991, S. 43 ff.) schlägt folgenden Ablauf beim Data-Point-Verfahren vor.

1. Voraussetzung ist eine Liste sämtlicher Informationsentitäten und Benutzerschnittstellen bzw. Nachrichten. Die Informationsentitäten sind die geplanten logischen Sätze und Tabellen der Zieldatenbank, auf die die geplante Anwendung zugreifen wird.
2. Die Nachrichten sind die geplanten Bildschirmmasken, Berichte und Datenübergaben oder Telegramme von und zu anderen Systemen. Die Informationsobjekte werden der TOPISA-Datenanalyse entnommen. Die Nachrichten ergeben sich aus der Kommunikationsanalyse.
3. Für jedes Informationsobjekt wird die Anzahl der Attribute und Schlüssel geschätzt. Zum Schlüssel gehören alle primären und sekundären Sachdebitoren.
4. Als nächstes wird angegeben, ob das Datenobjekt nur gelesen wird (Eingabe), ob es nur geschrieben wird (Ausgabe) oder ob es sowohl gelesen als auch geschrieben wird (Ein- und Ausgabe).
5. Danach wird der Integrationsgrad des Objektes geschätzt (hoch–mittel–niedrig).
6. Schließlich wird angegeben, zu welchem Prozentsatz das Objekt zu ändern ist (siehe Tabelle 4.14 u. 4.15).
7. Für jede Nachricht wird die Anzahl der variablen Felder geschätzt. Bei Bildschirmmasken sind das alle Felder, die vom Benutzer oder vom Programm gefüllt werden können. Bei Berichten sind es alle Kopffelder sowie alle Datenreihen, Gruppenwechsel- und Flußfelder. Bei Schnittstellen sind es alle Daten.

4.7 Aufwandschätzungsmethoden

Dazu kommt die geschätzte Anzahl der Informationsobjekte, die in der Nachricht vertreten sind, d. h. die Anzahl elementarer Datensichten.

8. Als nächstes wird angegeben, ob die Nachricht nur Eingabe, nur Ausgabe oder Ein- und Ausgabe ist.
9. Der Komplexitätsgrad der Maske, Liste oder Schnittstelle wird geschätzt (hoch-mittel-niedrig).
10. Zum Schluß wird auch hier angegeben, um wieviel Prozent sich die Nachricht ändert, falls es sich um eine Wiederverwendung handelt (siehe Tabelle 4.14 und 4.15).
11. Die Anzahl der Data-Points ist zu berechnen. Dabei ist jedes Attribut ein Data-Point, jeder Schlüssel ergibt 4 Data-Points. Für jedes Objekt mit einem niedrigen Integrationsgrad werden 2 Data-Points, mit einem mittleren Integrationsgrad 4 Data-Points und mit einem hohen Integrationsgrad 8 Data-Points berechnet. Bei Objekten die geschrieben werden, wird die Anzahl der Data-Points um 10 % erhöht.
12. Die berechnete Data-Point-Anzahl pro Objekt wird mit dem Prozentsatz der Änderung multipliziert, um die Data-Points durch den Grad der Neuigkeit zu relativieren.
13. Die Anzahl der Data-Points bei den Nachrichtenobjekten wird gezählt. Jedes Feld ist ein Data-Point. Jede elementare Datensicht ergibt 4 Data-Points. Für jede Nachricht mit einer niedrigeren Komplexität werden 2 Data-Points, mit einer mittleren 4 Data-Points und mit einer hohen Komplexität 8 Data-Points berechnet. Die Data-Points der Eingabe-Nachrichten werden um 10 % erhöht.
14. Jetzt werden die Data-Points aus den Informationsobjekten mit den Data-Points aus den Nachrichtenobjekten addiert.
15. Die Summe der Data-Points wird mit den Qualitätsfaktoren multipliziert. Dabei liegt der Qualitätsfaktor zwischen 0,50 (niedrige Qualität) und 1,5 (hohe Qualität).
16. Die durch die Qualität bereinigte Data-Point-Zahl wird mit dem Einflußfaktor multipliziert. Der Einflußfaktor, der die Projektbedingungen widerspiegelt, ist eine Zahl von 0,75 bei äußerst günstigen Bedingungen und 1,15 bei ungünstigen Bedingungen. Danach wird jeder Faktor auf einer Skala von 1 bis 5 bewertet, wobei jeder Faktor das gleiche Gewicht hat. Die Summe der 10 Faktoren (Min. = 10; Max. = 50) wird von der Obergrenze „125" subtrahiert und durch 100 dividiert. Falls alle Faktoren die niedrigste Wertung haben, ergibt sich ein Gesamteinflußfaktor von 125-10/100 = 1,15. Haben alle Faktoren die höchste Wertung, so ergibt sich ein Gesamteinflußfaktor von 135-50/10 = 0,75. Dieser Gesamteinflußfaktor wird mit der durch die Qualität gewichteten Data-Point-Zahl multipliziert, um die endgültige Data-Point-Zahl zu erreichen.
17. Die durch den Qualitäts- und Einflußfaktor geglättete Data-Point-Zahl wird in eine Produktivitätstabelle eingegeben und anhand der Data-Point-Aufwandbeziehung der Aufwand ermittelt. Liegt eine Data-Point-Zahl zwischen zwei Intervallen, wird entsprechend interpoliert. Nach der Ermittlung des Aufwands in Mannmonaten läßt sich der Aufwand in Kosten und Rechenzeitbedarf um-

setzen, so wie dies bei den anderen Schätzmethoden auch geschieht (vgl. Sneed 1991, S. 43 ff.).

Regeln

Die DATA-Point-Methode kennt 10 Einflußfaktoren (vgl. Sneed 1991, S. 43 ff.):
1. Räumliche Verteilung des Projekts (Räume, Gebäude, Orte oder Länder).
2. Erfahrungen der Projektleiter auf dem jeweiligen Anwendungsgebiet.
3. Kenntnisse der Projektmitarbeiter in bezug auf die technische Zielumgebung.
4. Grad der Werkzeugunterstützung (CASE, Generatoren, Testwerkzeuge etc.).
5. Qualität der Rechenbedingungen.
6. Unterstützung des Projekts durch diverse technische Stäbe.
7. Grad der projektbezogenen Qualitätssicherung, um Fehlentwicklungen frühzeitig zu erkennen.
8. Genauigkeit der Spezifikation bzw. der Ausführlichkeit des Fachkonzepts.
9. Höhe der Programmiersprache.
10. Grad der Testautomatisierung.

Einsatzmöglichkeiten, Chancen und Risiken

Die DATA-Point-Schätzmethode kann angewandt werden, sobald die Informationsobjekte und Nachrichten erfaßt sind.

Vorteile:

Beginnen Informationssysteme mit einer Informations- und Kommunikationsanalyse, ist es nur konsequent, auf der Basis der Information und Kommunikation zu schätzen. Diese Strukturen werden nämlich am ehesten ersichtlich, noch bevor die einzelnen Funktionen bekannt sind.

Nachteile:

Dieser Ansatz eignet sich vor allem für Sprachen der 4. Generation, bei denen die Komplexität aus den Datenstrukturen stammt und die Projekte noch relativ klein sind.

Beispiel

Tabelle 4.14 zeigt die Erfassung der Data-Points anhand der Informationsobjekte (vgl. Sneed 1991, S. 44):

4.7 Aufwandschätzungsmethoden

Tabelle 4.14 Bewertungsparameter für Informationsobjekte

Informations-objektname	Anzahl Attr.	Anzahl Keys	Nutzung	Int. Grad	Änderung in %
Artikel	40	4	E/A	hoch	100
Kunde	50	3	EIN	mittel	50
Auftrag	30	2	E/A	niedrig	100

Eine ähnliche Tabelle läßt sich für die Nachrichtenobjekte erstellen (vgl. Sneed 1991, S. 44):

Tabelle 4.15 Bewertungsparameter für Nachrichtenobjekte

Nachrichten-objekte	Anzahl Felder	Anzahl Sichten	Nutzung	Kompl.	Änderung in %
Maske 1	20	2	EIN	mittel	100
Maske 2	15	1	E/A	niedrig	100
Maske 3	30	3	E/A	hoch	100
Liste 1	24	2	AUS	mittel	100
Liste 2	12	1	AUS	niedrig	100
SS 1	50	3	AUS	mittel	50

4.8 Test- und Abnahmemethoden

4.8.1 Testplanung

Methodische Grundlagen

Ein Test besteht im allgemeinen aus mehreren Testfällen, die über unterschiedliche Testdatenkombinationen verfügen. Die Ausprägungen von Datenfeldern, beispielsweise „17.09.1946" für das Datenfeld „Geburtsdatum eines Mitarbeiters" werden Testdaten genannt.

Ein Testfall beinhaltet alle für einen fachlichen Vorgang erforderlichen Datenfelder, die richtige oder falsche Werte enthalten können.

Bei einem Test ist wie folgt vorzugehen:

Man legt die Testfälle zu den fachlichen Vorgängen (Mehrarbeitsvergütung, Krankmeldung eines Mitarbeiters etc.) fest. Anschließend sind die Testdaten zu den entsprechenden Testfällen zu bestimmen. Es ist zu beachten, daß die bei einem fachlichen Vorgang beteiligten Datenfelder unterschiedliche Werte annehmen können, so daß zu einem fachlichen Vorgang unterschiedliche Datenkonstellationen – beispielsweise richtige Daten, falsche Daten, unvollständige Daten – zu mehreren Testfällen führen können.

Ablauf

Die Testplanung kann in folgende Teilaktivitäten unterteilt werden, in denen mehrere Fragen zu berücksichtigen sind:

1. Testkonzeption erstellen
- In welchen Schritten laufen die Tests ab?
- Wie werden die Tests (Modul-, Programm-, Komponenten-, Systemtests) untereinander abgegrenzt?

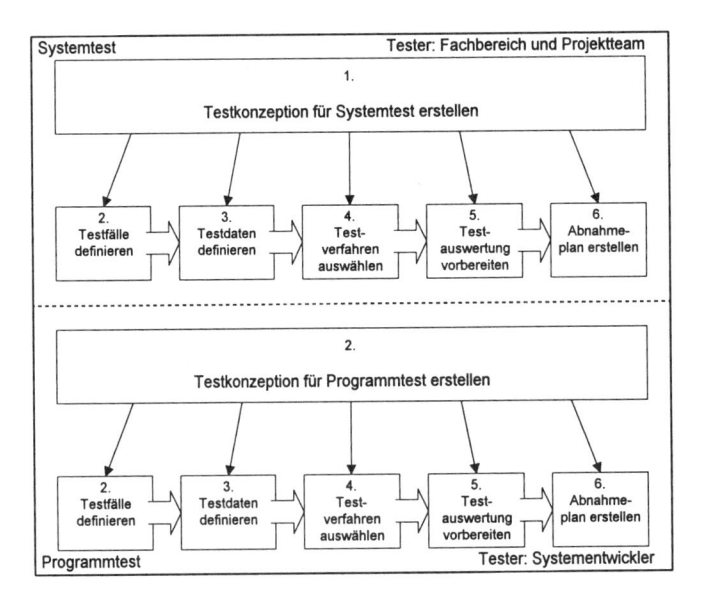

Abb. 4.54 Beispiel für eine Testkonzeption

2. Testfälle definieren
- Welche Prozesse werden mit diesem System unterstützt?
- Welche Geschäftsvorgänge werden mit diesem System unterstützt?

- Welche unterschiedlichen Abwicklungsarten werden durchgeführt?
- Wo werden die Daten verändert?

...

3. Testdaten definieren
Auf welche Testdaten können die fachlichen Funktionen
- mittels normal falscher Daten,
- mittels logisch falscher Daten und
- mittels Daten im unzulässigen Grenzbereich

reagieren?

4. Testverfahren/-methoden auswählen
- In welcher Reihenfolge sind die Testfälle durchzuführen?
- Wo werden die Daten für die Testfälle erzeugt?
- Wo werden die Daten für die Testfälle verändert?

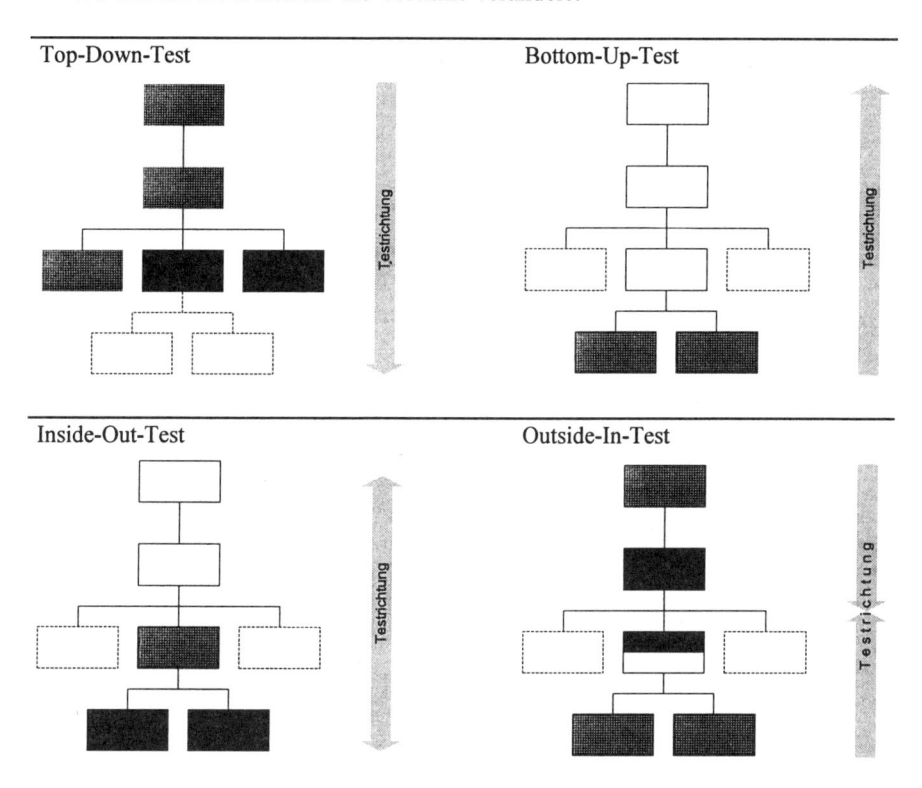

Top-Down-Test	Bottom-Up-Test
Inside-Out-Test	Outside-In-Test

Branchwise-Test

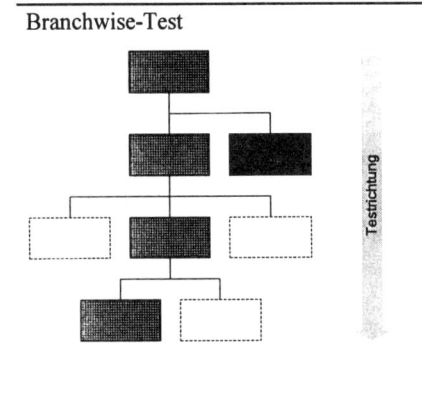

▰ Testdurchführung
☐ Testdriver
▰ Stubs

Möglichkeiten für Stubs:
- Weglassen von Komponenten
- Aufruf von Komponenten, die keine Anweisungen enthalten
- Aufruf einer Komponente mit Überprüfung der Eingabeparameter für die Komponente
- Aufruf einer Komponente mit Simulation der Rückgabeparameter aus der Komponente

Anforderungen an Driver:
- Übergabe sämtlicher Testfälle an das Testobjekt
- Darstellung der Testergebnisse in einsehbarer und überprüfbarer Form

Abb. 4.55 Testverfahren im Überblick

Tabelle 4.16 Vor- und Nachteile der Testverfahren

Top-Down-Test	Bottom-Up-Test
Vorteile:	Vorteile:
• Stubs sind nicht sehr aufwendig • oberste Ebene der Hierarchie wird öfter getestet als die unteren Ebenen • Schnittstellentest ist sehr gut durchführbar • Testdaten der höheren Ebene können für die unteren Ebenen verwendet werden, ergänzt um Zusätze	• Besonders zeitkritische Teile des Systems können unabhängig voneinander parallel entwickelt werden. • Testresultate sind früh erkennbar • es sind tendenziell weniger Testläufe erforderlich als bei der Top-down-Vorgehensweise
Nachteile:	Nachteile:
• Für den Benutzer sinnvolle Ergebnisse sind oft erst spät sichtbar • Für die unteren Ebenen sind oft viele Testläufe erforderlich • Die Laufzeit für die unteren Ebenen ist oft erheblich lange, da die darüberliegende Hierarchie mitgetestet wird.	• Erstellung der Driver kann sehr aufwendig sein • Aufbau der Testdaten ist für jedes Testobjekt individuell • Integrationstest ist sehr wichtig, da Testdriver die Realität häufig nicht zu 100 % abbilden.

Forts. Tabelle 4.16 Vor- und Nachteile der Testverfahren

Inside-Out-Test	Outside-In-Test
Vorteile	Vorteile
• Besonders zeitkritische, komplexe Teile des Systems können unabhängig voneinander und parallel entwickelt werden.	• es liegen sehr früh vorzeigbare Testergebnisse vor • die Testdriver können bei geeignetem Aufbau für die endgültige Steuerung weiterverwendet werden.
Nachteile	Nachteile
• der Aufbau einer Testumgebung ist aufwendig, da Stubs und Driver benötigt werden • der Integrationstest ist umfangreicher	• die Entwicklung der Testdriver ist aufwendig

Branchwise-Test

Vorteile
- es sind keine Testdriver erforderlich
- es sind keine Stubs erforderlich

Nachteile
- bei Strukturen mit vielen Hierarchiestufen gibt es lange Zweige

5. Testauswertung vorbereiten
- Identifikation der getesteten Geschäftsfälle
- Strukturierte Dokumentation der Testergebnisse (evtl. Formblatt)
- Fehler und Mängel protokollieren.

6. Abnahmeplan erstellen
Ziel der Systemabnahme wie auch aller vorausgangenen Tests ist es, festzustellen, ob die erstellte Software „fehlerfrei" ist und die geforderte Funktionalität und Eigenschaften erfüllt sind. Die Fehlerfreiheit von größeren, sehr komplexen Systemen ist praktisch nicht komplett prüfbar. Es ist daher wichtig, festzustellen, ob die Software einen Stand erreicht hat, der sinnvoll eingesetzt werden kann.

Der Umfang des Systemtests sollte hierbei auch unter wirtschaftlichen Gesichtspunkten gewählt werden. Ein weiteres Ziel der Systemabnahme ist es, den geforderten Lieferumfang auf Vollständigkeit zu prüfen. Dies umfaßt alle geforderten Dokumente und, wenn erforderlich, auch Hardware.

Endprodukte der Systemabnahme sind die drei Abnahmen:
- funktionelle Abnahme,
- systemtechnische Abnahme und
- fachlich-organisatorische Abnahme.

Funktionelle Abnahme
Es ist zu prüfen, ob das System die fachlichen dokumentierten Anforderungen korrekt erfüllt und umfaßt die Punkte:
- was abgenommen wurde,
- von wem abgenommen wurde,
- wann die Abnahme erfolgte,
- wo Differenzen zum Pflichtenheft in welcher Art bestehen und
- welche Maßnahmen bei Differenzen erfolgen.

Systemtechnische Abnahme
Hier sind die geforderten hard- und softwarespezifischen Sachverhalte auf Korrektheit zu prüfen. Diese umfaßt in der Regel:
- was abgenommen wurde,
- von wem abgenommen wurde,
- wo Differenzen zum Pflichtenheft in welcher Art bestehen und
- welche Maßnahmen bei Differenzen erfolgen.

Fachlich-organisatorische Abnahme
Es werden die Pilotinstallationen und die durchgeführten organisatorischen Maßnahmen am Pilotstandort auf Korrektheit geprüft und dokumentiert. Sie umfaßt:
- was abgenommen wurde,
- von wem abgenommen wurde,
- wann die Abnahme erfolgte.

Wer was prüft, ist projektspezifisch und/oder konzeptspezifisch zu definieren.

Regeln

1. **Äquivalenzklassenmethode**
   Aus der gesamten Vielzahl möglicher Ein- und Ausgabedatenkonstellationen werden Äquivalenzklassen gebildet. Aus jeder dieser Klassen werden einige Repräsentanten ausgewählt und getestet. Die einfachste Äquivalenzklassenbildung wäre z. B. die Bildung von gültigen und ungültigen Verarbeitungsfällen. Stellt man fest, daß die zu einer Äquivalenzklasse gehörenden Fälle unterschiedlich bearbeitet werden, dann werden weitere Äquivalenzklassen gebildet und so die Testdaten strukturiert.

2. **Grenzwertmethode**
   Bei der Grenzwertmethode werden die Eingabedaten für Testfälle an den Grenzen des Gültigkeitsbereiches festgelegt. Gültige und ungültige Werte, positive und negative Werte unmittelbar an der Grenze sind von besonderem Interesse. Dies gilt insbesondere bei numerischen Daten. Hintergrund ist die Überlegung und Erfahrung, wenn das Testobjekt mit den Grenzdaten funktioniert, dann ist die Wahrscheinlichkeit groß, daß es auch mit den übrigen Daten funktioniert.

Die Grenzwertmethode läßt sich auch sehr gut mit der Äquivalenzklassenmethode kombinieren.

Einsatzmöglichkeiten, Chancen und Risiken

Eine Testplanung ist überall dort zu erstellen, wo Leistungen erstellt und entwickelt werden, insbesondere wenn die Leistung einen gewissen Komplexitätsgrad überschreitet.

Beispiel

An dieser Stelle wird aufgrund des reduzierten Platzbedarfs für jede Methode auf die Fachliteratur verwiesen.

4.8.2 Abnahmeverfahren

Methodische Grundlagen

Die korrekte Durchführung der Abnahmeprüfungen ist sowohl aus betrieblichen als auch aus juristischen Gründen notwendig. Dabei soll die Erfüllung aller Leistungsverpflichtungen einer Kontrolle unterzogen und die Ergebnisse in einem Protokoll festgehalten werden. Abnahmeprüfungen sind unter voller betrieblicher Belastung vorzunehmen; dabei sind Menge und Qualität der Leistung zu erfassen. Demzufolge müssen Abnahmeprüfungen mit einem ausgedehnten Probebetrieb verknüpft werden (vgl. Aggteleky u. Bajna 1992, S. 283).

Unter Abnahmetests werden Testverfahren verstanden, die die Auftraggeber und Auftragnehmer vereinbaren, um zu überprüfen, ob die übergebenen Produkte die zugesicherten Eigenschaften bezüglich der Funktionen und der Leistungen auch erbringen (vgl. Heinrich u. Burgholzer 1988b, S. 179).

Ziel der Systemabnahme wie auch aller vorausgegangener Tests ist es, festzustellen, ob die erstellte Software „fehlerfrei" arbeitet und die geforderte Funktionalität und Eigenschaften erfüllt sind. Der Umfang des Systemtests sollte dabei unter wirtschaftlichen Gesichtspunkten gewählt werden. Ein weiteres Ziel der Systemabnahme ist es, den geforderten Lieferumfang auf Vollständigkeit zu prüfen. Dies umfaßt alle geforderten Dokumente und, falls erforderlich, auch die Hardware.

Bei der Systemabnahme von Endprodukten unterscheidet man drei Abnahmearten:

1. Funktionelle Abnahme
   Dabei ist zu prüfen, ob das System die fachlichen dokumentierten Anforderungen korrekt erfüllt. Das Endprodukt ist das funktionelle Abnahmeprotokoll, aus dem hervorgeht
   – was abgenommen wurde,
   – von wem abgenommen wurde,
   – wann die Abnahme erfolgte,
   – wo Differenzen zum Pflichtenheft in welcher Art bestehen und
   – welche Maßnahmen bei Differenzen erfolgen.
2. Systemtechnische Abnahme
   Bei der systemtechnischen Abnahme sind die geforderten hard- und softwarespezifischen Sachverhalte auf ihre Korrektheit zu prüfen. Das Endprodukt ist das systemtechnische Abnahmeprotokoll, aus dem hervorgeht
   – was abgenommen wurde,
   – von wem abgenommen wurde,
   – wo Differenzen zum Pflichtenheft in welcher Art bestehen und
   – welche Maßnahmen bei Differenzen ergriffen werden.
3. Fachlich-organisatorische Abnahme
   Hierbei werden die Pilotinstallationen und die durchgeführten organisatorischen Maßnahmen am Pilotstandort auf Korrektheit geprüft und dokumentiert. Das Endprodukt ist das fachlich-organisatorische Abnahmeprotokoll, aus dem hervorgeht
   – was abgenommen wurde,
   – von wem abgenommen wurde und
   – wann die Abnahme erfolgte.

Ablauf

Der Ablauf der Testdurchführung gliedert sich in

1. Vorgespräch über die Systemabnahme
   Das Vorgespräch dient der Abstimmung des Auftraggebers mit dem Auftragnehmer über Inhalt, Umfang und Termine für die Systemabnahme. Bei diesem Gespräch dient der Abnahmeplan als Grundlage.
2. Testdurchführung
   Der Umfang der Testdurchführung ist vom jeweiligen System abhängig. Systeme oder Systemteile, deren falsche Ergebnisse zu größeren Schäden führen können, sind ausgiebiger und genauer zu prüfen.
3. Fehlerprotokoll
   Pro gefundenem Fehler sollte ein Fehlerprotokoll erstellt werden. Im Fehlerprotokoll sollte der Fehler und, wenn möglich, die Entstehungsursache beschrieben sein. Der Projektleiter hat zu entscheiden, ob die gefundenen Fehler nur aufgelistet oder ob pro Fehler ein Protokoll zu erstellen ist. Es ist jedoch zu

4.8 Test- und Abnahmemethoden

empfehlen, pro Fehler ein Protokoll zu erstellen, da es die Fehlerbehebung erleichtert.
4. Abnahmeprotokoll
Das Abnahmeprotokoll sollte mindestens
   - die Art der Abnahme (funktionell, systemtechnisch, fachlich-organisatorisch)
   - den Projektnamen und die Auftragsnummer
   - bei Teilabnahme auch den abgenommenen Teilumfang
   - den Auftragnehmer
   - das Abnahmegremium
   - das Ist-Abnahmedatum
   - das Soll-Abnahmedatum
   - die Aussage über den Abnahmeerfolg, gegebenenfalls die protokollierten Mängel sowie
   - bei nicht erfolgter Abnahme eine Begründung für die Ablehnung
   beinhalten.
5. Schlußbesprechung über die Abnahme
Der Auftraggeber sollte dem Auftragnehmer das Ergebnis der Systemabnahme mitteilen. Unklare Sachverhalte sollten von beiden Seiten abgestimmt werden. Außerdem müssen das weitere Vorgehen und, im Fehlerfall, die neuen Termine abgestimmt werden.

Regeln

Der Systemabnahmeplan sollte folgenden Mindestinhalt umfassen:
1. Voraussetzung für die Systemabnahme
   - welches System/Teilsystem wird abgenommen?
   - wann beginnt die Systemabnahme?
   - was sind die Voraussetzungen für den Systemabnahmeplan?
2. Zeitplan für die Systemabnahme
   - wann wird getestet?
   - wer nimmt an den Tests teil?
   - was wird getestet?
3. Testfälle
   - Testmatrix als Übersicht der Testfälle
   - Detailbeschreibung der Testdaten pro Testfall
   - die erwarteten Ereignisse
4. Einsatzmöglichkeiten, Chancen und Risiken

Das Abnahmeverfahren sollte bei jedem einzuführenden System durchgeführt werden. Bei größeren Projekten sollten Teilabnahmen erfolgen.

Je früher ein Systemfehler erkannt wird, desto geringer sind die bereits entstandenen und vor allem die Folgeschäden.

Einsatzmöglichkeiten, Chancen und Risiken

Ein Abnahmeverfahren sollte grundsätzlich bei jeder Software-Entwicklung vorgenommen werden, um zu prüfen, ob die erstellte Software „fehlerfrei" arbeitet und die geforderten Funktionalitäten und Eigenschaften erfüllt sind.

Vorteil eines Abnahmeverfahrens ist, daß die Software vor Annahme und Bezahlung auf ihre Fehlerhaftigkeit, Funktionalität und geforderten Eigenschaften geprüft werden kann. Mögliche Fehler oder fehlende Eigenschaften und Funktionen können somit aufgedeckt und beseitigt werden. Außerdem ermöglicht ein Abnahmeverfahren, den geforderten Lieferumfang auf Vollständigkeit zu prüfen.

Nachteilig kann sich ein unpassendes Abnahmeverfahren auswirken, da dieses nicht die erforderlichen Eigenschaften und Funktionen in geeignetem Maße prüfen kann. Außerdem kann ein falsches Abnahmeverfahren erhöhte Kosten verursachen.

Beispiel

Tabelle 4.17 Teilnehmer der Systemabnahme

Teilnehmer an der Systemabnahme	funktionelle Abnahme	systemtechnische Abnahme	fachlich-organisatorische Abnahme
Projektleiter (Auftraggeber)	muß	muß	muß
betroffener Fachbereich	muß	muß	muß
DV/Orga.-Bereich	kann	kann	kann
Projektgruppenmitglieder	kann	kann	kann
Spezialisten	kann	kann	kann
Projektleiter (Auftragnehmer)	kann	kann	kann

Tabelle 4.18 Beispiel für Fehler- und Mängelprotokoll

Pflichten-heftpunkt	Qualitäts-merkmal	Mängel					Fehler			Bemer-kungen	Anhang
		keine		geringe		viele	keinen	ein	mehrere		
		1	2	3	4	5	1	2	3		
...	....	☐	☐	☐	☐	☐	☐	☐	☐	....	....
...	....	☐	☐	☐	☐	☐	☐	☐	☐	....	....
...	....	☐	☐	☐	☐	☐	☐	☐	☐	....	....
...	....	☐	☐	☐	☐	☐	☐	☐	☐	....	....
...	....	☐	☐	☐	☐	☐	☐	☐	☐	....	....
...	....	☐	☐	☐	☐	☐	☐	☐	☐	....	....
...	....	☐	☐	☐	☐	☐	☐	☐	☐	....	....
...	....	☐	☐	☐	☐	☐	☐	☐	☐	....	....
...	....	☐	☐	☐	☐	☐	☐	☐	☐	....	....

4.9
Aufnahme- und Erhebungsmethoden

Eine systematische Analyse der organisatorischen, technischen und sozialen Wirklichkeit läßt sich u. a. anhand der Methoden Befragung, Beobachtung, Selbstaufschreibung, Multimomentaufnahme, Inhaltsanalyse, Experiment etc. durchführen (vgl. Atteslander 1993, S. 78 f.). Die ersten vier Methoden werden in den nachfolgenden Kapiteln näher dargestellt.

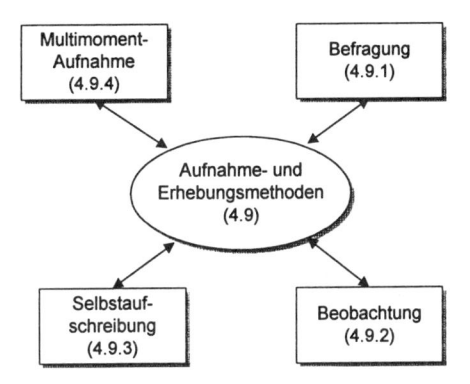

Abb. 4.56 Methodenübersicht für Aufnahme und Erhebung

Aufnahme- und Erhebungstechniken werden in der fachlichen Diskussion derzeit leider wenig Aufmerksamkeit geschenkt. Unabhängig davon sind wir in jeder Prozeß-, Informations- oder Kundenanalyse - bewußt oder unbewußt - auf sie angewiesen und sie leisten uns gleichzeitig große Dienste.

Anzumerken bleibt, daß in diesem Kapitel auf Beispiele der einzelnen Methoden verzichtet wurde. Der Grund liegt ganz einfach bei einem kurzen Beispiel in der mangelnden Aussagekraft.

4.9.1
Befragung

Methodische Grundlagen

Die Befragung basiert auf der Annahme, daß der Einzelne seine Probleme besser kennt als außenstehende Personen. Mit der Befragung gibt man Mitarbeitern die Gelegenheit, Mißstände, Ideen, Anforderungen, Erfahrungen oder deren Symptome aus ihrer Sicht zu schildern.

Die *objektiven* Eigenschaften oder Merkmale der Befragten – z. B. demographische Daten wie Alter, Geschlecht, ... – werden dabei ebenso wie die *subjektiven* Eigenschaften (Einstellungen, Meinungen, Bewertungen) nicht direkt, sondern nur mittelbar über die mündlichen oder schriftlichen Äußerungen der Befragten erfaßt.

Der Einsatz der Befragung als Datenerhebungsverfahren ist dann angemessen, wenn im Rahmen einer Untersuchung „organisatorische Tatbestände" erfaßt werden sollen, die von den Befragten auch verbalisiert werden können.

Es können vier verschiedene Formen der Befragung unterschieden werden:

1. Fragebogen bzw. Meinungsumfrage
Die zu befragende Person füllt eigenständig einen Fragebogen nach vorausgegangener Instruktion aus.
Der Fragebogen wird an alle Mitarbeiter der anvisierten Abteilungen verteilt und soll z. B darüber Aufschluß geben, wie sie ihr Verhältnis zum Unternehmen in bestimmten Fragen empfinden. Regelmäßige Umfragen zeigen außerdem Veränderungen der Mitarbeitermentalität sowie des Betriebsklimas auf und deuten rechtzeitig auf Probleme in den zwischenmenschlichen Beziehungen oder in der Organisation hin.

2. Interview bzw. mündliche Befragung
Der Befragte antwortet verbal auf Fragen, die vom Interviewer verlesen oder frei formuliert werden.
Interviews werden mit einer repräsentativen Auswahl von Mitarbeitern geführt und ermöglichen eine ausführlichere Diskussion über wichtige Aspekte. Interviews ermöglichen in der Regel keine quantitativen oder statistischen Schlußfolgerungen. Dafür sind die Ergebnisse aber qualitativ weitaus wertvoller als die aus den Fragebogen gewonnenen Erkenntnisse.

3. Direkter Draht
Der „direkte Draht" ist eine Möglichkeit des freiwilligen Interviews. Der Befragte antwortet auf telefonisch gestellte Fragen. Der Vorteil dieser Methode liegt in der Überschaubarkeit der Feldsituation und somit auch in der besseren Kontrolle der Interviewer.
Jeder Mitarbeiter kann sich am Telefon zu einem – eventuell vorgegebenen – Punkt äußern oder einfach darlegen, was ihm Probleme bereitet, womit er zufrieden ist und wo er Bedenken hat. Da diese Methode eine Fülle wertvoller Informationen liefert, aber nicht immer zuverlässig funktioniert, dient sie vor allem als thematische Anregung für Fragebogen oder Interviews.

4. Andere Formen
Neben den schriftlichen Anfragen an die Unternehmensleitung zählen hierzu Gespräche zwischen Angehörigen der Führungsspitze und Mitarbeitern sowie offene Briefe in Unternehmenspublikationen. Mit diesen Möglichkeiten der Mitarbeiterbefragung lassen sich ebenfalls Sachverhalte analysieren.

Jede Befragung stellt eine soziale Situation dar. Dazu zählt neben den Menschen, die miteinander kommunizieren, auch die jeweilige Situation. Eine soziale Situation liegt selbst dann vor, wenn eine Person für sich allein einen Fragebogen beantwortet oder telefonisch befragt wird. In alle Befragungssituationen fließen gegenseitige Erwartungen, Wahrnehmungen aller Art ein, die wiederum das Verhalten und die verbale Reaktion beeinflussen. Die Umgebung ist deshalb nie vollständig zu beobachten und zu kontrollieren.

Tabelle 4.19 Befragungstypen

Kommunikationsart \ Kommunikationsform	wenig strukturiert	teil-strukturiert	stark strukturiert	
mündlich	informelles Gespräch	Leitfadengespräch	Einzelinterview	mündlich und schriftlich kombiniert
	Experteninterview	Intensivinterview	Gruppeninterview	
	Gruppendiskussion	Gruppenbefragung	Panelbefragung	
		Expertenbefragung		
schriftlich	informelle Anfrage bei Zielgruppen	Expertenbefragung	postalische Befragung	
			persönliche Verteilung und Abholung	
			gemeinsames Ausfüllen von Fragebogen	
			Panelbefragung	

Der Grad der Standardisierung wird unterschieden in:

- **nichtstandardisierte Befragung**: Der Befragte bekommt ein Rahmenthema genannt und hat die Möglichkeit, sich frei dazu zu äußern. Es ist freigestellt, ob Themen vertieft oder neue Themen hinzugefügt werden. Eine nichtstandardisierte Befragung hat eine rein explorative Funktion und wird daher meist zur Gegenstandssondierung eingesetzt (vgl. Tiefen- oder Intensivinterview).
- **halbstandardisierte Befragung**: Der Themenkreis ist festgelegt, die Gestaltung der Fragenfolge und -formulierung ist jedoch freigestellt. Einsatz vorwiegend in der Erkundungsphase.

- **standardisierte Befragung**: Bei einer standardisierten Befragung sind der Wortlaut und die Reihenfolge der Fragen vorgegeben. Aufgrund dessen ist die Vergleichbarkeit und Quantifizierung der Ergebnisse möglich sowie eine höhere Zuverlässigkeit gegeben.

Die Art der Befragungssituation wird unterschieden in:
- mündliche Befragung
- schriftliche Befragung
- und telefonische Befragung

Die mündliche Befragung ist eine sehr kostenintensive Form der Erhebung und bringt starke Interviewereffekte mit sich. Bei der schriftlichen Befragung ist der geringere Kostenaufwand von Vorteil, ferner treten keine Interviewereffekte auf. Negativ fällt ins Gewicht, daß die Rücklaufquote meist sehr gering ist und daß die Feldsituation nicht kontrolliert werden kann. Bei der telefonischen Befragung bereitet vor allem das kognitive Niveau Schwierigkeiten.

Die Zahl der befragten Personen kann unterschieden werden in:
- Einzelbefragung und
- Gruppenbefragung

Die Häufigkeit oder zeitlichen Erstreckung der Befragung läßt sich unterscheiden in:
- Querschnittsbefragung: d. h. einmalige Befragung einer Untersuchungspopulation
- Längsschnittbefragung: d. h. mehrmalige Befragung einer Untersuchungspopulation

Ablauf

Wie bei allen Vorgehensweisen in der empirischen Sozialforschung läßt sich auch der Forschungsablauf bei der Befragung in fünf Phasen unterscheiden (vgl. Atteslander 1993, S. 32 ff.):

1. **Problembenennung** als Formulierung des zu untersuchenden Problems in wissenschaftliche Fragestellungen, d. h. Abgrenzung des Problems, Nachweis der Erklärungsbedürftigkeit etc.
2. **Gegenstandsbenennung** als grobe Hinweise für diese Phase können gelten
   - die Zeitabschnitte, die Gruppen von Erscheinungen oder Personen, die erfaßt werden sollen sowie
   - die Bereiche, die einer Befragung zugänglich sind, d. h. die Wahl der Feldsituation.

Die Gegenstandsbenennung ist der Vorgang, bei dem beobachtbare Erscheinungen oder abstrakte Vorstellungen in einen Zusammenhang gebracht werden. Dieser Prozeß wird meist nur verbal vorgenommen.
3. **Durchführung der Befragung** als die Phase der Anwendung der Forschungsmethoden. Je nach Gegenstandsbereich werden unterschiedliche Methoden in Betracht gezogen. Hat man das Erhebungsinstrument, z. B. einen Fragebogen, ausgewählt und konkretisiert, wird er in einem nächsten Schritt einem Tauglichkeitstest (Pretest) unterzogen. Bei der Durchführung und Auswertung des Pretestes muß das Befragungsinstrument auf seine Zuverlässigkeit und Gültigkeit, die Verständlichkeit von Fragen, die Eindeutigkeit der gewählten Kategorien und die konkreten Erhebungsprobleme hin untersucht werden. Nach der möglicherweise notwendigen Korrektur des Fragebogens erfolgt schließlich die Haupterhebung.
4. **Analyse der Befragungsergebnisse**: Nach der Datenerhebung kommen Auswertungsverfahren zum Einsatz. Dazu zählen sämtliche Arbeiten, die mit der Aufbereitung, Analyse und Interpretation der Befragungsergebnisse zu tun haben.
5. **Verwendung von Ergebnissen**: Damit die erhobenen Ergebnisse auch eine „Außenwirkung" – im Sinne eines Beitrages zur Problemlösung – erzielen können, ist es notwendig, die Ergebnisse in einem Bericht zusammenzufassen und der Öffentlichkeit zugänglich zu machen.

Regeln

Die Aussagekraft der Ergebnisse einer Befragung ist von der Erfüllung folgender Kriterien abhängig:

- Systematische Vorbereitung dessen, was man fragen will
- Absicht/Zweck der Befragung
- Die theoriegeleitete Kontrolle der gesamten Befragung, um den Einsatz der Befragung als wissenschaftliche Methode zu gewährleisten
- Die Kontrolle der einzelnen Schritte, um festzustellen, inwieweit die Befragungsergebnisse von (unerwünschten) Bedingungen beeinflußt worden sind

Die sprachliche Form sollte folgende Regeln beachten:

- Die Befragung sollte möglichst wie ein alltägliches Gespräch ablaufen
- Auf bestimmte Formulierungen (Fremdwörter, abstrakte Begriffe, doppelte Negationen etc.) ist zu verzichten
- Suggestive Formulierungen sind ebenfalls zu vermeiden
- Begriffe wie „häufig", „selten" etc. sind relativ. Deswegen muß dem Befragten ein Bezugsrahmen gegeben werden
- Die Fragen sollten kurz formuliert und konkret sein
- Die Fragen sollten neutral und nicht hypothetisch formuliert werden
- Es sollte nicht zu oft nach Vergangenem gefragt werden

Der unterschiedliche Informationsstand der Befragten ist z. B. durch eine Einleitung zum Thema zu berücksichtigen.

Bei der Anordnung von Fragen sollte die Spannungskurve, d. h. die Veränderung der Motivation, berücksichtigt werden. In der Regel werden zu Beginn der Befragung interessante Fragen gestellt, um die Befragten zu motivieren. Anschließend stellt man komplexere Fragen und zum Schluß hin wieder einfachere wie z. B. nach demographischen Daten.

Damit eine Befragung zu gültigen bzw. sachgerechten Antworten führt,

- müssen Interviewer und Befragter motiviert sein
- den Befragungsprozeß kognitiv beherrschen können und
- beide müssen erwarten können, daß ihnen keine Nachteile oder negativen Folgen aus ihrer Beteiligung am Befragungsprozeß erwachsen.

Einsatzmöglichkeiten, Chancen und Risiken

Vorteile der Befragung sind:

- Erfassung qualitativer Probleme
- Wertvoller Ausgangspunkt für eine gründlichere Studie
- Die aufgedeckten Probleme können mit dem üblichen Kontroll- und Analyse-Instrumentarium nicht erfaßt werden
- Mitarbeiter sind bereit, zur Problemlösung beizutragen
- Eine große Zahl von Personen
  je nach Umfang der Befragung und
  je nach Bereitschaft der Befragten zur Mitarbeit
  sehr viele Informationen.

Nachteile der Befragung sind:

- Individualismus des Ansatzes, d. h., die Aussagen von Individuen lassen nur sehr bedingt Schlüsse über Organisationen etc. zu
- Gefahr voreiliger Schlußfolgerungen auf der Basis von Umfragen ohne statistische Gültigkeit
- Hoher Zeit- und Arbeitsaufwand
- Einbeziehung der Mitarbeiter weckt Hoffnungen, die kaum alle zu erfüllen sind
- Die sprachliche Basis der Erhebung ist problematisch („Schichtgebundenheit der Sprache") - z. B. weisen Mitarbeiter im Produktionsbereich eines Unternehmens einen anderen Sprachcode auf als Mitarbeiter im Organisationsbereich. Personen mit höherem Bildungsniveau zeigen meist Ablehnung gegenüber vorformulierten Antworten, Mitarbeiter mit niedrigerem Bildungsstand zeigen hingegen Probleme bei der Formulierung der Antworten

Die Befragung eignet sich in Situationen, in denen der Befragte verunsichert ist nicht, z. B. im Rahmen der Reorganisation eines Unternehmens, da der Mitarbeiter aufgrund des Gefühls „sich auszuliefern" meist ein anderes Verhalten zeigen und andere Antworten geben wird als in Situationen, in denen seine Kreativität und seine Ideen gefragt sind (vgl. Probst 1992, S. 322 f.). In solchen Zusammenhängen sind eher Methoden zu bevorzugen, in denen der Mitarbeiter sich selbst beobachten kann und in denen er auf der Basis von Resultaten verschiedener Analysen an der Problemlösung teilhaben kann (Selbstaufschreibungen etc.).

Mit der Befragung läßt sich selten die „Wahrheit" über eine Situation, ein Verhalten, eine Person etc. herausfinden, doch liefert sie dennoch Vorgesetzten, Projektteams etc. wertvolle Informationen zur Ergänzung ihrer eigenen Sichtweise bezüglich der Veränderungen von Unternehmen und Umwelt.

4.9.2 Beobachtung

Methodische Grundlagen

Mit der Beobachtung versucht man verbales und nicht-verbales Verhalten systematisch zu erfassen. Die Beobachtung umfaßt die Aufnahme und Interpretation der beobachteten Vorgänge, d. h. der sinnlich wahrgenommenen Tatbestände und Prozesse.

Das Beobachtungsverfahren ist eine der ältesten Erhebungsmethoden. Aber aufgrund ihrer „Generalisierungs-Problematik" wird sie im Vergleich zur Befragung nur relativ selten eingesetzt.

Die Formen der Beobachtung lassen sich nach folgenden Kriterien klassifizieren:
- Position des Beobachters im Beobachtungsprozeß
- Grad der Strukturierung der Beobachtung
- Mittelbarkeit (z. B. Videoaufzeichnungen) bzw. Unmittelbarkeit der Beobachtung
- Erkennbarkeit der Beobachtung als solche für die Betroffenen
- Ort der Beobachtung

Aus den Formen der Beobachtung resultierend lassen sich folgende vier Formen unterscheiden:

1. **Teilnehmende und nichtteilnehmende Beobachtung**
   Im Rahmen der teilnehmenden Beobachtung übernimmt der Forscher zusätzlich zu seiner eigentlichen Rolle als Wissenschaftler noch die Rolle des Mitglieds im Beobachtungsprozeß. Er ist also Teil des zu untersuchenden sozialen Gefüges.

   Als Voraussetzungen müssen gegeben sein:
   - die Zugänglichkeit des Beobachtungsfeldes
   - die Rolle muß so gestaltet werden, daß die üblichen Interaktionen nicht beeinflußt werden

- der Beobachter darf sich nicht zu sehr ins Handlungsgefüge integrieren, da er sonst zum Beobachtungsobjekt keine Distanz mehr besitzt.

Innerhalb der nichtteilnehmenden Beobachtung nimmt der Forscher nur die Rolle des Wissenschaftlers wahr und steht so außerhalb des Untersuchungsbereiches. Ein Problem kann hierbei sein, daß aufgrund der Distanz zum Feld sinngemäße Interpretationen schwer zu gewährleisten sind.

2. Offene und verdeckte Beobachtung

Bei der offenen Beobachtung teilt der Beobachter im Gegensatz zu der verdeckten Beobachtung den Betroffenen seine Aktivitäten mit. Bei der offenen Beobachtung kennen die zu beobachtenden Personen den Zweck der Anwesenheit des Forschers. Deswegen besteht auch die Gefahr, daß es aufgrund der Kenntnisnahme der Beobachtung zu Verhaltensänderungen, d. h., Abweichungen vom üblichen Verhalten, bei den Beobachteten kommen kann (*Reaktivität*). Bei der verdeckten Beobachtung liegen wiederum rechtliche Probleme vor.

3. Strukturierte und nichtstrukturierte Beobachtung

Bei der strukturierten Beobachtung wird mit einem detaillierten Beobachtungsschema gearbeitet. Dieses Schema entspricht ungefähr dem Fragebogen im Rahmen einer Befragung. Der Beobachter zeichnet seine Beobachtungen in dem im voraus festgelegten Schema auf. Mit einem Beobachtungsschema ist eine systematische Beobachtung möglich und somit auch die Vergleichbarkeit der Ergebnisse gesichert. Bei der nichtstrukturierten Beobachtung liegt kein Beobachtungsschema zugrunde. Meist wird nur ein grober Leitfaden mit zentralen Beobachtungskategorien eingesetzt. Die nichtstrukturierte Beobachtung wird vor allem bei der Erkundung noch weitgehendst unbekannter Felder eingesetzt.

4. Feld- und Labor-Beobachtung

Ablauf

Die Vorgehensweise im Rahmen der Beobachtung eines Arbeitsprozesses kann folgendermaßen vonstatten gehen (vgl. Probst 1992, S. 329):

1. Vorbereitungsphase
   grobe Definition der Aufgabeninhalte und des Arbeitsplatzumfeldes
2. Ausarbeiten eines Beobachtungsschemas
   beispielsweise anhand der 5 „W"-Fragen
3. Eigentliche Beobachtung, die beinhalten kann:
   - den Entwurf des Arbeitsplatzes und seines Umfeldes
   - ein Schema für die Vorgehensweise des ausführenden Mitarbeiters
   - die Beobachtung mehrerer Arbeitszyklen
   - die Aufgliederung der Arbeit in einzelne Schritte
   - eine Liste der qualitativen Leistungskriterien
   - die statistische Erfassung von Zwischenfällen, Unregelmäßigkeiten etc.

4.9 Aufnahme- und Erhebungsmethoden

4. Aufbereitung und Auswertung der erhobenen Daten
die erhobenen Ergebnisse werden einer statistischen Analyse und Auswertung unterzogen und anschließend interpretiert. Anhand der Auswertung lassen sich dann Konsequenzen für Veränderungen ableiten z. B. für die Erstellung von Stellenbeschreibungen.

Regeln

Als Voraussetzung für die Beobachtung muß zunächst gegeben sein, daß die zu beobachtenden Tätigkeiten, das Verhalten, die Personen etc. möglichst leicht mit dem Auge zu erfassen sind. Diese Voraussetzung ist manchmal z. B. bei der Analyse des Arbeitsklimas in einer Werkhalle nicht gegeben.

Generell gilt: Damit eine Beobachtung nicht blind und empirisch irrelevant abläuft, muß immer sowohl der jeweilige subjektive Sinn eines beobachteten Verhaltens, d. h. das *Warum* des Verhaltens, berücksichtigt werden als auch die objektive Bedeutung, die diesem Verhalten zukommt. Meist werden jedoch aus dem Spektrum der Wahrnehmungen nur Teile wahrgenommen, die in Abhängigkeit von den Beobachtern variieren.

Problembereiche der Beobachtung:
- Der Beobachter steht in seinen eigenen kulturellen und sozialen Kontext eingebettet und dies beeinflußt seine Fähigkeit, wahrzunehmen („man sieht, was man sehen will").
- Selbstverständlichkeiten werden leicht übersehen, z. B. gilt Pünktlichkeit oft als so selbstverständlich, daß sie gar nicht mehr protokolliert wird.
- Psycho-physische Faktoren können ebenfalls die Wahrnehmung beeinflussen.

Neben einer sorgfältigen Auswahl und Schulung der Beobachter und einer ständigen Reflexion des eigenen Standpunktes durch die Beobachter kann vor allem über die Verwendung strukturierter Beobachtungsschemata die selektive Wahrnehmung gemildert werden.

Problematisch bleibt, daß die Beobachtung nur sehr schwierig Aussagen über die Zuverlässigkeit und Gültigkeit der Ergebnisse liefern kann, da eine gleiche Wiederholung der Beobachtung meist nicht mehr möglich ist. Die Faktoren dieser Beeinflussung können dabei sowohl auf Seiten der Beobachter als auch auf Seiten der Beobachteten liegen.

Einsatzmöglichkeiten, Chancen, Risiken

Folgende Vorteile sind mit dem Einsatz der Beobachtung verbunden:
- Es wird das tatsächliche Verhalten erfaßt und nicht nur Aussagen über dieses
- Unbewußtes Verhalten wie z. B. Mimik, Gestik etc. kann erfaßt werden
- Die Beobachtung liefert auch Informationen über Personen, die ein eingeschränkteres Verbalisierungsvermögen haben (vgl. Befragung)

- Informationen über soziale Prozesse sind möglich
- Die Daten gelangen unverfälscht ohne Einschaltung einer anderen Person zum Beobachter
- Die Resultate entsprechen bei systematischer Gestaltung des Beobachtungsprozesses qualitativ und quantitativ ziemlich genau der Wirklichkeit.

Nachteile der Beobachtung sind:

- Latente Eigenschaften sind nicht erfaßbar (Religionszugehörigkeit, politische Einstellung etc.)
- Die Beobachtung liefert keine Informationen über vergangene und nicht wiederholbare Ereignisse
- Sie ist eine sehr zeitaufwendige Methode
- Die Beobachtung kann sehr subjektiv und einseitig verlaufen
- Die Beobachter können die beobachteten Personen in ihrem Verhalten beeinflussen
- Die Beobachtung kann nur stattfinden, wenn das relevante Verhalten auftritt. Dieser Zeitpunkt ist jedoch meist nicht vorab bestimmbar
- Verdeckte Beobachtungen verstoßen gegen die menschlichen Grundrechte und sind somit abzulehnen.

Im Rahmen von Datenerhebungen in Unternehmen ist das Beobachtungsverfahren ein geeignetes Instrument, wenn es darum geht, sich Informationen über einen bestimmten Arbeitsplatz, über Arbeitsabläufe oder die Reaktion von Mitarbeitern auf bestimmte Störungen zu verschaffen.

4.9.3 Selbstaufschreibung

Methodische Grundlagen

Im Rahmen der Selbstaufschreibung werden von den Mitarbeitern bzw. den Betroffenen selbst alle gewünschten Informationen zusammengetragen und anschließend von ihnen in einen extra für diesen Zweck angefertigten Vordruck eingetragen (vgl. Probst 1992, S. 324).

Die Selbstaufschreibung eignet sich immer dann als Erhebungstechnik, wenn ein sehr großer Kreis von Mitarbeitern betroffen ist oder wenn ein kleineres oder mittleres Unternehmen nur über wenig speziell ausgebildete Organisatoren verfügt (vgl. Rosenkranz 1990, S. 1.13). Selbstaufschreibungen werden vorwiegend bei der Definition der Arbeitsinhalte, bei zeitlichen Angaben, der Ermittlung von Tätigkeiten oder zur Bewertung der eigenen Leistung eingesetzt.

Ablauf

Selbstaufschreibungen können sich in der Regel nur auf einen oder zumindest sehr wenige Daten beziehen. Aufgrund dessen werden sie nur für die Ermittlung solcher Sachverhalte eingesetzt, die eindeutig abgrenzbar sind und sich wiederholen. Ein Tagesbericht ist ein typisches Beispiel für eine Selbstaufschreibung.

Die erledigten Tätigkeiten werden neben einem vertikalen Zeitbalken eingetragen. In Tagesberichten werden nicht die Aufgaben erfaßt, sondern die Mitarbeiter sind aufgefordert, ihre Tätigkeiten anzugeben. Diese Forderung resultiert aus der Erfahrung, daß es Mitarbeitern leichter fällt, ihre Tätigkeiten zu nennen als die zugrundeliegenden Aufgaben. Ein weiterer Grund liegt darin, daß alle Aktivitäten erfaßt werden sollen, die keine Aufgaben sind, aber dennoch die Arbeitszeit der Mitarbeiter in Anspruch nehmen. Neben der Tätigkeitsspalte können noch weitere Spalten eingerichtet werden, in denen sich durch bestimmte Symbole Zwischentätigkeiten (Anrufe, Besprechungen etc.) eintragen lassen. Durch Einbezug dieser zusätzlichen Informationen können Störungen, deren Häufigkeiten und/oder deren zeitliche Verteilung abgebildet werden. Auch Spalten mit der Angabe *„mit wem zusammengearbeitet wurde"* oder mit *„Verbesserungsmöglichkeiten"* sind vorstellbar. Über die Aufforderung an die Mitarbeiter, Verbesserungsvorschläge zu machen, sollen diese zum Mitdenken angeregt und ihnen bekannte Wege zur Zielerreichung genannt werden. Meist haben die Ausführenden der jeweiligen Ebenen die beste Kenntnis über die Einzelheiten der Aufgabenerfüllung und können somit die wichtigsten Anregungen geben.

Solche Tagesberichte sind jedoch nur dann ausreichend aussagekräftig, wenn sie über einen längeren Zeitraum hinweg erstellt werden.

Regeln

Der Einsatz der Selbstaufschreibung macht das Vorhandensein bestimmter Voraussetzungen notwendig. Als Voraussetzungen für den Einsatz müssen gegeben sein:
- Einverständnis und Vorbereitung der betroffenen Mitarbeiter
- Die betroffenen Mitarbeiter benötigen ausreichend Motivation und Ausdauer beim Ausfüllen der Formulare
- Die Mitarbeiter dürfen nicht das Gefühl haben, sich ausliefern zu müssen

Einsatzmöglichkeiten, Chancen und Risiken

Der Einsatz der Selbstaufschreibung bringt folgende *Vorteile* mit sich:
- Personenbezogenheit
- Eine Fülle von Informationen wird geliefert
- Leichte Auswertbarkeit

Die Selbstaufschreibung zieht folgende *Nachteile* nach sich:

- Das Ausfüllen der Formulare ist mit großem Aufwand verbunden
- Die Selbstaufschreibung ist reduktionistisch und vor allem rein quantitativ
- Die betroffenen Mitarbeiter können sich unter Druck gesetzt fühlen und z. B. dazu neigen, bewußt falsche Angaben zu machen, falls sie die Erhebung als Produktivitätskontrolle auffassen.

Vor allem die Verläßlichkeit der Aufschreibungen erweist sich als problematisch, da in Frage gestellt ist, inwieweit die gemachten Angaben vertrauenswürdig sind. Jeder verspürt bei solchen „Befragungen" die Neigung, sich besser darzustellen, als es den Tatsachen entspricht. Dennoch können diese *Verzerrungen* durch ein sogenanntes Korrektiv einigermaßen vermieden werden. Die erstellten Beschreibungen werden dem jeweiligen Vorgesetzten vorgelegt, der sie dann, allerdings nur in Abstimmung mit dem jeweils betroffenen Mitarbeiter, korrigieren kann. Allein das Wissen, daß die Beschreibungen dem Vorgesetzten vorgelegt werden, hilft, extreme Verfälschungen zu verhindern. Allerdings bleibt auch fraglich, inwieweit der Vorgesetzte in der Lage ist, unverfälschte, einigermaßen objektive Angaben zu machen und in die Bewertung nicht Sympathie oder Antipathie einfließen läßt. Hingegen läßt sich die Richtigkeit zeitlicher Angaben durch sogenannte Rundgänge überprüfen.

4.9.4 Multimoment-Aufnahme

Methodische Grundlagen

Multimoment-Aufnahmen stützen sich auf eine Vielzahl von Stichprobenbeobachtungen zur Analyse des Ist-Zustandes einer Person, Abteilung etc (vgl. Probst 1992, S. 330). Die Multimoment-Studie ist also ein Stichprobenverfahren, welches Aussagen über die prozentuale Häufigkeit und somit über die Dauer permanent wiederkehrender Vorgänge oder Größen beliebiger Art mit einer statistischen Sicherheit von 95 % gibt (vgl. Rosenkranz 1990, S. 1.10 f.).

Dieses Verfahren eignet sich folglich für die Analyse von Systemen, in denen sich bestimmte Situationen mehr oder weniger oft wiederholen. Multimoment-Aufnahmen sind z. B. sehr nützlich für Stellenbeschreibungen.

Sinn der Multimoment-Aufnahmen ist es, von einer begrenzten Anzahl beobachteter Fälle (Stichproben) auf die Gesamtheit aller Ereignisse zu schließen. Unter Einhaltung bestimmter Regeln kann die Stichprobe ein brauchbares Abbild der Grundgesamtheit liefern.

4.9 Aufnahme- und Erhebungsmethoden

Ablauf

Indem der Beobachter bei jeder Augenblicksbeobachtung den Ist-Zustand protokolliert, erhält er schließlich eine Menge von Einzeldaten, mit denen er z. B. den Auslastungsgrad im Rahmen einer Tätigkeit ermitteln kann.

Nach Probst (1992, S. 330) ist folgendes Vorgehen zu empfehlen:
- Zielbestimmung
- Festlegung der Beobachtungsmodalitäten
- Ermittlung der erforderlichen Anzahl an Beobachtungen und Rundgängen
- Festlegung des Weges für den Rundgang und der Beobachtungsorte
- Aufstellung einer zeitlichen Vorgabe für den Beginn des Rundganges
- Entwurf des Formulars für die Stichprobenbeobachtungen
- Information der Betroffenen, des Betriebsrates etc.
- Eintragung der Ergebnisse in das Formular
- Auswertung der Ergebnisse

Der Zeitplan für die Beobachtung läßt sich z. B. mittels einer Reihe von Zufallszahlen zwischen 1 und 60 festlegen. Jede zufällig ermittelte Zahl bestimmt dann die jeweilige Zeitspanne zwischen den Rundgängen. Zieht man die Zahl 54, so bedeutet das, daß zwischen dem Beginn von Rundgang X und Y eine Zeitspanne von 54 Minuten zu liegen hat.

Beginn des Rundganges: 8 h 36
Zufallszahl *54*   9 h 30 = 8 h 36 + 54 Min.

Regeln

Als Voraussetzungen für den Einsatz der Multimoment-Aufnahmen müssen gegeben sein:
- Die zu beobachtenden Personen müssen über Sinn und Zweck der Multimoment-Aufnahmen informiert sein
- Die Betroffenen dürfen die Beobachtungen nicht als Leistungskontrolle empfinden
- Der Beobachter muß sich so diskret wie möglich verhalten
- Die Beobachteten dürfen in ihrem „normalen" Arbeitsablauf nicht gestört werden

Einsatzmöglichkeiten, Chancen und Risiken

Als *Vorteile* der Multimoment-Aufnahmen können angeführt werden:
- Da jede Stichprobenaufnahme nur einen Moment dauert, können zahlreiche Systeme simultan beobachtet werden
- Diese Erhebungstechnik ermöglicht relativ genaue, quantifizierbare Ergebnisse

- Wenn sich der Beobachter diskret verhält, werden die beobachteten Personen in ihrem Arbeitsablauf nicht gestört, da sie selbst keine Angaben machen müssen
- Die Ergebnisse sind rasch auszuwerten, da sie direkt in den Computer eingegeben werden können.

Negativ fallen folgende Aspekte ins Gewicht:
- es werden nur sichtbare Tätigkeiten und Zustände erfaßt
- die Tatsache, daß die Mitarbeiter beobachtet werden, kann bei ihnen Abwehrhaltungen entstehen lassen
- außergewöhnliche Ereignisse, die einen großen Einfluß auf die Arbeitsatmosphäre innerhalb einer Mitarbeitergruppe ausüben könnten, können in die Analyse nicht mit einbezogen werden, da ihr Auftreten auch nie vorab bestimmt werden kann.

Da es praktisch unmöglich ist, z. B. den Zeitverbrauch sämtlicher Fälle zu erheben, ist die Multimoment-Aufnahme aus Gründen der Zeit- und Kostenersparnis eine vorteilhafte Methode, um über die Untersuchung einer begrenzten Anzahl von Personen, Abteilungen etc. auf Ergebnisse zu kommen, von denen ausgehend dennoch Aussagen über die Grundgesamtheit möglich sind.

4.10 Qualitätssicherungsmethode

4.10.1 Qualitätssicherungsplanung

Methodische Grundlagen

Dokumentation ist die Grundlage für jedes Arbeiten mit einer Anwendung (insbesondere Entwicklung, Änderung, Prüfung). Für eine Anwendung bedeutet dies, daß sie nur dann ordnungsgemäß entwickelt und angewandt werden kann, wenn sie ausreichend dokumentiert ist. Eine ordnungsgemäße Dokumentation liegt im Gesamtinteresse des Unternehmens und im Eigeninteresse des Mitarbeiters.

Generell besteht das Problem, Qualitätseigenschaften zu quantifizieren und zu messen. Unabdingbare Voraussetzung dafür ist die Definition von Standards. Erst wenn die Anforderungen definiert sind, können Abweichungen ermittelt werden. In diesem Sinne dienen die strukturellen und inhaltlichen Definitionen von Standarddokumenten als Maßstäbe für die Qualität der erstellten Dokumentation.

Wichtiger als das Messen und Kontrollieren von Qualitätskriterien ist allerdings die Schaffung eines Bewußtseins für Qualität bei allen an der Programmentwicklung Beteiligten. Für ein Software-Produkt heißt die Devise nicht in erster Linie nur „Null Fehler" sondern auch „Klarheit, Wartbarkeit und Änderungsfreundlichkeit", was z. B. in der Programmierung einen defensiven, risikolosen Programmierstil verlangt.

Das Prinzip der frühzeitigen Fehlererkennung (die Fehlerbehebung ist um so billiger, je früher der Fehler entdeckt wird) erfordert eine projektbegleitende und in die Software-Entwicklung integrierte Qualitätssicherung. Sämtliche Phasenergebnisse im Software-Entwicklungsprozeß, insbesondere also alle weiteren in diesem Handbuch aufgeführten Dokumentationen, sind zu testen – ob sie mit Tool-Unterstützung erstellt worden sind oder nicht. Analog zu Programmen müssen Dokumente und Teildokumente jeweils nach der Erstellung der vollständigen Beschreibung getestet werden. Tests von Dokumentationen werden anhand von definierten Testfällen (Geschäftsvorfällen) durchgeführt. Grundsätzlich gilt:

- Die repräsentativen Geschäftsvorfälle, aus denen die Testfälle abgeleitet werden, sind durch den Auftraggeber, nicht durch den Ersteller der Dokumentation zu definieren.
- Auch der Test selbst ist von einem anderen als dem Ersteller der Dokumentation durchzuführen.
- Die Dokumentation ist anhand der definierten Testfälle insbesondere auf formale und inhaltliche Vollständigkeit und Richtigkeit zu überprüfen

In der Testplanung sind vorab folgende Aktivitäten vom Projektleiter durchzuführen:

- zu testende Objekte bestimmen
- Testdaten benennen
- Anzahl der Testfälle bestimmen
- jeweils Verantwortlichen benennen für die Ausarbeitung der Testdaten, die Überwachung der Testdurchführung, die Testdokumentation sowie die Testauswertung
- Testtermin und Reihenfolge der Tests definieren

QS-Methoden

1. Formaler Test - Abnahme
Nach Fertigstellung eines Phasenproduktes steht jeweils die Abnahme des erstellten Phasenergebnisses an. Dabei wird das Phasenergebnis auf die Einhaltung von festgelegten Normen überprüft. Je nach Phase existieren unterschiedliche Begriffe für die Abnahmeaktivität.

Die wesentlichen Phasenergebnisse werden vom Projektleiter präsentiert. Die übrigen Teilnehmer an der Abnahme überprüfen jeweils die Einhaltung der definierten phasenspezifischen Kriterien. Die Prüfer können aus einer speziellen Qualitätssicherungsgruppe kommen oder auch aus anderen, nicht unmittelbar Projektphasenbeteiligten aus den Fachabteilungen, der Organisation oder auch der Datenverarbeitung bestehen (z. B. potentielle User bei der Abnahme des funktionalen Konzepts, Programmierer beim Qalitätssicherungsmeeting), die aber gewisse Bezüge zum Projekt haben.

2. *Formaler Test* - Code-Inspektion
Eine spezielle Form der Abnahme – von Produkten bzw. Teilprodukten der Phase Programmierung – ist die Code-Inspektion. Dabei geht es um die formale Prüfung, daß die Regelungen gemäß Handbücher und die Grundsätze ordnungsgemäßer Programmierung befolgt (z. B. daß keine 'Programmiertricks' angewendet wurden) und die allgemeinen Routinen gemäß Vorgabe eingesetzt wurden.

Die Code-Inspektion wird vom Teamleiter veranlaßt und durchgeführt. Sie muß insbesondere bei Anfängern und Fremdprogrammierern eingesetzt werden und ist stichprobenartig bei allen übrigen Programmierern erforderlich, um Nachlässigkeiten bei der Einhaltung von Programmierrichtlinien entgegenzuwirken.

3. *Informale Tests* -Walk-Through
Anhand der objektiv einzuhaltenden Qualitätskriterien wird das Projekt im aktuellen Zustand der gerade in Arbeit befindlichen Phase untersucht. Eine kleine Gruppe von nicht direkt am Projekt Beteiligten mit annähernd gleichem Know-how und auf derselben Hierarchieebene (Peer Group) prüft die Ergebnisse anhand der vorhandenen Unterlagen. Die Unterlagen werden vorab an die Beteiligten verteilt.

Der Ersteller stellt sein Teilergebnis auf dem aktuellen Stand vor. Fehler und Abweichungen von Qualitätskriterien werden in der Diskussion aufgedeckt und vom Moderator dokumentiert. Jedoch werden während des Walk-Throughs keine Fehler beseitigt oder Verbesserungsvorschläge erarbeitet. Das passiert anschließend anhand des Protokolls durch den Ersteller des Teilergebnisses. Regelmäßige Walk-Throughs bewirken:

- Aufwandssenkung durch Fehlerfrüherkennung
- Qualitätserhöhung durch Überprüfung von Qualitätskriterien
- Sicherheit im Entwicklungsprozeß
- Einheitlichkeit der Ergebnisse
- Qualifizierung (Lernprozeß) der Entwickler
- Einstellungswandel gegenüber Fehlern
- Vereinbarung von Termin, Ort, Testobjekt, Testschwerpunkten, individuelle Einarbeit.
- Der Ersteller erklärt, die Prüfer fragen, Mängel werden protokolliert, nicht behoben.
- Der Ersteller beseitigt die protokollierten Mängel.

Der Zeitaufwand für ein Walk-Through sollte nicht länger als ein bis zwei Stunden betragen. Für die Vorbereitung ist zwei- bis dreimal soviel anzusetzen.

Wichtig ist, daß die Beteiligten im Walk-Through offen und teamorientiert arbeiten. Es geht nicht um die Verteidigung des Zwischenergebnisses, sondern um die Präsentation, die Klärung der unklaren Punkte und das Aufdecken der Abweichungen, die gegenüber den objektiven Qualitätskriterien existieren sowie deren Dokumentation in einer Mängelliste. Der Präsentator darf nicht in die Defensive gedrängt werden, die Prüfer dürfen keine unqualifizierten oder abwertenden Äußerungen von sich geben.

Für den Walk-Through gibt es keine Einschränkungen bzgl. der zu untersuchenden Teilergebnisse, der Projektphasen oder des Vorgehensmodells. Ein Problem ergibt sich derzeit noch daraus, daß nicht für jedes Phasenergebnis oder Teilergebnis ausreichend detaillierte Qualitätskriterien existieren, so daß die Gefahr besteht, daß die Prüfer subjektive Maßstäbe an das Untersuchungsobjekt anlegen.

Der Walk-Through wird üblicherweise vom Präsentator veranlaßt, nachdem der Walk-Through als allgemein verpflichtend für jede relevante Projektphase definiert wurde.

Die Projekt-/Teamleitung wird vorab über die Durchführung von Walk-Throughs informiert. Das Protokoll wird anschließend an die Projekt-/Teamleitung verschickt.

4. *Kontrolltest* - Audit

Unter Auditing versteht man eine von außen initiierte Kontrolle eines Projekts zu einem beliebigen Zeitpunkt im Projektverlauf. Es liefert so eine Momentaufnahme des Projekts. Gegenstand der Kontrolle ist der Soll-Ist-Vergleich von Leistungsumfang, Ergebnisform, Termin und Qualität anhand von Checklisten und vorgegebener Kriterien. Zweck der Kontrollen ist das rechtzeitige Erkennen notwendiger steuernder Eingriffe.

Nicht der Mitarbeiter, sondern das Projekt wird kontrolliert. Terminkontrolle und Qualitätskontrolle dürfen nicht voneinander getrennt werden.

Ablauf

Basis für die Kontrollaktivitäten des Projekt-Managements sind die Feinplanung der aktuellen Phase sowie die Aufgabenpläne für die einzelnen Mitarbeiter. Sie erfolgen kontinuierlich.

Gegenstand der Kontrollen ist der Soll-Ist-Vergleich von Leistungsumfang, Ergebnisform, Termin und Qualität. Zweck der Kontrollen ist das rechtzeitige Erkennen notwendiger steuernder Eingriffe.

Die Einordnung der einzelnen Qualitätssicherungsmaßnahmen ist in der nachfolgenden Abb. 4.57 aufgezeigt.

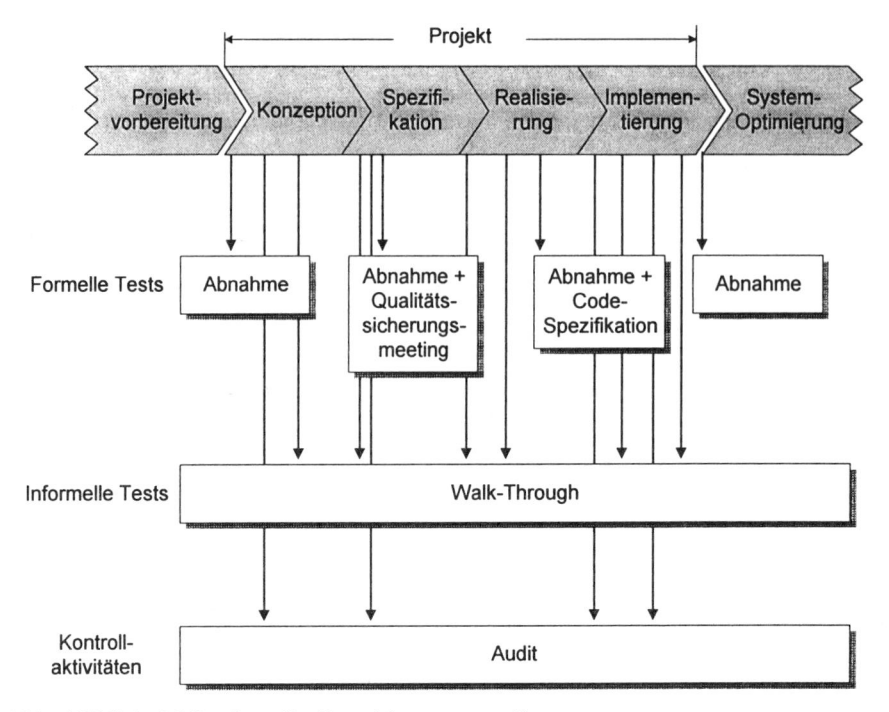

370 4 Methoden zur Unternehmenentwicklung, Organisation und EDV

Abb. 4.57 Beispiel für einen Qualitätssicherungsprozeß

In der Phase Realisierung sind insbesondere im Zusammenhang mit relationalen Datenbanken Beratungsaktivitäten definiert. Sie betreffen insbesondere das physische DB-Design.

Regeln

Mit dieser Methode wird das Ziel verfolgt, die Qualität des Anwendungssystems, das im Rahmen des Projekts erstellt oder modifiziert wird, sicherzustellen. In diesem Sinne sollen auch die Grundlagen für eine gute Abstimmung der Programmentwicklung mit den Anforderungen der Auftraggeber (Nutzer) sowie der Produktion, der Datenbank-Administration, Methoden und Standards gelegt werden. Damit soll ein reibungsloser Rechenzentrums-Service durch bessere Planbarkeit des Mitarbeitereinsatzes in diesen Bereichen sichergestellt werden. Rückfragen bei der Anwendungsentwicklung und Nachkontrollen können vermieden werden. Damit kann schließlich ein hoher Service-Grad für den Anwender gewährleistet werden.

Qualität ist die Menge von Eigenschaften und Merkmalen eines Produkts oder eines Vorgangs zur Erfüllung vorgegebener Anforderungen. Qualitätsmerkmale von Dokumenten sind z. B.:

- Aktualität
- Identifizierbarkeit
- Verständlichkeit
- Eindeutigkeit
- Vollständigkeit

Einsatzmöglichkeiten, Chancen und Risiken

Eine Qualitätssicherungsplanung in bei jeden Projekt zu erstellen. Häufig ist er sogar bei projekthaften Aufgaben notwendig, Qualitätsschritte in der Vorgehensweise zu berücksichtigen.

Beispiel

Tabelle 4.20 Zuordnung der QS-Methoden zu den Phasen

Phase	Audit	Consulting	Walk-through	Projekt-management	Abnahme
Konzept	x	x	x	x	x
Konzept	x	DBA	x	x	QSM
Realisierung	x		x	x	x
Realisierung	x		x	x	Code-Inspektion
Systemtest	x			x	x

Tabelle 4.21 Rollentypen

Responsible	Erstellt das Ergebnis der Aktivität
Accountable	ist **V**erantwortlich für das Ergebnis der Aktivität
Consulted	ist **B**eratend tätig
Informed	wird **I**nformiert

4.10.2
Fehlermöglichkeits- und -einflußanalyse (FMEA)

Methodische Grundlagen

Die FMEA ist eine Methode der präventiven Qualitätssicherung, die sich den Verfahren der qualitativen Sicherheitsanalysen zuordnen läßt. Bedingt durch die ständig steigenden Qualitätserwartungen seitens der Kunden sowie neuen gesetzlichen Vorschriften, wie z. B. das Produkthaftungsgesetz, findet diese Methode verstärkt Anwendung.

Die Methode basiert auf dem Gedanken, daß Fehler, die nicht auftreten, auch nicht behoben werden müssen. Dadurch wird es möglich, die an ein Produkt gestellten Qualitätsanforderungen zu erfüllen und die durch die Beseitigung der Fehler und Fehlerfolgen entstehenden Kosten zu senken.

Die FMEA wird im Vorfeld der Produktentwicklung angewandt. Demnach muß die FMEA in den organisatorischen Ablauf eingegliedert werden. Die FMEA-Untersuchung wird in interdisziplinären Gruppen, der an der Produktentwicklung beteiligten Abteilungen, unter Leitung eines Moderators durchgeführt. Im allgemeinen sind bei der FMEA-Erstellung Mitarbeiter der Konstruktion oder Entwicklung, der Fertigungsplanung, der Fertigung und der Qualitätssicherung beteiligt. Die Teamgröße sollte dabei 6 bis 8 Personen nicht überschreiten.

Das Produkt wird systematisch durch einen Verlauf in einer Top-Down-Vorgehensweise in seine einzelnen Bausteine und Funktionen unterteilt und bezüglich der Erfüllung der konstruktiven Forderungen bzw. der Einhaltung dieser Forderungen während der Herstellung untersucht. Die systematische Vorgehensweise bei der Analyse wird durch die Verwendung eines entsprechenden Formblattes unterstützt.

Ziel der FMEA ist es, durch eine systematische Qualitätsplanung die Entwicklung qualitativ hochwertiger Produkte noch vor Serienbeginn sicherzustellen (vgl. Redtenbacher 1993, S. 23).

Ablauf

Den Ablauf eines FMEA-Prozeß schlägt Rechtenbacher zwölf Schritte vor?

1. *Risikoanalyse*: Dazu werden zu den einzelnen Bauteilen bzw. Prozeßschritten die möglichen auftretenden Fehler in ein Formblatt eingetragen, wobei davon ausgegangen wird, daß ein Fehler auftreten kann, aber nicht notwendigerweise auftreten muß.
2. Daran anschließend werden die Fehlerfolgen eingetragen. Bei der Ermittlung der Fehlerfolgen wird davon ausgegangen, daß der Fehler am Produkt oder Prozeß aufgetreten ist. Die Folgen des Fehlers werden entweder bauteil- bzw. prozeßbezogen beschrieben. Alternativ dazu kann auch eine systembezogene

4.10 Qualitätssicherungsmethode

Beschreibung, die die Auswirkungen des aufgetretenen Fehlers auf den Benutzer des Produkts beschreibt, erfolgen. Maßgebend für die spätere Risikobewertung der Fehlerfolgen ist, in welcher Form der Benutzer die Auswirkungen empfinden würde. Dokumentationspflichtige Teile werden, unter Angaben der durch den potentiellen Fehler verletzten Vorschriften, vermerkt.

3. Als nächstes werden alle denkbaren Fehlerursachen, die zu dem betreffenden Fehler führen können, erfaßt. Die Ursachen sind möglichst kurz und prägnant zu beschreiben, so daß anschließend gezielte Gegenmaßnahmen getroffen werden können.
4. Die vorgesehenen Maßnahmen zur Vermeidung und/oder Entdeckung des Fehlers oder der Fehlerursachen und/oder zur Auswirkungsbegrenzung der Fehlerfolge werden aufgelistet.
5. *Risikobewertung*: Alle potentiellen Fehler werden entsprechend ihrer Ursachen, Folgen und vorgesehenen Prüfmaßnahmen bezüglich der *Wahrscheinlichkeit des Auftretens*, der *Auswirkungen auf den Kunden* und der *Wahrscheinlichkeit der Entdeckung* bewertet. Die *Wahrscheinlichkeit* des Auftretens einer potentiellen Fehlerursache wird geschätzt und anhand einer von 1 bis 10 reichenden Bewertungsskala bewertet. Dabei wird davon ausgegangen, daß der Fehler und die Ursache nicht entdeckt werden, bevor der Kunde das Produkt übernimmt bzw. der Fehler Störungen am weiteren Prozeßverlauf verursacht. Die Bewertung orientiert sich entweder an verbalen Kriterien oder an einer Skala für mögliche Fehlerraten. Bei der FMEA für die Konstruktion wird für den Betrachtungszeitraum die Mindestlebensdauer des Produkts oder eines Verschleißteils herangezogen. Bei der Prozeß-FMEA dient die Prozeßfähigkeit als zusätzliches Kriterium zur Bewertung der Wahrscheinlichkeit des Auftretens.
6. Die Fehlerauswirkung wird anhand einer von 1 bis 10 reichenden Bewertungsskala bewertet.
7. Die Wahrscheinlichkeit, daß ein Fehler entdeckt wird, bevor das Produkt den Kunden erreicht, wird ebenfalls geschätzt und mittels einer von 1 bis 10 reichenden Bewertungsskala bewertet. Dabei geht man davon aus, daß die Fehlerursache aufgetreten ist und bewertet die Wirksamkeit der vorgesehenen Prüfmaßnahmen für die Entdeckung des Fehlers noch bevor das Teil oder das Produkt den Kunden erreicht.
8. Danach wird die Risikoprioritätszahl (RPZ) ermittelt. Diese ergibt sich aus der Multiplikation der einzelnen Bewertungsfaktoren für die Auftrittswahrscheinlichkeit (A), die Bedeutung (B) und die Entdeckungswahrscheinlichkeit (E).

$$RPZ = (A) \cdot (B) \cdot (E)$$

9. Aufgrund der Ergebnisse der Risikobewertung wird für besonders risikobehaftete Bauteile bzw. Prozesse eine Risikominimierung durchgeführt.
10. Die empfohlenen Verbesserungsmaßnahmen werden im FMEA-Formular erfaßt. Grundsätzlich sind fehlerverursachende Maßnahmen den fehlerentdeckenden vorzuziehen.

11. Die letztlich durchgeführte Maßnahme wird dann erneut einer Risikobewertung unterzogen. Das Ergebnis der erneuten Risikobewertung gibt Auskunft über die Wirksamkeit der durchgeführten Maßnahmen.
12. Ebenfalls wiederholt werden muß das Verfahren der Risikominimierung, bis das Fehlerrisiko unter einem vertretbaren Wert liegt (vgl. dazu auch Redtenbacher 1993, S. 23).

Regeln

Der zuvor detaillierte Beschreibung umfaßt bereits die wichtigsten Regeln zum Einsatz einer FMEA-Analyse.

Einsatzmöglichkeiten, Chancen und Risiken

Als *Vorteile* der FMEA wird die Föderung der innerbetrieblichen Kommunikation, das Verständnis der Abteilungen untereinander, die systematische und komplexe Risikobeschreibung und die Know-how-Dokumentation eines Produkts bzw. Prozesses genannt.

Die häufigsten Kritikpunkte an der FMEA stellen der große Zeitaufwand für die Erstellung und das für die manuelle Bearbeitung recht unhandliche Formblatt dar.

Beispiel

Ein FMEA-Workshop kann in folgenden sechs Schritten ablaufen:

1. FMEA-Team: *Teamzusammenstellung*
   - Wer gehört zum Kernteam?
   - Wer unterstützt das Team situationsbedingt?
2. System/Baugruppe/Prozeß/Arbeitsfolge: *Strukturierung und Auswahl*
   - Welche Systeme/Prozesse gibt es? (auflisten)
   - Welche Kriterien sind wichtig? (bewerten, Rangfolge bilden)
   - Welche sind die potentiellen Systeme/Baugruppen/Prozesse/Arbeitsfolgen? (auflisten und weiterbearbeiten)
   - Welche Funktionen/Aufgaben haben die Systeme/Prozesse zu erfüllen? (Funktionsanalyse)
3. Teil/Element/Arbeitsschritt: *Untergliederung und Auswahl*
   - Welche Teile/Elemente/Arbeitsschritte gibt es? (auflisten)
   - Welche Anforderungen sind wichtig? (bewerten, Rangfolge bilden)
   - Welche sind die potentiellen Teile/Arbeitsschritte? (auswählen und weiterbearbeiten)
   - Welche Aufgaben/Anforderungen sind zu erfüllen? (Fehleranalyse)

4. Ist-Zustand/Risikoanalyse: *Fehlerbeschreibung je Teil/Arbeitsschritt*
   - Welche Fehler sind denkbar/möglich? (Fehlerarten auflisten)
   - Welche Auswirkungen haben diese auf den Kunden? (Fehlerfolge innerhalb des Prozesses bzw. Systems auflisten)
   - Welche Ursachen bewirken die Fehler bzw. Fehlerfolgen? (Fehlerursachen auflisten)
   - Welche Fehlerverhütung und Prüfmaßnahmen bestehen? (auflisten)
   - Welche Risiken bzgl. Auftreten des Fehlers, dessen Bedeutung und Erkennbarkeit bestehen derzeit? (Risiken bewerten)
   - Welches sind die schwerwiegendsten Risiken? (Rangfolge bilden)
5. Verbesserter Zustand/Risikoanalyse: *Lösungsvorschläge*
   - Welche Lösungen/Maßnahmen werden empfohlen? (auflisten)
   - Wie würden sich die Risiken ändern? (Risikoveränderung abschätzen/vermerken)
   - Wer ist bis wann für die Klärung verantwortlich? (Name und Termin festlegen)
   - Welche der vorgeschlagenen Maßnahmen wurden eingeführt? (Maßnahmen auflisten und zuordnen)
   - Wie sehen die Risiken jetzt aus? (Risiken bewerten)
6. Erfolgskontrolle: *Soll-/Ist-Vergleich*
   - Wie hat sich das Risiko relativ verändert? (Auftreten, Bedeutung, Entdeckung vergleichen)
   - Welcher Aufwand/Nutzen hat sich eingestellt? (abschätzen)
   - Was ist noch zu tun? (überprüfen, ob weitere Verbesserungen machbar und sinnvoll sind)

5 Methoden zur Kommunikation und Interaktion

5.1 Einführung

Der Begriff Kommunikation umfaßt den Prozeß der Übertragung von Nachrichten zwischen einem Sender und einem oder mehreren Empfängern (vgl. Gabler-Wirtschafts-Lexikon, S. 1859). Unter Interaktion wird dagegen die wechselseitige Beziehung verstanden, die sich über unmittelbare oder mittelbare Kontakte zwischen zwei oder mehreren Personen ergibt, d. h. die Summe dessen, was zwischen Personen in Aktion und Reaktion geschieht.

Auf der Kommunikation und Interaktion baut das gesamte Geschehen in einer Unternehmung auf. In der Regel unterscheidet man zwei Arten von Interaktion:

1. Funktionale Interaktion
   Sie ergibt sich vorwiegend aus Erfordernissen und Zusammenhängen der formal geplanten Struktur und den formalen Arbeitsabläufen in der Unternehmung.
2. Optionale Interaktion
   Sie ist vorwiegend zurückzuführen auf die in den persönlichen Bedürfnissen, Einstellungen und Zielen begründeten freien Wahl der Organisationsteilnehmer zur Aufnahme interpersonaler Kontakte (vgl. Gabler-Wirtschafts-Lexikon, S. 1650).

Die in diesem Buch vorgestellten Methoden zur Kommunikation und Interaktion sind entsprechend Abb. 5.1 zusammengefaßt. Den Anfang machen Führungskonzepte (Kap. 5.2), die ergänzt werden um personenbezogene Methoden (Kap 5.3), gruppen- und teambezogene Methoden (Kap. 5.4) sowie Methoden für die Steuerung von Arbeits- und Lernprozessen (Kap. 5.5).

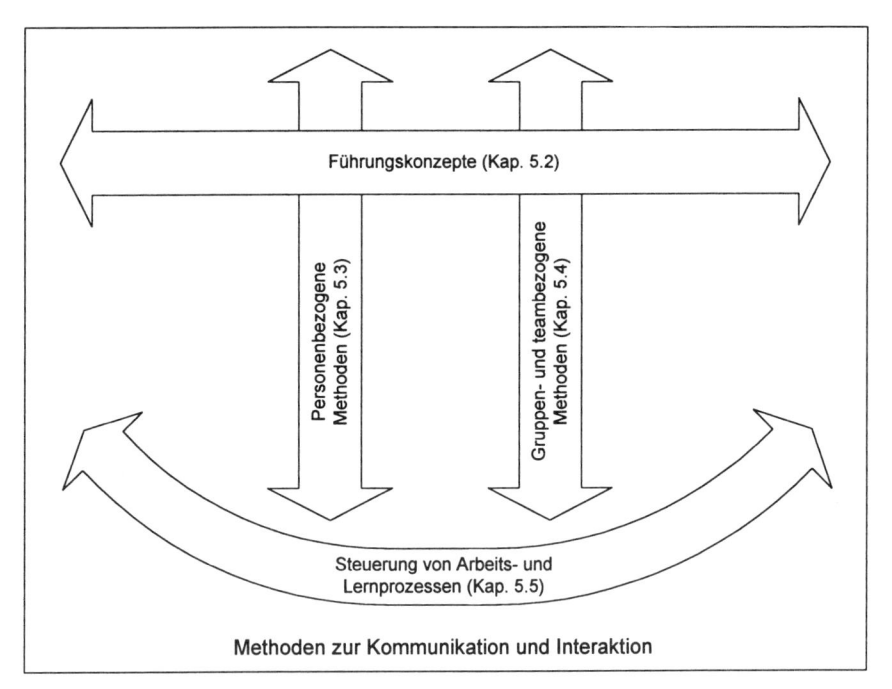

Abb. 5.1 Methodenstruktur zur Kommunikation und Interaktion

5.2
Führungskonzepte

In der Literatur sind eine Vielzahl von Führungskonzepten für das Management im allgemeinen und für das Projektmanagement im besonderen zu finden. In dem vorliegenden Methoden-Handbuch werden die unterschiedlichen Projektleiter-Rollen in Anlehnung an die 24 Rollen der Exzellenten Führungskraft von Staehle (1991) sowie Projektmanagement als Führung, Information, Prozeß und System (FIPS) vorgestellt.

5.2.1
Projektleiter-Rollen

Methodische Grundlagen

Das Wissen über Aufgaben, Arbeitsinhalte und Arbeitsalltag von Managern/innen ergibt sich aus zwei unterscheidbaren Ansätzen der Managerforschung:

5.2 Führungskonzepte

- einem eher theoretisch orientierten analytisch-funktionsorientierten Ansatz und
- einem eher praktisch ausgerichteten empirisch-handlungsorientierten Ansatz.

Der theoretisch ausgerichtete analytisch-funktionalorientierte Ansatz umfaßt die Teilbereiche Vorschau, Planung, Organisation, Leitung, Koordination, Kontrolle, Berichte, Budget, Entscheidungen, etc. Der pragmatisch ausgerichtete bzw. handlungsorientierte Ansatz beinhaltet die kurzzyklischen Arbeitsakte in Form von Manager- bzw. Projektleiter-Rollen.

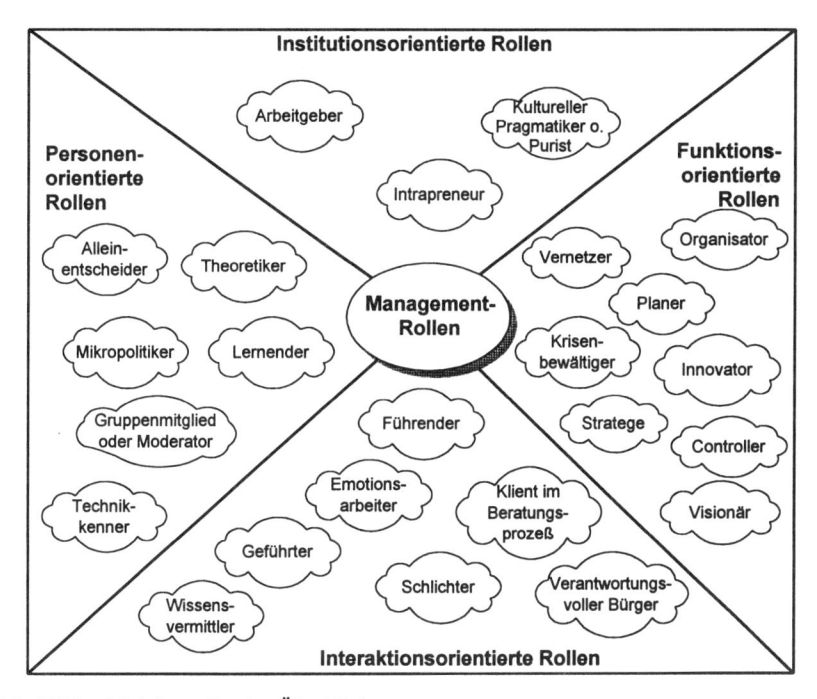

Abb. 5.2 Projektleiterrollen im Überblick

Rollen stellen Verhaltenserwartungen dar, welche gegenüber dem Inhaber einer bestimmten Position in der Organisation gehegt und die von diesem erlebt werden. Ziel der Rollenvorgaben in einer Organisation ist es, das Verhalten, unabhängig von den Eigenheiten des jeweiligen Positionsinhabers, zu standardisieren und für die Zwecke einer geregelten, ungestörten Aufgabenerfüllung prognostizierbar zu machen (vgl. Staehle 1991, S. 16 ff.).

Staehle unterteilt die 24 Managerrollen in vier Gruppen, die in den nachfolgenden Tabellen (Tabelle 5.1a, 5.1b, 5.1c und 5.1d) kurz beschrieben sind (vgl. Staehle 1991, S. 27 ff.).

Tabelle 5.1a Charakteristiken der *institutionsorientierten* Managerrollen

Managerrollen	Charakteristiken	Qualifikationen
Arbeitgeber	Muß neben den marktlichen Gegebenheiten und den unternehmenspolitischen Zielen, bei seinen personalwirtschaftlichen Entscheidungen und Führungsmaßnahmen insbesondere die rechtlich-institutionellen Rahmenbedingungen beachten (Tarifvertrag, Verfassungsrecht, Arbeitsvertrag, Dispositiver Vertrag, …).	Umfassende Kenntnisse des Arbeitsrechts.
Intrapreneur	Muß Innovationen nutzen und entwickeln können.	Kreativität und Motivation.
Kultureller Pragmatiker oder Purist	*Pragmatiker* sind als Kulturmanager zu sehen. *Puristen* wenden sich vehement gegen die Vorstellung des Kulturmanagements. Kulturen sind für sie Ausdruck der ureigensten Bedürfnisse der Menschen.	Umfassende Kenntnisse bzgl. Gruppendynamik und Organisationsveränderungen.

5.2 Führungskonzepte

Tabelle 5.1b Charakteristiken der *funktionsorientierten* Managerrollen

Managerrollen	Charakteristiken	Qualifikationen
Visionär	Manager als Visionäre sind Menschen, die an das glauben, was noch nicht Wirklichkeit ist. Sie versuchen, diese Visionen in die Tat umzusetzen.	Selbst-Motivation, die bis zur Handlungsleidenschaft gesteigert werden kann. Bewußtsein in Hinblick auf Zukunfts-Imagination und fließende Kontakte.
Stratege	Der Stratege ist verantwortlich für die Strategieformulierung, die Strategieimplementation und die strategische Kontrolle.	Spezialwissen hinsichtlich Planungsprozessen und Kommunikationsfähigkeit.
Planer	Sie entwerfen Pläne zur Zukunftsbewältigung, müssen vor zukünftigen Überraschungen gefeit sein und Ziele, Wege, Mittel ihrer Pläne hinsichtlich der Folgen durchdenken.	Kommunikations- und Kooperationsfähigkeit, Motivation, Zukunftsorientierung, Teamfähigkeit sowie Initiierungsvermögen.
Organisator	Die Erreichung der Unternehmensziele erfordert regelmäßig interpersonelle Arbeitsteilung. Der Organisator ist für diese verantwortlich.	Organisationstheoretisches Basiswissen.
Controller	Er hat durch steuerndes Eingreifen in den Realisationsprozeß sicherzustellen, daß die tatsächliche Leistungserbringung in seinem Verantwortungsbereich den aus der Planung abgeleiteten Vorgabewerten entspricht.	Spezialkenntnisse im Controlling-Bereich.
Vernetzer	Sie beschäftigen sich mit den verschiedenartigsten Denk- und Handlungsfallen, versuchen, ihnen entgegenzutreten und sie zu vermeiden.	Verfügen über ganzheitliches Denken und Kenntnisse über „unexakte und qualitative Methoden", wie z. B. Heuristiken.
Krisenbewältiger	Krisen sind Existenzgefährdungen für Unternehmen. Krisenbewältiger haben die Aufgabe, Krisen vorzubeugen oder bei Ausbruch zu bewältigen.	Verfügt über Analyse- und Diagnosefähigkeiten, psycholog. Einfühlungsvermögen, Streßstabilität, Rationalität, Optimismus, Motivation u. Konsequenz.
Innovator	Hat die Aufgabe, qualitativ neuartige Produkte oder Verfahren hervorzubringen, die in ihrer Art erstmalig für den Markt, den Betrieb oder das Unternehmen sind.	Sollte die fachliche Materie beherrschen und das innovative Engagement im Unternehmen fördern können sowie über Einflußpraktiken verfügen.

Tabelle 5.1c Charakteristiken der *personenorientierten* Managerrollen

Managerrollen	Charakteristiken	Qualifikationen
Alleinentscheider	Manager befinden sich oft in Situationen, in denen Entscheidungen eine wichtige Rolle spielen. Der Manager als Entscheider trägt die Verantwortung dafür, daß die richtige Entscheidung zum rechten Zeitpunkt getroffen wird.	Kenntnisse über Entscheidungstheorien: praktisch-normative Sichtweise, deskriptive Sichtweise, ethisch-normative Sichtweise
Gruppenmitglied oder Moderator	Manager arbeiten oft im Team, Projektgruppen, Qualitätszirkeln etc., so daß sie immer gleichzeitig die Rolle des Moderators und des Gruppenmitglieds inne haben.	Muß über die Fähigkeit verfügen, Ziele klar formulieren und verfolgen zu können. Außerdem muß er den Willen zur Zielerreichung haben.
Mikropolitiker	Muß durch Eingehen von Koalitionen versuchen, persönliche Ziele mit anderen Personen innerhalb und außerhalb der Organisation schneller und besser erreichen zu können. Hat dies zu unterstützen.	Kenntnisse über Organisations- und Bürokultur sowie über Systemtheorien, wie z. B. „Deterministisches Chaos" oder „Autopoietische Systeme".
Technikkenner	Manager müssen technischen Sachverstand besitzen, um Rationalisierung, Automatisierung und Steigerung der Produktions- und Organisationsflexibiliät zu erreichen.	Sollte neben betriebswirtschaftlichen Kenntnissen auch „technischen Sachverstand" besitzen und über Kommunikationsfähigkeit verfügen.
Lernender	Das Stichwort „lebenslanges Lernen" charakterisiert hinreichend die Rollenerwartung an diese Art von Führungskräften.	Sollte über Kenntnisse des Lernmediums, des Lernprozesses, der Didaktik sowie über Lernmotivation verfügen.
Theoretiker	Ziehen neu erstellte oder revidierte Managementtheorien dazu heran, Vermutungen oder Erwartungen über managementrelevante Zusammenhänge herzustellen.	Verfügt über ausgeprägte kognitive Fähigkeiten und häufig auch über eine wissenschaftliche Ausbildung.

5.2 Führungskonzepte

Tabelle 5.1d Charakteristiken der *interaktionsorientierten* Managerrollen

Managerrollen	Charakteristiken	Qualifikationen
Führender	Stellt für seine Mitarbeiter ein Leitbild dar; darf dieses Machtwissen nicht ausnutzen.	Besitzt Fach- und Führungskompetenzen.
Geführter	Jeder steht unter dem Einfluß von Vorgesetzten, so ist der Führer gleichzeitig auch der Geführte, darf sich dadurch nicht zu sehr beeinflussen lassen.	Kenntnisse über Führungstheorien.
Emotionsarbeiter	Man muß mit seinen Emotionen umgehen können. Die Emotionen dürfen nie das Handeln allein bestimmen. Der Emotionsarbeiter versteht es, mit seinen Gefühlen und nicht gegen sie zu arbeiten.	Muß über inneres Engagement, Eigenständigkeit und Entscheidungsbereitschaft verfügen.
Schlichter/ Konfliktlöser	Konflikte stören den reibungslosen Ablauf in Organisationen. Der Schlichter ist dafür verantwortlich, daß Konflikte nicht ausarten.	Sollte über Kenntnisse im Bereich der konflikttheoretischen Grundlagen, wie z. B. Strukturverhaltens-Modelle verfügen.
Wissensvermittler	Eine erfolgreiche Unternehmenstätigkeit ist nur möglich, wenn genügend Basiswissen vorhanden ist. Derartiges Wissen setzt sich zusammen aus Fach- und Erfahrungswissen sowie deren Kombination. Für die Vermittlung dieses Basiswissens ist der Wissensvermittler verantwortlich.	Sollte über Spezialkenntnisse im Fachbereich sowie über Erfahrungswissen verfügen. Ferner braucht er ausreichende Kommunikationsfähigkeit.
Klient im Beratungsprozeß	Stellt eine Schnittstelle von Management und Beratung dar. Beratung wird als ein integrierter Bestandteil der Managementfunktion gesehen. Im Mittelpunkt steht der „aktive, konsultierende" Manager.	Sollte über Kenntnisse im Bereich der Fach- und Prozeßberatung verfügen. Ferner sollte er mit Lern- und Kooperationsbereitschaft ausgestattet sein.
Verantwortungsvoller Bürger	Manager sollten sich von religiösen Normen lösen, die Moral aber nie völlig außer acht lassen.	Kenntnisse über ethische Konzepte, wie z. B. Verantwortungsethik, Gesinnungsethik oder Unternehmensethik.

Ablauf

Führungsrollen zu übernehmen und innezuhaben ist ohne die Interaktion mit anderen Menschen nicht möglich. Der Prozeß des gegenseitigen Sendens und Empfangens von Rollen bzw. Erwartungen wird als Rollenzuweisung bezeichnet. Dieser Prozeß verläuft in drei Phasen:

1. Rollenübernahme (role taking)
   In dieser Phase übernimmt eine Person die Führerrolle und versucht, alles über die Fähigkeiten, Fertigkeiten und Eigenschaften des Mitarbeiters herauszufinden.
2. Rollenbildung (role making)
   In dieser Phase verhandeln beide über die gegenseitigen Erwartungen und Anforderungen. Letztlich kommen sie, implizit und explizit, zu Vereinbarungen über die Gestaltung ihrer Arbeitsbeziehung.
3. Rollenstabilisierung (role routinization)
   Im Laufe der Beziehung bilden sich routinisierte Verhaltensweisen heraus, welche die in Phase 2 gebildeten Rollenmuster verfestigen.

Der zentrale Prozeß dieser drei Phasen ist die Größe des im Rollenzuweisungsprozeß erzielten Verhandlungsspielraums, der die Qualität der Führungs-Beziehung wiederspiegelt, und zwar gemessen am Ausmaß an Vertrauen, Delegation von Verantwortung, Entscheidungsteilhabe und Häufigkeit an Kommunikationen mit dem Vorgesetzten. Der Rollenzuweisungsprozeß verläuft also keineswegs determiniert. Wichtig zu erwähnen ist an dieser Stelle, daß jede Managerposition nicht nur an eine Rolle gebunden ist, sondern mehrere in sich vereinigt (vgl. Staehle 1991, S. 17 f.).

Regeln

Eine Erkenntnis der empirischen Untersuchungen ist, daß die Manageraktivitäten kurz, abwechslungsreich und stark fragmentiert sind. Etwa die Hälfte der Aktivitäten dauern weniger als 10 Minuten; nur etwa 10% dauern länger als eine Stunde. Ferner bevorzugen sie eine mündliche direkte Kommunikation (vgl. Staehle 1991, S. 15).

In der deutschsprachigen Managementforschung werden die Managerfunktionen untergliedern in sachbezogene (z. B. Planung, Organisation, Kontrolle etc.) und personenbezogene Funktionen (z. B. Personalführung). Unter der personenbezogenen Komponente des Managements wird die Personalführung, d. h. im weitesten Sinne die zielorientierte personale Beeinflussung menschlichen Verhaltens und alle damit zusammenhängenden Aufgaben, wie Motivation, Gruppendynamik, Machtausübung, Konfliktlösung, soziale Kontrolle usw. verstanden. Bei dieser Zweiteilung darf jedoch nicht übersehen werden, daß die Trennung in sach- und personenbezogene Komponenten nur analytischen Charakter hat, denn in der

Praxis besteht eine enge Verbindung von Sach- und Personenorientierung (vgl. Staehle 1991, S. 13 f.).

Differenziert man soziale Systeme auf horizontaler und vertikaler Ebene, so ergeben sich Stellen, die unabhängig von dem (potentiellen) Stelleninhaber geschaffen werden. Ist der Stelle innerhalb einer Organisation ein bestimmter Platz zugewiesen, spricht man von einer Position. Dabei ist jede Position mit einem bestimmten Status versehen, der angibt, welche Wertschätzung die Mitglieder eines Systems den bestehenden Positionen zuweisen.

Das Konzept der Rolle dient dazu, in das Verhalten eines Positionsinhabers, z. B. Projektleiters, mehr Klarheit zu bringen.

Einsatzmöglichkeiten, Chancen und Risiken

Ein zentrales Problem sowohl der Manager als auch des Projektleiters besteht darin, daß sie sich rasch auf wechselnde Situationen und auf neue Rollenanforderungen einstellen müssen. Dabei dürfen sie aber ihre Identität und Persönlichkeit nicht verlieren (vgl. Staehle 1991, S. 15).

Aufgrund dessen, daß Personen Mitglieder in mehreren Institutionen sind, und daß innerhalb jeder dieser Institutionen unterschiedliche Verhaltenserwartungen gesetzt werden, ergeben sich zahlreiche Konfliktsituationen. Diese können sein:

- Intra-Sender-Konflikt:
  Von ein und demselben Rollensender gehen konfligierende Erwartungen bzw. Anforderungen aus.
- Inter-Sender-Konflikt:
  Von verschiedenen Rollensendern ausgehende Erwartungen sind nicht miteinander vereinbar. Diese Art von Konflikt tritt häufig bei Matrix-Organisationen auf, wenn vom Funktions-Manager und vom Projekt-Manager konfligierende Anforderungen gestellt werden. Dies ist jedoch intendiert, denn der Matrix liegt die Annahme zugrunde, daß Konflikte nicht notwendigerweise disfunktional sein müssen, sondern einen fruchtbaren Problemlösungsprozeß einleiten können.
- Inter-Rollen-Konflikt:
  Häufig führt das gleichzeitige Erfüllen verschiedener Rollen, als Folge der Mitgliedschaft in verschiedenen sozialen Systemen, zu Konflikten.
- Person-Rollen-Konflikt:
  Die Rollensendung ist unvereinbar mit den Werten, Motiven und Einstellungen des Rollenträgers.

Neben Rollenkonflikten führen Rollenambiguität und -überlastung zu problemhaltigen Verhaltensweisen. Eine Mehrdeutigkeit von Verhaltenserwartungen (role ambiguity) tritt vor allem bei unzureichenden Informationen, unklarer Aufgabenstellung und mehrdeutigen Organisationsregeln auf. Rollenüberlastung (role overload) heißt, daß die Erwartungen zwar untereinander und mit dem eigenen Wertsystem kompatibel, aber rein quantitativ überfordernd sind. Solche Rollenüberforderungen, aber auch Rollenunterforderungen, führen in der Regel zu Streß. Dieser kann u. a. vermieden werden, indem es den Rollenträgern gelingt, akzeptable Prioritäten zu setzen.

Streß, Unzufriedenheit und Verschlechterung des Organisationsklimas als Folge von Rollenkonflikten lösen eine Reihe von Handhabungsmechanismen seitens des Rollenträgers aus. Dies können sein: Rückzug, Vermeidung weiterer Kontakte mit dem Sender, Projektion oder Aggression gegenüber dem Sender usw.

Beispiel

Tabelle 5.2 Checkliste für Projekt- und Projektleiter-Profil

Managerrollen	Welche Projektleiterrollen braucht das Projekt?			Welche Projektleiterrollen deckt der Projektleiter ab?			Welche Projektleiterrollen müssen zugekauft werden?
	gering	mittel	stark	gering	mittel	stark	
Arbeitgeber	☐	☐	☐	☐	☐	☐	
Intrapreneur	☐	☐	☐	☐	☐	☐	
Kultureller Pragmatiker o. Purist	☐	☐	☐	☐	☐	☐	
Visionär	☐	☐	☐	☐	☐	☐	
Stratege	☐	☐	☐	☐	☐	☐	
Planer	☐	☐	☐	☐	☐	☐	
Organisator	☐	☐	☐	☐	☐	☐	
Controller	☐	☐	☐	☐	☐	☐	
Vernetzer	☐	☐	☐	☐	☐	☐	
Krisenbewältiger	☐	☐	☐	☐	☐	☐	
Innovator	☐	☐	☐	☐	☐	☐	
Alleinentscheider	☐	☐	☐	☐	☐	☐	
Gruppenmitglied oder Moderator	☐	☐	☐	☐	☐	☐	
Mikropolitiker	☐	☐	☐	☐	☐	☐	
Technikkenner	☐	☐	☐	☐	☐	☐	
Lernender	☐	☐	☐	☐	☐	☐	
Theoretiker	☐	☐	☐	☐	☐	☐	
Führender	☐	☐	☐	☐	☐	☐	
Geführter	☐	☐	☐	☐	☐	☐	
Emotionsarbeiter	☐	☐	☐	☐	☐	☐	
Konfliktlöser/ Schlichter	☐	☐	☐	☐	☐	☐	
Klient im Beratungsprozeß	☐	☐	☐	☐	☐	☐	
Verantwortungsvoller Bürger	☐	☐	☐	☐	☐	☐	

Für die praktische Projektarbeit sind in einem ersten Schritt die im Projekt benötigten Projektleiterrollen zu ermitteln und in einem zweiten Schritt die von der Projektleitung abgedeckten Projektleiterrollen zu bestimmen. Aus der Differenz dieser zwei Bewertungen können die noch offenen Projektleiterrollen ermittelt, und es kann nach Wegen gesucht werden, noch nicht abgedeckte Projektleiterrollen Inhouse oder extern einzukaufen (Tabelle 5.2, vgl. Staehle 1991).

5.2.2
Projektmanagement als Führung, Information, Prozeß und System (FIPS)

Methodische Grundlagen

Projektmanagement als Führung, Information, Prozeß und System (FIPS) konzentriert die Gedanken und das Handeln auf eine effektive und effiziente Gestaltung der Erfolgsfaktoren (vgl. Keßler u. Winkelhofer 1997). Unter Erfolg wird der Grad der Zielerreichung verstanden (vgl. Bea u. Haas 1995, S. 101). Erfolg kann positiv oder negativ sein. Er ist eine Wirkung, die erfolgt und der eine Ursache vorausgeht. Erfolgsfaktoren sind dann die Eigenschaften, deren positive Ausprägung zur Schaffung und Sicherung des Erfolgs beiträgt. Aus diesem Grund können für das Projektmanagement zwei Arten von Erfolgsfaktoren unterschieden werden (Abb. 5.3):

1. Erfolgsfaktoren *des* Projektmanagements:
   Das sind die Faktoren, die den Unternehmenserfolg mittels Projektmanagement sicherstellen.
2. Erfolgsfaktoren *für* Projektmanagement:
   Das sind die Faktoren, die den Erfolg eines Projekts sicherstellen.

Zu den Erfolgsfaktoren *des* Projektmanagements zählen:

1. Erreichung der definierten Projektziele.
2. Einhaltung der geplanten Ressourcen (Geld, Zeit, Kapazitäten).

Damit die Erfolgsfaktoren *des* Projektmanagements mit möglichst wenig Risiko erreicht werden können, bedarf es der positiven Gestaltung der Erfolgsfaktoren *für* Projektmanagement. Die insgesamt achtzehn Erfolgsfaktoren *für* Projektmanagement können wiederum in zwei Gruppen unterteilt werden (Abb. 5.4):

1. Erfolgsfaktoren für die Führung und Steuerung *aller* Projekte (**Führung**) sowie
2. Erfolgsfaktoren für die Führung und Steuerung *eines* Projekts (**Information**).

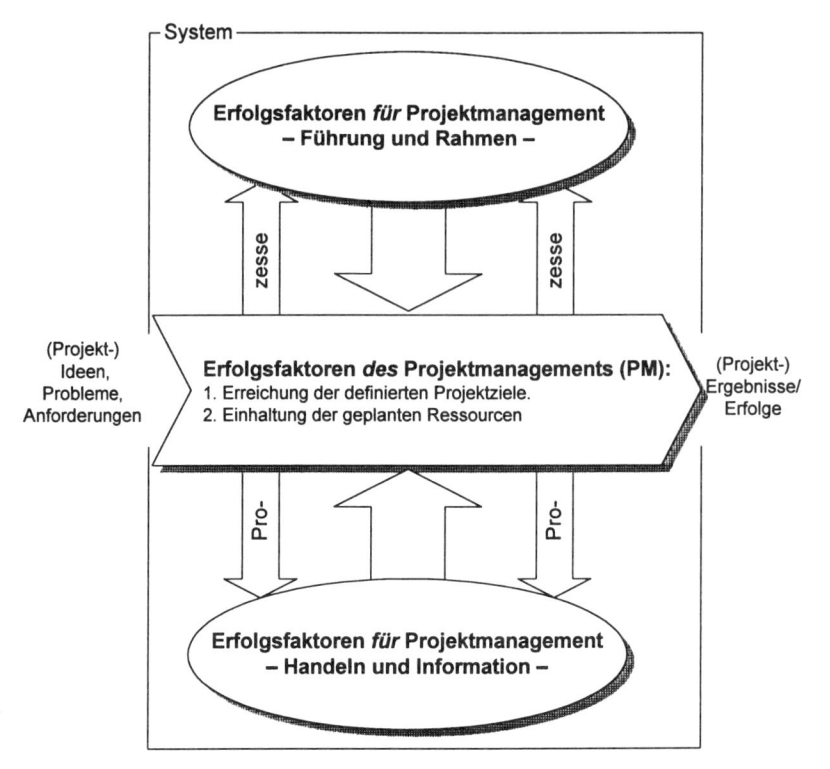

388 5 Methoden zur Kommunikation und Interaktion

Abb. 5.3 Erfolgsfaktoren *des* Projektmanagements (Keßler u. Winkelhofer 1997, S. 2)

Beide Erfolgsfaktorenbündel können positiv oder negativ (unerwünscht) auf den Erfolg des Projektmanagements in einem Unternehmen, in einem Bereich oder einer Verwaltung wirken. Die Zusammenarbeit zwischen den Erfolgsfaktorenbündeln erfolgt im permanenten Prozeß (**P**rozeß) des Projektablaufs. Führung, Information und Prozeß sind in das System Unternehmen zu integrieren und können dv-technisch/systemtechnisch (**S**ystem) unterstützt werden.

Projektmanagement als Führung, Information, Prozeß und System (FIPS) bietet dem Anwender einen ganz erheblichen Nutzen, der insbesondere in folgenden Punkten liegt:

- FIPS stellt einen Rahmen zur Verfügung, der sowohl an Projekte jeglicher Anwendungsrichtung als auch an Veränderungs- und Erneuerungsprozesse jeglicher Art angepaßt werden kann.
- FIPS berücksichtigt alle relevanten Einflußfaktoren, die vor, während oder nach dem Projekt den Erfolg beeinflussen.
- FIPS betrachtet sowohl die Führung und Steuerung *eines* Projekts als auch die Führung und Steuerung *aller* Projekte.

5.2 Führungskonzepte

- FIPS ist eine aus der Praxis für die Praxis entwickelte Arbeitsweise einschließlich der Theorie dazu.

Erfolgsfaktoren der Führung und des Rahmens

- PM als klares Konzept
- PM als zweckdienliches Instr. d. Untern.-führung
- PM als Lern- und Qualifizierungsprozeß
- PM als zusätzliche Organisationseinheit
- PM als durchgängige Theorie
- PM als verankerte Führungsphilosophie
- PM als interaktiver Prozeß
- PM als permanente Entwicklungsprozeß
- Haltung zum PM

(Projekt-) Ideen, Probleme, Anforderungen → **Erfolgsfaktoren des Projektmanagements (PM):**
1. Erreichung der definierten Projektziele.
2. Einhaltung der geplanten Ressourcen.
→ (Projekt-) Ergebnis, Erfolg

- PM als Problemlösungsprozeß
- PM als Verhalten
- PM als Management von Risiken
- PM als Methodik
- PM als Tool- und Werkzeug-Box
- PM als Kommunikation
- PM als Informationsmanagement
- PM als Methoden-Mix
- PM als Projekt-Controlling

Erfolgsfaktoren des Handelns und der Information

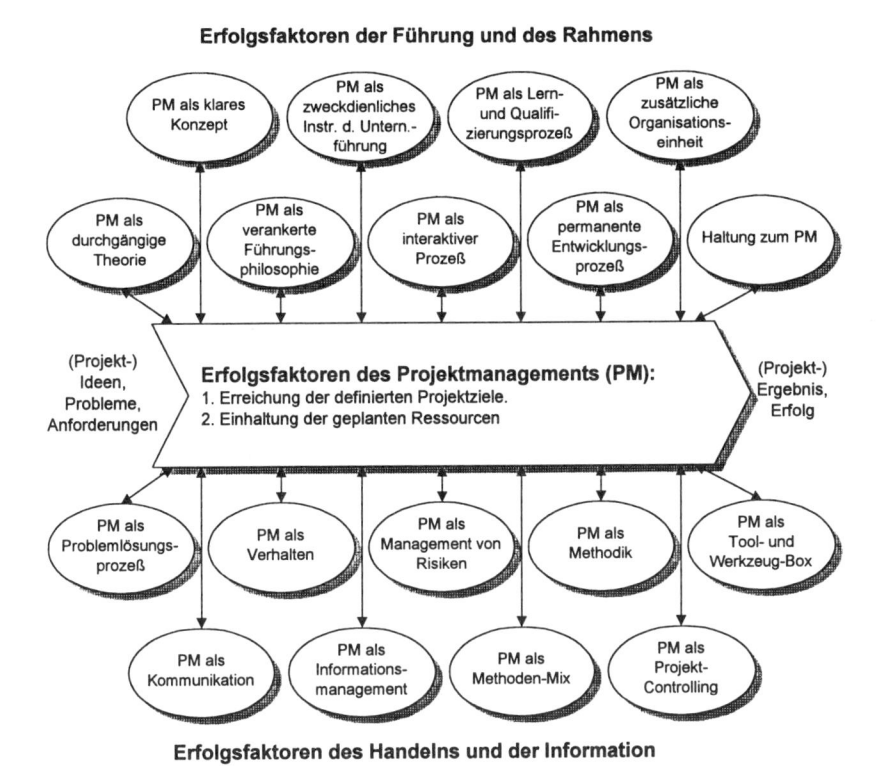

Abb. 5.4 Erfolgsfaktoren des Handelns und der Information *für* Projektmanagement (Keßler u. Winkelhofer 1997, S. 16)

Ablauf

Diese Erfolgsfaktoren des Projektmanagements laufen im Projektmanagement nicht systematisch hintereinander, strukturiert und systematisch ab, sondern stets parallel, übereinander, vermischt. Nur mit ihrer Kenntnis ist eine schnelle Einordnung, Berücksichtigung und Integration in einer Gesamtplanung möglich (Abb. 5.5).

Der Ablauf für die Entwicklung von Projektmanagement ist abhängig von den bestehenden Projektmanagement-Problemen in der jeweiligen Unternehmung oder Verwaltung (vgl. Keßler u. Winkelhofer 1997, S. 4 f.).

5 Methoden zur Kommunikation und Interaktion

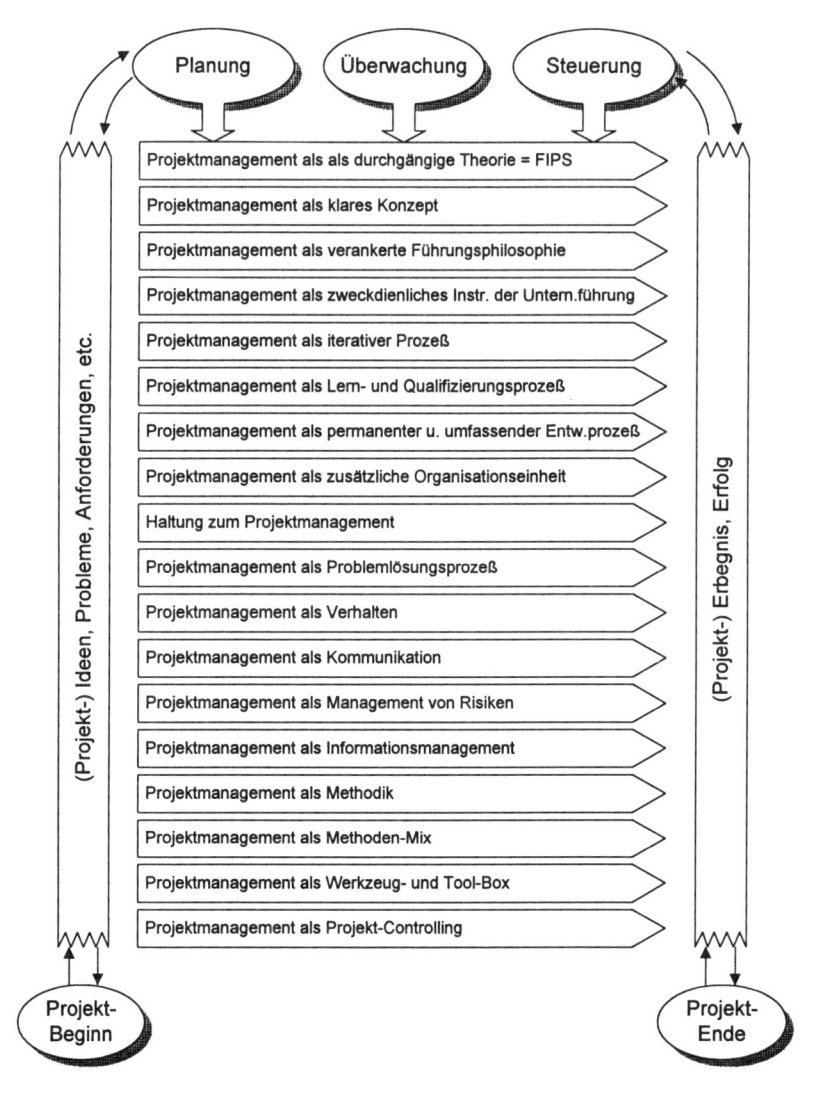

Abb. 5.5 Interdependenz der Erfolgsfaktoren

Regeln

Projektmanagement ist im FIPS-Konzept kein reines Tool oder reine Methode, sondern eine Arbeitsweise parallel zur traditionellen Linienorganisation.

Auch die Regeln sind, wie der Ablauf, abhängig von den einzelnen Erfolgsfaktoren, die entwickelt werden sollen.

5.2 Führungskonzepte

Einsatzmöglichkeiten, Chancen und Risiken

Die Einsatzmöglichkeiten von FIPS sind sehr vielseitig. Sie reichen von der Steuerung und Führung aller Projekte bis zur Steuerung und Führung eines Projekts.

Weiter kann FIPS für die Diagnose und Standortbestimmung von Projekten hervorragend verwendet werden.

Beispiel

Hier wird auf die Literatur verwiesen, in der die einzelnen Erfolgsfaktoren *des* Projektmanagements und Erfolgsfaktoren *für* das Projektmanagement ausführlichst beschrieben sind (vgl. Keßler u. Winkelhofer 1997).

5.3 Personenbezogene Methoden

Die in diesem Kapitel zusammengestellten Methoden unterstützen die Kommunikation und Interaktion mit Einzelpersonen. In Abb. 5.6 sind die nachfolgend dargestellten Methoden zusammengefaßt.

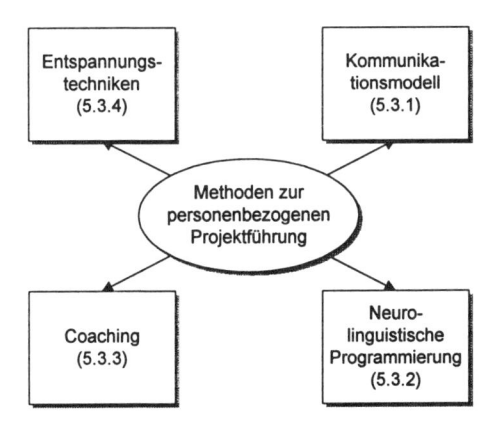

Abb. 5.6 Methodenübersicht zur personenbezogenen Projektführung

5.3.1
Kommunikationsmodell

Methodische Grundlagen

Der Begriff Kommunikation kommt ursprünglich vom lateinischen Wort communicatio, das mit Verbindung oder Mitteilung übersetzt werden kann.

Die Kommunikation ist die wichtigste Form sozialer Interaktion. Es ist ein Prozeß der Informationsübertragung mit den Komponenten:

- Kommunikator und Kommunikant, die entweder einseitig oder wechselseitig einwirken,
- den Kommunikationsmitteln, die als sprachliche oder nichtsprachliche Zeichen auftreten,
- den Kommunikationskanälen, die visuell, akustisch, optisch von Mensch zu Mensch oder über die sogenannten Massenmedien wie Presse, Funk, Film, Fernsehen sich bieten sowie
- den Kommunikationsinhalten aller Art.

Die unilaterale und bilaterale (face to face) Kommunikation geschieht durch Sprache, Blick, Mimik, Gestik, Schrift etc. (vgl. Dorsch et al. 1994, S. 392).

Nach Watzlawick ist es dem Menschen unmöglich nicht zu kommunizieren, da jedes Verhalten als Signal dienen kann (vgl. hierzu auch Watzlawick 1995).

Als Kommunikationsnetz bezeichnet man das Muster von Wegen des Nachrichtenaustausches innerhalb einer sozialen Gruppe. In sozial-psychologischen Experimenten hat man vor allem die Abhängigkeit der Gruppenleistung und der Zufriedenheit der Gruppenmitglieder von der Art des Kommunikationsnetzes in kleinen Gruppen untersucht (vgl. Dorsch et al. 1994, S. 393).

Ablauf

Der Grundvorgang der zwischenmenschlichen Kommunikation gestaltet sich wie folgt:

Es gibt einen Sender, der etwas mitteilen möchte. Dieser verschlüsselt sein Anliegen in erkennbare Zeichen. Das, was der Sender von sich gibt, bezeichnet man allgemein als Nachricht. Dem Empfänger obliegt es, dieses wahrnehmbare Gebilde zu entschlüsseln (vgl. Schulz von Thun 1992a, S. 25).

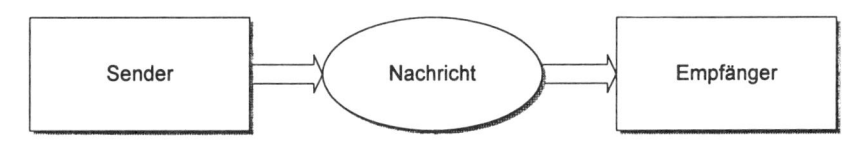

Abb. 5.7 Grundvorgang der zwischenmenschlichen Kommunikation

In der Regel stimmen jedoch die gesendeten und empfangenen Nachrichten nur leidlich überein. Es muß also eine Verständigung stattfinden. Häufig machen Sender und Empfänger deshalb von der Möglichkeit Gebrauch, die Güte der Verständigung zu überprüfen. Dies geschieht, indem der Empfänger zurückmeldet, wie er die Nachricht entschlüsselt hat; wie sie bei ihm angekommen ist und was sie bei ihm bewirkt hat. Der Sender kann dadurch halbwegs überprüfen, ob seine Sende-Absicht mit dem Empfangsresultat übereinstimmt. Eine solche Rückmeldung bezeichnet man auch als Feedback.

Aus dem oben Gesagten wird ersichtlich, daß ein und dieselbe Nachricht stets viele Botschaften gleichzeitig enthalten kann.

Das Grundmodell der Kommunikation enthält nach Schulz von Thun vier Aspekte. Er bezeichnet sie als „die vier Seiten einer Nachricht". (Schulz von Thun 1992a, S. 30)

1. Sachinhalt (oder: Worüber ich informiere)
   Jede Nachricht enthält Informationen aus der Sachebene.
2. Selbstoffenbarung (oder: Was ich von mir selbst kundgebe)
   In der Nachricht stecken nicht nur Informationen über die mitgeteilten Sachinhalte, sondern auch Informationen über die Person des Senders. Allgemein formuliert: In jeder Nachricht steckt ein Stück Selbstoffenbarung des Senders. Der Begriff der Selbstoffenbarung wurde gewählt, um sowohl die gewollte Selbstdarstellung als auch die unfreiwillige Selbstenthüllung einzuschließen (vgl. Schulz von Thun 1992a, S. 26 f.).
3. Beziehung (oder: Was ich von dir halte und wie wir zueinander stehen)
   Aus der Nachricht geht ferner hervor, wie der Sender zum Empfänger steht, und was er von ihm hält. Oft zeigt sich dies in der gewählten Formulierung, im Tonfall und anderen nichtsprachlichen Begleitsignalen. Für diese Seite der Nachricht hat der Empfänger ein besonders empfindliches Ohr. Hier fühlt er sich als Person in bestimmter Weise behandelt (oder mißhandelt). Allgemein formuliert: Eine Nachricht senden heißt immer, zu dem Angesprochenen eine bestimmte Art von Beziehung auszudrücken. Streng genommen ist der Beziehungsaspekt ein spezieller Teil der Selbstoffenbarung. Jedoch gliedert Schulz von Thun den Beziehungsaspekt von der Selbstoffenbarung aus, da sich beide von der psychologischen Situation des Empfängers unterscheiden: Beim Empfang der Selbstoffenbarung ist der Empfänger ein nicht selbst betroffener Diagnostiker. Beim Empfang der Beziehungsseite ist er selbst „betroffen". Genauer betrachtet sind auf der Beziehungsseite der Nachricht zwei Arten von Botschaften vorhanden. Zum einen solche, aus denen hervorgeht, was der Sender vom Empfänger hält, wie er ihn sieht. Zum anderen enthält die Beziehungsseite Botschaften darüber, wie der Sender die Beziehung zwischen sich und dem Empfänger sieht. Zusammenfassend läßt sich sagen, daß die Selbstoffenbarungsseite Ich-Botschaften enthält. Die Beziehungsseite einerseits Du-Botschaften und andererseits Wir-Botschaften (vgl. Schulz von Thun 1992a, S. 27 ff.).

4. Appell (oder: Wozu ich dich veranlassen möchte)
Fast alle Nachrichten haben die Funktion, Einfluß auf den Empfänger zu nehmen. Die Nachricht dient also (auch) dazu, den Empfänger zu veranlassen, bestimmte Dinge zu tun oder zu unterlassen, zu denken oder zu fühlen. Dieser Versuch der Einflußnahme kann mehr oder minder offen oder verdeckt erfolgen. Im letzten Falle spricht man von Manipulation. Der manipulierende Sender bezieht häufig dann auch die anderen drei Seiten der Nachricht in den Dienst des Appells ein. Die Berichterstattung auf der Sachebene ist dann häufig einseitig und tendenziös. Die Selbstdarstellung ist darauf ausgerichtet, beim Empfänger bestimmte Wirkungen zu erzielen. Auch die Botschaften auf der Beziehungsseite können von dem heimlichen Ziel bestimmt sein, den anderen „bei Laune zu halten". Werden Sach-, Selbstoffenbarungs- und Beziehungsseite auf die Wirkungsverbesserung der Appellseite ausgerichtet, werden sie funktionalisiert. Sie spiegeln in diesem Moment nicht wider, was ist, sondern werden zum Mittel der Zielerreichung (vgl. Schulz von Thun 1992a, S. 29)

Die zuvor beschriebenen vier Seiten einer Nachricht lassen sich im folgenden Schema zusammenfassen:

Abb. 5.8 Kommunikationsmodell nach Schulz von Thun

Regeln

Die nachfolgend formulierten Fragen zu jedem der vier Kommunikationsaspekte sollen dem interessierten Leser helfen, die Ebenen voneinander abzugrenzen und zu verdeutlichen (vgl. Schulz von Thun 1992a, S. 13 ff.):

- Sachaspekt
  Wie kann ich Sachinhalte klar und verständlich mitteilen?
- Beziehungsaspekt
  Wie behandle ich meine Mitmenschen durch die Art meiner Kommunikation?
- Selbstoffenbarungsaspekt
  Was gibt mir der andere durch das Gesagte von sich selbst, von seiner Persönlichkeit?
- Appellaspekt
  Was will der andere durch das Gesagte bei mir bewirken, auslösen?

Die wichtigste Regel lautet jedoch: „Stimmigkeit der Kommunikationsaspekte hat immer Vorrang" (Schulz von Thun 1992a, S. 262).

Einsatzmöglichkeiten, Chancen und Risiken

Vorteile:

1. Bei Mißverständnissen können Störungen in den Kommunikationsbeziehungen unter Umständen leichter erkannt werden.
2. Die verschiedenen Beziehungsaspekte können je nach Zielsetzung der Kommunikation unterschiedlich stark zum Einsatz kommen, um ein gestecktes Ziel zu erreichen.

Nachteile:

1. Bestimmte Verhaltensweisen, die ursprünglich als Ausdruck einer Grundhaltung zu verstehen sind, werden von dieser Grundhaltung gelöst. Die Folge ist, daß verbale und nonverbale Kommunikation nicht mehr in Einklang stehen und der Empfänger die Nachricht mißversteht.
2. Eingeübte psychologische Verhaltensstile (z.B. tadellos formulierte Ich-Botschaften, aktives Zuhören, Metakommunikation etc.) können dazu mißbraucht werden, Überlegenheit zu erzeugen oder die Kaschierung von Unsicherheit anzustreben.
3. Wer gezielt „Ich-Botschaften" sendet, versucht als „Kommunikationsprofi" über dem Geschehen zu stehen und hat sich häufig aus der ursprünglichen Betroffenheit entfernt. Man läuft Gefahr, eine mitmenschliche Ursprünglichkeit durch eine professionelle Art sich mitzuteilen, zu ersetzen und den Ausdruck der Emotionalität in eine routinierte Form zu pressen (vgl. Schulz von Thun 1992a, S. 255 ff.).

Beispiel

Ein Mann (= Sender) sagt zu seiner am Steuer sitzenden Frau (= Empfänger) (vgl. Schulz von Thun 1992a, S. 26): „Du, da vorne ist grün!"

- Was steckt in dieser Nachricht?
- Was hat der Sender (bewußt oder unbewußt) hineingetragen?
- Was kann der Empfänger der Nachricht alles entnehmen?

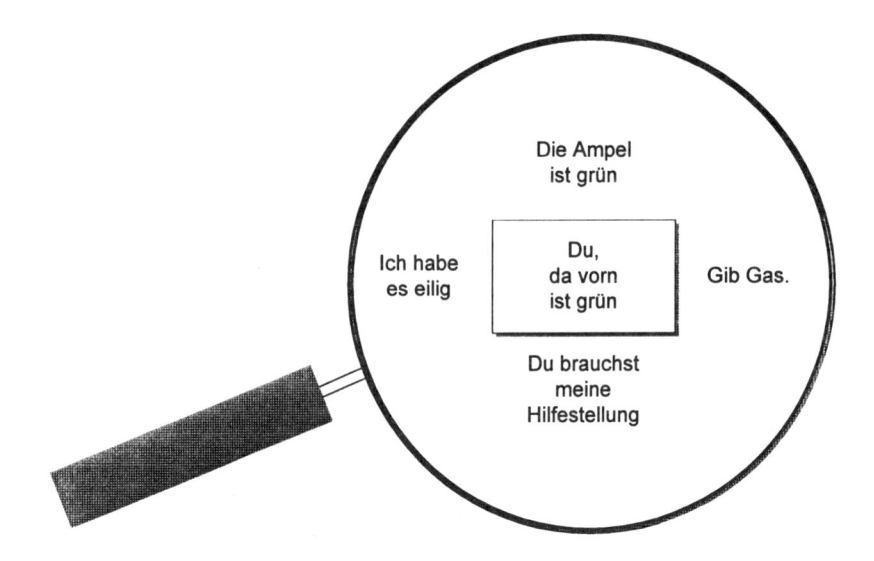

396 5 Methoden zur Kommunikation und Interaktion

Abb. 5.9 „Kommunikationspsychologische Lupe" (vgl. Faust et al. 1997, S. 13).

5.3.2
Neurolinguistisches Programmieren (NLP)

Methodische Grundlagen

Das Neurolinguistische Programmieren wurde Mitte der 70er Jahre von den amerikanischen Psychotherapeuten Bandler und Grinder entwickelt. NLP steht für

N = „Neuro"- deutet an, daß die entdeckten Muster im menschlichen Nervensystem, d. h. auf neuronaler Ebene, ablaufen.
L = „Linguistisches" betont die Bedeutung der Sprache, mittels derer die Muster bezeichnet und verändert werden können.
P = „Programmieren" soll darauf hinweisen, daß man für das Denken und Handeln immer auf Programme und Modelle der Welt zurückgreifen kann und daß diese Modelle andererseits verändert werden, so daß neue Wahlmöglichkeiten im Denken, Fühlen, Lernen etc. erworben werden können.

Das NLP hat folglich als grundsätzliche Zielsetzung, bei jeder Veränderungsarbeit den Menschen zu unterstützen, so daß dessen persönliches Weltbild systematisch und konstruktiv überprüft wird. Auf diese Weise sollen neue Wege und Alternativen entwickelt werden.

Das NLP-Konzept versteht sich als ein Modell zur Analyse der menschlichen Kommunikation und des Verhaltens. Es stellt einen lernpädagogischen Prozeß dar, der in zwei Richtungen Veränderungen bei Menschen bewirken möchte:

- Zum einen, daß sie lernen, sich selbst „Fenster" zu öffnen (Erwerb von „Lernkompetenz") und
- zum andern, daß sie lernen, anderen „Türen" aufzuzeigen, damit diese sie selbst öffnen können (vgl. Bachmann 1992, S. 104 ff.).

Ablauf

Das NLP-Konzept besteht aus mehreren Teilmodellen. Im einzelnen handelt es sich hier um folgende acht Modelle (vgl. Bachmann 1992, S. 109 ff.):

1. Das Modell der Wahrnehmung z. B. „sinnvolles" Wahrnehmen, Rapport, Pacing und Leading (vgl. Bachmann 1992, S. 109).
   - *Rapport*: Mit diesem Begriff ist der „gute Kontakt" zwischen den Gesprächspartnern gemeint und zwar im intellektuellen/emotionalen Bereich. Ein Schlüsselaspekt ist die Wahrnehmung der Welt.
   - *Pacing*: Pacing bedeutet eigentlich „nebeneinander hergehen." Im NLP heißt das, sich auf den anderen einstellen und zwar im Sprachstil und/oder in körpersprachlichen Äußerungen. Durch das Pacing wird der Rapport aufgebaut.
   - *Leading*: Leading wird immer im Zusammenhang von Pacing verwandt. Es heißt führen und zwar so, daß man eine neue Richtung einschlägt, also dem anderen quasi einen Schritt voraus ist. Auf diese Weise nimmt man den anderen mit. Im Optimalfall ist das Leading ein echtes Miteinander (vgl. Birkenbihl 1987, S. 13 ff.).
2. Das Modell der Repräsentationssysteme (die ganzheitlich-vernetzte interne Verarbeitung der sinnlichen Eindrücke und Erinnerungen in den einzelnen Sinneskanälen).
3. Das sogenannte Meta-Modell der Sprache (das Erkennen und Anwenden geformter Sprachmuster).
4. Das Konzept der Submodalitäten (dabei handelt es sich um die feinen, subtilen Unterscheidungen, die unterhalb der einzelnen sinnesspezifischen Repräsentationen anzutreffen sind).
5. Das Time-Line-Modell (welches die Art und Weise untersucht, wie Erinnerungen im Gehirn gespeichert und abgerufen werden).
6. Das sogenannte Persönlichkeits-Konzept (strukturiert das Zusammenspiel von Erinnerungen, Entscheidungen, Glaubensüberzeugungen, Spiritualität, Werten und Einstellungen).
7. Das Modell zum Umgang mit den eigenen Gefühlen.
8. Das Modell zu Entwicklungen im Kreativitätsbereich.

Im Vordergrund des Konzepts stehen die Prozesse der internalen Informationsverarbeitung. Diese werden mit bestimmten diagnostischen Modellen erfaßt und deren Nützlichkeit sowie praktische Handhabung in Demonstrationen, Übungen, Rollenspielen und Lernexperimenten erprobt und vertieft. Die aktive und kritische Auseinandersetzung mit den Übungsinhalten bildet dabei den Schwerpunkt des

Trainings. Als generelle konstruktive Entwicklungsrichtung konzentriert sich das NLP darauf

1. verankerte und nicht mehr im Mittelpunkt stehende Wahrnehmungsgewohnheiten offenzulegen und gegebenenfalls zu korrigieren,
2. den komplexen Akt des Kommunizierens, sowohl in seinen einzelnen Elementen (Wahrnehmen, Speichern, verbales und non-verbales Sich-Äußern) erfaßbar zu machen und in seiner Ganzheitlichkeit zu trainieren,
3. den Beziehungsaspekt als kommunikatives Leitprinzip gegenüber dem Inhaltsaspekt stärker in den Mittelpunkt zu rücken,
4. neue Möglichkeiten der Flexibilität im Denken und Handeln zu eröffnen, um dadurch einen Zugang zur persönlichen Kreativität zu schaffen,
5. eine konsequente, „sinnvolle" Zielorientierung im persönlichen Handlungsvollzug einzuüben und
6. das individuelle „Zeitgefühl" besser in den Griff zu bekommen (vgl. Bachmann 1992, S. 109 ff.).

Regeln

Die Aufführung der einzelnen Regeln ist abhängig von den oben aufgeführten acht Modellen. Sie können bei Bachmann detailliert nachgelesen werden (vgl. Bachmann 1992, S. 109 ff.).

Einsatzmöglichkeiten, Chancen und Risiken

Grundsätzlich kann das NLP-Konzept als allgemeines Kommunikationsmodell jedem Menschen ganz persönlich und individuell Hilfestellung geben. Diese große Anwendungsbreite ist eine besondere Stärke des NLP. Sie resultiert aus der Tatsache, daß im Rahmen der Veränderungsarbeit nicht unbedingt eingrenzende thematisch-inhaltliche Fragestellungen, sondern vielmehr übergreifende prozessuale Aspekte des menschlichen Verhaltens im Mittelpunkt stehen. Ungeachtet dessen gibt es eine ganze Reihe von Personengruppen, die über besondere kommunikative Fähigkeiten und Fertigkeiten verfügen müssen, um beruflich erfolgreich zu sein. Dabei ist an folgende Gruppen zu denken (vgl. Bachmann 1992, S. 111):

- Führungskräfte und Manager,
- Berater und Verkäufer,
- Lehrer, Ausbilder, Trainer, Dozenten und Coaches sowie
- Menschen in kreativen, innovativen, gestalterischen und künstlerischen Tätigkeiten.

Beispiel

Mini-Training zum RSP (Repräsentations-System) (vgl. Birkenbihl 1987, S. 18):
1. Lernen Sie zu erkennen, zu welchem Repräsentations-Typ Sie gehören. Fragen Sie dazu Menschen, die Sie gut kennen; hören Sie sich selbst einmal bewußt zu; beobachten Sie sich einmal bewußt, wenn Sie z. B. ein auf Sie zukommendes Gespräch vorher gedanklich durchgehen.
2. Lernen Sie, Formulierungen bei Ihren Gesprächspartnern zu erkennen. Achten Sie dazu beim Lesen oder bei Filmen auf typische Redensarten. Notieren Sie diese Formulierungen. Lesen Sie diese Liste des öfteren durch.
3. Lernen Sie, langsam diese Formulierungen in Ihr Denken zu übernehmen. Damit erweitern Sie Ihr Wahrnehmungssystem.
4. Beginnen Sie, Ihre Formulierungen im Gespräch mit anderen Menschen, die anderen Repräsentationstypen angehören, auf Ihr bevorzugtes System umzustellen.

5.3.3 Coaching

Methodische Grundlagen

Coaching ist, vereinfacht gesagt, personenbezogene Einzel-, Team- oder System-Beratung von Menschen in der Arbeitswelt. Die Arten reichen dabei von „begleitender Persönlichkeitsentwicklung für Topmanager" bis hin zum „Mitarbeitercoaching", das ein Vorgesetzter im Rahmen seiner „entwicklungsorientierten Führungstätigkeit" betreibt.

Eine der beteiligten Personen bei diesem Beratungsgespräch ist der Coach, der andere der Klient. Ein Coach ist somit ein (externer) Einzelberater für die personenzentrierte Arbeit mit Führungskräften in bezug auf die Frage, wie die Managerrolle von der Person bewältigt wird (vgl. Looss 1993, S. 13 ff.). Der Klient läßt sich dagegen auf die Coaching-„Veranstaltung" ein, um mit Hilfe des Coaches etwas persönlich und beruflich Bedeutsames zu klären, zu erlernen, zu besprechen, einzuüben, auszuwerten oder herauszufinden. Das dahinterstehende Ziel kann sehr unterschiedlich sein, oft ist es zu Beginn des Coaching-Prozesses noch nicht einmal bekannt. Somit läßt sich zusammenfassend sagen, daß sich das Coaching mit einem Beziehungsgeschehen besonderer Art, für eine einigermaßen abgrenzbare Gruppe von Menschen mit einer einigermaßen abgrenzbaren Thematik, befaßt.

Es spielt sich überwiegend in der Arbeitswelt ab, der Klient ist häufig eine Führungskraft und die im Coaching auftretenden Themen und Ziele sind schwerpunktmäßig auf die Arbeitswelt und die Berufsrolle des Klienten bezogen (vgl. Looss 1993, S. 15). Coaching läßt sich charakterisieren als

- eine Begleitung auf Zeit,
- Hilfe zur Selbsthilfe,
- ein kompaktes, umfassendes Maßnahmenbündel zur Hilfe bei insbesondere beruflichen Aufgaben und Problemen,
- eine Summe von Hilfsmaßnahmen zur Lösung persönlicher, komplexer Problemstellungen,
- eine Hilfestellung bei der Ablösung alter Denkmuster durch neue,
- eine Hilfestellung bei der Gestaltung des Wertewandels,
- eine Möglichkeit, der Vereinsamung von Führungskräften entgegenzuwirken,
- eine Gelegenheit zum Erlernen von Techniken, die helfen, besser mit Streßsituationen umzugehen,
- eine Gelegenheit zum Erlernen kommunikativer Fähigkeiten,
- ein Prozeß zur Entwicklung der Persönlichkeit und/oder der rollenspezifischen Fähigkeiten und Fertigkeiten oder deren Kompensation (vgl. Rückle 1992, S 70 f.).

Ablauf

Den Ablauf eines möglichen Coaching-Prozesses unterteilt Rückle in 10 Schritte (Tabelle 5.3):

Tabelle 5.3 Ablauf eines Coaching-Prozesses (vgl. Rückle 1992, S. 132)

1.	**Informieren**	Erfassen und Benennen relevanter Daten und Fakten zur Beschreibung eines Systemzustands.
2.	**Analysieren**	Bewertung und Gewichtung von Informationen, Zusammenhängen, Abhängigkeiten und Ideen.
3.	**Definieren**	Genaue Beschreibung und Bestimmung des Problems beziehungsweise der Aufgabe und ihrer Dimension.
4.	**Ziel überprüfen**	Klärung, ob nach den bis jetzt erreichten Erkenntnissen das ursprüngliche Ziel noch beibehalten werden kann oder ob ein neues Ziel definiert werden muß.
5.	**Lösung entwickeln**	Suche nach Vorgehensweisen beziehungsweise Maßnahmen, die das Ziel erreichen beziehungsweise das Problem lösen helfen.
6.	**Bewerten**	Einschätzung der verschiedenen Lösungsmöglichkeiten im Hinblick auf die Wahrscheinlichkeit, das Ziel zu verwirklichen beziehungsweise das Problem zu lösen. Dabei sind die Unternehmenswerte zu beachten.
7.	**Entscheiden**	Auswählen der zu realisierenden Lösungswege.
8.	**Realisieren**	Durchführen aller Schritte und Maßnahmen zur Lösung.
9.	**Kontrollieren**	Vergleichen des erreichten Zustands mit dem angestrebten Soll-Zustand.
10.	**Rückmelden**	Werturteilsfreie Beschreibung des Systemzustands und der Auswirkungen.

Die Schritte eins bis vier unterstützen die Problemerkennung und Zielpräzisierung. Die Schritte fünf bis sieben sollen Handlungsmöglichkeiten aufzeigen helfen. Die Schritte acht bis zehn helfen, die Aktionen für die Umsetzung der Wege vorzubereiten sowie auf die Machbarkeit und die Ergebniswertung zu prüfen. Abb. 5.10 stellt den Coaching-Prozeß grafisch dar.

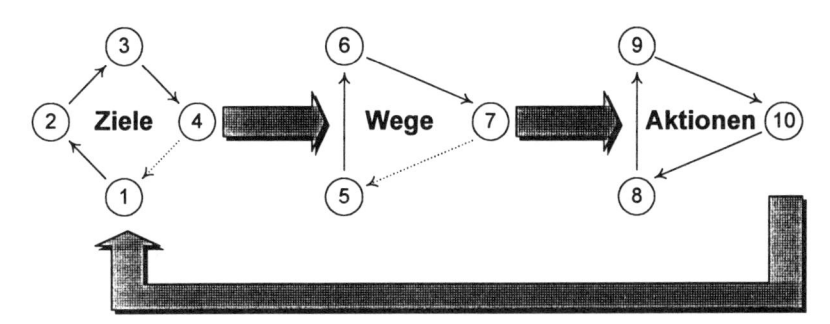

Abb. 5.10 Ablauf des Coaching-Prozesses

Regeln

Informationen, Prinzipien und Ansatzpunkte, die der Coach seinem Klienten erläutern und über deren Inhalte Übereinstimmung herrschen muß, sind:
- der Grad der Abhängigkeit bzw. Unabhängigkeit von wem oder was,
- der Grad der Diskretion und, gegebenenfalls, klare Information darüber, was wem zu berichten ist,
- die klare Information darüber, daß Coaching nur Erfolg haben kann, wenn der Klient freiwillig mitarbeitet,
- die gemeinsame Definition des Ziels des Coaching, wobei die an ein Ziel zu setzenden Kriterien erfüllt werden müssen (vgl. Rückle 1992, S. 134).

Einsatzmöglichkeiten, Chancen und Risiken

Typische Einsatzmöglichkeiten sind (vgl. Rückle 1992, S. 45):
- das Einzelcoaching durch einen internen oder externen Coach,
- die Führungskraft als Coach ihrer Mitarbeiter sowie
- das Systemcoaching.

   Weitere Einsatzmöglichkeiten sind
- das Crash-Coaching (vgl. hierzu auch Ruede-Wissmann 1991) und
- das Time-Coaching (vgl. hierzu auch James 1993).

Vorteile:

Besonders wichtig ist die Erkenntnis, daß Unternehmen und Menschen heute zunehmend in ihren Handlungen und Entscheidungen in einem vernetzten System leben. Dadurch wird das vernetzte Denken immer wichtiger, denn nur so können schwierige Probleme gelöst werden. Sie werden dann nicht mehr isoliert und voneinander getrennt diskutiert und behandelt, sondern als systemische Probleme voneinander unabhängig bearbeitet. Ein Unternehmen kann heute also als „lebendes" System betrachtet werden. Damit hängen die Menschen zusammen, die sich in diesem System befinden. Das Coaching kann hierbei Hilfestellung leisten.

Nachteile:

Das Coaching darf nicht als Begleitung auf Lebensdauer, eine neue Form der Pychotherapie, eine Art von oder Ersatz für Freundschaft, eine Arzt-Patient-Beziehung, Unterweisung und Belehrung, Wundermittel oder Lehrer-Schüler-Prozeß verstanden werden (vgl. Rückle 1992, S. 71).

Beispiel

Der Grundvorgang einer zwischenmenschlichen Kommunikation läßt sich folgendermaßen beschreiben. Ein Sender, der etwas mitteilen möchte, verschlüsselt seine Nachricht in für den Empfänger erkennbare Zeichen. Dem Empfänger kommt die Aufgabe zu, die wahrgenommenen Zeichen zu entschlüsseln. Häufig machen Sender und Empfänger von der Möglichkeit Gebrauch, die Güte der Verständigung zu überprüfen. Dies erfolgt derart, daß der Empfänger zurückmeldet,

- wie er die Nachricht entschlüsselt hat,
- wie sie bei ihm angekommen ist und
- was sie bei ihm ausgelöst hat.

Auf diese Weise kann der Sender halbwegs überprüfen, ob seine Sende-Absicht mit dem Resultat des Empfängers übereinstimmt. Eine solche Rückmeldung heißt auch Feedback (vgl. Schulz von Thun 1992a, S. 25 f.).

5.3.4
Entspannungstechniken

Methodische Grundlagen

Die Meditation ist in allen ihren Formen seit jeher ein beliebtes Hilfsmittel zur Entspannung und Selbstfindung. Über verschiedene Methoden des „In-sich-selbst-Versienkens" versucht der Übende, sein Selbst zu erkennen, also sein eigentliches Wesen vollständig bewußt zu erfassen. Der Erfolg der Meditationsübungen ist im wesentlichen an zwei Prinzipien geknüpft: *Loslassen* und *Nicht-Tun*! Wobei das Nicht-Tun das Loslassen ermöglicht. Nur wenn man nicht pausenlos in irgendeiner Form agiert, kann man das Bewußtsein von seinen Inhalten freimachen und ihm somit den Zugriff auf die Wirklichkeit verwehren. Gleichzeitig ist jedoch das Loslassen auch eine unverzichtbare Bedingung für das Nicht-Tun. Erst wenn man es schafft, dem angstbedingten Handlungszwang zu entsagen, kann sich das Nicht-Tun im offenen Raum entfalten.

Ablauf

Entspannungstechniken können ganz unterschiedlich ablaufen. Aus diesem Grund werden hier drei Beispiele dargestellt.

1. Meditations-Übung I

Legen Sie sich auf den Rücken, ziehen Sie die Beine an und lassen Sie sie dann zur Seite kippen. Bringen Sie die Fußsohlen so zusammen, daß sie möglichst auf der ganzen Fläche Kontakt haben. Legen Sie dann die Hände auf die Brust. Während der Übung sollte man auf die Bauchatmung achten. Zu Beginn sollte man nur etwa drei Minuten in dieser Übung verharren. Hat man sich an die Übung gewöhnt, kann man die Übungszeit langsam und in kleinen Schritten steigern.

2. Meditations-Übung II

Lassen Sie sich auf einer weichen, aber nicht zu nachgiebigen Unterlage auf den Knien nieder, wobei die Beine etwas über die Breite der Schultern gespreizt sein sollten. Jetzt legen Sie die Handflächen auf die Fußsohlen. Falls Sie sehr gelenkig sind, dann lehnen Sie sich zurück, bis Sie mit dem Rücken den Boden berühren. Die Übung ist allerdings ebenso wirksam, wenn Sie mit aufgerichtetem Rücken ausgeführt wird. Wichtig ist lediglich, daß mit den Händen die großen Zehen und der Mittelpunkt des Mittelfußgewölbes bedeckt wird. Anfänglich sollte man nicht länger als fünf Minuten in dieser Position verharren. Danach sollte man die Übung allmählich steigern.

Nach dieser Meditationsübung ist es sinnvoll, wenn man sich immer noch kniend nach vorne beugt, den Oberkörper ganz nach vorne legt, so daß das Gesicht auf dem Boden ist und die Arme parallel neben dem Körper liegen. So sollten sie noch einige Minuten liegen bleiben und dann langsam aufstehen.

3. Meditations-Übung III

Zu dieser Gruppenübung sind mindestens zwei Teilnehmer notwendig.

Stellen Sie sich in einem Kreis auf und reichen Sie sich die Hände. Die linke Hand (Yin-Seite) wird dabei mit der Handfläche nach oben, die rechte Hand (Yang-Seite) mit der Handfläche nach unten gehalten. Die Beine sollten etwa schulterbreit auseinander stehen. Fühlen Sie dabei in ihre Füße hinein und nehmen Sie wahr, wie die Fußsohlen den Erdboden berühren. Lassen Sie die Beine locker und beugen Sie etwas die Knie. Sie sollten nicht durchgedrückt und somit steif sein. Nun entspannen Sie das Becken und richten es neu aus, damit es genau unter dem Rumpf liegt und die Energie ungehindert aufsteigen kann. Halten Sie den Kopf gerade, so als ob er von einer Schnur, die am Scheitel befestigt ist, nach oben gezogen würde. Lassen Sie den Hals dabei frei. Geben Sie sich den Empfindungen hin. Nehmen Sie die Hände des anderen rechts und links neben sich wahr (vgl. Lübeck 1993, S.167 ff.).

Regeln

Meditations-Übung I
    mindestens drei Minuten, langsam steigern

Meditations-Übung II
    mindestens drei Minuten, langsam steigern

Meditations-Übung III
    mindestens fünf Minuten, besser zehn.

Einsatzmöglichkeiten, Chancen und Risiken

Meditations-Übung I
- Förderung des persönlichen Wachstums
- Entwicklung der Fähigkeit des liebevollen Annehmens
- Einübung einer meditativen Geisteshaltung für den Alltag
- Entwicklung der Selbstwahrnehmung
- Langsamer, harmonischer Abbau von Blockaden
- Stress-Release

Meditations-Übung II
- Förderung des persönlichen Wachstums
- Distanz schaffen, um weniger empfindlich zu sein

Meditations-Übung III
- Förderung des Gruppenbewußtseins
- Erfahrung der Einheit mit anderen
- Auf Näheängste achten (sie treten zwar selten auf, trotzdem sollte man bei längerer körperlicher Annäherung mehrerer Menschen immer darauf achten.)
(vgl. Lübecke 1993, S. 175 ff.)

Beispiel

Die nachfolgende Entspannungstechnik hilft loszulassen und den inneren Ausgleich herzustellen. Dazu sollten Sie sich bequem hinsetzen und wohl fühlen. Die Augen schließen.

Ich stelle mir vor:
    Meine Gesichtsmuskeln entspannen sich
    Mein ganzes Gesicht ist locker

Meine Schultern lockern und lösen sich
Meine Arme lockern und lösen sich
Meine Hände lockern und lösen sich
Ein angenehmes wohliges Gefühl durchströmt meinen ganzen Körper
Ich genieße das selbsttätige Atmen
Ich spüre und beobachte, wie sich meine Bauchdecke hebt und senkt
Ich beobachte meine Atmung und genieße das Loslassen
Gedankenbilder lasse ich kommen und gehen
Bevor ich wieder die Augen öffne, aktiviere ich meinen Körper durch dreimaliges Anspannen der Hände, der Arm- und Beinmuskeln.
Jetzt die Hände zu Fäusten machen und
Eins – fest anspannen und loslassen
Zwei – fest anspannen und loslassen
Drei – fest anspannen und loslassen

Augen auf – frisch und munter!!!

5.4 Gruppen- und teambezogene Methoden

Von dem in der Praxis reichhaltigen Angebot von gruppen- und teambezogenen Methoden wurden acht Methoden für dieses Handbuch ausgewählt und aufbereitet. (Abb. 5.11).

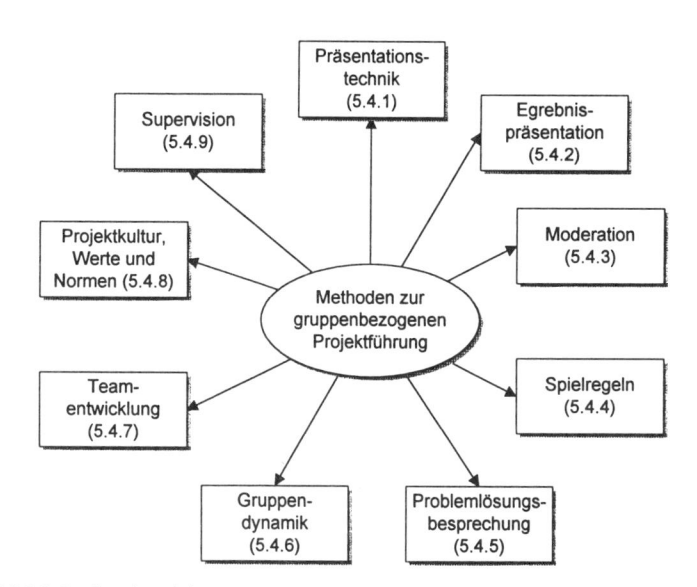

Abb. 5.11 Methodenübersicht zur gruppenbezogenen Projektführung

5.4.1 Präsentationstechniken

Methodische Grundlagen

Das Visualisieren von wichtigen Informationen ist die Grundlage einer jeden Präsentation. Dabei können z.B. bei der Gestaltung von Folien zwei Bereiche herangezogen werden:
- die grafische Gestaltung von Abbildungen, Bilder und Tabellen sowie
- die klare Gliederung von Texten.

Die grafischen Darstellungen verfolgen die Absicht, nur noch verdeutlichend zu wirken, ohne emotionalen Gehalt und möglichst ohne künstlerische Gestaltung. Das Bild oder die Grafik ist dabei nur noch Transportmittel, um die Informationen klarer und verständlicher zu machen. Mit einem Schaubild verbindet sich immer eine Absicht. Zusammenhänge, Vergleiche, Veränderungen, Tendenzen und Abläufe sollen dadurch visualisiert werden.

Umfangreiches statistisches Datenmaterial wird am besten in Tabellen dargestellt. Die Tabelle informiert komplex, detailliert und präsentiert Rohdaten, ohne dabei zu interpretieren. Aber auch schon durch eine klare Gliederung eines Textes macht man einen Schritt zur Visualisierung. Visualisieren heißt in diesem Zusammenhang: Eine textliche, rein sprachliche Information in eine optisch „aufbereitete" Information umzusetzen.

Die visuellen Hilfsmittel sollten so selbstverständlich sein, daß sie im Idealfall keiner Erklärung mehr bedürfen. Das Ziel der visuellen Aufbereitung ist es, Daten so darzustellen, daß die Aussage sofort erkennbar ist.

Ablauf

Bei der Analyse von Daten sollte, um die wichtigsten Aussagen herauszukristallisieren, folgende Fragen gestellt werden:
- Was ist das wichtigste?
- Wie hat es sich verändert?
- Was wird passieren?
- Wie ausschlaggebend ist der Trend bzw. die Tendenz?

Jede dieser Fragen enthält irgendeinen Vergleich; entweder von Daten oder Informationen zu einem Zeitpunkt oder zu verschiedenen Zeitpunkten. Schaubilder müssen so entworfen werden, daß sie die Ergebnisse der wichtigsten Vergleiche demonstrieren.

Bevor eine Information visuell aufbereitet wird, muß klar sein, was aus den Daten herausgestellt und welche Vergleiche angestellt werden sollen.

5.4 Gruppenbezogene Methoden

Der Weg von den Ausgangsdaten zur passenden Abbildung läßt sich in folgenden Schritten zusammenfassen (Abb. 5.12):

1. Welche Aussage? (von Daten zur Aussage)
   Es ist wichtig sich klar zu machen, was genau ausgesagt werden soll.
2. Welcher Vergleich? (von der Aussage zum Vergleich)
   Die Aussage, für die man sich in Schritt A entschieden hat, wird immer einen Vergleich beinhalten, und zwar einen von den fünf Grundtypen: Struktur, Rangfolge, Zeitreihe, Häufigkeitsverteilung oder Korrelation.
3. Jede Art von Vergleich verlangt eines der fünf Schaubilder: Kreis-Diagramm, Balken-Diagramm, Säulen-Diagramm, Kurven-Diagramm, Punkt-Diagramm (Abb. 5.13).

Abb. 5.12 Entwicklungsprozeß einer visuellen Darstellung

Alle Schaubilder lassen sich von fünf Grundformen ableiten (Abb. 5.14).

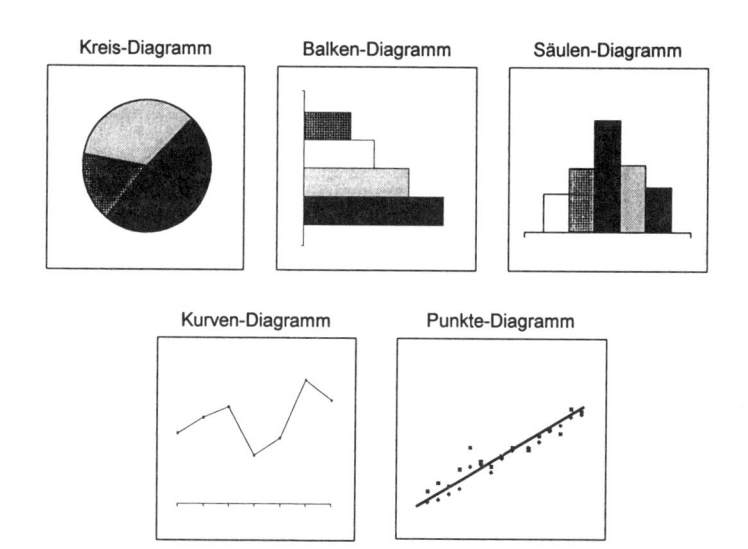

Abb. 5.13 Grundformen der visuellen Darstellung

Daraus leiten sich wiederum fünf Grundtypen von Vergleichen ab:

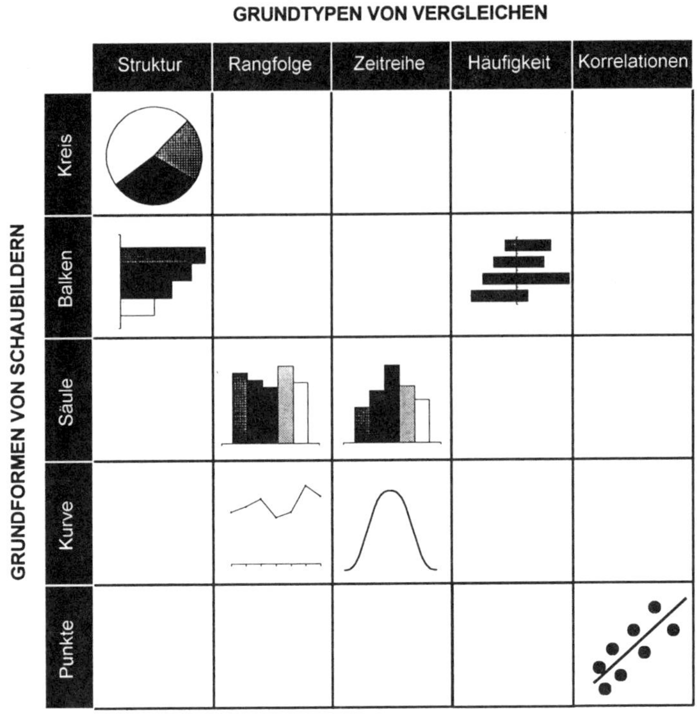

Abb. 5.14 Grafische Grundformen und Grundtypen

Regeln

Für die Gestaltung von Folien mittels der oben beschriebenen visuellen Darstellungstechniken gelten folgende Regeln:

- Auf die Folie gehören nur die Kernaussagen.
  Also nie mehr als 7 Zeilen pro Textfolie.
- Aktivieren des Auditoriums durch Farben, Bilder oder Karikaturen.
- Die Gestaltungsfläche einer Folie ist durch die Projektionsfläche des Projektors auf 19 cm Breite und 24 cm Höhe begrenzt. Die Schriftgröße ist vom Abstand des Projektors zur Leinwand und der Zuhörer-Entfernung abhängig.
- Faustregel: Bei einem Abstand von ca. 2 Metern zwischen Projektor und Leinwand entspricht die Buchstabenhöhe in Millimeter der Entfernung zum letzten Zuschauer in Meter. Bei einer Entfernung von 15 m muß folglich die Schrift auf der Folie ca. 15 mm hoch sein (vgl. Müller-Schwarz u. Weyer 1991, S. 185 ff.).

5.4 Gruppenbezogene Methoden

Einsatzmöglichkeiten, Chancen und Risiken

Die fünf Grundformen lassen sich wie folgt sinnvoll einsetzen:
1. Kreisdiagramm
- Da ein Kreis eine klare Darstellung eines Ganzen ist, eignet sich diese Darstellungsweise ganz besonders gut zum Darstellen von Prozentanteilen.
- Um die Vorteile des Kreisdiagramms am besten auszunutzen, sollten so wenig Prozentangaben wie möglich gezeigt werden.
- Da das Auge es gewöhnt ist, im Uhrzeigersinn vorzugehen, sollte das wichtigste Segment an der „12-Uhr-Linie" positioniert sein.
- Wird ein 100 %-Diagramm gezeigt, so sprechen zwei Gründe für das Kreis-Diagramm: Der Kreis vermittelt das Ganze, und die zu vergleichenden Größen der Segmente können generell besser und genauer gelesen werden.

2. Balkendiagramm
- Muß man dagegen mehrere 100 %-Diagramme darstellen, so ist es sinnvoller, Balken- oder Säulendiagramme zu wählen, da sie besser vergleich- und beschriftbar sind.
- Das Balkendiagramm ist am besten geeignet für den einfachen und direkten Vergleich.
- Obwohl die Rangfolge bei den Balkendiagrammen auch vertikal dargestellt werden kann, ist dies nicht unbedingt sinnvoll, da es weniger Platz für die Beschriftung gibt und der Betrachter dazu neigt, einen Vergleich über die Zeit daraus abzulesen.

3. Säulendiagramm
- Ein Säulendiagramm eignet sich dagegen besser, wenn nur einige wenige Zeitperioden abgebildet werden oder wenn es extreme Schwankungen in den Daten gibt.
- Ein Säulendiagramm verdeutlicht Ebenen, während das Kurvendiagramm eher eine Bewegung oder Richtungsänderung ausdrückt.
- Stufendiagramme sind Säulendiagramme ohne freien Raum zwischen den Säulen. Die beste Anwendung für diese Art von Diagrammen ist z. B. bei Personalauslastung oder Produktionskapazitäten, die sich in bestimmten Zeiträumen abrupt und unregelmäßig verändern.

4. Kurvendiagramm
- In der Statistik ist eine „Kurve" eine Linie, die eine Reihe von definierten Punkten verbindet. Die möglichen Formen einer solchen Kurve können zwischen „stark gezackt" und „ganz glatt" liegen. Das Kurvendiagramm ist am besten geeignet für Verteilungsdarstellungen mit vielen Werten. Es wird benutzt, um Entwicklungen oder Folgen von Daten aufzuzeigen, wobei die Größenunterschiede innerhalb der Klassen-Intervalle sehr klein sind.
- Ein Kurven-Diagramm sollte angewandt werden, wenn eine Vielzahl von Punkten ausgewertet werden muß.

410 5 Methoden zur Kommunikation und Interaktion

- Beim Flächen-Diagramm handelt es sich um ein modifiziertes Kurven-Diagramm. Die Fläche zwischen der Kurve und der Basislinie wird gerastert, um eine bessere Vorstellung für das Volumen zu erzeugen. Es verdeutlicht mehr das Gesamtvolumen als die einzelnen Veränderungen der Kurve. Die Kurve wird grafisch ausdrucksvoller.

Beispiel

Das Beispiel (Abb.5.15) zeigt unter Verwendung separater Kreisdiagramme für jede Region

1. die Leistung der Firma in der jeweiligen Region
2. den Leistungsunterschied der verschiedenen Regionen.

Der Marktanteil ist in Süddeutschland am größten

Süddeutschland   Norddeutschland   Europa   Nordamerika

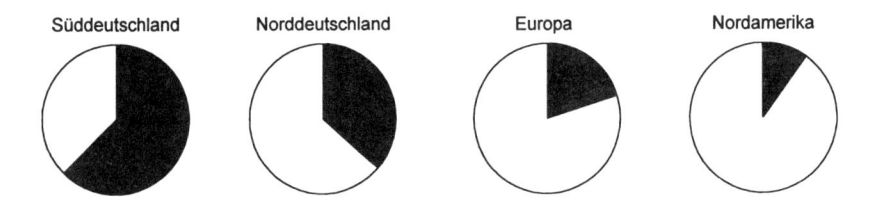

Abb. 5.15 Beispiel für die Darstellung von Marktanteilen

5.4.2
Ergebnispräsentation

Methodische Grundlagen

Jedes Projekt muß, unabhängig von seiner Bedeutung, dem Auftraggeber, dem Linienmanagement sowie den Mitarbeitern mit Hilfe bestimmter Techniken klar und verständlich nähergebracht werden. Außerdem muß man die Betroffenen in das Projekt einbeziehen, indem man ihnen schildert, welche Überlegungen zu den geplanten Lösungen geführt haben, noch bevor man auf die Lösungen als solche eingeht. Nur ein regelmäßiger Dialog kann ein beiderseitiges Verständnis gewährleisten (vgl. Probst S. 366).

Zusammengefaßt werden die Ergebnisse - mindestens der Phasen, oft auch der Meilensteine - in der Präsentation, bei der der Projektauftraggeber und die Vorgesetzten der Projektmitarbeiter (Projektausschuß) und alle betroffenen Stellen über das Ergebnis der Arbeit unterrichtet werden. Zusammen mit den Kostenschätzungen, dem Amortisationsplan und der Kapazitätsplanung sollte auch ein Terminplan für die endgültige Realisierung des Projekts vorgestellt werden, so daß alle notwendigen Entscheidungsunterlagen vorliegen und eine vollständige Information über alle zukünftigen mit der Projektrealisierung zusammenhängenden Aktivitäten und Probleme stattfinden (vgl. Zentrum Wertanalyse 1991, S. 92).

Ablauf

Vorbereitung der Präsentation

Information: Die Vorabinformation der Teilnehmer beschränkt sich auf technische Daten, wie Ort, Zeit, voraussichtliche Dauer, Teilnehmer, Begründung, Thema und Ziel der Veranstaltung. Es sollten vorab jedoch keine Informationen über Inhalte, Lösungsansätze, Thesen etc. gegeben werden. Derartige Informationen können zu Diskussionen und Meinungsbildungsprozessen vor der Präsentation führen, die vom Organisator nicht gesteuert werden können.

Raum: Die Präsentation sollte möglichst in dem Raum stattfinden, in dem die Projektgruppe in der Regel arbeitet. Dort sollten sämtliche technischen Hilfsmittel, aber auch Unterlagen, bereit stehen, die während der Sitzung benötigt werden.

Beteiligte: Die Auswahl der Teilnehmer hängt von der Zielsetzung der Sitzung ab. Der Teilnehmerkreis sollte so klein wie möglich gehalten werden, maximal jedoch 15 bis 20 Personen nicht überschreiten, da sonst die Gefahr besteht, daß die Präsentation zu einem Vortrag entartet und nicht zu einer gemeinsamen Diskussion führt. Die eigentliche Vortragsphase, die nicht länger als 15 bis 20 Minuten dauern sollte, kann vom Projektleiter, von einem rhetorisch geschickten Mitglied der Projektgruppe oder von mehreren Projektgruppenmitgliedern durchgeführt werden. Für den Projektleiter spricht seine Übersicht über das gesamte Projekt. Für den rhetorisch Versierten spricht die Überzeugungskraft, die von einem gekonnten Vortrag ausgeht. Die Mehrheit der Argumente spricht jedoch für den Einsatz mehrerer Mitglieder der Projektgruppe. Ein Wechsel der Präsentierenden weckt neues Interesse und erhöht somit die Aufmerksamkeit. Allerdings darf der Wechsel nicht zu häufig stattfinden - maximal drei Präsentierende innerhalb von 15 Minuten - da er sonst störend wirken könnte. Darüber hinaus spricht für diese Lösung, daß der jeweilige Fachmann der Projektgruppe über sein Spezialgebiet Auskunft geben kann. Präsentieren mehrere Mitarbeiter, ist der Projektleiter für den Rahmen zuständig. Er sollte zu Beginn die Zielsetzungen und Themenschwerpunkte erläutern und die Präsentierenden vorstellen. Anschließend an die Teilpräsentationen sollte er die Ergebnisse noch einmal stichwortartig zusammenfassen und in die nächste Phase, die Diskussionsphase, überleiten. Die Diskussionsphase folgt auf die Vortragsphase und dauert in der Regel 45 bis 60 Minuten (vgl. Schmidt 1991a, S. 356 ff.).

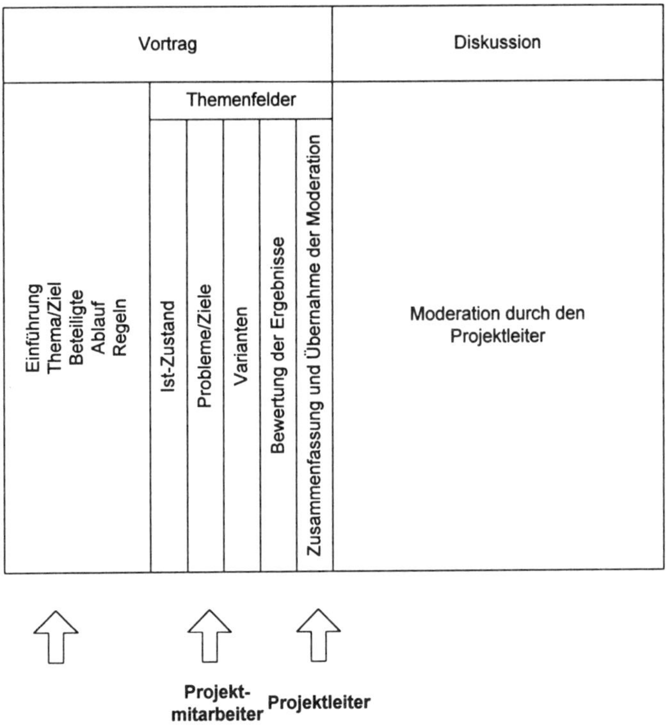

Vortrag		Diskussion
	Themenfelder	
Einführung / Thema/Ziel / Beteiligte / Ablauf / Regeln	Ist-Zustand | Probleme/Ziele | Varianten | Bewertung der Ergebnisse | Zusammenfassung und Übernahme der Moderation	Moderation durch den Projektleiter

⇑ Projektmitarbeiter ⇑ ⇑ Projektleiter

Abb. 5.16 Aufbau einer Ergebnispräsentation

Inhalt Jede Präsentation umfaßt in der Vortragsphase folgende vier Themenfelder, die auch in dieser Reihenfolge betrachtet werden sollten:
1. Ist-Zustand
2. Probleme des Ist-Zustandes bzw. der Ziele
3. Mögliche Lösungsvarianten
4. Bewertung der Lösungsvarianten

Diese Themenfelder sind entsprechend der Zielgruppen und der Zielsetzungen der Präsentation unterschiedlich intensiv zu behandeln. Der Ist-Zustand ist den von der Lösung Betroffenen normalerweise bekannt. Bei der Präsentation zur Meinungsbildung kann es jedoch notwendig sein, ihn ausführlicher darzustellen, besonders wenn nicht alle den gleichen Informationsstand besitzen. Die Pro-

5.4 Gruppenbezogene Methoden

bleme des Ist-Zustandes müssen fast immer ausführlicher dargelegt werden, da aus ihnen die Begründung für die vorgeschlagenen Lösungsvarianten abgeleitet werden. Die Beschreibung der Varianten sollte speziell in einer Entscheidungspräsentation sehr kurz gefaßt werden, da die Entscheider sich mit den grundsätzlichen Vor- und Nachteilen, mit der Eignung der Lösungen auseinandersetzen sollten, nicht mit den Lösungsdetails. Die Bewertung der Ergebnisse sollte bei allen Präsentationen (ausgenommen die Informationspräsentation) den breitesten Raum einnehmen. Nur wenn es gelingt, überzeugend die Vorteile der favorisierten Lösung herauszuarbeiten, ist zu erwarten, daß der Vorschlag angenommen wird.

Abb. 5.17 soll die unterschiedliche zeitliche Gewichtung der einzelnen Themenfelder veranschaulichen. Die Stärke der Balken entspricht dem Zeitaufwand in der Vortragsphase der Präsentation. Einschränkend ist zu sagen, daß jedoch nur Tendenzaussagen gemacht werden können.

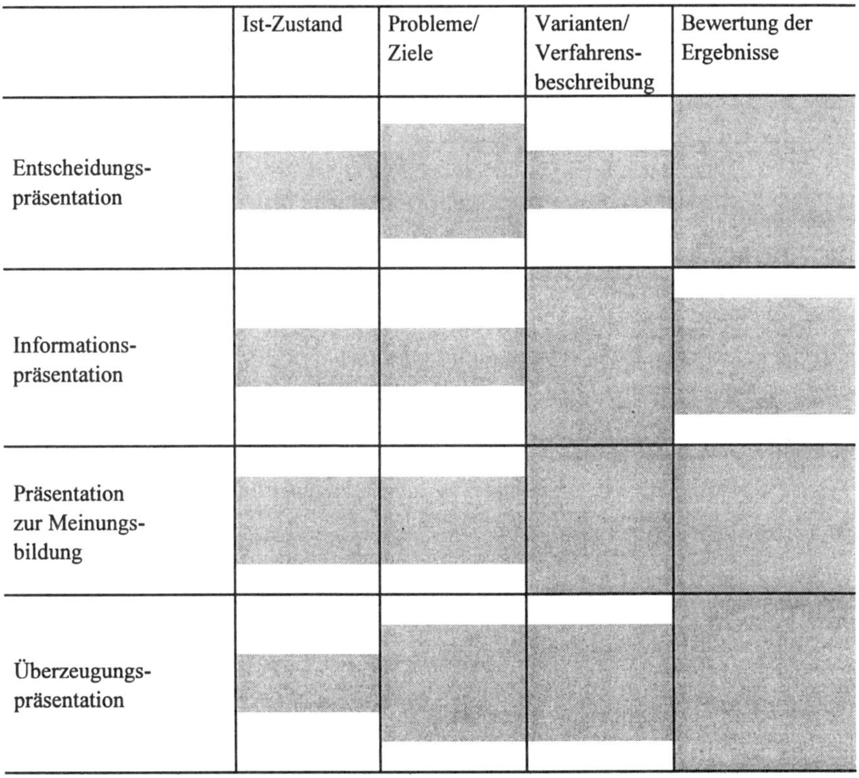

	Ist-Zustand	Probleme/ Ziele	Varianten/ Verfahrensbeschreibung	Bewertung der Ergebnisse
Entscheidungspräsentation				
Informationspräsentation				
Präsentation zur Meinungsbildung				
Überzeugungspräsentation				

Abb. 5.17 Präsentationsarten und ihre Schwerpunktverteilung

Visualisierung: Die Technik der Visualisierung ist eines der wichtigsten Instrumente der gesamten Projektarbeit, insbesondere bei der Präsentation. Die Vorteile der Visualisierung sind:
- leichtes Erkennen von Zusammenhängen
- Aufmerksamkeitswirkung
- Orientierungshilfe für Vortragende und Zuhörende
- hervorheben von Aussagen
- besseres Behalten von Gesehenem und Gehörtem (vgl. Schmidt 1991a, S. 358 ff.).

Zur Visualisierung zählen jedoch nicht nur Bilder, sondern auch Texte. So kann auch eine Diskussion visualisiert werden, indem die wichtigsten Aussagen, für alle gut sichtbar, stichwortartig schriftlich fixiert werden.

Unterlagen: Bei den Unterlagen gilt das Prinzip: „Qualität vor Quantität". Es sollten in gestraffter Form die wichtigsten Aussagen zur Verfügung gestellt werden. Besonders ist darauf zu achten, daß alle visualisierten Sachverhalte in den Teilnehmerunterlagen enthalten sind.

Durchführung der Präsentation

Vortragsphase: Die Vortragsphase sollte etwa ¼ der Präsentationszeit nicht überschreiten und auf keinen Fall länger als 15 bis 20 Minuten dauern. Langwierige Vorträge führen schnell zu sinkender Konzentration. In der Vortragsphase werden je nach Anlaß Probleme aufgeworfen, Lösungen vorgestellt, Entscheidungspunkte aufgezeigt. Treten mehrere Präsentierende auf, sollte ein eingeübter und nahtloser Wechsel stattfinden, ohne daß es einer besonderen Aufforderung an den Nachfolgenden bedarf. In dieser Phase gelten im besonderen die Regeln der Rhetorik, wie beispielsweise freie Rede, Augenkontakt, Variation der Lautstärke, Gestik, Mimik etc.

Diskussionsphase: Die Diskussionsphase sollte etwa ¾ der Präsentationszeit einnehmen. Je nach Präsentationsziel gilt es, Anregungen zu erhalten, offene Fragen zu klären, zu Einwänden Stellung zu nehmen, Bedenken zu zerstreuen oder die Teilnehmer positiv einzustimmen.

Bei der Informationspräsentation werden am Ende der Diskussionsphase die Lösungen nochmals vom Projektleiter zusammengefaßt, dargestellt und die weiteren Schritte erläutert. Ebenfalls werden bei einer Präsentation zur Meinungsbildung die erarbeiteten Ergebnisse zusammengefaßt und der Projektfortschritt aufgezeigt. Gleichzeitig muß versucht werden, von den Anwesenden eine Entscheidung zu erhalten, da die weitere Arbeit davon abhängt (vgl. Schmidt 1991a, S. 363 ff.).

Auswertung der Präsentation: Nach Abschluß der Präsentation ist ein Protokoll anzufertigen. Daran sollten, wenn möglich, alle Mitglieder der

Projektgruppe mitarbeiten, um Fehlinterpretationen und Mißverständnisse zu vermeiden. Das Protokoll ist allen Teilnehmern auszuhändigen. Es sollte sich auf das wesentliche beschränken. Ein nicht innerhalb einer gewissen Frist beanstandetes Protokoll sollte vereinbarungsgemäß als verabschiedet gelten (vgl. Schmidt 1991a, S. 364 ff.).

Regeln

Es können vier Anlässe von Präsentationen unterschieden werden:

1. Präsentation zur Entscheidungsfindung
   Entscheidungspräsentationen finden zu ereignis- und zu zeitpunktorientierten Punkten statt. Der oder die Organisatoren (Projektgruppe) präsentieren vor dem Entscheidungskolloquium, um Zusagen für die Fortführung des Projekts zu erhalten, oder um zu erfahren, welchen Weg sie weiter verfolgen sollen.

2. Präsentation zur Information
   Bei den Präsentationen zur Information stehen die Ergebnisse fest. Es sind keine Entscheidungen zu fällen. Die Veranstaltungen dienen dazu, entwickelte und verabschiedete Lösungen vorzustellen, zu erläutern und zu begründen. Sie unterstützen die Projektarbeit und dienen der Einführung neuer Lösungen.

3. Präsentation zur Meinungsbildung
   Bei Präsentationen zur Meinungsbildung soll eine breite gemeinsame Basis für Lösungen gefunden werden.

4. Präsentationen zur Überzeugung
   Hinsichtlich ihres Zwecks können Präsentationen zur Entscheidungsfindung, zur Information, zur Meinungsbildung und zur Überzeugung unterschieden werden (vgl. Schmidt 1991a, S. 356 f.).

Einsatzmöglichkeiten, Chancen und Risiken

Präsentationen bieten viele Chancen, sind allerdings nicht ohne Risiken. Gelingt eine Präsentation, wird die Projektgruppe auf Vertrauen und Unterstützungsbereitschaft stoßen und im Einführungsabschnitt nur relativ geringfügige Widerstände zu überwinden haben.

Mißlingende Präsentationen sind häufig auf mangelhafte Vorbereitung, nicht auf schlechte Sachlösungen zurückzuführen. Die Vorbereitung kann in zweifacher Hinsicht mangelhaft sein: Zum einen sind unter Umständen elementare technische Regeln nicht beachtet worden, zum anderen wurden vielleicht die psychologischen Komponenten der Präsentation unterschätzt. Neben rationalen, sachorientierten Argumenten muß die psychologisch-soziologische Situation der Beteiligten, müssen Wünsche, Bedürfnisstrukturen, Befürchtungen, Werthaltungen, Erfahrungen bewußt berücksichtigt und angesprochen werden (vgl. Schmidt 1991a, S. 357).

Beispiel

Konferenzablauf: Rolle des Konferenzleiters (vgl. Probst 1992, S. 365)

Einleitung:
- Teilnehmer für ihre Anwesenheit danken
- Abwesende entschuldigen
- Situation nochmals schildern
- Konferenzzweck erläutern

Hauptvorträge:
- Vor allem jene zu Wort kommen lassen, die einen Vortrag vorbereitet haben und daher den Rahmen für die Diskussion abstecken können
- Zu lange Redezeiten vermeiden
- Regelmäßig die Präsentationstechnik wechseln, um Eintönigkeit zu vermeiden
- Darauf achten, daß jeder zu Wort kommt
- Teilnehmer zu Vorschlägen ermuntern
- Zu Entscheidungen ermuntern
- Zu möglichst klaren Anweisungen aufrufen

Schlußphase:
- Gesagtes unter Hervorbringung der wichtigsten Punkte zusammenfassen
- Termine für die nächsten Konferenzen und weitere Vorgehensweise festlegen
- Anwesende für ihre Mitarbeit danken

Nach der Konferenz:
- Darauf achten, daß das Protokoll, einschließlich Zeitplan für die weiteren Schritte korrekt erstellt und an alle Teilnehmer verschickt wird
- Das in der Konferenz erbetene Informationsmaterial verschicken

5.4.3 Moderation

Methodische Grundlagen

Die Moderation ist eine Arbeits- und Darstellungstechnik, die der Moderator in Arbeitsgruppen, bei Konferenzen, in Projektteams oder in ähnlichen Situationen einsetzt, um dem jeweiligen Personenkreis bei der Erreichung der Ziele behilflich zu sein. Der Moderator bietet methodische Hilfestellung, ohne dabei inhaltlich Stellung zu beziehen (vgl. Gabler-Wirtschafts-Lexikon 1993, S. 2297).

Das vordergründige Ziel der Moderation ist, den Prozeß transparenter und somit reflektierbar zu machen, um schneller an die Sachzielebene heranzukommen. Die Moderation ist also ein zentrales Element des kooperativen Führungsstils, wobei die Hierarchien nicht aufgelöst, aber funktional relativiert werden (vgl. Böning u. Oefner-Py 1991, S. 13).

Die Moderation läßt sich kurz beschreiben als

- dynamisches Konzept, prozeßhaftes Vorgehen
- Vielfalt von Beziehungen
- problemzentrierte Zusammenarbeit
- Methode zur Verbesserung der menschlichen Kommunikation, der besseren Nutzung der Kreativität der Gruppe
- Vorgehensweise auf der Grundlage des Prinzips der Selbstverantwortung, der Beteiligung der Betroffenen und der Handlungsorientierung.

Der Zweck der Moderation ist in Abb. 5.18 dargestellt.

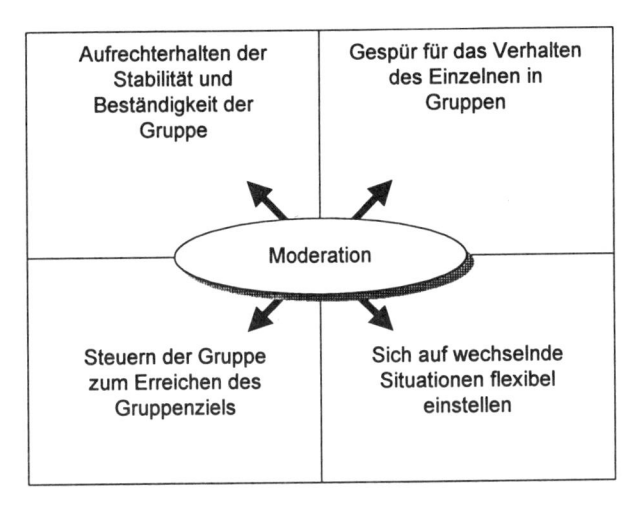

Abb. 5.18 Zweck der Moderation

Ablauf

Der Moderationsprozeß läßt sich in sieben Schritte unterteilen:

1. Inhaltliche Vorbereitungsphase
   Sie ist wesentlicher Bestandteil für eine optimale Einstimmung der Teilnehmer. Die inhaltliche Vorbereitung beinhaltet die detaillierte Planung des Ablaufs und der einzusetzenden Methoden. Eine Checkliste kann helfen, wichtige Fragestellungen im Vorfeld zu klären (Tabelle 5.4).

Tabelle 5.4 Checkliste für Workshop-Vorbereitung (vgl. Böning u. Oefner-Py 1991, S. 133)

Wichtige Fragestellungen	Klassifikation	Beispiele
Welche Zielgruppe?	woher kommt sie? was tut sie?	Führungskräfte, Verkaufsabteilung, Marketing, DV etc.
Wie setzt sich die Zielgruppe zusammen?	hierarchisch funktional nach Tätigkeitsarten nach Interessen	Welche Rolle spielt wer im Betrieb? Welche Funktion haben die Teilnehmer? Welche Tätigkeiten führen sie aus? Was soll im Seminar bzw. Workshop erarbeitet werden?
Was wollen die Teilnehmer?	Ziele Absichten Erwartungen	Wissen vertiefen Umsetzung im Beruf gutes Arbeitsklima, Erfolg
Welche Voraussetzungen bringen die Teilnehmer mit?	Vorwissen über das Problem, Kenntnisse der Hintergründe, Fachwissen	
Welche Konflikte können auftreten?	Persönliche sachliche Intensität	Werde ich als Moderator akzeptiert? Kann es andere Vorstellungen der Teilnehmer geben? Wie wird das Klima unter den Teilnehmern sein?
Welche Ziele hat die Moderation?	Veränderung in der Organisationsstruktur Energie und Engagement für die Durchführung von Lösungen Verfügt die Gruppe über Entscheidungskompetenz?	Sollen neue Projekte in der Organisation eingeführt werden? Wollen und können die Teilnehmer ihre Lösung durchführen? Darf oder kann die Gruppe ihre Lösungen dann umsetzen?
...	...	...

Die Liste soll an dieser Stelle nur einen Überblick geben und kann beliebig erweitert bzw. modifiziert werden.

2. Begrüßungs-, Kennenlern- und Anwärmphase
   Die Begrüßung bestimmt im wesentlichen den Verlauf der Moderation. Sie kann beispielsweise durch ein Begrüßungsplakat oder durch die persönliche Begrüßung eines jeden einzelnen Teilnehmers erfolgen.

Das Kennenlernen dient dazu, sich auf die Teilnehmer einzustellen und sich ein Bild von ihnen zu machen. Das Kennenlernen kann beispielsweise durch eine Vorstellungsrunde, ein Gruppenspiel oder durch ein Paarinterview erfolgen.

Das Anwärmen dient dazu, die Gruppe zu motivieren und sie auf die gemeinsame Arbeit vorzubereiten. Dies kann erfolgen durch ein Blitzlicht, kurze Beiträge, das Äußern von Gefühlen, die jeden beim Ankommen bewegen, das Äußern von emotionalen Erwartungen an die Veranstaltung etc.

3. Problem- und Themorientierungsphase

Die Gruppe muß sich der Bedeutung des Themas bewußt werden. Für den einzelnen Teilnehmer muß die Gewichtung der verschiedenen Schwerpunkte sichtbar gemacht werden. Dabei kann es sinnvoll sein, thematische Aspekte und Teile eines Problems von den Teilnehmern selbst benennen und konkretisieren zu lassen. Wichtig ist, daß der Gruppe die Themen und Probleme bewußt werden und sie sich durch den Moderator zu einem Ziel, einem Weg, einer Orientierung, einer Identifikation führen lassen.

Zu beachtende Grundsätze sind dabei:
- konkrete Fragestellung erarbeiten
- nur auf das Ziel hin diskutieren, aber noch keine Lösungsvorschläge einbringen
- Probleme klar formulieren; noch keine inhaltlichen Beiträge erarbeiten
- unterschiedliche Meinungen visualisieren
- Anregungen für die Diskussion und unterschiedliche Lösungsmöglichkeiten erarbeiten. Mögliche Methoden sind beispielsweise Brainstorming, Methode 635, etc. (Kap. 4.6).

4. Problembearbeitungsphase

In dieser Phase werden die Themen bearbeitet und gezielt nach Lösungen gesucht. Zwei Möglichkeiten zur Problemlösung sind das DALLAS- sowie das LOVER-Konzept (vgl. Böning u. Oefner-Py 1991, S. 156 ff.).

Das DALLAS-Konzept eignet sich eher zur Problem- bzw. Konfliktanalyse und definiert sich als

D:= Definieren des Problems
A:= Anregen von Lösungen
L:= Lösungsmöglichkeiten ohne voreilige Wertung
L:= Lösung bewerten
A:= Anwenden der Lösung
S:= Situation überprüfen

Das LOVER-Konzept eignet sich eher als Struktur zur kreativen Lösungssuche. LOVER steht für

L:= Listen
O:= Ordnen
V:= Vervollständigen
E:= Einschätzen
R:= Resümieren

5. Ergebnisorientierungs- und Sicherungsphase
Die erarbeiteten Ergebnisse sollten klar formuliert und von den Teilnehmern subjektiv als solche wahrgenommen werden. Mögliche Ergebnisse oder Resultate können sein:
- ein gewichteter und von allen getragener Problemkatalog
- Arbeitsaufträge an einzelne Personen oder Untergruppen
- ein abgestimmtes oder weiteres Vorgehen
- Erfahrungsaustausch
- Regeln und Empfindungen
- Selbstverpflichtungen
- geklärte Beziehungen
- Erreichen von Lernzielen

Das wichtigste Instrument in der Ergebnisorientierung ist der Tätigkeitskatalog. In ihm sind alle Aktivitäten enthalten, die dazu dienen, die angesprochenen Probleme zu lösen. Er kann durch das Sammeln von Lösungsansätzen in Kleingruppen vorbereitet werden. Der Tätigkeitskatalog ist die kritischste Phase der Umsetzung der Moderationsergebnisse, denn

- die Teilnehmer müssen offenlegen, ob sie sich engagieren wollen und
- der Tätigkeitskatalog muß in festgelegten Zeitabständen korrigiert und überarbeitet werden (vgl. Kleibert 1987, S. 147 f.).

6. Abschlußphase
Der Abschluß soll ein bewußtes Ende setzen. Dies kann beispielsweise erreicht werden durch
- Erfolgserlebnisse
- Ausblicke, Chancen, das Gelernte erfolgreich umzusetzen
- Überprüfen der Zielerreichung: (Ja/Nein)
- Festhalten dessen, was noch offen ist

Die Abschlußerlebnisse beziehen sich grundsätzlich auf drei Ebenen:
- inhaltliche, sachliche Ergebnisse der Moderation
- Reflektieren des Prozesses, durch den das Ergebnis zustande gekommen ist
- die Gefühle, mit denen die Teilnehmer die Veranstaltung verlassen

7. Nachbereitungsphase
Die Nachbereitung erfolgt für den Moderator auf zwei Ebenen: zum einem auf der Sachebene, zum anderen auf der persönlichen Ebene. Die Sachebene betrifft im wesentlichen das Festhalten der Ergebnisse in Form eines Protokolls. Auf der persönlichen Ebene reflektiert der Moderator seine Moderation.

Regeln

Spielregeln der Moderation, die für alle ihre Gültigkeit haben und gemeinsam mit der Gruppe vereinbart werden sollten, sind:

- nicht dazwischen reden
- Wortmeldungen abwarten
- nicht abschweifen
- Kritik nur in Anwesenheit des Betroffenen. Miteinander reden, nicht übereinander
- keine Schuldzuweisungen, keine Rechtfertigungen
- ruhige Diskussion
- keine Selbstdarstellung
- schweigen bedeutet Zustimmung
- ggf. Vereinbarung von Spielregeln (Kap 5.4.3)

Für die Visualisierung können folgende Regeln sinnvoll sein:

- treffende Titel für den jeweiligen Sachverhalt auswählen
- Texte und Bilder auf den freien Flächen ausgewogen anordnen
- Komplexe Darstellungen großflächig abbilden
- Farben sinnvoll einsetzen, jedoch nicht mehr als drei. Symbolcharakter beachten
- gleiche Sachverhalte mit gleichen Symbolen und gleichen Farben abbilden
- Vergleiche nebeneinander anordnen
- nicht mehr als max. 3 Aussagen pro Bild
- das Wichtigste in die Bildmitte
- Text in kurzen Zeilen; gegliederte Blöcke
- Wichtiges durch Farbe, Schriftgröße, Strichstärke, Schriftart etc. hervorheben.

Einsatzmöglichkeiten, Chancen und Risiken

Der *Einsatz* der Moderationsmethode kann vor allem bei allen Arten der Gruppenarbeit wie Seminaren, Workshops, in Projektteams erfolgen.

Die *Vorteile* sind darin zu sehen, daß durch das strukturierte und klare Vorgehen die Gruppe schneller arbeitsfähig und die Themen und/oder Probleme effektiver und effizienter bearbeitet und gelöst werden. Außerdem entlastet der Moderator die Gruppe von den organisatorischen Angelegenheiten, so daß diese sich auf das Wesentliche konzentrieren kann.

Nachteilig ist, daß für diese Methode ein entsprechend ausgebildeter Moderator benötigt wird. Gleichgültig, ob dieser intern aus dem Unternehmen stammt oder extern eingekauft wird, es entstehen für das Unternehmen Kosten.

Beispiel

Ein Beispiel für die Moderationsmethode ist das Sammeln von Vorschlägen, Ideen, Meinungen der Gruppenmitglieder auf Kärtchen, die an Pinnwände geheftet und anschließend geordnet werden. Daran anschließend kann eine Bewertung der Lösungsvorschläge erfolgen, indem die Teilnehmer eine aufgelistete Reihe von Alternativen mittels Punkten bewerten.

5.4.4
Spielregeln

Methodische Grundlagen

Nach Paul Watzlawick kann man nicht nicht kommunizieren (vgl. hierzu Watzlawick, 1995). Trotzdem ist es nicht so einfach, gekonnt zu kommunizieren, schon gar nicht in einer Gruppe, deren Mitglieder sich gegenseitig nicht kennen. Dem Moderator kommt an dieser Stelle eine große Bedeutung zu. Er kann zu Beginn oder im Verlauf der Sitzung, bei Bedarf zusammen mit der Gruppe, Verhaltensregeln für die gemeinsame Arbeit vereinbaren. Diese Spielregeln regeln die Art und Weise der Kommunikation in der Gruppe (vgl. Seifert 1992, S. 135 f.).

Ablauf

Spielregeln für die Grundeinstellung des Miteinanderumgehens in der Gruppe können sein:

- Offenheit und Ehrlichkeit
- Pünktlichkeit und Zuverlässigkeit
- Vertrauen
- Fairneß und Toleranz
- positive Einstellung
- ganzheitliche Sicht

  Spielregeln für eine Besprechungsgestaltung können sein:
- vollständige Einladung
- Moderation
- Zielformulierung
- Tagesordnung
- Protokoll
- Verwendung von grünen, gelben und roten Karten (Ampelkarten)
- Ergebnisse zusammenfassen
- Reflexionsphase
- Grundeinstellungen leben
- sich aktiv beteiligen
- sich kurz fassen
- ausreden lassen
- nur sachliche Argumente
- nur direkte, sachliche und konstruktive Kritik
- keine Nebenaktivitäten
- keine Seitengespräche
- keine Telefonate

Regeln

- Die Spielregeln müssen grundsätzlich gemeinsam mit der Gruppe vereinbart werden.
- Sie haben für jedes Gruppenmitglied verbindlichen Charakter.

Einsatzmöglichkeiten, Chancen und Risiken

Spielregeln, die das Verhalten innerhalb der Gruppe regeln, können nicht nur bei Besprechungen, Workshops, Seminaren, sondern auch bei der täglichen Arbeit im Team vereinbart werden.

Die *Vorteile*, die sich daraus ergeben, sind:

- In Gruppen, in denen sich die Mitglieder noch nicht kennen, helfen die Spielregeln dem Einzelnen, sich schneller in der Gruppe zu orientieren und zurechtzufinden.
- Schwächere Gruppenmitglieder können sich dadurch besser am Gruppenprozeß beteiligen.
- Dominierende Gruppenmitglieder können mittels entsprechend vereinbarten Spielregeln etwas zurückgehalten werden.

Nachteilig auf den Gruppenprozeß wirken sich Spielregeln aus, die nicht über einen Konsens vereinbart, sondern quasi von außen der Gruppe übergestülpt wurden. Sie behindern die Gruppendynamik und somit auch den eigentlichen Arbeitsprozeß. Ebenso können Spontaneität und Kreativität innerhalb der Gruppe unterdrückt werden, wenn die vereinbarten Regeln zu rigide sind.

Beispiele

Beispiele zu den Regeln der Grundeinstellungen:

- Offenheit und Ehrlichkeit
  - Anderen gegenüber sind wir ehrlich und taktieren nicht.
  - Themen, Argumenten und Anregungen anderer stehen wir offen gegenüber.
- Pünktlichkeit und Zuverlässigkeit
  - Anstehende Aufgaben bearbeiten wir sorgfältig, umfassend und termingerecht.
  - Zu vereinbarten Terminen erscheinen wir rechtzeitig. Wir bleiben nur aus wichtigen Gründen fern, benachrichtigen dann aber den Einladenden.
  - Gemeinsam gefaßte Beschlüsse tragen und vertreten wir mit.
- Vertrauen
  - Wir haben und schenken uns gegenseitig Vertrauen.
  - Informationen behandeln wir mit der geforderten Vertraulichkeit.
  - Wir suchen keine Schuldigen, sondern zielorientierte Lösungen

- Fairneß und Toleranz
  - Unsere Partner behandeln wir so, wie wir selbst behandelt werden möchten.
  - Andere Personen und Meinungen respektieren wir, Vorurteile vermeiden wir.
- Positive Einstellung
  - Bevor wir eine Sache kritisieren oder ablehnen, denken wir darüber nach, welche positiven Aspekte sie beinhaltet.
  - Wir leben eine positive Grundeinstellung vor.
  - Wir verzichten auf Rechthaben.
- Ganzheitliche Sicht
  - Global denken. Bei Detaillösungen übergeordnete Ziele im Auge zu behalten.
  - Über Bereichsgrenzen jeder Art hinaus denken und dabei auch den Menschen sehen.
  - Offen sein für Argumente und Anregungen von außen.

5.4.5 Problemlösungsbesprechung

Methodische Grundlagen

Problemlösungsbesprechungen gehören mit zu den schwierigsten Aufgaben eines Projektleiters. Das Problem ist häufig noch unklar, mehr noch die dazugehörige Problemlösung. An der Besprechung nehmen mehrere Mitarbeiter teil, die unterschiedliche Vorkenntnisse, Erwartungen, Meinungen etc. haben. Der Diskussionsverlauf ist ungewiß.

Um Probleme dauerhaft zu lösen, ist es wichtig, zuerst die wirklichen Ursachen herauszufinden. Viele Probleme gehen auf eine Reihe unterschiedlicher Ursachen zurück, die wiederum Neben- und Unterursachen haben können. Um nun die Ursachen eines Problems systematisch zu erfassen, ist es ratsam, nach den grundsätzlichen Einflußgrößen Mensch, Material, Methode, Organisation, Institution, Maschine etc. zu unterscheiden. Dabei sollen jeweils Art des Problems, Ort und Zeitpunkt des Auftretens sowie Problemumfang untersucht werden. Danach werden die Abhängigkeiten zwischen Ursachen und Wirkung dargestellt.

Die Problemlösungstechnik umfaßt damit das Vorgehen der Situationsanalyse (Kap. 4.3.2) und der Problemanalyse (Kap. 4.2.2).

Ablauf

Voraussetzung für jede erfolgreiche Problemlösungsbesprechung ist eine saubere Darstellung der Ausgangslage. Dafür sollte man etwas Zeit investieren. Behauptungen und Vermutungen über Probleme und Ursachen können durch Zahlen und

Fakten untermauert werden. Diese werfen häufig ein anderes Licht auf die subjektiv wahrgenommenen Eindrücke. Zahlen und Fakten sind objektiv nachvollziehbar; Meinungen sind zunächst einmal subjektiv.

Grundsätzlich beginnt man mit einer Darstellung der Zusammenhänge und Beziehungen zwischen den beteiligten Funktionen:

- Welche Funktionen/Personen sind beteiligt?
- Welche Beziehungen gibt es zwischen diesen Funktionen/Personen (Informationsabläufe, Warenströme, Belegfluß etc.)?
- Übersichtliche Darstellung der Beziehungen erstellen.

Regeln

Beachtet werden sollte:

- Rechtzeitige Benachrichtigung aller Teilnehmer und Information über die Tagesordnung.
- Das Thema sollte so klar wie möglich formuliert sein.
- Die vom Thema Betroffenen müssen auf jeden Fall eingeladen werden.
- Bereitstellung eines Besprechungsraums, der ausreichend groß und mit den wichtigsten Hilfsmitteln, wie z. B. Flip-Chart, Overhead etc. ausgestattet ist.

Einsatzmöglichkeiten, Chancen und Risiken

Grundsätzlich kann die Problemlösungsbesprechung bei allen auftretenden Schwierigkeiten und Problemen zum Einsatz kommen.

Der Vorteil besteht in der Tatsache, daß auftretende Probleme von den Beteiligten angesprochen und gemeinsam gelöst werden.

Es besteht jedoch auch die Gefahr, daß die Besprechung dazu genutzt wird, subjektive Meinungen in die Fachdiskussion mit einzubringen und daß die Gruppe dadurch arbeitsunfähig wird.

Beispiel

Die Darstellung in Abb. 5.19 soll das Ergebnis einer Problemlösungsbesprechung zum Thema „Betriebliches Vorschlagswesen" veranschaulichen.

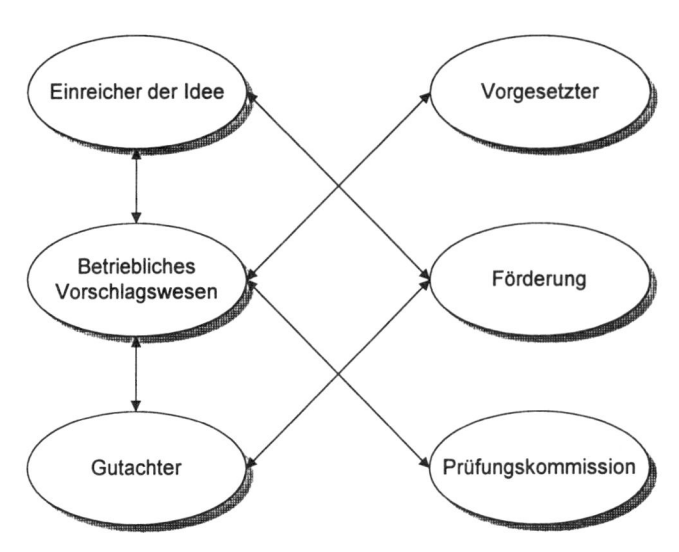

Abb. 5.19 Beispiel für eine Problemlösungsbesprechung

5.4.6
Gruppendynamik

Methodische Grundlagen

Die Gruppendynamik ist ein Prozeß, der innerhalb von Gruppen oder Teams abläuft (vgl. Cohen 1995, S. 126 f.).

Die Interaktion der Gruppenmitglieder beschränkt sich nicht alleine auf das Verhalten, das für die individuelle Aufgabenerfüllung und die Erreichung des Organisationszwecks notwendig ist. Auch die gegenseitigen Erwartungen beziehen sich nicht nur auf die Erfüllung der formell festgelegten Rechte und Pflichten, die sich aus der Mitgliedschaft in der Gruppe ergeben. Vielmehr werden die Interaktionen der Gruppenmitglieder auch durch deren persönliche Wünsche und Werthaltungen, gegenseitige Sympathien und Antipathien, durch ihren Status sowie durch ihre Kommunikationsmöglichkeiten und -fähigkeiten etc. beeinflußt.

Je häufiger die Kontakte zwischen den verschiedenen Mitgliedern einer Gruppe sind und je ähnlicher sie sich gegenseitig wahrnehmen, desto größer ist die Chance, daß sich die Individuen zu einer Gruppe zusammenfinden. Beeinflußt von

- den persönlichen Eigenschaften,
- den Einstellungen,
- den Wünschen,
- der Zahl ihrer Mitglieder,
- deren Kommunikationsverhalten,

- der Attraktivität der Gruppenzugehörigkeit und
- dem organisatorischen Kontext, in dem sich die Gruppe bewegt,

entwickeln sich durch direkte und häufige Interaktionen unter den Gruppenmitgliedern ein Zusammengehörigkeitsgefühl, eine Art Gruppenstruktur und auch feste Gruppennormen (vgl. Frey et al. 1988, S. 54).

Ablauf

Die Anfangsphase in neuen Gruppen ist von überspielter Unsicherheit gekennzeichnet. Sie wird auch als chaotische Phase bezeichnet. In der Unsicherheitsphase erproben die Gruppenmitglieder ihre Beziehungen zueinander, versuchen, ihre Interessen durchzusetzen, kämpfen um ihren Status und um die künftige Rangfolge und bieten ihre bisherigen Kenntnisse an. Man bezeichnet diese Phase auch als prägruppal, d. h. man will sie noch nicht dem eigentlichen Gruppenprozeß zuordnen und betrachtet sie als ein Vorstadium. Unzufriedenheit und die offensichtlich bestehende Spannung drückt eine latente Führungsabsicht einiger Teilnehmer aus. Andere hingegen fürchten, Führung und Verantwortung für sich selbst und die Gruppe übernehmen zu müssen.

In einer weiteren Phase werden Informationen über die neuen Partner gewonnen. Man diagnostiziert sich, schließt aus bisher Erlebtem auf die beobachtete Mimik, Gestik und auf das wahrgenommene Verhalten. Die beginnende Kommunikation bietet Eindrücke, man nimmt Gefühlsbeziehungen auf, projiziert eigene Einstellungen und legt für sich und die anderen eine Rolle zurecht. Das Ergreifen einer Rolle ist immer auch ein Angebot zur Interaktion. Grundsätzlich handelt es sich dabei immer um eine Strategie, Selbstbestätigung und Anerkennung zu erreichen.

Schon im Anfangsstadium werden die Wege zu positivem oder negativem Ausgang festgelegt. Durch Informationsbeschaffung und Kontaktanbahnung wird neues Verhalten zunächst vorbereitet. Sind genügend Informationen beschafft und Verhaltensweisen gebildet, so wird das neue Verhalten in einer weiteren Phase ausgeübt und erprobt. Reaktionen auf ausgeübte Verhaltensweisen sind Beweis-Erlebnisse – kurz Feedback genannt. Das Beweiserlebnis kann als positiv oder negativ empfunden werden. Es kann sofort oder im zeitlichen Abstand erfolgen. Negative Beweiserlebnisse können dazu ermutigen, Verhaltensweisen aufzugeben und sich über neue Unsicherheiten auf die Suche nach Alternativen zu machen.

Faßt man die Phasen des Gruppengeschehens in einer Verhaltensspirale zusammen, so befindet man sich immer und zu jeder Zeit irgendwo in dieser Verhaltensspirale, verbunden mit einer permanenten Weiterentwicklung (Abb. 5.20).

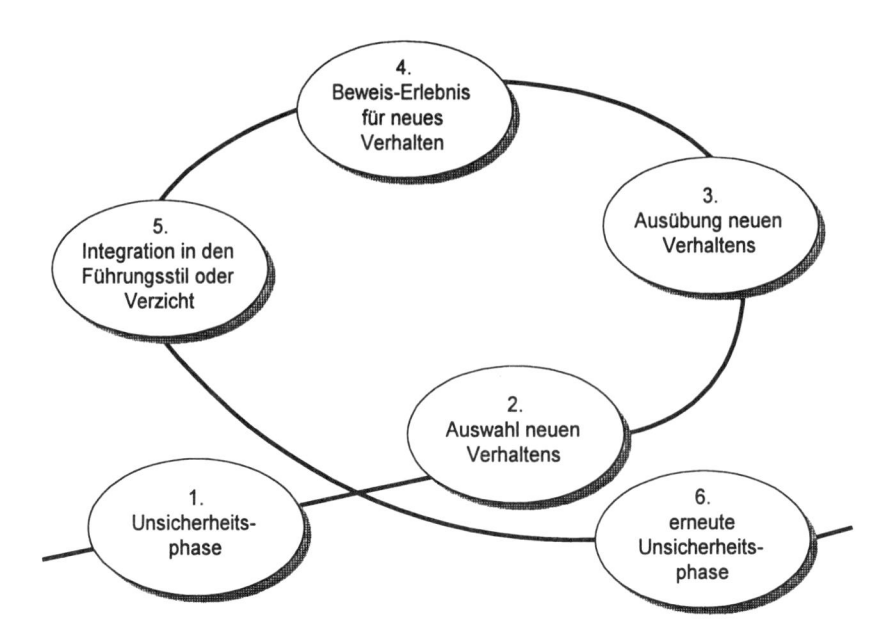

428 5 Methoden zur Kommunikation und Interaktion

Abb. 5.20 Verhalten von Individuen in Gruppen (vgl. Rosenkranz 1990, S. 87)

Die Gruppenmitglieder beeinflussen, hemmen oder unterstützen sich gegenseitig in ihrem Verhalten. Dabei bewegt sich jeder Einzelne auf einem bestimmten Verhaltensniveau, wobei er immer wieder vor der Entscheidung steht, entweder passiv zu bleiben, kein Risiko einzugehen oder die Angst zu überwinden und sich auf Neues einzulassen.

Ausgehend von einem bestimmten Niveau ergibt sich, durch Überlagerung der einzelnen Verhaltensspiralen, eine Gruppenspirale (Abb. 5.21). Das erreichte Niveau spiegelt dabei die Dynamik der Gruppe wieder.

Voraussetzung für das Zustandekommen solcher Gruppenprozesse ist die Kommunikation, also das gegenseitige Kenntnisgeben und Kenntnisempfangen der Individuen. Durch fortlaufendes integrieren und durch die Möglichkeit zu Kontakten ist auch die Aufnahme von Sympathiebeziehungen gegeben. Sie sind ausschlaggebend für das Entstehen eines Wir-Bewußtseins, das als Kennzeichen einer Gruppe betrachtet werden kann.

Zugleich entstehen aus dem Verhalten und der Kommunikation der Einzelnen Gruppennormen und -regeln. Diese können Kriterien für ein gewachsenes Zusammengehörigkeitsgefühl der Gruppe sein und sind wichtig für die Entwicklung des Wir-Bewußtseins. Die Normen und Ideale repräsentieren die soziale Existenz der Gruppe, bieten Schutz und Verhaltensorientierung und spiegeln wieder, was gemeinsam geschaffen wurde und womit sich die Mitglieder identifizieren.

5.4 Gruppen- und teambezogene Methoden

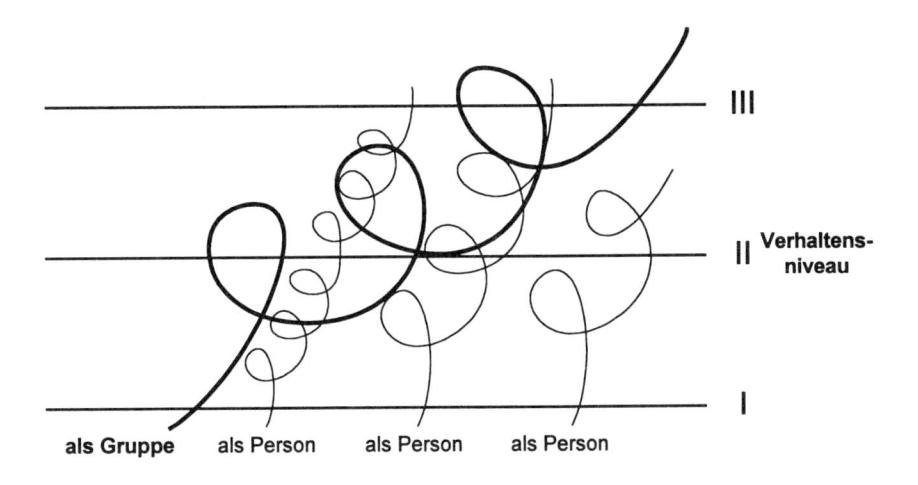

```
                                                    III

                                                    II  Verhaltens-
                                                        niveau

                                                    I
als Gruppe   als Person   als Person   als Person
```

Abb. 5.21 Ebenen des Verhaltens (vgl. Rosenkranz 1990, S. 88)

Die Aufgabe von Führungskräften und Projektleitern ist es, die Aktivität und Kommunikation in der Gruppe zu fördern, um Situationen zu schaffen, in denen einzelne und die Gruppe entscheiden können, wie sie die Qualität ihrer Kontakte bewußt und geplant verändern können (vgl. Rosenkranz 1990, S. 80 ff.).

Regeln

- Bei der Zusammenstellung einer Arbeitsgruppe ist auf die geeignete Auswahl der Mitarbeiter zu achten, um ihre Zusammenarbeit nicht zu gefährden. In bezug auf das gegenseitige gute Einvernehmen können informelle Gruppenbeziehungen genutzt werden.
- Die Zusammenarbeit einer Gruppe hängt von der Gruppengröße, von der personengerechten Arbeitsverteilung, den gegenseitigen Kommunikationsbeziehungen und dem gemeinsamen Verhältnis zum Gruppenleiter ab.
- Das Leistungsniveau einer Arbeitsgruppe wird durch gruppeninterne Normen mitbestimmt, die eine Nivellierung individueller Leistungsdifferenzen zum Ziel haben.
- Auf die Leistungsmotivation einer Arbeitsgruppe wirken sich häufige Veränderungen der Arbeitsverhältnisse, ein gesteigerter Wechsel der Gruppenbesetzung und eine autokratische Gruppenführung nachteilig aus.
- Störungen des Gruppenprozesses zeigen sich in einer gesteigerten Unzufriedenheit und Gereiztheit der Gruppenmitglieder, in häufigen Fehlzeiten und in Cliquenbildungen. Zerfallserscheinungen des Gruppengefüges sind meist in Führungsfehlern begründet (vgl. Schaber 1987, S. 142).

Einsatzmöglichkeiten, Chancen und Risiken

Die Gruppe vermittelt dem Einzelnen eine emotionale Verbundenheit. Durch das Gefühl der Geborgenheit in der Gruppe werden Mißerfolge und Beanstandungen vom einzelnen Gruppenmitglied leichter ertragen. Dies wirkt sich positiv auf die Zusammenarbeit in der Arbeitsgruppe aus. Daher ist die Gesamtleistung einer besonders gut funktionierenden Zusammenarbeit in der Gruppe größer als die Summe der Einzelleistungen bei gesamtem Leistungsvollzug.

Die Anerkennung der Gruppenleistung stärkt das Selbstwertgefühl jedes einzelnen Gruppenmitgliedes; ebenso wird das kollektive Selbstwertgefühl der Gruppe durch eine hervorstechende Einzelleistung eines Gruppenmitglieds gestärkt.

Maximale Gruppenleistungen sind jedoch die Ausnahme. In der Regel besteht in einer Gruppe die Tendenz zur Nivellierung der Leistungshöhe und zur gegenseitigen Angleichung des Arbeitsverhaltens. Hieraus bilden sich die unausgesprochenen Gruppennormen in bezug auf Arbeitsdisziplin, Arbeitstempo, Umgang etc. Wer von ihnen abweicht, wird als Außenseiter behandelt (vgl. Schaber 1987, S. 137 f.).

Beispiel

Im folgenden soll beispielhaft ein Fragenkatalog dargestellt werden, der das gruppendynamische Klima einer Arbeits- bzw. Projektgruppe widerspiegeln hilft (vgl. Fittkau et al.1989, S. 299 f.).

1. Leistungsfähigkeit versus Ineffektivität der Arbeitsgruppe.
   Wie arbeitet die Gruppe?

Oberflächlich und faul	1 2 3 4 5 6 7 ▢ ▢ ▢ ▢ ▢ ▢ ▢	Tiefgehend und intensiv

2. Fähigkeit des Einzelnen zur Mitwirkung in der Gruppe.
   Fühle ich mich der Mehrzahl der Teilnehmer gegenüber frei oder unfrei?

Nein, ich fühle mich unfrei und abgekapselt, verschlossen und gefühlsmäßig eingeengt.	1 2 3 4 5 6 7 ▢ ▢ ▢ ▢ ▢ ▢ ▢	Ja, ich fühle mich frei und äußerungsfähig, offen und meinen Gefühlen entsprechend.

3. Welche Mitwirkung ist mir in der Arbeitsgruppe möglich?

Ich bin voll mitwirkungsfähig, der Gruppe bei der Erreichung ihrer Ziele zu helfen.	1 2 3 4 5 6 7 ▢ ▢ ▢ ▢ ▢ ▢ ▢	Ich bin völlig unfähig, dabei mitzuwirken, der Gruppe bei der Erreichung ihrer Ziele zu helfen.

4. Werden abweichende Ansichten genügend angehört?

Ja, sie werden vollständig besprochen, untersucht, ausgewertet und in Erwägung gezogen.	1 ❏	2 ❏	3 ❏	4 ❏	5 ❏	6 ❏	7 ❏	Nein, sie bleiben völlig, unbeachtet, werden nicht zugelassen, abgewiesen bzw. beiseite geschoben.

5. Sachbezogene Gruppenarbeit versus individuelles Profilierungsstreben.
   Sind die Diskussionen in der Gruppe durchweg sachfremd oder sachbezogen?

Völlig sachbezogen (praxisbezogen, realistisch)	1 ❏	2 ❏	3 ❏	4 ❏	5 ❏	6 ❏	7 ❏	Völlig sachfremd (theoretisch, unrealistisch).

6. Sind die Mitglieder darauf aus, Punkte für sich zu gewinnen oder ihre eigenen Standpunkte durchzusetzen?

Völlig darauf aus, eigene Standpunkte durchzusetzen.	1 ❏	2 ❏	3 ❏	4 ❏	5 ❏	6 ❏	7 ❏	Völlig nur an der Bedeutung der Sache orientiert.

Weitere Beispiele für Reflexionsfragen führen Keßler u. Winkelhofer (1997, S. 110) auf.

5.4.7 Teamentwicklung

Methodische Grundlagen

„Ein Team ist eine kleine Gruppe von Personen, deren Fähigkeiten einander ergänzen und die sich für eine gemeinsame Sache, gemeinsame Leistungsziele und einen gemeinsamen Arbeitsansatz engagieren und gegenseitig zur Verantwortung ziehen" (Katzenbach u. Smith 1993, S. 70).

Die Projektarbeit ist ein typisches Gebiet für die Teamarbeit. Dies wird aus den folgenden Gründen ersichtlich (vgl. Aggteleky u. Bajna 1992, S. 34):

- Projekte sind interdisziplinäre Planungsaufgaben, die auf die Zusammenarbeit verschiedener Fachleute und Spezialisten angewiesen sind.
- Umfangreiche Planungsaufgaben können durch eine Person nicht in angemessener Zeit bearbeitet werden.
- Die Durchführung eines Projekts steht in der Regel unter einem gewissen Zeitdruck.
- Gewisse Mechanismen der Projektplanung erfordern eine Rollenteilung.

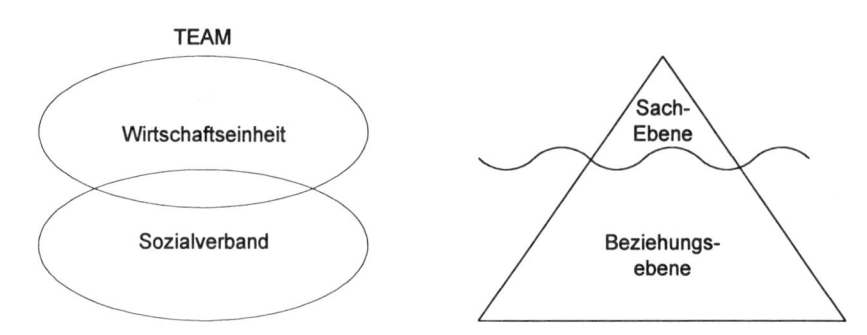

432 5 Methoden zur Kommunikation und Interaktion

Abb. 5.22 Der Charakter von Teams

Ablauf

Bei der Teamentwicklung laufen nach einem sozialpsychologischen Modell mindestens vier Phasen ab:

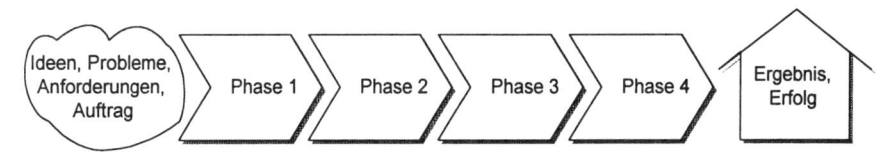

Abb. 5.23 Phasen der Teamentwicklung

1. Formierungsphase (Es geht los)

    Zusammenfinden der Gruppenmitglieder ohne Struktur, Normen oder konkreten Zielen.
    - Prüfen der gemeinsamen Arbeits- und Beziehungs-Situation.
    - Entdecken, testen und bewerten der gegenseitigen Verhaltensweisen.
    - Der Gruppenleiter ist besonderen Beobachtungen ausgesetzt.
    - Die Phase ist gekennzeichnet durch hohe Erwartung und faktisches Abwarten.

2. Konfliktphase (Wir drehen uns im Kreis)

    Installation der sozialen Organisation in der Gruppe:
    - Entstehung von Sach- und Beziehungs-Konflikten zwischen Mitgliedern und Untergruppen.
    - Polarisierungen in der Gruppe finden statt.
    - Die Rolle des Moderators/Leiters/Projektleiters ist für die spätere Gruppenarbeit von entscheidender Bedeutung.
    - Die „Konfliktregelung" hängt von der Qualität der Kommunikation ab.

5.4 Gruppen- und teambezogene Methoden

3. Normierungsphase (Wir kommen auf Kurs)

   Überwindung der Widerstände und Beilegung von Konflikten.
   - Auf Grundlage des erreichten Konsens kann ein Gruppengefühl entwickelt werden.
   - Die Gruppe wird arbeitsfähig.
   - Aus der Gruppe wird ein identifizierbares und souveränes Team.

4. Arbeitsphase (mit voller Kraft voraus)

   Wird getragen von dem gemeinsamen Bewußtsein, daß die Teilnehmer voneinander lernen können und der Tatsache, daß sie das Ziel zusammen besser erreichen können als einzeln.

Leistungsfähige Teams weisen folgende Kennzeichen auf:
- hochmotivierte Einzelpersonen (Bekenntnis zur Gruppe),
- die einander vertrauen (Vertrauen),
- zielgerichtet arbeiten (Zielbewußtsein),
- durch Sprechen und Handeln wirkungsvoll kommunizieren (Kommunikation),
- gemeinsam entscheiden (Kooperation) und
- ihre Planung, Entscheidungsfindung und Qualitätsbewußtsein systematisch verfolgen (leistungsorientierte Methodik).

Regeln

In Tabelle 5.5 werden die Kennzeichen von leistungsfähigen Teams sowie deren Indikatoren in den einzelnen Phasen aufgezeigt. Die Kennzeichen von leistungsfähigen Gruppen sind gleichzeitig die Hauptfaktoren der Gruppenentwicklung.

Tabelle 5.5 Kennzeichen von leistungsfähigen Teams (vgl. Byham et al. 1992, S. 206 ff.)

Bekenntnis zur Gruppe	Gruppenmitglieder verstehen sich nicht als Individuen, die unabhängig voneinander arbeiten, sondern als eine Einheit. Die persönlichen Ziele werden zugunsten der Gruppenziele zurückgestellt.
Vertrauen	Jedes Mitglied vertraut darauf, daß die anderen ihre Verpflichtungen erfüllen, Freundschaften nicht mißbrauchen, ihre Hilfe anbieten und akzeptieren sowie sich allgemein berechenbar und angemessen verhalten.
Zielbewußtsein	Der Gruppe ist bekannt, wie sie in die Gesamtstruktur des Unternehmens hineinpaßt. Die Gruppenmitglieder fühlen sich als Eigentümer ihrer Arbeiten und erfassen den Beitrag, den sie zum Unternehmenserfolg leisten.

5 Methoden zur Kommunikation und Interaktion

Forts. Tabelle 5.5 Kennzeichen von leistungsfähigen Teams

Kommunikation	Die Kommunikation ist durch die Qualität und Menge der Interaktionen, die von den Gruppenmitgliedern sowohl untereinander als auch mit Außenstehenden gepflegt werden, bestimmt. Die Interaktion kann auf der Gesprächsebene und der Handlungsebene stattfinden und umfaßt im weiteren Sinne auch den Umgang mit Konflikten und Entscheidungen.
Kooperation	Jeder im Team erfüllt seine Rolle. Es wird trotz aller Verschiedenheit partnerschaftlich miteinander umgegangen. Ebenso wird jeder Beitrag respektiert und in der Gruppe besprochen – das Team entscheidet im Konsens.
Leistungsorientierte Methodik	Zur Methodik, die notwendig ist, um zum Zielbewußtsein, das eine Gruppe entwickelt hat, zu gelangen, zählen Instrumente der Problemlösung, Planungsverfahren sowie die regelmäßigen Besprechungen mit Tagesordnung und schriftlicher Zusammenfassung.

Einsatzmöglichkeiten, Chancen und Risiken

Die praktische Relevanz der Teamentwicklung soll in der nachfolgenden Abbildung (Abb. 5.24) veranschaulicht werden. Gemeinsame Lösungsideen und Lösungsalternativen können erst entwickelt werden, wenn die Ziele gemeinsam akzeptiert sind. In der Praxis bedeutet das, daß keine Lösungen entwickelt werden können, solange die Einzelpersonen ihre Ziele den Projekt- oder Teamzielen unterordnen.

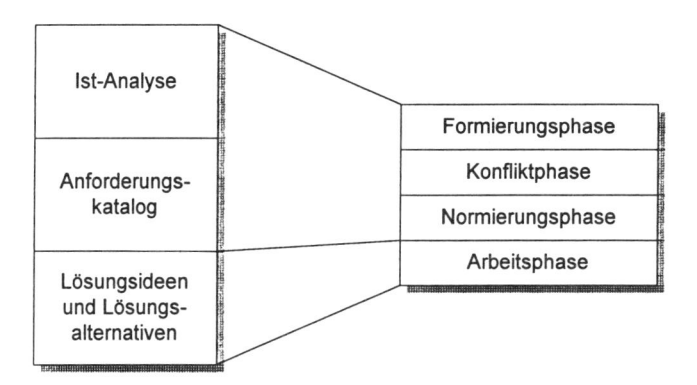

Abb. 5.24 Praktische Relevanz der Teamentwicklung

5.4 Gruppen- und teambezogene Methoden

Die *Vorteile* einer teamorientierten Projektarbeit liegen in

- den Synergieeffekten durch das Zusammenführen der fachlichen Kompetenzen
- dem Einbringen des internen Unternehmens-Know-hows
- dem Abbau von Kommunikations- und Kooperationshemmnissen
- der Erarbeitung von optimierten Lösungen
- der langfristigen Arbeitsentlastung des Managements durch die Arbeit des Projektteams
- den flexiblen Reaktionsmöglichkeiten auf sich verändernde Anforderungen
- den umfassend, fachübergreifend qualifizierten Mitarbeitern
- den motivierten Mitarbeitern
- der Entwicklung einer unternehmensbezogenen Erfolgsorientierung
- der verbesserten Akzeptanz betrieblicher Veränderungen (vgl. Kannheiser et al. 1993, S. 49)
- der Flexibilität, denn sie können schneller versammelt, eingesetzt, neu ausgerichtet und aufgelöst werden
- der höheren Produktivität, da die Mitglieder sich dafür einsetzen, greifbare Leistungsergebnisse zu erbringen (vgl. Katzenbach u. Smith, 1993, S. 32 ff.).

Beispiel

Diese sechs Kennzeichen treten in den vier Phasen in unterschiedlichen Formen auf (Tabelle 5.6 bis 5.9).

Tabelle 5.6 Indikatoren für Phase 1: Formierungsphase

Bekenntnis zur Gruppe	Eigentlich ist das Team noch kein Team; die Gruppenmitglieder befinden sich noch im „Wer-bin-ich-Stadium". Sie haben Zweifel und ihre Beteiligung ist zurückhaltend.
Vertrauen	Das Fundament für Vertrauen ist noch nicht geschaffen. Die Haltung ist „Warten wir mal ab".
Zielbewußtsein	Der Zweck und die Mission der Gruppe sind zwar verstanden, wirken aber kaum noch motivierend.
Kommunikation	Durch Frage und Antwort zwischen Gruppenmitgliedern und Gruppenführer findet ein vorsichtiges Abtasten statt.
Kooperation	Es bestehen Unterschiede zwischen selbstsicheren Mitgliedern, welche erste Impulse setzen und im Mittelpunkt stehen, und den eher ruhigen unsicheren Mitgliedern.
Leistungsorientierte Methodik	Das Verfahren ist noch ungewohnt und führt zur Verwirrung. Die einzelnen Mitglieder verlassen sich auf ihre individuellen Erfahrungen.

5 Methoden zur Kommunikation und Interaktion

Tabelle 5.7 Indikatoren für Phase 2: Konfliktphase

Bekenntnis zur Gruppe	Es entstehen Cliquen, wobei sich die Solidarität meist auf die Untergruppen beschränkt.
Vertrauen	Es werden Unterschiede gemacht, wem man vertrauen kann, wem man nicht vertrauen kann und bei wem man unsicher ist.
Zielbewußtsein	Obwohl die Gruppe ihre gemeinsamen Ziele erkennt, ist sie noch auf Bestätigung und Anleitung von außen angewiesen.
Kommunikation	Es tritt aggressives Verhalten auf, da von jedem versucht wird, die Rolle im Team zu finden und sich zu behaupten.
Kooperation	Von einzelnen Mitgliedern wird immer noch versucht, die Gruppe zu beherrschen.
Leistungsorientierte Methodik	Entstehen von „Standard-Verfahren", der Umgang fällt aber noch schwer und ist ungewohnt.

Tabelle 5.8 Indikatoren für Phase 3: Normierungsphase

Bekenntnis zur Gruppe	Der Entschluß, die Aufgabe gemeinsam zu bewältigen, steht fest.
Vertrauen	Durch die längere Zusammenarbeit entsteht immer mehr Vertrauen.
Zielbewußtsein	Jeder bemüht sich, seinen Beitrag zum Erreichen des Gruppenzieles zu leisten.
Kommunikation	Beziehungen zu anderen Gruppen werden gepflegt; innerhalb des Teams herrscht aufgabenbezogene Kommunikation.
Kooperation	Die Mehrzahl der Gruppenangehörigen fühlt sich in ihrer Gruppe wohl und kooperieren.
Leistungsorientierte Methodik	Die Gruppenprozesse verlaufen fließender und somit auch gelöster.

Tabelle 5.9 Indikatoren für Phase 4: Arbeitsphase

Bekenntnis zur Gruppe	Das Team bekennt sich zum Unternehmen und damit zu sich selbst.
Vertrauen	Es herrscht überall und offen Vertrauen, welches stabiler als das Mißtrauen ist. Für neue Mitglieder ist der Erfolg im System gesichert.
Zielbewußtsein	Flexibilität innerhalb der Teams ist entstanden. Man kann sich so auf neue Anforderungen einstellen. Eine klare Vision wird aufrechterhalten, die Mission ist verinnerlicht.

Forts. Tabelle 5.9 Indikatoren für Phase 4: Arbeitsphase

Kommunikation	Die Kommunikation findet statt, wenn sie gebraucht wird und ist vielschichtig. Die anfangs als unabdingbar betrachteten häufigen Besprechungen können sogar ganz aufgegeben werden.
Kooperation	In der Gruppe ist sie fortdauernd und stabil. Ideen werden auch von zurückhaltenden Mitgliedern präsentiert, ebenso übernehmen sie Führerrollen. Einige Teams sind an Produkt- oder Verfahrensinnovationen beteiligt.
Leistungsorientierte Methodik	Die zweite Natur des Teams sind Gruppenprozesse, die fest zur Arbeit gehören und nicht mehr als Anhängsel abgetan werden. Ständige Verbesserung und Qualität sind zu inneren Werten geworden.

5.4.8 Projektkultur, Werte und Normen

Methodische Grundlagen

Jede Organisation, also auch die Projektgruppe hat ihre spezifische Kultur, die sie lebt. Diese Kultur ist mitverantwortlich für den Erfolg, die Stabilität und das Verhalten innerhalb der Gruppe. Die Projektkultur wird als der informelle Teil oder als das implizite Bewußtsein einer Gemeinschaft bezeichnet. Die Kultur ist etwas schwer faßbares und bezieht sich auf Wertvorstellungen, Grundannahmen, Normen, Einstellungen, Verhaltensspielregeln, Symbole, Leitfiguren und andere Elemente (vgl. Mees et al. 1993, S. 98).

Werte lassen sich als Auffassungen von Wünschenswertem definieren. Der Anteil, den Einzelne an diesen Werten haben, wird als „Werthaltung" bezeichnet. Derartige Werthaltungen werden zum einen von der Gesellschaft interpretiert, bestimmen jedoch in ganz individueller Weise, was der Einzelne anstrebt. Somit lassen sich Werthaltungen auch als Motivziele interpretieren (vgl. Rosenstiel von 1994, S. 501; siehe dazu auch Horstmann 1996, S. 18).

In jüngster Zeit wird häufig über Wertewandel gesprochen. Wertewandel bedeutet aber nicht, daß gänzlich neue Werte eine Leitfunktion erhalten. Vielmehr ist es so, daß die gesellschaftlichen Werte ihr relatives Gewicht zueinander modifizieren und somit die Wertorientierungen Einzelner in veränderter Reihenfolge mit neuer Gewichtung auftreten und dabei auch Handlungen entstehen, die zuvor noch nicht beobachtet wurden (vgl. Rosenstiel von 1994, S. 501). Verfestigen sich bestimmte Werte oder Werthaltungen in einer Gruppe, Organisation oder Gesellschaft, so spricht man von Normen. Normen sind Werte mit Soll-Charakter. Im Gegensatz zu Werten unterliegen sie keiner so schnellen Veränderung, sind also relativ stabil und werden bei Verstößen von der Gruppe, Organisation oder Gesellschaft mit Sanktionen belegt.

Bei der Projektarbeit entsteht ein spezifischer Stil der Zusammenarbeit aufgrund der Werte und Normen, die die Teammitglieder ermöglicht haben. Die Projektkultur prägt die grundlegenden gemeinsamen Einstellungen der Projektmitarbeiter. Sie verleiht dem Projektteam eine Identität und unterscheidet sie von anderen Personengruppen. Die Projektleiter bilden einen Rahmen für das Verhalten der Mitarbeiter und beeinflussen dadurch den Stil der Zusammenarbeit innerhalb des Projekts und auch die Beziehungen zu anderen Bereichen (vgl. Schwarz 1987, S. 241).

Ablauf

Die Wertvorstellungen, Grundannahmen, Normen, Einstellungen etc. bilden sich aus dem Verhalten der Mitglieder der Gemeinschaft mit der Zeit heraus. Man spricht in diesem Zusammenhang auch von Tradierung. Außerdem wirken sie auf das Verhalten der Mitglieder zurück bzw. grenzen das Spektrum ihrer Verhaltensmöglichkeiten ein. Hierbei spricht man dann von Tradition.

Die vorherrschende Projektkultur hat also Einfluß auf die Sichtweise der Aufgaben, Lösungen, Risiken und Leistungsmotivation. Darüber hinaus wirkt sie sich auf alle beschreibbaren Erfolgsfaktoren – harte wie weiche – aus (vgl. Mees et al. 1993, S. 98 f.).

Die Elemente einer Projektkultur lassen sich in fünf Klassen zusammenfassen. Anzumerken ist, daß sie in jedem Projekt unterschiedlich stark ausgeprägt sind und verschiedene Inhalte aufweisen können.

1. Kultur-Basis
   Die Kultur-Basis umfaßt die als selbstverständlich angenommenen und nicht weiter hinterfragten Wissensinhalte und Einstellungen. Sie ist die affektive Komponente der Projektkultur und beschreibt eine stillschweigende Übereinkunft der Projektmitarbeiter mit bestimmten Sachverhalten.

2. Kultur-Leitlinie
   Diese Komponente enthält die grundlegenden, allgemein akzeptierten Werte und Wertvorstellungen des Projekts. Sie geben jene wünschenswerten Verhaltensweisen wieder, die von dem Projektteam als zielführend angesehen werden. Die Wertvorstellungen in Projekten beziehen sich vorwiegend auf die Kooperation im Team. Sachliche Kompetenz, professionelle Arbeit und eine offene Kommunikation gehören ebenfalls zu den Grundwerten in den Projekten. Ein weiteres Element sind die Leitbilder oder Leitideen. Sie beschreiben das Verständnis und die gedankliche Umsetzung der Projektziele. Werte, Leitideen und Leitbilder sind kognitive Kulturbestandteile. Sie äußern sich zusammenfassend in der Orientierung des Projekts, den dominierenden Aspekten, an denen sich die gemeinsamen Handlungen ausrichten.
   Die Kultur-Leitlinien bauen zusammen mit der Basis ein gedankliches Muster bei den Systemmitgliedern auf. Denkinhalte, Sichtweisen, die Interpretation von Situationen und die Reaktionsweisen werden durch sie geprägt. Zu

trennen sind hiervon jedoch die rahmengebenden Ausprägungen der Kultur, die jeweils nur auf der Grundlage der Kernelemente eine gemeinsame Bedeutung für die Projektteilnehmer erreichen und somit dann verhaltenswirksam werden.

3. Kultur-Richtlinien
Die Umsetzung und Gestaltung der kulturellen Basis und Leitlinien erfolgt über Elemente, die eine Stabilitätsfunktion für das Projekt übernehmen. Dies erfolgt dadurch, daß sie das Verhalten der Projektmitarbeiter kanalisieren. Dabei handelt es sich um implizite Normen und Regeln, aber auch um Anforderungen und Ansprüche an die Arbeitsweise und an das Verhalten. Die damit verbundenen Sanktionsmechanismen äußern sich in Projekten überwiegend in Form der selbstregulierenden Gruppenkontrolle.

4. Kultur-Symbole
Symbole verdeutlichen in für die Projektmitglieder eindeutiger Form die Basis, Leitlinien und Richtlinien der Projektkultur. Vier Symbolsysteme sind überwiegend anzutreffen:
- Aktionssymbole: Hierzu zählen Sprachmuster sowie symbolische Handlungen, wie z. B. Riten oder Rituale. Sie repräsentieren das Zusammengehörigkeitsgefühl und das Bedürfnis nach informeller Kommunikation.
- Bezugssymbole: Als Bezugssymbole sind die Projektleiter zu nennen, da sie die Funktion von Vorbildern übernehmen.
- Historische Symbole: Dazu zählen Geschichten, Legenden oder Mythen. Sie spielen bei der Projektkultur aufgrund der relativen Geschichtslosigkeit eine untergeordnete Rolle.
- Stilsymbole: Hierunter fallen so subtile Prinzipien wie Kleiderordnung, aber auch Statussymbole.

5. Kultur-Verhaltensmuster
Als Kultur-Verhaltensmuster bezeichnet man die hinter dem beobachtbaren Verhaltensweisen der Guppenmitglieder liegenden kulturbedingten Grundlagen. Kulturelemente sind dabei die gemeinsamen, in und durch eine Gruppe erlernten Vorräte an Verhaltens- und Verfahrensweisen, die für eine Gruppe charakteristisch sind. Aus diesen Grundlagen kann eine Person das individuelle Verhalten in einer gegebenen Situation ableiten. Aufgrund individueller Charakteristika und Verhaltensdeterminaten kann das tatsächliche Verhalten von den sonst üblichen Mustern abweichen. Man spricht in diesem Fall von nonkonformem Verhalten.

Verhaltensmuster enthalten als akzeptierte und sanktionsfreie Verhaltensgrundlagen kollektive Problemlösungserfahrungen sowie Gewohnheiten und Gebräuche (vgl. Schwarz 1987, S. 242 ff.). Die folgende Abbildung soll die Inhalte der Kultur zusammenfassen und deren Wirkungsweise verdeutlichen.

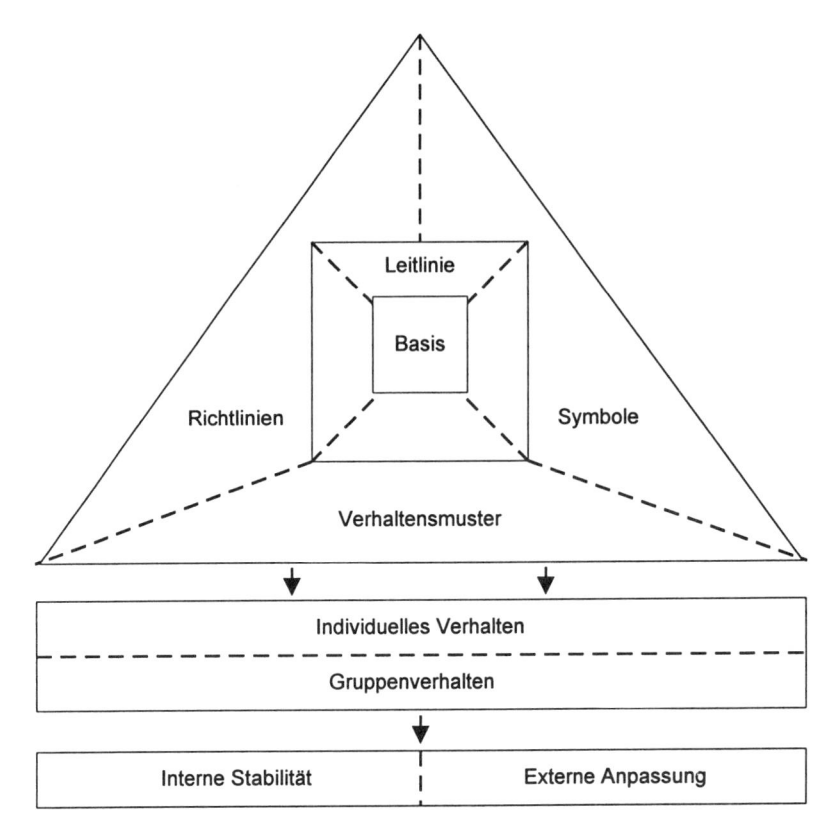

Abb. 5.25 Kulturelemente und deren Wirkungsweise (vgl. Rosenstiel 1994, S. 500 f.)

Regeln

Ein erfolgsorientiertes Projektkultur-Management muß einen Prozeß gestalten, der offen und veränderungsorientiert ist und gleichzeitig genügend Halt und Orientierung bietet. Um die Projektkultur zu beeinflussen, sollte man auf folgendes achten:

- Direkt äußert sich die Projektkultur in Planung, Ressourcenzuteilung, Führungsstil, Organisation und Managementmethoden. Deren Gestaltung ist immer zugleich Kulturgestaltung.
- Nonverbale Kommunikation, z. B. das Vorleben eines Leitbildes.
- Symbolische Handlungen, z. B. im Rahmen des Kick-off-Workshops oder des Projektabschlusses.
- Pflege von Geschichten, Erinnerungen an besondere Ereignisse.
- Die Projektkultur soll mittelfristig nicht im offenen Konflikt zur Unternehmenskultur stehen (vgl. Mees et al. 1993, S. 101).

- Basis und Leitlinien legen als zentrale Kulturbestandteile die langfristig wirksamen Grundlagen für das Verhalten der Mitarbeiter fest.
- Richtlinien, Symbole und Verhaltensmuster ergänzen die Basis- und Leitlinien.
- Die rahmengebenden Ausprägungen der Kultur sind direkt verhaltenswirksam.

Einsatzmöglichkeiten, Chancen und Risiken

Die Projektkultur entwickelt sich in allen Projektgruppen. Ein wichtiger und unmittelbarer Ausdruck ist der Teamgeist oder das „Wir-Gefühl" der Projektgruppe. Der Teamgeist kann jedoch nicht angeordnet oder befohlen werden, sondern muß aus einer Überzeugung und aus gelebten Beispielen heraus erwachsen. Dies stellt ein ganz wesentliches Problem, vor allem bei kleineren Projekten, dar.

Unterscheidet sich die Projektorganisation in vielerlei Hinsicht von der dahinterliegenden Unternehmensorganisation, so sind auch Projektkultur und Unternehmenskultur verschieden. Dies kann insbesondere dann zu Konflikten führen, wenn erstere aus partizipativen und partnerschaftlichen Regeln besteht, während letztere eher direktiv und hierarchisch geführt wird.

Die Projektkultur ist grundsätzlich immer vorhanden und wirkt sich auch stets auf die Mitglieder aus, unabhängig davon, ob sich das Team damit auseinandersetzen will oder nicht. Sie verändert sich auch im Laufe der Zeit. Dabei zeigt sie entweder eine Tendenz zum Wandel (Progressive Kultur) oder eine Tendenz zur Verfestigung (Konservative Kultur).

Die Chance, die die Projektkultur dem Projektmanagement bietet, ist, daß sie emotionale Bindungen schafft, zusätzliche Verarbeitungsmöglichkeiten für chaotische Zustände bereitstellt und insgesamt die Selbstorganisierung des Teams regelt.

Das Risiko besteht in möglichen Tendenzen der Selbstverstärkung, bis hin zur Erstarrung, die dem Projektteam letztlich jedoch Bewegungsmöglichkeiten raubt (vgl. Mees et al. 1993, S. 99 f.).

Die Projektkultur ermöglicht durch ihre geringe Fundierung zwar flexibles und anpassungsfähiges Verhalten der Projektmitglieder, lebt aber von kurzfristigen Impulsen und Ideen, so daß eine Entwicklung in eine ungewollte Richtung nicht auszuschließen ist.

Auch besteht in Projekten die Tendenz zu rein internen Lösungen von Problemen, die bis zur Verschleierung reichen kann. Damit wird ein möglicher Support von außen verhindert, ebenso ein rechtzeitiges Feedback über gewisse Aspekte, die zu einer raschen Abwicklung des Projekts beitragen könnten.

Des weiteren können unbrauchbare Lösungen aus dem abgesonderten Spezialistentum resultieren (vgl. Schwarz 1987, S. 243).

Beispiel

Die Projektkultur ist zwar etwas sehr tiefgreifendes, zeigt sich aber zunächst an Äußerlichkeiten:

- Einige Projektteams arbeiten mit querformatigen Unterlagen, andere mit hochformatigen.
- Die einen bevorzugen textorientierte Darstellungen, die anderen eher Grafiken.
- Auch der Arbeitsstil innerhalb des Projektteams ist unterschiedlich. Er reicht vom Einzelkämpfertum bis hin zum Gruppenfetischismus (vgl. Mees et al. 1993, S. 98).

Tabelle 5.10 Kultur-Elemente und mögliche Beispiele

	Kultur-Elemente	**Mögliches Beispiel einer Projektkultur-Analyse**
Kultur-Basis	Grundannahmen Mission-Vision Selbstverständnis	Partnerschaft Konkurrenten überflügeln Expertentum
Kultur-Leitlinien	Werte/Wertvorstellungen Leitbild/Leitideen Orientierung	Innovationsorientierung Konkurrenzorientierung Terminorientierung Teamorientierung
Kultur-Richtlinien	Normen/Regeln Anforderungen/Ansprüche Sanktionen	Ablehnung von Normierungen Interne Problemlösungen Interne Anforderungsdefinition Selbstregulierung
Kultur-Symbole	Aktionssymbole Bezugssymbole Historische Symbole Stilsymbole	Sprache Feiern/Zusammenkünfte/ Informationsveranstaltungen Projektleiter Prämien
Kultur-Verhaltens-muster	Charakteristische Verhaltensweisen Gewohnheiten/Gebräuche Vorgehensweisen/Verfahren	Ungebundene Kommunikation Partizipative Entscheidungsfindung Termindruck Priorität der Teilaufgaben/ Außenabschottung

5.4.9 Supervision

Methodische Grundlagen

Generell ist Beratung oder Supervision eine zeitlich befristete Beziehung zwischen einem Berater und einem Klienten(-system) (vgl. Fatzer 1993, S. 9 ff.). Sie ist die psychosoziale Beratung von Personen, die die Klärung ihrer beruflichen

5.4 Gruppen- und teambezogene Methoden

Identität im Kontext von Klienten, Kollegen, Institutionen, Familie und Gesellschaft sowie die Bewahrung und Steigerung ihrer beruflichen Handlungskompetenz anstreben. Sie dient also der regelmäßigen Entlastung und Korrektur von Mitarbeitern bzw. Mitgliedern von Organisationen (vgl. Fengler 1992, S. 175).

Ablauf

Die thematischen Auseinandersetzungen mit ihren jeweiligen potentiellen Beratungsaufgaben und die Beziehungen, die in dem jeweiligen Kontext stehen, fließen in die supervisorische Situation mit ein. Der Supervisor benötigt dazu planmäßige Deutungsmuster, um die situativen Bedingungen zu diagnostizieren und planmäßige Handlungsmuster zum zielgerichteten Handeln einzuleiten (vgl. Schreyögg 1991, S. 38).

Der unmittelbare Kontext, in dem die Supervision steht, kann danach variieren,

- wie viele Supervisanden an der Supervision teilnehmen und
- welcher Art der institutionalisierte Kontext ist. Mit der jeweiligen institutionellen Form gehen spezifische, formale Rollenkonstellationen zwischen Supervisor und Supervisand bzw. Supervisanden einher.

Die beiden vorgestellten kontextuellen Determinanten ergeben folgende Rollenkonstellationen:

- Ein Vorgesetzter supervisiert einen oder mehrere unterstellte Mitarbeiter im Rahmen einer formalen Organisation.
- Ein Aus- und/oder Weiterbildner supervisiert einen oder mehrere Aus- und/oder Fortzubildende im Rahmen einer Aus- oder Weiterbildungsveranstaltung.
- Ein interner Supervisor, der eine Stabsstelle als Supervisor innerhalb einer Organisation hat, supervisiert ein oder mehrere Organisationsmitglieder als Einzelnen oder als Team.

Die Aufgaben des Supervisors sind (vgl. Schreyögg 1991, S. 32):

1. Die wesentlichen Aktivitäten des Supervisors umfassen die Selektion der Teilnehmer und die Selbstselektion des Leiters, falls dieser das Gefühl hat, die Supervisionssitzung nicht erfolgreich leiten zu können, sowie die Festlegung der Zeit, Dauer, Häufigkeit der Sitzung, die Regelung der Bezahlung und die Grenzziehung zu anderen Systemen (z. B. Teamentwicklung oder Beratung). Handelt es sich um eine Teamsupervision, werden entsprechend den jeweiligen Gegebenheiten Festlegungen über die Abgrenzung zu angrenzenden Organisationseinheiten vorgenommen.
2. Die zweite Aktivität des Supervisors sind Interventionen, die der Aufrechterhaltung des Settings dienen.
3. Die dritte Aufgabe des Supervisors ist die Regulation von Abweichungen vom Normalverlauf und die Anleitung zur Selbstregulation von Krisen.

4. Die Steuerung des Wechsels zwischen den einzelnen Phasen ist die vierte Aufgabe. Der Wechsel zwischen den Phasen ist ein Teil der Selbststeuerung des Systems.
5. Die fünfte Aktivität des Leiters ist die Klärung der Psychodynamik der Professional-Klient-Beziehungen im Rahmen der Fallarbeit. Die Beiträge des Supervisors innerhalb des Ablaufs der Fallarbeit dienen dazu, den Einzelnen oder die Gruppe mit dem Verständnis der Psychodynamik der Professional-Klient-Beziehung vertraut zu machen:

- Zusammenfassung der zuvor bestimmten Problematik aus der Erzählung,
- Formulierung von Maximen für professionelles Handeln, Kommentar zu den geschilderten Problemen aus der psychoanalytischen Sicht sowie
- das Kommentieren der Arbeit der Gruppe oder des Einzelnen des unbewußten Themas der Sitzung oder der Funktion der Sitzung für den weiteren Gruppenprozeß.

Der Leiter versucht, einen Zusammenhang zwischen dem Thema des Falls und dem Thema des Gruppenprozesses, wie er sich bei der Bearbeitung des Falls ergeben hat, herzustellen. In der sechsten Aktivität des Supervisors wird versucht, ein Zusammenhang zwischen der gruppendynamischen Situation und dem Thema des Falls, den man nicht bearbeiten konnte, zu betrachten. Hat man die Bedeutung der Störung verstanden, kann man diese zusätzlichen Informationen über die emotionale Situation, in der sich die Gruppe befand, als sie nicht mehr arbeitsfähig war, zum Verstehen des Problems nutzen.

Die sechste und letzte Leiteraktivität ist die Analyse der Differenz zwischen Selbstbeschreibung und institutioneller Wirklichkeit oder einem angestrebten Zustand der Organisation. Eine Möglichkeit, diese Diskrepanz zu klären, besteht darin, die Spielregeln der institutionellen Strukturen in der Supervision zu deuten und diese Strukturen mit den ideologischen Selbstbeschreibungen zu vergleichen. Eine andere Möglichkeit ist, einen Weg anzubieten, der eine Analyse des Ist-Zustands ermöglicht (vgl. Rappe-Giesecke 1994, S. 67 ff.).

Regeln

- Der Supervisor muß entscheiden, inwieweit er den Fall bearbeiten will. Zu fragen ist, ob die Veränderung mittels Supervision oder anderen Vorgehensweisen angestrebt werden soll.
- Nach der Festlegung der gemeinsamen Arbeit muß die Problematik, die bearbeitet werden soll, eingegrenzt werden. Arrangements und Zielsetzungen müssen getroffen werden.
- Das Sammeln von Informationen, die für die Lösung des Problems hilfreich sein können, muß im Umfeld des Klienten erfolgen.
- Das gesamte Material sollte nach der Bedeutung für die Lösung des Problems gewichtet werden.

- Bei der Analyse der gesichteten und erhobenen Daten sollte sichergestellt sein, daß diese als Grundlage für die konstruierte Bearbeitung ausreichen.
- Der Supervisor hat den Supervisanden direkt oder indirekt zu begleiten.

Einsatzmöglichkeiten, Chancen und Risiken

Die Supervision kann als Organisationsberatung, als kognitiv-orientierte Fachberatung und als psychotherapie-ähnliche Beratung erfolgen.

1. **Organisationsberatung**
Organisationsberatung wird dann relevant, wenn es sich zeigt, daß nicht-geplante Bedingungen des organisatorischen Systems die Arbeit des Supervisanden erschweren. Oft ergeben sich bereits durch die Reflexion nichtplanmäßiger Muster Veränderungen der Deutungsmuster des Supervisanden, die dann häufig auch zu veränderten Handlungen und somit zu einer mehr oder weniger intensiven Veränderung organisatorischer Determinanten führen. Bei der Bearbeitung nicht-geplanter organisatorischer Determinanten und deren Verminderung sollte die Supervision, je nach auftretenden Phänomenen, eher kognitiv oder psychotherapie-ähnlich ausgerichtet sein (vgl. Schreyögg 1991, S. 29 ff.).

2. **Kognitiv-orientierte Fachberatung**
Supervision ist als kognitiv-orientierte Fachberatung zu bezeichnen, wenn sie den Supervisanden unterstützt, seine formalen innerorganisatorischen Aufgaben besser als bisher wahrzunehmen. Dies erfolgt immer dann, wenn der Supervisand die planmäßigen Vorgaben eines organisatorischen Systems noch nicht ausreichend kennt bzw. erkennt, mißdeutet oder noch nicht ausreichend erfüllt.

3. **Psychotherapie-ähnliche Beratung**
Zeigen sich beim Supervisanden nicht-planmäßige Deutungs- und Handlungsmuster gegenüber dem Kontext, die dazu noch seine Tätigkeit erschweren oder dysfunktional überlagern, so sollte die Supervision eine psychotherapie-ähnliche Intervention verfolgen. Sie kann entweder auf einen Defizitabbau oder auf eine Potentialerweiterung akzentuiert sein. Im ersten Fall besteht die supervisorische Veränderung darin, das prärationale Handeln überlagernde Muster abzubauen. Im zweiten Fall soll der Supervisand lernen, innerorganisatorische Freiräume umfassender für sich und seine tägliche Arbeit zu nutzen.

Die *Vorteile* einer Supervision sind darin zu sehen, daß dem Klienten die Möglichkeit zur Entlastung gegeben wird, indem ihm systematisch sein Betrachtungshorizont erweitert oder gegebenenfalls auch verändert wird. Daraus erschließen sich für ihn neue Handlungsfelder, die es ihm ermöglichen in der täglichen Arbeit voran zu kommen.

Die *Nachteile* der Supervision sind in dem reinen kognitiven Charakter und dem Mangel an gegenseitigem Austausch zu sehen. Der Klient berichtet zwar über neue Entwicklungen im Arbeitsfeld, der Dialog mit dem Referenten unterbleibt jedoch. Ein weiteres Problem ist, daß der Klient die Umsetzung in die Praxis selbst vollziehen muß. Dies gelingt nicht immer befriedigend.

Beispiel

verschiedene Reaktionsmöglichkeiten

- Spontanreaktion
- Rationalisierung
- Verdrängung

Was soll getan werden?

Inhalt/Ziele der Supervision

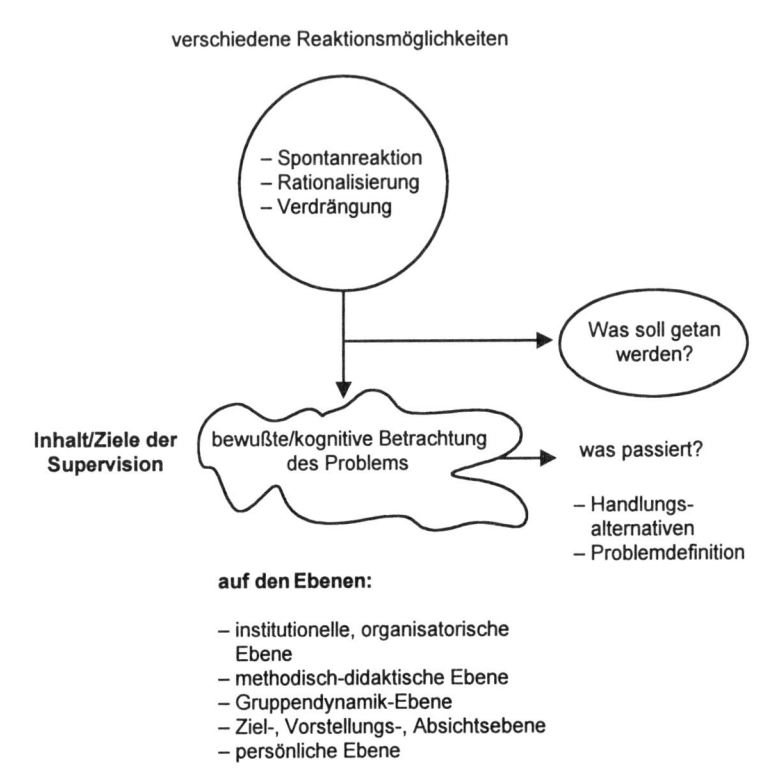

bewußte/kognitive Betrachtung des Problems

was passiert?

- Handlungsalternativen
- Problemdefinition

auf den Ebenen:

- institutionelle, organisatorische Ebene
- methodisch-didaktische Ebene
- Gruppendynamik-Ebene
- Ziel-, Vorstellungs-, Absichtsebene
- persönliche Ebene

Abb. 5.26 Supervision als Problemlösungsprozeß auf verschiedenen Ebenen

5.5
Methoden zur Gestaltung und Steuerung von Lernprozessen

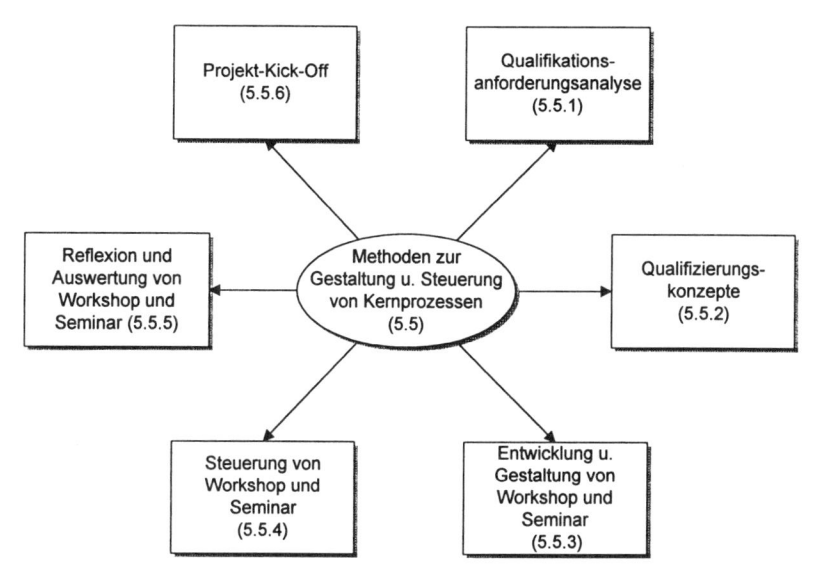

Abb. 5.27 Methoden zur Gestaltung und Steuerung von Lernprozessen

5.5.1
Qualifikationsanforderungsanalyse

Methodische Grundlagen

Der Ausdruck Qualifikation bezeichnet die Gesamtheit der Fertigkeiten, Kenntnisse, Fähigkeiten und Einstellungen, über die eine Person verfügt, die für eine bestimmte Tätigkeit benötigt werden oder die in einer Bildungsmaßnahme erreicht werden sollen. Deshalb ist es notwendig, kenntlich zu machen, auf welche Situation sich der Ausdruck „Qualifikation" jeweils beziehen soll.

Beim Einsatz der Arbeitsweise Projektmanagement kommen nicht nur auf die Projektakteure neue Anforderungen zu, sondern auch auf das Umfeld von Projekten, also die Linienorganisation, und insbesondere auf das Schnittstellenmanagement (Abb. 5.28). Die Anforderungen an die elf Gruppen sind in Keßler und Winkelhofer (1997, S. 67 ff.) beschrieben.

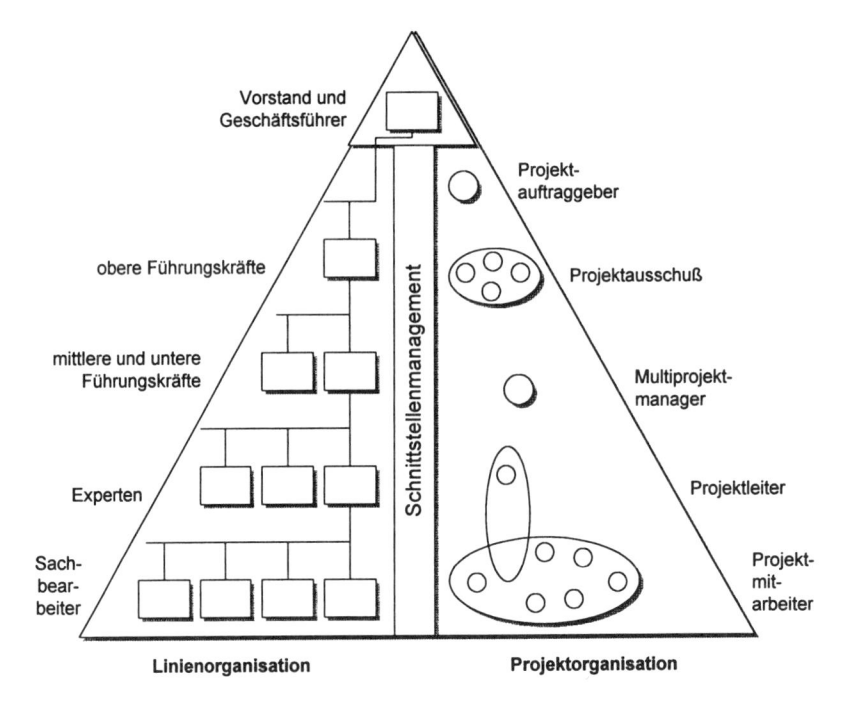

Abb. 5.28 Linien- und Projektorganisation (Keßler u. Winkelhofer 1997, S. 67)

Der quantitative Aspekt bezieht sich auf die zahlenmäßige Entwicklung und somit auf die Bedarfsermittlung in den einzelnen beruflichen Teilbereichen mit den ihm speziellen Anforderungen (vgl. Schmiel u. Sommer 1985, S. 21 ff.). Dem gegenüber steht der qualitative Aspekt. Dieser bezieht sich auf die qualitativen Qualifikationsanforderungen in den einzelnen beruflichen Tätigkeitsbereichen.

Die Qualifikationsanforderungen orientieren sich an den Veränderungen des beruflichen Tätigkeitsprofils, d. h. an den für die Ausübung einer beruflichen Tätigkeit erforderlichen Kenntnisse, Fähigkeiten und Fertigkeiten unter dem Einfluß technischer, wirtschaftlicher und organisatorischer Entwicklungen im Arbeitsleben.

Ablauf

Wie aus den Qualifikationsanforderungen ein Katalog für Aufgaben, Technologien sowie Fähigkeiten und Einstellungen für DV-Projekte abgeleitet werden kann, ist in Tabelle 5.11 dargestellt.

Im nächsten Schritt ist es ratsam, die Einflüsse auf den Planungprozeß (Tabelle 5.12) zu ermitteln und zu bewerten. Dies verstärkt in der Regel die Konzentration auf den sachlichen, methodischen und persönlichen Qualifizierungsbedarf. Ein Beispielkatalog für unternehmensexterne, unternehmensinterne und individuelle Einflüsse auf DV-Projekte ist in Tabelle 5.12 dokumentiert.

Regeln

Für die Ermittlung der Qualifikationsanforderungen kann beispielsweise die Stellenbeschreibung herangezogen werden. Sie liefert nähere Beschreibungen der an den einzelnen Arbeitsplätzen zu erfüllenden Aufgabeninhalte, ergänzt durch Angaben über Kompetenzen, Verantwortungen etc.

Sollen die Stellenbeschreibungen für eine detaillierte Ermittlung der Qualifikationsanforderungen brauchbar sein, so müssen sie nicht nur den Arbeitsplatz-Ist-Zustand treffend beschreiben, sondern auch einen Planungsteil enthalten, der die zukünftigen Anforderungen versucht zu erfassen (vgl. Berthel 1989, S. 138 ff.). Weiter sollte folgendes beachtet werden:

- Die Qualifikationsanforderungen müssen die zukünftigen Tätigkeitsanforderungen mit berücksichtigen.
- Kommen Instrumente, wie die Mitarbeiterbefragung mittels Fragebogen oder Arbeitsplatzprotokolle zum Einsatz, so muß gewährleistet sein, daß die so erhaltenen Informationen keinem Dritten zugänglich sind.
- Die Ermittlung der Qualifikationen ist in regelmäßigen Abständen zu wiederholen.

Einsatzmöglichkeiten, Chancen und Risiken

Die Qualifikationsanforderungen sind bei jeder zu besetzenden Stelle zu ermitteln. Dies ist unabhängig davon, ob die Stellen sich in der Linie oder in einem Projekt befinden.

Vorteile:

- Durch die Ermittlung der Qualifikationsanforderungen wird eine gezielte Weiterbildung der Mitarbeiter ermöglicht.
- Eine Anpassung an die veränderten Bedingungen am Arbeitsplatz wird vorgenommen.
- Die Ermittlung der zukünftigen Anforderungen eines Arbeitsplatzes leisten einen Beitrag zur Organisationsentwicklung, sofern die Qualifikationen daran ausgerichtet werden.

Nachteile:

- Schwierigkeit der Antizipation zukünftiger Qualifikationsanforderungen.
- Gefahr der nicht korrekten Wiedergabe der einzelnen Tätigkeiten einer Stelle durch die Fragebögen bzw. Arbeitsplatzprotokolle.

Beispiel

Tabelle 5.11 Beispiel für Aufgaben-, Technologien- sowie Fähigkeiten- und Einstellungs-Katalog für DV-Berufe (vgl. Winkelhofer 1997b, S. 323 f.)

Aufgaben	Technologien	Fähigkeiten u. Einstellungen
• Entwicklung einer Informationsstrategie • Aufgabenermittlung u. -verteilung aus der Informatikstrategie • Reorganisation des ORG- und IV-Bereiches • Analyse und Gestaltung der Aufgaben und Aufbauorganisation • Analyse und Gestaltung der Arbeitsabläufe • Projektmanagement von IV-Projekten • Ist-Analyse der Informations-Infrastruktur • Bestimmung des Informationsbedarfs • Entwicklung und Wartung eigener Software • Auswahl und Installation von fremdbezogener Hard-/Software • Beobachtung der unternehmensexternen Technologieentwicklung • Gewährleistung von Datenschutz und -sicherung • Beratung und Schulung der Anwender • Auswahl, Entwicklung u. Einsatz v. Methoden und Tools • Einsatz von Software Engineering oder Information Engineering • Durchführung von operativen und strategischen Wirtschaftlichkeitsrechnungen	• Großrechner • Abteilungsrechner • Personal Computer • Workstation • Textverarbeitungssysteme • Terminals, Dialoggeräte und Editoren • Individuelle Eigenentwicklung • Individuelle Fremdentwicklung (Outsourcing) • Standard-Anwendungssoftware • Lokale Netzwerke • Telex, Teletex u. Telefax • Datex-L und Datex-P • Interne Datenbanken • Externe Datenbanken • CA-Systeme (CAD, CAM, CIM) • Integration von technischen und kommerziellen Systemen	• Analytisches Denken • Führungsfähigkeit • Innovationsfähigkeit • Konfliktbewältigung • Konzeptionsfähigkeit • Kommunikationsfähigkeit • Kooperationsfähigkeit • Lernfähigkeit • Methodisches Arbeiten • Moderationsfähigkeit • Organisationsvermögen • Präsentationsfähigkeit • Problemlösungsfähigkeit • Strategisches Denken • Überzeugungsfähigkeit • Engagement • Kreativität • Motivation • Qualitätsbewußtsein • Selbstbewußtsein • Teamgeist • Zuverlässigkeit • Belastbarkeit • Flexibilität

Tabelle 5.12 Beispiel für Planungseinflüsse (vgl. Winkelhofer 1997b, S. 325)

Unternehmensexterne Planungseinflüsse	Unternehmensinterne Planungseinflüsse	Individuelle Planungseinflüsse
• Weiterbildungsangebot durch Veranstaltungskatalog • Weiterbildungsangebot durch Fachzeitschriften • Veranstaltungsinhalte der Seminarbeschrebung • Methodische Seminargestaltung • Bekanntheitsgrad des Lehrpersonals • Veranstaltungszeitpunkt • Seminarkosten • Beratung des Veranstalters bzgl. Schulungsangebote • Gesamtangebot des Veranstalters • Erfahrungen mit dem Veranstalter • Anforderungen des Marktes an das Unternehmen • Entwicklung der Berufsausbildung für DV-Berufe • Entwicklung des Arbeitsmarktes in der IV • Veränderung der Arbeitszeit • Veränderung des Rollenbild im Informationsmanagement	• Weiterbildungsbedarf • Planungsinstrumentarien/-Methoden • Planungshorizont • Weiterbildungsbudget • Erfahrungen mit der Weiterbildungsplanung • Bisheriger Weiterbildungserfolg • Kostendruck in der IV • Weiterbildungsphilosophie/-politik • Weiterbildungsziele der IV • Organisatorische Einheit des IV-Bereichs • Vorgesetzte des Mitarbeiters • Unternehmensziele und -strategien • Eigene Produktionsprogramme und Produktpalette • Eigener Produktlebenszyklus des Unternehmens • Eigene Marktposition des Unternehmens	• Berufsausbildung • Qualifikationspotential • Berufsposition • Lernmöglichkeiten des Mitarbeiters • Weiterbildungswunsch • Persönliches Verhalten • Motivation des Mitarbeiters • Private Weiterbildungsaktivitäten • Fluktuationsrisiko • Alter des Mitarbeiters

5.5.2 Qualifizierungskonzepte

Methodische Grundlagen

Als Qualifikation bezeichnet man allgemein das individuelle Arbeitsvermögen, also die Gesamtheit der subjektiv-individuellen Fähigkeiten, Kenntnisse und Verhaltensmuster, die es dem einzelnen erlauben, die Anforderungen in bestimmten Arbeitsfunktionen auf Dauer zu erfüllen. Die Qualifikation umfaßt funktionale, politisch-ökonomische und soziale Dimensionen der Arbeit (vgl. Gabler-Wirtschafts-Lexikon 1993, S. 2737)

Bei der Entwicklung eines Qualifizierungskonzepts sollten zunächst die gegenwärtigen und zukünftigen Aufgabenstellungen im Unternehmen betrachtet werden. Des weiteren sind die gegenwärtigen und zukünftigen Fähigkeiten, Fertigkeiten und Kenntnisse in bezug auf die gegenwärtigen und zukünftigen Aufgabenstellungen herauszuarbeiten und festzuhalten. Aufbauend auf den beiden genannten Seiten Aufgabenstellungen im Unternehmen und Fähigkeiten, Fertigkeiten und Kenntnisse der Mitarbeiter sind mögliche Qualifikationslücken zu ermitteln. Ergeben sich Soll-Ist-Abweichungen zwischen Anforderungen und Qualifikation, ist ein entsprechendes Qualifizierungskonzept auszuarbeiten.

1. Stufenorientiertes Trainingskonzept eines DV-Projektmanagement-Trainings

| Grundlagen DV-Projektmanagement (3 – 5 Tage) | Aufbauseminar 1: DV-Projektmanagement (3 – 5 Tage) | Aufbauseminar 2: DV-Projektmanagement (3 – 5 Tage) |

2. Planungsorientiertes Trainingskonzept

| Projektplanung (3 – 5 Tage) | Organisations- und Systemplanung (3 – 5 Tage) | Planung der Projektleiterrollen (3 – 5 Tage) |

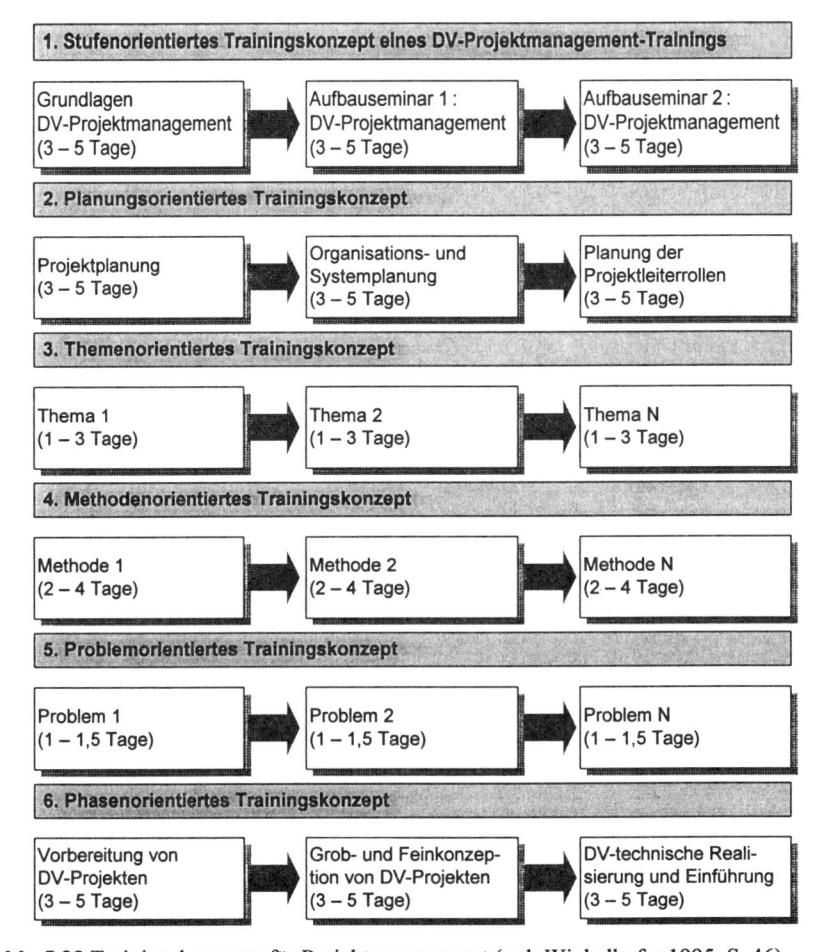

3. Themenorientiertes Trainingskonzept

| Thema 1 (1 – 3 Tage) | Thema 2 (1 – 3 Tage) | Thema N (1 – 3 Tage) |

4. Methodenorientiertes Trainingskonzept

| Methode 1 (2 – 4 Tage) | Methode 2 (2 – 4 Tage) | Methode N (2 – 4 Tage) |

5. Problemorientiertes Trainingskonzept

| Problem 1 (1 – 1,5 Tage) | Problem 2 (1 – 1,5 Tage) | Problem N (1 – 1,5 Tage) |

6. Phasenorientiertes Trainingskonzept

| Vorbereitung von DV-Projekten (3 – 5 Tage) | Grob- und Feinkonzeption von DV-Projekten (3 – 5 Tage) | DV-technische Realisierung und Einführung (3 – 5 Tage) |

Abb. 5.29 Trainingskonzepte für Projektmanagement (vgl. Winkelhofer 1995, S. 46)

5.5 Methoden zur Gestaltung und Steuerung von Lernprozessen

Ablauf

Um eine möglichst optimale Auswahl des entsprechenden Projektleiters treffen zu können, ist es sinnvoll, ein gewünschtes Anforderungsprofil (Soll-Profil) zu ermitteln, das den Soll-Qualifikationsstand eines Projektleiters widerspiegelt (vgl. Dittberner 1994, S. 29). Ein Abgleich zwischen dem so definierten Soll-Profil und einer stereotypisierten Momentaufnahme des derzeitigen Qualifikationsstands (Ist-Profil) von Mitarbeitern, die als Projektleiter in Frage kommen, kann Defizite in der Qualifikation aufdecken. Diese können dann mittels gezielter Qualifizierungsmaßnahmen behoben werden.

Damit das Anforderungsprofil erstellt werden kann, ist es sinnvoll, folgenden Fragestellungen nachzugehen:

1. Welche Fähigkeiten sollte ein Projektleiter haben?
   - Fachwissen
     Dieses ist von spezifischen Aufgabenstellungen abhängig.
   - Methodische Qualifikation
     Das methodische Know-how beinhaltet die Kenntnisse und das Beherrschen von Methoden und Techniken des Projektmanagements. Hierzu gehören beispielsweise Kenntnisse über die zahlreichen Projektplanungsmethoden bis hin zu Präsentations- und Problemlösungstechniken.
   - Soziale Qualifikation
     Die soziale Qualifikation beinhaltet Fähigkeiten wie Gruppenführung, Gesprächsführung, Durchsetzungsvermögen, persönliche Autorität und Sicherheit etc.
   - Persönliche Qualifikation
     - als Projektverantwortlicher:
       - Freude an der Verantwortung
       - Ausdauer ohne Pedanterie
       - Denkvermögen in Prioritäten
       - etc.
     - als Vorgesetzter:
       - Delegationsvermögen
       - Objektivität
       - Verhandlungsgeschick
       - Selbstdisziplin
       - Organisationstalent
       - natürliche Autorität
       - etc.
     - als Sachbearbeiter:
       - rasche Auffassungsgabe
       - systemische Arbeitsweise
       - rationelle Arbeitsweise
       - ständige Lernbereitschaft
       - geistige Beweglichkeit

- richtige Selbsteinschätzung
etc.
2. Wie schätzt der Projektleiter seine derzeitige Qualifikation ein oder wie wird er von anderen beurteilt?
Aus der Beantwortung ergibt sich die Möglichkeit, Qualifikationsschritte zu planen, um vom Ist-Zustand dem angestrebten Soll-Zustand möglichst nahe zu kommen.
3. Worauf muß bei der Entwicklung eines Anforderungsprofils geachtet werden?
Soll ein Anforderungsprofil entwickelt werden, so sollte man sich an der gegenwärtigen wie auch an der zukünftigen Aufgabenstellung der Projektleitung im Unternehmen orientieren. Weiterhin ist zu beachten, daß
- die Anforderungsprofile sowohl auf das Unternehmen als auch auf die Aufgabenstellung des Projektleiters zugeschnitten sein müssen.
- es ein Instrument zur kontinuierlichen Personalentwicklung ist.
- die Anforderungsprofile operational sein müssen, d. h. die formulierten Punkte müssen überprüfbar sein.
- sie genau erstellt werden müssen.
- sie keine statische Sache sind, sondern daß die einzelnen Punkte von Zeit zu Zeit auf ihre Gültigkeit hin überprüft und gegebenenfalls modifiziert werden müssen.
- das Anforderungsprofil als Instrument der Personalentwicklung von den betroffenen Projektleitern akzeptiert wird.

Abschließend ist noch zu sagen, daß für die Position des Projektleiters grundsätzlich eine Persönlichkeit gesucht werden sollte, deren Eignungsprofil dem erwünschten Anforderungsprofil am ehesten entspricht.

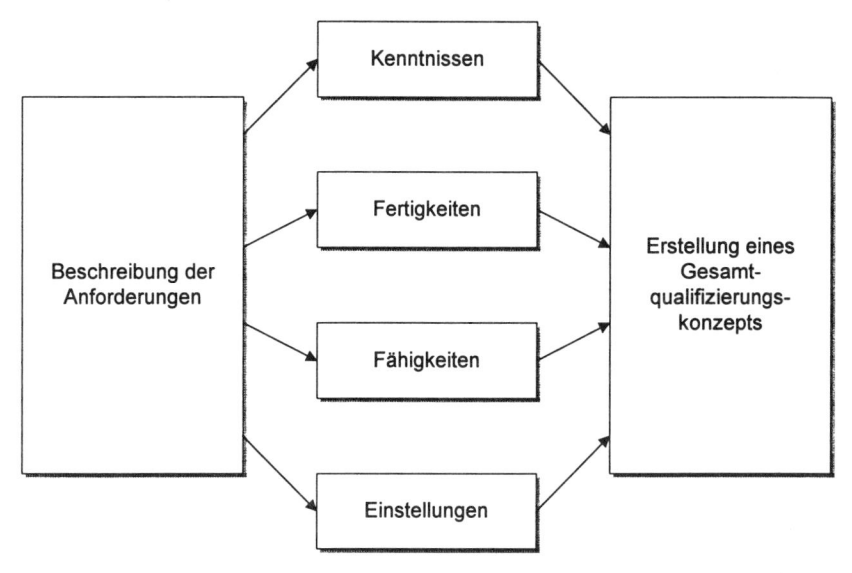

5.5 Methoden zur Gestaltung und Steuerung von Lernprozessen

Abb. 5.30 Ableitung des Qualifizierungskonzeptes aus den Qualifikationen und Anforderungen

Regeln

Für die obengenannten Kriterien könnten mögliche Anhaltspunkte folgendermaßen aussehen:
- Führungsqualitäten
  - Vorgabe einer klaren Zielrichtung
  - Klare und unmißverständliche Formulierung der Ziele
  - Einschätzung der Risiken und Unvereinbarkeit von Projektzielen
  - Treffen und Aussprechen auch unliebsamer Entscheidungen
- Fachkenntnisse
  - Grundverständnis von den im Projekt relevanten Fachdisziplinen
  - Managen des Umgangs mit den zum Einsatz kommenden Technologien und effiziente Nutzung der vorhandenen Möglichkeiten unter Berücksichtigung der Auswirkungen und Risiken
  - Erkennen neuer wichtiger Trends, die gegebenenfalls auch über das Projekt hinausgehen
- Soziale Fähigkeiten
  - Aufbau eines interdisziplinären Teams und konstruktive Nutzung der unterschiedlichen Erfahrungshintergründe
  - Integration fachspezifischer Perspektiven und Problemlösungsansätze
  - Motivation und Involvierung des Personals in die Gesamtzusammenhänge des Projekts
  - Managen auftretender Konflikte
  - Verbale und schriftliche Kommunikation mit allen Personalebenen

- Förderung einer der Teamarbeit dienlichen Atmosphäre
- Administrative Fähigkeiten
  - Beherrschung der Planungsinstrumente
  - Ermittlung und Aushandlung der notwendigen Ressourcen
  - ständige Abstimmung der Projektentwicklung mit den Auftraggebern (permanentes Feedback)
  - Einsatz und Aufrechterhaltung eines Berichts- und Revisionssystems sowie Kontrolle des Projektfortgangs
- Organisatorische Fähigkeiten
  - Bereitschaft zur Delegation von Aufgaben
  - Koordination der Ausführung von Einzelaufgaben
  - Erkennen und synergetische Nutzung der Schnittstellen zur Primärorganisation
  - Durchsetzung einer effektiven Projektorganisation gegen interne Widerstände
- Unternehmerische Fähigkeiten
  - Zusammenarbeit mit dem Top-Management
  - Einbeziehung der Management-Perspektive in die Überlegungen
  - Managen des Projekts (kostenbewußt agieren, Gewinnziele berücksichtigen, Bereitschaft zur Entwicklung von Folgeprojekten etc.)

Grundsätzlich ist darauf zu achten, daß ein Anforderungsprofil nicht endlos ausgeweitet wird, sondern nur die Anforderungen enthält, die auch tatsächlich an einen Projektleiter gestellt werden (vgl. Dittberner 1994, S. 30 ff.).

Einsatzmöglichkeiten, Chancen und Risiken

Die zuvor beschriebenen Anforderungen haben allgemein Gültigkeit für jede Art von Projekt und gelten somit als projekttypunabhängig. Darüber hinaus müssen eine Reihe von Anforderungen als projektabhängig berücksichtigt werden. Dazu können etwa die konkrete Art des Fachwissens, Sprachkenntnisse, Kenntnisse der Nachfragermentalität, Kontakt zum Kunden, frühere Ergebnisse und Erfolge in ähnlichen Projekten, persönliche Motivation, Mobilität und physische sowie psychische Belastbarkeit gezählt werden.

Eine Abstimmung zwischen dem so ermittelten Soll-Profil und einer stereotypisierten Momentaufnahme des Qualifikationsstands (Ist-Profil) von Mitarbeitern, die als Projektleiter in Betracht kommen, kann in zweierlei Hinsicht nützlich sein:

1. Mittels eines Soll-Profils kann im Unternehmen die Suche nach und die Auswahl von entsprechenden Mitarbeitern mit diesem Profil effektiver gestaltet werden.
2. Weichen sämtliche Ist-Profile mehr oder weniger stark vom Soll-Profil ab, geben die ermittelten Diskrepanzen (Abweichungsgrad) Aufschluß über den Qualifikationsbedarf, so daß entsprechende Maßnahmen gezielt eingeleitet werden können (vgl. Dittberner 1994, S. 29).

5.5 Methoden zur Gestaltung und Steuerung von Lernprozessen

Tabelle 5.13 Qualifizierungskonzepte im Vergleich

Qualifizierungskonzept	Vorteile	Nachteile
1. Stufenorientiertes Trainingskonzept	• vom Leichten zum Schweren	• bildet den tatsächlichen Projektverlauf nur begrenzt ab • häufig lange Pausen zwischen den Lernblöcken
2. Planungsorientiertes Trainingskonzept	• Verstärkte Sensibilisierung von Sach- und Formalzielen von unterschiedlichen Rollen	• bildet den tatsächlichen Projektverlauf nur begrenzt ab
3. Themenorientiertes Trainingskonzept	• Aktualität der einzelnen Themen	• technische Machbarkeit oder erste betriebliche Erfahrungen sind keineswegs sichergestellt
4. Methodenorientiertes Trainingskonzept	• Konzentriert sich auf DV-Gestaltungsakteure	• Vernachlässigt die eigentlichen Auftraggeber und Fachabteilungen • Traditionelle Inhalte wie Projektziel, Risikoanalyse oder psychologische Projektführung werden mit geringer Priorität versehen
5. Problemorientiertes Trainingskonzept	• Konzentration auf Teilergebnisse • Workshopartiges Verbinden von Theorieteil und praktischer Arbeitsphase	• Wird von den praktischen Erfahrungen und Offenheit der Teilnehmer getragen
6. Phasenorientiertes Trainingskonzept	• Strukturiert den Lernstoff entsprechend den Projektphasen • Kommt dem tatsächlichen Projektablauf am nächsten • Die Seminarbausteine können ggf. für ein konkretes Projekt an den tatsächlichen Projektverlauf angepaßt werden.	• Höherer Zeitaufwand für die Teilnehmer • Methodenwissen wird u. U. wiederholt

Beispiel

In der folgenden Abbildung werden Veränderungen der DV-Berufe dargestellt. Aufbauend auf diesen Veränderungen müssen Weiterbildungsmaßnahmen erfolgen um einen Qualifikationsverlust zu vermeiden. Qualifizierungsmaßnahmen können an und mit der gestellten Aufgabe, privat, im außerbetrieblichen und im betrieblichen Bereich erfolgen.

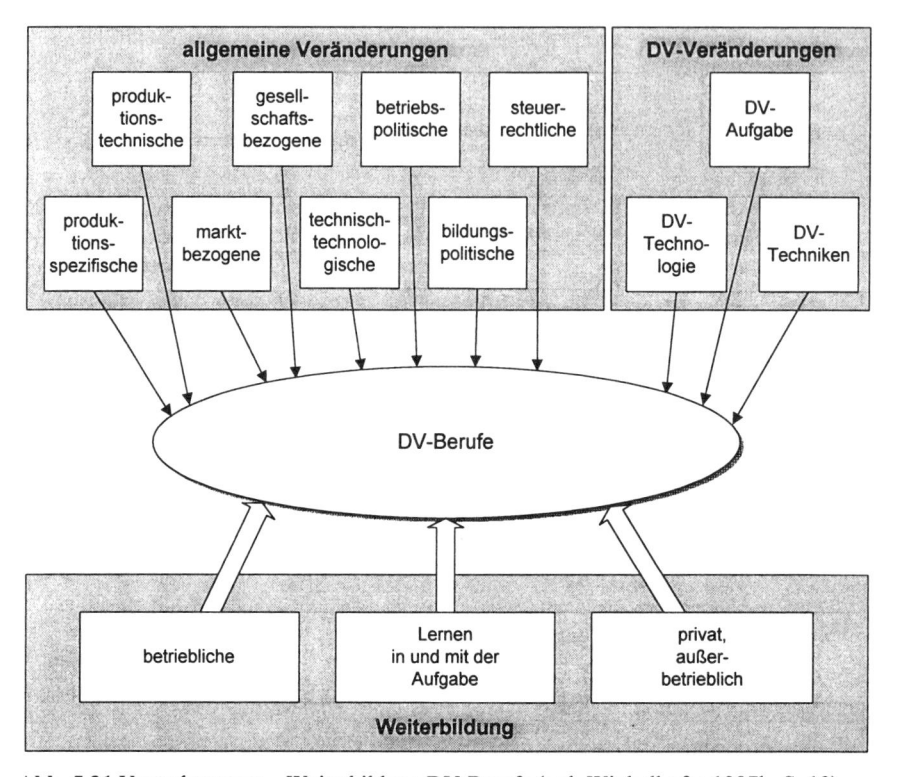

Abb. 5.31 Veränderungen – Weiterbildung DV-Berufe (vgl. Winkelhofer 1997b, S. 19)

5.5.3
Entwicklung und Gestaltung von Workshop und Seminar

Methodische Grundlagen

Von dem amerikanischen Pädagogen R. Mayer stammt er etwas ironische Satz: „Wer nicht genau weiß, wo er hin will, landet leicht dort, wo er nie hin wollte." (zitiert nach Lehnert 1992, S. 23).

5.5 Methoden zur Gestaltung und Steuerung von Lernprozessen

Zu den wichtigsten und anerkannten Prinzipien heutiger Pädagogik gehört die Festlegung von Lehr- bzw. Lernzielen. Diese sind vor der Entwicklung und Gestaltung von Workshop und Seminar eindeutig zu formulieren. Nach Ablauf des Unterrichts sollte dann zweifelsfrei festgestellt werden können, ob die mit dem Seminar oder Workshop angestrebten Zielsetzungen tatsächlich erreicht worden sind.

Ein Lernziel hat immer eine Inhaltskomponente und eine auf diesen Inhalt bezogene Verhaltenskomponente. Die Inhaltskomponente beschreibt, was des Lernende können soll. Die Verhaltenskomponente beschreibt eine Fähigkeit und legt durch die Art der Beschreibung fest, wie der Lernende zeigen soll, daß er das angestrebte Seminar- oder Workshop-Ziel erreicht hat. Der Inhalt eines Lernzieles ergibt sich aus der Analyse der Anwendungssituation (vgl. Lehnert 1992, S. 23 ff.):

- Welche speziellen Qualifikationsbedarf haben die Teilnehmer der Veranstaltung?
- Welche Kenntnisse und Fähigkeiten werden benötigt, um die geforderten Tätigkeiten ausführen zu können?
- Was muß der Lernende nach der Behandlung des Themas können, damit er in seinem Tätigkeitsfeld gut bestehen kann?

Ablauf

Der Ablauf einer Anwenderschulung kann in vier Abschnitte unterteilt werden:

> Planung der Anwenderschulung → Vorbereitung der Anwenderschulung → Durchführung der Anwenderschulung → Nachbereitung der Anwenderschulung

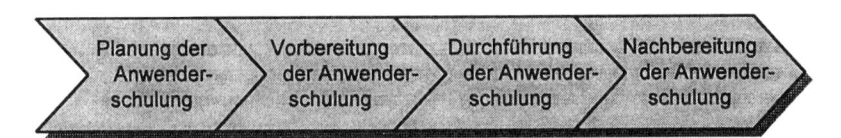

Abb. 5.32 Ablauf für Gestaltung und Entwicklung von Workshop und Seminar (vgl. Lehnert 1992, S. 105 ff.)

Die ersten drei Abschnitte können in weitere Punkte unterteilt werden:

1. Planung einer Anwenderschulung
Ziel: Erstellung der inhaltlichen und zeitlichen Struktur der Anwenderschulung oder des Seminars

a. Institutionelle Vorgaben und organisatorische Bedingungen feststellen

- Abklären der institutionellen Vorgaben und organisatorischen Rahmenbedingungen, die zur Planung des Seminars bekannt sein müssen.
- Festlegen eines Arbeitstitels (Inhaltliche Vorgaben des Auftraggebers? Allgemeine Intention des Seminars?)

- Feststellen bzw. festlegen, wann das Seminar stattfinden soll?
- Feststellen bzw. festlegen, wo das Seminar stattfinden soll?
- Feststellen bzw. festlegen der Teilnehmerzahl
- Klären, ob vergleichbare Veranstaltungen bereits durchgeführt wurden und
- ob es zu berücksichtigende Erfahrungen inhaltlicher oder organisatorischer Art gibt?

b. Teilnehmer nach Qualifikationsbedarf, Eingangsvoraussetzungen und Erwartungen analysieren.
- Sicherstellen, daß sich die Teilnehmer in dem geplanten Seminar tatsächlich das Wissen aneignen, das sie benötigen und verwenden können.
- Befragung potentieller Teilnehmer.
- Einschätzen des Qualifikationsbedarfs (Wie sieht die Anwendungssituation aus? Welcher Qualifikationsbedarf entsteht?)
- Einschätzen der Eingangsvoraussetzungen.
- Einschätzen der Erwartungen.

c. Formulierung des Lehrgangsthemas und des generellen Lehrgangsziels aufgrund der Teilnehmeranalyse festlegen.
- Präzisieren des Seminarthemas. Formulieren von ein oder mehreren übergreifenden Seminarzielen.
- Formulieren eines möglichst aussagekräftigen Seminartitels.
- Eventuell einen ergänzenden, ausführlicheren Untertitel formulieren.
- Formulieren eines oder mehrerer übergreifender Seminarziele (bezugnehmend auf den späteren Verwendungszusammenhang).
- Klären, mit welcher Gründlichkeit die Inhalte vermittelt werden sollen.
- Kontext formulieren.
- Gegebenenfalls Voraussetzungen zur Teilnahme formulieren (Einsteiger, Fortgeschrittene, ...)

d. Lernziele, Inhalte und Reihenfolge der einzelnen Kurs- bzw. Seminarblöcke festlegen.
- Auflistung von Inhalten und Lernzielen für die einzelnen geplanten Seminarteile.
- Zusammentragen und stichwortartiges Auflisten aller Themen, die unter das Seminarziel fallen.
- Festlegen der Themen.
- Feststellen, welche Themen eventuell zusätzlich aufgenommen werden müssen.
- Gruppieren der Einzelthemen zu Blöcken.
- Festlegen der Reihenfolge der Themenblöcke (Orientierung am Handlungsablauf oder Top-Down-Teaching)
- Formulieren von Lernzielen zu jedem Themenblock (zu jedem Themenblock sind etwa 3 bis 5 Lernziele zu formulieren).
- Überlegungen zum didaktisch-methodischen Konzept des Seminars.

e. Gegebenenfalls Abschlußtest und Erhebungsbogen für die Lehrgangskritik entwerfen.
- Rückmeldung geben zu können, ob die angestrebten Lernziele erreicht wurden (Ergebnis- und Leistungskontrolle).
- Auflisten aller formulierter Lernziele.
- Formulieren von Testaufgaben zu jedem als wichtig erachteten Lernziel.
- Entwerfen eines Erhebungsbogens für die Beurteilung des Seminars durch die Teilnehmer.

f. Lehrgangsübersichtsplan und Lehrgangskonzept fertigstellen.
- Abschließen der Seminarplanung.
- Erstellen der Endfassung des Seminarübersichtsplans.
- Sofern erforderlich: Versenden des Seminarübersichtsplans an die Teilnehmer
- Erstellen der Endfassung des Seminarkonzepts.
- Planung eines Nachkontakt-Seminars.

Die Reihenfolge dieser sechs Schritte wird nicht immer streng eingehalten werden können, da durchaus gegenseitige Abhängigkeiten zwischen den einzelnen Schritten bestehen.

2. Vorbereitung von Anwenderschulungen
Ziel: Praktische Umsetzung der Forderungen und Regeln aus Teil 1.

a. Formulieren des Veranstaltungsthemas und Festlegen des Veranstaltungsziels.
- Festlegen des Unterrichtsziels in Form von Lernzielen (Anwendungssituation–Qualifikationsbedarf–Lernziele).
- besonders zu berücksichtigende Aspekte wie Problemsituationen, spezielle Interessen der Teilnehmer, etc. in die Vorbereitung mit einbeziehen.

b. Stoff- und Beispielsammlung anlegen.
- Zusammenstellen und Sichten von „passenden" Texten und sonstigen Materialien.

Tätigkeiten:
- Mit welchen Inhalten, Beispielen, Materialien und sonstigen Informationen lassen sich die definierten Lernziele realisieren?
- Suchen nach verstehensfördernden Beispielen.
- Sammeln von Texten, Beispielen, Illustrationen, Videofilmen etc.
- Welche Literatur kann dem Lernenden empfohlen werden?
- Überarbeitung der Lernziele notwendig?

c. Inhalte und Beispiele auswählen und Unterrichtsablauf konzipieren.
- Entsprechend den gesetzten Lernzielen geeignete Inhalte und Beispiele auswählen. Grobstruktur des Unterrichtsverlaufs festlegen.
- Auswählen der Inhalte und Beispiele, die den gesetzten Lernzielen entsprechen (Didaktische Reduktion: Auswählen und anpassen.)
- Die ausgewählten Inhalte und Beispiele nochmals kritisch hinterfragen.

- Wird den Teilnehmern tatsächlich das Wissen vermittelt, das sie in der beruflichen Anwendungssituation benötigen?
- Um auf spontan geäußerte Teilnehmerwünsche reagieren zu können,
- vorüberlegen, welche Inhalte ggf. vertieft und welche Beispiele ggf. angeboten werden können.
- Wert legen auf Inhalt, die Überblick und Verständnis begünstigen (Transfer!)
- Grobstruktur des Unterrichtsablaufs festlegen (6-Phasen- oder 4-Phasen-Modell)
- Den Einsatz der verschiedenen Formen der Vermittlung und Erarbeitung des Lehrstoffs (Lehrvortrag, Einzel- oder Gruppenarbeit etc.) festlegen.
- Planungsergebnis schriftlich festhalten.
- Zeitplanung kritisch überprüfen.
- Besondere Maßnahmen für Teilnehmer mit Wissenslücken überlegen.

d. Inhalte und Beispiele ausarbeiten und Vermittlungs- und Erarbeitungsformen konkretisieren.
- Ausgehend von der Grobstruktur wird nun die Feinstruktur des Unterrichtsablaufs entwickeln.
- Formulieren von Lern- bzw. Leitfragen (lernbezogene und stofferschließende Fragen).
- Suchen eines motivierenden Einstiegs.
- Inhaltliche und formale Gliederung der Unterrichtsphasen Darbietung/Informieren und Erarbeitung. Gliederung des darzustellenden Lehrstoffs in aufeinanderfolgende Kapitel und Unterkapitel.
- Vorbereiten bzw. Ausarbeiten der Beispiele und Aufgaben.
- Konkretisieren des Vermittlungskonzepts.
- Instruktionsblätter erstellen.
- Lernkontrollen erstellen.
- Prüfen, ob die für das zu behandelnde Thema wichtigen Begriffe, Verfahren etc. tatsächlich zur Sprache kommen.

e. Veranstaltungskonzept formulieren.
- Umsetzung des vorstrukturierten Unterrichtsablauf in ein stichwortartig ausgearbeitetes Veranstaltungskonzept.
- schriftliche Fixierung des Veranstaltungskonzepts.
- Visualisierung von Kernaussagen und komplexen Zusammenhängen.
- Integration von Text, Visualisierungen und sonstigen Unterrichtsmaterialien zu einem Gesamtkonzept.

Tätigkeiten:
- wörtliches oder stichwortartiges Ausarbeiten des Manuskripts.
- schriftliche Fixierung des Veranstaltungskonzepts.
- Bei der Ausarbeitung des Manuskripts die 4 Verständlichmacher – Einfachheit – Gliederung – Kürze/Prägnanz – anregende Zutaten – berücksichtigen.
- Visualisierung mittels Folien und Flip-Chart.

- Integration von Text, Folien und Arbeitspapieren zu einem Gesamtkonzept.
- Zeitplanung nochmals überprüfen.

f. Veranstaltungsmaterialien erstellen und vervielfältigen.
- Veranstaltungsskript erstellen und vervielfältigen.
- Entwerfen des an die Teilnehmer zu verteilenden Veranstaltungsskripts.
- maschinenschriftliches Anfertigen des Veranstaltungsskripts und der Arbeits- und Instruktionsblätter.
- Vervielfältigen des Skripts.
- Fertigstellen der Folien.

3. Durchführung von Anwenderschulungen

a. Ablauf und Organisation der Wissensvermittlung
- Vortrag und Präsentation
- Unterweisung und Vormachen
- Einzelschulung am Arbeitsplatz
- Gruppenarbeit

b. Lernklima und Lernerfolg
Anfangssituation:
- Gegenseitiges Bekanntmachen
- Kartenabfrage zur Bedarfsanalyse
- Gästebuch
- namentliche Anrede

Schlußsituationen:
- Gespräch („was hat Ihnen am Seminar gefallen? ...")
- Beurteilungsbögen
- Bewertungsschema (an der Tafel, Flip-Chart, ...)

c. Umgang des Dozenten und Trainers mit den Lernenden
- Blickkontakt herstellen
- Teilnehmer-Aktivitäten würdigen
- Interesse an der Person des einzelnen Teilnehmers zeigen
- Anerkennung und Kritik
- Was tun bei Unaufmerksamkeiten einzelner Teilnehmer?
- Die Befindlichkeit der Teilnehmer direkt abfragen (Blitzlicht, Barometer, ...)

d. Schwierigkeiten und Konflikte
Pauschaler Rat: Gelassenheit, Höflichkeit, Sachlichkeit.

e. Lernprobleme Erwachsener
- freundliches und ermutigendes Lernklima
- Teilnehmer nicht wie Schüler behandeln
- Erreichbarkeit der Kursziele betonen
- möglichst rasch kleine Erfolgserlebnisse ermöglichen
- Hilfe durch persönliches Gespräch

Regeln

An dieser Stelle wird auf die einschlägige Fachliteratur hingewiesen. Je nach favorisiertem didaktischen Modell und der eingesetzten Seminarmethodik sind ganz unterschiedliche Regeln zu beachten.

Einsatzmöglichkeiten, Chancen und Risiken

Die Einsatzmöglichkeiten für die Entwicklung und Gestaltung von Workshops und Seminaren sind sehr vielfältig. Insbesondere die Anwenderschulung nimmt bei großen Informationssystemen öfters 20 % und mehr der Gesamtkapazität in Anspruch.

Beispiel

Als Beispiel ist in Abb. 5.33 ein Planungsprozeß für die Planung der betrieblichen Weiterbildung in der Informationsverarbeitung dargestellt.

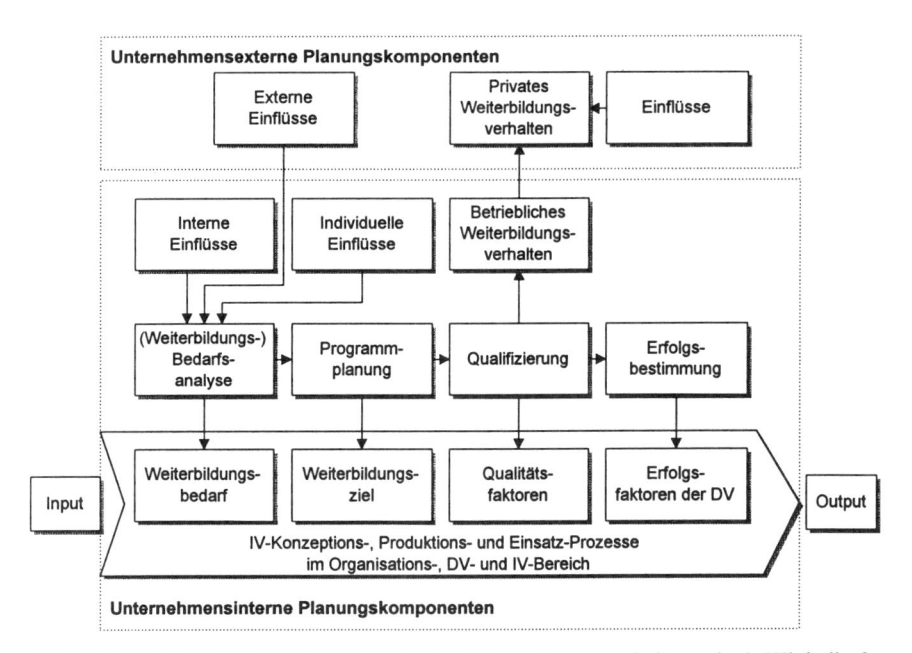

Abb. 5.33 Betriebliche Weiterbildung in der Informationsverarbeitung (vgl. Winkelhofer 1997b, S. 139)

5.5.4 Steuerung von Workshop und Seminar

Methodische Grundlagen

Die Seminarsteuerung ist eine bestimmte Form, um eine Arbeitsgruppe, ein Projektteam, eine Besprechung, eine Diskussion oder eine Konferenz zu leiten. Die Leitung hat dabei so zu erfolgen, daß das Potential der Beteiligten möglichst optimal genutzt wird. Das vordergründige Ziel der Seminarsteuerung ist, den Prozeß, der während eines Seminars, Workshop etc. abläuft, transparent und reflektierbar zu machen, um an das Sachziel näher heranzukommen und um die Selbstwertbedürfnisse der Teilnehmer angemessen zu berücksichtigen. Letztlich soll die Effizienz und Zufriedenheit der Beteiligten gesteigert werden.

Der Zielkorridor wird zum Teil vom Seminarleiter festgelegt, zum Teil wieder von außen durch übergeordnete Ziele des Unternehmens oder eines Projekts vorgegeben. Insofern sind also Grenzen, aber auch Spielräume gegeben (vgl. Böning 1991, S. 13 ff.).

Die Aufgaben der Seminarsteuerung lassen sich wie folgt spezifizieren:

- soll Anregungen geben,
- soll Abschweifungen vom Thema verhindern,
- soll Ergebnisse festhalten und zusammenfassen sowie verhindern, daß zwischenmenschliche Probleme „ausufern" (vgl. Decker 1988, S. 21).

Die Seminarsteuerung findet Anwendung in Qualitätszirkeln, Lernstatt, Gruppenarbeit usw. sowie in der Durchführung von Seminaren, Workshops, Projektgruppensitzungen, Besprechungen etc. (vgl. Seifert 1992, S. 77).

Ablauf

Der klassische Ablauf kann in 6 Schritten erfolgen (Abb. 5.34):

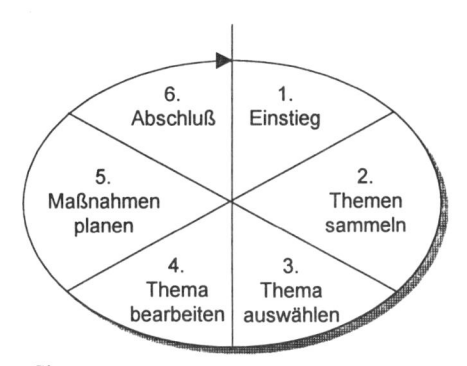

Abb. 5.34 Ablauf einer Sitzung

1. Einstieg
   In diesem ersten Schritt geht es darum, die Sitzung zu eröffnen, ein positives Arbeitsklima zu schaffen und Orientierung für die gemeinsame Arbeit zu geben. Ein möglicher Ablauf des Einstiegs könnte folgendermaßen aussehen:
   - Eröffnung der Sitzung
   - Abklärung der Erwartungen
   - Abstimmen und Festlegen der Methodik
   - Klären der Protokollfragen
2. Themen sammeln
   Das Sammeln der Themen ist der erste inhaltliche Arbeitsschritt. Es geht darum, die Themen festzustellen, die bearbeitet werden könnten oder konkret bearbeitet werden sollen. Möglicher Ablauf:
   - Formulierung einer präzisen, zielgerichteten Fragestellung und Visualisierung der Fragen an einer Pinnwand.
   - Verteilen von Pinnkarten an die Teilnehmer. Diese sollen die Fragestellung mittels der Pinnkarten schriftlich beantworten. Ziel ist es, Ideen zur Fragestellung zu sammeln und alle Teilnehmer mit einzubeziehen.
   - Karten einsammeln und an der Pinnwand ordnen bzw. strukturieren. Ziel hierbei ist die Gewinnung eines Überblicks, das Finden inhaltlicher Schwerpunkte sowie Transparenz.
3. Thema auswählen
   Hier geht es darum, festzulegen, welches Thema bearbeitet wird bzw. in welcher Reihenfolge die Themen bearbeitet werden sollen. Dazu müssen Prioritäten festgelegt werden. Ein möglicher Ablauf ist:
   - Erstellen eines Themenspeichers.
   - Formulierung einer zielgerichteten Fragestellung und deren Visualisierung an der Pinnwand.
   - Themen mittels „Punkten" gewichten lassen, d. h. die Teilnehmer werden aufgefordert, eine Reihenfolge festzulegen.
4. Themen bearbeiten
   In diesem Arbeitsschritt werden die Themen entsprechend der festgelegten Rangfolge bearbeitet. Ein möglicher Ablauf kann wie folgt aussehen:
   - Geeignete Methodik zur Bearbeitung des entsprechenden Themas vorschlagen, z. B. das Arbeiten mittels der Problemanalyse. Das Ziel ist eine möglichst effiziente Themenbearbeitung.
   - Bearbeiten des Themas gemäß der gewählten Methodik.
5. Maßnahmen planen
   Es wird festgelegt, welche Maßnahmen aufgrund der Ergebnisse aus der Themenbearbeitung durchgeführt werden sollen. Ein möglicher Ablauf kann wie folgt aussehen:
   - Matrix des Maßnahmenplans an einer Pinnwand visualisieren. Zielsetzung dabei ist, eine Struktur für die weitere Vorgehensweise zu schaffen.
   - Die als notwendig erachteten Aktivitäten sind in die Matrix einzutragen.

5.5 Methoden zur Gestaltung und Steuerung von Lernprozessen

- Für jede Maßnahme sind Verantwortlichkeiten und Terminierungen festzulegen sowie gegebenenfalls Kontrollen zu vereinbaren.

6. Abschluß

Die inhaltliche Arbeit ist abgeschlossen. Als Abschluß bietet sich an, den Gruppenprozeß zu reflektieren. Dazu können beispielsweise folgende Fragen benutzt werden:
- Wurden meine Erwartungen erfüllt?
- Habe ich die Arbeit als effektiv erlebt?
- Bin ich mit dem Ergebnis zufrieden?
- Habe ich mich in der Gruppe wohlgefühlt? (vgl. Seifert, J. W., S. 88 ff.).

Regeln

In jedem Gruppenprozeß können schwierige Phasen auftreten. Ein mögliches Element können störende Verhaltensweisen von Gruppenmitgliedern sein.

Tabelle 5.14 Störendes Verhalten von Gruppenmitgliedern und Empfehlungen für das Vorgehen des Moderators (vgl. Koch 1992, S. 157 ff.)

Merkmale	Mögliche Ursachen	Empfehlungen
Der Abschweifer		
• kommt vom „Hundertsten" zum „Tausendsten" • bringt unzutreffende Vergleiche	• ist nicht konzentriert bei der Sache • ist übereifrig • ist ein Erzählertyp	• Frage an die Gruppe, z. B.: „Ich fürchte, wir kommen jetzt vom Weg ab, sind Sie nicht auch der Meinung?" • Halten Sie den Punkt auf dem „Ideenspeicher" einfach fest.
Der Aggressive, Polemiker, Unsachliche		
• Beiträge sind aggressiv, polemisch oder unsachlich • greift andere Teilnehmer verbal an	• Verärgert (Mimik, Gestik?) • persönliche Aggressionen gegenüber anderen • ist verunsichert • hat Informationsdefizite (kam zu spät, war zwischendurch weg)	• Sachlich und ruhig bleiben. Versuchen Sie, die Ursachen zu ermitteln (verärgert, frustriert oder Informationsdefizit). Bei Verärgerung: Entschuldigen Sie sich und bringen Sie Ihr Bedauern zum Ausdruck, ansonsten: • Wiederholen Sie das Vorgetragene noch einmal betont sachlich und geben Sie die Fragen, das Problem an die Gruppe weiter. • Beziehen Sie die Person durch Aufgabenübertragungen (z. B. schreiben am Flip-Chart) aktiv mit in die Gruppenarbeit ein. • Pausengespräch: Versuchen Sie das „Warum" zu ergründen.

Forts. **Tabelle 5.14** Störendes Verhalten von Gruppenmitgliedern

Der Alberne
- Vorträge werden ins lächerliche gezogen
- unangebrachtes Lachen
- Witze werden erzählt

- Unsicherheit
- sucht Anerkennung
- gefällt sich in dieser Rolle
- euphorische Stimmung
- unter Umständen Alkohol

- Empfehlungen bezüglich des Umgangs:
- Wohl dosiert kann die Gruppenarbeit dadurch gelockert und entspannt werden. Soweit die „albernen" Beiträge mal hin und wieder auftreten, einfach darüber hinweg sehen.
- Bei „Überdosierung" und deutlicher Störung führen Sie die Gruppe wieder an das Sachliche heran, z. B. durch: „Lassen sie uns das Thema sachlich weiterführen."
- Pausengespräch: Bitten Sie ihn, sich mit seiner Art etwas zurückzuhalten. „Wir müssen heute noch zu einem Ergebnis kommen!"

Der Dauerredner, Profilneurotiker, Vielredner
- nutzt jede Gelegenheit sich darzustellen
- redet oft und viel
- unterbricht andere

- profilsüchtig

- Unterbrechen Sie den Redefluß („Bitte entschuldigen Sie, daß ich Sie unterbreche"). Das Wesentliche kurz und sachlich zusammenfassen und mit einer weiterführenden Frage an die Gruppe geben.
- Bei Protest: „... haben Sie bitte Verständnis, wir müssen erst einmal verarbeiten, was Sie bereits alles eingebracht haben!"
- Auf Spielregeln hinweisen.
- In der Pause: z. B. „Sie wissen gut Bescheid, lassen Sie uns hören, was von den anderen Teilnehmern kommt!"

Der Meckerer, Nörgler, Skeptiker
- ist immer negativ, destruktiv und meckert an allem herum
- neigt zur Pauschalisierung
- benutzt häufig Killerphrasen

- persönliche Probleme
- verärgert
- frustriert
- verunsichert
- Pessimist

- Prüfen Sie zunächst, ob der Einwand eventuell gerechtfertigt ist.
- Wiederholen Sie den Einwand sachlich formuliert und fragen Sie die Gruppe, ob sie gleicher Meinung ist.
- Bei Killerphrasen: „Wie oft kommt das vor?" „Welche Erfahrungen haben Sie gemacht?" „Was schlagen Sie vor?" (also offene Fragen stellen).
- Versuchen Sie, im Pausengespräch die möglichen Ursachen zu ergründen.

5.5 Methoden zur Gestaltung und Steuerung von Lernprozessen

Forts. Tabelle 5.14 Störendes Verhalten von Gruppenmitgliedern

Der Rechthaber		
• verteidigt kompromißlos seinen Standpunkt • argumentiert meist sehr sachkundig • führt lange Diskussionen mit Experten	• ist tatsächlich Experte • will sich profilieren • Aggressionen gegenüber Experten, Teilnehmern etc.	• Prüfen Sie zunächst, ob der Einwand gerechtfertigt ist. • Geben Sie den Einwand an die Gruppe oder Experten weiter. • Verlegen Sie tiefergehende Fachauseinandersetzungen auf die Pause oder auf ein Gespräch mit dem Experten nach der Veranstaltung.

Einsatzmöglichkeiten, Chancen und Risiken

Die Seminarsteuerung kann zur Leitung von Arbeitsgruppen, Projektteams, Besprechungen, Diskussionen oder Konferenzen etc. eingesetzt werden.

Vorteilhaft ist, daß Gruppen schnell arbeitsfähig gemacht werden können.

Beispiel

Im folgenden werden einige mögliche Fragestellungen zur Seminarsteuerung vorgestellt.
- Was hat Ihnen bisher gut gefallen?
- Welche Probleme hatten Sie bisher?
- Wie zufrieden sind Sie mit der Vorbereitung auf?

5.5.5 Reflexion und Auswertung von Workshop und Seminar

Methodische Grundlagen

Die Reflexion eines Seminars oder Workshops ist wichtig für die emotionale Erinnerung an das Gruppenerlebnis und hat gleichzeitig Einfluß auf das Engagement zur Realisierung der gemeinsamen Aufgabe. Vor allem für die weitere Arbeit sind weder überschäumende Euphorie, noch kalte Nüchternheit von Vorteil. Verlassen die Teilnehmer eine Veranstaltung allzu euphorisch, besteht die Gefahr, daß sie auftretende Schwierigkeiten im Alltag unterschätzen. Dies erzeugt Enttäuschung und Leere. Ebenso schädlich ist eine depressive, „verklemmte" Atmosphäre am Ende einer Veranstaltung. Sie mobilisiert häufig nämlich nicht genug Energie, um die Aktivitäten anzupacken, die vereinbart worden sind.

In beiden Fällen muß der Moderator den richtigen Weg finden, damit die Sitzung noch transparent gemacht wird. Für diese Phase sollte sich die Gruppe ein bis zwei Stunden Zeit nehmen, denn ein überstürzter Abschluß kann das gesamte Gruppenerlebnis negativ beeinflussen. Auch sollte darauf geachtet werden, daß kein Teilnehmer vorzeitig abreist.

Grundsätzlich ist der Moderator mit in die Reflexion einzubeziehen, denn auch er ist im Gruppengeschehen involviert (vgl. hierzu Klebert et al. 1984).

Ablauf

Am Schluß eines jeden Seminars oder Workshops steht die Aktionsorientierung. Um das Ergebnis der Veranstaltung zu sichern, kann man sich verschiedener Techniken bedienen. Dies können beispielsweise sein:
- Tätigkeitskatalog
  Er dient dazu, die Umsetzung der Ergebnisse zu sichern. Die Eintragungen in den Katalog müssen deshalb möglichst konkret und überschaubar sein. Dazu werden verschiedene Spalten angelegt, die das Wer? Was? Bis wann? Informationen an wen? etc. wiedergeben.
- Verhaltenskatalog
  Durch den Verhaltenskatalog werden die Kernpunkte der Sitzung nochmals dargestellt. Die Teilnehmer verpflichten sich, die Vorschläge und künftigen Spielregeln auch einzuhalten. Darüber hinaus sollte jeder Teilnehmer seine individuellen Ziele und Vorsätze, die er erreichen und einhalten möchte, festhalten.
- Offene Fragen
  Dazu gehören Teile aus dem Themenspeicher, die nicht behandelt werden konnten, aber auch Fragen, die in der Gruppe zu kurz gekommen oder erst spät aufgetaucht sind. Unerledigte Items werden angesprochen und kurz diskutiert. Meist können nicht mehr alle Fragen geklärt werden. Dennoch ist es wichtig, sich zumindest an die Existenz der Probleme zu erinnern, um sich weitere Gedanken zu machen, wie die Probleme/Fragen geklärt werden können.
- Gruppenfeedback
  Am Ende eines jeden Seminars oder Workshops ist es üblich, ein kurzes Feedback der Teilnehmer über ihre Zufriedenheit mit den erarbeiteten Ergebnissen und mit dem Verlauf des Gruppenprozesses zu geben. Ob dies in verbalen oder schriftlichen Statements oder in Form von Punktabfragen geschieht, ist situationsabhängig. Wichtig ist in jedem Fall die Transparenz der Teilnehmereinschätzungen auf der Sach- und Beziehungsebene. Dies dient der Motivation, der weiteren Herausbildung von Spielregeln und der Klärung der künftigen Perspektiven, Möglichkeiten und Schwierigkeiten. Ferner dokumentiert es die Aspekte Gemeinsamkeit, Offenheit und Vertrauen (vgl. Böning 1991, S. 175 ff.).

5.5 Methoden zur Gestaltung und Steuerung von Lernprozessen

Regeln

Tips für den Ablauf:

- Die wesentlichen Punkte sind abschließend nochmals kurz zusammenzufassen.
- Nichtssagende Schlußfloskeln wie „damit bin ich nun am Ende" oder „kommen wir zum Schluß" sollte man vermeiden.
- Bei einem abschließenden Gespräch sollte man die Zielsetzung und den Zeitrahmen festlegen und gegebenenfalls das Wort an die Teilnehmer abgeben (vgl. Seifert 1992, S. 69).

Einsatzmöglichkeiten, Chancen und Risiken

Eine Reflexion kann in Seminaren, Workshops aber auch bei anderen Formen der Gruppenarbeit sinnvoll sein. Sie kann sowohl am Ende eines jeden Teilabschnitts erfolgen als auch zum Abschluß der gesamten Veranstaltung.

Vorteile:
- Ungeklärte Fragen und Probleme können nochmals in Erinnerung gerufen werden.
- Positive und/oder negative Empfindungen können offen geäußert werden.
- Es kann sich motivierend auf die nachfolgende Arbeit auswirken.
- Schafft Transparenz bezüglich des Gruppenprozesses.

Nachteile:
Es kann vorkommen, daß die gewählte Methodik der Reflexion nicht in die Situation paßt. Dadurch kann ein negatives Gefühl bei den Teilnehmern zurückbleiben, was sich seinerseits störend auf die weitere Arbeit auswirken kann.

Beispiel

Mögliche Fragen zur Reflexion können sein:
1. Warum gehe ich gerne weg?
2. Warum gehe ich ungern weg?
3. Weshalb freue ich mich auf den nächsten Workshop bzw. Seminarblock?
4. Weshalb freue ich mich nicht auf den nächsten Workshop bzw. Seminarblock?

5.5.6 Projekt-kick-off

Methodische Grundlagen

Projekte sind Vorhaben mit definiertem Anfang und Abschluß. Obwohl diese Definition trivial und absolut zutreffend ist, sind der Beginn und das Ende eines Projekts in der Praxis nicht immer klar erkennbar. Die Bedeutung, ein Projekt so gründlich wie möglich von A bis Z zu erfassen, kann jedoch nicht oft genug betont werden (vgl. Madauss 1991, S. 60).

Wann aber beginnt ein Projekt? Auf diese Frage gibt es keine allgemeingültige inhaltliche Antwort. Mit dem offiziellen Starttermin gemäß des Projektplans und somit dem formellen Projektbeginn hat das Vorhaben in der Regel bereits begonnen (vgl. Litke 1991, S. 122).

Ablauf

Der Projekt-kick-off kann auf der informellen und auf der formellen Ebene betrachtet werden. Eigentlich beginnt jedes Projekt auf der informellen Ebene. Hier gestaltet sich der Ablauf wie folgt:

1. Es beginnt mit einer Idee, mit Vorschlägen oder mit dem Wunsch von seiten der Fachbereiche, der Geschäftsleitung oder eines anderen Auftraggebers.
2. Es wird ein Verantwortlicher ernannt. Er erhält den Auftrag, Ziele, Ressourcen, Nutzenaspekte, Termine und den Ablauf des Projekts zu definieren. Daraus resultiert der Projektauftrag.
3. Dieser Auftrag wird häufig in sehr kurzer Zeit erfüllt. Aufgrund der Information entscheidet das oberste Management, ob das Projekt durchgeführt wird, wer als Projektleiter ernannt wird und eventuell wer im Projektteam mitarbeitet.
4. Mit der Bestätigung des Projektauftrags beginnt das Projekt. Dies ist der Projekt-kick-off auf der formellen Ebene. Von jetzt an werden planmäßig vorgegebene Aktivitäten bearbeitet (vgl. Litke 1991, S. 122).

Regeln

In der Literatur wird schwerpunktmäßig auf zwei Themengebiete hingewiesen, um die Effizienz des Projekts zu sichern und für die Akzeptanz der Lösungen bereits zu Beginn zu sorgen. Zwei grundlegende Fragestellungen können dabei hilfreich sein (vgl. Litke 1991, S. 123):

- Wie kann zu Projektbeginn eine geeignete Projektdurchführungsstrategie entworfen werden, um Akzeptanz und Effizienz des Projekts zu erreichen?
- Wie kann die Zusammenarbeit im Projektteam gesichert und die Führungsfunktion des Projektleiters hervorgehoben werden?

Einsatzmöglichkeiten, Chancen und Risiken

Der Einsatz des Projekt-kick-off auf der informellen Ebene beginnt automatisch mit der Idee, mit Vorschlägen oder mit dem Wunsch von Seiten der Fachbereiche, der Geschäftsleitung oder eines anderen Auftraggebers.

5.5 Methoden zur Gestaltung und Steuerung von Lernprozessen

Auf der formellen Ebene sollte der Projekt-kick-off grundsätzlich zum offiziellen Beginn eines Projekts eingesetzt werden.

Vorteile aus dem Projekt-kick-off ergeben sich auf der formellen Ebene. Mit der häufig schriftlichen Erteilung des Projektauftrags werden gleichzeitig Ressourcen freigegeben, so daß die planmäßig vorgegebenen Aktivitäten begonnen werden können.

Nachteile, die sich vor allem beim informellen Projekt-kick-off ergeben können, sind (vgl. Litke 1991, S. 123):

- Häufig wird „Politik" gemacht, d. h. der Anfangstermin wird laufend verschoben. Plötzlich wird die Genehmigung erteilt und keiner ist richtig darauf vorbereitet. Der Endtermin bleibt jedoch derselbe, obwohl sich der Beginn verzögert hat.
- Es bilden sich offene oder verdeckte Fronten. Dies kann soweit gehen, daß der Projektleiter bei der Mitarbeitersuche aus den Fachabteilungen keine Unterstützung mehr erhält.
- Dem Projektleiter werden Mitarbeiter überlassen, die er nicht für qualifiziert genug erachtet.
- Dem Projektleiter wird immer wieder gesagt, daß er von den eigentlichen Problemen überhaupt keine Ahnung habe.
- Das beginnende Projekt wird ständig untergraben, indem auf andere unglücklich verlaufene Projekte hingewiesen wird. Damit versuchen die „Gegner" des Projekts zu beweisen, wie wenig Chancen das neue Projekt hat.
- Gerüchte werden in die Welt gesetzt. Sie sorgen für unnötige Verwirrungen. Eigentlich ist noch gar nichts sicher, aber es sind wilde Spekulationen im Hause im Umlauf.
- Noch unklar definierte Verantwortungen und Befugnisse.
- Häufig werden zu hohe Erwartungen an das Projekt gestellt

Beispiel

An drei Beispielen sollen drei mögliche Projekt-kick-off-Ansätze vorgestellt werden:

1. Information und „offizielle" Beauftragung von Projektleiter und Projektteam (Dauer: 1,5 bis 3 Std.)
    - Ist-Situation und Probleme vorstellen
    - Projektaufgabendefinition darstellen
    - Favorisierte Lösungsansätze aufzeigen
    - Projektplanung und Projektorganisation vorstellen
    - Chancen und Risiken ansprechen
    - Übergabe des Projektauftrags

2. Information, offizielle Beauftragung von Projektleiter und Projektteam sowie Schulung der Projektbeteiligten für die anstehende (Projekt-)Phase (Dauer: 2 bis 4 Tage)
   - Die Punkte 1 bis 6 aus 1.
   - Vorstellung der zur Bearbeitung anstehenden Projektphase
   - Bearbeiten der wichtigsten Arbeitsschritte mit Theorie, Kleingruppenaufgabe, Lösungspräsentation und Transferdiskussion. Je Arbeitsschritt zwei bis drei Stunden.
   - Zum Abschluß der Sitzung klären:
     - Was ist noch unbekannt in dieser Projektphase?
     - Wie lange brauchen wir dafür, d. h. ist die gemachte Planung realistisch?
     - Was heißt der geplante Terminrahmen für die Detaillierungstiefe?
3. Event-Wochenende, ... (Dauer: 1,5 bis 4 Tage und 1. oder 2.)
   - Durchführung unterschiedlicher Kennenlernspiele, zu Namen, Wohnort, Hobbies, zum Loslassen, Sich-selbst-finden, ...
   - Planung und Organisation einer Klein-Aufgabe in Untergruppen
   - Planung und Organisation ein gemeinsamen Aufgabe
   - Reflexion des Events
   - Die Punkte 1 bis 6 aus 1. oder die Punkte 1 bis 4 aus 2.

6 Zusammenfassung und Ausblick

Das vorliegende Buch zeigt eine Auswahl der am häufigsten in der Praxis eingesetzten und bewährtesten Methoden für Management und Projekte. Von insgesamt 100 vorgestellten Methoden sind rund

- 30 Methoden aus dem Bereich Projektplanung und Projektorganisation (Kap. 3),
- 50 Methoden aus dem Bereich Unternehmensentwicklung, Organisation und EDV (Kap. 4) sowie
- 20 Methoden aus dem Bereich Kommunikation und Interaktion (Kap. 5).

Bei all diesen Methodenbeschreibungen wurde, soweit möglich, versucht die verwendete Systematik - methodische Grundlagen, Ablauf, Regeln, Einsatzmöglichkeiten, Chancen und Risiken sowie Beispiel - einzuhalten.

Den Höhepunkt dieses Buches bildet sicherlich die systematische Vorgehensweise mit definierten (Projekt- bzw. Arbeits-) Phasen, mit genau bestimmten Arbeitsschritten, der Beschreibung der einzelnen Arbeitsschritte sowie einer Zuordnung geeigneter Methoden zu den einzelnen Arbeitsschritten.

Zu bemerken bleibt an dieser Stellen, daß all die hier beschriebene Information (Vorgehensmodell und Methoden), die Projektdokumentation und das Berichtswesen aller laufender Projekte und aller abgeschlossener Projekte in einer Projektdatenbank, z. B. einer Projekt-Infothek zu einem weiteren Schub in der Professionalisierung des Projektmanagements führen kann. Damit können die Theorie, die Konzepte, die Instrumente, die Methodik, die Methoden, die Werkzeuge, etc. zusammengeführt werden.

Projektmanagement verläßt immer stärker die reine Tool-Ebene, die reine Methoden-Ebene, die Methodik-Ebene, die Instrumenten-Ebene, etc. und entwickelt sich zu einer selbständigen Arbeitsweise. Die Arbeitsweise Projektmanagement ergänzt damit als ein selbständiger Partner die Linienorganisation. Beide sind miteinander verbunden durch das Schnittstellenmanagement (Abb. 6.1).

Als Folge heißt das nicht, daß auf Methoden verzichtet werden kann oder daß sie nur der Systematik und der Qualität wegen eingesetzt werden. Vielmehr unterstützen die einzelnen Methoden in einer spezifischen Kombination die Erfolgsfaktoren *für* Projektmanagement (siehe Kap. 5.2.2), wie

- PM als durchgängige Theorie,
- PM als klares Konzept,
- PM als verankerte Führungsphilosophie,
- PM als zweckdienliches Instrument der Unternehmensführung,

6 Zusammenfassung und Ausblick

- PM als permanenten und umfassenden Entwicklungsprozeß,
- PM als Lern- und Qualifizierungsprozeß,

etc.

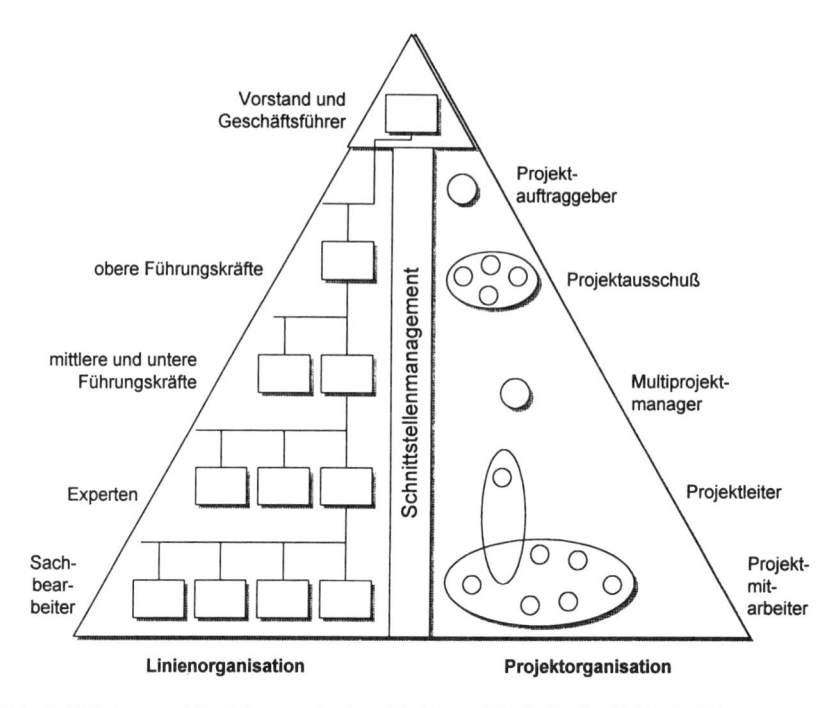

Abb. 6.1 Linien- und Projektorganisation (Keßler u. Winkelhofer 1997, S. 67)

Damit diese Erfolgsfaktoren in Unternehmen und Verwaltungen entwickelt und professionalisiert werden können, bedarf es der Beherrschung einer Reihe von Methoden. Die Tabellen 6.1, 6.2 und 6.3 geben einen ersten Überblick über die Reichweite der in diesem Buch vorgestellten und einiger anderer Methoden für die Analyse, Gestaltung, Entwicklung und Reflexion der „Erfolgsfaktoren *des* Projektmanagements" sowie der „Erfolgsfaktoren *für* Projektmanagement" im Projektmanagement als Führung, Information, Prozeß und System (FIPS).

Tabelle 6.1 Methoden für Entwicklung der „Erfolgsfaktoren *des* Projektmanagements"

Methoden zur Entwicklung der Erfolgsfaktoren	Erfolgsfaktoren *des* Projektmanagements (vgl. Keßler u. Winkelhofer 1997, S. 14 ff.)
• Projektphasen und Arbeitsschritte • Projektzieldefinition, Projektbedingungsdefinition, Zielbeziehungsmatrix, Projektaufgabendefinition, • Nutzen-Controlling • Analyse- und Designmethoden • Qualifikationsanforderungen (Projektauftraggeber, Projektleiter und Projektteammitglieder) • Projektorganisation • Kompetenzmatrix	Erreichung der definierten Projektziele
• Projektplanung • Projektorganisation • Kompetenzmatrix • Operatives Controlling • Ergebnis-Controlling • Multiprojektmanagement • Dokumentation und Berichtswesen • Chancen-Risiko-Analyse • Infothek • Teamentwicklung • Konfliktmanagement • Kommunikationsmodell	Einhaltung der geplanten Ressourcen

Tabelle 6.2 Methoden für die Entwicklung der „Erfolgsfaktoren *für* Projektmanagement – Führung und Rahmen"

Methoden zur Entwicklung der Erfolgsfakoren	Erfolgsfaktoren *für* Projektmanagement bzgl. Führung und Rahmen (vgl. Keßler u. Winkelhofer 1997, S. 15 ff.)
• Projekt-Handbuch • Projektorganisation • Projektleiterqualifizierung • Projektmatrix • Projektstandards • Projektmethoden	PM als durchgängige Theorie
• Projektorganisation • Kompetenzmatrix • Teilprojektleitung • Multiprojektmanagement	PM als klares Konzept

Forts. Tabelle 6.2 Methoden für die Entwicklung der „Erfolgsfaktoren *für* Projektmanagement – Führung und Rahmen"

• Führungsmodell • Kompetenzmatrix • TQM • Simultaneous Engineering • Lean Productions • Wertanalyse	PM als verankerte Führungsphilosophie
• Projekt-Handbuch • Magisches Dreieck • Projekt-Führungsmodell • Teamentwicklung • MbO Management by Objectives (Führen durch Ziele) • MbR Management by Results (Führen über Ergebnisse)	PM als zweckdienliches Instrument der Unternehmensführung
• Unternehmensentwicklung • Strategisches Projektmanagement • Multiprojektmanagement • Organisationsentwicklung • Anforderungsprofil an Projektleiter • Weiterentwicklung der PM-Methoden • Konfliktmanagement	PM als permanenter und umfassender Entwicklungsprozeß
• Qualifikationsbedarfsanalyse • Qualifizierungskonzepte • Projekt-Coaching • Projekt-Supervision	PM als Lern- und Qualifizierungsprozeß
• Teilprojektleitung • Projektplanung • Projektorganisation • Kompetenzmatrix • Personalentwicklung • Personalrotation	PM als zusätzliche Organisationseinheit
• Projekt-Kick-off • Workshop-Gestaltung • Spielregelvereinbarung • Reflexion und Auswertung • Evaluation der Methoden • Evaluation der Prozesse	PM als iterativer Prozeß
• Gruppendynamik • Teamentwicklung • Kommunikationsmodell • Gesprächsführung • Verhandlungsführung	PM als Haltung

Tabelle 6.3 Methoden für die Entwicklung der „Erfolgsfaktoren *für* Projektmanagement – Handeln und Information"

Methoden zur Entwicklung der Erfolgsfaktoren	Erfolgsfaktoren *für* Projektmanagement bzgl. Handeln und Information (vgl. Keßler u. Winkelhofer 1997, S. 15 ff.)
• Aufgabenplanung • Projektzieldefinition • Projektbedingungsdefinition • Kostenplanung • Umfeldanalyse • Ursache-Wirkungs-Analyse • Kraftfeldanalyse	PM als Problemlösungsprozeß
• Projektleiter-Rollen • Projekt-Supervision • Projektauftrag • Projektorganisation	PM als Verhalten
• Beziehungsmanagement • Konfliktmanagement • Regelkommunikation • Berichtswesen • Projekt-Marketing • Meilensteinsitzung	PM als Kommunikation
• Stärken-Schwächen-Analyse • Chancen-Risiko-Analyse • Risikoanalyse • Multiprojektmanagement • Kraftfeldanalyse • Abhängigkeitsanalyse • Ermittlung des kritischen Pfades • Macht und Einfluß im Projekt • Szenario-Technik • Verträge und Vereinbarungen • Haftung und Gewährleistungen	PM als Management von Risiken
• Informationsanalyse • Informationsbedarfsanalyse • Berichtswesen und Dokumentation • Kompetenzmatrix • Analyse- und Designmethoden • Meilensteinsitzungen	PM als Informationsmanagement

Forts. Tabelle 6.3 Methoden für die Entwicklung der „Erfolgsfaktoren *für* Projektmanagement – Handeln und Information"

• Analyse- und Designmethoden • Unternehmensentwicklung • Organisations- und Systemplanung • Kreativitätstechniken • Projektplanungsmethoden • alle Planungsmethoden: Kapazitäts-, Finanz-, Ressourcenplanungen etc.	PM als Methodik
• Methoden zur Projektplanung • Methoden zur Organisations- u. Systemplanung • Methoden zur Kommunikation • Projektleiter-Qualifizierung • Projekt-Handbuch • Projektstrukturierung	PM als Methoden-Mix
• Informationsbedarfsanalyse • Projekt-Handbuch • E-Mail • Internet, Group-Ware • Leitfäden, Checklisten, Anleitungen, Formblätter	PM als Tool- und Werkzeug-Box
• Operatives Controlling • Nutzen-Controlling • Projekt-Supervision • Rentabilitätsanalyse • Meilensteinsitzungen	PM als Projekt-Controlling

Nach diesen Tabellen müßte klar geworden sein, was Projektmanagement als Führung, Information, Prozeß und System (FIPS) einerseits so attraktiv und andererseits so komplex macht. Der Einsatz von einzelnen Methoden hat selbst bei theoretischer Prägung immer einen Bezug zur Praxis und wirkt damit konkret. Stellt man die einzelnen Methoden jedoch in größeren Zusammenhang, wo wird Projektmanagement zu einer hochinteressanten Arbeitsweise.

Zunehmender Theorieanteil

- als durchgängige Theorie von FIPS (1)
- als klares Konzept (2)
- als verankerte Führungsphilosophie (3)
- als Instrument der Unternehmensführung (4)
- als permanenter u. umfassender Entw.prozeß (5)
- als Lern- u. Qualifikationsprozeß (6)
- als zusätzliche Organisationseinheit (7)
- als iterativer Prozeß (8)
- als Haltung (9)
- als Problemlösungsprozeß (10)
- als Verhalten (11)
- als Kommunikation (12)
- als Management von Risiken (13)
- als Informationsmanagement (14)
- als Methodik (15)
- als Methoden-Mix (16)
- als Tool- u. Werkzeug-Box (17)
- als Projekt-Controlling (18)

Erfolgsfaktoren für Projektmanagement

Zunehmender Praxisanteil

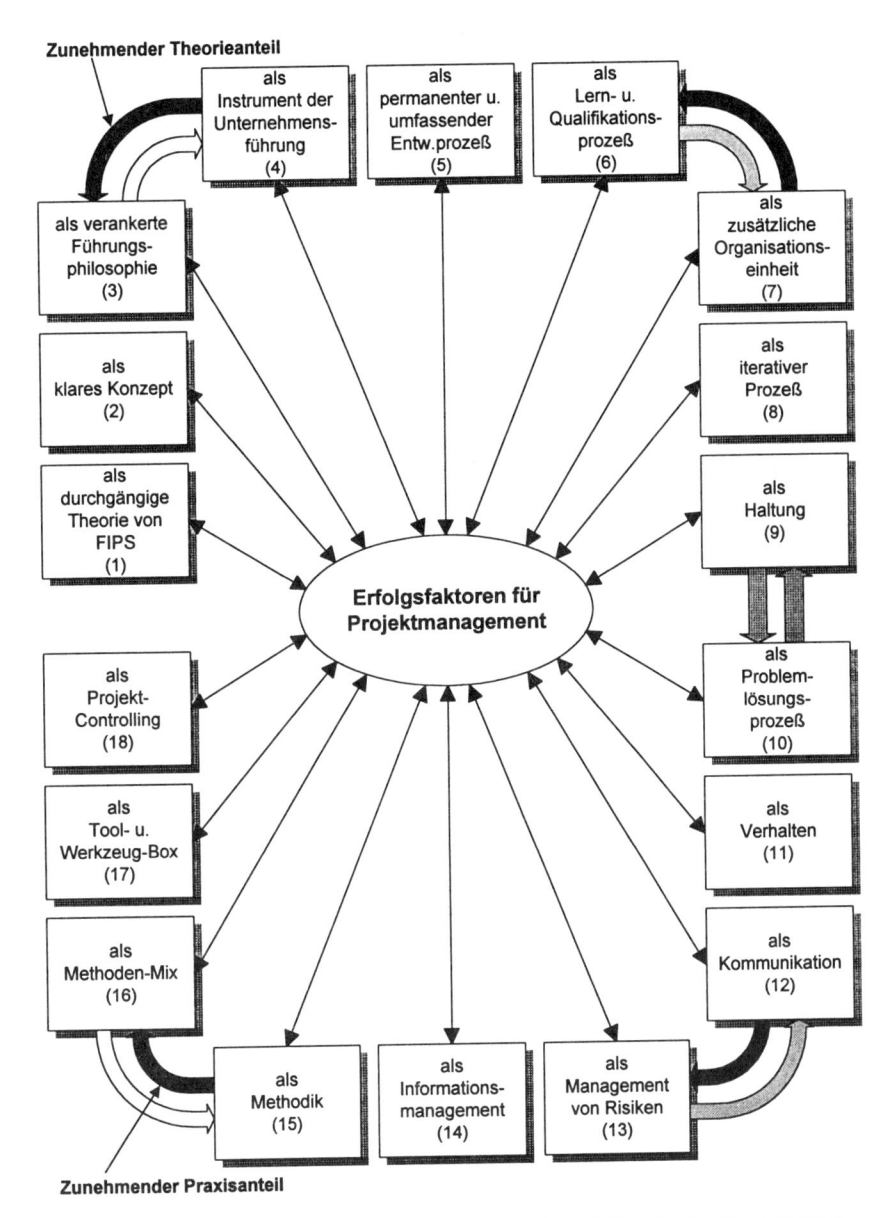

Abb. 6.2 Erfolgsfaktoren als permanenter Prozeß (Keßler u. Winkelhofer 1997, S. 216)

Literatur

Aggteleky, B., Bajna, N.: Projektplanung. Ein Handbuch für Führungskräfte. Grundlagen, Anwendung, Beispiele. München Wien: Hanser Verlag 1992

Akiyama, K.: Funktionsanalyse. Der Schlüssel zu erfolgreichen Produkten und Dienstleistungen. Landsberg/Lech: Verlag Moderne Industrie 1994

Altrogge, G.: Netzplantechnik. 2. Aufl., München Wien: Oldenbourg Verlag 1994

Atteslander, P.: Methoden der empirischen Sozialforschung. 7. Aufl., Berlin New York: de Gruyter Verlag 1993.

Bachmann, W.: Das Neurolinguistische Programmieren (NLP) als pädagogisches Qualifizierungskonzept. In: Pallasch, W., Mutzeck, W., Reimers, H. (Hrsg.): Beratung, Training, Supervision. Eine Bestandsaufnahme über Konzepte zum Erwerb von Handlungskompetenz in pädagogischen Arbeitsfeldern. Weinheim München: Juventa Verlag 1992, S. 104–112.

Balzek, A.: Projekt-Controlling. Denken und Handeln in Projekten zur Verwirklichung der Selbstkontrolle. 3. Aufl., Management Pocket, Bd. 6, Gauting bei München: Management Service Verlag 1990

Balzert, H.: Die Entwicklung von Software-Systmen. Prinzipien, Methoden, Sprachen, Werkzeuge. Mannheim Wien Zürich: Bibliographisches Institut 1982

Bauknecht, K.: Informatik – Anwendungsentwicklung – Praxiserfahrungen mit CASE. Probleme, Lösungen und Erfahrungen bei Einführung und Einsatz von CASE. Stuttgart: Teubner Verlag 1992

Baus, U., Dölker, H., Eckhardt, K., Jantzen, K., Klein, W., Kühnl, U., Lieb, G., Quester, W., Stütz, M., Winkelhofer, G.: Wertanalyse auf dem Gebiet der Software – Zusammenfassung der Ergebnisse eines VDI-Arbeitskreises. WA-Kurier 1992

Bea, F. X., Dichtl, E., Schweitzer, M.: Allgemeine Betriebswirtschaftslehre. Bd. 1: Grundfragen, 6. Aufl., Stuttgart Jena: Fischer Verlag 1992

Bea, F. X., Dichtl, E., Schweitzer, M.: Allgemeine Betriebswirtschaftslehre. Bd. 2: Führung, 6. Aufl., Stuttgart Jena: Gustav Fischer Verlag 1993

Bea, F. X., Dichtl, E., Schweitzer, M.: Allgemeine Betriebswirtschaftslehre. Bd. 3: Leistungsprozeß, 6. Aufl., Stuttgart Jena: Fischer Verlag 1994

Bea, F. X., Haas, J.: Strategisches Management. Stuttgart, Jena: Fischer Verlag 1995

Becker, M., Haberfellner, R., Liebetrau, G.: EDV-Wissen für Anwender. Ein Handbuch für die Praxis. 9. Aufl., Hallbergmoos: AIT Verlagsgesellschaft 1990

Becker, H.: Produktivität und Menschlichkeit. Organisationsentwicklung und ihre Anwendung in der Praxis. 3. Aufl., Stuttgart: Enke Verlag 1990

Becker, H., Langosch, I.: Produktivität und Menschlichkeit. Organisationsentwicklung und ihre Anwendung in der Praxis. 3. Aufl., Stuttgart: Enke Verlag 1990

Becker, M., Haberfellner, R., Liebetrau, G.: EDV-Wissen für Anwender. Ein Handbuch für die Praxis. 9. Aufl., Zürich: Verlag Industrielle Organisation 1990

Berndt, G.: Personalentwicklung. Ansätze – Konzepte – Perspektiven. In: Eggers, Ph.,

Meixner, H.-E.: Training. Aus- und Weiterbildung in Wirtschaft, öffentlicher Verwaltung und Schule, Bd. 2, Köln Berlin Bonn München: Carl Heymanns Verlag KG 1986

Berndt, R.: Marketing 2. Marketing-Politik. 2. Aufl., Berlin Heidelberg New York London Paris Tokyo Hong Kong Barcelona Budapest: Springer Verlag 1992

Berthel, J.: Personalmanagement. Grundzüge für Konzeptionen betrieblicher Personalarbeit. 2. Aufl., Stuttgart: Poeschel Verlag 1989

Biethahn, J., Muksch, H., Ruf, W.: Ganzheitliches Informationsmanagement. Bd. 1: Grundlagen. München Wien: Oldenbourg Verlag 1990

Birkenbihl, V. F.: Einstieg in NLP. In: Birkenbihl, V. F., Blickhan, C., Ulsamer, B.: NLP. Einstieg in das Neuro-Linguistische Programmieren. 5. Aufl., Grüne Reihe, Erfolg und Methodik, Bd. 24, Speyer: Gabal Verlag 1987, S. 9–30.

Böning, U., Oefner-Py, S.: Moderieren mit System. Besprechungen effizient steuern. Wiesbaden: Gabler Verlag 1991

Brenner, W.: Grundzüge des Informationsmanagements. Berlin Heidelberg: Springer Verlag 1994

Bronner, R.: Planung und Entscheidung. Grundlagen – Methoden – Fallstudien. 2. Aufl., München Wien: Oldenbourg Verlag 1989.

Bruhn, M.: Marketing. Grundlagen für Studium und Praxis. Wiesbaden: Gabler Verlag 1990

Bruhn, M.: Qualitätsmanagement für Dienstleistungsunternehmen. Grundlagen, Konzepte, Methoden. 2. Aufl., Berlin Heidelberg New York: Springer Verlag 1997

Brümmer, W.: Management von DV-Projekten. Praxiswissen zur erfolgreichen Projektorganisation in mittelständischen Unternehmen. Braunschweig Wiesbaden: Vieweg & Sohn Verlagsgesellschaft 1994

Burger, A.: Kostenmanagement. 2. Aufl., München Wien: Oldenbourg Verlag 1995

Buzan, T., Buzan, B.: The Mind Map Book. How to Use Radiant Thinking to Maximize Your Brain's Untapped Potential. New York: Penguin Books USA Inc. 1994

Cohen, D.: Lexikon der Psychologie. Namen-Daten-Begriffe. München: Heyne Verlag 1995

Danzer, W. F., Huber, F. (Hrsg.): Systems engineering. Methodik und Praxis. Zürich: Verlag Industrielle Organisation 1994

Decker, F.: Gruppen moderieren – eine Hexerei? Die neue Team-Arbeit. Ein Leitfaden für Moderatoren zur Entwicklung und Förderung von Kleingruppen. München: Lexika Verlag 1988

Deyhle, A.: Controller-Praxis. Führung durch Ziele, Planung und Controlling. Bd. 1: Unternehmensplanung und Controller-Funktion. 8. Aufl., Management Pocket, Bd. 1, Gauting bei München: Management Service Verlag 1991

DIN (Hrsg.): DIN 69900 Netzplantechnik

DIN (Hrsg.): DIN 69901 Projektmanagement

Dittberner, H.: Wie wählt man einen Projektleiter aus? Stellenbeschreibung und Anforderungsprofil von Projektleitern vor dem Hintergrund veränderter Produktionsbedingungen. In: Stumbries, Ch. M. (Hrsg.): Projektleiter mit Profil. 1. Aufl., Hamburg: Dr. Landt + Henkel Verlag 1994

Drumm, H. J.: Personalwirtschaftslehre. 3. Aufl., Berlin Heidelberg New York London Paris Tokyo Hong Kong Barcelona Budapest: Springer Verlag 1995

Dürr, W., et. al.: Personalentwicklung und Weiterbildung in der Unternehmenskultur. Schriftenreihe Wirtschaftsdidaktik. Berufsbildung und Konsumentenerziehung, Bd.

13, Göppingen: Pädagogischer Verlag Burgbücherei Schneider 1988

Edenhofer, B., Köster, A.: Systemanalyse. Die Lösung, FMEA optimal zu nutzen. In: QZ 36 (1991)12, München: Hanser Verlag 1991, S. 699–704.

Ehrmann, H.: Planung. Ludwigshafen: Kiehl Verlag 1995

Ewert, R., Wagenhofer, A.: Interne Unternehmensrechnung. 2. Aufl., Berlin Heidelberg New York London Paris Tokyo Hong Kong Barcelona Budapest: Springer Verlag 1995

Fatzer, G. (Hrsg.): Supervision und Beratung. Ein Handbuch. 4. Aufl., Köln: Edition Humanistische Psychologie Verlag 1993

Fatzer, G.: Ganzheitliches Lernen. Humanistische Pädagogik und Organisationsentwicklung. Ein Handbuch für Lehrer, Pädagogen, Erwachsenenbildner und Organisationsberater. 2. Aufl., Paderborn: Junfermann Verlag 1987

Faust, A., Heyer, K., Schreuers, M.: Informationen im Unternehmen prozeßorientiert gestalten. Ein Weiterbildungskonzept für kleine und mittlere Unternehmen. Eschborn: RWK, 1997

Fendrich, J.: Ganzheitliches Team- und Projektmanagement. Führen und Leiten im Projekt. Hamburg 1992 (unveröffentlichtes Manuskript)

Fengler, J.: Wege zur Supervision. In: Pallasch, W., Mutzeck, W., Reimers, H. (Hrsg.): Beratung, Training, Supervision. Eine Bestandsaufnahme über Konzepte zum Erwerb von Handlungskompetenz in pädagogischen Arbeitsfeldern. Weinheim, München: Juventa Verlag 1992

Fittkau, B., Müller-Wolf, H.-M., Schulz von Thun, F.: Kommunizieren lernen (und umlernen). Trainingskonzeptionen und Erfahrungen. 6. Aufl., Aachen-Hahn: Hahner Verlagsgesellschaft 1989

Francis, D., Young, D.: Mehr Erfolg im Team. Ein Trainingsprogramm mit 46 Übungen zur Verbesserung der Leistungsfähigkeit in Arbeitsgruppen. Essen: Windmühle Verlag 1982

Frey, D., Hoyos, C. G., Stahlberg, D.: Angewandte Psychologie. Ein Lehrbuch. München Weinheim: Psychologie-Verlags-Union 1988

Frick, A.: Der Software-Entwicklungsprozeß. Ganzheitliche Sicht. Grundlagen zu Entwicklungs-Prozeß-Modellen. München Wien: Hanser Verlag 1995

Friedrichs, J.: Methoden der empirischen Sozialforschung. 14. Aufl., Opladen: Westdeutscher Verlag 1990

Fuchs, H., Graichen, W. U.: Bessere Lernmethoden. Effiziente Techniken für Erwachsene. München: mvg-Verlag 1990

Gabler-Wirtschafts-Lexikon. 13. Aufl., Wiesbaden: Gabler Verlag 1993

Gemünden, H. G., Lechler, T.: Erfolgsfaktoren des Projektmanagements. Ergebnisbericht. IBU Institut für Angewandte Betriebswirtschaftslehre & Unternehmensführung. Universität Fridericiana zu Karlsruhe (TH) 1992

Götze, U.: Szenario-Technik in der strategischen Unternehmensplanung. Wiesbaden: Deutscher Universitäts Verlag 1990

Gregor-Rauschenberger, B., Hansel, J.: Innovative Projektführung – Erfolgreiches Führungsverhalten durch Supervision und Coaching. Berlin Heidelberg New York: Springer Verlag 1993

Groh; Gutsch; Glaess: Netzplantechnik. 3. neubearb. Aufl., Landsberg/Lech: Verlag Moderne Industrie 1982

Grupp, B.: Qualifizierung zum Projektleiter. DV-Management im Wandel. 2. Aufl., München: Computerwoche-Verlag 1996

Gutzwiller, S.: TREND. Eine Methode zur Gestaltung optimaler Organisations- und Informationsstrukturen im Projekt-Management. In: Angewandte Informatik 6/1980, S. 229–234.

Hammer, R. M.: Unternehmungsplanung. Lehrbuch der Planung und strategischen Unternehmungsführung. 4. Aufl., München Wien: Oldenbourg Verlag 1991

Hansel, J., Lomnitz, G.: Projektleiter-Praxis: erfolgreiche Projektabwicklung durch verbesserte Kommunikation und Kooperation. 2. Aufl., Berlin Heidelberg New York: Springer Verlag 1993

Harlander, N., et. al. (Hrsg.): Personalwirtschaft. 3. Aufl., Landsberg/Lech: Verlag Moderne Industrie 1991

Heeg, F.-J.: Projektmanagement. Grundlagen der Planung und Steuerung von betrieblichen Problemlöseprozessen. 2. Aufl., München Wien: Hanser Verlag 1993

Heinbokel, J., Schleidt, R.: Change Management. Berlin Offenbach: vde-verlag 1993

Heinrich, L. J.: Informationsmanagement. Planung, Überwachung und Steuerung der Informationsinfrastruktur. 4. Aufl., München Wien: Oldenbourg Verlag 1992

Heinrich, L. J., Burgholzer, P.: Informationsmanagement. Planung, Überwachung und Steuerung der Informations-Infrastruktur. 2. Aufl., München Wien: Oldenbourg Verlag 1988a

Heinrich, L. J., Burgholzer, P.: Systemplanung I. Die Planung von Informations- und Kommunikationssystemen. 2. Aufl., München Wien: Oldenbourg Verlag 1986

Heinrich, L. J., Burgholzer, P.: Systemplanung I. Die Planung von Informations- und Kommunikationssystemen. 3. Aufl., München Wien: Oldenbourg Verlag 1987

Heinrich, L. J., Burgholzer, P.: Systemplanung II. Die Planung von Informations- und Kommunikationssystemen. 3. Aufl., München Wien: Oldenbourg Verlag 1988b

Heintel, P., Krainz, E. E.: Projektmanagement. Eine Antwort auf die Hierarchiekrise? 2. Aufl., Wiesbaden: Gabler Verlag 1990

Henderson, B. D.: Cash-Fallen. In: Oetinger von, B. (Hrsg.): Das Boston Consulting Group Strategie-Buch. 4. Aufl., Düsseldorf Wien New York Moskau: ECON Verlag 1995, S. 301–304

Henderson, B. D.: Vom Portfolio zum Wertmanagement. In: Oetinger von, B. (Hrsg.): Das Boston Consulting Group Strategie-Buch. 4. Aufl., Düsseldorf Wien New York Moskau: ECON Verlag 1995, S. 281–285

Henderson, B. D.: Das Portfolio. In: Oetinger von, B. (Hrsg.): Das Boston Consulting Group Strategie-Buch. Die wichtigsten Managementkonzepte für den Praktiker. 4. Aufl., Düsseldorf Wien New York Moskau: ECON Verlag 1995, S. 286–291

Henderson, B. D.: Anatomie der Cash-Kuh. In: Oetinger von, B. (Hrsg.): Das Boston Consulting Group Strategie-Buch. Die wichtigsten Managementkonzepte für den Praktiker. 4. Aufl., Düsseldorf Wien New York Moskau: ECON Verlag 1995, S. 292–294

Hentze, J., Brose P., Kammel, A.: Unternehmungsplanung. Eine Einführung. 2. Aufl., Bern Stuttgart Wien: Haupt Verlag 1993

Hentze, J., Brose, P.: Unternehmungsplanung. Eine Einführung. Bern Stuttgart Jena: Haupt Verlag 1985

Higgins, J. M., Wiese, G. G.: Innovationsmanagement – Kreativitätstechniken für den unternehmerischen Erfolg. Berlin Heidelberg New York: Springer Verlag 1996

Honney, W. R. J. P., Schulze, W.: Pädagogisches Lexikon. München: Bertelsmann Verlag 1971

Horstmann, U.: Sind Werte gefährlich? In: der blaue reiter. Journal für Philosophie, Nr. 3

(1/1996), S. 18-19.
Huber, A.: Pragmatisch-Initiative Rollenveränderungen im Projektmanagement. In: Schleiken, T., Winkelhofer, G. (Hrsg.): Unternehmenswandel mit Projektmanagement. Konzepte und Erfahrungen zur praktischen Umsetzung in Unternehmen und Verwaltung. Würzburg München: Lexika Verlag 1997, S. 201- 213
Immel, S.: Organisationsentwicklung und deren Einfluß auf die betriebliche Weiterbildung am Beispiel des unternehmensspezifischen Projektmanagements. Magister-Arbeit. Universität Stuttgart 1996.
Immel, S.: Bedeutung und Möglichkeiten von unternehmensspezifischem Projektmanagement. Projekt- und Methoden-Handbücher. In: Schleiken, T., Winkelhofer, G. (Hrsg.): Unternehmenswandel mit Projektmanagement. Konzepte und Erfahrungen zur praktischen Umsetzung in Unternehmen und Verwaltung. Würzburg München: Lexika Verlag 1997, S. 245-254
InfoFix GmbH (Hrsg.): Ein Klick – und Sie haben Ihre Information. InfoFix GmbH, Stuttgart 1996
InfoFix GmbH (Hrsg.): Auf den ersten Blick eine kleine Idee, auf den zweiten Blick ein großes Programm. InfoFix GmbH, Stuttgart 1996
James, T.: Time Coaching. Programmieren Sie Ihre Zukunft ... jetzt! Paderborn: Junfermann Verlag 1993
Kannheiser, W., Hormel, R., Aichner, R.: Planung im Projektteam. Bd. 1: Handbuch zum Planungskonzept Technik – Arbeit – Innovation (P-TAI). München Mering: Hampp Verlag 1993
Katzenbach, J. R., Smith, D. K.: Teams. Der Schlüssel zur Hochleistungsorganisation. Wien: Wirtschaftsverlag Ueberreuter 1993
Keller, H.: Projekte konfliktfrei führen. Wie Sie ein erfolgreiches Team aufbauen. München Wien: Hanser Verlag 1996
Keller, H.: Die Posträuber-Methode. Erfolgsstrategien für Selbst- und Projektmanagement. Frankfurt am Main: Eichhorn Verlag 1996
Kellner, H.: Die Kunst, DV-Projekte zum Erfolg zu führen. Budgets – Termine – Qualität. München Wien: Hanser Verlag 1994
Keßler, H.: Dimensionen der Führung. Appenweier 1988 (unveröffentlichtes Manuskript)
Keßler, H.: Der Weg zum Organisations-Lernen mit Hilfe des Supervisings – Unternehmenssicherung durch kooperative Selbstqualifikation am Beispiel eines Kreditinstitutes. In: Heidack, D.: Lernen der Zukunft. Kooperative Selbstqualifikation – die effekivste Form der Aus- und Weiterbildung im Betrieb. München: Lexika Verlag 1989
Keßler, H.: Was ist ein Unternehmer? Appenweier 1991 (unveröffentlichtes Manuskript)
Keßler, H.: Zukunftsfähigkeit – Kompetenz erfolgreicher Unternehmer. In: Deutsches Rotes Kreuz (Hrsg.): Erster DRK-Zukunftskongreß. 2. bis 5. Mai 1996 in Köln. München: Peschke Verlag, S. 43-50
Keßler, H.: Informationsmanagement – eine neue Führungsaufgabe. In: Schleiken, T., Winkelhofer, G. (Hrsg.): Unternehmenswandel mit Projektmanagement. Konzepte und Erfahrungen zur praktischen Umsetzung in Unternehmen und Verwaltung. Würzburg München: Lexika Verlag 1997, S. 65-77
Keßler, H., Winkelhofer, G. A.: Projektmanagement. Leitfaden zur Steuerung und Führung von Projekten. Berlin Heidelberg New York: Springer Verlag 1997
Kitzmann, A., Zimmer, D.: Grundlagen der Personalentwicklung. Die Antwort auf die technologische, wirtschaftliche und soziale Herausforderung. Weil der Stadt: Lexika-

Verlag 1982

Klebert, K., Schrader, E., Straub, W.: ModerationsMethode. Gestaltung der Meinungs- und Willensbildung in Gruppen, die miteinander leben und lernen, arbeiten und spielen. 2. Aufl., Rimsting am Chiemsee: Verlag für Psychologie und Kommunikation 1984

Kleibert, K., Schrade, E., Straub, W. G.: Kurz Moderation. Hamburg: Windmühle Verlag 1987

Koch, G.: Die erfolgreiche Moderation von Lern- und Arbeitsgruppen. Praktische Tips für jeden, der mit Teams mehr erreichen will. 3. Aufl., Landsberg/Lech: Verlag Moderne Industrie 1992

Kolb, M.: Flexibilisierung als konzeptionelle Leitidee strategischen Personalmanagements. In: Weber, W., Weinmann, J. (Hrsg.): Strategisches Personalmanagement. Stuttgart: Poeschel Verlag 1989

König, E., Volmer, G.: Systemische Organisationsberatung. Grundlagen und Methoden. 2. Aufl., Weinheim: Deutscher Studien Verlag 1994

Kraus, G., Westermann, R.: Projektmanagement mit System: Organisation, Methoden, Steuerung. Wiesbaden: Westermann Verlag 1995

Kupper, H.: Zur Kunst der Projektsteuerung. Qualifikation und Aufgaben eines Projektleiters bei DV-Anwendungsentwicklung. 4. Aufl., München Wien: Oldenbourg Verlag 1986

Lehmann, R. G.: Weiterbildung und Management. Planung, Praxis, Methoden, Medien. Landsberg/Lech: Verlag Moderne Industrie 1994

Lehnert, U.: Der EDV-Dozent. Planung und Durchführung von EDV-Lehrveranstaltungen. Der Leitfaden für Dozenten, Trainer, Ausbilder, Instruktoren. 2. Aufl., München: Markt- und Technik-Verlag 1992

Lenzen, D. (Hrsg.): Pädagogische Grundbegriffe. Bd. 2, Stuttgart: Klett Verlag 1981

Lewis, Th. G., Lehmann, S.: Überlegene Investitionsentscheidungen durch CFROI. In: Oetinger von, B. (Hrsg.): Das Boston Consulting Group Strategie-Buch. Die wichtigsten Managementkonzepte für den Praktiker. 4. Aufl., Düsseldorf Wien New York Moskau: ECON Verlag 1995

Litke, H.-D.: Projektmanagement. Methoden, Techniken, Verhaltensweisen. München Wien: Hanser Verlag 1991

Lochridge, R. K.: Schaffung der adaptiven Organisation. In: Oetinger von, B. (Hrsg.): Das Boston Consulting Group Strategie-Buch. Die wichtigsten Managementkonzepte für den Praktiker. 4. Aufl., Düsseldorf Wien New York Moskau: ECON Verlag 1995

Looss, W.: Coaching für Manager. Problembewältigung unter 4 Augen. 3. Aufl., Landsberg/Lech: Verlag Moderne Industrie 1993

Lübeck, W.: Das Reiki Handbuch. Von der grundlegenden Einführung zur natürlichen Handhabung. Eine vollständige Anleitung für die Reiki-Praxis. 7. Aufl., Aitrag: Windpferd Verlagsgesellschaft 1993

Madauss, B. J.: Handbuch Projektmanagement. Mit Handlungsanleitungen für Industriebetriebe, Unternehmensberater und Behörden. 4. Aufl., Stuttgart: Poeschel Verlag 1991

Mag, W.: Unternehmungsplanung. München: Vahlen Verlag 1995

Majaro, S.: Erfolgsfaktor Kreativität. London New York: McGraw-Hill Verlag 1993

Margulies, N.: Mapping Inner Space. Learning and Teaching Mind Mapping. Tucson: Zephyr Press 1991

Martiny, L., Klotz, M.: Strategisches Informationsmanagement. Bedeutung und organisatorische Umsetzung. Bd. 12.1. Handbuch der Informatik. München Wien: Oldenbourg Verlag 1989

McMenamin, S., Palmer, J. F.: Strukturierte Systemanalyse. München Wien: Hanser Verlag 1988

Mees, J., Oefner-Py, S., Sünnemann, K.-O.: Projektmanagement in neuen Dimensionen. Das Hologramm zum Erfolg. Wiesbaden: Gabler Verlag 1993

Meffert, H.: Marketingforschung und Käuferverhalten. 2. Aufl., Wiesbaden: Gabler Verlag 1992

Meyer, B.: Objektorientierte Softwareentwicklung. München Wien: Hanser Verlag 1990

Michel, R. M.: Know-how der Unternehmensplanung. Budgetierung, Controlling, Taktische Planung, Langfristplanung und Strategie. 2. Aufl., Heidelberg: Sauer Verlag 1991

Mietzel, G.: Psychologie in Unterricht und Erziehung. Göttingen Toronto Zürich: Hogrefe Verlag 1986

Mohl, A.: Der Zauberlehrling. Das NLP Lern- und Übungsbuch. Reihe Pragmatismus & Tradition, Bd. 22, 2. Aufl., Paderborn: Junfermann Verlag 1993

Müller-Schwarz, U., Weyer, B.: Präsentationstechniken. Mehr Erfolg durch Visualisierung bei Vortrag und Verkauf. Wiesbaden: Gabler Verlag 1991

Patzak, G., Rattay, G.: Projektmanagement – Leitfaden zum Management von Projekten, Projektportfolios und projektorientierten Unternehmen. 2. überarb. Aufl., Wien: Linde Verlag 1997

Pfeiffer, P.: Technologische Grundlage, Strategie und Organisation des Informationsmanagements. Studien zur Wirtschaftsinformatik, Bd. 4, Berlin New York: de Gruyter Verlag 1990

Pietsch, W.: Methodik des betrieblichen Software-Projektmanagements. Berlin u. a.: de Gruyter Verlag 1992

Probst, G. J. B.: Organisation. Strukturen, Lenkungsinstrumente und Entwicklungsperspektiven. 1. Aufl., Landsberg/Lech: Verlag Moderne Industrie 1992

Projektmanagement-Akademie Stuttgart GmbH (Hrsg.): Beratung und Training für Spitzenleistungen, Stuttgart 1996

Projektmanagement-Akademie Stuttgart GmbH (Hrsg.): Projektmanagement-Seminare für Spitzenleistungen, Stuttgart 1997

Raasch, J.: Systementwicklung mit Strukturierten Methoden. Ein Leitfaden für Praxis und Studium. 2. Aufl., München Wien: Hanser Verlag 1992

Rappe-Giesecke, K.: Supervision. Gruppen- und Teamsupervision in Theorie und Praxis. 2. Aufl., Berlin Heidelberg New York London Paris Tokyo Hong Kong Barcelona Budapest: Springer Verlag 1994

Rechtien, W.: Angewandte Gruppendynamik. Ein Lehrbuch für Studierende und Praktiker. München: Quintessenz-Verlag 1992

Redtenbacher, W.: Den Softwarefehlern auf der Spur. Ein multidisziplinäres Arbeitsteam bewertet die Mängel. In: VDI Nachrichten, Nr. 15, 16. April 1993, S. 23.

Reibnitz von, U.: Szenario-Technik. Instrumente für die unternehmerische und persönliche Erfolgsplanung. 2. Aufl., Wiesbaden: Gabler Verlag 1992

Reich, K.: Lerndimensionen. In: Lenzen, D. (Hrsg.): Enzyklopädie Erziehungswissen, Bd. 1, Stuttgart: Klett Verlag 1983

Reschke, H., Schelle, H., Schopp R. (Hrsg.): Handbuch Projektmanagement. GPM Gesellschaft für Projektmanagement, Bd. 1 und 2, Köln: Verlag TÜV Rheinland 1989

Rosenkranz, H.: Von der Familie zur Gruppe zum Team. Familien- und gruppendynamische Modelle zur Teamentwicklung. Paderborn: Junfermann Verlag 1990

Rosenkranz, H., Breuel, R.: Von der Gruppendynamik zur Organisationsentwicklung. Praxismodelle für Training und Organisationsberatung in der Wirtschaft. Wiesbaden: Gabler Verlag 1982

Rosenstiel von, L.: Mitarbeiterführung und -motivation bei veränderten Wertorientierungen. In: wt-Produktion und Management, Bd. 84, 10/94, S. 500–503.

Rückle, H.: Coaching. Düsseldorf, Wien, New York, Moskau: ECON Verlag 1992

Ruede-Wissmann, W.: Crash Coaching. Die C.-C.-Methode kreativen Streitens und der Problemlösung. München: Wirtschaftsverlag Langen-Müller/Herbig 1991

Schaber, G.: Betriebspsychologie in der Praxis. Ludwigshafen: Krehl 1987

Schäfer, G., Wolfram, G.: FAOR-Methode zur Analyse und Bewertung von Kosten- und Nutzenfaktoren von Bürosystemen. In: HMD 131/1986, S. 54–65.

Scheer, A.-W.: Architektur integrierter Informationssysteme. Grundlagen der Unternehmensmodellierung. Berlin, Heidelberg, New York, Tokyo: Springer 1991

Schertler, W.: Unternehmensorganisation. Lehrbuch der Organisation und strategischen Unternehmensführung. 3. Aufl., München, Wien: Oldenbourg Verlag 1988

Schertler, W.: Strategieentwicklung und Human Resource Management. In: Hammer, R. M., et. al.: Strategisches Management in den 90er Jahren. Entwicklungstendenzen, Controlling, Human Resources. Wien: Manzsche Verlags- und Universitätsbuchhandlung 1990

Schleiken, T., Winkelhofer, G. (Hrsg.): Unternehmenswandel mit Projektmanagement. Konzepte und Erfahrungen zur praktischen Umsetzung in Unternehmen und Verwaltung. Würzburg München: Lexika Verlag 1997

Schleiken, T.: Aspekte der Gruppendynamik im Projektmanagement. In: Schleiken, T., Winkelhofer, G. (Hrsg.): Unternehmenswandel mit Projektmanagement. Konzepte und Erfahrungen zur praktischen Umsetzung in Unternehmen und Verwaltung. Würzburg München: Lexika Verlag 1997, S. 180-200

Schleiken, T.: Organisatorische Implementierung von Projektmanagement-Systemen. In: Schleiken, T., Winkelhofer, G. (Hrsg.): Unternehmenswandel mit Projektmanagement. Konzepte und Erfahrungen zur praktischen Umsetzung in Unternehmen und Verwaltung. Würzburg München: Lexika Verlag 1997, S. 98-114

Schlicksupp, H.: Management Wissen. Ideenfindung. 2. Aufl., Würzburg: Vogel-Verlag 1985

Schmidt, G.: Methode und Techniken der Organisation. Bd. 1, Schriftenreihe „Der Organisator", 9. Aufl., Gießen: Verlag Dr. Götz Schmidt 1991a

Schmidt, G.: Organisatorische Grundbegriffe. Bd. 3, Schriftenreihe „Der Organisator", 9. Aufl., Gießen: Verlag Dr. Götz Schmidt 1991b

Schmiel, M., Sommer, K.-H.: Lehrbuch Berufs- und Wirtschaftspädagogik. München: Ehrenwirth Verlag 1985

Schneider, U.: Kulturbewußtes Informationsmanagement. München: Oldenbourg 1990

Schönthaler, F., Németh, T.: Software-Entwicklungswerkzeuge. Methodische Grundlagen. Stuttgart: Teubner Verlag 1990

Schreyögg, A.: Supervision. Ein integratives Modell. Lehrbuch zu Theorie & Praxis. Paderborn: Junfermann Verlag 1991

Schulz von Thun, F.: Miteinander reden. Bd. 1, Störungen und Klärung, Allgemeine Psychologie der Kommunikation. Reinbek bei Hamburg: Rowohlt Taschenbuch Verlag 1992a

Schulz von Thun, F.: Miteinander reden. Bd. 2, Stile, Werte und Persönlichkeitsentwicklung, Differentielle Psychologie der Kommunikation. Reinbek bei Hamburg: Rowohlt Taschenbuch Verlag 1992b

Schulz, A.: Software-Entwurf. Methoden und Werkzeuge. München Wien: Oldenbourg Verlag 1988

Schwarz, G.: Kulturelle Einflußgrößen des Projektmanagements. Problemfelder und Gestaltungsansätze. Ergebnisse einer Befragung. In: zfo 4/1987, S. 241-248.

Seifert, J. W.: Visualisieren - Präsentieren - Moderieren. 4. Aufl., Blaue Reihe Lehren und Lernen, Bd. 36, Speyer: Gabal Verlag 1992

Sneed, H. M.: Software-Aufwandsschätzung mit DATA-Point. Programm- und funktionsbezogene Schätzmethoden reichen nicht mehr aus. ComputerMagazin 11 - 12/91, S. 41-46.

Sommer, K.-H., Grosser, H.: Erschließung von Kreativitätspotentialen. In: Bullinger, H.-J., Warnecke, H.-J.: Neue Organisationsformen in Unternehmen. Ein Handbuch für das moderne Management. Berlin u. a.: Springer Verlag 1996

Staehle, W. H.: Handbuch Management. Die 24 Rollen der exzellenten Führungskraft. Wiesbaden: Gabler Verlag 1991

Stein, W.: Objektorientierte Analysemethoden. Vergleich, Bewertung, Auswahl. Mannheim Leipzig Wien Zürich: BI Wissenschaftsverlag 1994

Steinbuch, P. A.: Organisation. 8. Aufl., Ludwigshafen: Kiehl Verlag 1990

Steinweg, C.: Praxis der Anwendungsentwicklung. Wegweiser erfolgreicher Gestaltung von IV-Projekten. Braunschweig Wiesbaden: Vieweg & Sohn Verlagsgesellschaft 1995.

Stern, C. W., Burnside, W. H. L.: Idee und Umsetzung. In: Oetinger v., B. (Hrsg.): Das Boston Consulting Group Strategie-Buch. Die wichtigsten Managementkonzepte für den Praktiker. 4. Aufl., Düsseldorf Wien New York Moskau: ECON Verlag 1995, S. 607-610.

Stobbe, A.: Mikroökonomik. 2. Aufl., Berlin Heidelberg New York London Paris Tokyo Hong Kong Barcelona Budapest: Springer Verlag 1991

Stumbries, C. M. (Hrsg.): Projektleiter mit Profil-Qualifizierung durch Methode Projektmanagement. Hamburg: Dr. Landt + Henkel Verlag 1994

Thomann, Ch., Schulz von Thun, T.: Klärungshilfe. Handbuch für Therapeuten, Gesprächshelfer und Moderatoren in schwierigen Gesprächen. Theorien, Methoden, Beispiele. Reinbek bei Hamburg: Rowohlt Verlag 1992

Tuda, S.: Nutzen und Handhaben von Corporate Design im Projektmanagement. In: Schleiken, T., Winkelhofer, G. (Hrsg.): Unternehmenswandel mit Projektmanagement. Konzepte und Erfahrungen zur praktischen Umsetzung in Unternehmen und Verwaltung. Würzburg München: Lexika Verlag 1997, S. 255-275

VDI Zentrum Wertanalyse (Hrsg.): Wertanalyse. Idee - Methode - System. 4. Aufl., Düsseldorf: VDI-Verlag 1991

Wack, O., et. al.: Kreativ sein kann jeder. Hamburg: Windmühle Verlag 1993

Wallmüller, E.: Software-Qualitätssicherung in der Praxis. München Wien: Hanser Verlag 1990

Watzlawick, P.: Wie wirklich ist die Wirklichkeit. Wahn, Täuschung, Verstehen. 20. Aufl., München: Piper Verlag 1995

Weber, W.: Wege zum helfenden Gespräch. Gesprächspsychotherapie in der Praxis. Ein Lernprogramm mit kurzen Lernimpulsen, praxisnahen Hinweisen und vielen praktischen Übungen. 10. Aufl., München Basel: Reinhardt Verlag 1994

Weber, W., Mayrhofer, W., Nienhüser, W.: Grundbegriffe der Personalwirtschaft. Stuttgart: Schäfer-Poeschel Verlag 1993 (Sammlung Poeschel, Bd. 127)

Weber, W., Weinmann, J.: Strategisches Personalmanagement. Stuttgart: Poeschel 1989

Weissman, A.: Marketing-Strategie. 10 Stufen zum Erfolg. 4. Aufl., Landsberg/Lech: Verlag Moderne Industrie 1995

Weissmann, A.: Management-Strategien. 5. Faktoren für den Erfolg. 3. Aufl., Landsberg/Lech: Verlag Moderne Industrie 1994

Welge, M. K., Al-Laham, A.: Planung. Prozesse – Strategien – Maßnahmen. Wiesbaden: Gabler Verlag 1992

Wermter, M.: Strategisches Projektmanagement. Der Weg zum Markterfolg. Zürich Köln: Orell Füssli Verlag 1992

Willimczik, K.: Statistik im Sport. Grundlagen, Verfahren, Anwendungen. Universität Bielefeld, Abteilung für Sportwissenschaft.

Winkelhofer, G.: DV-Berufe. Qualifikationsanforderungen und deren Auswirkungen auf die berufliche Aus- und Weiterbildung. Mering: Hampp Verlag 1989

Winkelhofer, G.: Qualifikationsanforderungen in DV-Berufen und deren Auswirkungen auf die berufliche Aus- und Weiterbildung. In: Sommer, K.-H.: Berufliche Bildungsmaßnahmen bei veränderten Anforderungen. Esslingen: Deugro Verlag 1989

Winkelhofer, G.: Information Engineering als Wertanalyse der Informationsverarbeitung - Ein Methoden-Vergleich. In: VDI-Zentrum für Wertanalyse-Kongress, 9. - 10.10.1991, München. Düsseldorf: VDI-Verlag 1991

Winkelhofer, G.: Projektmanagement-Training entscheidet über den Erfolg. In: Computerwoche (Hrsg.): DV-Schulung und Weiterbildung. Anbieter, Themen, Orte, Entscheidungshilfen. München: Computerwoche-Verlag 1995

Winkelhofer, G.: Projektmanagement im Wandel der Zeit: von der Aufgabenplanung zu lernenden Organisation. In: Schleiken, T., Winkelhofer, G. (Hrsg.): Unternehmenswandel mit Projektmanagement. Konzepte und Erfahrungen zur praktischen Umsetzung in Unternehmen und Verwaltung. Würzburg München: Lexika Verlag 1997a, S. 11-27

Winkelhofer, G.: Planung der betrieblichen Weiterbildung dargestellt am Beispiel des Informationsverarbeitungsbereiches (IV-Bereich). Vorgelegte Dissertation an der Universität Stuttgart 1997b

Wirfs-Brock, R., Wilkerson, B., Wiener, L.: Objektorientiertes Software-Design. München Wien: Hanser Verlag 1993

Wischnewski, E.: Modernes Projektmanagement. 2. verb. Aufl., Braunschweig: Vieweg & Sohn Verlagsgesellschaft 1992

Wöhe, G., Döring, U.: Einführung in die Allgemeine Betriebswirtschaftslehre. 18. Aufl., München: Vahlen Verlag 1993

Zentrum Wertanalyse (Hrsg.): Wertanalyse. Idee, Methode, System. 5. Aufl., Düsseldorf: VDI Verlag 1995

Zentrum Wertanalyse (Hrsg.): Wertanalyse. Idee, Methode, System. 4. Aufl., Düsseldorf: VDI-Verlag 1991

Ziegler, A.: Die 27 wichtigsten Trends. Eine Sonderveröffentlichung. Bonn: Verlag Norman Rentrop 1996

Stichwortverzeichnis

„Grob" Konzeption 62
ABC-Analyse 32; 142
Ablaufanalyse 254
Abnahmeplan erstellen 347
Abnahmeprotokoll 351
Abnahmeverfahren 349
Abweichungsberichte 204
adaptive Software-Wartung 115
Administrative Fähigkeiten 456
Aggregationsbeziehung 291
aggregierten Entitäten 290
Aktionsanzeigenteil 275
Aktionsteil 275
Alleinentscheider 382
Amortisationsrechnung 208
Amortisationsvorgaben 31
Analogiearten 328
Analogiebildung 328
Analogieverfahren 332
Analyse 223
Analysefeld 258
analytisch-funktionsorientierten Ansatz 379
Anfangsterminen 163
Anforderungskatalog 52
Anwenderschulung 100
Äquivalenzklassenmethode 348
Arbeitgeber 380
Arbeitspakete 33
Arbeitspaketplanung 33
Arbeitsphase 433
Arbeitsschritte 13
Attribute 284; 289
Audit 369
Auftraggeber 33
Auftragsanalyse 22; 121
Ausgabe-Module 296
Basic Ordering Ideas 315
Basis-Informationsobjekt 289

Baumdiagramm 306
Bedarfsberichte 204
Bedingungsanalyse 274
Bedingungsanzeigenteil 275
Bedingungsdefinition 137
Bedingungsteil 275
Befragung 353
begrenzte Entscheidungstabelle 275
Beobachtung 359
Betreuung 113
Betriebsmittel 174
Bewichtswesen 198
Beziehungen 288
Beziehungstyp 287
Bibliotheksmodule 294
Bilden von Zwischenebenen 18
Bildung von Schnittstellen 18
Blockdiagramm 313
Block-Fluß-Diagramm 313
Brainstorming 318
Chancen-Risiko-Analyse 148
Coaching 399
Controller 381
DALLAS-Konzept 419
Data Dictionary 271
Data-Point-Verfahren 339
Datenbankdefinition 285
Datenbank-Design 295
Datenbankentwurf 285
Datenflußdiagramm 270
Datenflußplantechnik 297
Datenmodellierung 288
Datensatz-Plattform 30
detaillierte Systemfunktionalität 73
Detailspezifikation 66
Direkter Draht 354
Dokumentation 15
Dokumentation des Parallelbetriebs 102
Domäne 287

dv-technische Verfahrensoptimierung 114
eindimensionale und mehrdimensionale Bewertungsansätze 152
Einfluß-Projektmanagement 34
Einfluß-Projektorganisation 191
Einführungsplanung 84; 93
Einführungsvorbereitung 98
Eingabe-Module 296
Einzieldefinition 27
Ellipsendiagramm 305
emotionale Erinnerung 469
Emotions-arbeiter 383
empirisch-handlungsorientierten Ansatz 379
Endterminen 163
Entitäten 288
Entity-Relation-Modell 90
Entity-Typen 284
Entlastung von Projektleitung 109
Entspannungstechniken 402
Entwicklung und Gestaltung von Workshop und Seminar 458
Entwicklungsrichtlinien 14
Entwicklungstrends 51
Erfolgsfaktoren
– Arten 387
Ergebnispräsentation 410
Ergebnisse der Projektphasen 15
erweiterte Entscheidungstabelle 275
Erweitertes Entity-Relationshipmodeling (EERM) 288
ET-Vorgehensweise 276
Expertenschätzung 331
Fachkenntnisse 455
fachlichen Nachdokumentation 268
Fachlich-organisatorische Abnahme 350
Fehlermöglichkeits- und -einflußanalyse 372
Fehlerprotokoll 350
FIPS 387
Flächendiagramm 308
FMEA 374
Formierungsphase 432
Fragebogen 354
Freier Text 301
Führender 383

Führungsqualitäten 455
Function-Point-Verfahren 335
Funktionale Interaktion 377
funktionalen Feinkonzeption 73
Funktionelle Abnahme 350
Funktionsanalyse 278
Geführter 383
Gesamtfunktionalität 57
Geschäftsprozeßanalyse 26
Geschäftsprozeßmodell 27
Graphische Darstellungstechniken 305
Grenzwertmethode 348
Gruppendynamik 426
Gruppenfeedback 470
Gruppenmitglied 382
halbstandardisierte Befragung 355
Hardware-Wartung 115
Häufigkeitsverteilung 307
Heuristiken 255
heuristisches Verfahren 332
Hilfsmittel 174
Hilfsmittelplanung 174
Histogramm 311
Implementierung 14
Informale Tests 368
Informationsbedarfsanalyse 257
Infothek 75
Innovator 381
institutionalisierte Kontext 443
interdisziplinäre Planungsaufgaben 431
Interner Zinsfußmethode 209
Inter-Rollen-Konflikt 385
Inter-Sender-Konflikt 385
Interview 354
Intrapreneur 380
Intra-Sender-Konflikt 385
Investitionsprojekt 64; 82
Ishikawa-Diagramm 307
Ist-Analyse 23
Istkapazität 169
Ist-Profil 453
Ist-Zustand 23; 244
K.O.-Kriterien 137
Kapazitätsplanung 169
Kapitalwertmethode 210
Kastendiagramm 305
Kennzahlenanalyse 155; 156
Kick-off-Veranstaltung 45; 69

Stichwortverzeichnis

Klient im Beratungsprozeß 383
Kognitiv-orientierte Fachberatung 445
Konfliktphase 432
Konnektoren 313
Kontextdiagramm 271
kontextuellen Determinanten 443
Konzeption 14
Konzeptionsplanung 35
korrigierende Software-Wartung 115
Kosten-Nutzen-Analyse 210
Kostenplanung 176
Kostenrahmen 32
Kostenträger-Rechnung 214
Krisenbewältiger 381
Kultur-Basis 438
Kultur-Leitlinie 438
Kultur-Richtlinien 439
Kultur-Symbole 439
Kultur-Verhaltensmuster 439
Kundenanalyse 226
Längsschnittbefragung 356
Leading 397
Lernender 382
Lernzielen 460
Links-Rechts-Baum 307
logistische Entwicklung 25
Lösungskonzept 23
LOVER-Konzept 419
Machtstrukturen 45; 69
Make-or-buy-Entscheidung 60
Matrix-Projektmanagement 34
Matrix-Projektorganisation 192
Meilensteine 20; 163
Meta-Informationen 290
Methode 635 322
Mikro- 382
Mind-Mapping 315
Mini-Spezifikationen 271
Moderation 416
Moderator 382
Modul-Spezifikation 293
Modulspezifikation 295
Morphologie 324
morphologischer Kasten 325
Multimoment-Aufnahme 364
Muß-Ziele 137
Nachschulung 114

Neurolinguistisches Programmieren 396
nichtstandardisierter Befragung 355
Nicht-Typ-Entitäten 291
Nonverbale Kommunikation 440
Normen 437
Normierungsphase 433
Nutzen-Controlling 105; 215
Nutzenpotentiale 26
Nutzenverifizierung 84
Nutzwertanalyse 151
Offene Fragen 470
Optionale Interaktion 377
Organisationsberatung 445
Organisationsveränderung 103
Organisator 381
Organisatorische Fähigkeiten 456
organisatorische und dv-technischen Anforderungen 100
Pacing 397
Parallelbetrieb 102
Payback 210
perfective Software-Wartung 115
Personalplanung 171
Phasen Realisierung und Einführung 14
Piloteinführung 96
Planer 381
Portfolio-Analyse 233
Portfolio-Matrix 233
Pragmatiker 380
Prämissen 137
Präsentationstechniken 406
Problemanalyse 245
Problemlösungsbaum 326
Problemlösungsbesprechung 23; 424
Problemlösungsmatrix 325
Problemsegmente 55
Produktanalyse 228
Produktionstheoretischer Ansatz 223
Produktlebenszyklus 228
Professional-Klient-Beziehungen 444
Prognose 223
Programm- und Moduldesign 89
projektähnliche Aufgabe 23
Projektaufgabendefinition 29
Projektauftrag 19
Projektausschuß 213
Projektauswertung 107

Projektbedingungsdefinition 27
Projektcontrolling 212
Projektdokumentation 34; 198
Projektfortschrittskontrolle 213
Projektgruppe 382
Projekt-kick-off-Veranstaltungen 35
Projektkosten 107
Projektkultur 437; 438
Projektkultur-Management 440
Projektleiter III
Projektleiter-Rollen 378
Projektleitung 19
Projektnutzenbewertung 105
Projektnutzenverifizierung 93
Projektordner 198
Projektorganisation 34; 190; 448
Projektphasen 13; 17
Projektportfolio 39
projektspezifische Budgetverteilung 39
Projektstatusbericht 203
Projektsteuerung 37
Projektstrukturplan 161
Projektteam 13; 19
Projektteammitglied III
Projektteammitglieder III
Projekttiefe 86
Projekt-Workshops 35; 80
Projektzieldefinition 27; 133
Projektziele 29
Prozentsatzverfahren 334
Prozeßanalyse 254
Prozeßkette 26
Prozeßkettenanalyse 250
Prozeßspezifikation 272
Psychodynamik 444
Psychotherapie-ähnliche Beratung 445
QS-Methoden 367
Qualifikation 447
Qualifikationsanforderungen 447
Qualifikationsplanung 35
Qualität der Ergebnisse 15
qualitatives Prognoseverfahren 331
Qualitätskennzahlen 88
Qualitätssicherungsmeeting 65
Qualitätssicherungs-Meilensteine 36; 63
Qualitätssicherungsplanung 366
Qualitätssicherungssystem 71

Querschnittsbefragung 356
Rapport 397
Realisierung 14
Redundanzanalyse 276
Reduzierung der Projektrisiken 37
Reflexion 469
Regressionsanalyse 309
Reine Projektmanagement 34
Reines Projektmanagement 191
Relationsship-Typen 284
Return on Investment 209
Risikoanalyse 37; 372
Risikobewertung 373
Risikominimierung 38
Risikoprioritätszahl 373
Risikovariablen 38
role making 384
role routinization 384
role taking 384
Rollenbildung 384
Rollenstabilisierung 384
Rollentypen 371
Rollenübernahme 384
Schlichter/ 383
Schnittstellendaten 294
Selbstaufschreibung 362
Seminarsteuerung 465
Seminarzielen 460
Settings 443
SGEs 233
Situationsanalyse 242
Software-Wartung 114
Soll-Anforderungen 23
Soll-Ist-Analyse 133
Sollkapazität 169
Soll-Profil 453
Soll-Zustand 52
Soziale Fähigkeiten 455
sozialpsychologischen Modell 432
Spezifikation 14
Spezifikation der Systemanforderungen 73
Spezifikationsplanung 63
Spezifikationssprache 303
Spielregeln 422
Sponsor 33
Stakeholder-Ansatz 223
Standardberichte 204

standardisierte Befragung 356
Stärken-/Schwächen-Analyse 146
Steuerkreis 33
Stichtag 163
Stratege 381
Strategieentwicklung 238
strategischen Planung 245
Structure-Chart 293
Strukturierte Analyse 267
strukturierte Spezifikation 271
Strukturierter Text 303
Strukturiertes Design 293
Supervision 442
Symbolische Handlungen 440
Synektik 328
Syntax 303
Systemabnahme 94; 104
Systemarchitektur 73
Systemdokumentation 92
Systeminstallation 99
Systemoptimierung 111
Systemtechnische Abnahme 350
Systemtest 91
Tätigkeitskatalog 470
Teamarbeit 431
Teamentwicklung 431
teamorientierten Projektarbeit 435
Teamsupervision 443
Technikkenner 382
Teilendprodukte 14
Teilprojekte 29
Termin- und Meilensteinplanung 163
Testauswertung vorbereiten 347
Testdaten definieren 345
Testfälle definieren 344
Testkonzeption 344
Testplanung 343
Testspezifikation 76; 90
Testspezifikation-Entwicklung 91
Testverfahren 345
Theoretiker 382
theoretischen Entwicklungen 25
Tools 15
top-down-Prinzip 58
Top-down-Vorgehensweise 271
Trainingskonzept 452
Transformationsmodul 296
Transparenz der Planungsarbeiten 18

Übergabeparameter 294
Umweltanalyse 223
Umwelt-Strategie-Struktur-Ansatz 223
Unternehmensanalyse 223
Unternehmerische Fähigkeiten 456
Ursachen-Wirkungs-Analyse 247
Ursachen-Wirkungs-Diagramm 248
Ursache-Wirkungs-Diagramm 307
Verantwortung 381; 382
Verantwortungsvoller Bürger 383
Verfahrensoptimierung 116
Verhaltenskatalog 470
Verhältniszahlen 155
Verknüpfungsziffern 313
Vernetzer 381
Vier-Feld-Matrix 230
Visionär 381
Vollständigkeitsanalyse 276
Vorgehensmodell 13
Walk-Through 368
Wertanalyse 278
Werte 437
Wertewandel 437
Werthaltung 437
Widerspruchsfreiheit 276
Wirtschaftlichkeitsrechnung 31
Wissensvermittler 383
Zeitrahmen 33
Zielbeziehungen 139
Zielbeziehungsanalyse 138
zielorientierten Projektplanung 245
zusammengesetztes Informationsobjekt 289
Zwischenziele der Planungsarbeiten 18

Springer und Umwelt

Als internationaler wissenschaftlicher Verlag sind wir uns unserer besonderen Verpflichtung der Umwelt gegenüber bewußt und beziehen umweltorientierte Grundsätze in Unternehmensentscheidungen mit ein. Von unseren Geschäftspartnern (Druckereien, Papierfabriken, Verpackungsherstellern usw.) verlangen wir, daß sie sowohl beim Herstellungsprozess selbst als auch beim Einsatz der zur Verwendung kommenden Materialien ökologische Gesichtspunkte berücksichtigen.
Das für dieses Buch verwendete Papier ist aus chlorfrei bzw. chlorarm hergestelltem Zellstoff gefertigt und im pH-Wert neutral.

Springer

Druck: COLOR-DRUCK DORFI GmbH, Berlin
Verarbeitung: Buchbinderei Lüderitz & Bauer, Berlin